Gesellschaftlicher Zusammenhalt

D1672501

Nicole Deitelhoff ist Professorin für Internationale Beziehungen an der Goethe-Universität Frankfurt. *Olaf Groh-Samberg* ist Professor für Soziologie an der Universität Bremen. *Matthias Middell* ist Professor für Kulturgeschichte an der Universität Leipzig. Alle drei sind Sprecher:innen des seit 2020 bestehenden Forschungsinstituts Gesellschaftlicher Zusammenhalt (FGZ). Das Institut ist in zehn Bundesländern angesiedelt und umfasst über 100 Wissenschaftler:innen.

Nicole Deitelhoff, Olaf Groh-Samberg, Matthias Middell (Hg.)

Gesellschaftlicher Zusammenhalt

Ein interdisziplinärer Dialog

Campus Verlag
Frankfurt/New York

Forschungsinstitut
Gesellschaftlicher
Zusammenhalt

GEFÖRDERT VOM

Bundesministerium
für Bildung
und Forschung

ISBN 978-3-593-51356-0 Print
ISBN 978-3-593-44646-2 E-Book (PDF)
DOI 10.12907/978-3-593-44646-2 E-Book

www.campus.de

Inhalt

Gesellschaftlicher Zusammenhalt – Umrisse eines Forschungsprogramms

Nicole Deitelhoff, Olaf Groh-Samberg, Matthias Middell, Cord Schmelzle

1. Einleitung[1]

Der Begriff des gesellschaftlichen Zusammenhalts hat im letzten Jahrzehnt eine erstaunliche Karriere in der politischen Rhetorik der Bundesrepublik erlebt. In medialen Debatten über den Zustand der deutschen Gesellschaft scheint der Terminus, der bis vor wenigen Jahren kaum Verwendung fand, mittlerweile unverzichtbar. Man begegnet ihm auf Wahlplakaten und in Parteiprogrammen, in politischen Kommentaren und in Talkshow-Diskussionen, in Werbekampagnen von Unternehmen und *mission statements* von Verbänden. Die Rede von Zusammenhalt, so hat es den Anschein, ist allgegenwärtig und allseits beliebt.

Der Eindruck, dass sich hier in den letzten Jahren eine neue gesellschaftliche Leitvokabel etabliert hat, hält auch einer kursorischen Quantifizierung stand: So wurde das Wort »Zusammenhalt« 2018 insgesamt 403-mal in Bundestagsreden erwähnt und damit häufiger als Begriffe wie »Gerechtigkeit« (250), »Integration« (354), »Solidarität« (275) und »Wohlstand« (320), die die politische Sprache der Bundesrepublik prägten.[2] Zehn Jahre zuvor, 2008, war »Zusammenhalt« nur 47-mal im Plenum erwähnt worden, die mit Abstand geringste Zahl unter den angeführten Vergleichsbegriffen. Eine Korpusanalyse der Wahlprogramme der im Bundestag vertretenen Parteien und Koalitionsvereinbarungen seit 1990 bestätigt den Eindruck, dass die Rede vom Zusammenhalt zunimmt und zeigt zudem, dass das Konzept in fast allen politischen Lagern Konjunktur hat. In den Programmen zu den letzten beiden Bundestagswahlen wurde der Begriff des Zusammenhalts von allen Parteien außer der AFD verwendet, 2013 und 2017 zusammen etwa 90-

---

1 Wir möchten uns sehr herzlich bei unseren Kolleg:innen vom FGZ bedanken, die frühere Versionen dieses Texts immer wieder mit uns diskutiert und durch zahlreiche Anmerkungen verbessert haben. Unser besonderer Dank gilt Rainer Forst, Daniela Grunow, Albrecht Koschorke, Dirk van Laak, Heike List, Gert Pickel und Uwe Schimank, deren ausführliche Kommentare an vielen Stellen in den Text eingeflossen sind.

2 Die Auswertung wurde mit dem »Darüber spricht der Bundestag«-Tool von Zeit-Online vorgenommen (https://www.zeit.de/politik/deutschland/2019-09/bundestag-jubilaeum-70-jahre-parlament-reden-woerter-sprache-wandel).

mal.[3] Zwei der letzten drei Koalitionsverträge (Schwarz-Gelb 2009 und Schwarz-Rot 2017) erklärten »Zusammenhalt« bereits im programmatischen Titel zum politischen Ziel der Koalitionäre; der Vertrag zwischen Union und SPD von 2013 wartet damit bis zum ersten Satz, in dem es heißt, die Koalition wolle »dafür Sorge tragen, dass die Grundlagen für unseren Wohlstand und den Zusammenhalt gesichert und ausgebaut werden«.[4]

Akzeptiert man diese Diagnose, dass sich gesellschaftlicher Zusammenhalt in den letzten Jahren zu einem neuen politischen Leitbegriff entwickelt hat, stellt sich im Anschluss sogleich die Frage, was diesen Aufstieg erklärt und ob er gegebenenfalls spezifisch deutsch ist. Welche Funktion erfüllt der Begriff des Zusammenhalts in unserem gesellschaftlichen Diskurs? Auf welche Entwicklungen reagiert die Betonung von Zusammenhalt, und haben diese Trends auch international Wirkungen auf das politische Vokabular?

Zunächst scheint das Interesse an dem Konzept mit der Wahrnehmung verbunden, dass sich die liberale Demokratie in der Krise befindet. Die gegenwärtigen Konflikte um Populismus und politische Polarisierung, soziale Ungleichheit und rassistische Diskriminierung, erwecken den Eindruck, dass der gesellschaftliche Zusammenhalt derzeit besonders fragil und schutzbedürftig ist. Gleichzeitig werden ihm eine Reihe von Funktionen zugeschrieben, die ihn als wirksames Mittel gegen genau diese (vermeintlichen) politischen, sozioökonomischen und kulturellen Übel der Gegenwart erscheinen lassen. Ob es um den Vertrauensverlust in die Institutionen der liberalen Demokratie,[5] die Auswirkungen ökonomischer Ungleichheiten,[6] die Herausforderungen von gesellschaftlicher Pluralität und Migration,[7] die Implikationen neuer Technologien der Kommunikation[8]

---

3 Wir möchten uns sehr herzlich bei Christian Stecker bedanken, der uns die Bundestagswahlprogramme und Koalitionsvereinbarung seit 1990 zur Verfügung gestellt und für uns nach dem Begriff des Zusammenhalts durchsucht hat. Etwaige Fehler bei der Interpretation der Daten sind allein uns zuzurechnen.

4 CDU, CSU, SPD, Deutschlands Zukunft gestalten. Koalitionsvertrag zwischen CDU, CSU und SPD, Berlin 2013, S. 7.

5 Klassisch Robert D. Putnam, Making Democracy Work. Civic Traditions in Modern Italy, Princeton 1993.

6 Siehe etwa Richard Wilkinson/Kate Pickett, The Spirit Level. Why Equality is Better for Everyone, London 2010; Olaf Groh-Samberg/Nepomuk Hurch/Nora Waitkus, Statuskonkurrenzen und soziale Spaltungen: Zur Dynamik sozialer Ungleichheiten, in: WSI-Mitteilungen 71 (2018), H. 5, S. 347–357.

7 Richard Traunmüller, Religiöse Vielfalt, Sozialkapital und gesellschaftlicher Zusammenhalt. Gütersloh 2014; Ludger Pries, Deutschlands Wandel zum modernen Einwanderungsland – Folgen für die Diskussion sozialer Ungleichheit und gerechter Migration, in: Barbara Thiesse/Clemens Dannenbeck/Mechthild Wolff (Hrsg.): Sozialer Wandel und Kohäsion. Ambivalente Veränderungsdynamiken, Wiesbaden 2019, S. 31–43.

8 Nick Couldry/Andreas Hepp, The Mediated Construction of Reality, Cambridge 2017; Jan-Henrik Schmidt, Social Media. 2. Aufl., Wiesbaden 2018.

oder die Resilienz gegenüber den sozialen Verwerfungen infolge ökonomischer Globalisierung geht,[9] gesellschaftlicher Zusammenhalt scheint derzeit die Antwort auf all diese Fragen zu sein.

Exemplarisch lassen sich die mit dem Begriff verbundenen Hoffnungen und Ängste an der politischen Kommunikation in der Corona-Krise beobachten. Zusammenhalt wurde hier einerseits als eine für den Erfolg der Politik zentrale gesellschaftliche Bedingung identifiziert, die den relativ glimpflichen Verlauf der Krise in Deutschland *erklären* soll. Diesen Gedanken formulierte beispielsweise Bundeskanzlerin Merkel in ihrer Regierungserklärung vom 23.04.2020 wie folgt:

In Wochen, in denen die Verhaltensregeln uns weit auseinander gezwungen haben und Distanz statt Nähe nötig ist, *haben wir zusammengehalten und durch Zusammenhalt gemeinsam geschafft*, dass sich das Virus auf seinem Weg durch Deutschland und Europa immerhin verlangsamt hat. Das kann keine Regierung einfach anordnen. Auf so etwas kann eine Regierung letztlich nur hoffen.[10]

Zusammenhalt erscheint aus dieser Perspektive als wirkmächtige Ressource, die überall dort benötigt wird, wo gemeinwohlorientiertes, kollektives Handeln gefordert ist, jedoch nicht einfach im Modus von Befehl und Gehorsam durchgesetzt werden kann. Während frühere Leitwerte wie Wohlstand, Fortschritt oder Gerechtigkeit auf das Ergebnis und die Verteilung von wirtschaftlichen Leistungen verweisen, die uns in eine bessere Zukunft führen sollen, verweist Zusammenhalt auf den genuin sozialen Charakter von Gesellschaften – auf Beziehungen und Bindungen, Verständnis und Verständigung, Respekt und Anerkennung – und damit auf soziale Qualitäten, die sich nicht unmittelbar politisch generieren oder manipulieren lassen.

Andererseits wurde die Corona-Krise von der Politik aber auch als besondere Bedrohung des Zusammenhalts identifiziert. Deutlich wird das etwa in einem Antrag der Bundestagsfraktion von Bündnis 90/Die Grünen vom Mai 2020. Dieser beginnt mit der folgenden Bestandsaufnahme:

Die Corona-Pandemie hat nicht nur eine gesundheitliche und ökonomische Krise zur Folge. Sie ist zugleich – trotz des geteilten Ziels der Eindämmung des Virus – eine Krise des sozialen Zusammenhalts und der gesellschaftlichen Inklusion. Menschen, denen schon zuvor die materiellen Mittel für ausreichende soziokulturelle Teilhabe fehlten, werden nun noch mehr an den Rand gedrängt. Wer vorher bereits abseits stand, droht nun noch stärker den Kontakt zu Mitmenschen zu verlieren. Die Entwicklungen der vergangenen Monate erzeugen Erschütterungen durch Arbeitslosigkeit, Existenz-

---

9 Philip Manow, Die Politische Ökonomie des Populismus, Berlin 2018.
10 Angela Merkel, Regierungserklärung vom 23. April 2020, https://www.bundeskanzlerin.de/bkin-de/aktuelles/regierungserklaerung-von-bundeskanzlerin-merkel-1746554 (Zugriff 27. August 2020).

gefährdung, Bildungsmangel, aber auch Einsamkeit, persönliche Überforderung und Verzweiflung.[11]

Zusammenhalt ist hier nicht Mittel, sondern Zweck der Politik – ein Zweck, der durch die Krise bedroht wird, was den Antragsteller:innen zufolge umfassende sozial- und bildungspolitische Investitionen notwendig mache. Neben der Funktion als Ressource ist dies eine zweite Rolle, die gesellschaftlicher Zusammenhalt in politischen Auseinandersetzungen gegenwärtig einnimmt: Der Begriff wird als ein Wert wahrgenommen, der nahezu allgemein auf hohe Zustimmung stößt. In Zeiten zunehmender Polarisierung ist er damit besonders geeignet, Legitimität für politische Forderungen zu erzeugen, wenn sie sich als Beitrag zum gesellschaftlichen Zusammenhalt *framen* lassen. Die Rede von Zusammenhalt dient somit auch der Legitimitätsbeschaffung. Was genau unter Zusammenhalt dabei jeweils verstanden wird und wofür konkret Unterstützung mit dem Verweis auf Zusammenhalt mobilisiert wird, ist allerdings weitgehend offen. Während der oben zitierte Antrag der Grünen etwa auf sozialpolitische Maßnahmen abzielt, argumentierten beispielsweise Union und FDP in ihrem Koalitionsvertrag von 2009, dass »eigentümergeführte Familienunternehmen« einen wichtigen Beitrag zum gesellschaftlichen Zusammenhalt leisteten, weswegen es die »Rahmenbedingungen für Mittelstand, Handwerk, Handel und Freie Berufe [zu] verbessern« gelte.[12]

Obwohl also die Hoffnungen bezüglich der positiven Folgen gesellschaftlichen Zusammenhalts breit geteilt und gerne politisch genutzt werden, gehen die Auffassungen darüber, wie und unter welchen Bedingungen gesellschaftlicher Zusammenhalt entsteht, wie und unter welchen Bedingungen er seine positiven Wirkungen entfaltet, was oder wer konkret Zusammenhalt bedroht und wie er folglich wieder gestärkt werden müsse, weit auseinander. Im Folgenden gehen wir zunächst genauer auf diese Desiderate der Zusammenhaltsdebatte ein und geben vor diesem Hintergrund einen Überblick zu den Leitfragen des 2020 neu etablierten Forschungsinstituts Gesellschaftlicher Zusammenhalt (FGZ), in dessen beginnende Arbeit und Forschungsprogrammatik dieser Band Einblicke geben will.

---

11 Fraktion Bündnis90/Die Grünen, Antrag: Den sozialen Zusammenhalt während der Corona-Krise und danach stärken. BT-Drs. 19/19492 vom 26. Mai 2020, Berlin 2020.
12 CDU/CSU/FDP, Wachstum, Zusammenhalt, Bildung. Koalitionsvertrag zwischen CDU, CSU und SPD, Berlin 2009, S. 24.

2. Der Begriff des gesellschaftlichen Zusammenhalts

Es mutet auf den ersten Blick erstaunlich an, dass selbst verfeindete politische Lager in zwei Dingen übereinzustimmen scheinen: zum einen in der Diagnose einer zunehmenden gesellschaftlichen Fragmentierung, zum anderen in der Beschwörung eines zu erneuernden gesellschaftlichen Zusammenhalts. Für dessen Stärkung werben in Deutschland unisono Parteien jeglicher Couleur, Unternehmer:innenverbände ebenso wie Sozialverbände, liberale Think Tanks ebenso wie Gewerkschaften. Allerdings wird schnell deutlich, dass der Begriff im politischen Diskurs die Funktion eines leeren Signifikanten einnimmt: Jenseits eines Kerngehalts, der sich auf ein irgendwie geartetes positives Verhältnis der Mitglieder zueinander und zu ihrem Gemeinwesen bezieht, ist er für eine Vielzahl von teilweise diametral entgegengesetzten Konzeptionen offen. Diese unterscheiden sich hinsichtlich der Art des Verhältnisses, das für Zusammenhalt als konstitutiv betrachtet wird, der kulturellen, politischen und sozioökonomischen Voraussetzungen eines solchen Verhältnisses und seiner gesellschaftlichen Konsequenzen. So stehen sich in der öffentlichen Debatte beispielsweise Konzeptionen gegenüber, die Zusammenhalt als Heimatverbundenheit und Identifikation mit einer kulturell homogenen Wertegemeinschaft, als durch soziale Gerechtigkeit geprägte solidarische Sozialbeziehungen, oder als Effekt politischer Inklusion interpretieren. Folglich werden im Namen des gesellschaftlichen Zusammenhalts so unterschiedliche politische Forderungen wie die nach einem Heimatministerium, der Einführung eines bedingungslosen Grundeinkommens oder der Stärkung plebiszitärer Beteiligungsmodell erhoben. Jüngst trat auch der Freiwilligen-Wehrdienst mit Heimatbezug hinzu, dessen Einrichtung Verteidigungsministerin Kramp-Karrenbauer ebenfalls mit der Notwendigkeit eines gestärkten gesellschaftlichen Zusammenhalts begründet hat.[13]

Der Eindruck einer beliebig-opportunistischen Begriffsverwendung wird durch den Beitrag von Quent et al. in diesem Band belegt, der die Verwendung von »gesellschaftlicher Zusammenhalt« in einer Stichprobe von knapp 700 deutschen Zeitungsartikel in den Jahren 2014–2019 untersucht und zu dem Ergebnis kommt, dass der Begriff in der Presse zumeist verwendet wird, »ohne ›Zusammenhalt‹ zu definieren oder tatsächliche Wirkungszusammenhänge zu benennen, schlüssig darzustellen oder gar zu hinterfragen.« Er werde vor allem von politischen Eliten genutzt, überwiegend normativ aufgeladen, setze entweder die hohe Bedeutung des »Zusammenhalts« für die Gesellschaft als allgemein anerkannt voraus oder beschwöre das Schwinden des »Zusammenhalts« als risikobehaftet und problematisch. Dabei würden Bezüge zu anderen Begriffen hergestellt, die ten-

---

13 https://www.spiegel.de/politik/deutschland/bundeswehr-annegret-kramp-karrenbauer-stellt-freiwilligen-wehrdienst-vor-a-355e94fb-2e5d-40fa-b832-cbf5c5bfc390 (Zugriff 27. August 2020).

denziell Harmonie, Stabilität und Selbstverantwortung betonten, aber auch Forderungen an die Politik artikuliert und mit der Sorge um den Zusammenhalt begründet.[14]

Diese begriffliche Vielfalt nehmen mehrere Beiträge zu diesem Band als Ausgangspunkt ihrer Überlegungen. Der Aufsatz von Forst nimmt das weite Spektrum der Begriffsverwendung zum Anlass, dafür zu argumentieren, dass wir »zwischen einem Konzept und Konzeptionen von Zusammenhalt unterscheiden sollten« und »die Frage des sozialen Zusammenhalts in historisch-soziale Kontexte stellen müssen«, da »Gesellschaften insbesondere dann Formen des Zusammenhalts generieren, wenn sie übergreifende soziale und politische Projekte definieren.«[15] In diesem Sinne vergleichen Axster et al. die Debatten um Zusammenhaltskonzeptionen zwischen Diversität und Homogenität in der deutschen Gesellschaft vor 100 Jahren und heute. Sie präparieren die besondere Schwierigkeiten heraus, die die Integration von marginalisierten Gruppen, wie den deutschen Jüd:innen in den 1920er Jahren oder den Migrant:innen und People of Color heute, in diese Zusammenhaltsvorstellungen bereitet(e) und zeigen eindrücklich die Kontinuität von antisemitischen Motiven über den Untersuchungszeitraum auf.

Koschorke spannt den Bogen noch grundsätzlicher von heutigen Auseinandersetzungen um Zusammenhalt und Polarisierung zur Geschichte des Liberalismus. Er argumentiert, dass liberale Gesellschaften stets auf die Akzeptanz einer neutralen Instanz (zunächst die Vernunft und heute zumeist die Verfassung) angewiesen waren, um das freie Spiel der gesellschaftlichen Kräfte im Zaum halten zu können. Die gegenwärtig beobachtete radikale Polarisierung vieler westlicher Gesellschaften zeichne sich dadurch aus, dass dieser neutrale Status und damit die Schiedsrichterrolle demokratischer Institutionen bestritten werde und diese damit unter Druck gerieten. Populistische Bewegungen brächten gegen die Organe der Repräsentativdemokratie eine soziale Kompetenz des »Volkes« aus Betroffenheit in Stellung, die dem Liberalismus ein alternatives Wissens-, Politik- und Gesellschaftsmodell entgegensetze. Dies falle ihnen leicht, weil der Liberalismus – mit den Dynamiken der Moderne und ihrer globalen Verflochtenheit konfrontiert – immer wieder aktuelle Ungleichheiten in einen Erwartungshorizont ihrer Aufhebung verwandeln müsse.

Diese Herausforderung stellt sich je nach Ort und Zeitpunkt unterschiedlich dramatisch, wie Engel und Middell in ihrem historischen Längs- und globalen Querschnitt zeigen. Ihre These lautet, dass sich die Erschütterungen des liberal-

---

14 Matthias Quent/Axel Salheiser/Dagmar Weber, Gesellschaftlicher Zusammenhalt im Blätterwald. Auswertung und kritische Einordnung der Begriffsverwendung in Zeitungsartikeln (2014–2019), in diesem Band, S. 86–87.

15 Rainer Forst, Gesellschaftlicher Zusammenhalt. Zur Analyse eines sperrigen Begriffs, in diesem Band, S. 42.

demokratischen Systems durch populistische Mobilisierungen (von links wie von rechts) nicht aus den endogenen Prozessen in einzelnen Gesellschaften erklären lassen, auch wenn sich die Forschung lange darauf konzentriert hat. Vielmehr bedarf es einer Einordnung in eine globalhistorische Dynamik, die nicht nur lokale wie nationale und globale Ungleichheiten zum Gegenstand der Kontroverse macht, sondern auch nach der Handlungsmacht für deren Bearbeitung fragen lässt. Erscheint diese allzu sehr eingeschränkt, kommt es zu Souveränitätspaniken, die dem Populismus eine besondere temporäre Durchschlagskraft verleihen und die liberalen Eliten als kosmopolitische Verräter an der Sache »des Volkes« erscheinen lassen.

Die soziologische und sozialpsychologische Debatte zu gesellschaftlichem Zusammenhalt orientiert sich, wie die Beiträge von Zick und Rees sowie Pickel et al. aufzeigen, am englischen Schwesterbegriff *social cohesion*, ohne dass damit das Bild unmittelbar schärfer würde.[16] In der Literatur finden sich ganz unterschiedliche Begriffsverständnisse, die *social cohesion* entweder eher kulturell, als subjektive Einstellungen gegenüber Mitbürger:innen und Gemeinwesen beziehungsweise als geteiltes Set von Werten und Idealen, oder eher strukturell als Muster sozialer Beziehungen und Praktiken beziehungsweise als bestimmte Verteilung sozioökonomischer Ressourcen und politischer Beteiligungschancen konzipieren.[17] Häufig finden sich auch Definitionsversuche, die einige oder alle dieser Alternativen zu kombinieren versuchen. Eines der Anliegen des FGZ besteht darin, diese Beobachtungen nicht nur auf die deutsche Gegenwartsgesellschaft zu beschränken, sondern die internationalen Varianten der Vorstellungen von sozialer Kohäsion zu eruieren. Wie Sackmann aufzeigen kann, ist eine solche Einbeziehung der Varianz von Vorstellungen vom gesellschaftlichen Zusammenhalt aber zwingend geboten, weil sie heute intensiv miteinander verbunden sind. Anhand der Berichterstattung zu Pandemien in der deutschen Presse am Anfang des 21. Jahrhunderts und 2020 demonstriert er im Detail, wie Diskurse über die Qualität des gesellschaftlichen Zusammenhalts in anderen Weltregionen unsere Fähigkeiten beeinflussen, über die Grenzen von Ländern und Kulturen zu lernen und soziale Praktiken aufzugreifen, die etwa für die Pandemiebekämpfung essenziell geworden sind.

Diese internationale Verflochtenheit der Diskurse über gesellschaftlichen Zusammenhalt und die ihm zugrunde liegenden Prinzipien für die Gestaltung von

---

16 Für die Diskussion des Begriffs *social cohesion* siehe Dick Stanley, What do We Know about Social Cohesion: The Research Perspective of the Federal Government's Social Cohesion Research, in: The Canadian Journal of Sociology 28 (2003), H. 1, S. 5–17; Joseph Chan/Ho-Pong To/Elaine Chan, Reconsidering Social Cohesion: Developing a Definition and Analytical Framework for Empirical Research, in: Social Indicators Research 75 (2006), S. 273–302.

17 David Schiefer/Jolanda van der Noll, The Essentials of Social Cohesion: A Literature Review, in: Social Indicators Research 132 (2017), S. 579–603, S. 587.

Politik und Alltag macht Kaske am Beispiel Chinas sichtbar: Scheinbar ähnlich lautende Formulierungen, wie der vor einigen Jahren in der Volksrepublik prominente Slogan von der »harmonischen Welt«, meinen ganz andere gesellschaftlichen Arrangements im Kontext einer anderen Gesellschaftstheorie. Die je eigenen Arrangements zu propagieren, gehört heute zum politischen Wettbewerb, der im Feld der *soft power*-Instrumente ausgetragen wird, das nicht mehr so eindeutig von westlichen Akteuren dominiert wird, wie das vielleicht noch Joseph Nye vor Augen gehabt haben mag. Neben der gesellschaftswissenschaftlichen und der historischen bedarf es mithin auch einer ausgedehnten regionalwissenschaftlichen Expertise, um ein nicht mehr auf einzelne Gesellschaften begrenztes Verständnis von Zusammenhalt analysieren zu können.

Die Vielzahl der diskutierten Faktoren verweist auf die unterschiedlichen Schwerpunktsetzungen in den beteiligten Disziplinen, oder anders gewendet: auf die Tatsache, dass das Thema gesellschaftlicher Zusammenhalt definitiv zu groß und komplex für ein einzelnes Fach ist (vgl. hierzu die Diskussion zwischen Pickel, van Laak und Decker in diesem Band). Mit dem vorliegenden Band, der eine Art Momentaufnahme am Beginn einer mehrjährigen Kooperation über Disziplinen- und Regionengrenzen hinweg markiert, versuchen wir uns zunächst zu vergegenwärtigen, welche Beiträge die einzelnen Fächer bisher in der Debatte geleistet haben und wo mögliche Brücken für den interdisziplinären Dialog vermutet werden können. Dies wird erleichtert durch die Tatsache, dass zwar die Überlegungen in den verschiedenen Disziplinen auf deren jeweiligen Spezialisierungen gründen, aber doch immer wieder um gesellschaftliche Anwendungen dieses Wissens kreisen und die Einbettung »ihrer« Wissensbestände im Blick behalten. Dies führt etwa Thym für die Rechtswissenschaft und ihre Anwendungen in der Beurteilung von migrationsbezogener Rechtsprechung aus. Er bestätigt Koschorkes Befund am konkreten Beispiel der fortdauernden Debatte um eine Grenzschließung zur Abwehr von Zuwanderung 2015 und konstatiert, »dass die öffentliche Berufung auf das Grundgesetz und hieran anschließende Verfassungsgerichtsurteile politische Streitigkeiten nicht notwendig befriedigen«.[18] Die grundsätzlichen Kompromissbereitschaft sei vielmehr erodiert und die Akzeptanz der auf Vermittlung gerichteten Verfassungsgerichtsurteile stehe nun sogar in der Bundesrepublik mit ihrem Verfassungspatriotismus und ihrer Hochachtung des BVerfG als Ausdruck einer spezifisch bundesrepublikanischen Konsensbereitschaft und -sehnsucht, in Frage. Der Ausweg läge, so der Vorschlag Thyms, nicht in einer Rückkehr zur verlorengegangenen Stabilität, sondern in einer aktiv werbenden Rolle des Staates für eine Identifikation aller, d. h. vermeintlich Auto-

---

18 Daniel Thym, Verfassungspatriotismus in der Migrationsgesellschaft, in diesem Band, S. 180.

chthoner wie Zugewanderter, mit dem Gemeinwesen, die auch einen eigenen gesellschaftlichen Ort, die »Zivilsphäre«, haben solle:

> Man mag insofern idealtypisch drei Bereiche unterscheiden. Erstens eine Privatsphäre der
> individuellen Moral, in der jeder nach seiner Fasson glücklich werden soll und eine staat-
> liche Einflussnahme prinzipiell ausscheidet. Zweitens eine Zivilsphäre, in der der Staat
> werbend Einfluss nehmen darf, ohne typischerweise etwas erzwingen zu können, die aber
> gleichwohl das gesellschaftliche Miteinander prägt. Drittens schließlich die hoheitliche
> Sphäre, in der der Staat mittels Gesetzen häufig auch ein bestimmtes Verhalten vorschreibt.
> Der Schwerpunkt der kulturellen Selbstverständigung betrifft die mittlere Zivilsphäre, die
> analytisch schärfer von der privaten Lebensgestaltung unterschieden werden sollte.[19]

Während Thym mögliche Reaktionen auf schwindenden Zusammenhalt anvisiert,
richten Salheiser et al. den Blick auf die Ursachen der sich vertiefenden Disparitäten. Sie stellen unter anderem fest, »dass das international beobachtbare Phänomen des Erstarkens des Rechtspopulismus mit sozialräumlichen Strukturdisparitäten zusammenhängt«. In den letzten Jahrzehnten habe sich eine kulturelle,
ökonomische und politische Kluft zwischen urbanen und ländlichen Räumen
entwickelt, für deren Überbrückung bisher kein erfolgversprechendes politisches
Regulativ in Aussicht stehe.[20] Aus sozialgeographischer und politik- bzw. finanzwissenschaftlicher Sicht gehen das dahinter liegende Problem »gleichwertiger Lebensverhältnisse«, wie sie das Grundgesetz als Zielvorstellung markiert, die Beiträge von Dirksmeier et al. und Lorenz et al. an. Die Vorgaben des Grundgesetzes
zur Herstellung gleichwertiger Lebensbedingungen für Politik und Raumplanung
erzeugen ein doppeltes Problem: sie sollen im Zuge eines Wettbewerbes (um Investitionen, Ausstattung mit Infrastrukturen, Steuereinnahmen und vieles andere
mehr) hergestellt werden, der doch zunächst auf die Betonung und Vertiefung der
Unterschiede setzt (auch wenn diese durch Bundesgesetzgebung, Länderfinanz-
ausgleich, nationale Infrastrukturplanungen usw. gedämpft werden). Und der Begriff der Gleichwertigkeit führt eine Vielfalt von Faktoren und Komponenten,
einschließlich einer subjektiven Wahrnehmung von Lebensqualität, ein, die sich
einer übersichtlichen Messung und darauf fußenden evtl. Korrektur entziehen.
Damit wird deutlich, dass die Gleichwertigkeit der Lebensverhältnisse vom
Fortbestand eines Konsenses über die Grenzen hinnehmbarer Unterschiede und
vom Engagement der Gesellschaftsmitglieder zur fortgesetzten Aushandlung dieser
Grenzen abhängt. Ob dies gegenwärtig in einem ausreichenden Maß gegeben ist,
verdient genauere Untersuchung. Grimm et al. erörtern wiederum aus arbeitsso-
ziologischer Sicht die Frage, wie Veränderungen der Arbeitswelt (etwa durch Digitalisierung und die wachsende Bedeutung transregionaler Wertschöpfungsketten)
die Chancen auf Zusammenhalt beeinflussen, während Holubek et al. den Blick

---

19 Ebd.
20 Salheiser et al. in diesem Band, S. 192.

darüber hinaus weiten auf die Veränderungen in Status und Zukunftserwartungen der sog. Mittelschichten, die für den Zusammenhalt offensichtlich als Trägerschichten eine besondere Funktion haben. Dies führt zu einem der fundamentalen Probleme der Zusammenhaltsforschung, wie Pickel et al. an mehreren Beispielen zeigen: Kommt man den Ursachen für gravierende Veränderungen in Bezug auf den Zusammenhalt am besten näher, indem man (durch großangelegte Befragungen oder durch eher qualitative Untersuchungen von kleineren Gruppen) Einstellungen erhebt oder sollte man sich den strukturellen Veränderungen in der Gesellschaft zuwenden und nach deren Wirkungen auf die Lebenswirklichkeit der Menschen fragen? Eine zufriedenstellende Antwort kann mit gutem Recht in der Kombination beider Vorgehensweisen gesucht werden – substantielle Veränderungen der vielfältigen Lebenswirklichkeit haben offensichtlich Wirkungen auf das Verhalten (einschließlich des Zusammenhaltens in seiner je spezifischen Ausprägung), indem sie auf eine bestimmte Weise wahrgenommen und eingeordnet wurden. Dieser an sich schon hochkomplexe und nicht leicht zu entschlüsselnde Vorgang, der in den nächsten Jahren die sozialwissenschaftlich-empirische Forschung des FGZ intensiv beschäftigen wird und zu eigenen umfangreichen Datenerhebungen veranlasst, lässt sich wiederum nicht ohne jene Rahmungen (*frames*) verstehen, die die Medien (im weitesten Sinne) produzieren und immer wieder transformieren. Hasebrink et al. weisen nicht nur auf die enorme Aufmerksamkeit hin, die der Mediensektor in der aktuellen Debatte über gesellschaftlichen Zusammenhalt erfährt, sondern auch auf die Schwierigkeiten der Medienakteur:innen, ihre Rolle in diesem Kontext neu zu reflektieren.

Auch wenn damit zahlreiche Dimensionen angesprochen sind, ist doch bislang auch auf begrifflicher Ebene noch nicht befriedigend geklärt, welche Merkmale als konstituierende Bestandteile von gesellschaftlichem Zusammenhalt gelten sollen und welche sich eher auf Voraussetzungen oder erwartete Folgen von Zusammenhalt beziehen.[21] Ebenso bleibt zu fragen, wer welche politischen Ziele oder gesellschaftlichen Wertvorstellungen mit der Betonung eines spezifischen Verständnisses von gesellschaftlichem Zusammenhalt verfolgt.

Das Bild verkompliziert sich weiter, wenn man aus normativer Perspektive die rein affirmative Bezugnahme auf gesellschaftlichen Zusammenhalt kritisch hinterfragt und sich die Ambivalenzen des Phänomens vergegenwärtigt. So bedeutet die Stärkung des Zusammenhalts innerhalb einer Gruppe nicht selten eine verschärfte Abgrenzung gegenüber anderen Gruppen, etwa wenn eine pulsierende Stadtteilkultur zur Verdrängung einkommensschwacher Mieter:innen führt oder wenn »Einheimische« ihr Zusammengehörigkeitsgefühl durch Abgrenzung gegenüber Migrant:innen stärken. Solche Formen von exkludierendem Zusam-

---

21 Chan et al., Reconsidering Social Cohesion (Anm. 16).

menhalt machen deutlich, dass auch die normativen Fragen, ob gesellschaftlicher Zusammenhalt immer etwas Gutes ist oder ob zumindest bestimmte Ausprägungen mit liberalen Grundwerten wie Freiheit und Toleranz in Konflikt stehen, wissenschaftlich und öffentlich diskutiert werden müssen. Fraglich ist hier insbesondere, ob kulturelle Formen von Zusammenhalt, die auf geteilten Werten und Überzeugungen beruhen, tendenziell eher zur Exklusion von marginalisierten Gruppen neigen, als solche, die sich aus der Inklusion in politische und ökonomische Strukturen ergeben.[22]

Im Ergebnis der bisherigen Ausführungen gibt es in unseren Augen gute Gründe dafür, der wissenschaftlichen Arbeit eines neu gegründeten Forschungsinstituts, das sich dem gesellschaftlichen Zusammenhalt zuwendet, gerade kein substanzielles, mit normativen Implikationen versehenes Verständnis von gesellschaftlichem Zusammenhalt zugrunde zu legen, sondern sich zu diesem Begriff und dem Spektrum seiner Verwendungen zunächst einmal reflexiv zu verhalten. Dies bedeutet, aus der Not eines vielseitig verwendbaren und vielfach instrumentalisierten Begriffes insofern eine Tugend zu machen, als wir gerade von seiner Vieldeutigkeit ausgehen und Strategien aufzeigen, wie er in seiner Potentialität zur Polarisierung und Spaltung entschärft werden kann.

Dies entbindet uns jedoch nicht von der Pflicht, eine abstrakte, normativ enthaltsame Arbeitsdefinition vorzulegen, die sich je nach Fragestellung und Erkenntnisinteresse zu unterschiedlichen Konzeptionen verdichten lässt. Der von Forst ausgearbeitete Vorschlag setzt bei den strukturellen Merkmalen gesellschaftlichen Zusammenhalts an, wobei in der Regel fünf Ebenen beziehungsweise Aspekte adressiert werden, die analytisch zu unterscheiden sind.[23]

Gesellschaftlicher Zusammenhalt bezieht sich demnach auf »(1) individuelle bzw. kollektive Haltungen oder *Einstellungen* zu sich selbst und anderen, (2) individuelle und kollektive *Handlungen* und Praktiken, (3) die Intensität und Reichweite sozialer *Beziehungen* und Netzwerke, (4) systemische, *institutionelle Zusammenhänge* der Kooperation und Integration und schließlich (5) die gesellschaftlichen *Diskurse* in einer Gesellschaft über ihren Zusammenhalt.«[24]

Um methodisch kontrollierte empirische Untersuchungen anzuleiten, muss ein umfassender Begriff des sozialen Zusammenhalts diese fünf Aspekte umfassen und sie entsprechend den historisch-konkreten Konfigurationen inhaltlich füllen. Er muss spezifizieren, welche Haltungen und (kognitive wie affektive) Einstel-

---

22 Tuğba Sevinç, Three Approaches to Social Unity and Solidarity, in: Critical Review of International Social and Political Philosophy (2019), https://doi.org/10.1080/13698230.2019.1697843.

23 Die folgenden Absätze zum Begriff des gesellschaftlichen Zusammenhalts beruhen auf Abschnitten des FGZ-Gründungsantrags, die von Rainer Forst ausgearbeitet wurden. Diese Überlegungen werden in Forsts Beitrag zu diesem Band fortgesetzt und vertieft.

24 Rainer Forst, Gesellschaftlicher Zusammenhalt, in diesem Band S. 43.

lungen einen Kontext des Zusammenhalts auszeichnen, welche Handlungen und Praktiken ihn konstituieren, auf welche Formen sozialer Beziehungen er referiert und was sozialer Zusammenhalt in einer komplexen, ausdifferenzierten modernen Gesellschaft in Bezug auf soziale Systeme und Institutionen der Kooperation bedeutet. Dies macht den Blick auf Strukturbedingungen sozialer Kooperation nötig, die gesellschaftsübergreifend sind. Zudem sind die unterschiedlichen gesellschaftlichen Diskurse über den Zusammenhalt zu analysieren.

Diese Arbeitsdefinition dient dazu, die Aspekte und Konstitutionsbedingungen von Zusammenhalt (als Zustand oder Prozess) zu differenzieren und in einem Zusammenspiel unterschiedlicher wissenschaftlicher Methoden untersuchen zu können. Sie ist, wie Forst es ausdrückt, »normativ neutral« gehalten, da sie weder festlegt, welcher Art die geforderten Einstellungen sind und welche Quellen diese haben, noch vorbestimmt, wie stark und explizit der Gemeinschaftsbezug der relevanten Praktiken ist und welche Form sozialer Kooperation und Integration hinreicht, um von Zusammenhalt zu sprechen.[25] Dies heißt jedoch nicht, dass nicht unterschiedliche normative Vorstellungen von Zusammenhalt, die in der Gesellschaft anzutreffen sind und einander gegebenenfalls widerstreiten, Gegenstand der Untersuchungen sind; und es heißt auch nicht, dass sich die Forscher:innen des FGZ keine normativen Positionen zum Zusammenhalt in einer modernen Demokratie zutrauen. Sie sind sich aber dessen bewusst, dass dies ein eigens auszuweisender, methodisch zu reflektierender Schritt ist.

Ausgehend von einem solchen normativ neutralen Konzept des Zusammenhalts ist es möglich, dessen Vielstimmigkeit in Hinsicht auf Vorstellungen davon zu untersuchen, welche Haltungen, Handlungen, Beziehungen, Zusammenhänge und Diskurse ihn jeweils konstituieren beziehungsweise für seinen Verlust verantwortlich sind. Verwendungsweisen des Konzepts, die auf gemeinsame Traditionen, geteilte Werte und Gewohnheiten und soziale Homogenität setzen, stehen Auffassungen gegenüber, denen zufolge demokratischer Streit, kulturelle Diversität und Toleranz für Andersartigkeit zeitgemäße Ausdrucksformen eines gelungenen sozialen Miteinanders sind. Aus grundlagentheoretischer Perspektive betont Forst, dass der Begriff des Zusammenhalts selbst nicht die normativen Ressourcen enthält, zwischen diesen voneinander abweichenden, zum Teil sogar entgegengesetzten Vorstellungen zu entscheiden. Der Begriff selbst ist »normativ abhängig«, das heißt er benötigt, um normativ verwendet zu werden, weitere evaluative Begriffe als Hinzufügungen, die nicht selbst aus dem deskriptiven Begriff gewonnen werden können.[26]

---

25 Ebd. S. 44.
26 Ebd.

3. Quellen und Gefährdungen des Zusammenhalts

Die unterschiedlichen Konzeptionen von Zusammenhalt gehen mit verschiedenen Auffassungen darüber einher, aus welchen Quellen sich Zusammenhalt speist, welche Faktoren die Intensität und Ausprägung von Zusammenhalt bestimmen und was ihn gefährdet. Während beispielsweise die kulturelle Zusammensetzung einer Gesellschaft für Ansätze eine wichtige Rolle spielt, die Zusammenhalt als eine auf geteilten Werten beruhende Wir-Identität konzeptualisieren, fokussieren Auffassungen, die Zusammenhalt als Resultat politischer Partizipation verstehen, auf die Qualität und Ausgestaltung politischer Prozesse. Faktoren wie die Verteilung von Arbeit, Einkommen und Vermögen spielen eine zentrale Rolle für Ansätze, denen egalitäre soziale Beziehungen, oder zumindest wohlfahrtsstaatliche Balancen, als Voraussetzung gesellschaftlichen Zusammenhalts gelten. Diese unterschiedlichen Perspektiven auf Zusammenhalt finden sich auch in den verschiedenen wissenschaftlichen Disziplinen wieder, die gesellschaftlichen Zusammenhalt erforschen. Kulturwissenschaftliche und sozialpsychologische Ansätze betonen eher kulturelle Orientierungen und Rahmenbedingungen, Soziolog:innen fokussieren stärker auf sozioökonomische Faktoren bzw. soziokulturelle Differenzierungen und Politikwissenschaftler:innen betonen die Bedeutung von politischer Partizipation und der sie rahmenden politischen Institutionen für gesellschaftlichen Zusammenhalt. Die Liste ließe sich mit Verweisen auf die verschiedenen Disziplinen fortsetzen, die sich der Wirklichkeit von Zusammenhalt (bzw. dem Streben nach dessen Verbesserung oder qualitativer Veränderung) in den verschiedenen Gesellschaftsbereichen widmen – seien es die Raumwissenschaft oder die Finanzwissenschaft bei Maßnahmen oder Planungen zur Herstellung von Verteilungsgerechtigkeit auf der Ebene von Meso- und Mikroregionen, sei es die Rechtswissenschaft mit dem Blick auf regulierende Eingriffe in den Zusammenhalt und Gerichtsentscheidungen, die sich an normativen Vorstellung von dessen Vorliegen oder Gefährdung ausrichten. Die große Zahl von sog. Bindestrich-Soziologien, aber auch Bildungs-, Kultur- und Medienwissenschaften widmen sich den vielen Ebenen, auf denen gesellschaftlicher Zusammenhalt wirksam oder als Problem angesprochen wird. Die Reihe ließe sich mühelos bis zur Kriminalwissenschaft und den Untersuchungen devianten Verhaltens verlängern, in deren Bearbeitung prominent Foucault die Verhandlung von Gesellschaften über ihre Normen und Herrschaftsverhältnisse erkannt hatte.

Interessanterweise hat die Geschichtswissenschaft, die ihre Professionalisierung am Ende des 19. Jahrhunderts der engen Bindung an das durchgreifende Projekt einer Herstellung von gesellschaftlichem Zusammenhalt über (die von Historiker:innen so massiv mit betriebene) Nationalisierung verdankt, inzwischen eher die Rolle der skeptischen Kommentatorin übernommen. Historiker:innen treten ihren Kolleg:innen aus anderen Fächern zur Seite, indem sie den Gebrauch (oder auch Missbrauch) von Geschichte darauf prüfen, inwieweit hier einfach wieder eine *invention of tradition* für gegenwärtige Zusammenhaltsfantasien vorliegt. Unter gesellschaftlichen Zusammenhalt wurde im Zeitverlauf eben ganz Verschiedenes verstanden und oftmals traten (zuweilen sogar nichtintendierte) Handlungsfolgen ein, die *à la longue* nicht Stärkung, sondern Schwächung des Zusammenhalts bedeuteten. Ist Zusammenhalt also in längerer geschichtlicher Perspektive eher kontingent? So weit würden vermutlich die meisten Historiker:innen nicht gehen, aber doch auf eine methodisch und theoretisch nur schwer handhabbare Faktorenvielfalt verweisen, die eindeutige Antworten auf die Fragen zum Zusammenhalt eher erschweren dürfte.

Was als Quelle und Gefahr von Zusammenhalt gilt und welche Faktoren die Ausprägung von Zusammenhalt bestimmen, ist daher auch eine Frage der jeweiligen Forschungsheuristik und disziplinären und theoretisch-methodischen Perspektive. Dies ist der Grund für unsere Überzeugung, dass die bestmögliche Annäherung an eine umfassende Analyse der Entstehungsbedingungen und Auswirkungen gesellschaftlichen Zusammenhalts nur als interdisziplinäres Projekt gelingen kann, in dem die verschiedenen Perspektiven miteinander ins Gespräch gebracht werden.

In einem ersten Zugriff erscheint es uns sinnvoll, bei den Faktoren, die die Intensität und Ausprägung von sozialem Zusammenhalt beeinflussen, zwischen drei Kategorien zu unterscheiden: (1.) sozioökonomischen Faktoren, die die gesellschaftliche Verteilung von Ressourcen und Chancen abbilden und soziale Beziehungen und Praktiken rahmen. Gesellschaftlicher Zusammenhalt wird weiter von (2.) kulturellen Faktoren beeinflusst, die eine affektive und kognitive Dimension aufweisen und erheblich durch politische und gesellschaftliche Diskurse und bestimmte Formen kollektiv wirksamen Erzählens geprägt sind. Schließlich wird gesellschaftlicher Zusammenhalt (3.) von politisch-institutionellen Strukturbedingungen beeinflusst, die von kleinteiligen administrativen Regelungen über datentechnische Standardisierungen bis hin zu großräumigen politischen, administrativen und juridischen Institutionen und (Infra-)Strukturen reichen.

3.1. Sozioökonomische Faktoren

Für das Entstehen und die Ausformung gesellschaftlichen Zusammenhalts sind zunächst sozio-ökonomische Faktoren relevant, die sowohl auf der Makroebene als auch auf der Mikroebene wirken und in den letzten Jahrzehnten von massiven Veränderungen betroffen sind. Diagnosen eines steigenden Wohlstandes, der Sicherheitsgarantien eines entwickelten Wohlfahrtstaates sowie eine alle Schichten umfassende Bildungsexpansion seit den 1950er Jahren, befördern einerseits Erwartungen schwindender sozialer Ungleichheit und größerer sozialer Mobilität.[27] Andererseits stehen ihnen zunehmend Beobachtungen einer sich verändernden globalen Situation gegenüber, die vom Aufstieg neuer Wirtschaftsmächte jenseits des »alten Westens«, aber auch durch die Zunahme von Ungleichheit und ihrer destabilisierenden Effekte gekennzeichnet ist. Während die einen die Zielvorstellung einer »möglichst chancengleiche[n] Teilhabe aller Personen an den zentralen Bereichen des gesellschaftlichen Lebens« formulieren, wie der Sachverständigenrat deutscher Stiftungen für Integration und Migration,[28] weisen andere auf sozioökonomische und politische Entwicklungen auf der Makroebene hin, in denen sie erhebliche Gefahren für den gesellschaftlichen Zusammenhalt erblicken.[29] Anhaltender technologischer Wandel, veränderte Produktionsbedingungen und der Wandel der Erwerbsarbeit, weltweite ökonomische und politische Krisen und damit verbundene Migrationsbewegungen sowie steigende ökonomische Unsicherheit und mangelnde politische Repräsentation gelten als solche Gefahren und werden deshalb auch als Gründe für das Erstarken populistischer Parteien angeführt.[30] Die Zunahme von ökonomischen und sozialen Ungleichheiten fordert den Zusammenhalt in besonderer Weise heraus, indem sie sozialen Vergleich, Statuskonkurrenz und Statusstress befördert und damit möglicherweise Solidarität und wechselseitige Verständigung zwischen den auseinanderdriftenden Bevölkerungsgruppen erschwert.[31]

Diese soziostrukturellen Makroentwicklungen rahmen soziale Beziehungen und Praktiken auf der Mikroebene, die Formen sozialen Zusammenhalts generieren. Dazu gehören Formen des Zusammenlebens und -arbeitens in kleinräumlichen Kontexten, etwa Betrieben und Familien, in Nachbarschaften und anderen sozialräumlich variierenden Lebensumfeldern, die aufgrund struktureller Fakto-

---

27 Mark Gradstein/Moshe Justman, Education, Social Cohesion, and Economic Growth, in: American Economic Review 92 (2002), H. 4, S. 1192–1204.

28 Sachverständigenrat deutscher Stiftungen für Integration und Migration, Integration im föderalen System: Bund, Länder und die Rolle der Kommunen, Jahresgutachten 2012 mit Integrationsbarometer, Berlin 2012, S. 55–57.

29 Caroline Beauvais/Jane Jenson, Social Cohesion: Updating the State of the Research, CPRN Discussion Paper No. F|22, Ottawa 2002.

30 Pauline Cheong/Rosalind Edwards/Harry Goulbourne/John Solomos, Immigration, Social Cohesion and Social Capital: A Critical Review, in: Critical Social Policy 27 (2007), H. 1, S. 24–49; Richard Traunmüller, Religiöse Diversität und Sozialintegration im internationalen Vergleich, in: Kölner Zeitschrift für Soziologie und Sozialpsychologie 65 (2013), H. 1, S. 437–465; Manow, Politische Ökonomie (Anm. 9).

31 Andreas Reckwitz, Die Gesellschaft der Singularitäten. Zum Strukturwandel der Moderne, Berlin 2017; Michèle Lamont, From »Having« to »Being«: Self-Worth and the Current Crisis of American Society, in: The British Journal of Sociology 70 (2019), H. 3, S. 660–707; Groh-Samberg et al., Statuskonkurrenzen und soziale Spaltungen.

ren (wie etwa Wirtschaftskraft, Einwohnerdichte, Infrastruktur), soziodemografischer Faktoren (etwa Alter, Bildung, Geschlecht, Stellung im Erwerbsleben) und kultureller Faktoren (Vorstellungen von sich selbst und Anderen, soziale Normen sowie Dichte und Intensität sozialer Beziehungen) lebensgestaltend und politisch orientierend wirken.[32] Dabei geht es um Mikrodynamiken des Zusammenwirkens – oder auch deren vielfältiger Störungen – zwischen Organisationseinheiten wie kommunalen Dienstleistungsanbietern, Betrieben oder städtischen Strukturen auf der einen, den Alltags- und Lebenswelten der Menschen auf der anderen Seite.

3.2. Kulturelle Faktoren

Kulturelle Faktoren, die auf der Mikroebene in der Form spezifischer Affekte und kognitiver Überzeugungen wirkmächtig werden und von den herrschenden Diskursen und kulturellen Narrativen auf der Makroebene geprägt sind, spielen ebenfalls eine prominente Rolle in Erklärungen des Zusammenhalts. Affekte und Emotionen können zwei unterschiedliche Funktionen bei der Analyse gesellschaftlichen Zusammenhalts einnehmen. Sie können, wie wir in der Arbeitsdefinition oben begründet haben, erstens Teil der Einstellungen und Haltungen sein, die Zusammenhalt konstituieren. Gefühle der Zusammengehörigkeit, der Vertrautheit und des Vertrauens auf das kooperative Verhalten anderer ließen sich hier nennen. Für die Analyse der Entstehungsbedingungen und der Ausprägung des Zusammenhalts ist jedoch zweitens entscheidend, aus welchen Emotionen beziehungsweise Erfahrungen sich diese Verbundenheit mit einem Gemeinwesen jeweils speist. Aus diesem Blickwinkel sind Emotionen Quellen des Zusammenhalts, die sich potenziell auf seine Eigenschaften auswirken. Hier ist zu fragen, welche Rolle so unterschiedliche Emotionen wie Dankbarkeit oder Solidarität, Neid oder verwehrte Anerkennung, Angst vor Fremden oder ein Überlegenheitsgefühl gegenüber ihnen für das Entstehen von Zusammenhalt spielen und wie sie sich jeweils auf die Stabilität und sozialen Folgen des von ihnen gestifteten Zusammenhalts auswirken.

Die emotionale Dimension des Zusammenhalts kommt jedoch nicht ohne Bezug auf die kognitive Komponente aus. Diese umfasst zum einen Semantiken, Rationalisierungen und Logiken von Zugehörigkeit und Solidarität, zum anderen

---

32 Siehe hierzu Armin Schäfer, Beeinflusst die sinkende Wahlbeteiligung das Wahlergebnis? Eine Analyse kleinräumiger Wahldaten in deutschen Großstädten, in: Politische Vierteljahresschrift 53 (2012), H. 2, S. 240–264; Armin Schäfer/Robert Vehrkamp/Jérémie F. Gagné, Prekäre Wahlen. Milieus und soziale Selektivität der Wahlbeteiligung bei der Bundestagswahl 2013, Gütersloh 2013; Heiko Giebler/Sven Regel, Wer wählt rechtspopulistisch? Geografische und individuelle Erklärungsfaktoren bei sieben Landtagswahlen, Bonn 2017.

die praktisch-materiellen Beziehungen, Handlungen und Haltungen der Einzelnen zueinander, zu ihren Gruppen und zur Gesellschaft, die rational erschlossen, verhandelt, geplant und umgesetzt werden. So ist es ebenso eine kognitive Operation, gemeinsame Werte einer sich als demokratisch und gleichberechtigt verstehenden Gesellschaft aus historischen Ereignissen abzuleiten, wie es eine ist, auf Basis rassistischer Logik Teile der Bevölkerung vom zusammenhaltenden Ganzen auszuschließen. Zudem sind emotionale Zusammenhaltsdiskussionen oft verzahnt mit ganz praktischen Erwartungen materieller Vorteile, sei es in der »positiven« Form gegenseitiger Solidarität oder in »negativer« Gestalt als Aneignung des Besitzes oder der Marktposition der Ausgeschlossenen.

Für Verhandlungen des sozialen Zusammenhalts spielen jedoch nicht nur unmittelbare subjektive Erfahrungen, sondern auch die jeweils herrschende Diskurslage und die kommunikativen Rahmenbedingungen der politischen Kultur eine wichtige Rolle. Ob Menschen dem Gemeinwesen mit Zutrauen begegnen oder aber von Desintegrationsängsten geplagt werden, hängt nicht allein von objektivierbaren Faktoren ab. Vertrauen in das Gemeinwesen wird in hohem Maß durch medial verbreitete Zustandsbeschreibungen und Deutungen beeinflusst, die jede Gesellschaft fortlaufend von sich selbst erzeugt – und die entsprechend politisch manipulierbar sind. Als besonders wirkungsvoll erweisen sich hierbei politische Narrative und andere Formen kollektiv wirksamen Erzählens, die aufgrund ihres Gruppenbezugs einerseits soziale Kohäsion befördern, andererseits Spannungslagen verschärfen und Spaltungen erzeugen können.[33] Dazu zählen Narrative von gesellschaftlicher Homogenität oder Pluralität und von Gleichberechtigung oder Ungleichwertigkeit beim Zugang zu Rechten und Ressourcen. Zudem können Narrative in dem Grad variieren, in dem Menschen an den Diskursen aktiv teilhaben und ihre eigenen Lebensentwürfe, Werte und Ziele zu artikulieren vermögen. Die mit der Digitalisierung und Mediatisierung verbundenen tiefgreifenden Veränderungen der politischen und sozialen Kommunikation haben diese Prozesse in den letzten beiden Jahrzehnten grundsätzlich gewandelt. Sie haben einerseits die Möglichkeit zur Teilnahme am medialen Diskurs demokratisiert und Inhalte pluralisiert, andererseits jedoch zu einer Machtkonzentration bei wenigen Plattformanbietern geführt, deren von wirtschaftlichen Interessen geprägten Nutzungsbedingungen gesellschaftliche Selbstverständigungsprozesse nun wesentlich beeinflussen.

---

33 Siehe Shaul Shenhav, Political Narratives and Political Reality, in: International Political Science Review 27 (2006), H. 3, S. 245–262.

3.3. Politisch-institutionelle Faktoren

Schließlich sind politische und institutionelle Strukturbedingungen zu nennen, die für soziale Kohäsion wichtig sind. Dazu zählen einerseits die politischen Institutionen und Parteiensysteme, die kollektives Handeln rahmen, produktive Konflikte ermöglichen und nationale Identitäten stiften,[34] andererseits die Funktionsfähigkeit bestehender öffentlicher Institutionen mitsamt der von ihnen bereitgestellten physischen und administrativ-juridischen Infrastruktur.[35] Zu nennen sind hier Bildung und medizinische Versorgung, Mobilität und Sicherheit, transparente Verwaltung und rechtsgebundene Gerichtsbarkeit. Die Qualität dieser Leistungen und die Modalitäten des Zugangs zu ihnen – wie etwa Antragsverfahren und Bedürfnisprüfungen –, wirken sich vielfältig auf die Wahrnehmung gesellschaftlichen Zusammenhalts – oder seines Fehlens – aus. Insofern ist es naheliegend, dass die Infrastrukturpolitik von politischen Entscheidungsträger:innen potentiell als zentrales Werkzeug angesehen wird, um auf gesellschaftlichen Zusammenhalt einzuwirken.

Bezogen auf die politischen Institutionen beobachten Sozialwissenschaftler:innen einen Trend zu einer stärkeren Polarisierung der Parteiensysteme in westlichen Demokratien, eine Erosion der Volksparteien und sinkende Zustimmung zu demokratischen Parteien. Diese Entwicklungen werden häufig als Folgen der oben beschriebenen ökonomischen und kulturellen Wandlungsprozesse beschrieben. Wahlerfolge rechtspopulistischer Parteien werden als Zeichen einer solchen Polarisierung interpretiert, jedoch erreichen diese Parteien in den meisten europäischen Ländern derzeit kaum mehr als 20 Prozent der Wähler:innenstimmen. Gleichzeitig verändern sich Parteiensysteme, indem die großen Parteien stärker in die Mitte des politischen Spektrums rücken,[36] während zugleich politische Entscheidungen zunehmend aus den zentralen politischen Institutionen wie Parlamenten abwandern. Zusammengenommen lässt dies Repräsentationslücken

---

34 Siehe Helmut Dubiel, Unversöhnlichkeit und Demokratie, in: Wilhelm Heitmeyer, Was hält die Gesellschaft zusammen?, Frankfurt am Main 2015, S. 425–446; Daniele Caramani, The Nationalization of Politics: The Formation of National Electorates and Party Systems in Western Europe, Cambridge 2004.

35 Bertold Vogel, Die Staatsbedürftigkeit der Gesellschaft, Hamburg 2007; Daron Acemoğlu/James Robinson, Why Nations Fail: The Origins of Power, Prosperity and Poverty, New York 2012; Georgi Dragolov/Zsófia Ignáz/Jan Lorenz/Jan Delhey/Klaus Boehnke/Kai Unzicker, Social Cohesion in the Western World. What Holds Societies Together: Insights from the Social Cohesion Radar, Heidelberg 2016.

36 Harald Schoen/Bernhard Weßels, Bundestagswahl 2013 – eine Zäsur im Wahlverhalten und Parteiensystem, in: Dies. (Hrsg.) Wahlen und Wähler. Eine Analyse aus Anlass der Bundestagswahl 2013, Wiesbaden 2016, S. 3–19.

entstehen[37] und reduziert den politischen Konflikt und damit die produktive Auseinandersetzung über politische Streitthemen, was einen Vertrauensverlust in das
politische System weiter befeuert.[38] Während die Polarisierungsthese für die USA
schon sehr weit ausbuchstabiert worden ist, liegen für Europa bislang nur wenige
Untersuchungen zur Polarisierung der Parteiensysteme und damit verbundener
politischer Meinungen vor.[39] Der bisherige Forschungsstand lässt vermuten, dass
eine umfassende Polarisierung in Ländern mit Mehrparteisystemen, wie sie in
vielen Ländern Europas im Gegensatz etwa zu den USA verbreitet sind, unwahrscheinlicher ist als in Zweiparteisystemen. Mehrparteisysteme bedienen in
der Parteienlandschaft eine größere Varianz an politischen Einstellungen, sodass
Wähler:innen sich nicht genötigt sehen, ihre komplexen Einstellungen mit der
Wahl einer von zwei gegensätzlichen Optionen auszudrücken.[40] Allerdings kann
es in Mehrparteisystemen zu politischen Fragmentierungen kommen, die den
Zusammenhalt dann gefährden, wenn es keinen ausreichenden konstruktiven
Austausch zwischen verschiedenen politischen Meinungen gibt. Zudem wird
konstatiert, dass sich politische Identitäten immer stärker von den Interessen der
Bürger:innen lösten und andere soziale Identitäten überlagerten.[41] Diese »Kultu-
ralisierung der Politik«[42] führe dazu, dass politische Auseinandersetzungen vermehrt als Nullsummenspiele betrachtet würden, die den Raum für Ausgleich
und Kompromisse massiv verringern. In diesem Kontext wird auch problematisiert, dass Globalisierung und Europäisierung auf eine zunehmende Delegation von Entscheidungen an Fachverwaltungen[43] und eine Verwissenschaftlichung

---

37 Jane Gingrich/Silja Häusermann, The Decline of the Working-Class Vote, the Reconfigura-
tion of the Welfare Support Coalition and Consequences for the Welfare State, in: Journal of
European Social Policy 25 (2015), H. 1, S. 50–75.

38 Otto Kirchheimer, The Waning of Political Opposition in Parliamentary Regimes, in: Social
Research 25 (1957), S. 381–414; Nicole Deitelhoff, Protest und die demokratische Frage, in:
WestEnd: Neue Zeitschrift für Sozialforschung (2013), H. 2, S. 62–68.

39 Siehe aber James Adams/Jane Green/Caitlin Milazzo, Has the British Public Depolarized
Along With Political Elites? An American Perspective on British Public Opinion, in: Com-
parative Political Studies, 45 (2012), H. 4, S. 507–530; James Adams/Jane Green/Caitlin Mi-
lazzo, Who Moves? Elite and Mass-Level Depolarization in Britain, 1987–2001, in: Electoral
Studies 31 (2012), H. 4, S. 643–655; Simon Munzert/Paul Bauer, Political Depolarization in
German Public Opinion, 1980–2010, in: Political Science Research and Methods, 1 (2013), H. 1,
S. 67–89; Pablo Beramendi/Silja Häusermann/Herbert Kitschelt/Hanspeter Kriesi (Hrsg.),
The Politics of Advanced Capitalism, Cambridge 2015.

40 Fiorina Morris/Samuel Abrams/Jeremy Pope, Culture War? The Myth of a Polarized America
(3rd ed.), Boston 2011.

41 Manow, Politische Ökonomie (Anm. 9).

42 Reckwitz, Gesellschaft der Singularitäten (Anm. 31), S. 371.

43 Jacint Jordana/Xavier Fernández-i-Marín/Andrea Bianculli, Agency Proliferation and the
Globalization of the Regulatory State: Introducing a Data Set on the Institutional Features of
Regulatory Agencies, in: Regulation & Governance 12 (2018), S. 524–540.

und gestärkte Rollen von Expert:innen im politischen Entscheidungsprozess träfen.[44] Diese Rahmenbedingungen machten vor allem in ihrer Kombination politische Entscheidungen weniger greifbar und erschwerten es Bürger:innen, sich über Praktiken politischer Partizipation mit dem Gemeinwesen zu identifizieren.[45] Damit stellt sich zum einen die Frage, wie sich bestehende politisch-administrative Verfahren auf den gesellschaftlichen Zusammenhalt auswirken, zum anderen, ob neue Verfahren und Praktiken die Chance auf eine Revitalisierung der politischen Beteiligung bieten.[46]

Diese Faktorenbündel sozialen Zusammenhalts überlagern sich, können einander verstärken, treten aber häufig auch in Widerspruch zueinander. So ist der Zusammenhang zwischen »harten« sozioökonomischen Fakten und Stimmungsumschwüngen in der Bevölkerung, die sich zu politischen Polarisierungen oder Fragmentierungen verfestigen können, weder in einfacher Weise kausal aufzuschlüsseln, noch handelt es sich um eine offen zutage tretende Korrelation. Ähnlich können die subjektive, emotional geprägte Wahrnehmung der eigenen Lage und die objektive Beurteilung der sozioökonomischen Gesamtentwicklung erheblich voneinander abweichen, wie aus einer Bertelsmann-Studie zum gesellschaftlichen Zusammenhalt in Deutschland aus dem Jahr 2017 hervorgeht: Ihr zufolge stufen die Befragten den Zusammenhalt im eigenen Lebensumfeld mehrheitlich als überwiegend positiv ein, kontrastieren diese Erfahrung jedoch mit einem pessimistischen Ausblick auf allgemeine gesellschaftliche Tendenzen beziehungsweise auf das, »was ihnen öffentliche Debatten dazu spiegeln«.[47] Auch die jüngste Bertelsmann-Erhebung, die zumindest einen Teil der Wirkungen von Lockdown und anschließender Lockerung im Zuge der Corona-Krise im Frühjahr 2020 bei den Befragten einfängt, zeigt ein verhalten optimistisches Bild von den aktuellen Zusammenhalts- bzw. Solidaritätserfahrungen, das aber einher geht mit Furcht vor einer künftigen Verschlechterung.[48]

---

44 Eva Krick/Johan Christensen/Cathrine Holst, Between »Scientization« and a »Participatory Turn«. Tracing Shifts in the Governance of Policy Advice, in: Science and Public Policy 46 (2019), H. 6, S. 927–939.
45 Deitelhoff, Protest und die demokratische Frage (Anm. 28).
46 Ken Newton, Curing the Democratic Malaise with Democratic Innovations, in: Brigitte Geißel/Ken Newton (Hrsg.), Evaluating Democratic Innovations: Curing the Democratic Malaise?, London 2012, S. 3–20; Brigitte Geißel, Impacts of Democratic Innovations in Europe: Findings and Desiderata, ebd., S. 163–183; Simon Fink/Eva Ruffing, Legitimation durch Kopplung legitimatorischer Arenen, in: Alexander Thiele (Hrsg.), Legitimität in unsicheren Zeiten, Tübingen 2018, S. 195–220.
47 Regina Arant/Georgi Dragolov/Klaus Boehnke, Sozialer Zusammenhalt in Deutschland 2017, Gütersloh 2017, S. 16.
48 So der »Radar gesellschaftlicher Zusammenhalt 2020«, der ebenso eine Verbesserung des Zusammenhalts wie die Zunahme sozialer Marginalisierungen konstatiert. https://www.bertels

4.   Wie wirkt Zusammenhalt?

Die oben vorgestellte Heuristik gibt der Forschung zu der Frage, welche Faktoren das Niveau und die Ausprägung gesellschaftlichen Zusammenhalts erklären, eine Struktur. In diesem Abschnitt geht es nun darum, analog dazu unsere Annahmen hinsichtlich der Frage nach den Folgen und Wirkungen gesellschaftlichen Zusammenhalts zunächst auf einer relativ abstrakten Ebene zu systematisieren. Diese Fragen sind für das politische Interesse an Zusammenhalt essenziell, da dieser häufig nicht (nur) als Selbstzweck, sondern auch als wirkmächtige politische Ressource angestrebt wird. Auf der gesellschaftlichen Makroebene werden Zusammenhaltsindikatoren als Erklärungsfaktoren für die Effektivität und Stabilität politischer Systeme im Allgemeinen und von Demokratien im Besonderen,[49] das Niveau und die sozialstaatliche Ausprägung ökonomischer Umverteilung[50] sowie die kulturelle Integrations- und Innovationsfähigkeit von Gesellschaften[51] genutzt. Auf der Mikroebene werden so unterschiedliche Phänomene wie das Anzeigeverhalten bei Straftaten[52] oder die Rate der Schulabbrecher:innen in verschiedenen Schultypen[53] mit Zusammenhaltsindikatoren in Verbindung gebracht. Diese Beobachtungen werfen unweigerlich die Frage nach den kausalen Mechanismen auf, die diese Zusammenhänge erklären könnten: Wie genau bewirkt ein höheres Niveau gesellschaftlichen Zusammenhalts beispielsweise einen höheren Grad an politischer Stabilität oder ökonomischer Umverteilung? Ist es in allen Fällen derselbe Mechanismus, der für die Wirkung gesellschaftlichen Zusammenhalts verantwortlich ist, oder kann Zusammenhalt über verschiede Wege auf soziale Phänomene einwirken? Und welchen Einfluss haben verschiedene Typen von Zusammenhalt, die sich aus unterschiedlichen Quellen speisen, auf seine Wirkung?

Die Antwort auf die Frage nach den Wirkmechanismen von Zusammenhalt hängt zunächst offensichtlich davon ab, wie genau sozialer Zusammenhalt konzeptualisiert wird, also welche Haltungen, Handlungen, Beziehungen, Institutio-

---

mann-stiftung.de/de/themen/aktuelle-meldungen/2020/august/gesellschaftlicher-zusammenhalt-verbessert-sich-in-der-corona-krise (Zugriff 22. August 2020).

49 Putnam, Making Democracy Work (Anm. 5).

50 Alberto Alesina/Edward Glaeser, Fighting Poverty in the US and Europe: A World of Difference, Oxford 2004.

51 Mourad Dakhli/Dirk De Clercq, Human Capital, Social Capital, and Innovation: A Multi-Country Study, in: Entrepreneurship & Regional Development 16 (2004), H. 2, S. 107–128.

52 Heike Goudriaan/Karin Wittebrood/Paul Nieuwbeerta, Neighbourhood Characteristics and Reporting Crime: Effects of Social Cohesion, Confidence in Police Effectiveness and Socio-Economic Disadvantage, in: British Journal of Criminology 46 (2006), S. 719–742.

53 James Coleman, Social Capital in the Creation of Human Capital, in: American Journal of Sociology 94 (1988), S. 95–120.

nen und/oder Diskurse als konstitutiv für Zusammenhalt betrachtet werden. Ein
Zusammenhaltsbegriff, der beispielsweise gemeinwohlorientierte Handlungsdispositionen voraussetzt, ist als Erklärungsfaktor für sozioökonomische Umverteilung intuitiv eingängiger als einer, der Zusammenhalt sehr viel sparsamer als wie
auch immer motivierte Identifikation mit dem Gemeinwesen versteht. Und umgekehrt gilt, dass die Frage nach der Wirkung von Zusammenhalt auf ein soziales Phänomen wie politisches Engagement sinnlos wird, wenn politische Beteiligung als Indikator für Zusammenhalt konzeptualisiert wird. Insofern sind die
folgenden generischen Überlegungen nicht für alle plausiblen Konzeptualisierungen von Zusammenhalt relevant, sondern können lediglich bestimmte theoretische Annahmen aus dem Angebot der Sozialwissenschaften vorstellen, deren Relevanz und Passfähigkeit für jede Fragestellung individuell geprüft werden muss.

Im ersten Schritt schlagen wir vor, heuristisch zwischen vertikalen und horizontalen Wirkmechanismen von Zusammenhalt zu unterscheiden. Grob formuliert beruhen vertikale Mechanismen auf der Annahme, dass ein höheres Niveau
an Zusammenhalt die Reichweite und Effektivität staatlicher Regulierung erhöhen kann und dadurch indirekt auf soziale Phänomene einwirkt. Im Gegensatz
dazu gehen horizontale Mechanismen von einem direkten Zusammenhang aus.
Sie vermuten, dass ein höheres Niveau an Zusammenhalt die Bereitschaft zu und
die Effektivität von sozialer Kooperation zwischen den Bürger:innen erhöht und
sie so in die Lage versetzt, soziale Probleme selbständig zu lösen. Wie genau sich
Zusammenhalt auf horizontaler und vertikaler Ebene auswirken könnte, wollen
wir im Folgenden exemplarisch anhand von jeweils zwei in der Literatur diskutierten Mechanismen erläutern.

In der vertikalen Dimension bezieht sich der erste Mechanismus auf die
Handlungsmotive der Bürger:innen in zusammenhaltenden Gesellschaften. Mit
gesellschaftlichem Zusammenhalt wird in einer Vielzahl von Definitionen eine
gemeinwohlorientierte Handlungsdisposition assoziiert.[54] Diese, so die Annahme,
beeinflusse nicht nur die direkten Handlungen der Bürger:innen, sondern auch
ihre Bereitschaft, politische Maßnahmen zu unterstützen und einzufordern, die
aus ihrer Sicht das Gemeinwohl fördern. Mögliche Kandidaten für solche Maßnahmen wären etwa Politiken der Umverteilung, des sozialen Ausgleichs und der
Gleichstellung und Integration. Gemeinwohlorientierte Handlungsdispositionen,
so das Argument, verringerten einerseits die Widerstände gegen ambitionierte so-
zial- und gleichstellungspolitische Maßnahmen und schafften andererseits eine
politische Nachfrage nach ihnen, was die Wahrscheinlichkeit und den Erfolg dieser Politiken erhöhe. Hier ist allerdings skeptisch einzuwenden, dass auch wenn

---

54 »Orientation towards the common good« ist das Element, das in einem Vergleich von 26 Definitionen gesellschaftlichen Zusammenhalts am häufigsten genannt wird (vgl. Schiefer/van
der Noll, The Essentials of Social Cohesion [Anm. 17]).

man grundsätzlich die Logik dieses Mechanismus akzeptiert, es fraglich erscheint, ob gemeinwohlorientierte Handlungsdispositionen immer zu den gewünschten positiven Effekten führen. Wie die Debatte um »exklusive Solidarität«[55] zeigt, sind ebenso Szenarien denkbar, in denen exkludierende politische Maßnahmen mit Verweis auf das Gemeinwohl gefordert und gerechtfertigt werden. Wenn sich Zusammenhaltsvorstellungen etwa auf homogene ethnische oder religiöse Gemeinschaften beziehen, dann werden sozialpolitische Maßnahmen, die Minderheiten oder Migranten ausschließen, schnell zu einer Forderung des – exklusiv verstandenen – Gemeinwohls.

Ein zweiter vertikaler Mechanismus bezieht sich auf die Beziehung zwischen den Bürger:innen und politischen Institutionen in Gemeinwesen mit einem hohen Grad an Zusammenhalt. Viele Konzeptualisierungen von Zusammenhalt setzen voraus, dass politische Institutionen in zusammenhaltenden Gesellschaften das Vertrauen der Bürger:innen genießen und von ihnen als legitim anerkannt werden.[56] Legitimität impliziert, dass die Bürger:innen politischen Institutionen ein »Recht zu regieren« zusprechen und generell geneigt sind, politische Entscheidungen unabhängig von ihrem Inhalt zu befolgen.[57] Diese inhaltsunabhängige Folgebereitschaft (content-independent compliance) führt unter bestimmten Bedingungen wiederum dazu, dass politische Institutionen ihre Aufgaben effektiver erfüllen können, da sie nicht für jede einzelne Entscheidung auf inhaltliche Zustimmung angewiesen sind oder die Regelbefolgung durch Anreize oder exzessiven Zwang sicherstellen müssen.[58] So führt Zusammenhalt über die Relais Legitimität und Compliance zu effektiveren politischen Institutionen mit einem weiteren Handlungsspielraum. Ob dies normativ wünschenswert oder problematisch ist, hängt von den politischen Projekten ab, die durch Zusammenhalt ermöglicht werden.

Gemeinwohlorientierung und Legitimitätsüberzeugungen sind Beispiele aus der sozialwissenschaftlichen Literatur für vertikale Mechanismen, die erklären, wie mit Zusammenhalt assoziierte Eigenschaften zu effektiverer Politik mit einem weiten Handlungsspielraum führen können. Allerdings ist die Wirksamkeit in beiden Fällen von den Handlungen politischer Akteur abhängig; der Beitrag der Bürger:innen ist eher passiv und indirekt. Dies ist in der horizontalen Dimension

---

55 So zum Beispiel Heinz Bude, Solidarität. Die Zukunft einer großen Idee, München 2018, S. 18.

56 Siehe Schiefer/van der Noll, The Essentials of Social Cohesion (Anm. 17), S. 589.

57 Für dieses Verständnis von Legitimität als inhaltsunabhängige Autorität siehe David Easton, A Re-Assessment of the Concept of Political Support, in: British Journal of Political Science 5 (1975), H. 4, S. 435–457; Joseph Raz, The Morality of Freedom, Oxford 1986; Cord Schmelzle, Politische Legitimität und zerfallene Staatlichkeit, Frankfurt am Main 2015.

58 Cord Schmelzle/Eric Stollenwerk, Virtuous or Vicious Circle? Governance Effectiveness and Legitimacy in Areas of Limited Statehood, in: Journal of Intervention and Statebuilding 12 (2018), H. 4, S. 449–467.

anders. Hier lautet die Annahme, dass bestimmte, mit Zusammenhalt assoziierte Eigenschaften die Bürger:innen in die Lage versetzen, ihre Probleme direkt, eigenständig und effektiv zu bearbeiten. Hier wollen wir ebenfalls exemplarisch zwei Mechanismen vorstellen.

Der erste Mechanismus ergibt sich aus einem hohen Niveau generalisierten Vertrauens zwischen den Bürger:innen, das eine zentrale Rolle in vielen Definitionen von Zusammenhalt spielt.[59] Die umfangreiche sozialwissenschaftliche Literatur zu Vertrauen geht davon aus, dass Vertrauen die Kooperationsbereitschaft zwischen Akteur:innen erhöht und so Transaktionskosten senkt und zur Überwindung bestimmter Dilemmata kollektiven Handelns beiträgt.[60] Dies sei der Fall, weil Vertrauen die Wahrnehmung des mit kooperativem Verhalten verbundenen Risikos verringere, da vertrauende Akteur:innen überzeugt seien, dass die Kooperationspartner ihren fairen Anteil leisteten und Normen der Reziprozität beachteten.[61] Wie sich generalisiertes Vertrauen auf politische, sozioökonomische und kulturelle Strukturen auswirkt, ist damit allerdings noch nicht gesagt. Durch Vertrauen ermöglichte kollektive Handlungen können sowohl konstruktiv Strukturen schaffen oder ihren Aufbau durch politischen Druck erzwingen, als auch destruktiv und widerständig Institutionen zerstören oder ihren Aufbau verhindern. Dies kann, je nach Kontext, normativ problematisch oder wünschenswert sein.

Eine Limitierung von Vertrauen als kooperationsförderndem Mechanismus besteht zudem darin, dass es lediglich die Hindernisse für soziales Handeln reduziert, aber nicht die Handlungsmotive der Akteur:innen verändert. Vertrauen ist ein Schmiermittel, das die Bewegung sozialer Kräfte erleichtert, ihnen aber keine neue Richtung gibt und somit beispielsweise zur Lösung von Verteilungsproblemen zunächst weniger beiträgt als zur Überwindung von Koordinationsproblemen. Hier kommt die mit gesellschaftlichem Zusammenhalt verbundene Gemeinwohlorientierung erneut ins Spiel, die wir oben bereits beschrieben haben. Sie verändert die Präferenzen der Akteur:innen und motiviert sie zu sozialem und politischem Engagement, das durch generalisiertes Vertrauen an Risiko verliert. Allerdings sind auch hier die konkreten Effekte davon abhängig, auf

---

59 Marc Hooghe, Social Capital and Diversity Generalized Trust, Social Cohesion and Regimes of Diversity, in: Canadian Journal of Political Science / Revue canadienne de science politique 40 (2007), S. 709–732; Bo Rothstein / Dietlind Stolle, The State and Social Capital: An Institutional Theory of Generalized Trust, in: Comparative Politics 40 (2008), H. 4, S. 441–459.

60 Für einen Überblick siehe Karen Cook / Russell Hardin / Margaret Levi, Cooperation without Trust?, New York 2005; Rothstein / Stolle, The State and Social Capital (Anm. 59); Markus Freitag / Richard Traunmüller, Spheres of Trust: An Empirical Analysis of the Foundations of Particularised and Generalised Trust, in: European Journal of Political Research 48 (2009), H. 7, S. 782–803.

61 Putnam, Making Democracy Work (Anm. 5).

welchen Gemeinschaftsvorstellungen der Zusammenhalt einer Gruppe beruht. Vertrauen und Gemeinwohlorientierung können die Effektivität landwirtschaftlicher Produktionsgenossenschaften ebenso erklären, wie die ethnonationalistischer Terrororganisationen.

Der zweite horizontale Mechanismus bezieht sich auf Netzwerkeffekte. Gesellschaftlicher Zusammenhalt ist in vielen Konzeptualisierungen mit dem Vorhandensein weiter und belastbarer sozialer Netzwerke zwischen den Bürger:innen verbunden. Hierbei kann zwischen zwei Typen unterschieden werden: Einerseits Netzwerken, die Brücken zwischen unterschiedlichen Bevölkerungsgruppen schlagen (*bridging*) und andererseits solchen, die bestehende Gruppen enger binden (*bonding*).[62] Beide Typen von Netzwerken haben zunächst ähnliche Wirkungen, wenn vielleicht auch in unterschiedlicher Stärke: Sie tragen durch die informelle soziale Kontrolle in Netzwerkstrukturen dazu bei, dass soziale Normen beachtet werden und dienen ihren Mitgliedern als Medium für die effiziente Verteilung von Informationen und anderen Ressourcen.[63] Sie sorgen somit einerseits für die Stabilität sozialer Ordnungen und erhöhen andererseits die Effizienz individueller und kollektiver Handlungen. Ein wichtiger Unterschied zwischen brückenbauenden und bindenden Netzwerken besteht nun darin, dass erstere eher zu sozialer Integration und Akzeptanz beitragen, während letztere auch exkludierend und letztlich fragmentierend wirken, etwa, wenn sich soziale Milieus mit hoher Binnenkohäsion umso mehr gegeneinander abschotten. Dies ist normativ problematisch, wenn die dadurch gezogenen Grenzen zu Intoleranz und wechselseitigem Nicht-Verstehen führen und nicht mehr produktiv als Konflikte zwischen Gruppen verhandelt werden. Netzwerkeffekte leisten daher zwar einen weiteren wichtigen Beitrag zur Erklärung der Wirkungsweise von gesellschaftlichen Zusammenhalt, mit ihnen gehen aber auch offensichtlich normative Probleme einher: Die soziale Kontrolle, die von Netzwerken ausgeübt wird, schränkt die Handlungsfreiheit der Betroffenen ein, die Grenzen von Netzwerken haben desintegratives Potential und die distributive Funktion von Netzwerken kann zu unfairen Verteilungen von Lebenschancen führen und formale Regeln unterlaufen.

Bilanzierend lässt sich festhalten, dass sich Zusammenhalt durch verschiedene Mechanismen auf soziale Phänomene auswirken kann und dass diese Mechanismen je nach Zusammenhaltskonzeption und -typ ganz unterschiedliche – konstruktive oder destruktive, normativ wünschenswerte oder problematische – Effekte erzeugen. Dies bewirken Elemente gesellschaftlichen Zusammenhalts dadurch, dass sie die Handlungsmotive und Werte der Akteur:innen verändern (Legitimität, Gemeinwohlorientierung und brückenbildende Netzwerke), Handlungs-

---

62 Robert Putnam, Bowling Alone, New York 2000.
63 James Coleman, Social Capital in the Creation of Human Capital; Nan Lin, Building a Network Theory of Social Capital, in: Connections 22 (1999), H. 1, S. 28–51.

kosten erhöhen oder verringern (Netzwerke, generalisiertes Vertrauen) oder Ressourcen bereitstellen (Netzwerke). Gesellschaftlicher Zusammenhalt kann somit soziales Handeln sowohl auf der Ebene der »Logik der Angemessenheit« als auch auf der der »Logik der Konsequenzen« beeinflussen.[64]

5. Varianten des Zusammenhalts

Selbstverständlich begrenzt sich das Problem des gesellschaftlichen Zusammenhalts nicht auf die deutsche Gegenwartsgesellschaft und andere westliche Demokratien, auch wenn in diesen Kontexten der Begriff zuletzt besonders intensiv genutzt wurde. Unser Forschungsprogramm widmet sich deshalb mit einem breiten Spektrum historisch und regionalwissenschaftlich inspirierter Zugänge auch der Frage, wie gesellschaftlicher Zusammenhalt in früheren Epochen verhandelt wurde und welche Rolle je gesellschaftsspezifische Vorstellungen von sozialer Kohäsion in verschiedenen Weltregionen spielen. Beide Zuschnitte der Fragestellung laden zu einem vergleichenden Design ein, bei dem es darauf ankommt, die in den Sozialwissenschaften übliche indikatorengestützte Komparatistik mit den kritisch-reflexiven Formen des Vergleichs in Geschichts- und Kulturwissenschaften zu kombinieren. Hinzu kommt die Frage nach der Bedeutung von Erinnerung und der politischen Mobilisierung früherer Formen gesellschaftlichen Zusammenhalts in den aktuellen Auseinandersetzungen um dessen Neuverhandlung und Ausgestaltung. Die entsprechenden Forschungen zu kollektivem und kulturellem Gedächtnis, Geschichtspolitik und Geschichtskultur bieten den notwendigen Ausgangspunkt.

Dort, wo soziale Kohäsion in der Vergangenheit um den Preis brutaler Exklusion oder sogar massiver Verbrechen gegen die Menschlichkeit erzwungen wurde, lastet die Vergangenheit in besonderer Weise auf aktuellen Aushandlungsprozessen gesellschaftlichen Zusammenhalts. Dabei erweist es sich als schwierig, eine gemeinsame Geschichtspolitik (etwa auf europäischer Ebene) zu finden, die mit den Verbrechen des Nationalsozialismus oder des Stalinismus so umgeht, dass sich nationale Erinnerungspolitiken darin wiederfinden.[65] Die Verschränkung von nationaler und europäischer Geschichtspolitik erweist sich vielmehr als konflikthaft und bildet eine (wichtige) Dimension des auf mehreren räumlichen Ebenen an-

---

64 James March / Johan P. Olsen, Rediscovering Institutions. The Organizational Basis of Politics, New York 1989.

65 Etienne François / Kornelia Konczal / Robert Traba / Stefan Troebst (Hrsg.), Geschichtspolitik in Europa seit 1989 – Deutschland, Frankreich und Polen im internationalen Vergleich, Göttingen 2012.

gesiedelten Prozesses der Neubestimmung gesellschaftlichen Zusammenhalts, der Kontroversen hervortreibt, in denen es auch um die Narrative geht, in denen sich eine Gesellschaft ihrer Vergangenheit versichert. Als zentral für die historische Orientierung hat sich in den letzten Jahren der Bezug auf den Umbruch von 1989 und die daran anschließende Transformationsperiode erwiesen. Dies lässt sich für die im Zuge des Vereinigungsprozesses entstandene deutsche Gesellschaft[66] ebenso wie in einer weiteren Perspektive für Europa und für viele andere Weltregionen feststellen.[67] Dreißig Jahre nach dem revolutionären Untergang des Staatssozialismus wird kaum noch über dessen eventuelle Wiederkehr, wohl aber über die Bilanz der daran anschließenden Prozesse gestritten. Während eine asymmetrische Archivöffnung die ersten Untersuchungsschritte professioneller Historiker:innen noch mit dem Odium des Vorläufigen versieht, ist die öffentliche Debatte um die Erinnerung an »Wende« und »Nachwende« längst in vollem Gange und behaftet mit (in diesem Fall durchaus massiven und zu verschiedenen Jubiläumsdaten erneuerten) geschichtspolitischen Interventionen. Zweifellos müssen die Zwischenergebnisse dieser Diskussionen in die Beurteilung der Faktoren einfließen, die den gesellschaftlichen Zusammenhalt beeinflussen. Ähnliches lässt sich für den Umgang mit Völkermord, Unterdrückung, Ausbeutung und Versklavung in der Zeit des Kolonialismus festhalten, die nach einer weithin geteilten Prognose des amerikanischen Historikers Charles Maier im 21. Jahrhundert stärker als zuvor die Konturen geschichtspolitischer Überlegungen zur Hinterlassenschaft des 20. Jahrhunderts bestimmen wird.[68] Dabei kommen auch Fehlstellen in der Geschichtskultur verschiedener Länder in den Blick, die aus dem Zeitalter der »*invention of the nation*«[69] das Bild einer von Migration weitgehend unbeeinflussten Gesellschaft gerettet haben und deshalb mit einem »*discourse of newness*«[70] auf jüngere Integrationszumutungen reagieren.[71]

---

66 Ilko-Sascha Kowalczuk, Endspiel. Die Revolution von 1989 in der DDR, München 2009; Ilko-Sascha Kowalczuk, Die Übernahme. Wie Ostdeutschland Teil der Bundesrepublik wurde, München 2019.

67 Pierre Grosser, 1989, l'année où le monde a basculé, Paris 2009; Ulf Engel/Frank Hadler/Matthias Middell (Hrsg.), 1989 in a Global Perspective, Leipzig 2015.

68 Charles S. Maier, Consigning the 20th Century to History: Alternative Narratives for the Modern Era, in: American Historical Review 105 (2000), H. 3, S. 807–831.

69 Benedict Anderson, Imagined Communities: Reflections on the Origin and Spread of Nationalism, London 1983; Ernest Gellner; Nations and Nationalism, Ithaca 1983; Eric J. Hobsbawm, Introduction: Inventing Traditions, in: Eric J. Hobsbawm/Terence Ranger (Hrsg.), The Invention of Tradition, Cambridge 1983, S. 1–14.

70 Adam McKeown, Melancholy Order. Asian Migration and the Globalization of Borders, New York 2008.

71 Konrad Jarausch/Michael Geyer, Zerbrochene Spiegel. Deutsche Geschichte im 20. Jahrhundert, München 2005, S. 227; Jan Plamper, Das neue Wir: Warum Migration dazugehört: Eine andere Geschichte der Deutschen, Frankfurt am Main 2019.

Die Bezüge zwischen den geschichtspolitischen Debatten verweisen schließlich auf den grundsätzlich transnational und transregional verflochtenen Charakter der Aushandlung gesellschaftlichen Zusammenhalts. Zur Analyse solcher Verflechtungen haben die Kultur- und Geschichtswissenschaften ein umfangreiches Repertoire methodischer Werkzeuge (etwa *transferts culturels, connected histories, histoire croisée,* Inter- und Transkulturalität) entwickelt. Diese Ansätze ergänzen den klassischen Vergleich, der seine Herkunft aus dem Zeitalter des methodologischen Nationalismus bis heute nicht völlig verleugnen kann.[72] Während komparatistische Untersuchungen aus systematischen Gründen bis zu einem gewissen Maße die Objekte, die sie auf Gemeinsamkeiten, Ähnlichkeiten und Differenzen hin betrachten, dekontextualisieren müssen, zielen die verschiedenen Formen der Verflechtungsanalyse auf eine Rekontextualisierung, die den »eingebetteten« Charakter der Objekte in einer grundsätzlich verflochtenen Welt in den Blick nimmt.

Während die Rekontextualisierung von Gesellschaften und der in ihnen ablaufenden Verständigungsprozesse über einen verschieden gedachten Zusammenhalt grundsätzlich nicht neu ist, stellt sich gleichzeitig die Frage, inwieweit ältere Konzepte zur Erfassung eines gesellschaftlichen Zusammenhalts noch kompatibel sind mit der Hypothese einer durch Globalisierungsprozesse dramatisch veränderten Welt. Aus einer globalgeschichtlichen Perspektive deutet sich folgendes Paradox an: Während seit ungefähr zwei Jahrhunderten Vorstellungen von der Welt dominieren, die einen permanenten und sich beschleunigenden Wandel diagnostizieren, bei dem Raum und Zeit einer Verdichtung unterliegen und traditionelle Strukturen unter Druck gerieten, lassen sich jeweils nur kurze Zeit nach solchen Diagnosen Einschätzungen finden, die eben diese Welt als noch relativ statisch, vergleichsweise unverbunden und dem Althergebrachten verpflichtet beschreiben. Der »*discourse of newness*«, der von der Behauptung einer beinahe permanent steigerbaren Beschleunigung ausgeht, ist mithin ein ebenso bedeutender Bestandteil von Globalisierungsprozessen wie die Strukturen und Vorgänge, die er beschreibt. Die Anrufung dieses als jeweils gegenwärtig inszenierten Wandels gehört zu den wichtigsten Rahmungen von Zusammenhaltskrisen. Nachdem »die Globalisierung« in den 1990er Jahren zu einer beinahe unhinterfragbaren Zeitdiagnose aufgestiegen war, der eine mindestens teilweise erneuerte Form des gesellschaftlichen Zusammenhalts korrespondieren müsse, ist in den letzten Jahren »Globalisierung« zum Verursacher gesellschaftlicher Spannungen und Spaltungen geworden, dem eine tiefe Krise des Zusammenhalts zu verdanken sei.[73] Populistische Bewegungen und Regime haben dafür die vielfach zunächst in linker Glo-

---

72 Michel Espagne, Sur les limites du comparatisme en histoire culturelle, in: Genèses (1994), H. 17, S. 112–121.

73 Manfred B. Steger/Paul James, Globalization Matters. Engaging the Global in Unsettled Times, Cambridge 2019.

balisierungskritik entwickelten Argumente[74] zur Grundlage ihrer Mobilisierung für eine andere Art des gesellschaftlichen Zusammenhalts abgeleitet und sie mit schon oft gebrauchten Elementen konservativer Fortschrittskritik (inklusive Antisemitismus und Verschwörungstheorien) aufgeladen.

Für unsere Heuristik bedeutet dies, zunächst den Diskurs über die »Globalisierung« zu rekonstruieren und seine Bezüge zur Diskussion um den gesellschaftlichen Zusammenhalt herauszuarbeiten. Dabei gehen wir nicht von einer quasi naturhaften Globalisierung aus, sondern unterscheiden verschiedene Globalisierungsprojekte, die geprägt sind von der Positionierung in der Welt (deren Repräsentationen von Kosmologien bis zur wirtschaftspolitischen Einordnung in die Weltökonomie reichen) und von der Rücksichtnahme auf je spezifische Ausprägungen des gesellschaftlichen Zusammenhalts. Unterschiede zwischen verschiedenen Globalisierungsprojekten haben zuletzt verstärkte Aufmerksamkeit in Form der Analyse der Politik Trumps in den USA oder der klareren Konturierung eines chinesischen, russischen beziehungsweise indischen Modells gefunden. Auch die Debatten in Europa lassen darauf schließen, dass Grundlagen eines spezifischen Globalisierungsprojekts gesucht werden.[75]

Unsere Arbeitshypothese lautet, dass es einen engen Konnex zwischen den jeweiligen Globalisierungsprojekten und den Vorstellungen von gesellschaftlichem Zusammenhalt gibt, der der vergleichenden Erforschung bedarf. Dies lenkt den Blick auf die in jüngerer Zeit intensivierte Debatte um die Varianz von Populismus, der gleichzeitig als Reaktion auf globale Verflechtung und als Politik der Mobilisierung zur Gestaltung solcher Verflechtungen interpretiert werden kann. Entsprechend thematisieren populistische Bewegungen und Regimes »Globalisierung« als einen Faktor, der auf gesellschaftlichen Zusammenhalt Einfluss hat (oftmals mit dem Ziel, Migration als Ursache für dessen Destabilisierung zu betonen), während sie gleichzeitig transnationale und transregionale Verbindungen für die Durchsetzung ihrer Globalisierungsprojekte mobilisieren.

---

74 David Held/Anthony G. McGrew, Globalization/Anti-globalization. Beyond the Great Divide, Cambridge 2007.

75 Vgl. als ein typisches Beispiel für den noch vorsichtig tastenden Charakter dieser Neubestimmung das Gespräch zwischen Luuk van Middelaar vom Europa Institut der Universität Leiden und Ivan Krastev vom Centre for Liberal Strategies Sofia, die einen Wandel konstatieren, bei dem die EU nicht mehr das Labor für die Welt und Avantgarde für den Weltfrieden ist, sondern sich in einer Welt der internationalen Konkurrenz zwischen den USA und China als Globalplayer behaupten und sich deshalb durch Formulierung ihrer spezifischen Ziele und Interessen anpassen muss: Prognose zur EU-Entwicklung: Das Ende der Heuchelei, in: Die Zeit Nr 25 vom 10. Juni 2020, online: https://www.zeit.de/2020/25/europaeische-union-ratspraesidentschaft-deutschland-fuehrung-corona-krise (Zugriff 22. August 2020).

6.   Auf dem Weg zu einem Forschungsprogramm

Dieser Durchgang durch die gesellschaftliche und wissenschaftliche Diskussion zu gesellschaftlichem Zusammenhalt zeigt bereits, dass auf mehreren Ebenen erheblicher Klärungsbedarf besteht. Zunächst wirft das Konzept eine Reihe begrifflicher und theoretischer Fragen auf: Was unter gesellschaftlichem Zusammenhalt verstanden wird, welche Typen von Zusammenhalt sich unterscheiden lassen, welche Formen von Zusammenhalt in normativer Hinsicht als vorzugswürdig gelten sollten und in welcher Beziehung der Begriff zu kulturellen, sozioökonomischen und politisch-institutionellen Faktoren sowie zum jeweiligen historischen und internationalen Kontext steht, ist strittig und oftmals überhaupt noch nicht gründlich untersucht. Dieser Streit verläuft nicht nur, aber auch, entlang von disziplinären Grenzen, die jeweils eigene theoretische Vorannahmen, wissenschaftliche Heuristiken und Forschungslogiken in die Analyse gesellschaftlichen Zusammenhalts einbringen. So ist beispielsweise die empirische Sozialforschung darauf angewiesen, eine empirisch messbare Konzeptualisierung von sozialem Zusammenhalt zu finden; ein forschungslogischer Zwang, dem die Kultur- und Geschichtswissenschaften nicht in gleicher Weise unterliegen.

Die Unterschiede zwischen diesen Zugängen sind nicht zu »überwinden«, sondern vielmehr auf reflexive Weise produktiv zu machen. Dabei ist es kein grundsätzliches Problem, sondern der sozialwissenschaftliche Regelfall, dass uns der Begriff in der gegenwärtigen Debatte sowohl als unabhängige Variable, die politische, soziale und ökonomische Prozesse erklären soll, als auch als abhängige Variable, deren Ausprägung und Intensität, Entstehungsbedingungen und Gefährdungen es zu erklären gilt, begegnet. Als unabhängige Variable wird gesellschaftlicher Zusammenhalt beispielsweise herangezogen, um die Stabilität und Performanz demokratischer Systeme zu erklären; Prozesse der politischen Polarisierung und Destabilisierung werden dann als Folgen mangelnden Zusammenhalts interpretiert. Im sozioökonomischen Bereich gilt Zusammenhalt als Bedingung gesellschaftlichen Engagements und steht als Fundament solidarischer Sozialstaatsmodelle Tendenzen der Individualisierung und Entsolidarisierung gegenüber. Das politische Interesse an gesellschaftlichem Zusammenhalt erklärt sich aus dieser (angenommenen) Wirkung als Bedingungsfaktor für Stabilität und Legitimität, Partizipation, Kommunikation und Engagement. Deswegen wird nach den kulturellen, politischen und sozioökonomischen Quellen und Gefährdungen von Zusammenhalt gefragt. Gesellschaftlicher Zusammenhalt wird hier zur abhängigen Variable: In welchen institutionellen und sozialräumlichen Rahmenbedingungen gedeiht er, und welche Kontexte führen dazu, dass er erodiert? Wie wirken sich Prozesse der Polarisierung und das Aufkommen populistischer Parteien auf Zusammenhalt aus beziehungsweise inwiefern sind sie bereits Ausdruck eines schwindenden Zusammenhalts? Welche Rolle spielen wirtschaftliche Faktoren, Verteilungsfragen und der Wandel der medialen Umwelt für die Ausprägung, Intensität und Reichweite von Zusammenhalt?

Um sich die Prämissen der abgeleiteten Fragestellungen zu vergegenwärtigen, bedarf es der historischen Kontextualisierung und des internationalen Vergleichs. Dabei gilt es auch die in Deutschland dominierende Fokussierung auf Zusammenhaltskonzeptionen in liberaldemokratischen Gesellschaften der Gegenwart zu problematisieren, um ihre ungerechtfertigte Universalisierung zu vermeiden und gesellschaftlichen Zusammenhalt als ein tatsächlich weltweites Problem zu sehen. Dies wiederum ist die Voraussetzung, um zwei Dimensionen der Zusammenhaltsdiskussion auf die Spur zu kommen. Gruppen und Gesellschaften stehen mit ihren Zusammenhaltsvorstellungen und -praktiken miteinander im Wettbewerb und legitimieren ihre Positionen in diesem Wettbewerb mit Verweisen auf Art und Stärke des jeweiligen Zusammenhalts. Und gleichzeitig »lernen« sie voneinander, beobachten Traditionen und Innovationen bei der Herstellung von Zusammenhalt in anderen Kontexten und eignen sie sich (positiv oder negativ, vor allem aber oft selektiv) an.

Das Forschungsinstitut Gesellschaftlicher Zusammenhalt ist Teil dieser Beobachtung: Es wird selbst von Gesellschaft, Wissenschaft und Politik beobachtet, die konkrete Erwartungen an die Erkenntnisse zum Zusammenhalt haben, die in einem solchen Institut generiert werden. Und diese Erwartung versucht das Institut mit seinem breit gefächerten Forschungsprogramm zu erfüllen, in das dieser Band einen ersten, wenn auch noch unvollständigen Einblick gestattet. Es ist deshalb gleichermaßen engagierte Beobachterin der unterschiedlichen Diskurse und Aushandlungsprozesse von Zusammenhalt wie auch Teilnehmerin an ihnen. Es liefert aus seinen empirischen Untersuchungen neue Einblicke in die verschiedenen Dimensionen des Zusammenhalts und überprüft die Wirkungsweise einzelner Faktoren, denen ein Effekt auf den Zusammenhalt zugeschrieben wird. Vor diesem Hintergrund verstehen wir unsere Aufgabe zunächst vor allem als eine ordnende: Wir wollen Diskurse und Positionen einordnen helfen, in begrifflicher, empirischer, historisch-kultureller und normativer Hinsicht, um gesellschaftliche Lern- und Reflexionsprozesse zu unterstützen. Diese Aufgabe ist von einer einzelnen Disziplin nicht zu leisten, wie der vorliegende Band verdeutlicht. Es bedarf der reflektierten Kombination von Methoden und Ansätzen sehr verschiedener Fächer, um eine Topographie der Traditionen, Ebenen, Reichweiten und Qualitäten dessen auf die Spur zu kommen, was in der aktuellen Debatte als gesellschaftlicher Zusammenhalt adressiert wird. Diese Ansätze lassen sich aber nicht einfach additiv zusammenfügen, sondern es bedarf einer echten interdisziplinären Kooperation, die von Neugier auf die besonderen Erkenntnismöglichkeiten anderer Fächer getragen ist, statt nur oberflächlich auf deren Ergebnisse zu verweisen und sie für Partialperspektiven zu instrumentalisieren.

Dies ist die zentrale Voraussetzung, um einer zweifellos zu beobachtenden Unterkomplexität des Verständnisses von gesellschaftlichem Zusammenhalt entgegenzutreten, die in politischen Diskursen oftmals vorherrscht. Ein solches Anliegen setzt sich dem Verdacht aus, etwas scheinbar Einfaches unnötig kompliziert zu machen. Der Vorzug dieser Vorgehensweise liegt aber auf zwei Ebenen: Es hilft erstens dabei, nicht einzelne Dimensionen des gesellschaftlichen Zusammenhangs unnötig emotional aufzuladen und gegeneinander auszuspielen, während andere marginalisiert oder sogar ganz vergessen werden. Und es stellt zweitens ganz verschiedenen gesellschaftlichen Gruppen Wissen zur Verfügung, das für die Aushandlung der Art und Weise benötigt wird, wie wir gesellschaftlichen Zusammenhalt verstehen und leben wollen, wie wir ihn an neue Herausforderungen anpassen können und welche Formen des Zusammenhalts über die Grenzen der einzelnen Gesellschaft hinaus wir für relevant erachten wollen und müssen.

Auf der Komplexität des gesellschaftlichen Zusammenhalts zu bestehen und sie zum Ausgangspunkt eines Forschungsprogrammes zu machen, das faktisch alle geistes- und sozialwissenschaftlichen Disziplinen mobilisiert, heißt selbstverständlich nicht, die Ergebnisse der gesellschaftlichen Debatte zu entziehen. Im Gegenteil, es geht uns gerade darum, aus den Beobachtungen dieser Komplexität Vorschläge für das bessere Gelingen einer Aushandlung des gesellschaftlichen Zusammenhalts zu unterbreiten.

Gesellschaftlicher Zusammenhalt

Zur Analyse eines sperrigen Begriffs[1]

Rainer Forst

1. Konjunkturen des Zusammenhalts

Das Nachdenken über Fragen sozialer Integration in modernen Gesellschaften hat seit Hegel, Tocqueville und Durkheim eine lange Tradition bis in den Kommunitarismus[2] hinein oder die soziologischen Untersuchungen zum *Bowling Alone* von Putnam.[3] Der Begriff des »sozialen *Zusammenhalts*« hingegen ist zwar nicht ganz neu,[4] aber erst in jüngster Zeit ins Zentrum wissenschaftlicher und verstärkt politischer Diskurse gerückt.[5] Zunächst als rückwärtsgewandter Kampfbegriff kritisiert, hat er es mittlerweile in die Programme vieler Parteien geschafft, die aber Unterschiedliches darunter verstehen, vom konservativen Heimatbegriff über die sozialdemokratische Solidarität bis hin zum multikulturellen Miteinander. Der Begriff scheint zu einem leeren Signifikanten zu werden, man könnte auch sagen: zu einem Chamäleon.

---

1 Für hilfreiche Diskussionen dieser Gedanken danke ich den Kolleg:innen in Konstanz, die mich im April 2019 zu einem Vortrag einluden, besonders Albrecht Koschorke und Daniel Thym, sowie den Kolleg:innen in Frankfurt, mit denen ich unseren Beitrag zum Forschungsinstitut Gesellschaftlicher Zusammenhalt intensiv diskutiert habe, insbesondere Nicole Deitelhoff, Klaus Günther und – last, not least – Cord Schmelzle. Wertvolle Einsichten verdanke ich den vielen Diskussionen mit den Kolleg:innen des FGZ im Kontext der Vorbereitung unseres Antrags sowie der Diskussion eines diesbezüglichen Vortrags in einem Gesprächskreis zum gesellschaftlichen Zusammenhalt (April 2019), den Ministerpräsident Winfried Kretschmann einberufen hat; hier danke ich besonders Armin Nassehi für wertvollen Austausch. Auch die Diskussion des Vortrags auf einer Tagung der Heinrich-Böll-Stiftung in Frankfurt am Main im November 2019 hat zu einem besseren Verständnis desselben beigetragen. Wichtige Hinweise zur Verbesserung des Textes verdanke ich zudem Felix Kämper und Amadeus Ulrich.

2 Rainer Forst, Kontexte der Gerechtigkeit. Politische Philosophie jenseits von Kommunitarismus und Liberalismus, Frankfurt am Main 1994.

3 Robert D. Putnam, Bowling Alone. The Collapse and Revival of American Community, New York 2000. Siehe auch Uwe Schimank, Differenzierung und Integration der modernen Gesellschaft. Beiträge zur akteurzentrierten Differenzierungstheorie 1, Wiesbaden 2005.

4 Siehe etwa Erwin Teufel (Hrsg.), Was hält die moderne Gesellschaft zusammen?, Frankfurt am Main 1996, und Martin Hartmann/Claus Offe (Hrsg.), Vertrauen. Die Grundlage des sozialen Zusammenhalts, Frankfurt am Main 2001.

5 Georgi Dragolov et al., Radar gesellschaftlicher Zusammenhalt. Gesellschaftlicher Zusammenhalt im internationalen Vergleich, Bertelsmann Stiftung, Gütersloh 2013.

In der Corona-Pandemie wurde er allerdings spezifischer definiert und häufig appellhaft verwendet, nicht zuletzt in großflächigen Anzeigen von Firmen oder auch von Regierungen. Rundfunkanstalten benutzten ihn sogar als Logo. Dort stand er für das allseits geforderte, breit akzeptierte und zugleich verordnete gemeinwohlzentrierte Verhalten, das dazu beitragen sollte, die Verbreitung des Virus zu stoppen bzw. einzudämmen. Hier schien sich für einen Moment eine klarere Kontur des Begriffs abzuzeichnen. Aber ist er nur in Krisenzeiten relevant, und setzt er eine Bedrohung voraus, gegen die man sich schützen oder verteidigen will, und sei sie auch eine virale?

Es ist mit dem Zusammenhalt wie mit anderen Begriffen auch – je genauer man ihn betrachtet, umso facettenreicher, ja sperriger wird er. Einige dieser Facetten will ich im Folgenden beleuchten und so zu einer Klärung beitragen. Ich werde dafür argumentieren,

1. dass wir zwischen einem Konzept und Konzeptionen von Zusammenhalt unterscheiden sollten,
2. dass das Konzept verschiedene Ebenen enthält, von denen die der Einstellung bzw. Haltung die wichtigste ist,
3. dass diese Einstellung zwischen verwandten Begriffen wie Toleranz und Solidarität zu verorten ist,
4. dass der Begriff des Zusammenhalts ebenso wie diese Begriffe erst durch die Anreicherung mit anderen, normativen Zusatzannahmen in Richtung spezifischer Konzeptionen des Zusammenhalts erweitert werden kann und
5. dass wir schließlich die Frage des sozialen Zusammenhalts in historisch-soziale Kontexte stellen müssen und Gesellschaften insbesondere dann Formen des Zusammenhalts generieren, wenn sie übergreifende soziale und politische Projekte definieren. In diesem Zusammenhang komme ich auf die Frage der Krise und der Bedrohung zurück.

2. Eine enthaltsame Begriffsdefinition

Das Chamäleonhafte des Zusammenhalts zeigt sich bereits angesichts der Frage, ob es sich um einen *deskriptiven* oder einen *normativen* Begriff handelt. Zumeist wird der Begriff normativ gebraucht, aber er stellt recht besehen keinen Wert dar, denn der Zusammenhalt innerhalb der Mafia etwa ist nichts Wertvolles. Darauf, dass »zu viel« Zusammenhalt oder die falsche Form davon etwas Beengendes und sogar (in anderer Hinsicht) den Zusammenhalt Gefährdendes haben kann, weist auch der Bertelsmann »Kohäsionsradar« von 2012 hin, der bei der Erforschung des Begriffs Pionierarbeit geleistet hat.[6] Das deutet darauf hin, dass der Begriff keinen eigenen normativen Kern hat, weshalb es eine normative Setzung ist, wenn die Autor:innen etwa die »Akzeptanz von Diversität«[7] als einen seiner Bestandteile ansehen – womit sie, analytisch gesehen, über eine Bestimmung des *Konzepts* (Begriff) hinaus zu einer spezifischen *Konzeption* (bestimmtes Verständnis des Begriffs, im Folgenden auch »Vorstellung« genannt) übergehen. Diese analytische Unterscheidung hat John Rawls im Kontext seiner Theorie der Gerechtigkeit vorgeschlagen, wobei er allerdings auch das Kernkonzept der Gerechtigkeit treffenderweise als ein normatives auffasste.[8] Dies ist beim Zusammenhalt anders, wo es angebracht ist, zunächst von einem *normativ neutralen* Kernkonzept auszugehen und dieses von normativen Konzeptionen zu unterscheiden.

Die Definition, die in den Bertelsmann-Studien zu finden ist, hebt auf drei Kernbereiche ab, nämlich auf soziale Beziehungen, Verbundenheit und Gemeinwohlorientierung.[9] Entsprechend lautet die Definition: »Eine kohäsive Gesellschaft ist gekennzeichnet durch enge soziale Beziehungen, intensive emotionale Verbundenheit und eine ausgeprägte Gemeinwohlorientierung.«[10]

Im Unterschied zu dieser Definition geht die des Forschungsinstituts Gesellschaftlicher Zusammenhalt (FGZ), die ich hier vertrete, hingegen von fünf Ebenen des Begriffs aus, und sie ist, wie gesagt, normativ zurückhaltender und setzt keine intensive emotionale Verbundenheit voraus. Welche Verbundenheit in komplexen, modernen Gesellschaften begrifflich notwendig und empirisch möglich ist, wird vielmehr zu untersuchen sein.

Die fünf Ebenen, die analytisch in Bezug auf sozialen Zusammenhalt unterschieden werden müssen, sind (1) individuelle bzw. kollektive Haltungen oder *Einstellungen* zu sich selbst und anderen, (2) individuelle und kollektive *Handlungen* und Praktiken, (3) die Intensität und Reichweite sozialer *Beziehungen* und Netzwerke, (4) systemische, *institutionelle Zusammenhänge* der Kooperation und Integration und schließlich (5) die gesellschaftlichen *Diskurse* in einer Gesellschaft über ihren Zusammenhalt. Denn Gesellschaften reflektieren sich selbst, und dies ist Teil des Gesamtkomplexes des Zusammenhalts. Ein umfassender Begriff des sozialen Zusammenhalts muss diese fünf Aspekte umfassen, analytisch zugänglich machen und zusammenführen.

---

6 David Schiefer et al., Kohäsionsradar: Zusammenhalt messen. Gesellschaftlicher Zusammenhalt in Deutschland, Bertelsmann Stiftung, Gütersloh 2012, S. 24 f.

7 Ebd., S. 23.

8 John Rawls, Eine Theorie der Gerechtigkeit, Frankfurt am Main 1975, S. 21.

9 Schiefer, Kohäsionsradar (Anm. 6), S. 23.

10 Ebd., S. 21. Siehe auch die Weiterentwicklung des Begriffs in Regina Arant/Georgi Dragolov/ Klaus Boehnke, Sozialer Zusammenhalt in Deutschland, Bertelsmann Stiftung, Gütersloh 2017, S. 24–40.

Der Begriff bezieht sich folglich auf Gemeinwesen, deren Mitglieder bestimmte positive Einstellungen zueinander und zu ihrem sozialen Gesamtkontext aufweisen, in dem sie als Handelnde in Praktiken und Beziehungen involviert sind, die einen (näher zu bestimmenden) Gemeinschaftsbezug haben, und sich in komplexe institutionelle Prozesse der Kooperation und Integration einfügen, die kollektiv diskursiv thematisiert und evaluiert werden. Zusammenhalt existiert dort, wo diese Ebenen eine bestimmte Qualität aufweisen und hinreichend übereinstimmen – in den *Einstellungen, Handlungen, Beziehungen, Institutionen* und *Diskursen* einer Gesellschaft.

Diese Definition des Konzepts ist normativ neutral und legt die Qualität etwa von Gemeinschaftsbezug, Verbundenheit und Integration nicht a priori fest. Weder ist impliziert, dass gemeinsame Traditionen oder soziale Homogenität den Zusammenhalt kennzeichnen, noch sind die Akzeptanz von Diversität oder demokratischer Streit begrifflich vorausgesetzt. Das Konzept des Zusammenhalts selbst ist somit, wie ich es ausdrücke, »normativ abhängig«,[11] denn es enthält nicht die normativen Ressourcen, bestimmte *Konzeptionen* des Zusammenhalts, die auf Homogenität oder auf Heterogenität abheben, die kollektivistisch, demokratisch oder autoritär sind, zu begründen. Dazu bedarf es anderer Ressourcen, etwa eines »Ideals« einer integrierten oder solidarischen Gesellschaft. Oder einer bestimmten Vorstellung von Demokratie, die eigens zu begründen wäre.

In meinen Augen muss ein Begriff des sozialen Zusammenhalts auf der deskriptiven Ebene alle fünf Aspekte umfassen. Sein Schwerpunkt dürfte allerdings auf der Einstellungsebene liegen, denn das »Zusammenhalten« ist sein Ursprung. Dieses Zusammenhalten ist nicht das des Hirten, der seine Schäfchen beisammenhält, sondern das derjenigen, die sich einander verbunden bzw. verpflichtet sehen. Halten wir als Definitionsmerkmal fest: Zusammenhalt setzt ein Sichverbundensehen und die Bereitschaft zu Handlungen voraus, die aus dieser kollektiven Verbundenheit folgen und das Ganze im Blick behalten und fördern sollen.

Damit stellt der Begriff auch die Frage, ob komplexe, systemisch und kulturell ausdifferenzierte moderne Gesellschaften überhaupt noch Gemeinschaften bilden, die »zusammenhalten«, also Gemeinschaften, in denen die Mitglieder sich mit dem Kollektiv auch und gerade über Differenzen hinweg identifizieren und füreinander einstehen.[12] Um der Realität moderner Gesellschaften gerecht zu werden, sollte man Zusammenhalt als eine Form der Integration denken, die die

---

11 Rainer Forst, Normativität und Macht. Zur Analyse sozialer Rechtfertigungsordnungen, Berlin 2015, Kap. 8, und ders., Toleranz im Konflikt. Geschichte, Gehalt und Gegenwart eines umstrittenen Begriffs, Frankfurt am Main 2003, § 3.
12 Jürgen Habermas, Können komplexe Gesellschaften eine vernünftige Identität ausbilden?, in: ders., Zur Rekonstruktion des Historischen Materialismus, Frankfurt am Main 1976, S. 92–126.

Pluralität individueller Gruppenzugehörigkeiten und systemischer Ausdifferenzierung[13] reflektiert und soziale wie auch politische Prozesse der Kooperation vorsieht, die Konflikte einschließen. Dann ist primär nach den Rahmenbedingungen zu fragen, die dies ermöglichen – und zwar (wie gesagt) nicht in erster Linie institutionell, sondern als Frage der Einstellung und Orientierung. Dann drängen sich Einstellungsbegriffe wie Toleranz, Vertrauen und Solidarität, aber auch demokratischer Respekt auf. Und wir sind auf dem Weg hin zu spezifischen Konzeptionen des Zusammenhalts.

3. Toleranz, Solidarität und Zusammenhalt

Nehmen wir uns daher einige dieser Begriffe genauer vor, etwa Toleranz und Solidarität, die an unterschiedlichen Enden des Spektrums gemeinwohlorientierter Einstellungen zu liegen scheinen – die Toleranz dort, wo größtmögliche Pluralität gelebt wird, die Solidarität dort, wo Einheit vorherrscht. Aber dieser Eindruck mag täuschen, denn auch die Toleranz benötigt und fördert vielleicht Zusammenhalt, und die Solidarität muss ggfs. mit Verschiedenheit und Fremdheit zurechtkommen.

Zunächst zur *Toleranz*. Sie bezeichnet eine Haltung, die analytisch betrachtet aus drei Komponenten besteht, und dabei lassen sich schon eine Reihe von Missverständnissen aufklären – etwa der Irrtum, die Toleranz habe etwas mit urteilsloser Gleichgültigkeit zu tun, wie Nietzsche meinte: der »Unfähigkeit zu Ja und Nein«.[14] Überlegen wir einmal, wann wir sagen, dass wir etwas »tolerieren«, etwa die Meinung eines Menschen, den Geruch eines Essens, die Handlungsweise einer Gruppe. Wir sagen das nur, wenn uns an dieser Meinung, dem Geruch oder der Handlung etwas stört. Und in der Tat: Die erste Komponente der Toleranz ist die der *Ablehnung*.[15] Überzeugungen oder Praktiken, die wir tolerieren, lehnen wir als falsch oder schlecht ab. Sonst lägen Indifferenz oder Bejahung vor, nicht aber Toleranz.

Es muss allerdings eine zweite Komponente hinzukommen, die der *Akzeptanz*. Sie nennt Gründe, weshalb das, was falsch oder schlecht ist, dennoch geduldet

---

13 Armin Nassehi, Inklusion, Exklusion, Zusammenhalt. Soziologische Perspektiven auf eine allzu erwartbare Diagnose, in: Michael Reder/Hanna Pfeifer/Mara-Daria Cojocaru (Hrsg.), Was hält Gesellschaften zusammen? Der gefährdete Umgang mit Pluralität, Stuttgart 2013, S. 31–46.

14 Friedrich Nietzsche, Nachgelassene Fragmente 1885–1887, in: ders., Sämtliche Werke. Kritische Studienausgabe in 15 Bänden, München 1988, Bd. 12, S. 432.

15 In meiner Analyse der Toleranzkomponenten folge ich im Wesentlichen (wenn auch nicht in allen Details) Preston King, Toleration, New York 1976, Kap. 1. Siehe Forst, Toleranz im Konflikt (Anm. 11), Kap. 1.

werden sollte. Hier wird eine Balance aus negativen und positiven Erwägungen hergestellt, denn die Akzeptanzgründe heben die Ablehnungsgründe *nicht* auf, sie stehen nur neben ihnen und geben im Toleranzfall den Ausschlag. Die Ablehnung bleibt bestehen.

Schließlich ist noch eine dritte Komponente zu bedenken – die der *Zurückweisung*, also erneut negative Gründe. Diese markieren die Grenzen der Toleranz. Ersichtlicherweise müssen diese negativen Gründe gravierender sein als die erstgenannten der Ablehnung, denn sie lassen sich nicht durch Akzeptanzerwägungen übertrumpfen. Sie rechtfertigen, weshalb von einer, sagen wir, höheren Warte aus Grenzen zu ziehen sind – und auf welche Weise.

Die Aufgabe der Toleranz ist es, diese drei Komponenten in die rechte normative Ordnung zu bringen. Die Herkunft der Gründe kann dabei unterschiedlicher Art sein: Alle drei können religiöse Quellen haben, etwa wenn man eine andere Religion als falsch ablehnt, sie aber im Geiste des Friedens und der Mitmenschlichkeit toleriert, bis sie zur Gotteslästerung führt. Die Gründe können aber auch unterschiedlicher Art sein, etwa wenn einer religiösen Ablehnung Gründe der Akzeptanz und der Zurückweisung gegenüberstehen, die sich auf die Menschenrechte berufen, einmal auf das Recht auf Religionsfreiheit (Akzeptanz) und einmal auf die körperliche Unversehrtheit etwa (Ablehnung). Freilich: Im Begriff der Toleranz stecken diese Gründe selbst nicht; sie ist eine von anderen normativen Ressourcen *abhängige* Tugend. Sie selbst ist kein Wert (auch wenn das oft behauptet wird). Dies teilt sie mit dem Zusammenhalt.

Diesen normativ abhängigen Charakter hat die Toleranz auch mit dem Begriff der *Solidarität* gemeinsam. Darunter verstehen wir generell eine praktische Haltung des Füreinandereinstehens, die eine bestimmte Form der Verbundenheit ausdrückt. Sie geht auf eine gemeinsame Identität bzw. ein geteiltes Projekt oder zumindest die Mitgliedschaft in einer Gemeinschaft zurück. Das Eintreten für andere ist nicht auf eine einfache Reziprozität gegründet, sondern setzt voraus, dass man bereit ist, um der gemeinsamen Sache willen gegebenenfalls mehr einzubringen als andere. Man erwartet aber von anderen Entsprechendes, wenn es an ihnen ist, einen Beitrag zu leisten.

Wenn wir uns der Frage des Zusammenhalts mit Hilfe dieser beiden Begriffe nähern wollen, müssen wir weiter differenzieren. Unterscheiden wir also verschiedene *Konzeptionen* der Toleranz und auch der Solidarität.

Ich beschränke mich auf zwei Konzeptionen der Toleranz.[16] Die erste nenne ich *Erlaubnis-Konzeption*. Wir finden sie in den klassischen Toleranzgesetzgebungen, etwa im Edikt von Nantes (1598), in dem es heißt:

---

16 Ich diskutiere vier Konzeptionen der Toleranz in Forst, Toleranz im Konflikt (Anm. 11), § 2.

Um keinen Anlass zu Unruhen und Streitigkeiten zwischen unseren Untertanen bestehen zu lassen, haben wir erlaubt und erlauben wir den Anhängern der sogenannten reformierten Religion, in allen Städten und Ortschaften unseres Königreiches zu leben und zu wohnen, ohne dass dort nach ihnen gesucht wird oder sie bedrückt und belästigt und gezwungen werden, etwas gegen ihr Gewissen zu tun.[17]

Die Toleranz ist demnach eine obrigkeitsstaatliche Haltung und Praxis, die Minderheiten die Erlaubnis gibt, ihrem Glauben gemäß zu leben – und zwar in dem Rahmen, den die erlaubnisgebende Seite allein festlegt. Alle drei Komponenten (Ablehnung, Akzeptanz und Zurückweisung) sind in der Hand der Obrigkeit; die Tolerierten sind als Bürger:innen zweiter Klasse markiert und geduldet – und auf den Schutz durch den Monarchen angewiesen. Dies ist die Toleranzvorstellung, die Goethe (»Dulden heißt beleidigen«) und Kant (»hochmütiger Name der Toleranz«) mit ihrer Kritik vor Augen haben,[18] denn hier heißt toleriert zu sein auch, stigmatisiert und beherrscht zu sein.

In einer langen Geschichte demokratischer Revolutionen bildete sich in der Neuzeit eine im Vergleich zur sozusagen vertikalen Erlaubniskonzeption horizontale Toleranzvorstellung heraus – die *Respekt-Konzeption*. Der entscheidende Gedanke dabei ist, dass die Toleranz eine Haltung der Bürger:innen zueinander ist, die wissen, dass sie in zentralen Fragen des guten und richtigen Lebens nicht übereinstimmen, dabei aber dennoch akzeptieren, dass die ihnen gemeinsamen Institutionen auf Normen beruhen müssen, die alle als *Gleichberechtigte* teilen können und die nicht einfach die Wertvorstellungen einer Gruppe festschreiben und zum Gesetz erheben. Die Komponente der Ablehnung verbleibt im Definitionsraum der Einzelnen oder ihrer Gemeinden, aber die Komponenten der Akzeptanz und der Zurückweisung werden in einem Prozess der Legitimation bestimmt, der auf Normen abzielt, die allgemein gerechtfertigt werden können. *Respektiert* wird die Person des Anderen als politisch-rechtlich gleichberechtigt, *toleriert* werden ihre Überzeugungen und Handlungsweisen.

So wird sichtbar, dass mit diesen Toleranzkonzeptionen auch verschiedene Zusammenhaltsvorstellungen verbunden sind, und wie in früheren Epochen sind Toleranzdiskussionen heute immer auch Zusammenhaltsdiskussionen. Nach der demokratisch transformierten Erlaubniskonzeption bestimmt die »Leitkultur« einer angestammten Mehrheit, was als Norm gilt (Kruzifix) und inwiefern andere religiöse Symbole (Kopftuch, Burka), Praktiken (Beschneidung) oder soziale Lebensformen (gleichgeschlechtliche Ehe) zu tolerieren sind; nach der Respekt-

---

17 Zitiert nach Claudia Herdtle/Thomas Leeb (Hrsg.), Toleranz. Texte zur Theorie und politischen Praxis, Stuttgart 1987, S. 69.

18 Johann Wolfgang Goethe, Maximen und Reflexionen, in: ders., Werke in sechs Bänden, Frankfurt am Main 1981, Bd. 6, S. 507, und Immanuel Kant, Beantwortung der Frage: Was ist Aufklärung?, in: ders., Gesammelte Schriften (= Akademie-Ausgabe), Bd. 8, Berlin 1912, S. 40.

konzeption muss diese Leitkultur ihre Vorrangstellung räumen, wenn es um die Gleichstellung von Minderheiten geht.[19] Dann werden Kruzifixe aus Klassenzimmern und Gerichtssälen entfernt, das Kopftuch dürfen auch Beamtinnen als religiöses Symbol tragen, die Burka wird geduldet (mit funktionsbedingten, zu begründenden Ausnahmen), religiöse Praktiken werden nur unterbunden, wenn eindeutig eine Körperverletzung vorliegt, und die gleichgeschlechtliche Ehe steht auf derselben Rechtsstufe wie die heterosexuelle.

Hier stellt sich die in methodischer Hinsicht interessante *Zusammenhaltsfrage*: Wonach entscheidet sich, welche der Konzeptionen die »richtige« ist – nach prinzipiellen Gerechtigkeitserwägungen des gleichen Respekts oder nach dem, wie in einer Gesellschaft Zusammenhalt real »funktioniert«? Wenn Ersteres, dann ist die Respektkonzeption angemessen, wenn Letzteres, dann möglicherweise die Erlaubniskonzeption, da hier der »Kitt« der Gesellschaft bzw. ihre »Integrationskraft« nicht überstrapaziert wird. So argumentieren manche, aber in kritischer Hinsicht ist dabei zu fragen, ob diese Interpretationen von »Kitt« oder »Integration« nicht ihrerseits exkludierend sind, denn sie definieren den Zusammenhalt nach Maßgabe dessen, was Mehrheiten für angemessen halten – und Minderheiten haben lediglich die Wahl zwischen Assimilation oder Wegducken. Wieder zeigt sich, dass spezifische Konzeptionen des Zusammenhalts von normativen Annahmen leben, die eigens auszuweisen und zu diskutieren sind. Dass etablierte Mehrheiten definieren, was als Zusammenhalt gilt, kann weder unhinterfragt angenommen noch als »demokratisch« bezeichnet werden, denn die Demokratie (wieder eine normative Aussage) ist kein Instrument der Beherrschung von Minderheiten und der Verweigerung gleicher Rechte – bzw. sollte sie dies nicht sein.

Mit den verschiedenen Konzeptionen von Solidarität verhält es sich ähnlich. Diese nimmt je nach Kontext eine andere normative Form an. In ethischen Kontexten von Familie, Freundschaften oder auch religiösen Gemeinschaften bestehen sehr starke Verbundenheitsannahmen, und der Kreis der Solidarität ist entsprechend begrenzt. In rechtlich-sozialen Kontexten wiederum gibt es eine stärker vermittelte Form der Solidarität, etwa bei der Krankenversicherung. Aber auch hier bestehen Erwartungen der Gegenseitigkeit bei unterschiedlichen Lebensverläufen, und der Kreis ist wiederum begrenzt. Entgrenzt ist er hingegen in moralischen Kontexten, in denen allen Menschen geholfen werden muss, die in Not sind. Basis ist hier die geteilte Menschheit und Menschlichkeit.

Welches ist nun das richtige Modell für eine politische Gemeinschaft: Eher ein ethisch-nationales, das die politische Gemeinschaft als Großfamilie ansieht, die füreinander einsteht, oder eher das rechtlich-allgemeine, das auf Nutzenerwägungen aufbaut, oder vielmehr das entgrenzte moralische, das keine spezifischen

---

19 Siehe dazu Forst, Toleranz im Konflikt (Anm. 11), Kap. 12, sowie Forst, Normativität und Macht (Anm. 11), Kap. 6.

Bindungen voraussetzt? Oder etwas Viertes? Wieder stellt sich dieselbe Frage: Soll es ein allgemeingültiger, abstrakter Begriff der Gerechtigkeit sein, der hier leitend ist, oder eher das soziale Selbstverständnis von Mehrheiten in einer konkreten Gesellschaft, in der die geteilte Nationalität noch immer sehr wichtig ist, bei vielen Gesellschaftsmitgliedern jedenfalls? Zur Beantwortung dieser Frage hilft uns der normativ abhängige Begriff der Solidarität nicht.

Der des Zusammenhalts aber auch nicht. Er ist, wie gezeigt, genauso normativ abhängig, denn seine normative Substanz erhält er erst durch andere Begriffe (Demokratie, Gerechtigkeit), während er aber auch gerne mit dem Verweis auf soziale Fakten (oder was dafür gehalten wird) normativ angereichert wird. Dann geht, so wird gesagt, bei »zu viel« Toleranz der Zusammenhalt verloren, und die Solidarität schwindet. Andere sagen das Gegenteil und verweisen darauf, dass Vorstellungen des solidarischen Zusammenhalts, die die Grenzen der Toleranz eng ziehen und allenfalls eine Erlaubnistoleranz zulassen, exkludierend und kein »echter« Zusammenhalt sind.

Hier wird deutlich, dass es keine »neutrale« Vorstellung des Zusammenhalts geben kann, sondern eine *jede* Konzeption normativ angereichert ist, die angesichts solcher Fragen Orientierung ermöglicht. Und das ist auch der eigentliche Sinn des Begriffs – uns zum Nachdenken über die Alternativen verschiedener normativer Konzeptionen des Zusammenhalts zu zwingen. Eine solche normative Konzeption ist nicht nur dort vonnöten, wo gefragt wird, was eine Gesellschaft zusammenhalten sollte, sondern auch dort, wo Aussagen darüber getroffen werden, was eine Gesellschaft zusammenhält. Es gibt hier, in klassisch »Frankfurter« Begriffen gesagt, keine »positivistische« Analyseperspektive, die normative Erwägungen außer Acht ließe.[20]

4. Rechtfertigungsnarrative und Gerechtigkeit

Eine umfassende Konzeption des Zusammenhalts in modernen, pluralistischen Gesellschaften muss, wie in Abschnitt 2 erwähnt, die Ebenen individueller Einstellungen und Handlungen, kollektiver Praktiken, Netzwerke und gesellschaftlicher Institutionen in ihren spezifischen normativen Funktionen berücksichtigen, bevor die Frage beantwortet werden kann, was solche Gesellschaften »zusammenhält«. Um dieses Bild zu vervollständigen, muss allerdings besonderes Gewicht auf die fünfte Ebene, also die gesellschaftlichen Diskurse und Reflexionen, gelegt

---

20 Dazu noch immer Jürgen Habermas, Gegen einen positivistisch halbierten Rationalismus, in: ders., Zur Logik der Sozialwissenschaften, Frankfurt am Main 1982, Kap. 2, insb. S. 61.

werden. Denn Gesellschaften interpretieren sich selbst, und die hermeneutische Erschließung dieses Raumes der Selbstdeutungen ist unabdingbar bei der Analyse sozialen Zusammenhalts.

Was aber heißt es, sich dem geistigen, dem *noumenalen* Raum einer Gesellschaft zuzuwenden? Gegenstand der Untersuchung sind dabei die interpretatorischen *frameworks*, innerhalb derer Werte des Zusammenlebens gedeutet, Institutionen gelebt und Lebensvollzüge bewertet werden, und diese sind Teil mehr oder weniger umfassender *Rechtfertigungsnarrative*, die die eigene Stellung innerhalb des Gemeinwesens beleuchten und benennen, wer wem was schuldet, wer welche Vorteile oder Nachteile, wer bestimmte Rechte und Berechtigungen hat.[21] Man denke nur an die komplexen Rechtfertigungsnarrative, auf deren Basis Menschen in ostdeutschen Ländern sich über Ungerechtigkeiten beklagen, die ihnen widerfahren seien: durch den totalitären Staat der DDR, seine Abwicklung und Übernahme durch den Westen, die kapitalistische Fremdherrschaft, die multikulturelle Überfremdung usw. So bilden sich Narrative, deren Zusammenhaltsqualität damit in Verbindung steht, wie in ihnen selbst sozialer »Zusammenhalt« idealerweise vorgestellt wird und wie seine Gefährdungen gedeutet werden. Dann sieht man, wie sich soziale und kulturelle, auch nationalistische und ggfs. xenophobe, Einstellungen vermischen und zu Rechtfertigungsnarrativen bündeln, die Menschen zuweilen immun machen gegen Toleranz- und Solidaritätsaufrufe, weil sie ihnen hohl und falsch erscheinen. Kaum etwas zersetzt den sozialen Zusammenhalt so wie der sich verfestigende Eindruck, man sei Teil eines *Privilegiensystems*, das die Elite von den Anderen unabhängig macht und in dem diese Anderen ausgeschlossen und abgehängt sind. Das ist ein Eindruck, der an beiden Enden des Spektrums zu Entfremdung führt, bei Eliten und Exkludierten. Dabei ist zunächst einmal sekundär, ob dieser Eindruck berechtigt ist; relevant aber ist, ob er korrigierbar ist oder sich epistemische Inseln bilden, die füreinander unerreichbar werden. Der Raum der Rechtfertigungen, die Menschen effektiv in ihrem Denken und Handeln leiten, ist zentral für die Frage des Zusammenhalts.

Definieren wir gesellschaftlichen Zusammenhalt hinsichtlich dieser Ebene entsprechend (und vorläufig) so: Die Gesellschaft »hält« zusammen, in der die unterschiedlichen Rechtfertigungsnarrative darüber, was dies für eine Gesellschaft ist und wer welche Stellung und Berechtigungen in ihr hat, noch so weit »überlappen«, dass ein gemeinsames Institutionensystem, vom Kindergarten bis zum Parlament, funktionieren kann und die Einzelnen dafür eintreten, dass dem so ist. Es muss ein *übergreifendes Narrativ von sozialer Integration und Kooperation* geben,

---

21 Zum Begriff des Rechtfertigungsnarrativs siehe Forst, Normativität und Macht (Anm. 11), Kap. 2 u. 3. Zu politischen Narrativen der In- und Exklusion siehe auch Albrecht Koschorke, Öffnen und Schließen. Modellierungen von Zukunft im Kampf der politischen Narrative, Vortrag, Universität Essen, November 2017.

das einem selbst und anderen eine relevante Zugehörigkeit zuschreibt und zugesteht, auch wenn die anderen sonst anderen Vorstellungen und Praktiken folgen, etwa in der Differenz kultureller Lebensformen. Sie werden aber nicht als Bedrohungen und Fremdkörper wahrgenommen. Zusammenhalt ist, wenn man so will, eine Frage der Wahrnehmung der eigenen Situation in Relation zu der von anderen. Und hier kommt der Begriff der Gerechtigkeit ins Spiel, aber nicht als abstraktes Prinzipiengerüst, sondern als Erwartung an gesellschaftliche Institutionen und Mitbürger:innen, dass es gerecht zugeht oder man sich zumindest darum bemüht. Zusammenhalt schwindet, wenn dies bestritten wird – und umso mehr, wenn nicht einmal Grundübereinstimmungen darüber bestehen, was Gerechtigkeit hieße.

Man kann dies auch reflexiv so formulieren: Sozialer Zusammenhalt existiert dort, wo die unterschiedlichen Vorstellungen des richtigen, gerechten sozialen Zusammenhalts (inklusive Gerechtigkeitsbilanz und Zugehörigkeiten), die es in Gruppenmilieus gibt, noch so weit übereinstimmen, dass daraus eine gemeinsame normative Zusammenhaltsvorstellung, wenn auch abstrakt und vielschichtig, resultiert. In ihr muss genug Raum für Differenz, Toleranz und demokratischen Streit sein, aber eben auch für das Bewusstsein realer Zusammengehörigkeit, das sich in Konflikten bewähren und reproduzieren können muss. Dieser Zusammenhalt zerbricht (oder kommt gar nicht erst zustande), wo die einzelnen Zusammenhaltsvorstellungen keine ausreichende Schnittmenge aufweisen. Dann wird Streit zum Kampf. Sozialen Zusammenhalt gibt es also nur dort, wo es ausreichend *geteilte* Rechtfertigungen und Rechtfertigungsnarrative über die Gesellschaft gibt, deren Teil man ist. Dies schließt den historischen Aspekt der gesellschaftlichen Selbstdeutung ein. Dort, wo die einen primär eine Geschichte der Unterdrückung sehen, etwa durch Rassismus und ökonomische Ausbeutung, während die anderen eine freiheitliche bürgerliche Lebensform sehen, die verteidigt werden muss, gehen diese Deutungen zu weit auseinander und der Appell an den Zusammenhalt wird zur leeren Rhetorik.

5. Gesellschaftliche Projekte und Krisen

Das Leben, auch das soziale, wird bei aller geschichtlichen Bedingtheit nach vorne gelebt. Geteilte Rechtfertigungsnarrative, die in hohem Maße Zusammenhalt generieren, erfordern ein gesellschaftliches *Projekt*, das Verbundenheit schafft. Hier kommen wir zum zeitdiagnostischen Kern der Zusammenhaltsproblematik. Solche Projekte, die Konflikt und Richtungsstreit keinesfalls ausschließen, können ganz unterschiedlicher Art sein – historisch gesehen etwa die Dekolonisierung, die (Wieder-)Herstellung der Nation, die sozialistische Gesellschaft, die

Demokratisierung, die Frauenrechte schafft, der ökologische Umbau der Gesellschaft usw. Aber wo liegt das übergreifende Projekt heutiger westlicher Gesellschaften? In der Rückkehr zur Nation oder dem Öffnen zum multikulturellen Kosmopolitismus?[22] Dies scheint mir noch nicht die ins Innere dringende Frage zu sein.

Sondern eher: Haben wir noch die Auffassung, dass die sozialen und politischen Institutionen, die zur Verfügung stehen, für die großen Herausforderungen unserer Zeit – die Überwindung der ökologischen Krise, die Kontrolle der globalen Ökonomie, den humanen Umgang mit globaler Migration, die Überwindung der Armut, die Digitalisierung unserer Lebens- und Arbeitsverhältnisse – auch nur annähernd gerüstet sind? Was geschieht in einer Gesellschaft, die erkennt, dass dies nicht mehr der Fall ist? Wohin und in welche vielleicht pathologischen Richtungen gehen dann die Rufe »take back control« oder »make America great again«? Die Projekte, die mit diesen Slogans werben, sind nicht nur rückwärtsgewandt; sie setzen Spaltung an die Stelle des demokratischen Zusammenhalts.

Aus dieser Perspektive sind es nicht primär die erwähnten Bedrohungen, die den Zusammenhalt durch das Fehlen eines politisch-sozialen Projekts gefährden, sondern es ist der seit den Neunzigern[23] um sich greifende Zweifel, ob wir überhaupt über die politische Handlungsmacht verfügen, diesen Herausforderungen zu begegnen, da sie ein transnationales Handeln erfordern, für das weder die Institutionen sichtbar sind noch die aktivbürgerliche Substanz.[24] Ohne diese aber bleibt eine Politik der Demokratie und der Zukunft ortlos. Dann verkommen politische Konflikte zu Nullsummenspielen und alles, was neu und »anders« ist, wird abgelehnt und bekämpft. Wo das »Nach Vorne« verbaut scheint, wächst der mit falscher Nostalgie verbundene »Hass aufs Nichtidentische« (Adorno), und man will irgendwohin *zurück*.

Aus dieser Perspektive erscheinen die sozialen und politischen Implikationen der Corona-Pandemie ambivalent. Denn einerseits zeigte sich der Wahrheitsgehalt dessen, dass der Zusammenhalt sich in der Krise bewähren muss, und die Eindämmung des Virus sowie die gemeinschaftliche Bewältigung der diversen Kosten dieser Maßnahmen definierten, zumindest für den Moment, ein Projekt, das Solidarität und Zusammenhalt erforderte und auch generierte. Der gesellschaftliche Raum der Rechtfertigung wurde innerhalb kürzester Zeit mit großer Macht auf eine einzige Rechtfertigung (die der Eindämmung des Virus) umgepolt. Andererseits aber trat der Nationalstaat in nahezu klassischer Form auf die

---

22 Pieter de Wilde et al. (Hrsg.), The Struggle over Borders. Cosmopolitanism and Communitarianism, Cambridge 2019.

23 Siehe schon Siegfried Unseld, Politik ohne Projekt?, Frankfurt am Main 1993.

24 Siehe Rainer Forst, Two Bad Halves don't Make a Whole: On the Crisis of Democracy, in: Constellations 26 (2019), H. 3, S. 378–383.

Bühne zurück und erwies sich als ebenso handlungsfähig wie abhängig – gegenüber einer globalen Pandemie wie auch der Suche nach Impfstoffen und den Möglichkeiten wirtschaftlicher Erholung, die ein Handeln über den Nationalstaat hinaus erfordern. Die politische Imagination aber verblieb im nationalen Rahmen, einschließlich von Reisebeschränkungen, ethnischer Exklusion »unvorsichtiger« Nichtdeutscher (oder deutscher Muslim:innen), die zu vermehrten Ansteckungen führten, bis hin zu Konfliktlinien innerhalb der EU um Solidarität und Folgekosten.

Daher die Frage: Ist der Preis dafür, ein integratives politisches Projekt zu bestimmen, das Zusammenhalt bewirkt, die Rückkehr zu nationalem und in Teilen nationalistischem Denken? Und wie exkludierend ist dieses Projekt; kann es mehr als einen Teilzusammenhalt fördern? Und kann es die Antwort auf diese und andere Krisen sein, die im Kern transnationaler Natur sind? Die Frage des Zusammenhalts ist zeitdiagnostisch gesehen Teil der Widersprüche unserer Zeit.

Binden durch Repräsentieren

Probleme des Liberalismus nach dem Bürgertum

Albrecht Koschorke

1

Vor einigen Jahren hat David Roberts in einem Kommentar zur aktuellen Lage eine heuristisch nützliche Unterscheidung getroffen. Sein Artikel in der Zeitschrift *Vox* trägt die in ihrer logischen Schleifenform bezeichnende Überschrift: »Donald Trump and the rise of tribal epistemology. Journalism cannot be neutral toward a threat to the conditions that make it possible.«[1] Roberts zufolge unterscheiden sich Liberale und Rechte in den USA nicht nur in ihren Ansichten zu strittigen Fragen und im Grad ihrer Radikalisierung, sondern auch durch gegensätzliche Auffassungen bezüglich des diskursiven Spiels, das auf der politischen Bühne gespielt wird. Während Liberale erwarten, dass der Meinungskampf innerhalb anerkannter Spielregeln stattfindet, sehen Rechtspopulisten diese Spielregeln selbst als politischen Kampfeinsatz an. In Roberts' Worten:

Democrats still largely see themselves as playing the game, bound by the ring fence, subject to common referees (e.g., science and media). That's how most of the mainstream media sees the situation as well. But the right sees the game itself, its institutions and norms, as the enemy.

Folgt man Roberts' typologisch vereinfachender Entgegensetzung, dann zielen Populisten darauf ab, Interessenkonflikte und Spannungslagen, so komplex ihre Ursachen sein mögen, in eine binäre Logik zu übersetzen, der zufolge es nur Verbündete oder Gegner gibt. Das erlaubt es ihnen, um den Preis einer immer tieferen sozialen Spaltung mit suggestiven Vereinfachungen zu operieren, und setzt bei einem hinreichend instabilen Umfeld einen performativen Mechanismus in Gang, der am Ende tatsächlich herbeiführt, was als schon gegeben behauptet wurde. Liberale dagegen argumentieren gemäß einer ternären Logik. Sie sind bemüht, sich in der Hitze der politischen Auseinandersetzung zugleich der demokratischen Bedingungen zu vergewissern, die dieser Auseinandersetzung einen festen Bezugsrahmen und ein gemeinsames Fundament geben. Der Kampf

---

1 Vox vom 19. Mai 2017, https://www.vox.com/policy-and-politics/2017/3/22/14762030/donald-trump-tribal-epistemology (Zugriff 11. Juli 2020).

um Meinungshoheit, den sie führen, verbindet sich deshalb mit einem Dauerappell an dritte Instanzen: an die Neutralität der Justiz, der Wissenschaft, der Presse, letztlich der Staatsordnung überhaupt.

Aber was geschieht, wenn dieser Appell ins Leere geht? Wenn er selbst wiederum nur als Mittel im Machtkampf aufgefasst, in David Roberts Begriffen: tribalisiert[2] wird? Das ließ sich in den vergangenen Jahren quälend genau beobachten. Die Liberalen – um hier bei allen Vorbehalten die aus den USA importierte Sprechpraxis zu übernehmen, das gesamte politische Meinungsspektrum von der Mitte bis links unter diesen Sammelnamen zu fassen –, die Liberalen also können auf diese Art der Konfrontation nur in wechselnden Zuständen autoritärer Ratlosigkeit reagieren. Ratlosigkeit, weil damit die Auseinandersetzung auf das Gebiet des puren Machtkampfes, tendenziell der Gewalt gezogen wird, vor dem sie habituell und aus Gründen politischer Überzeugung zurückscheuen. Autoritär, weil sie Verstößen gegen die institutionelle und moralische Ordnung dadurch begegnen, dass sie die ganze Sanktionsmacht der dritten Instanzen zu mobilisieren versuchen. Wo diese Sanktionsmacht nicht mehr ausreicht (USA) beziehungsweise ihren Händen entglitten ist (Polen, Ungarn usw.), steigert sich die Ratlosigkeit zu einem Zustand ohnmächtiger Empörung.

2

Im Folgenden soll versucht werden, diese aktuelle Konfrontation der beiden derzeit dominierenden politischen Lager mitsamt ihren argumentationslogischen Implikationen von der Ideengeschichte des klassischen Liberalismus her aufzuhellen, das Epitheton ›liberal‹ also beim Wort zu nehmen. Es wird dabei vor allem um den Sinn, die Leistungsfähigkeit und die Grenzen von politischen Repräsentativsystemen gehen. Damit eng verbunden ist das Problem, auf welche Weise heutige Gesellschaften die von ihnen erzeugte Komplexität bewältigen. Im gegebenen Kontext wird dies durch die Fragestellung überwölbt, welche Modelle gesellschaftlichen Zusammenhalts dabei virulent sind und welche Dynamiken, sowohl konstitutionell als auch kulturell, sich dadurch entwickeln.

Bekanntlich erwuchs der Liberalismus klassischer Prägung aus dem Glauben an die Produktivität des freien Spiels gesellschaftlicher Kräfte. Sobald er sich als politische Bewegung formierte, gedieh er indessen in einem nationalstaatlichen

---

2 Ethnolog:innen nehmen Anstoß an dem Bild von Stammeskulturen, das in diesem Ausdruck mitklingt. Das kann an dieser Stelle nicht diskutiert werden und ist auch nicht Gegenstand. Das Wort wird hier lediglich zitatweise als eine auf die Charakterisierung aktueller Entwicklungen gemünzte Beschreibungsformel gebraucht.

Rahmen, durch den dieses freie Spiel der Kräfte eingehegt war. Wie auch immer sich das Verhältnis zwischen Markt und Staat in der Praxis gestaltete – *idealiter* ist das liberale Gesellschaftsmodell ohne seine Rückbindung an überparteiliche Institutionen mit schiedsrichterlicher und Sanktionsgewalt nicht zu denken. Der Entfesselung der Partikularinteressen stellt es eine Logik der Norm, der Verpflichtung auf das öffentliche Interesse und die Allgemeinheit gegenüber.

Mit dem Eintreten des Liberalismus für individuelle Freiheits- und Eigentumsrechte ging deshalb stets, theoriegeschichtlich weniger beachtet, der Rekurs auf die autoritative Instanz eines ›großen Dritten‹ einher, die als vom Parteienkampf unberührt gedacht wurde. Im stark aufklärerisch geprägten Frühliberalismus hieß dieser Referenzpunkt *Vernunft*. Im Gefolge der zunehmenden Verrechtlichung des politischen Raumes manifestierte sich der Primat der Vernunft im *Rechtsstaat*. In unseren Tagen steckt in den meisten Fällen die *Verfassung* den Rahmen der legitimen politischen Kontroverse ab, und der Appell an den Dritten kleidet sich in Konzepte wie dasjenige des *Verfassungspatriotismus*. Wie ein Wasserzeichen scheint dabei der ältere Vernunftvorbehalt – und darin impliziert die Aufteilung des politischen Feldes zwischen Vernunft und Unvernunft – auch noch durch heutige Beschwörungen der verfassungsgemäßen Ordnung hindurch.

Allerdings ließen die großen Ideengeber des klassischen Liberalismus von James Madison über Benjamin Constant bis zu John Stuart Mill keinen Zweifel daran, dass sie in der Aufrichtung einer überparteilichen, bis zu einem gewissen Grad sogar außerpolitischen Quelle der Autorität eine heilsame Beschränkung des Prinzips der Volkssouveränität und damit demokratischer Verfahren überhaupt sahen. Ab einem gewissen Punkt, das war der Dreh- und Angelpunkt ihrer Schriften, ist die Entscheidungsmacht demokratischer Mehrheiten nicht mit liberalen Erfordernissen vereinbar. In der Diskrepanz zwischen den Parteiprogrammen von Liberalen und Demokraten hat diese Unvereinbarkeit noch bis ins 20. Jahrhundert hinein die politischen Debatten geprägt. Erst nach dem Zweiten Weltkrieg setzte sich das Modell der *liberalen Demokratie*, in der beide Elemente miteinander in Einklang gebracht schienen, als ein weltweit nachgeahmtes Vorbild durch. Nach 1989, mit dem Sieg des Westens im Kalten Krieg, schien die Vereinigung der Attribute »liberal« und »demokratisch« für eine kurze Phase sogar alternativlos zu sein. Gern werden heute die Nachkriegsjahrzehnte, die sich durch hohes Wirtschaftswachstum, allgemeine Prosperität bei abnehmender sozialer Ungleichheit, große Volksparteien, öffentlich-rechtliche Grundversorgung mit Information und ein alles in allem konsensualdemokratisches Meinungsklima gekennzeichnet sind, zum Maßstab rezenter Entwicklungen genommen. Sie scheinen aber eher eine historische Ausnahme gewesen zu sein, auch was ihre kulturellen Liberalisierungen anbetrifft. Diese veränderte Einstufung kann dazu beitragen, die Gegenwartsdiagnose vor falschen Dramatisierungen zu bewahren.

So oder so, mit einer Geschichtsteleologie in liberal-demokratischem Geist, seinerzeit prominent vertreten durch Francis Fukuyama, ist es seit Beginn des neuen Jahrtausends vorbei. In der Polarisierung zwischen populistischen und liberalen Politikmodellen, das heißt zwischen der Berufung auf den Volkswillen einerseits, dem Einsatz für Rechtsstaatlichkeit, Minderheitenschutz, Unabhängigkeit der Justiz und Pressefreiheit andererseits, treten die Bruchlinien zwischen liberalen Werten und Demokratie als Herrschaft des *demos* wieder stärker hervor. »In a world that is dominated by democracy and liberalism«, heißt es in der einschlägigen Studie von Cas Mudde und Cristóbal Rovira Kaltwasser pointiert, »populism has essentially become an illiberal democratic response to undemocratic liberalism.«[3]

Mit der Akzeptanzkrise des Modells der liberalen Demokratie ist auch der Mechanismus infrage gestellt, der in den Theorien des klassischen Liberalismus zwischen Volksherrschaft und Vernunft vermitteln sollte. Er besteht in der Repräsentativverfassung, über die John Stuart Mill bekanntlich eine ganze Abhandlung geschrieben hat.[4] Obwohl diese Verfassung auf dem Prinzip der Volkssouveränität gründete, sollte sie sowohl auf Seiten der Repräsentierten als auch der Repräsentanten Barrieren gegen eine aus liberaler Sicht falsch verstandene und infolgedessen fatale Selbstregierung des Volkes errichten. Dazu zählt die Einschränkung des passiven Wahlrechts auf männliche, sesshafte, mit Besitz und sozialem Status ausgestattete Staatsbürger, wie sie im 19. Jahrhundert gängige Praxis war. Wiederholt wurde in diesem Zusammenhang auch ein Mehrfachstimmrecht für Gebildete diskutiert, um, in Mills Worten, »die Gebildeten vor der Klassengesetzgebung der Ungebildeten« zu bewahren.[5]

Seinen ins Vorpolitische reichenden Anfängen nach ist der Liberalismus ein Kind der Aufklärung. Es gehört zu seinen zentralen Merkmalen, eine Sprecherposition vorzusehen, von der aus die durch Bildung Privilegierten als Sachwalter einer vernunftgemäßen Regelung öffentlicher Angelegenheiten fungierten. In die Unterscheidung zwischen den Gebildeten und der Masse des Volkes ist die Differenz zwischen Mündigen und Unmündigen einbeschrieben, wie sie klassisch in Kants Aufklärungsschrift zum Ausdruck gebracht ist.[6] Vom liberalen Standpunkt aus sollte den noch unmündigen Teilen des Volkes ein Weg zu geistiger Freiheit und höherer Einsicht gewiesen werden, um sie dadurch allererst zu würdiger Teilnahme am öffentlichen Leben zu befähigen. Diese temporale Struktur verleiht der

---

3 Cas Mudde/Cristóbal Rovira Kaltwasser, Populism. A Very Short Introduction, Oxford 2017, S. 116.

4 John Stuart Mill, Betrachtungen über die Repräsentativregierung, Berlin 2013.

5 Ebd., S. 149.

6 Immanuel Kant, Was ist Aufklärung?, in: Ehrhard Bahr (Hrsg.), Was ist Aufklärung? Thesen und Definitionen, Stuttgart 1981, S. 9–17, dort S. 9 f.

Weltsicht des Liberalismus ihren charakteristischen ›Zug nach oben‹, wie er sich in den Leitideen individueller Entwicklung und gesellschaftlichen Fortschritts manifestierte. Auf diese Weise wurde das Element von Distinktion, das in der erzieherischen Vormundschaft der Wenigen gegenüber den Vielen angelegt war, durch den Vorschein auf eine künftig zu erwerbende Zugehörigkeit abgemildert.

Das liberale Versprechen besteht also, noch einmal anders gewendet, in einer *auf die Zukunft hin geöffneten Exklusivität*. Der strategische Vorzug dieser Kompromissformel liegt darin, dass sie in beide Richtungen, in Richtung auf Statussicherung ebenso wie auf die in Aussicht gestellte Erweiterung der tonangebenden Gruppe, akzentuiert werden kann. Um diesen Prozess zu regulieren und nach seinen Vorstellungen zu lenken, aber auch um das Volk in Schranken zu halten, braucht der klassische Liberalismus den Staat. Doch braucht er staatliche Institutionen auch deshalb, um an sie als übergeordnete, dem Gewoge der Mehrheiten entzogene Instanzen im Sinne einer vernunftgemäßen Ausrichtung der Politik appellieren zu können. Denn so sehr er der subjektiven Freiheit das Wort redet, so sehr ist es ein in den liberalen Staatstheorien wiederkehrendes Axiom, dass das Interesse der Allgemeinheit mehr ist als die Summe der sich geltend machenden partikularen Ansprüche – dass es vielmehr in deren Zurückdrängung beziehungsweise, im Vokabular des aufklärerischen Frühliberalismus, Höherentwicklung und staatsbürgerlichen Vervollkommnung besteht.

Wechselt man von der historischen zu einer systematischen Perspektive, dann wird erkennbar, dass die liberale Staatstheorie auf zwei grundsätzliche, letztlich unlösbare Dauerprobleme demokratischer Staatsverfassungen reagiert. Das ist zum einen der notorische Zielkonflikt zwischen Freiheit und Gleichheit, der durch das abstrakte Prinzip einer formellen Rechtsgleichheit freier Individuen nicht überwunden wird. Und es ist zum anderen die Diskrepanz zwischen *Mehrheitswillen* und *Vernunftgemäßheit* politischer Entscheidungen – zwischen dem, was die Vielen glauben, und dem, was der Wahrheit entspricht.

Was tun, wenn das Volk nicht weiß, was gut für es ist? Aus Sicht des klassischen Liberalismus gibt es darauf zwei Antworten. Die erste besteht, ganz im Geist der Aufklärung, in der Erziehung des Volkes zur Mündigkeit, wobei sich die Liberalen als Erzieher imaginieren. Dies entspricht dem erwähnten evolutionistischen Grundschema der frühliberalen Staatslehre, die eine volle staatsbürgerliche Partizipation für alle zwar in Aussicht stellt, aber vorläufig aussetzt, solange die Bildungsvoraussetzungen – sei es ganzer Völker, die das europäische Niveau noch nicht erreicht haben, sei es, im Modus einer inneren Zivilisationsmission, der unteren Volksschichten – dafür noch nicht gegeben sind. Das hat den Liberalismus weltanschaulich so elastisch gemacht, dass er sich sogar mit Sklavenhaltung und kolonialer Unterdrückung in Einklang bringen ließ. Da man jedoch, zumal im eigenen Land, den nur auf lange Sicht zu erzielenden Erfolg dieses Erziehungswerkes nicht abwarten kann (besonders in Zeiten, in denen das Prinzip der Volkssouveränität unabweislich zu werden beginnt), ist noch ein zweites Verfahren der ›Hebung des Volkes‹ notwendig. Dieses zweite Verfahren, Volkswillen und Vernunft, Mehrheit und Wahrheit miteinander in Einklang zu bringen, besteht darin, dem Wahlvolk durch *politische Repräsentation* zu seinem wahren, von ihm selbst jedoch möglicherweise noch unverstandenen Wohl zu verhelfen. Der politische Repräsentant ist nach diesem Verständnis kein bloßer Auftragnehmer seiner Klientel, der sich dessen oft kurzsichtigen und selbstsüchtigen Wünschen zu beugen hat, sondern Treuhänder dessen, was die Repräsentierten *ihrer höheren Bestimmung nach* und noch nicht in der Wirklichkeit sind.

3

Weder Zensus- noch Gebildetenwahlrecht, wie sie bis ins 20. Jahrhundert hinein praktiziert beziehungsweise erwogen wurden,[7] sind heute noch ernsthafte Optionen. Zumindest formell hat sich das Prinzip *one (wo)man, one vote* durchgesetzt, auch wenn Besitz und Bildung aufgrund verschiedener Faktoren – bürokratische Hürden für Unterschichtenwähler:innen, ungleiche faktische Wahrnehmung des aktiven Wahlrechts, Meinungshoheit in den klassischen Medien – nach wie vor überproportionalen Einfluss auf die demokratische Willensbildung ausüben. Erneut ins Spiel gebrachte expertokratische Modelle wie dasjenige von Jason Brennan haben allenfalls den Charakter eines zeitkritischen Gedankenexperiments.[8] Die Zeichen der Zeit stehen, in den Worten Philip Manows, auf der restlos demokratisierten und somit »vollentwickelten« Demokratie.[9]

Anders verhält es sich dagegen mit der Rollendefinition der politischen Repräsentanten, wie sie die klassischen Theorien des Liberalismus vorsah. Hier sind, zumindest was die Problemstellung angeht, die Verbindungslinien zur Gegenwart sehr viel deutlicher erkennbar. Als Treuhänder des Allgemeinwohls sollten politische Mandatsträger nach liberalem Verständnis den potentiellen Widerspruch zwischen den Irrwegen einer unzuverlässigen, leicht manipulierbaren, in ihren Entscheidungen inkonsistenten demokratischen Mehrheit einerseits und dem höheren, weitsichtigeren, der Idee nach objektiven Interesse der Allgemeinheit auf

---

7 Womit sich noch Max Weber in einem Aufsatz von 1921 kritisch auseinandersetzt: Max Weber, Wahlrecht und Demokratie in Deutschland, in: ders., Gesammelte politische Schriften, München 1921, S. 277–322.

8 Jason Brennan, Gegen Demokratie. Warum wir die Politik nicht den Unvernünftigen überlassen dürfen, Berlin 2017.

9 Philip Manow, (Ent-)Demokratisierung der Demokratie. Ein Essay, Berlin 2020, S. 52.

der anderen Seite ausgleichen. Diese Funktion übten sie der Idee nach in drei miteinander verbundenen Hinsichten aus. Erstens war von der Delegation der Staatsgeschäfte in die Hände gewählter Männer, die sich kontinuierlich mit dieser Materie befassten und ein entsprechend geschultes Urteilsvermögen ausbildeten, schon aus rein sachlichen Gründen ein Zugewinn an politischer Rationalität zu erwarten. Zweitens nahm man an, dass die Wählbarkeit in politische Ämter an die Erfüllung bestimmter Voraussetzungen betreffs Bildung und Charakter gebunden war. Dies wurde als eine zusätzliche Gewähr dafür betrachtet, dass ein gewisses Niveau der politischen Deliberation gesichert blieb. Damit war drittens auch die gesellschaftliche Stellung der Volksvertreter präjudiziert: Das Geschäft der Repräsentation blieb im Wesentlichen demselben sozialen Stratum vorbehalten, dem die Mehrzahl der liberalen Honoratioren entstammte: dem gebildeten Bürgertum. Gerechtfertigt wurde dessen Rolle als Wortführer damit, dass man die Mittelschichten mit dem »Volk« als ganzem, oder zumindest mit dessen besten Teilen, identifizierte.[10]

Die Vorstellung, dass »die Mehrheit das, was eine von Männern ihres Vertrauens umgebene Regierung beschließt, im Ganzen wohl auch dem besonnenen Volkswillen gemäßer finden wird, als was durch allgemeine Stimmgebung in jedem einzelnen Fall beschlossen werden könnte«, wie es im Rotteck-Welckerschen *Staats-Lexikon* heißt,[11] findet sich schon im Umfeld der Republikgründungen des 18. Jahrhunderts. Nicht erst die Exzesse der Französischen Revolution haben zu Theoriebildungen geführt, die das Staatsvolk als ideelle Entität und *pouvoir constituant* sehr sorgsam vom empirisch vor Augen stehenden Volk als erregter Masse, als Pöbel, als einer zu Lynchjustiz, Massenhysterie und Diktatur der Mehrheit tendierenden und unberechenbaren politischen Größe abzuheben versuchen. Regierung *für* das Volk im Rahmen einer konstitutionellen und rechtsstaatlichen Ordnung ist insoweit Regierung *gegen* das Volk, und seinen politischen Repräsentanten kommt damit die Aufgabe zu, im Sinne einer höheren Vernunft, einer kühleren, leidenschaftslosen Erwägung aller Umstände und Handlungsfolgen den *Abstand* der demokratischen Politik von den mehrheitlich oder lautstark

---

10 Vgl. Lothar Gall, Benjamin Constant. Seine politische Ideenwelt und der deutsche Vormärz, Wiesbaden 1963, S. 91 f. und passim. Sowohl im französischen als auch im deutschen Liberalismus, schreibt Gall, »sah man anfangs im besitzenden und gebildeten Bürgertum das Modell der Gesellschaft der Zukunft. Man glaubte daher, von dessen Forderungen und Bedürfnissen auch die Grundsätze des künftigen Verhältnisses zwischen Individuum und Staat, zwischen Gesellschaft und Staat ableiten zu können« (S. 307).

11 [Paul] Pfizer, Art. »Liberal, Liberalismus«, in: Carl von Rotteck/Carl Welcker (Hrsg.), Staats-Lexikon oder Encyklopädie der Staatswissenschaften, Bd. 9, Altona 1840, S. 713–730, dort S. 719 f.

in der Bevölkerung vertretenen Ansichten zu sichern.[12] Wenn die gewählten Repräsentanten ihr Amt rechtens versehen, so heißt es in den die Entstehung der US-amerikanischen Verfassung begleitenden *Federalist Papers* von 1787/88, dann »kann es geschehen, daß die Stimme des Volkes, wenn sie von seinen Vertretern erhoben wird, eher zum Wohl des Ganzen ertönt, als wenn sie aus dem Volk selber spricht, das zu diesem Zweck zusammentritt«.[13]

Welches Affektkalkül aus liberaler Sicht hinter dem Konzept politischer Repräsentation stand, erhellt sich aus einer Äußerung von Mill zum ursprünglichen Zweck des Wahlmännersystems bei den US-Präsidentschaftswahlen:

Diese Konstruktion sollte ihrer Intention nach den vollen Anprall der Emotionen des Volkes in gewisser Weise auffangen, indem zwar das Stimmrecht und damit die Staatsgewalt ungeteilt in den Händen der vielen liegt, diese aber gezwungen werden, sie nur durch Vermittlung verhältnismäßig weniger auszuüben, von denen man annahm, dass sie den schwankenden Leidenschaft des *demos* in geringerem Maße unterworfen sein würden.[14]

Zwischen den beiden grundsätzlichen Möglichkeiten des Verhältnisses demokratischer Eliten zum Volk – nämlich sich entweder zu dessen Sprachrohr oder zu dessen Mentor zu erklären – optieren die Vertreter des klassischen Liberalismus für die Mentorenrolle der Gebildeten. Sie halten Distanz zum Volk, bieten sich ihm aber als umsichtige Sachwalter, Erzieher und Führer an. Sie sprechen für das Volk, doch unter Umständen in einer Sprache, die das Volk nicht oder noch nicht versteht. Ihre »geistige Überlegenheit«[15] verschafft ihnen sogar das Recht, auf der Basis ihres besseren Urteilsvermögens vom Willen ihrer Wählerschaft abweichende Entscheidungen zu treffen.[16] Das setzt indessen voraus, dass das Volk ihre Autorität anerkennt und sich tatsächlich von ihnen leiten lässt. In diesem sowohl konstitutionell als auch habituell noch aristokratischen Element manifestiert sich ein Grundzug der Repräsentativverfassung, der auf die *nichtdemokratischen Voraussetzungen liberaler Demokratien* verweist.

An dieser Stelle gewinnt nun die enge Verbindung zwischen politischem Liberalismus und Bürgertum eine über den sozialhistorischen Befund hinausgehende konstitutive Bedeutung. Die Geschichte der politischen Kultur in den vergangenen zweihundert Jahren führt plastisch vor Augen, wie sehr auch nach dem Wechsel vom Obrigkeitsstaat zur Demokratie die Inhaber politischer Ämter, trotz

---

12 Programmatisch: Benjamin Constant, Über die Volkssouveränität und ihre Grenzen, in: ders., Über die Freiheit. Eingeleitet und übertragen von Walter Lüthi, Basel 1946, S. 61–74.

13 Alexander Hamilton/James Madison/John Jay, Die Federalist Papers. Vollständige Ausgabe. Hrsg. und übers. von Barbara Zehnpfennig, München 2007, Nr. 10, S. 98.

14 Mill, Betrachtungen (Anm. 4), S. 158. Allerdings sieht schon Mill dieses System als pervertiert an, weil die Elektoren zu Delegierten herabgestuft worden seien, die auf eine vorher festgelegte Präferenz verpflichtet sind (vgl. ebd. S. 160).

15 Ebd., S. 148.

16 Ebd., S. 191.

allen Meinungsstreits, als Autoritäten verehrt wurden und wie stark eine noch über lange Zeit ständisch geprägte Kluft zwischen ihnen und der einfachen Bevölkerung bestehen blieb. Auch wenn sich beileibe nicht alle Amtsträger als Liberale verstanden, stellt doch der Liberalismus, wie er sich um 1800 ausgeprägt hat, das vielleicht am besten geeignete *mindset* bereit, um beide Komponenten ihres Amtsverständnisses, demokratische Interessenvertretung *und* Distanzwahrung, miteinander in Einklang zu bringen.

Bei allen Fraktionierungen dieses bürgerlichen Liberalismus bleibt als gemeinsames Merkmal festzuhalten, dass er sich soziologisch auf eine Schicht von tonangebenden Männern mit zunächst gemeinde- und stadtbürgerlichem, später nationalstaatlichem Aktionsradius stützte, die es gewohnt waren, sich als Sachwalter des großen Ganzen und als berufene Vormünder anderer Bevölkerungsgruppen aufzuführen. »Mindestens in ihrem lokalen Umfeld gehörten sie zum Establishment, zu den Honoratioren, gebildet, kulturell dominant, wohlhabend.«[17] In den Parlamenten, in denen das gehobene Bürgertum überproportional vertreten war, bestanden insoweit vordemokratisch-ständische Verhältnisse fort, ohne radikalen Bruch zwischen der »altständischen Tradition« und dem »neuständischen Prinzip der Vertretung von ›Besitz und Bildung‹«.[18] Zugleich aber stellt der Liberalismus den Abbau dieser Hürden in Aussicht. Durch seinen evolutionistischen Grundzug, durch den von ihm mitgeführten Bildungs- und Leistungsoptimismus hat er sich dem Ideal nach einer hellen demokratischen Zukunft verschrieben.

Deutlich wird der aristokratische, wenngleich auf seine Selbstüberwindung hin angelegte Grundzug der repräsentativen Demokratie auch im Hinblick auf das mit den politischen Konzepten des Liberalismus einhergehende Verständnis von staatsbürgerlicher Öffentlichkeit, die ein in hohem Maß ständisches Gepräge behielt. Lothar Gall hat in seinem Buch über Benjamin Constant herausgearbeitet, wie sehr noch das Ideal einer deliberativen republikanischen Öffentlichkeit, wie es den Liberalen des 19. Jahrhunderts vorschwebte, nach dem Vorbild der adligen Konversationskunst modelliert war: als geistvolle Debatte führender Köpfe, die zwar nach außen hin Aufsehen erregten, aber ansonsten sozusagen unter sich blieben.[19] Der wichtigste Schauplatz dieser Debatte war indessen nicht mehr der Salon, sondern die Zeitung. In emphatischer Weise konstituiert sich die bürgerliche Öffentlichkeit seit dem ausgehenden 18. Jahrhundert als Zeitungsöffentlichkeit. Durchaus sollte sie der Pluralität vorhandener Standpunkte Ausdruck verleihen. Aber diesem lustvoll agonalen Element stand bei Constant und seinen Zeitgenossen die Zuversicht gegenüber, dass der Wettstreit der Meinungen

---

17 Franz Walter, Gelb oder Grün? Kleine Parteiengeschichte der besserverdienenden Mitte in Deutschland, Bielefeld 2019, S. 10.
18 Dieter Langewiesche, Liberalismus in Deutschland, Frankfurt am Main 1988, S. 25.
19 Gall, Benjamin Constant (Anm. 10), S. 81 ff.

der fortschreitenden Überwindung von Vorurteilen dienen und letztlich in einen »triomphe de la raison« einmünden werde.[20] »Es gehörte eben zu den Dogmen der liberalen Vorstellungswelt«, resümiert Gall, »daß diejenigen Ansichten, die sich in der öffentlichen Meinung und in ihrem Organ, der Presse, durchsetzten, auch die vernünftigsten seien.«[21] Dass Zeitungen stattdessen der parteipolitischen Indoktrination dienen konnten, hatte man zwar empirisch vor Augen, es fand aber keinen Eingang in die Systematik derartiger Überlegungen.[22]

Wollte man große Linien ziehen, so könnte man diese öffentlichkeits- und mediengeschichtliche Phase unter das Vorzeichen der Kantischen Philosophie stellen: Zwar ist absolute Wahrheit unerreichbar, aber das schlägt noch nicht auf die grundsätzliche Möglichkeit intersubjektiver Verständigung durch, weil beziehungsweise insoweit alle Teilnehmer am Diskurs gleichermaßen vernunftbegabt sind. Pluralität der Perspektiven ist nötig und wünschenswert, doch wird sie durch eine Art von Konvergenztheorie eingefasst, der zufolge sich am Ende alle Kontrahent:innen am Vernunftpol des Meinungsfeldes einfinden werden. Zumal in Kants Aufklärungsschrift findet sich das liberale Modell von Öffentlichkeit vorgezeichnet. Nicht alle schreiten im gleichen Tempo voran, deshalb ist erzieherische Anstrengung gegenüber den noch Unmündigen vonnöten; über den Richtungssinn der Geschichte hin zur Freiheit des Menschen ist indessen kein Zweifel erlaubt, ebenso wenig wie über die Vormundschaft der Gebildeten, die den Nachzüglern des Fortschritts den Weg weisen.

4

Das Problem für den Liberalismus in seinem klassischen Verständnis besteht darin, dass wir nicht in der Welt Kants leben (oder in derjenigen von Habermas), sondern in der Welt Nietzsches. In dieser Welt ist Perspektivität irreduzibel geworden und Wahrheit eine Frage der Macht. So jedenfalls ließe sich, wieder in großer philosophischer Linienführung, die zunehmende Antagonisierung der politischen Debatte beschreiben. Dabei ist auffällig, dass der Diskurs, der den Volksvertretern nach Art der *Federalist Papers* »Weisheit« und »Tugend«[23] oder eben ein höheres Maß an Vernunft zuerkennt, sie mithin auf die Instanz des großen

---

20 Ebd., S. 89.
21 Ebd.
22 Vgl. ebd., S. 91 f.
23 Hamilton/Madison/Jay, Die Federalist Papers. Vollständige Ausgabe (Anm. 13), Nr. 57, S. 347 (siehe auch Alexander Hamilton/James Madison/John Jay, The Federalist Papers: No. 57, in: https://avalon.law.yale.edu/18th_century/fed57.asp [Zugriff 11. Juli 2020]).

Dritten verpflichtet, nicht allein machtpolitisch zusehends in die Defensive gerät, sondern auch intrinsisch über kein starkes Vokabular mehr verfügt. Das betrifft gleichermaßen seine ethische wie seine epistemologische Seite. Von Bürgertugend ist, soweit zu sehen ist, nur noch in altmodischen juristischen Abhandlungen die Rede. Das Konzept des *citoyen*, das an dieser Stelle ansetzen würde – als Gegengewicht zu dem allein seine Privatangelegenheiten verfolgenden *bourgeois* –, ist seit Langem außer Gebrauch, und es wäre im Zeitalter der *identity politics* kaum noch auf plausible Weise geltend zu machen, dass Bürger:innen als *citoyens*, das heißt als Vertreter:innen der Allgemeinheit, nicht als *bourgeois* mit ihren partikularen Eigenschaften und Interessen ihre Stimme erheben beziehungsweise zur Wahl gehen sollten. Was das bessere Wissen und die höhere Urteilsfähigkeit der Volksvertreter im Verhältnis zu ihren Wählern angeht, so werden sie allenfalls auf verstohlene Weise ins Spiel gebracht. Weil honoratiorenhafter Paternalismus sich von selber verbietet und weil man ›das Volk‹ auch nicht, wie in Zeiten des alten Liberalismus, als Objekt einer Erziehung zur Mündigkeit ansprechen darf, müssen um ihre Wiederwahl bangende Amtsträger sich mit ausweichenden Formulierungen behelfen – etwa der Art, dass es noch nicht gelungen sei, eine politische Position hinreichend zu vermitteln. Der größte Teil des Fachwissens zirkuliert ohnehin hinter der Schauseite des Politikbetriebs, sei es in internen Sitzungen, sei es in den Beraterstäben, die einen Graubereich der politischen Deliberation bilden, oder sei es in der Expertise nachgeordneter, im Schatten der öffentlichen Aufmerksamkeit liegender administrativer Gebilde. Der funktionell notwendige Abstand zwischen Wählern und Gewählten ist hier kommunikativ verdeckt und hat sich in den technischen Apparat der Regierungsgewalt beziehungsweise des Parlamentarismus zurückgezogen. Dabei ist die Spanne zwischen den objektiven Erfordernissen und dem, was im Artikulationsfeld der einzelnen Wahlberechtigten liegt, aufgrund der gewaltigen Komplexität moderner Gesellschaften, zumal im Zeichen ihrer globalen Verflechtungen, faktisch größer als jemals zuvor.

So sind zwar die Zeiten der bürgerlichen Honoratioren-Herrlichkeit dahin (und es gibt wenig Gründe, ihnen nachzutrauern). Doch das Problem, wie demokratische Entscheidungsprozesse mit Sachverstand ausgestattet und dazu gebracht werden können, objektiven, wenngleich nicht für jedermann durchschaubaren Gegebenheiten in rationaler und konsistenter Weise zu begegnen, besteht fort. Auch wenn es für heutige Amtsträger nicht mehr opportun ist, das Volk in öffentlicher Rede für unmündig und politikunfähig zu erklären, bleibt dieses Problem ein Elitenproblem. Und auch heute wird der schwierige Ausgleich zwischen demokratischen Mehrheitsmeinungen und den faktisch zu bewältigenden politischen Aufgaben dadurch geschaffen, dass auf der Wegstrecke vom Wählerwillen zu seiner politischen Umsetzung, mit anderen Worten in den langen Vollzugswegen der politischen Repräsentation, Kompetenzen eingebracht werden, die das

Wahlvolk nicht hat. Dies geschieht durch Prozesse innerhalb des politischen Apparats und überdies durch Beteiligung einer wachsenden Zahl ›grauer‹, subsidiärer Instanzen: Sachverständigenräte, Think Tanks, Lobbyisten usw. Die gewaltige Komplexität moderner Gesellschaften, zumal im Zeichen ihrer globalen Verflechtungen, bringt es mit sich, dass die Spanne zwischen den objektiven Erfordernissen und dem, was im Artikulationsfeld des einzelnen Bürgers oder der einzelnen Bürgerin liegt, so groß ist wie niemals zuvor.

Neben den institutionellen Mechanismen hängt eine funktionsfähige demokratische Repräsentation von zwei ›weichen‹ Faktoren ab: Autorität und Vertrauen. Im frühliberalen Modell gründet sich die Autorität des Repräsentanten nicht nur auf seine höhere Einsicht, sondern auch auf seinen, wenn man so sprechen kann, evolutionären Vorsprung vor dem breiten Volk. Als Vorbild figuriert er, insofern er sich bemüht, das Volk auf die Höhe seines Betrachterstandpunktes hinaufzuziehen. Als Treuhänder von dessen wahren Interessen hat er Anspruch auf einen entsprechenden Vertrauensvorschuss seiner Klientel. All diese Voraussetzungen sind in den Rahmen einer auf Tugendethik, soziale Aufwärtsmobilität, Fortschrittszuversicht und Bildungsoptimismus gegründeten Bürgertumskultur eingebettet, die heute nicht mehr gegeben ist oder jedenfalls nicht mehr über eine unangefochtene Stellung verfügt.

5

Hier kommt zusätzlich ein kommunikativer Mechanismus ins Spiel, der es geraten erscheinen lässt, die Krisenanalyse politischer Repräsentativsysteme komplexitätstheoretisch zu ergänzen. Allerdings wird der Begriff der Komplexität zu präzisieren sein. Er sollte nicht, wie das gewöhnlich geschieht, für eine Pauschaldiagnose der Gesellschaft als ganzer verwendet, sondern als *Variable* aufgefasst werden, und zwar sowohl im Hinblick auf *situative* Dynamiken als auch in der *sozialräumlichen* Dimension. Der Gewinn dieses veränderten Begriffsgebrauchs bestünde darin, ein differenzierteres Bild der unterschiedlichen *Verteilungsdichten* von Komplexität zu gewinnen. Das gilt in zweifacher Weise. Zum einen ist davon auszugehen, dass sich gesteigerte Komplexität vor allem in den Friktionszonen zwischen den Eigenrationalitäten unterschiedlicher Funktionssysteme bemerkbar macht. Dies führt zum anderen dazu, dass ihre Bearbeitung sich auf bestimmte gesellschaftliche Bereiche und Akteursgruppen konzentriert. Und das wiederum bringt ganz eigene kollektivpsychologische Effekte mit sich.

Es ist nötig, hier noch einmal etwas auszuholen, um den Problemzusammenhang zwischen gesellschaftlicher Komplexität und politischer Repräsentation deutlicher werden zu lassen. In der politikwissenschaftlichen Forschungsliteratur, soweit sie sich dem Fachfremden erschließt, wird das Prinzip der Repräsentation hauptsächlich im Hinblick auf den Binarismus Identität vs. Differenz zwischen Repräsentanten und Repräsentierten diskutiert: Kann man näherungsweise eine Deckungsgleichheit zwischen der Bevölkerung und ihren demokratischen Vertretern herbeiführen, und falls nein, ist dann Differenz gut oder schlecht?[24] Im Licht dieser Fragestellung wurde oben das Politikmodell des Liberalismus erörtert. Durch die Engführung auf diese Alternative gelangen aber wesentliche, ja für den politischen Prozess entscheidende Interdependenzen aus dem Blick. Denn die Frage ist nicht nur, ob Wählerinnen und Wähler sich von ihren Delegierten angemessen vertreten fühlen oder nicht. Zwischen beiden Seiten spielen sich sehr viel komplexere Dynamiken ab. Das Verhältnis zum Repräsentanten ist nicht allein auf die Seite eines erfüllten oder enttäuschten Identifikationsverlangens hin festzulegen. Es kann sich im Gegenteil gerade durch *Abstoßung und Feindseligkeit* stabilisieren. Eine wichtige Rolle spielt dabei ein als *Fremdallokation* und damit als *Externalisierung von Komplexität* zu bezeichnender Mechanismus.

Versuchen wir, die gegenwärtige Situation westlicher Demokratien aus der Perspektive eines neutralen Beobachters, also gewissermaßen von außen, zu beschreiben. Diese Demokratien sind sowohl konstitutionell als auch von ihrer politischen Kultur her noch immer wesentlich nationalstaatlich formatiert, obwohl viele internationale Verwicklungen unmittelbar auf das Schicksal des einzelnen Landes durchschlagen. Dadurch entsteht ein Überhang an Interdependenz und Komplexität, der innerhalb der nationalen Arenen nicht mehr angemessen bearbeitet werden kann. Erschwerend tritt hinzu, dass mit dem Ende der westlichen Suprematie auch die einseitige Bevorteilung der westlichen Staaten ein Ende findet. Die eigenen Probleme können nun weniger leicht in andere Weltregionen exportiert werden, was den gesellschaftlichen Innendruck beträchtlich erhöht. Stattdessen dringen umgekehrt die Probleme der Welt in die westlichen Wohlstandsgesellschaften ein, ohne dass diese sich davor zu schützen wüssten.

Wie reagiert die Wählerschaft der betroffenen Staaten darauf? Eine psychoökonomisch naheliegende und deshalb gern gewählte Lösung besteht darin, die Last der Komplexität *auszulagern*, und zwar heraus aus der eigenen Wahrnehmungswelt in die Sphäre der politischen Akteure. Dieser Mechanismus erlaubt es, Zusammenhänge, die in ihrer globalen Verkettung undurchschaubar sind und als bedrohlich erscheinen, eben den politischen Repräsentanten anzulasten, die vom

---

24 Vgl. David Plotke, Representation is Democracy, in: Constellations 4 (1997), H. 1/3, S. 19–34; Winfried Thaa, Kritik und Neubewertung politischer Repräsentation: vom Hindernis zur Möglichkeitsbedingung politischer Freiheit, in: Politische Vierteljahresschrift 49 (2008), H. 4, S. 618–640; Markus Linden/Winfried Thaa (Hrsg.), Krise und Reform politischer Repräsentation, Baden-Baden 2011.

Wahlvolk mit ihrer Bewältigung betraut wurden. Der in der Sache begründete Abstand, der zwischen den Erfordernissen einer in zusehends globalen Problemhorizonten agierenden Politik und den nationalkulturell gerahmten Erwartungen der Wählerschaft entstanden ist, wird dann in Begriffen einer persönlichen Entfremdung ausbuchstabiert. Und die globalen Erfordernisse erscheinen als Zumutungen der politischen Repräsentanten, die im Gegenzug mit Abwendung bestraft werden. Darin liegt eines der Erfolgsgeheimnisse heutiger populistischer Bewegungen, die durch Rückzug in den Nationalstaat den Rückbau von Komplexität versprechen und zugleich suggerieren, das Vorhandensein dieser Komplexität sei nicht etwa der Verfasstheit der Welt, sondern den Machenschaften abgehobener Politiker und Bürokraten zuzurechnen.

Und die demokratisch beauftragten Repräsentanten? Sie geraten in die Rolle von *angefeindeten Mittlern* zwischen dem, was ihnen auch mit Blick auf supranationale Zusammenhänge geboten scheint, und den Wünschen oder Illusionen des jeweiligen nationalen Elektorats. Im Grenzfall finden sie sich in schizophrene Situation eingezwängt, als Objekte der Aggression die Folgen des gegen sie gerichteten Hasses auch noch implementieren zu müssen. Das Brexit-Votum bietet dafür ein schlagendes Beispiel. Denn die dadurch notwendig gewordene Neuregelung des Verhältnisses zwischen Großbritannien und der EU wird nicht von den Wortführern der Austrittskampagne ausgehandelt, sondern bleibt zu großen Teilen den gescholtenen Fachleuten beider Seiten überlassen und bürdet ihnen eine nicht zu bewältigende Aufgabe auf.

Auch den politisch Verantwortlichen ist diese Strategie der Auslagerung von Komplexität keineswegs fremd. Denn auch die politischen Akteure selbst sind am *blame game* beteiligt und führen ihm frische Nahrung zu – die Lokalpolitiker mit Blick auf die nationale Ebene, die national Verantwortlichen wahlweise unter Hinweis auf die Kompetenzüberdehnung oder aber die (von ihnen zu einem erheblichen Teil mitverschuldete) Lähmung der europäischen Institutionen; und wer die EU nicht beschuldigen will, der macht noch allgemeiner den ›Neoliberalismus‹ haftbar. Die Kette der Auslagerungen pflanzt sich so lange fort, bis eine Zone schwacher Resonanz erreicht ist, in die man wie in ein schwarzes Loch die Urheberschaft für Deprivation, Kontrollverlust und Unübersichtlichkeit hineinprojizieren kann. Wittert man jetzt noch hinter all dem eine personifizierte Steuerungsinstanz mit bösen Absichten, dann ist der Schritt zur Verschwörungsphantasie getan.

6

Betrachtet man die derzeitigen politischen Meinungskämpfe vor dem Hintergrund der hier knapp dargelegten Modellüberlegungen, dann erscheinen sie als durch eine doppelte Frontstellung bestimmt. Es gibt erstens einen eskalierenden Richtungsstreit zwischen Bevölkerungsgruppen, der sich aus gegensätzlichen sozioökonomischen Dispositionen, aber auch aus in wachsendem Maß unvereinbaren Gesellschaftsbildern und kulturellen Habitus speist – wobei das Verhältnis zwischen sozioökonomischen und kulturellen Motivlagen nach wie vor Anlass zu intensiven wissenschaftlichen Debatten gibt. Das ist die horizontale Dimension. Und es gibt zweitens eine vertikale Achse der Polarisierung: zwischen denen, die sich in der Welt der globalen Interdependenzen eher zu Hause fühlen und gleichsam deren Klaviatur bespielen, und den anderen, die sich nicht nur sozioökonomisch und kulturell, sondern auch kognitiv durch die Auswirkungen der Globalisierung bedroht fühlen. Beide Dimensionen stehen in Wechselwirkung miteinander. Zusammen ergeben sie ein eigentümliches Kippbild. Denn wenn man auch einerseits daran festhalten muss, dass die Sachwalter des Komplexen über ein *höheres* und weiterreichendes Wissen verfügen – paradigmatisch in der wissenschaftlichen Erforschung des Klimawandels –, so erscheinen sie doch in diesem konfrontativen Szenario andererseits als *Partei*, und ihr höheres Wissen lässt sich als das *andere* Wissen einer elitären Gruppe verunglimpfen und dadurch wiederum externalisieren. *Gesellschaftlich zu bewältigende Komplexität übersetzt sich hier in kulturelle Polarisierung.*

Nun ist Polarisierung selbst ein Mechanismus der Komplexitätsreduktion. Sie sortiert das Feld, teilt die Welt schematisch in Freund und Feind auf und erlaubt es, Geschichten mit klarem Wir/sie-Profil zu erzählen, bietet also gleichzeitig Möglichkeiten verstärkter Exklusion und Inklusion.[25] Man könnte daraus die These ableiten, dass es in kollektiven Zusammenhängen eine Tendenz gibt, auf Komplexitätsstress durch polarisierende Vereinfachung reagieren und das gesellschaftliche Gefüge auf diese Weise durch Feindseligkeit zu restabilisieren.

Man muss kein Prophet sein, um vorherzusehen, dass Antagonisierungen dieses Typs sich in Zukunft weiter zuspitzen werden. Nicht nur nehmen soziale Spaltungen weltweit zu, sondern auch die Kluft zwischen dem, was innerhalb der einzelnen nationalstaatlichen Arenen demokratisch durchsetzbar scheint, und den existenziellen Überlebensnotwendigkeiten der Menschheit als ganzer. Beide Entwicklungen, die zudem auf komplizierte Weise miteinander verwoben sind, werden den Abstand zwischen denjenigen, die sich als Stimme des Volkes ausgeben, und dem meinungsbildenden liberalen Milieu noch vergrößern. Der Geländege-

---

25 Das ist ausführlicher entwickelt in: Albrecht Koschorke, Wahrheit und Erfindung. Grundzüge einer Allgemeinen Erzähltheorie, Frankfurt am Main 2012, S. 90 ff. u. 236 ff.

winn populistischer Bewegungen rückt zugleich die aktuellen Verlegenheiten des politischen Liberalismus ins Licht, die, wie deutlich geworden sein sollte, auf zwei Ebenen zu verorten sind: Sozioökonomisch, weil der Liberalismus den Nichtprivilegierten offenbar keine glaubhafte Perspektive auf (künftige) Zugehörigkeit mehr verschafft. Argumentativ, weil der liberale Diskurs nicht ohne Berufung auf ein *besseres* Wissen – faktenbasierte Politik, neutrale Berichterstattung, auf Objektivität abzielende Wissenschaft –, ohne Bildung entsprechender professioneller Eliten und damit ohne ein Element von Hierarchie auskommt, während er sich zugleich damit auseinanderzusetzen hat, dieses Wissen als das *andere* Wissen einer elitären Kaste desavouiert zu finden. Er tappt so in die Falle des Pluralismus, an deren Verfertigung er beteiligt war. Denn ironischerweise hat er ja selbst für die relativistische Strategie einer *Alterisierung des Wissens der Anderen* die Voraussetzungen geschaffen, wie gerade von Liberalen inzwischen vielfach kritisiert wird.[26] Das aktuelle Stichwort dafür heißt, wie eingangs erwähnt: *tribal epistemology*.

Die Aussicht auf Teilhabe politischer wie zivilgesellschaftlicher Art, die der Liberalismus anbietet, ist in Gesellschaften plausibel, die sich sozusagen im Aufwind befinden. Wo aber der soziale Fahrstuhl ins Stocken kommt und auch die Beziehung zwischen Bildung, sozialem Status und politischem Einfluss unsicher wird, reduziert sich der Liberalismus auf die Besitzstandsideologie, die er immer *auch* war. Ohne die Leitidee einer sich ausbreitenden Aufklärung und überhaupt von gesellschaftlichem Fortschritt hat er wenig zu bieten. Insofern ist seine Krise Ausdruck des allgemeinen Niedergangs der Fortschritts- und Entwicklungsutopien, die das 19. Jahrhundert charakterisierten und in Gestalt von Modernisierungstheorien noch bis in die 1970er Jahre hinein fortbestanden. In »Abstiegsgesellschaften«[27] erscheint das liberale Projekt zusehends als exklusive Angelegenheit einer vorrangig mit sich selbst beschäftigten Elite. Folglich wird auch deren Verhaltenscodes und kulturellen Kapitalien der beanspruchte Rang von Allgemeingültigkeit aberkannt; sie schrumpfen zu angefeindeten Gruppenprivilegien zusammen.

Zugleich hat das liberale Milieu einen Großteil seiner soziostrukturell zentrierenden Wirkung und Stabilität eingebüßt. Hier kommt die Diagnose einer ›Krise der Mittelschicht‹ ebenso in Betracht wie überhaupt der Prozess einer breitenkulturell wirksamen Entbürgerlichung seit den 1960er Jahren. Er lässt sich unter anderem an dem Gestaltwandel der Städte ablesen, die ihre Funktion als Repräsentationsorte einer (staats-)bürgerlichen Öffentlichkeit weitgehend verlieren. Diese Funktion hatte sich sowohl in Europa als auch in den kolonialen Metropolen in

---

26 Als ein prominentes Beispiel unter vielen: Mark Lilla, The Once and Future Liberal: After Identity Politics, New York 2017.

27 Oliver Nachtwey, Die Abstiegsgesellschaft. Über das Aufbegehren in der regressiven Moderne, 4. Aufl., Berlin 2016.

einem Ensemble von vorzugsweise klassizistischen Bauten manifestiert: Rathaus beziehungsweise Regierungssitz, Bank, Post, Bahnhof, Zeitung und Theater. In ihrer Architektur ebenso wie in ihrer Symbolik markieren derartige Gebäude die zentrale Stellung der Instanzen, die sie beherbergen. Generell ist das dominante Raummodell – und damit zugleich, wenn man so will, das Modell der Infrastruktur des gesellschaftlichen Zusammenhalts – noch in der bürgerlichen Moderne dasjenige einer zentripetal-sternförmigen Anlage gewesen, im Gegensatz zu den plurizentrischen Netzwerken unserer Tage.

Der Populismus ist Symptom und Nutznießer der Tatsache, dass überdies der informationelle Unterbau der demokratischen Repräsentation, mitsamt den Umgangsweisen und Voreinstellungen, die es stützen, immer brüchiger wird. Es ist unübersehbar, dass die Krise der Repräsentation eng mit medienhistorischen Entwicklungen zusammenhängt. In der Kommunikationswelt des Digitalen Zeitalters werden die etablierten Zentren des Nachrichtenwesens geschwächt, zerfällt die kollektive Arena zusehends in voneinander isolierte, sich selbst verstärkende und dadurch punktuell machtvolle *communities*, werden überhaupt die Übermittlung von Nachrichten und die Bewirtschaftung von Meinungsmacht von den bisher gültigen professionellen Rollenmodellen entkoppelt. All dies ermutigt dazu, Ansprüche auf direkte Partizipation, dezentrales *agenda setting* und informationelle ›Selbstregierung‹ zu erheben – Ansprüche, die einerseits ein emanzipatorisches Potential in sich tragen, andererseits genau zu den Effekten von Radikalisierung und Parteienhass führen, vor denen die Vordenker des Republikanismus gewarnt haben. Bekanntlich besteht eine vitale Allianz zwischen neuen politischen Bewegungen und neuen Kanälen der politischen Kommunikation, angefangen von nichtklassischen Nachrichtenformaten im Fernsehen (Talkshows, Infotainment) über Blogs und andere Foren der informationellen Selbstermächtigung bis hin zu den *social media* mit ihrem ganz neuen Potential, Kampagnen zu organisieren. Wie sich gerade in jüngster Zeit vielfach gezeigt hat, geht dies mit einer Tendenz zu offener, zum Teil höhnischer Verachtung der Experten und ihrer Kontrollfunktion für den öffentlichen Diskurs einher. Begünstigt werden solche Haltungen durch den Umstand, dass weder der Journalismus noch die Politik vollständig professionalisierte Funktionssysteme sind, sondern – in starkem Gegensatz etwa zum Recht oder zur Wissenschaft – Außenseitererfolge abseits professioneller Rekrutierungen und zuzeiten sogar offen ausgestellte Ignoranz prämieren.

7

Der bereits zitierten Studie von Philip Manow zufolge ist die Herausforderung des politischen Betriebs durch populistische Bewegungen, die seit einiger Zeit die politische Lagerbildung bestimmt, dahingehend zu verstehen, »dass wir es zunächst eigentlich mit einer Krise der Repräsentation, nicht aber mit einer Krise der Demokratie zu tun haben«. Diese »Krise der Repräsentation« sei bedingt durch eine »massive Ausweitung politischer Partizipationschancen«, vor allem durch Möglichkeiten einer spontaneren politischen Vergemeinschaftung, losgelöst von herkömmlichen Institutionen und Parteiapparaten.[28] Manows überaus freundlicher Zeitdiagnose gemäß stehen sich also in »Repräsentation« und »Partizipation« zwei unterschiedliche Ideale von Demokratie gegenüber, die zudem durch stark voneinander abweichende Affektkulturen gekennzeichnet sind.[29]

Bringt man die hier entstandene Spaltungslinie mit der Frage nach dem gesellschaftlichen Zusammenhalt in Verbindung, dann ergibt sich der paradoxe Befund, dass beide Seiten über den Niedergang dieses Zusammenhalts klagen, aber dafür jeweils die andere Partei verantwortlich machen. Verfechter:innen eines stärker partizipativen, direkten, plebiszitären oder akklamativen Politikmodells verorten das Problem in der angeblichen Volksferne der Funktionseliten, der öffentlichen Verwaltungen, Gerichte und sogenannten Mainstream-Medien. Wer dagegen die Prinzipien der liberalen repräsentativen Demokratie vertritt, ist vor allem um den verfassungsmäßigen Rahmen des Gemeinwesens einschließlich der Schutzrechte für Minderheiten besorgt. Im politischen Diskurs ist die Rede vom Zusammenhalt mithin einer unvermeidlichen Pluralisierung ausgesetzt – mit der möglichen Folge, dass sie ihrerseits eine eher trennende als verbindende Wirkung entfaltet.

Aus Sicht der Verteidiger der liberalen Ordnung ist ein zu enger Zusammenhalt bestimmter Gruppen oder Teile der Bevölkerung sogar kontraproduktiv – nicht zuletzt, weil er häufig mit militanten Abgrenzungen nach außen einhergeht. Demgegenüber zielt politische Repräsentation darauf ab, die Dynamik von Kollektivbildungen und Konflikten durch ein System institutioneller Barrieren zu dämpfen; ihr Funktionsmechanismus beruht auf Distanzwahrung, ja auf der (demokratisch kontrollierten) Differenz zwischen Repräsentanten und Repräsentierten. Insofern ist sie notwendigerweise abstrakter und ›kälter‹ als die auf dem Markt erweiterter politischer Optionen kursierenden Angebote zu einer ›heißen‹ Vergemeinschaftung unter Gleichgesinnten.

---

28 Manow, (Ent-)Demokratisierung der Demokratie (Anm. 9), S. 13 f.
29 Zu einer kritischen Diskussion von Manows Thesen: Albrecht Koschorke, Twitter, Trump und die Demokratie, in: Merkur 856 (2020), H. 9.

Andererseits sind auch Repräsentativsysteme von dem Vorhandensein sozialer Bindekräfte abhängig, die sie nicht selbst hervorbringen.[30] Das führt zu der in diesem Beitrag verhandelten Krise des Liberalismus zurück. Wenn die hier vorgelegte Analyse zutrifft, liegen ihr nicht vorrangig ideologische Probleme zugrunde. Sie ist vielmehr Teil einer großräumigen Transformation, die mit der bürgerlichen auch die staatsbürgerliche Kultur erfasst hat. Angesichts dessen stellt sich die Aufgabe, unter Berücksichtigung sich verdichtender weltweiter Verflechtungen Funktionsäquivalente für vieles von dem zu finden, was im nationalstaatlichen Rahmen der bürgerliche Liberalismus war. Dazu gehört es, Verfahren zu entwickeln, wie die global angewachsene Komplexität in den jeweiligen politischen Arenen aufgefangen und bearbeitet werden kann. Das setzt die Bewahrung beziehungsweise Wiedererkämpfung von ziviler Öffentlichkeit und von Institutionen eines verlässlichen öffentlichen Diskurses voraus, auch und gerade im digitalen Raum. Und dies wiederum wird schwerlich gehen, ohne Formen des ökonomischen Ausgleichs zu finden, die jenseits der industriegesellschaftlich geprägten »organisierten Moderne«[31] Bestand haben. Letztlich läuft das auf eine Frage hinaus, die auch im Rahmen des *Forschungsinstituts Gesellschaftlicher Zusammenhalt* zu erörtern sein wird: nämlich ob und wie eine Demokratie möglich ist, die sich nicht – wie in der Antike und noch in den frühbürgerlichen Republiken – auf Sklaverei oder – von den Zeiten des Kolonialismus bis in unsere Tage hinein – auf globale Ungleichheit stützt.

---

30 Dies in Anlehnung an Böckenfördes berühmtes Diktum, dass der »freiheitliche, säkularisierte Staat« von Voraussetzungen lebe, »die er selbst nicht garantieren kann« (Ernst-Wolfgang Böckenförde, *Die Entstehung des Staates als Vorgang der Säkularisation*, in: ders., *Recht, Staat, Freiheit. Studien zur Rechtsphilosophie, Staatstheorie und Verfassungsgeschichte*, Frankfurt am Main 1991, S. 92–114, dort S. 112).

31 Zu diesem Konzept: Peter Wagner, Soziologie der Moderne, Frankfurt am Main 1995, Kap. 8; Andreas Reckwitz, Die Gesellschaft der Singularitäten. Zum Strukturwandel der Moderne, 2. Aufl., Berlin 2017, passim.

Gesellschaftlicher Zusammenhalt im Blätterwald

Auswertung und kritische Einordnung der Begriffsverwendung in Zeitungsartikeln (2014–2019)

Matthias Quent, Axel Salheiser, Dagmar Weber

Die Formulierung »gesellschaftlicher Zusammenhalt« findet seit einiger Zeit auffällig häufige Verwendung im öffentlichen Diskurs. Er tritt dabei in höchst unterschiedlichen Kontexten auf. Die Vielzahl der thematischen Verknüpfungen lässt ein breites, relativ diffuses Spektrum von Begriffsverständnissen vermuten. Außerdem ist anzunehmen, dass der Begriff besonders in den letzten fünf Jahren eine Konjunktur in medial ausgetragenen Debatten erlebt hat, die auf die Dynamiken des politischen und sozialen Wandels bzw. aktuelle gesellschaftliche Entwicklungen Bezug nahmen und diese reflektierten. Worüber jedoch wird konkret gesprochen, wenn öffentlich von »gesellschaftlichem Zusammenhalt« die Rede ist? Wer spricht davon und worauf deutet die Verwendung hin? Relevant ist, in welcher Weise und in welchen Kontexten »gesellschaftlicher Zusammenhalt« überhaupt in der veröffentlichten Kommunikation politischer und zivilgesellschaftlicher Akteur:innen aufscheint und inwieweit sich dadurch auf ihre normativen Orientierungen und sozialen Praktiken schließen lässt. Die systematische Analyse von Bedeutungsinhalten, die in der Medienberichterstattung mit dem Begriff verbunden sind, ist daher eine wichtige Facette der Zusammenhaltsforschung und sollte als eine ihrer Daueraufgaben etabliert werden. Denn Zusammenhaltsforschung, die den Anspruch hat, in der Gesellschaft Resonanz zu finden und verstanden zu werden, sollte das populäre Begriffsverständnis reflektieren. Dies war Ausgangspunkt für eine erste explorative quantitative Inhaltsanalyse von Zeitungsartikeln, deren wichtigste Befunde hier vorgestellt werden.

Die im Frühjahr 2020 durchgeführten Auswertungen basieren auf einer Stichprobe von 672 Zeitungsartikeln aus dem Zeitraum 1. Januar 2014 bis 31. Dezember 2019, die der Datenbank WISO (Die Datenbank für Hochschulen)[1] entnommen wurden und den Begriff »gesellschaftlicher Zusammenhalt« (bzw. dessen Genitiv-, Dativ- oder Akkusativ-Flexionen) enthalten. Die Auswahl erfolgte aus deutschen Tageszeitungen, die über den gesamten Erhebungszeitraum abgerufen werden konnten. Zu Zwecken der Randomisierung wurden nur solche Beiträge aufgenommen, die *mittwochs* veröffentlicht wurden. Um die Selektivität, die bereits auf die

---

1 https://www.wiso-net.de.

in der Datenbank abrufbaren Medien zurückgeht, nicht quantitativ zu verstärken, wurde pro Tag nur ein Beitrag zu exakt demselben Thema in die Stichprobe aufgenommen. Die Beiträge wurden computergestützt mit der Software NVivo entlang folgender Leifragen kodiert: *Welche Themen werden im Zusammenhang mit GZ besprochen? Wer nutzt den Begriff GZ? Wer agiert praktisch im Kontext GZ? Zu welchem Anlass wird der Begriff verwendet?* Die Kategorien wurden induktiv gebildet. Dabei wurde mit Mehrfachkodierungen gearbeitet, um die gleichzeitige Nennung unterschiedlicher Themenfelder und Kontexte erfassen zu können, in deren Zusammenhang »gesellschaftlicher Zusammenhalt« benannt bzw. diskutiert wurde.

Ein erster, zentraler Befund ist der markante und stetige Anstieg der Begriffsverwendung seit 2014, der durch die Anzahl der aufgefundenen Beiträge pro Jahr erkennbar wird (Abbildung 1). So hatte sich bereits im Jahr 2015 die Anzahl der registrierten Zeitungsartikel gegenüber dem Vorjahr fast verdoppelt, zudem war im nachfolgenden Jahr ein starker Zuwachs zu verzeichnen, der – wie noch gezeigt wird – fast ausschließlich auf die intensivierten Diskurse um Asyl und Migration in dieser Zeit und deren zentrale Bedeutung zurückzuführen ist. 2018 ist dann ein weiterer sprunghafter und massiver Anstieg der Begriffsverwendung zu verzeichnen. Eine Ursache könnte in der verstärkten politischen Nutzung der Formulierung liegen, die sich unter anderem in dem im März 2018 verabschiedeten Koalitionsvertrag zwischen CDU, CSU und SPD äußert, der im Titel einen »neue[n] Zusammenhalt für unser Land« als Ziel formuliert. Insbesondere nach 2016 gab es eine große Breite der Themenfelder, in der sich die Konjunktur und Ubiquität des Begriffs widerspiegeln.

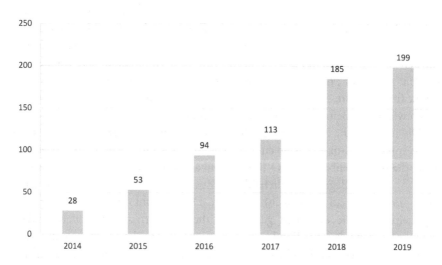

Abbildung 1: Anzahl der Zeitungsartikel mit der Begriffsnennung »gesellschaftlicher Zusammenhalt« pro Jahr (2014–2019)

1. Inhaltliche Kontexte der Begriffsverwendung

Um inhaltliche Bezüge und Kontexte der Begriffsverwendung zu analysieren, wurde eine induktive Kategorienbildung vorgenommen. Zunächst wurden 18 verschiedene Kategorien (Themencluster) identifiziert, die z. T. wiederum eine große Anzahl von Unterkategorien aufweisen. Abbildung 2 zeigt die relative Häufigkeitsverteilung der zehn am stärksten besetzten Kategorien (vgl. Tabelle 1; Mehrfachkodierungen möglich). In jede dieser Kategorien fielen mindestens zehn Prozent aller Nennungen aus den Jahren 2014–2019. Besondere Schwerpunktbereiche stellen die Themenfelder »Demokratische Kultur« (insgesamt ca. 44 Prozent), »Migration und Integration« (30 Prozent), »Wirtschaft und soziale Gerechtigkeit« (28 Prozent) sowie »Ehrenamt und Engagement« (27 Prozent) dar. Bei einer Diskussion der Anteilswerte im Zeitverlauf sind die kleinen Fallzahlen – vor allem in den ersten beiden Jahren des Beobachtungszeitraums – zu beachten, dennoch werden mehrere Trends erkennbar: 2014 kreiste die noch sparsame Verwendung des Begriffs »gesellschaftlicher Zusammenhalt« um Themen der Ausgestaltung und Stärkung der demokratischen Kultur sowie des ehrenamtlichen bzw. bürgerschaftlichen Engagements als zentrale Triebfeder der Produktion von Zusammenhalt. Bezüge zu Migration und Integration hatten 2014 noch eine nachrangige Bedeutung in den Zeitungsartikeln; sogar Fragen des ökonomischen und demografischen Strukturwandels wurden noch leicht häufiger als Herausforderungen für den gesellschaftlichen Zusammenhalt thematisiert.

Dies änderte sich 2015 grundlegend: Über die Hälfte der Beiträge rückten nun Migration und Integration in diesen Kontext. Die Hinwendung zu diesem Thema führte jedoch nicht nur zu einer deutlich häufigeren Nutzung des Begriffs »gesellschaftlicher Zusammenhalt«. Vielmehr legt die Statistik den Schluss nahe, dass die Asylfrage in dieser Zeit die mediale Aufmerksamkeit so stark okkupierte, dass das Thema »Strukturförderung und demografischer Wandel« einen relativen Bedeutungsverlust erfuhr, der in den nachfolgenden Jahren – auf erheblich vergrößerter Datenbasis – fortwirkte. Erst 2019 wurde wieder in jedem fünften Zeitungsartikel, der »Zusammenhalt« thematisierte, der Strukturwandel benannt. Auch 2016 war »Migration und Integration« noch die häufigste Kategorie, allerdings gab es in diesem Jahr eine erhebliche Zunahme von Zeitungsartikeln, die »Demokratische Kultur« thematisierten, was wir auf eine Zunahme der Wahrnehmung gesellschaftlicher Polarisierung zurückführen (s. u.). »Wirtschaft und soziale Gerechtigkeit« wurden nun auffallend häufig, d. h. in mehr als zwei von fünf der ausgewerteten Zeitungsartikel dieses Jahres, mit dem »gesellschaftlichen Zusammenhalt« assoziiert.

Seit 2016 thematisierten ein Fünftel bis ein Viertel der Beiträge zudem eine zunehmende »Fragmentierung der Gesellschaft«, die aus der Erosion einigender normativer Orientierungen und Sinnbezüge erwachse. Im Bundestagswahljahr 2017 dominierten »Demokratische Kultur« sowie »Wirtschaft und soziale Gerechtigkeit« die Kontextualisierungen des Zusammenhaltsbegriffs. In den nachfolgenden Jahren 2018 und 2019 blieb »Demokratische Kultur« die häufigste Kategorie mit Bezugnahmen in fast der Hälfte der Beiträge. Das Thema »Migration und Integration« war zuletzt noch in 23 Prozent der Zeitungsartikel zum »gesellschaftlichen Zusammenhalt« präsent, »Ehrenamt und Engagement« wurde 2019 mit 28 Prozent allerdings wieder die zweitwichtigste Kategorie. Ein relevanter Trend ist die angestiegene relative Häufigkeit der Kategorie »Dialog und Begegnung«: 2014 noch gar nicht erwähnt, wurden diese Modi der Aushandlung bzw. Herstellung von »gesellschaftlichem Zusammenhalt« seit 2016 in mindestens jedem zehnten Zeitschriftenbeitrag erwähnt, wobei allerdings nur noch insignifikante Häufigkeitsschwankungen zu beobachten waren.

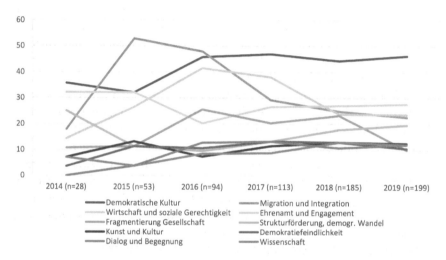

Abbildung 2: Wichtige inhaltliche Kategorien (Themencluster) im Zusammenhang mit dem »gesellschaftlichen Zusammenhalt« (Anteile in %, Mehrfachkodierungen möglich)

Die Kategorie »Demokratiefeindlichkeit«, die die Thematisierung des Rechtsextremismus beinhaltet, war im Kontext der Begriffserwähnung des »gesellschaftlichen Zusammenhalts« 2014 ebenfalls noch randständig, seit 2015 wurde aber in mindestens einem Zehntel der ausgewerteten Zeitungsartikel darauf Bezug genommen. »Kunst und Kultur« als Arenen der konstruktiven Auseinandersetzung mit der Zusammenhalts-Thematik sowie die »Wissenschaft« als relevantes System bzw. Akteurin gesellschaftlicher Selbstbeschreibung, der Zustandsdiagnose und Problemanalyse waren zwei weitere Kategorien, die immerhin in jedem zehnten Beitrag erwähnt wurden.

Weitere Kategorien weisen nur marginale Häufigkeiten auf, obgleich sie Diskurs- und Handlungsfelder erfassen, die für eine Erforschung des gesellschaftlichen Zusammenhalts zweifellos relevant sind. Zumindest die Kategorien »Heimat und Identität«, »Sicherheit, Rechtsstaat« sowie »Klima, Umwelt, Ökologie« erreichten in jeweils einem einzelnen Jahr Anteilswerte von ca. zehn Prozent bzw. lagen nur knapp unter dieser Grenze. Dabei dürfte nicht überraschen, dass das Thema »Sicherheit, Rechtsstaat« im Jahr 2016 in zwölf Prozent der Beiträge vorkam, in den anderen Jahren schwankte der Anteil allerdings trendlos zwischen null und acht Prozent und lag insgesamt bei sechs Prozent. »Heimat und Identität« wurden im Zusammenhang mit einer zunehmenden Aufmerksamkeit für diese Themen im Jahr 2017 am häufigsten erwähnt (elf Prozent). Der Anteil der Beiträge zu »Klima, Umwelt, Ökologie« lag 2019 erstmals bei 9,6 Prozent, in den Vorjahren aber immer zwischen null und ca. vier Prozent. Ähnlich selten, und keinem klaren Trend unterliegend, wurden die übrigen Kategorien explizit mit »gesellschaftlichem Zusammenhalt« assoziiert, darunter »Digitalisierung, digitaler Wandel«, »Gruppenbezogene Menschenfeindlichkeit« (inkl. Antisemitismus und Rassismus; 2018: sieben Prozent, 2019: drei Prozent), »Sport«, »Gesundheit, Pflege« sowie – zu unserer Überraschung – »Globalisierung« (2019: ein Prozent).

Vor allem nach 2017 ist eine Diversifikation bzw. Dispersion der thematischen Bezüge und Kontextualisierung eingetreten. Das lässt sich unter anderem am Beispiel der Sammelkategorie »Demokratische Kultur« illustrieren (Abbildung 3). Noch 2014 wurde in ca. der Hälfte aller Beiträge, die Bezüge dieser Kategorie enthalten, pauschal die »Übernahme von Verantwortung« benannt, in einem weiteren Siebtel der Zeitungsartikel wurde »Haltung zeigen für demokratisches Zusammenleben« o. ä. thematisiert, die restlichen Beiträge fielen in nur fünf weitere Unterkategorien des Themenclusters. 2019 waren 17 Unterkategorien besetzt und es ist eine stärkere Gleichverteilung als in den Vorjahren zu konstatieren. Der Zusammenhaltsbegriff wurde in Bezug auf Fragen des Politischen und des demokratischen Zusammenlebens viel umfassender und differenzierter diskutiert. Dies kann als Ausdruck der gestiegenen Popularität und Attraktivität des Begriffs bzw. der veränderten öffentlichen Aufmerksamkeit für die damit verknüpften Themen gewertet werden.

Abbildung 3: Wordcloud des Themenclusters »Demokratische Kultur« im Zusammenhang mit der Thematisierung des »gesellschaftlichen Zusammenhalts«

2.   Nennung von Akteur:innen bzw. Sprecher:innen

Nur 199 Zeitungsartikel, d. h. ca. 30 Prozent, enthielten explizite Verweise auf individuelle oder kollektive Akteur:innen, die als Sprecher:innen über »gesellschaftlichen Zusammenhalt« identifiziert werden können. In wiederum 45 Prozent davon, also fast der Hälfte der Beiträge, waren dies die politischen Parteien oder deren Vertreter:innen, in weiteren 43 Prozent waren es Inhaber:innen politischer Ämter (Abbildung 4). Unter den Parteien hob sich die SPD von allen anderen durch häufigste Nennung ab (18 Prozent), gefolgt von Bündnis 90/Die Grünen (zwölf Prozent) und CDU (neun Prozent). Andere Parteien (bzw. deren Jugendverbände) fanden deutlich seltener Erwähnung (ein bis vier Prozent). Auffällig war hierbei: Die AfD bzw. ihre Vertreter:innen schienen gar nicht als relevante aktive Akteur:innen auf, die den »gesellschaftlichen Zusammenhalt« explizit adressierten. Dies deutet zumindest darauf hin, dass ein positives Begriffsverständnis zumindest bis Ende 2019 ein unbedeutendes Ideologem in der Kommunikation der radikalen und populistischen Rechten war. Allerdings konnten wir im Rahmen der hier vorgestellten Analyse nicht die Verwendung des spiegelbildlichen Begriffs der »Spaltung der Gesellschaft« untersuchen, die die AfD einerseits des Öfteren ihren politischen Gegner:innen unterstellt und die andererseits häufig der AfD vorgeworfen wird. Von den zivilgesellschaftlichen Akteur:innen wurden die beiden großen Kirchen (zusammen fünf Prozent) sowie der Deutsche Gewerkschaftsbund (vier Prozent) am häufigsten in den Zeitungsartikeln benannt.

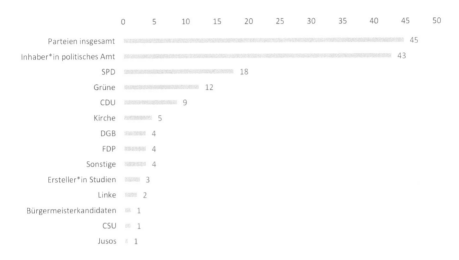

Abbildung 4: Akteur:innen bzw. Sprecher:innen im Zusammenhang mit »gesellschaftlichem Zusammenhalt« (Anteile in %, Mehrfachkodierungen möglich)

Unübersehbar ist an dieser Stelle, dass weit überwiegend einflussreiche und etablierte Organisationen bzw. Institutionen und deren Vertreter:innen zitiert wurden, sobald es um »gesellschaftlichen Zusammenhalt« ging (hingegen »Sonstige«: insgesamt vier Prozent). Wie kann dies gedeutet werden? Zwar repräsentieren Politiker:innen und Parteien zumindest ihrem Selbstverständnis nach die normativen Orientierungen ihrer Anhänger:innen, Wähler:innen oder der Bevölkerung. Nichtsdestotrotz appellierten sie hier an den »gesellschaftlichen Zusammenhalt« in erster Linie aus einer *Elitenposition* aus dem »Mainstream«. Dabei werden normative Hegemonieansprüche postuliert, von denen offen ist, inwieweit sie tatsächlich in unterschiedlichen gesellschaftlichen Gruppen, Schichten und Milieus geteilt werden – wenn sie schon kaum dazu »gehört« werden. Die Marginalisierung bestimmter politischer, vor allem aber sozialer, ethnischer und kultureller Gruppen drückt sich in einer vor allem top-down genutzten Zusammenhaltssemantik aus, während der Begriff offenbar kaum von oppositionellen bzw. marginalisierten Gruppen in die Debatte getragen wird. Fehlende Deutungsversuche bzw. Deutungsmacht korrespondieren mit einer fehlenden Repräsentation in der Medienberichterstattung als aktive Sprecher:innen – typischerweise eben im Zusammenhang mit Migrations-, Integrations- und Diversitätsfragen und deren gesamtgesellschaftlicher Relevanz. Wenn jedoch Zusammenhaltsverständnisse in der öffentlichen Kommunikation »von oben« als »gesetzt« erscheinen, ist dies in Hinblick auf zentrale Fragen der sozial- und geisteswissenschaftlichen Zusammenhaltsforschung höchst erklärungsbedürftig und sollte tiefer gehend untersucht werden.

3. Anlässe der Begriffsverwendung

Vor dem Hintergrund der bisherigen Befunde ist plausibel, dass die Thematisierung des »gesellschaftlichen Zusammenhalts« am häufigsten im Kontext von politischen Maßnahmen erfolgte (26 Prozent aller Zeitungsbeiträge). Im Bundestagswahljahr 2017 und im Landtags-Superwahljahr 2019 war darüber hinaus der Wahlkampf ein wichtiger Anlass der Begriffsverwendung (13 bzw. 14 Prozent; insgesamt elf Prozent). Über den gesamten Beobachtungszeitraum hinweg zweithäufigster Anlass waren allerdings die Ehrung, der Dank bzw. Preisverleihungen auf dem Gebiet des Ehrenamtes und bürgerschaftlichen Engagements (insgesamt zwölf Prozent). In weiteren acht Prozent wurde die ehrenamtliche Arbeit an sich zum Anlass einer Thematisierung genommen. Dies verdeutlicht erneut die Bedeutsamkeit, die diesem Handlungsfeld für die Herstellung und Förderung des »gesellschaftlichen Zusammenhalts« beigemessen wird. In immerhin sieben Prozent der Zeitungsbeiträge standen Umfragen, Studien, Bücher oder Berichte zum Thema im Fokus. In weiteren sechs Prozent der Zeitungsartikel wurde der »gesellschaftliche Zusammenhalt« anlässlich eines offiziellen Feiertags, Festakts, Empfangs oder einer Gedenkveranstaltung erwähnt. Das unterstreicht wiederum die normative Aufladung des Begriffs. Hierbei, im Kontext der Ehrung Engagierter sowie im Kontext der Wähler:innenmobilisierung, zeigt sich am deutlichsten die Funktion, die das *Sprechen* über »gesellschaftlichen Zusammenhalt« für die Konstruktion und Integration symbolischer Gemeinschaften besitzt.

4. Zusammenfassung ausgewählter Themenfelder

Um einen detaillierteren Einblick in die Diskussion des »gesellschaftlichen Zusammenhalts« zu gewährleisten, werden nachfolgend die jeweiligen inhaltlichen und kontextuellen Bezüge in den relevantesten Themenfeldern zusammenfassend dargestellt.

Demokratische Kultur

In der großen Mehrheit der Zeitungsartikel, in denen Aspekte der demokratischen Kultur thematisiert wurden, werden Positionen abgebildet, die die Stärkung und den Erhalt des gesellschaftlichen Zusammenhalts mit der Forderung nach der Stärkung demokratischer Werte und Haltungen verbinden. Vor allem in Festakten und Reden wird zur Stärkung des Zusammenhalts – neben Toleranz, Vertrauen, Vielfalt, Solidarität und Teilhabe – die Notwendigkeit der Übernahme von (sozialer) Verantwortung betont. Die Äußerungen von Politiker:innen haben hohen appellativen Charakter. Insgesamt wird ihr Anliegen deutlich, einen verbindenden Wertekanon in Erinnerung zu rufen und zu fördern. In einigen Zeitungsartikeln zur Koalitionsarbeit der Regierungsparteien tritt Zusammenhalt als scheinbar einziges überparteiliches Handlungsziel oder verbindendes Interesse zutage. Aspekte der demokratischen Kultur werden im Zusammenhang mit gesellschaftlichem Zusammenhalt von allen Parteien außer der AfD angesprochen. Insbesondere SPD und Grüne verbinden dies inhaltlich mit den Themen Migration und Gerechtigkeit. Des Öfteren betonen Politiker:innen die Notwendigkeit von Bürgernähe und Bürgerdialogen, um den Zusammenhalt nicht zu gefährden. Neben Vertreter:innen von Politik und Zivilgesellschaft werden Unternehmen und Medien als relevante Akteur:innen für gesellschaftlichen Zusammenhalt benannt. Vereinzelt wird explizit formuliert, dass der »gesellschaftliche Zusammenhalt [...] eines der wichtigsten Handlungsziele von Politik und Zivilgesellschaft« sei.

Wirtschaft und soziale Gerechtigkeit

Eine zunehmende Gefährdung des Zusammenhalts wird mehrheitlich in wachsender Ungleichheit und schwindender sozialer Gerechtigkeit gesehen, die sich unter anderem in der »Schere zwischen Arm und Reich« und in der angespannten Situation auf dem Wohnungsmarkt ausdrücke. Mit der Verschärfung der Gegensätze zwischen Arm und Reich schwinde demnach das Vertrauen sowie die Bereitschaft zu solidarischem Handeln und es trete Konkurrenz an die Stelle von Hilfsbereitschaft. Thematisiert als notwendige Maßnahmen werden vor allem die Schaffung von bezahlbarem Wohnraum für Menschen mit niedrigem Einkommen bzw. Hartz IV, die Anhebung des Rentenniveaus und eine Erhöhung der Bildungsgerechtigkeit. Neben staatlicher Verantwortung wird immer wieder eine soziale Verantwortung der Unternehmen betont. Insbesondere die Wohlfahrtsverbände kritisieren fehlende konkrete Ergebnisse und explizites Regierungshandeln gegen Armut, fehlende soziale Teilhabe sowie gesellschaftliche Desintegration. Vielfach findet in diesen Zeitungsartikeln eine Assoziation von Zusammenhalt und Demokratie statt, indem eine Gefährdung für beide diagnostiziert wird. Soziale Gerechtigkeit wird als »Kitt« beschrieben, der auch *Europa* zusammenhalte und stark machen könne, um »Herausforderungen zu bewältigen«.

Integration

In drei Viertel der betreffenden Zeitungsartikel wird der Integrationsbegriff auf Migration beziehungsweise auf die Notwendigkeit entsprechender politischer Maßnahmen im Zusammenhang mit Migration bezogen. Lediglich ein Viertel der Zeitungsartikel behandelt Integrations- und Inklusionsthemen ohne Migrationsbezug (z. B. bezüglich Menschen mit Behinderung). Alle Beiträge verbindet, dass sie akuten Handlungsbedarf »für mehr Zusammenhalt« betonen. Die Berichterstattung wird dominiert durch politische Debatten um Forderungen, drängende Fragen und Positionierungen von Parteien und Politiker:innen in den Bereichen der Einwanderungspolitik, der Asylfrage sowie der Finanzierung von Integrationsmaßnahmen für Migrant:innen und Asylbewerber:innen. Inhaltlich wird entlang der verschiedenen parteipolitischen Programmatiken argumentiert, wobei die Relevanz für den gesellschaftlichen Zusammenhalt oft kaum näher bestimmt wird. Des Weiteren wird zivilgesellschaftliches Engagement als wichtiger Beitrag zu »gelingender Integration« und Ausdruck funktionierenden Zusammenhalts benannt.

Ehrenamt

In der Mehrheit der betreffenden Zeitungsartikel wird dem Ehrenamt sehr hohe Bedeutung beigemessen: So benennen vor allem Politiker:innen das Ehrenamt sowohl als Basis als auch Ausdruck des gesellschaftlichen Zusammenhalts. Nicht nur werde durch das Ehrenamt konkret am Zusammenhalt partizipiert, dieser werde durch das Ehrenamt überhaupt organisiert. So sei das Ehrenamt zunehmend wichtig für ein funktionierendes Gemeinwesen. Relevant sei das Ehrenamt unter anderem für die Kompensation fehlenden staatlichen Engagements oder defizitärer staatlicher Finanzierung. In vielen der Zeitungsbeiträge wird aufgegriffen, dass Ehrenamt zeitliche und wirtschaftliche Ressourcen der Aktiven voraussetze. Daher fordern Politiker:innen und ehrenamtlich Engagierte eine stärkere Förderung des Ehrenamts. Symbolische Wertschätzung des Ehrenamts erfolgt in Dankesreden, Auszeichnungen und Ehrungen, bei denen Politiker:innen sowie Vereinsvorsitzende immer wieder den gesellschaftlichen Zusammenhalt als Wert an sich, als Ziel oder als Ergebnis ehrenamtlicher Tätigkeit würdigen. Die in den

Beiträgen benannten Tätigkeitsfelder reichen von Tätigkeiten in Sport-, Feuer-
wehr-, Schützen- und Karnevalsvereinen über die Nachbarschaftshilfe und die
Arbeit im Bereich der Integration von Geflüchteten bis hin zur karitativen Arbeit
in den Wohlfahrtsverbänden.

Fragmentierung der Gesellschaft

In den betreffenden Zeitungsartikeln werden Spaltung und Polarisierung in der
Gesellschaft als Herausforderung für den Zusammenhalt beschrieben. Neben
Politiker:innen treten hierbei Wissenschaftler:innen als Sprecher:innen auf. In einem Teil der Beiträge wird der Befund der Spaltung ohne vertiefende Diskussion benannt, andere Beiträge erwähnen allerdings dezidiert ungleich verteilte
Teilhabechancen als Ursache und diskutieren eine sozioökonomische, soziokulturelle und politische Polarisierung, die mit dem Erstarken radikal rechter Parteien und Bewegungen einhergehe bzw. darin ihren Ausdruck finde. Thematisiert werden unter anderem Folgen der Globalisierung sowie die Kluft zwischen
Ost- und Westdeutschland. Ein weiteres relevantes Thema ist die Zersplitterung
der Gesellschaft in Teilöffentlichkeiten und geschlossene Kommunikationsräume.
Außerdem wird die Zunahme subjektiver Ängste beschrieben, die eine Spaltung
vertiefe. Auffällig ist hierbei der starke Fokus auf Wahrnehmungen vonseiten der
sogenannten »Mehrheitsgesellschaft«. Den Perspektiven marginalisierter Gruppen wird dagegen kaum Relevanz beigemessen: Lediglich ein einziger Zeitungsartikel thematisiert Ängste unter Menschen muslimischen Glaubens.

Strukturförderung, demografischer Wandel

In vielen Zeitungsartikeln wird der strukturelle und demografische Wandel thematisiert, wobei insbesondere die Herausforderungen für ländlich geprägte Sozialräume relevant sind. Unter anderem werden die Finanzierung von Sanie-
rungsvorhaben und die Förderung öffentlicher Infrastruktur in den Städten und
Gemeinden als probate Reaktionsmuster zur Stärkung des Zusammenhalts genannt. Explizite Erwähnung finden die Erneuerung bzw. der Neubau von Stra-
ßen, Sporthallen, Schwimmbädern, Gemeindehäusern, Bibliotheken, Jugendzen-
tren, Kitas und Schulen sowie die Verbesserung der Angebote des öffentlichen
Nahverkehrs, beispielsweise im Rahmen von Bundes- und Landesprogrammen
wie dem »Investitionspakt Soziale Integration im Quartier« oder dem Förder-
programm »Soziale Stadt«. Die Einbindung in Vorhaben zur Verschönerung und
Aktivierung von Ortskernen wird in Zeitungsartikeln zu Programmen wie »Star-

kes Dorf – Wir machen mit!« thematisiert. In einigen Beiträgen – exemplarisch im Jahr 2017 – wird kritisiert, dass das Investitionsniveau zu niedrig sei, um den Stand öffentlicher Infrastruktur zu halten, und sich die bestehenden Defizite daher, trotz des hohen ehrenamtlichen Engagements der Einwohner:innen, nicht kompensieren ließen.

Kunst und Kultur

In 78 Zeitungsartikeln der Stichprobe werden Kunst und Kultur bzw. kulturelles Leben als wichtig für den gesellschaftlichen Zusammenhalt beschrieben, vor allem, weil Kulturveranstaltungen sowie die Traditions- und Brauchtumspflege Menschen »zusammenbringen«. Kulturarbeit sei unter anderem dazu geeignet, »Gegnern der Demokratie« den »Rückhalt« zu nehmen, sie wird als Beitrag gegen Populismus und für gesamtgesellschaftliche Integration beschrieben. Allerdings ist die *Erinnerungskultur* mit expliziter Thematisierung in nur zehn Beiträgen eher wenig vertreten. Mit zunehmender Häufigkeit im Zeitverlauf wird von Politiker:innen die Forderung nach mehr Kulturförderung im ländlichen Raum erhoben.

Demokratiefeindlichkeit

Die große Mehrheit der betreffenden Beiträge bezieht sich auf die Gefährdung bzw. Zerstörung des Zusammenhalts durch den Rechtsextremismus bzw. Rechtsterrorismus, Pegida und die AfD. Außerdem werden in den Zeitungsartikeln (seit 2015) die Ablehnung von Asylsuchenden und Straftaten gegen Asylsuchende thematisiert. Der Islamismus wird in lediglich sechs Zeitungsartikeln thematisiert, die den Zusammenhaltsbegriff verwenden. Demokratiefeindliche Einstellungen, inklusive jener »in der Mitte der Gesellschaft«, werden als Herausforderungen thematisiert, gleichwohl seien sie Folge des schwindenden Zusammenhalts und der ökonomischen Polarisierung in der Gesellschaft. Ein bedeutender Teil der Beiträge diskutiert das Mobilisierungspotenzial für die AfD aufgrund von Unzufriedenheit mit der Politik bzw. »Ängste und Sorgen« in der Bevölkerung, die nach Auffassung von Politiker:innen nicht ignoriert werden dürften. Die AfD befördere die politische Spaltung der Gesellschaft. Hingegen könne Zusammenhalt den Zulauf zu antidemokratischen Kräften reduzieren.

Dialog und Begegnung

Der Dialog und die »gelebte Begegnung« sei unerlässlich für die Stärkung des Zusammenhaltes, so der Grundtenor in den betreffenden Zeitungsartikeln. Als Akteur:innen stehen hier Vereine und Ehrenamtliche im Vordergrund, auch die Kirchen und Religionsgemeinschaften werden als relevante Akteur:innen benannt. Politiker:innen betonen insbesondere die Bedeutung von zwischenmenschlichen Begegnungen »auf Augenhöhe«. In den Artikeln werden neben »gemeinsamen Erlebnissen«, beispielsweise im Sport, Gesprächs- und Begegnungsformate oder Kunstprojekte beschrieben, bei denen Angehörige aus unterschiedlichen Lebenswelten aufeinandertreffen und so gegenseitige Vorurteile und Ängste abgebaut werden könnten. Der Kontakt und Austausch »mit Andersdenkenden« stärke den Zusammenhalt aller gesellschaftlichen Gruppen. Viele Menschen – mit und ohne Migrationsgeschichte – fühlten sich ausgeschlossen und könnten auf diese Weise besser integriert werden.

Wissenschaft

Zeitungsartikel, die eine wissenschaftliche Auseinandersetzung mit gesellschaftlichem Zusammenhalt thematisieren, weisen ein breites begriffliches Spektrum auf. So werden die Begriffe Gemeinsinn, sozialer und gesellschaftlicher Zusammenhalt sowie »Miteinander« synonym verwendet. Auffällig ist, dass auch hier der Zusammenhaltsbegriff oft gesetzt erscheint, dem jedoch unterschiedliche und nicht weiter explizierte Verständnisse zugrunde liegen. Allerdings wird Zusammenhalt in einigen kritischen Beiträgen zu einer wissenschaftlichen Auseinandersetzung durchaus als normative Klammer und »Wert an sich« hinterfragt. Die diskutierte Forschung reicht von allgemeiner Einstellungs- und Meinungsforschung bis hin zu spezialisierter Rechtsextremismus-, Gerechtigkeits- und Armutsforschung. Typischerweise werden in Zeitungsartikeln zu empirischen Studien pauschalisierend Wahrnehmungen des Zusammenhalts durch »die Gesellschaft« dargestellt, z. B. durch »die Deutschen«, die »mehr Sicherheit« oder »mehr Staat« oder aber »mehr Zusammenhalt« wollten, jedoch selbst »nicht daran glauben« würden usw. In solchen wenig differenzierten Darstellungen deutet sich an, dass die mediale Repräsentation von Forschung und die Wissenschaftskommunikation mit Bezug zum »gesellschaftlichen Zusammenhalt« hohes Entwicklungspotenzial besitzen.

Heimat und Identität

In den Zeitungsartikeln, die sich auf Heimat und Identität beziehen, werden sowohl Politiker:innen als auch Ehrenamtliche zitiert, die sich zur Stärkung eines »Wir-Gefühls« zu wahrenden, aber inklusiv gestalteten Heimatbezügen und zum Erhalt regionaler Identitäten äußern. Oftmals werden dabei geteilte demokratische Grundwerte als Ausgangspunkt eines Aushandlungsprozesses benannt. Vor allem Politiker:innen der CDU/CSU bringen ihre Position in die Debatte ein, nach der Heimatverbundenheit, Patriotismus und »die Akzeptanz der deutschen Leitkultur« gesellschaftliche »Stabilitätsmomente« darstellen. Deutlich wird das diskursive Ringen um ein geteiltes Heimatverständnis, das Menschen miteinander verbinden solle. Ein Teil der Beiträge fokussiert Fragen, wer »Wir«, was »Identität« und was »eigene Wurzeln« bedeuten oder was einem Identitätsverlust – z. B. im ländlichen Raum – entgegengesetzt werden kann.

Sicherheit und Rechtsstaat

Forderungen nach der »Durchsetzung des Rechtsstaats« und der Erhöhung der inneren Sicherheit werden in den Zeitungsbeiträgen verstärkt im Zusammenhang mit Migrationsbewegungen ab dem Jahr 2015 formuliert. Von Politiker:innen werden eine konsequente Asylpolitik und Asylpraxis sowie die Stärkung der Polizei insofern mit einer Stärkung gesellschaftlichen Zusammenhalts verknüpft, als dass dadurch »geschwundenes Vertrauen« wiederaufgebaut werden könne. Allerdings werden bezüglich der Asylpraxis in einigen Beiträgen auch Wut und Empörung über Abschiebungen erwähnt, unter anderem wenn davon bereits erfolgreich in die Arbeitswelt integrierte Asylsuchende betroffen waren. Des Weiteren werden Forderungen nach konsequenterem staatlichen Durchgreifen gegen physische Angriffe auf Migrant:innen, gegen Hassrede im Internet und gegen radikal rechte Akteur:innen thematisiert.

5.   Fazit und Ausblick

Insgesamt zeigt der Blick in unser Quellenmaterial, dass der Zusammenhaltsbegriff in sehr unterschiedlichen Zusammenhängen gebraucht, dabei kaum expliziert und i. d. R. als selbsterklärend und selbstverständlich angeführt wurde. Fast durchgängig fand eine *hauptsächlich von politischen Eliten* geäußerte, überwiegend *normativ* gefärbte Begriffsverwendung statt, die entweder die hohe Bedeutung des

»Zusammenhalts« für die Gesellschaft als allgemein anerkannt voraussetzte und diesen *beschwor* oder spiegelbildlich das Schwinden des »Zusammenhalts« als risikobehaftet und problematisch charakterisierte. Der Begriff wird im öffentlichen Diskurs demnach häufig als ein politisches *top-down-framing* mit vielfältigen inhaltlichen Bedeutungen gesetzt, welches tendenziell auf Harmonie, Stabilität und Selbstverantwortung abzielt. Dies steht konflikthaften *bottom-up-framings* gegenüber, die beispielsweise soziale Bewegungen als Forderungen an die Politik artikulieren (»Klimagerechtigkeit«, »Unteilbar«, »LeaveNoOneBehind«, »Gegen Rassismus« usw.).

Typischerweise wurde der Zusammenhaltsbegriff in den Zeitungen verwendet, ohne »Zusammenhalt« zu definieren oder tatsächliche Wirkungszusammenhänge zu benennen, schlüssig darzustellen oder gar zu hinterfragen. Dies ist vermutlich zumindest teilweise ein Resultat der Textgattung des Zeitungsartikels bzw. seiner Funktionen, zu denen die Komplexitätsreduktion der transportierten Kommunikationsinhalte gehört. Trotz dieses zu beachtenden Filtereffekts verdeutlichen die hier diskutierten Befunde die besonderen Herausforderungen, die sich der sozial- und geisteswissenschaftlichen Zusammenhaltsforschung stellen: Der scheinbaren Diffusität und Abstraktheit ist eine systematische Exploration und Konkretisierung dessen entgegenzustellen, was »gesellschaftlicher Zusammenhalt« aus der Perspektive ganz unterschiedlicher, auch marginalisierter und in der Öffentlichkeit unterrepräsentierter Akteursgruppen *ist und sein soll*. Nicht zuletzt steht die Forschung vor der Frage, inwieweit »Gesellschaftlicher Zusammenhalt« als ein appellatives Narrativ zur normativen Rechtfertigung und (neoliberalen) Aufrechterhaltung von gesellschaftlichen Machtverhältnissen, Statushierarchien und Konflikten durch die (moralische) Anrufung von Ehrenamt und (nationalem) Gemeinschaftssinn verwendet wird und gesellschaftliche Probleme und Konfliktlinien – z. B. soziale Ungleichheit, Rassismus und Diskriminierung – damit eher verschleiert werden, als sie zu beleuchten.

Auch in Hinblick auf die noch nicht absehbaren Folgen der Corona-Pandemie für den gesellschaftlichen Zusammenhalt und die Diskussionen darüber ist die weitere Untersuchung der Semantik relevant: Die damit verknüpften Vorstellungen und diskursiven Praktiken wandeln sich stetig. Deshalb erscheint es sinnvoll, das Monitoring und die Analyse der medialen Verwendung des Zusammenhaltsbegriffs in den nächsten Jahren fortzuführen und weiterzuentwickeln.

Tabelle 1: Inhaltliche Kategorien (Themencluster) im Zusammenhang mit »gesellschaftlichem Zusammenhalt« (Anteile in %, Mehrfachkodierungen möglich)

	2014 (n=28)	2015 (n=53)	2016 (n=94)	2017 (n=113)	2018 (n=185)	2019 (n=199)	Gesamt (672)
Demokratische Kultur	35,7	32,1	45,7	46,9	44,3	46,2	44,2
Migration und Integration	17,9	52,8	47,9	29,2	24,9	22,6	30,1
Wirtschaft und soziale Gerechtigkeit	14,3	26,4	41,5	38,1	23,8	23,6	28,4
Ehrenamt und Engagement	32,1	32,1	20,2	26,6	27,0	27,6	26,8
Fragmentierung der Gesellschaft	10,7	11,3	25,5	20,4	23,2	10,1	17,7
Strukturförderung, demografischer Wandel	25,0	11,3	9,6	13,3	17,8	19,6	16,2
Kunst und Kultur	7,1	13,2	7,5	11,5	13,0	12,6	11,6
Demokratiefeindlichkeit	3,6	11,3	10,6	13,3	13,0	10,6	11,5
Dialog und Begegnung	0,0	3,8	12,8	13,3	10,8	12,1	10,9
Wissenschaft	7,1	3,8	8,5	8,9	13,0	12,1	10,4
Heimat und Identität	7,1	9,4	5,3	10,6	8,1	6,5	7,7
Sicherheit, Rechtsstaat	0,0	3,8	11,7	5,3	8,1	3,5	6,1
Digitalisierung, digitaler Wandel	7,1	1,9	3,2	6,2	5,4	5,5	5,1
Klima, Umwelt, Ökologie	0,0	1,9	4,3	2,7	2,2	9,6	4,6
Gruppenbezogene Menschenfeindlichkeit	3,6	1,9	3,2	3,5	6,5	2,5	3,9
Sport	3,6	3,8	4,3	1,8	4,3	4,0	3,7
Gesundheit, Pflege	3,6	0,0	1,1	3,5	6,5	2,5	3,4
Globalisierung	0,0	0,0	1,1	4,4	3,8	1,0	2,2
Sonstiges	7,1	7,5	2,2	0,9	1,6	4,0	1,0
Gesamt	100,0	100,0	100,0	100,0	100,0	100,0	100,0

Gesellschaftlicher Zusammenhalt und Populismus

Überlegungen zur Varianz in Zeit und Raum

Ulf Engel, Matthias Middell

1.   Gesellschaftlicher Zusammenhalt

Vier aktuelle Schlaglichter: (1) Im Sommer 2020 waren B90/Die Grünen unter Robert Habeck und Annalena Baerbock für *Spiegel online* die heißesten Kandidaten auf den Ehrentitel »Partei des gesellschaftlichen Zusammenhalts«,[1] während Bundestagspräsident Wolfgang Schäuble und Gesundheitsminister Jens Spahn (beide CDU) in einer zeitlich fast parallelen Präsentation ihrer Zukunftsvisionen erstaunlicherweise ohne den Slogan der Saison auskamen.[2] (2) Am Horn von Afrika befindet sich Äthiopien in einer tiefen Verfassungskrise, nachdem die ursprünglich für August angesetzten Wahlen wegen des Corona-Virus verschoben worden sind und der fragile Kompromiss eines Föderalismus aus mehreren ethnisch definierten Regionen zu zerbrechen droht. Friedensnobelpreisträger Abiy Ahmed propagiert nun soziale Kohäsion unter dem Stichwort einer überethnischen Zugehörigkeit zur Nation sowie des Prinzips »Medemer« (Synergie), während seine Widersacher das Land als eine Ansammlung von Nationen und Minderheiten verstehen.[3] (3) Während der republikanische US-Präsident Donald Trump das Image des Spalters nicht mehr loswird und es wohl auch gezielt pflegt, um seine Anhänger für die bevorstehenden Wahlen maximal zu mobilisieren, greift sein demokratischer Kontrahent Joe Biden auf das Vokabular der »unity of the nation« zurück, um seine Chancen zu vergrößern. Indem er USD 400 Mrd. protektionistisch eingesetzte Aufbauhilfe nach der Corona-Krise und die Fortsetzung der Strafzölle gegen chinesische Konkurrenz verspricht, wildert er, wie *Spie-*

1 Robert Pauch, »Die Grünen. Dasselbe in Rot. Die Grünen spielen in der Corona-Krise nur eine Nebenrolle. Nun wollen sie wieder in die Offensive kommen – als Partei des sozialen Zusammenhalts«, in: Die ZEIT vom 1. Juli 2020, https://www.zeit.de/2020/28/die-gruenen-politische-positionierung-grundsatzprogramm-sozialpolitik-corona-krise (Zugriff 28. Juli 2020).

2 Wolfgang Schäuble und Jens Spahn, »Er hat den Willen zur Macht« – »Ich schätze Schäubles Rat«, in: Die ZEIT vom 16. Juli 2020, https://www.zeit.de/2020/30/wolfgang-schaeuble-jens-spahn-corona-cdu-kanzlerkandidat (Zugriff 28. Juli 2020).

3 Tsion Belay, Ethiopia Conflict Insight, Addis Abeba 2020; und Jalale Getachew Birru, Abiy Ahmed and His Achievements in Ethiopia. From Lost Hope to New Optimism with the »Medemer« Concept?, in: PRIF Blog, https://blog.prif.org/2019/10/29/abiy-ahmed-and-his-achievements-in-ethiopia-from-lost-hope-to-new-optimism-with-the-medemer-concept/ (Zugriff 28. Juli 2020).

gel online zu berichten weiß, »dabei nicht nur rhetorisch in Trumps Terrain des ökonomischen Populismus«.[4] (4) Der chinesische Wirtschaftsnationalismus, der zunächst als »harmonische Weltordnung« unter Generalsekretär Hu Jintao und später deutlich aggressiver als »chinesischer Traum« durch seinen Nachfolger Xi Jinping propagiert wird,[5] muss herhalten, um Hoffnung auf eine Wiederherstellung »des Westens« zu nähren, der im Getöse der Brexit- und »Make America great again«-Kampagnen den Bach hinunter zu gehen schien. Ob »gesellschaftlicher Zusammenhalt« und eine an frühere Vorstellungen von Vormacht angelehnte »Handlungsfähigkeit des Westens« in die gleiche Richtung zielen und was es für die sich verändernde Weltordnung bedeutet, diese Ideen zusammenzudenken, ist ebenso offen wie die Frage, ob »gesellschaftlicher Zusammenhalt«, »nationale Einheit« oder »social cohesion« (z. B. in Südafrikas Post-Apartheid-Situation) das Gleiche oder höchst Unterschiedliches beschreiben und ob (bzw. wie) sie überhaupt gleicherweise und parallel einzulösende Zukunftsvorstellungen darstellen.

Das Schaulaufen deutscher Politiker:innen und Parteien vor der Hauptstadtpresse und dem vermuteten Durchschnittswähler um die beste Performanz im Fach gesellschaftlicher Zusammenhalt vor dem Hintergrund dieser hier beinahe willkürlich ausgewählten internationalen Situationen wirft zwei ziemlich allgemeine Fragen auf, insbesondere für Historiker:innen und Regionalwissenschaftler:innen. Die eine Frage richtet sich darauf, wie neu das Thema eigentlich ist. Die andere Frage rankt sich um die Spezifik der deutschen Diskussion. Auf beide Fragen lässt sich genau genommen nur mit einem konsequenten »Einerseits und Andererseits« antworten. Es hängt gewissermaßen von der Flughöhe ab, aus der die Beobachtungen angestellt werden. Denn einerseits scheint die Semantik des gesellschaftlichen Zusammenhalts tatsächlich originell und – zumindest aus historischer Perspektive – noch nicht sehr lange gebräuchlich zu sein, auf der anderen Seite lädt sie zu einem Abgleich mit Terminologien ein, die mehr oder minder verwandt erscheinen. Besonders naheliegend ist die Verbreitung der Kategorie »social cohesion«, die von der angelsächsischen Forschung ausstrahlend seit mehr als zweieinhalb Jahrzehnten Soziolog:innen und Politikwissenschaftler:innen dazu dient, Einstellungswandel und Kooperationsbereitschaft mit einem scheinbar gut quantifizierbaren Indikator zu messen,[6] aber schon bald unter den Verdacht geriet, durch zunehmende transnationale und transregionale Verflechtungen »verunreinigt« und deshalb verbesserungsbedürftig zu sein.[7]

---

4 Ines Zöttl, »Joe Biden im US-Wahlkampf. Wirtschaftsagenda als Wohlfühlprogramm«, Spiegel Online, 11. Juli 2020, https://www.spiegel.de/wirtschaft/joe-biden-im-us-wahlkampf-wirtschafts agenda-als-wohlfuehlprogramm-a-2badee93-a71a-422b-93bf-87777bdbaef7 (Zugriff 28. Juli 2020).

5 Vgl. dazu ausführlicher den Beitrag von Elisabeth Kaske in diesem Band.

6 David Schiefer/Jolanda van der Noll, The Essentials of Social Cohesion: A Literature Review, in: Social Indicators Research 132 (2017), H. 2, S. 579–603.

7 Yehuda Elkana u. a. (Hrsg.), Unraveling Ties. From Social Cohesion to New Practices of Connectedness, Frankfurt am Main, New York 2001.

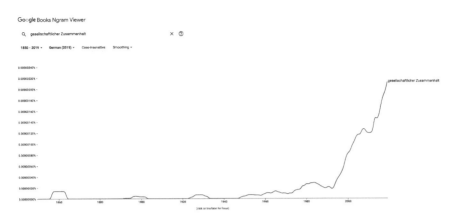

Abbildung 1: Google Books Ngram Viewer »gesellschaftlicher Zusammenhalt«, 1850–2019

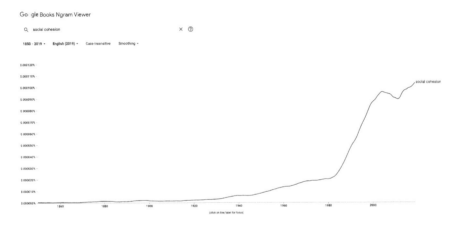

Abbildung 2: Google Books Ngram Viewer »social cohesion«, 1850–2019

Ein Vergleich der Kurven des Google Book Ngram Viewers für »gesellschaftlicher Zusammenhalt« und »social cohesion« (siehe Abb. 1 und 2), die bei allen methodologischen Bedenken zumindest einen Aufschluss über die relative Häufigkeit eines Begriffs in einem Zeitraum erlaubt, zeigt einige bemerkenswerte Ähnlichkeiten – vor allem das rasch ansteigende Interesse in der englischsprachigen Literatur in den 1980er und 1990er Jahren sowie in der deutschsprachigen Literatur in den 1990er und 2000er Jahren. Er zeigt aber auch ebenso gravierende Unterschiede – die kleinen Hügel der Aufmerksamkeit für »gesellschaftlichen Zusammenhalt« um 1860, um 1900, in den späten 1920er und frühen 1930er Jahren (mit dem jeweils erklärungsbedürftigen Wiederverschwinden), während »social cohesion« seit den 1930er Jahre einen erst langsamen und dann rasant schneller werdenden Anstieg erlebte – und eine gewisse Parallelität beider Häufigkeitsentwicklungen in den 1960er bis 1980er Jahren sowie den viel eklatanteren und beinahe ununterbrochenen Anstieg der Verwendung von »gesellschaftlichem Zusammenhalt« seit den letzten fünf des vorigen Jahrtausends. Während die Zusammenführung der Idee vom gesellschaftlichen Zusammenhalt mit der Kategorie der social cohesion eine gewisse Eindeutigkeit verspricht, verweisen Begriffe wie Gemeinschaft, nationale Einheit, Solidarität und Connectedness auf ein riesiges semantisches Feld, das sich vom späten 18. Jahrhundert bis in die Gegenwart spannt und ohne eine Historisierung dieser Semantik und ihres Gebrauchs durch die beobachtenden Geistes- und Sozialwissenschaften kaum angemessen verstanden werden kann.

Im Unterschied zu vielen Sozialwissenschaftler:innen gehen wir davon aus, dass dem Konnex von gesellschaftlichem Zusammenhalt und Populismus, erstens, nicht nur mit einer kurzfristigen Perspektive beizukommen ist und, zweitens, in dieser langen Geschichte viele historische Brüche und Varianten zu unterscheiden sind. Die Spuren führen auch über viele Kontinente und sind mit einer eurozentrischen Brille nur höchst ungenügend zu entziffern. Wir wollen dies in drei Schritten vertiefen: mit einem Blick auf die Anfänge des Populismus im Zeitalter der Atlantischen Revolutionen, durch einen kursorischen, gleichwohl globalgeschichtlich inspirierten Vergleich der populistischen Bewegungen und Versuche zur Bestimmung einer politischen Agenda, der Frankreich, die USA, Lateinamerika sowie, als jüngstes Beispiel, die Populismen in Südafrika am Anfang des 21. Jahrhunderts einschließt, deren Gegenstand im Gegensatz zu der großen Mehrheit der vorgenannten Beispiele eben nicht die Konstruktion der einen Nation ist, sondern die Abgrenzung ethnisch-definierter Gruppen.

2. Die Anfänge des Populismus

Schon die Französische Revolution kannte neben Freiheit und Gleichheit als Grundprinzipien der neuen Gesellschaft, die das *Ancien Régime* ablösen sollte, den Begriff der *fraternité*. Diese Brüderlichkeit übertrug die Assoziation enger Familienbande ins abstrakt Gesellschaftliche. Bruderbünde gab es anschließend viele. Sie speisten Rhetoriken der nationalen Gemeinschaften (die immer eine Öffnung zum ethnisch fundierten Zusammenhalt bereithielten, wie ein Vergleich der deutschen »Volksgemeinschaft« und des schwedischen *Folkhemmet* belegen, die ganz verschiedene Ausgangspunkte hatten[8]). Sie gaben aber auch Kosmopoliten

---

8 Norbert Götz, Ungleiche Geschwister. Die Konstruktion von nationalsozialistischer Volksgemeinschaft und schwedischem Volksheim, Baden-Baden 2001.

Gelegenheit, an einem grenzüberschreitenden Bund festzuhalten, der schon 1792 die Ehrenbürgerschaft der französischen Republik einbringen konnte, wenn auch mit teilweise tragischen Folgen für die Träger dieses besonderen Titels, denn innerhalb kurzer Zeit geriet unter den Bedingungen der Revolutionskriege Kosmopolitismus unter den Verdacht des Vaterlandsverrats. Solidarität betonte oftmals einen Zusammenhalt aus ähnlicher sozialer Betroffenheit von Versklavung, Ausbeutung, Diskriminierung, aber auch das gemeinsame Aufbegehren.

Schon sehr früh wurde deutlich, dass die Revolution Mühe hatte, ihr Versprechen einzuhalten: Zunächst kamen die aufständischen Sklav:innen und *petits blancs* in St. Domingue dahinter, dass sie mit der allgemeinen Menschenrechtserklärung gar nicht gemeint waren, dann formierte sich feministischer Protest gegen den Ausschluss der Frauen aus dem Verzeichnis der Aktiv- und Passivwähler, und schließlich wurde die Babeufsche Verschwörung 1796 ganz grundsätzlich, als sie für eine zweite Revolution warb, die nötig sei angesichts des Verrats der liberalen Eliten am »einfachen Volk«, dem zwar der Sieg über die alte Ordnung zu verdanken, aber sonst nicht viel geblieben sei. Man könnte dies auch als die Geburtsstunde des Populismus aus dem Geist einer liberalen Revolution bezeichnen. Das Muster sollte sich noch öfter wiederholen, populistischer Protest trieb immer wieder revolutionäre Ungeduld mit den nicht eingelösten Zusagen auf eine allgemeine Besserung des Weltzustandes an und das Repertoire wurde jeweils gespeist aus heftiger Schmähung korrupter Eliten, die dem Volk die Früchte des Neuanfangs geraubt hätten. Allerdings wird diese Karte zu unterschiedlichen Zeiten unterschiedlich und vor allem unterschiedlich mobilisierend gespielt. Sie ist deshalb weder immer ein Indikator für reale Missstände noch durchweg schiere Demagogie, aber die Inszenierung als vorläufig ohnmächtiger, nichtsdestoweniger aber legitimer Protest gegen die Nichteinhaltung von Versprechen für sozialen Wohlstand, demokratische Partizipation, aber auch Superiorität gegenüber anderen begleitet den Liberalismus seit seinen politischen Anfängen.

Um eine sehr lange und hoch differenzierte Geschichte kurz zu machen: Wie Zusammenhalt geheißen wurde und ob es sich mehr um eine Schicksals-, Leidens- oder Aktionsgemeinschaft handeln sollte, war ebenso dem steten Wandel unterworfen wie die Frage, was eigentlich mit »Gesellschaft« gemeint war, auf die sich dieser Zusammenhalt beziehen könnte. Zwar scheint es für viele nahezuliegen, Gesellschaft mit einem Territorial- oder gar dem Nationalstaat zu identifizieren. Dies ist jedoch eher Effekt eines in der Wissenschaft zunehmend fragwürdig gewordenen, in der Öffentlichkeit aber noch massiv fortwirkenden methodologischen Nationalismus, der überall Nationalstaaten sieht, wo eigentlich viel größere Vielfalt herrscht. Zunächst schien es tatsächlich so, als hätten die Nationalstaaten die historisch vorangehenden Imperien abgelöst – spätestens mit der Dekolonisierungswelle der 1940er bis 1970er Jahre. Die Auflösung der Sowjetunion und des von manchen als Empire definierten Ostblocks tat ein Übriges, um diesen Eindruck zu vervollständigen. Doch gleichzeitig trat ein neuer Aspekt in den Fokus der Aufmerksamkeit – die tiefe Prägung vieler Gesellschaften durch die koloniale Vergangenheit weit über die formale Dekolonisierung hinaus. Und dies betrifft ehemalige Kolonien ebenso wie ehemalige Metropolen kolonialer Imperien. Gesellschaften sind infolge dieser geteilten Geschichte einerseits zerklüfteter als es die Vision nationaler Einheit vorspiegelt, und sie sind über die Grenzen des nationalen Territoriums hinweg viel verflochtener, als es der Anspruch vollständiger Souveränität glauben macht.[9] Diese unter Historiker:innen seit mehr als zwei Jahrzehnten immer größere Aufmerksamkeit gewinnende Einsicht hat inzwischen auch die Sozialwissenschaften erfasst, jedenfalls partiell und als Aufruf, die theoretischen Konsequenzen seriös zu bedenken.[10]

Die Kombination aus nationaler und imperialer Geschichte drängt immer wieder und ganz besonders in Zeiten krisenhafter Erschütterungen in den Vordergrund der politischen Bühne – sei es als Aufbegehren von (ethnischen, regionalen oder politisch definierten) Minderheiten, die sich mit dem gewährten Platz in der eben nur scheinbar homogenen Gesellschaft nicht mehr abfinden wollen, sei es im Moment des Bewusstwerdens der Kopräsenz verschiedener Generationen auf den Routen des alten Imperiums Zugewanderter, sei es in den kostenträchtigen außenpolitischen Verpflichtungen als fortwirkende Ordnungsmacht. Frankreich, das viele als Prototyp der früh entstandenen und kulturell wie institutionell besonders fest verankerten Nationalgesellschaft sehen, ist immer wieder mit den Herausforderungen konfrontiert, die sich aus seiner langen Kolonialgeschichte ergeben. Ironischerweise waren es in den 1970er Jahren zuerst die Regionalismen innerhalb des Hexagon, von militanten Bretonen über die baskische ETA und den korsischen Separatismus bis zum Kampf um kulturelle Autonomie im ganzen französischen Süden, die die Fiktion einer allumfassenden französischen Nation in Frage stellten.

Erst etwa zwei Jahrzehnte später fand der in anderen Gesellschaften längst weiter ausgeprägte Postkolonialismus auch in Frankreich ein immer stärkeres Echo – parallel zum Aufstieg einer politischen Kraft, die den Traum von einem ganz und gar weißen Frankreich zwar nicht mehrheitsfähig macht, aber immerhin in die

---

9 Für einen umfassenden historischen Überblick zur Geschichte der Imperien vgl. Jane Burbank/Frederick Cooper, Empires in World History. Power and the Politics of Difference, Princeton 2010.

10 Aus der umfänglichen Literatur zu den Folgen eines *imperial turn* für die Sozialwissenschaften sei hier nur verwiesen auf: Julian Go, Taking Empire Seriously. Postcolonial Theory and Disciplinary Sociology, in: Nicole Burzan (Hrsg.), Komplexe Dynamiken globaler und lokaler Entwicklungen. Verhandlungen des 39. Kongresses der Deutschen Gesellschaft für Soziologie in Göttingen 2018, o. O. 2019, http://publikationen.soziologie.de/index.php/kongressband_2018/article/view/1197/1179 (Zugriff 20. August 2020); sowie Jeremy Adelman (Hrsg.), Empire and the Social Sciences. Global Histories of Knowledge, London/New York 2019.

zweite Runde der Präsidentschaftswahlen trug. Der Front National, der heute als Rassemblement National figuriert und damit schon fast eine rhetorische Anleihe beim »gesellschaftlichen Zusammenhalt« unter Betonung seiner ethnisch purifizierten Variante nimmt, wildert nicht zuletzt in einer Wählerschaft, die früher von der politischen Linken gebunden wurde, seit 1989 aber mehr und mehr heimatlos erscheint.[11] Mit dem in verschiedenen Varianten offen rassistischen Programm der Familie Le Pen kommt wiederum eine ebenso vage Gegengeschichte zum gesellschaftlichen Zusammenhalt ins Spiel, denn die Klage über den bedrohten Zusammenhalt wird zumeist begleitet vom Vorwurf, dass Populisten entweder den Zusammenhalt angegriffen oder zumindest von dessen Auflösung unmäßig profitiert hätten.

3. Plädoyer für eine Globalgeschichte des Populismus

Diese Verlustgeschichte lädt zu einer näheren Betrachtung der vielen Populismen ein, weil sie uns vielleicht einen Pfad weist, auf dem – quasi *ex negativo* – eine genauere Bestimmung dessen gelingen kann, was mit dem gesellschaftlichen Zusammenhalt gemeint ist. Allerdings zeigt sich auch hier schnell, dass der Vorwurf des Populismus gewissermaßen locker sitzt. Er erscheint wie eine wohlfeile Münze, die gegen praktisch alle und jeden eingesetzt werden kann. Der gemeinsame Nenner scheint heute immerhin zu sein, dass Populisten stets die anderen sind. Die Spannbreite reicht von Amerikas Präsidenten bis zu Indonesiens Staatschef Rodrigo Duterte, der die Anwendung von (tödlicher) Gewalt durch Polizei und Milizen mit einem Kampf gegen Drogenprobleme begründet, von Polens PiS-Chef Jarosław Kaczyński bis zu Ungarns Premier Viktor Orbán, die die Freiheit der Gerichte und der Presse mit dem Argument einschränken, sie handelten im Auftrag eines offensichtlichen Volkswillens gegen korrupte Ex-Linke und liberale Eliten, die die sozialen Bedürfnisse der Bevölkerung nachrangig behandelten. Und dies sind nur einige Beispiele von vielen, die sich zu einer globalen Betrachtung des Populismus verdichten ließen, zu der einige Handbücher auch schon Bausteine geliefert haben,[12] während sich die Bemühungen um kompakte Definitionen des Populismus nicht selten an der Vielfalt der Fälle die Zähne ausbeißen.[13]

---

11 Uwe Backes, Rechtspopulismus in Frankreich, in: Heinz Ulrich Brinkmann/Isabelle-Christine Panreck (Hrsg.), Rechtspopulismus in Einwanderungsgesellschaften. Die politische Auseinandersetzung um Migration und Integration, Wiesbaden 2019, S. 293–314.

12 Cristóbal Rovira Kaltwasser et al. (Hrsg.), The Oxford Handbook of Populism, Oxford 2017; Carlos de La Torre (Hrsg.), Routledge Handbook of Global Populism, London/New York 2019; Nikolaus Werz (Hrsg.), Populismus. Populisten in Übersee und Europa, Wiesbaden 2003.

13 Cas Mudde/Cristóbal Rovira Kaltwasser, Populism. A Very Short Introduction, Oxford/New York 2017 (dt. 2019); Jan-Werner Müller, Was ist Populismus? Ein Essay, Berlin 2016; Karin

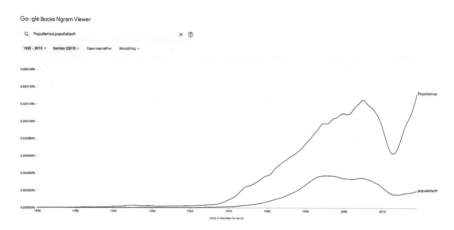

Abbildung 3: Google Book Ngram Viewer »Populismus, populistisch«, 1920–2019

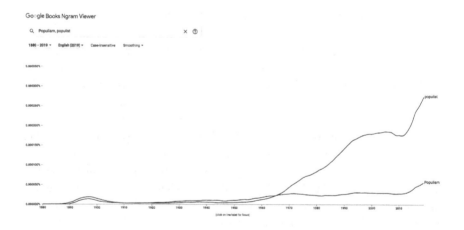

Abbildung 4: Google Book Ngram Viewer »Populism, populist«, 1880–2019

Wiederum fallen Ähnlichkeiten und Unterschiede auf: Das Interesse an der Populist Party in den USA spiegelt sich zwar in englisch-, nicht aber in deutschsprachigen Publikationen der Zeit, weshalb wir die ersteren bis 1880 zurück einbezogen
haben. Beide Begriffe erleben einen Anstieg seit den 1960er Jahren, offenkundig
mit Blick auf Entwicklungen vor allem im außereuropäischen Raum, während
sich die ansteigende Kurve vor und nach dem Jahrtausendwechsel abflacht und

---

Priester, Populismus. Historische und aktuelle Erscheinungsformen, Frankfurt am Main
2012; explizit auf den Vergleich europäischer Fälle beschränkt Philip Manow, Die politische
Ökonomie des Populismus, Berlin 2018.

in der deutschen Version sogar einen regelrechten Einbruch erlebt, bevor dann im zweiten Jahrzehnt des neuen Jahrhunderts »Populismus« (weniger aber »populistisch«) offenkundig ein deutlich vermehrt genutztes Etikett wird. Im Englischen erfährt zwar »populist« einen ähnlichen Aufmerksamkeitsschub, nicht jedoch »populism«.

Ohne eine historische Einordnung der verschiedenen Wellen von Bewegungen, die als Populismus bezeichnet und beschrieben werden, ist also offenkundig kaum etwas zu gewinnen. Meist reicht dieser Blick in der Forschung allerdings nur bis zum ausgehenden 19. Jahrhundert zurück,[14] was deshalb naheliegt, weil hier neben den russischen Narodniki und Frankreichs Boulangisten die Populist Party in den USA auftaucht, die dem Phänomen den Namen leiht.[15] Allerdings wird damit die oben schon angedeutete Einsicht übersehen, dass nicht nur der Liberalismus, sondern auch der Populismus seinen Ursprung in der Trennung von Staat und Volk in den Revolutionen des ausgehenden 18. Jahrhunderts hat, der während der Frühen Neuzeit vielfältige theoretische Entwürfe vorgearbeitet hatten. Die Idee der Volkssouveränität und der revolutionären Selbstermächtigung des Volkes wurden zu Geburtshelfern populistischer Hoffnungen auf die Erfüllung von Forderungen nach einer Verbesserung der Lebenslagen durch eine Politik durch das Volk direkt oder aber im Auftrag des Volkes und unter seiner peniblen Kontrolle, wie sie beispielsweise die Volksgesellschaften der Jahre 1793/94 ganz unmittelbar ausübten. Dabei wurden intermediäre Organisationen zwischen Volk und Regierung höchst misstrauisch beäugt, der Volkswille sollte möglichst direkt wirksam werden, meinten die einen, während die anderen mit der selbstzugeschriebenen Mittlerrolle zufrieden waren und eher Furcht vor dem radikalisierenden Einfluss von Volksgesellschaften und Jakobinerklubs auf die Parlamentsarbeit entwickelten.

Parteien hatten es in dieser Konstellation schwer – der Rousseauismus direkter Demokratie stand so Pate bei der Geburt einer populistischen Tradition, die verankert war in der »heroischen Illusion« des Revolutionsbeginns, dass die Einheit des Volkes gegen allen Egoismus der Partikularinteressen zu verteidigen sei. Dem stand gewissermaßen ein post-revolutionärer Populismus gegenüber, der die Revolution und ihre Sieger anklagte, die ursprünglichen Ziele verraten und den Traum von Freiheit und Gleichheit zugunsten neuer Diskriminierungen aufgegeben zu haben. Die Revolution im künftigen Haiti (1791–1804), die nicht nur die ursprüngliche Plantagenökonomie der Kolonialzeit radikal beseitigte, sondern

---

14 Carlos de la Torre (Hrsg.), The Promise and Perils of Populism. Global Perspectives, Lexington 2015.

15 Für einen historisch informierten Überblick zur Literatur und den verschiedenen Interpretationswellen vgl. Hans-Jürgen Puhle, Populism and Democracy in the 21st Century (= SCRIPTS Working Papers, 2), Berlin 2020.

auch die Wiedereinführung der 1794 offiziell abgeschafften Sklaverei durch Napoleons Armee verhinderte, fügte dieser Dynamik eine bemerkenswerte Facette hinzu: Sie bestand darauf, dass Nationsbildung nicht nur auf der Grundlage weißer, europäischer Interessen, sondern auch durch deren Ausschluss aus der Definition von Bürgerrechten möglich sei. Nicht ohne Absicht wählte Jean-Jacques Dessalines, der sich 1804 zum ersten Generalgouverneur der Insel und alsbald als Jacques I zum Kaiser aufschwang, das französische *bleu-blanc-rouge* unter Weglassung des weißen Teils als Flagge für den neu ausgerufenen Staat.[16]

Der Populismus des späten 19. Jahrhunderts sah sich einem viel weiter ausgebauten und ausdifferenzierten staatlichen Machtapparat gegenüber, der allerdings in den imperialen Gebilden, die die Nationalstaaten eben auch waren,[17] oft nur schwer eine effektive Kontrolle über das Territorium jenseits der Metropolregionen ausüben konnte, während sich die Imperien immer stärker transregional verflochten und Souveränitätspolitiken erschwert wurden. Unter Souveränitätspolitiken verstehen wir Programme, die davon ausgingen, dass sich über die Art und Weise der grenzüberschreitenden Verflechtungen ganz und gar autonom entscheiden ließe und diese notfalls auch ganz gekappt werden könnten. Die im späteren 19. Jahrhundert einsetzenden Bemühungen, Nationalstaaten zu institutionalisieren und zu stärken und die ökonomischen Vernetzungen durch Zuliefer- und Absatzbeziehungen auf Nationalökonomien zu beschränken, können als Versuche solcher Souveränitätspolitiken angesehen werden. Sie waren Reaktionen auf eine wachsende Erfahrung der voranschreitenden interregionalen Arbeitsteilung und damit einhergehender Produktivitätsvorteile. Dabei zeigte sich rasch, dass ein striktes Autarkieprogramm angesichts der bereits eingetretenen Spezialisierung zwischen Standorten für ganz verschiedene Produkte sowie im Blick auf die langen Traditionen eines gewinnbringenden Außenhandels weder wirklich durchführbar war noch unwidersprochen blieb. Die als Gegengewicht zu den ersten massiven Erfahrungen mit der *global condition* konzipierten Nationalismen standen deshalb der weltweiten Verflechtung gar nicht unversöhnlich gegenüber, sondern versuchten sie zum eigenen Vorteil zu gestalten. Im Ergebnis erwiesen sich Nationalstaaten und die Selbstorganisationsformen von Volkswirtschaften eher als das Ergebnis der Aushandlung zwischen radikalen Protektionisten und Freihändlern.[18] Am Rande dieser Auseinandersetzung blieb allerdings mehr oder minder latent ein Bedürfnis nach Abwehr der Zumutungen wach, die sich aus der

---

16 Deborah Jenson, Jean-Jacques Dessalines and the African Character of the Haitian Revolution, in: The William and Mary Quarterly 69 (2012), H. 3, S. 615–638.

17 Josep Maria Fradera, The Imperial Nation. Citizens and Subjects in the British, French, Spanish, and American Empires, Princeton/Oxford 2018; Steffi Marung/Matthias Middell (Hrsg.), Spatial Formats under the Global Condition, Berlin/Boston 2019.

18 Für einen neueren Überblick auch zu diesem Thema siehe Johannes Paulmann, Globale Vorherrschaft und Fortschrittsglaube. Europa 1850–1914, München 2019.

wachsenden Verflechtung ergaben. Gewissermaßen ein populistisches Substrat, das allerdings nur dann aktiviert werden konnte, wenn es einen geeigneten politischen Gegner identifizieren konnte und sich ein politisches Führungspersonal fand, dass der Sorge vor dem Souveränitätsverlust Richtung und Stoßkraft gab.

Die 1892 gegründete Populist Party und die intellektuellen Narodniki Russlands sind höchst unterschiedliche, doch verwandte Phänomene. Einerseits opponierten sie gegen die Übernahme der Gesellschaftssteuerung durch immer undurchdringlichere Parteiapparate, andererseits klagten sie einen Schutz »des Volkes« vor den Folgen globaler Vernetzung ein. Der an den Bonapartismus anschließende General Georges Ernest Boulanger versuchte zwischen 1888 und 1890 in Frankreichs Dritter Republik gleichermaßen charismatische Führung gegen das Establishment ins Spiel zu bringen, wenn auch weit weniger erfolgreich. Seinen autoritären Phantasien und dem Revancheversprechen für (mindestens) eine deutsch-französische Grenzrevision schlossen sich nicht nur Monarchisten und Teile der alten Aristokratie an, sondern auch Sozialisten und Republikaner, die sich einen Ausbau des Sozialstaates erhofften.[19] Populismus blieb in Europa gewissermaßen ein temporäres Phänomen, aber es zeigte eine schon damals die jeweiligen Eliten irritierende Mobilisierungsfähigkeit über die Grenzen einzelner sozialer Klassen und Schichten hinweg und damit die Fähigkeit, soziale Interessen und kulturelle Identifikationen gleichermaßen anzusprechen.

Populismus, wie er sich in den USA seit den 1870er Jahren manifestierte, war zunächst der Protest einer bäuerlichen Basis gegen hohe Transportkosten und Kreditzinsen, die Eisenbahngesellschaften und Banken oktroyierten. Zunächst im Süden populär, gewann die Populist Party vor allem im Mittleren Westen Stimmenmehrheiten bei den Präsidentschaftswahlen,[20] blieb aber letztlich bis zu ihrem Niedergang 1896, als die Demokraten zahlreiche Forderungen aufgriffen, regional und auf dem Lande verankert – sie war jedoch kaum in der Lage, in die wachsenden Städte vorzudringen.[21] Daraus ergab sich eine (bis in zeitgenössische Verschwörungstheorien spürbare) Distanz zum Ostküstenestablishment. Man sollte aber nicht vergessen, dass zu den Verdiensten der Populist Party die Öffnung zur Beteiligung von Frauen und Afro-Amerikanern an ihren politischen Aktivitäten gehört. Und eine ganze Serie von politischen Innovationen – von der Direktwahl der Senatoren bis zu direktdemokratischen Referenden – wurde wirk-

---

19 Jean Garrigues, Le boulangisme, Paris 1992; Frédéric Frégneaux, Le boulangisme. Naissance d'une nouvelle tradition politique, Toulouse 1995.
20 Jeffrey Ostler, Prairie Populism. Fate of Agrarian Radicalism in Kansas, Nebraska and Ioawa, 1880–1892, Larence 1993.
21 Catherine McNicol Stock, Rural Radicals. Righteous Rage in the American Grain, Ithaca 1996; und Lawrence Goodwyn, The Populist Moment. A Short History of the Agrarian Revolt in America, Oxford 1978.

sam, nachdem die Partei längst aufgehört hatte, ein nennenswerter Faktor im System der Politik der Vereinigten Staaten zu sein.

Dass Populismus im 20. Jahrhundert vor allem in Lateinamerika diagnostiziert wurde, und zwar gleich in mehreren Wellen, nimmt kaum Wunder, wenn man weiter der oben skizzierten Interpretation folgt. Es war eben nicht nur die Tradition des *caudillismo* und Klientelismus, die mit der Betonung charismatischer Führung aus den Nationalbewegungen des 19. Jahrhunderts herüberragte, sondern vor allem die stoßweise erfolgende Einbeziehung in Weltmärkte und ihre Wertschöpfungsketten (insbesondere während des Ersten Weltkriegs, in dessen Windschatten Lateinamerika sich vergleichsweise stark öffnete[22]), die heftige innenpolitische Spannungen erzeugte und es einzelnen Politikern wie Hypólito Yrigoyen 1916 in Argentinien oder Arturo Alessandri 1920 in Chile erlaubte, auf dem populistischen Ticket Erfolge einzufahren. Wieder spielten Souveränitätspolitiken, allerdings gescheiterte, eine wichtige Rolle. Wie Federico Finchelstein herausgearbeitet hat, griffen lateinamerikanische Politiker wie Juan Péron in Argentinien, Getúlio Vargas in Brasilien und Víctor Raúl Haya de la Torre in Peru oder José María Velasco Ibarra in Ekuador und Jorge Eliécer Gaitán in Bolivien auch zum Populismus, weil sie einer offen faschistischen Diktatur vor dem Hintergrund der europäischen und japanischen Erfahrungen weniger Chancen und eine geringere Halbwertzeit zutrauten.[23] So blieb es unter den populistischen Regimes bei regulären Wahlen und der damit einhergehenden Notwendigkeit, das Programm immer wieder an den Kompromiss zwischen konservativen Eliten und einer beunruhigten Massenwählerschaft anzupassen.

Das Erklärungsmuster lässt sich auch auf den wohl bekanntesten Fall einer erfolgreichen populistischen Massenbewegung mit Parteibildung in Westeuropa anwenden – den Poujadismus 1956–1958, in dessen über 400.000 Mitglieder starker Union de Défense des Commerçants et Artisans (Union zur Verteidigung der Händler und Handwerker) mit Jean Marie Le Pen immerhin die Führungsfigur des späteren Front National ihre ersten politischen Erfolge feierte. In einer tiefen Krise der IV. Republik wehrte sich die ebenso vom Rückgang der agrarisch tätigen Bevölkerung wie von einem persistenten Kleinbürgertum geprägte Provinz[24] gegen das rasante Vordringen der urbanen Zentren und den Bedeutungsverlust der Nation, die in Dekolonisierung und Europäisierung ihre autonome

---

22 Stefan Rinke, Im Sog der Katastrophe. Lateinamerika und der Erste Weltkrieg, Frankfurt am Main 2015; Stefan Rinke/Michael Wildt (Hrsg.), Revolutions and Counter-Revolutions. 1917 and its Aftermath from a Global Perspective, Frankfurt am Main 2017.

23 Michael L. Conniff (Hrsg.), Populism in Latin America, Tuscaloosa 1999; Kurt Weyland, Clarifying a Contested Concept. Populism in the Study of Latin American Politics, in: Comparative Politics 34 (2001), H. 1, S. 1–22; Federico Finchelstein, From Fascism to Populism in History, Oakland 2017.

24 Sarah Bennett Farmer, Rural Inventions. The French Countryside after 1945, New York 2020.

Handlungsfähigkeit sowohl in Südostasien als auch in Nord-, West- und Zentralafrika sowie am Suezkanal immer mehr und auf höchst sichtbare Weise einbüßte. Antiparlamentarismus mischte sich auf oftmals krude Weise mit Xenophobie, Antisemitismus, Antiamerikanismus und Widerstand gegen den Rückzug aus den Kolonien, aber auch mit heftiger Opposition gegen die Inflationsbekämpfung durch die Pariser Regierung im Namen des »kleinen Mannes«. Allerdings zeigte sich nach de Gaulles Errichtung der V. Republik, dass dies nur ein kurzzeitiges Amalgam völlig unterschiedlicher Interessen und Orientierungen war und dass verschiedene Parteien (darunter Mitterands Sozialisten) sich in der Lage zeigten, relativ rasch einen Teil dieses Spektrums aufzufangen und der eigenen Wählerschaft anzugliedern.[25] So erscheint der ehemalige Pétainist Pierre Poujade und seine kurzzeitig erfolgreiche Bewegung noch immer als »Enigma«.[26] Während er von den einen zum Vorläufer von Donald Trump und Nigel Farage stilisiert wird, bemühen sich andere darum, die legitime Agenda seiner Anhänger:innen zu ermitteln. An letzterem lässt sich vielleicht die fortdauernde Attraktivität jeglicher Art von Souveränitätspolitik in Frankreich ablesen.

Die durchaus widersprüchliche Einschätzung des Poujadismus verweist auf eine anwachsende Schwierigkeit, der Vielfalt der Phänomene Herr zu werden, die aus der einen oder anderen Perspektive als populistisch erschienen.[27]

Und diese Schwierigkeiten haben seit den 1950er Jahren nicht ab-, sondern noch deutlich zugenommen, weil mindesten vier neue Kontexte in die Debatte um den Populismus einbezogen worden sind. Zunächst verfolgt ein Strang der politischen wie wissenschaftlichen Diskussion populistische Tendenzen in Gesellschaften des sogenannten Globalen Südens nach der politischen Unabhängigkeit und im Zuge einer Desillusionierung über die Reichweite der Dekolonisierung. Dies hat vor allem an afrikanischen Beispielen zu einer Ausweitung der Umstände geführt, unter denen von Populismus gesprochen wird. Auch hier lässt sich die ungleiche Einbeziehung in globale Verflechtungen beobachten, vor allem aber ging es um die Erwartungen an einen postkolonialen Egalitarismus, die der Rückzug der Kolonialmächte ausgelöst hatte.

Nahe an diesen Erfahrungen lassen sich auch die populistischen Tendenzen in den realsozialistischen Ländern des östlichen und südöstlichen Europa verorten. Der forcierte Aufbau eines Sozialismus im geopolitischen Glacis der 1945 siegreichen Sowjetunion wurde nicht zufällig als Ergebnis einer volksdemokratischen

---

25 Dominique Borne, Petits bourgeois en révolte? Le Mouvement Poujade, Paris 1977.

26 James G. Shields, An Enigma Still. Poujadism Fifty Years On, in: French Politics, Culture & Society 22 (2004), H. 1, S. 36–56.

27 Guy Hermet, Les populismes dans le monde, Paris 2001; Thorsten Beigel/Georg Eckert (Hrsg.), Populismus. Varianten von Volksherrschaft in Geschichte und Gegenwart, Münster 2017.

Umwälzung gedeutet, auch wenn außerhalb des Einzugsbereichs von Titos Parti-
sanenarmee die neue Gesellschaft eher auf den Bajonetten der Roten Armee kam.
Die Beseitigung nationalsozialistischer (Fremd-)Herrschaft wurde allerdings als
Überwindung kapitalistischer Eliten durch das Volk gefeiert, und das »Volk« war
zumindest rhetorisch allgegenwärtig – vom volkseigenen Betrieb bis zur Volksar-
mee – so dass es kaum wunder nimmt, dass die schärfste Waffe gegen das Regime
1989 der Ruf »Wir sind das Volk« war: Die Revolutionäre erobern die Macht im
Namen des Volkes von den inzwischen zu korrupten Eliten mutierten früheren
Repräsentanten des Volkswillens. Die Forderung nach Selbstbestimmung über
die Art und Weise der Verflechtung mit dem Rest der Welt qua allgemeiner Reise-
freiheit und Integration in ein erfolgreiches (europäisches bzw. westdeutsches)
Globalisierungsprojekt zeigt allerdings eine Facette der Öffnung, die nicht bei allen Populismen zu beobachten ist.

In den 1990er Jahren tauchte Populismus zeitgleich zum Aufstieg rechtskon-
servativer und rechtsextremer Parteien in Westeuropa[28] in einer neuen Spielart,
nunmehr als Alternative zu liberalen Transformationskonzepten in den postsozialistischen Gesellschaften des östlichen Europa[29], aber auch Zentralasiens auf, und
wieder ging es um eine Mischung aus Ängsten vor dem Schwinden der gerade
errungenen Souveränität und sozialen Sorgen vor einer vertieften ökonomischen
Ungleichheit.

Eine weitere Variante des Populismus (quasi »von oben«) wird anhand des
postsozialistischen Regimes Chinas beobachtet, bei der es auch um den Einsatz
neuer Techniken der Herstellung gesellschaftlichen Zusammenhalts für den Ausbau geopolitischer Machtpositionen geht, aber selbstverständlich auch um die
zunehmenden inneren Spannungen eines Landes, das in besonders dynamischer
Weise von der Einbeziehung in transregionale Wirtschaftskreisläufe profitiert und
verändert wird.[30]

---

28 Frank Decker/Bernd Henningsen/Kjetil Jakobsen (Hrsg.), Rechtspopulismus und Rechtsextremismus in Europa, Baden-Baden 2015.

29 Roger Eatwell/ Matthew Goodwin, National Populism. The Revolt Against Liberal Democracy, London 2018; Zsolt Enyedi, Paternalist Populism and Illiberal Elitism in Central Europe,
Journal of Political Ideologies 21 (2016), H. 1, S. 9–25.

30 Man könnte argumentieren, dass der Fall Russland typologisch zwischen dem Transformations-
populismus des östlichen Europa und dem Großmachtpopulismus Chinas anzusiedeln ist, allerdings ist gerade hierfür der Forschungsbedarf noch erheblich.

4. Populismus ohne gesellschaftlichen Zusammenhalt? Südafrika

In den ehemaligen Siedlergesellschaften des südlichen Afrikas (Namibia, Südafrika und Zimbabwe) haben »linke« wie »rechte« populistische Diskurse in den letzten ca. zehn Jahren stark zugenommen und an Zuspruch gewonnen. Man kann sie in gewisser Weise den Transformationspopulismen zurechnen, die auf die Situation nach 1989 reagieren, allerdings geht es hier eben nicht um den Übergang zu einer abhängigen kapitalistischen Entwicklung nach dem Zusammenbruch des real existierenden Sozialismus, sondern um die Situation nach dem Ende der Stellvertreterkonflikte im globalen Kalten Krieg[31] und insbesondere um das Ende der Apartheid.[32] In diesen Staaten konstruieren linke und rechte Spielarten politischer Populismen indessen keine imaginierten Volksgemeinschaften oder Nationen (nach dem von Anderson vorgeschlagenen Muster).[33] Im Gegensatz zu weiten Teilen des heutigen Europas[34] zielt der rezente Populismus im südlichen Afrika in klarer Abgrenzung vielmehr auf die Konstruktion bzw. Reifizierung von »Rassen« und »Klassen«. Dieser Trend scheint sich teilweise im Einklang mit eher generellen Entwicklungen auf dem afrikanischen Kontinent zu befinden, in denen nach der Re-Demokratisierung zahlreicher Staaten zu Beginn der 1990er Jahre Varianten eines Ethnopopulismus entstanden sind, in deren Zentrum jeweils unterschiedlich imaginierte »Ethnien« und »Volksgruppen« stehen.[35] Dieser Zusammenhang bedarf indes noch einer genaueren empirischen Prüfung.

Konzentrieren wir uns für einen Moment auf Südafrika. Historisch sind in der akademischen Diskussion zu Südafrika unterschiedliche Verständnisse von Populismus evoziert worden. Entsprechende Debatten hatten mit Blick auf eine bevorstehende Machtübernahme des African National Congress (ANC) ursprünglich die mögliche Ausbildung einer »Rentenökonomie«[36] bzw. eines »makroökonomi-

---

31 Chris Saunders, External Influences on Southern African transformations: »1989« in perspective, in: Comparativ 29 (2019), H. 5, S. 62–73.

32 Siehe, unter vielen anderen, Allister Sparks, Beyond the Miracle. Inside the New South Africa, Johannesburg/Cape Town 2003.

33 Benedict R. Anderson, Imagined communities. Reflections on the origin and spread of nationalism, London/New York 1991.

34 Margaret Canovan, Populism, London 1981; und Ernesto Laclau, On Populist Reason, London 2005.

35 Vgl. Nic Cheeseman/Miles Larmer, Ethnopopulism in Africa: Opposition Mobilization in Diverse and Unequal Societies, in: Democratization 22 (2015) H. 1, S. 22–50; Danielle Resnick, Varieties of African Populism in Comparative Perspective, in: Cristóbal de la Torre (Hrsg.) The Promise and Perils of Populism, Lexington 2015, S. 317–348; und dies., Populism in Africa, in: Cristóbal Rovira Kaltwasser et al. (Hrsg.) The Oxford Handbook of Populism, Oxford 2017, S. 101–119.

36 Christopher Lingle, Populism and Rent-seeking in post-Apartheid South Africa, in: Politikon 16 (1989), H. 2, S. 5–21.

schen Populismus« zugunsten der afrikanischen Bevölkerungsmehrheit zum Gegenstand.[37] Dies hat sich 2009 mit der Wahl von Jacob G. Zuma in das Amt des
ANC-Präsidenten und danach der Übernahme auch der Regierungsgeschäfte als
Präsident des Landes geändert.[38] Seither wird im Zuge eines »linken« Populismus
eine Abgrenzung zwischen »Afrikanern« und »Europäern« vorgenommen – zwischen dem »armen [afrikanischen] Volk« und dem »weißen Monopolkapitalis-
mus«. Dies ist vor dem Hintergrund von teilweise mehr als 350 Jahren Kolonialismus und Apartheid zu sehen, dessen Folgen auch 26 Jahre nach dem Ende der
Apartheid in Südafrika die gesellschaftlichen Bruchlinien definieren. Davon unterschieden werden muss ein »rechter« Populismus, wie ihn eine zahlenmäßig sehr
kleine Gruppe von burischen Apartheid-Befürwortern propagiert. Auch hier steht
die Konstruktion einer völkisch definierten Gruppe im Zentrum, die auf dem
Recht einer getrennten Entwicklung beharrt.[39]

Bis zur Ablösung von Zuma als Partei- und Staatspräsident im Dezember
2017 bzw. Februar 2018 wurde aggressiv gegen einen *white monopoly capitalism*
Stimmung gemacht, der angeblich die Landfrage untergraben, die soziale Transformation des Landes aufhalten und zum Nachteil der afrikanischen Bevölkerungsmehrheit seine ökonomische Dominanz erhalten wolle (die begleitende
Kampagne in den sozialen Medien wurde 2016–2017 von der in London ansässi-
gen Spin-Doktor-Firma Bell Pottinger gestaltet, die nach der Aufdeckung dieser
Verwicklung in den Konkurs ging).[40] Ein zentraler Gegenstand des »linken« Populismus in Südafrika ist die »Landfrage« – also die politische Debatte über den
kolonialen Landraub und dessen Diskussion nach dem Ende des Kolonialismus
bzw. der Apartheid. Zugespitzt geht es dabei um die Frage, ob dieses Problem

---

37 Philip J. Mohr 1994, Can South Africa Avoid Macroeconomic Populism?, in: Development
  Southern Africa 11 (1994), H. 1, S. 1–32. Im Übergang von der Apartheid zum demokratischen
  System wurde auch die Rolle der traditionalen Chiefs unter diesem Stichwort diskutiert. Siehe
  Tshidiso Maloka, Populism and the Politics of Chieftaincy and Nation-building in the New
  South Africa, in: Journal of Contemporary African Studies 14 (1996), H. 2, S. 173–196.
38 Vgl. die frühen Beobachtungen zur Entstehung des mit dem Namen Zuma verbundenen Populismus bei Ralph Mathegka, The ANC ›leadership crisis‹ and the Age of Populism in Post-
  Apartheid South Africa, in: Joelien Pretorius (Hrsg.), African Politics: Beyond the Third Wave
  of Democratisation, Cape Town 2008, S. 131–149; und Ari Sitas, The Road to Polokwane? Politics and Populism in KwaZulu-Natal, in: Transformation: Critical Perspectives on Southern
  Africa 68 (2008), S. 87–98.
39 Vgl. Yves Vanderhaeghen, Afrikaner Identity: Dysfunction and Grief, Pietermaritzburg 2018;
  und Cornel Verwey/Michael Quayle, Whiteness, Racism, and Afrikaner Identity in Post-
  Apartheid South Africa, in: African Affairs 111 (20120), H. 445, S. 551–575.
40 Andrew Cave, »Deal that Undid Bell Pottinger: Inside Story of the South Africa Scandal«,
  The Guardian, 5 September 2017; and Rebecca Davis, »A Year After Bell Pottinger's Demise,
  its Toxic Legacy Lives On«, Daily Maverick, 11 September 2018, https://www.dailymaverick.
  co.za/article/2018–09–11-a-year-after-bell-pottingers-demise-its-toxic-legacy-lives-on/ (Zugriff
  20. August 2020).

durch Restitution und den Ankauf von Land zu Marktpreisen zur nachfolgenden Umverteilung sowie unter Zustimmung der Eigentümer oder aber durch Enteignung zu staatlich festgelegten Preisen gelöst werden soll.[41]

Diese Debatte hatte zwei strategische Funktionen: Erstens wollte die Regierung Zuma von ihrer korrupten Aneignung des Staates und der Ausplünderung von Staatsbetrieben durch mafiöse Seilschaften (*state capture*)[42] ablenken, und zweitens wollte sie der durchaus populären ANC-Absplitterung Economic Freedom Front (EFF) Paroli bieten, die ihrerseits die Regierung durch Slogans aus dem Befreiungskampf – wie »Kill the Boer!« – und überspitzte Enteignungsforderungen in der Landfrage vor sich hertrieb. In der akademischen Debatte sind diese Exzesse in ein Narrativ von »Befreiungsbewegungen an der Macht« eingebettet worden, die im gesamten südlichen Afrika spezifische Formen einer politischen Kultur ausgeprägt hätten.[43]

In Südafrika lebende Afrikaner und Chinesen sind als erste zum Kollateralschaden der konkurrierenden und exkludierenden Populismen[44] geworden. Seit Mitte der 2000er Jahre sind wiederkehrende Wellen xenophober Gewalt gegen afrikanische Migrant:innen aus den Nachbarstaaten Mozambique und Zimbabwe, aber auch aus anderen afrikanischen Ländern (Demokratische Republik Kongo, Somalia, Nigeria u. a.) zu beobachten.[45] Zunehmend fallen auch Arbeitsmigrant:innen aus China diesem Populismus zum Opfer. Aktuell wird unter Präsident M. Cyril Ramaphosa, der Zuma 2018 abgelöst hat, diskutiert, wie der aggressive Populis-

---

41 Zu Afrika vgl. Catherine Boone, Electoral Populism where Property Rights are Weak: Land Politics in Contemporary sub-Saharan Africa, in: Comparative Politics 41 (2009), H. 2, S. 183–201; zum südlichen Afrika allgemein siehe Chris Alden/Ward Anseeuw, Land, Liberation and Compromise in Southern Africa, Houndmills/Basingstoke 2009; zu Südafrika Cherryl Walker, The Land Question in South Africa: 1913 and Beyond, in: Thomas Spear (Hrsg.), Oxford Research Encyclopedia of African History. Africa Online Publication, March 2017; und zu Zimbabwe Sam Moyo, Land Concentration and Accumulation after Redistributive Reform in Postsettler Zimbabwe, in: Review of African Political Economy 38 (2011), H. 128, S. 257–276.

42 Public Protector, State of Capture. Report on an investigation into alleged improper and unethical conduct by the President and other state functionaries relating to alleged improper relationship and involvement of the Gupta family in the removal and appointment of Ministers and Directors of State-Owned Enterprises resulting in improper and possibly corrupt award of state contracts and benefits to the Gupta family's businesses, Pretoria 2016.

43 Vgl. Henning Melber (Hrsg.), Limits to Liberation in Southern Africa. The Unfinished Business of Democratic Consolidation, Cape Town 2003; und Roger Southall, Liberation Movements in Power: Party & State in Southern Africa, Woodbridge 2013.

44 Vgl. Cas Mudde/Cristóbal Rovira Kaltwasser, Populism. A Very Short Introduction, Oxford, New York 2017.

45 Vgl. David Mario Matsinhe, Africa's Fear of Itself: The Ideology of Makwerekwere in South Africa, in: Third World Quarterly 32 (2011), H. 2, S. 295–313; und Jonny Steinberg, Xenophobia and Collective Violence in South Africa: A Note of Skepticism about the Scapegoat, in: African Studies Review 61 (2018), H. 3, S. 119–134.

mus der Zuma-Jahre durch ein inklusives Projekt des *nation-building* und eines afrikanischen Nationalismus ersetzt werden kann.

Anders als in Namibia und Zimbabwe sind die gesellschaftlichen Verwerfungen in Südafrika in der Vergangenheit trotz zehn Jahren Zuma-Regierung allerdings auch sehr ausführlich thematisiert worden. In Südafrika hat sich unter den Regierungen von Nelson R. Mandela (1994–1999) bzw. Thabo M. Mbeki (1999–2008) eine intensive gesellschaftliche Auseinandersetzung um den Begriff des »gesellschaftlichen Zusammenhalts« entwickelt. Unter dem Stichwort der *social cohesion* ging es seit Beginn der demokratischen Transition 1994 dabei in einem vom Präsidialamt moderierten Prozess in erster Linie darum, Leitlinien für soziale Gerechtigkeit auszuhandeln und die Parameter einer »angemessenen« Sozialpolitik zu bestimmen.[46]

Wie die wenigen Beispiele vielleicht schon zeigen, ist es zwar naheliegend und durchaus auch gewinnbringend, die Performanz populistischer Bewegungen und Regimes zu vergleichen und dabei Phänomene wie Fremdenfeindlichkeit und Antisemitismus ebenso wie die rhetorisch geschickte Nutzung der Opposition von »einfachen Leuten« und »Establishment« hervorzuheben. Der daraus resultierende Eindruck überzeitlicher Ähnlichkeiten verdient jedoch Konfrontation mit einem historisierenden Zugriff, der Populismus (ebenso wie die Sorge um den Gesellschaftlichen Zusammenhalt) als Reaktion auf je neue Stufen der (ungleichzeitigen und ungleichmäßigen, konfliktreichen und Ungleichheit verstärkenden) Unterordnung unter die *global condition* deutet.[47]

5. Schlussbemerkung

Sowohl das Konzept des gesellschaftlichen Zusammenhalts als auch das des Populismus haben eine vielfältige Geschichte, die mindestens bis ins späte 18. Jahrhundert zurückreicht und die nicht verwechselt werden sollte mit der aktuellen Verwendung der Begriffe. Aus unserem, hier aus Platzgründen notwendigerweise kursorischen Überblick lässt sich erkennen, dass die Debatten um gesellschaftlichen Zusammenhalt und eine mögliche populistische Reaktion auf dessen Er-

---

46 Vgl. Caryn Abrahams, Twenty Years of Social Cohesion and Nation-Building in South Africa, in: Journal of Southern African Studies 42 (2016), H. 1, S. 95–107; und Christopher Balantine et al. (Hrsg.), Living Together, Living Apart? Social Cohesion in a Future South Africa, Scottsville 2017.

47 Charles Bright/Michael Geyer, Benchmarks of Globalization. The Global Condition 1850–2010, in: Douglas Northrop (Hrsg.), A Companion to World History, Malden u. a. 2012, S. 285–302.

schütterung insbesondere dann intensiviert werden und zur Ausprägung neuer Varianten führen, wenn historischer Wandel einer beschleunigten Herausforderung durch globale Prozesse unterliegt. Diese globalen Prozesse sind selbstverständlich nicht immer die gleichen, aber sie haben doch gemeinsam, dass sie als Zumutung für die Stabilität der gesellschaftsinternen Arrangements von Gerechtigkeit und Partizipation wahrgenommen werden und im Extremfall zu »Souveränitätspaniken« führen.

Solche hoch-emotionalisierten Phasen der Auseinandersetzung mit der globalen Verflochtenheit der eigenen Gesellschaft – sei diese ökonomisch oder politisch motiviert, sei sie durch verstärkte Migrationsbewegungen oder durch die wahrgenommene Kopräsenz von unterschiedlichen religiösen oder kulturellen Orientierungen ausgelöst – werden als Gelegenheit zur Neuaushandlung von Arrangements der politischen Repräsentation und ihrer Legitimation, aber auch als Chance zur sozialökonomischen Umverteilung begriffen. Bis dahin weithin akzeptiertes Elitenhandeln wird in Frage gestellt und einzelne Fraktionen der politischen Eliten nutzen die Möglichkeit, unter Verweis auf populäre Forderungen (oder deren »Erfindung«) ihre Macht abzusichern oder neu zu begründen. Dabei stellen sie im Unterschied zu rechtsextremen oder offen faschistischen Bewegungen parlamentarische Demokratie nicht grundsätzlich in Frage, sondern versuchen mit Hilfe von Wahlen an die Macht zu gelangen oder diese zu bewahren. Indem populistische Bewegungen zwar auf Widersprüche des Liberalismus hinweisen und aus diesem (oft offen polemisch vorgetragenen) Hinweis massive Wählerunterstützung gewinnen, aber letztlich die Grundlagen liberaler Demokratie nicht vollständig in Frage stellen, halten sie – innenpolitisch – eine Tür zur Reintegration in das bestehende System der Parteiendemokratie und – international – in den regelbasierten Multilateralimus offen. Das bedeutet nicht, dass eine Radikalisierung unter dem Druck rechtsextremer, offen rassistischer Strömungen ausgeschlossen ist. Es ist auch nicht ausgeschlossen, das populistische Bewegungen sich bis zu dem Punkt radikalisieren, dass sie sich einer offen rechtsextremen Führung unterordnen.

Die rezenten Formen von Populismus in den ehemaligen Siedlerkolonien des südlichen Afrikas stehen vor diesem Hintergrund in einem empirischen Kontrast zu den in Deutschland (und weiten Teilen Europas) durch das Forschungsinstitut Gesellschaftlicher Zusammenhalt (FGZ) untersuchten Populismen. Im einen Fall geht es um die Abwehr ethnischer Spaltungen mit ihren auch xenophoben Erscheinungsformen mit den Instrumenten eines demokratischen *nation-building*, im anderen Fall um den Einsatz von Nationalismus und Rassismus zur Vertiefung der Polarisierung in scheinbar festgefügten Nationen gegen deren befürchtete Multikulturalisierung (oder sogar »Überfremdung«).[48] Dies wirft eine Reihe

---

48 Christoph Titz, Populismus in Europa: Was die neuen Rechten in Europa stark macht. Frankreich, Deutschland, Österreich, die Niederlande – der Zulauf zu Europas neuen Rechten ist

konzeptioneller Fragen auf, die für die weitere Debatte im FGZ sehr produktiv gewendet werden können: Wer ist das konstruierte »Volk«, das durch populistische Diskurse angesprochen wird, und wie verhält sich dieses »Volk« zur Gesamtheit der in einem Lande lebenden Menschen? Es liegt nahe, ein breites Spektrum unterschiedlicher Varianten von Populismus anzunehmen und das Sprechen über »den« Populismus kritisch zu hinterfragen. Dabei drängen historische Pfadabhängigkeiten besonders in den Mittelpunkt der Aufmerksamkeit, denn in allen Varianten, in denen sich Populismus beobachten lässt, gibt es einen Bezug auf Enttäuschung über vorangegangene Entwicklungen ebenso wie eine Frustration über fehlenden Schutz gegen die Folgen transnationaler und transregionaler Verflechtung – seien sie ökonomischer, sozialer oder kultureller Natur. Schließlich lassen sich vielfältige Übereinstimmungen in den populistischen Repertoires erkennen, mit denen, wie wir betont haben, auf durchaus unterschiedliche Konstellationen reagiert wird. Diese Ähnlichkeiten lassen sich diachron auf ein wachsenden Bewusstsein der historischen Verankerung in vielfach erprobten Mustern der Kritik an den enttäuschten Versprechen liberaler Demokratie zurückführen, aber auch auf simultane Lernprozesse zwischen den zeitgleich agierenden Populismen. Erst in der detaillierten Analyse populistischer Bewegungen und Regimes lässt sich ermitteln, welche Variante wann und wo überwiegt.

---

ungebrochen. Eine Studie aus 28 Ländern zeigt: Der Erfolg der Populisten speist sich vor allem aus der Angst vor Globalisierung. In: Spiegel online, 30.11.2016. http://www.spiegel.de/politik/deutschland/neue-rechte-in-europa-globalisierungsangst-macht-populisten-stark-a-1123655.html (Zugriff 23. August 2020).

Gesellschaftlicher Zusammenhalt und Populismus in China

Elisabeth Kaske

Am Morgen des 19. Mai 2020 zitierte der Guardian den Herausgeber des chinesischen Auslandsblatts *Global Times*, Hu Xijin, mit einer Twitter Bemerkung:

President Trump is leading the US's struggle against pandemic with witchcraft, and as a result, more than 90,000 people have died. *If it were in China, the White House would have been burned down by angry people.*[1]

Um 11 Uhr desselben Tages war die Bemerkung bereits aus dem Twitter Account von @HuXijin_GT gelöscht.[2]

Wie alle Medien in der VR China ist auch die *Global Times* staatlich und unterliegt der Kontrolle der Propagandaabteilung der Kommunistischen Partei Chinas, auch wenn dessen englische Amtsbezeichnung seit 2007 zum harmlos klingenden »Publicity Department« geändert wurde (auf Chinesisch bleibt es jedoch »xuanchuan bu«, da »xuanchuan«, Propaganda, dort nicht dieselbe negative Konnotation besitzt wie in den europäischen Sprachen). Der Mediensektor bleibt weiterhin strikt abgeschirmt von der Öffnung für ausländische Informationen oder auch nur chinesische Privatmedien. Ausländische soziale Medien wie Twitter und Facebook, ebenso Internet-Suchmaschinen wie Google, sind in China nicht zugänglich, auch wenn chinesische Diplomaten und wohl auch Agenten sie benutzen, um chinesische Auslandspropaganda zu verbreiten. Hu Xijins unvorsichtige und offenbar rasch zensierte Bemerkung wirft jedoch die Frage auf, ob es unter den Bedingungen umfassender autoritärer Medienkontrolle in China Populismus geben kann. Hört der Staat auf das Volk, obwohl es keine Demokratie gibt?

Während Europa und die USA in ihren Krisendiskursen Populismus als Gefahr für den sozialen Zusammenhalt problematisieren, konstatieren die Autoren der Bertelsmann-Studie »What holds Asian Societies together?« die Abwesenheit

---

1 Guardian staff and agencies. »Nancy Pelosi Fears for ›Morbidly Obese‹ Trump after Hydroxychloroquine Admission.« The Guardian, May 19, 2020, sec. US news. https://www.theguardian.com/us-news/2020/may/19/nancy-pelosi-fears-for-morbidly-obese-trump-after-hydroxychloroquine-admission (Hervorhebung Elisabeth Kaske, Zugriff 13. Oktober 2020).

2 pic.twitter.com/QMs75Ix4DQ. Für Hu Xijins Account siehe: https://twitter.com/HuXijin_GT?ref_src=twsrc%5Egoogle%7Ctwcamp%5Eserp%7Ctwgr%5Eauthor (Zugriff 19. Mai 2020).

eines solchen Diskurses in »Asien«.[3] In ihren Ausführungen zu China greifen sie als Erklärungsmodell auf die konfuzianischen Klassiker (6. bis 4. Jahrhundert v. u. Z.) zurück, vor allem den Begriff der »Harmonie«, stellen aber auch fest, dass »after controlling for a country's level of economic development, social cohesion is related to restrictions on citizen's political rights.«[4] In anderen Worten, nicht-demokratische Regime haben einen größeren gesellschaftlichen Zusammenhalt, da sie über Mechanismen verfügen, »to instill trust in the government, cultivate belonging to the country, and nurture a sense of we-ness among the citizen.«[5]

Tatsächlich sind die Autoren mit ihrem Hinweis auf Konfuzius unreflektiert über einen aktuellen Krisendiskurs gestolpert, da nämlich die »harmonische Gesellschaft« erst unter Hu Jintaos Parteivorsitz (2002–2012) zur Staatsdevise erhoben worden war. Wie die Trendlinie einer Titelsuche in der weltweit größten akademischen Datenbank CNKI (China National Knowledge Infrastructure) zeigt, war der Begriff 2004 brandneu (bei allem Respekt gegenüber Konfuzius). Die Kookkurrenz mit Begriffen wie »soziale Gerechtigkeit«, »marginalisierte Gruppen«, »wissenschaftsgeleitete Entwicklung«, oder »Rechtsstaatlichkeit« zeigt, dass mit dem »Aufbau« der »harmonischen Gesellschaft« auf ein Krisengefühl gegenüber der gegenwärtigen Entwicklung Chinas reagiert werden sollte. Die Trendlinie zeigt auch, dass der Begriff, der im Übrigen in China oft mit Spott überzogen wurde,[6] zum Zeitpunkt der Veröffentlichung der Bertelsmann-Studie bereits veraltet war. In der hochgradig regulierten und manipulierten Sprache in China haben Politslogans nur eine begrenzte Haltbarkeitsdauer.

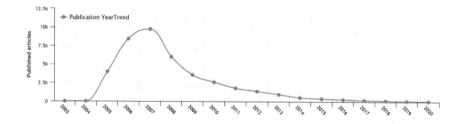

Abbildung 1: Verteilung des Begriffs »harmonische Gesellschaft« (hexie shehui) (Quelle: CNKI)

---

3 Bertelsmann Stiftung (Hrsg.), What Holds Asian Societies Together?: Insights from the Social Cohesion Radar, Gütersloh 2017, S. 149.

4 Ebd., S. 155.

5 Ebd., S. 157.

6 Xuan Wang/Kasper Juffermans/Caixia Du, Harmony as Language Policy in China: An Internet Perspective, in: Language Policy 15 (2016), H. 3, S. 299–321.

Konfuzianische Harmonie dient im heutigen China vor allem insofern dem gesellschaftlichen Zusammenhalt, als die hierarchisch-familiären Moralvorstellungen des
Konfuzianismus die Jugend davon abbringen, gegen ihre Eltern aufzubegehren, was
sie bei Eltern und Parteikadern gleichermaßen populär macht. Als Xi Jinping 2012
den Parteivorsitz übernommen hat, ersetzte er jedoch geschwind die »harmonische
Gesellschaft« durch den »chinesischen Traum«, für den sich nur schwerlich Vorbilder in der chinesischen Vergangenheit finden lassen. Dazu weiter unten.

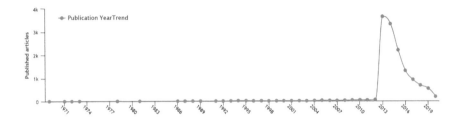

Abbildung 2: Verteilung des Begriffs »chinesischer Traum« (Zhongguo Meng) (Quelle: CNKI)

Wesentlicher ist, dass Xi einerseits ein »neues Zeitalter« (xin shidai) verkündet hat,
gleichzeitig jedoch sowohl in Sprache und Methoden auf maoistische Vorbilder zurückgreift. Hu Jintao verkündete die harmonische Gesellschaft als Ziel seiner wissenschaftlichen Entwicklungspolitik »auf der Basis des Menschen« (yi ren wei ben).
Xi Jinping's politische Ideologie des »Sozialismus chinesischer Prägung im neuen
Zeitalter« hingegen setzt auf »das Volk als Kern« (yi renmin wei zhongxin). Das Volk
(renmin) ist nicht souverän gedacht, die Partei wird nicht durch das Volk gewählt.
Und doch hängt die Partei vom Volke ab, oder wie Xi Jinping es in der ihm eigenen
bildlichen Sprache darstellt: »Das Zeitalter gibt die Prüfungsaufgaben vor, die Partei
beantwortet die Prüfungsaufgaben, das Volk verteilt die Noten.«[7] Oberstes Ziel der
Parteiarbeit ist es, dieses Volk zu Wohlstand zu führen. Die wichtigste Methode des
Umgangs mit dem Volk ist die sogenannte »Massenlinie« (qunzhong luxian), die
Verschmelzung der Partei mit den Massen (»eine Verbindung von Blut und Fleisch«,
xuerou lianxi). Die Partei rekrutiert sich aus den Massen, lenkt die Massen propa-
gandistisch, organisiert die Massen und ist auf die Massen angewiesen. Die größte
Gefahr für die Partei sei, dass sie sich von den Volksmassen entfernen und ihre Un-

---

7 Zhongyang Xuanchuan Bu 中央宣传部. »San, Jianchi yi renmin wei zhongxin: guanxu xin shidai jianchi yu fazhan Zhongguo tese shehui zhuyi de genben lichang三、坚持以人民为中心：
关于新时代坚持和发展中国特色社会主义的根本立场.« Xi Jinping xin shidai Zhongguo
tese shehui zhuyi sixiang xuexi gangyao 习近平新时代中国特色社会主义思想学习纲要,
2019. http://chuxin.people.cn/n1/2019/0725/c428144–31254617.html (Zugriff 19. Mai 2020).

terstützung verlieren könnte.[8] Ein Großteil der Publikationen, die die »Massenlinie« im Titel führen, kommt aus dem Netzwerk der Parteischulen, in denen Partei- und Regierungskader regelmäßig geschult werden. Auch nach dem Abebben der Veröffentlichungen seit der Wiedereinführung des Begriffes erscheinen jährlich noch vierzig bis einhundert solcher Artikel, was zeigt, dass der Slogan noch aktuell ist.

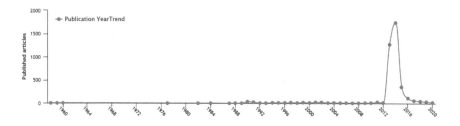

Abbildung 3: Verteilung des Begriffs »Massenlinie der Partei« (dang de qunzhong luxian) (Quelle: CNKI)

Sowohl inhaltlich als auch sprachlich lehnt sich Xi Jinpings Massenlinie an die Ära Mao Zedongs an. Wie auch im Populismus wird die Gesellschaft als bestehend aus zwei antagonistischen Gruppen – dem Volk und den Feinden des Volkes – vorgestellt. Die Volksfeinde können dabei durchaus Gruppierungen innerhalb der Elite sein.[9] Dass eine solche Massenlinie auch in der Praxis zu populistischer Politik führt, zeigt die Anti-Korruptionskampagne, die Xi Jinping gleich zu Beginn seiner Regierung zum Kern seiner Politik machte und die in etwas gedämpfter Form immer noch weitergeht. Eine einfache Diskursanalyse der Zusammenfassung einer Rede Xi Jinpings aus dem Jahre 2014 zeigt, dass Xi die Anti-Korruptionskampagne als Mittel konstruiert, um die Unterstützung des Volkes zu gewinnen, damit die Partei die Kontrolle über die Staatsorgane wiedergewinnen konnte. Vermeintlich korrupte Beamte werden als innerer Feind – »Tiger und Fliegen« – diffamiert.[10] Die Kampagne war und ist durchaus beliebt, auch wenn oder gerade weil sie von Kritikern als Machtkampf abgetan wird.[11]

---

8 Ebd.

9 Yaoyao Dai/ Zijie Shao, Populism and Authoritarian Survival in China: Conceptualization and Measurement, in: Newsletter of the Comparative Politics Organized Section of the American Political Science Association 26 (2016), S. 31–40.

10 Renmin Ribao She Pinglun Bu 人民日报社评论部. Shiba da yilai fanfu xin changtai lun 十八大以来反腐新常态论. Beijing北京: Renmin chubanshe 人民出版社, 2014, S. 2–7.

11 Carolin Kautz, Power Struggle or Strengthening the Party: Perspectives on Xi Jinping's Anticorruption Campaign, in: Journal of Chinese Political Science 25 (2020), H. 3, S. 501–11.

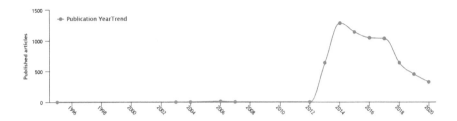

Abbildung 4: Verteilung des Satzes »die Tiger gemeinsam mit den Fliegen jagen« (laohu cangying yiqi da)[12]

Auch wenn der Diskurs um Populismus und gesellschaftlichen Zusammenhalt also eurozentrisch ist, darf doch die Suche nach Parallelen nicht in der Übersetzung verloren gehen. Fragt man nur nach der Wortbedeutung »Populismus« und deren chinesischer Übersetzung (mincui zhuyi), so findet man in der Tat kaum einen öffentlichen Diskurs. Der Begriff wird hauptsächlich als Bezeichnung der historischen politischen Bewegung in Europa und den USA sowie für einen neuen Trend in der europäischen und amerikanischen Politik verwendet, den China vorsichtig beobachtet, um ein Überschwappen zu verhindern.[13] Dass diese Befürchtung gerechtfertigt ist, zeigt eine Untersuchung von Ying Miao, die starke populistische Tendenzen in den politischen Debatten im chinesischen Internet konstatiert. Die Gefahr, die Miao beschreibt, besteht in der Entstehung einer Gegenkultur im Internet, welche »wir das Volk« als Gegenpol zu einer vermeintlich gefühllosen Elite konstruiert.[14] Während die Partei solchen Narrativen mit einer gebetsmühlenartigen Betonung ihrer großen Leistungen bei der Verbesserung der Lebensumstände der Bevölkerung entgegensteuern kann, ist dies mit nationalistischen Narrativen viel schwieriger.[15]

Da Volkssouveränität in der Volksrepublik nicht zur Debatte steht, hat nationale und vor allem territoriale Souveränität gemeinsam mit wirtschaftlichem Fort-

---

12 Quelle: China Academic Journals, www.cnki.net (Zugriff 26. September 2020, via CrossAsia. org). Hier Volltextsuche. In der Kookkurenzanalyse steht der Satz in engem Zusammenhang mit »Xi Jinping«, »Kampf gegen die Korruption« und »zentralisierte, geeinte Führung«.

13 Ouyang Hui 欧阳辉. »Guoji mincui zhuyi xin Dongxiang: Jingti mincui zhuyi yu jiduan minzu zhuyi heliu (Sixiang Zongheng) 国际民粹主义新动向: 警惕民粹主义与极端民族主义合流（思想纵横）.« Renmin Ribao 人民日报, December 18, 2016, Renmin Ribao Tuwen Shujuku 人民日报图文数据库（1946–2020） edition, sec. Guancha 观察.

14 Ying Miao, Can China Be Populist? Grassroot Populist Narratives in the Chinese Cyberspace, in: Contemporary Politics 26 (2020), H. 3, S. 268–87.

15 Ning Cai 宁采. »Aiguo qinggan juefei mincui zhuyi 爱国情感绝非民粹主义.« Renmin Ribao 人民日报, June 6, 2019, Renmin Ribao Tuwen Shujuku (1946–2020) 人民日报图文数据库（1946–2020） edition, sec. Yaowen 要闻.

schritt die Oberhoheit in den offiziellen Legitimationsdiskursen erhalten. Eine chinesische Krisensymptomatik des mangelnden nationalen Zusammenhalts lässt sich bis auf Sun Yat-sens Diktum von China als einer »Schale voll losem Sand« (yi pan san sha) zurückverfolgen. Im Grunde genommen kann man die gesamte Forschungsliteratur zum Nationalismus in China (und nicht nur dort) als eine Geschichte dieser Krise lesen. Wo sich Deutschland in der Nachkriegszeit als eine Nation der Schuld imaginiert hat, schafft China eine Gemeinschaft der Opfer ausländischer Erniedrigung. Dieses Selbstverständnis, welches für die auswärtigen Beziehungen umfangreich beschrieben wurde, ist in Wirklichkeit auch ein wirkmächtiges Instrument der Schaffung von interner Kohäsion.[16] Der »chinesische Traum« einer nationalen Renaissance, die Wahrung der Souveränität Chinas und die friedliche Wiedervereinigung sind die daraus folgenden Grundbestandteile von Xi Jinpings Leitideologie.[17] Die Gefahr besteht darin, dass eine öffentliche Meinung den offiziellen nationalistischen Diskurs beim Wort nehmen und die Regierung unter Druck setzen könnte, schneller Taten folgen zu lassen, um das Fernziel zum Nahziel zu machen.

Tang Wenfang, der »populistischen Autoritarismus« als Grundmerkmal des chinesischen politischen Systems sieht, verneint eine destabilisierende Wirkung des Nationalismusdiskurses. Nationalismus würde sehr erfolgreich von der Partei eingesetzt, um das autoritäre System zu legitimieren, da nationalistische Gefühle Unzufriedenheit mit den eigenen Lebensumständen überspielen könnten.[18] Damit widerspricht der Autor Susan Shirk, die 2007 in erlaubten nationalistischen Protesten ein bloßes Ventil für unzufriedene Gruppen sah.[19] Neuere Studien zeigen allerdings, dass nationalistische Diskurse in Zeiten von Xi Jinpings »chinesischem Traum« und Donald Trumps »MAGA« auch in China dazu führen, dass die eigene ethno-rassische Identität und Überlegenheit gegenüber einem im Niedergang begriffenen Westen sowie a priori unterlegenen nicht-westlichen Ländern und Gruppen behauptet wird.[20] Den Zeitgeist kann auch eine Great Firewall nicht aufhalten.

---

16 Todd H. Hall, Emotional Diplomacy: Official Emotion on the International Stage, Ithaca 2015; William A. Callahan, China: The Pessoptimist Nation, New York/Oxford 2012; Zheng Wang, Never Forget National Humiliation: Historical Memory in Chinese Politics and Foreign Relations, New York 2014.

17 Zhongyang Xuanchuan bu 中央宣传部. »Xi Jinping xin shidai Zhongguo tese shehui zhuyi sixiang xuexi gangyao 习近平新时代中国特色社会主义思想学习纲要.« Renmin Wang 人民网: Lilun 理论. 2019. http://theory.people.com.cn/GB/68294/428935/index.html.

18 Wenfang Tang, Populist Authoritarianism: Chinese Political Culture and Regime Sustainability, New York 2016, S. 42–57.

19 Susan Shirk, China: Fragile Superpower, New York 2007, S. 62.

20 Chenchen Zhang, Right-Wing Populism with Chinese Characteristics? Identity, Otherness and Global Imaginaries in Debating World Politics Online, in: European Journal of International Relations 26 (2020), H. 1, S. 88–115.

Die chinesische Partei und Regierung sind starke Befürworter eines sozialtechnischen Interventionismus. Bisher ist es stets gelungen, durch hohe Investitionen in Medien- und soziale Kontrolle Dissens und Proteste zu unterdrücken. Die diffuse Angst vor Chaos, welche aus der unterdrückten Erinnerung an die Kulturrevolution übriggeblieben ist, sowie der Zusammenbruch des sozialen Vertrauens im Zuge des rapiden sozialen Wandels spielen der Partei dabei in die Hände. In den letzten Jahren konnte die Partei jede Krise – vom Erdbeben in Sichuan und dem Sanlu-Milchpulverskandal 2008 bis zur gegenwärtigen Corona Pandemie – nutzen, um sich als omnipotenter Retter darzustellen und die staatliche Überwachung weiter zu verschärfen, ohne größeren Widerstand bei der Bevölkerung hervorzurufen.[21] Davon zeugen das soziale Kreditsystem und die totale Bewegungsüberwachung seit der Corona-Pandemie, welche manche Auslandschinesen dazu gebracht hat, zurück nach China zu fliehen, weil sie sich dort sicherer fühlen. Allerdings hat sich Xi Jinping mit seinem Vorgehen innerparteiliche Feinde geschaffen, während er sich gegenüber der Bevölkerung einem gewaltigen Erfolgsdruck aussetzt, seine Versprechungen von ständigen Verbesserungen der Lebensbedingungen, Sicherheit und nationaler Größe auch einzuhalten, wie das Zitat von Hu Xijin zeigt. Es ist deshalb nicht ganz auszuschließen, dass sich das Regime eines Tages gezwungen sieht, innenpolitische Spannungen in einen außenpolitischen Konflikt umlenken zu müssen.

---

21 Yunxiang Yan, Food Safety and Social Risk in Contemporary China, in: The Journal of Asian Studies 71, no. 3 (August 2012), S. 705–29.

Gesellschaftlicher Zusammenhalt zwischen Geschichtswissenschaft und Sozialwissenschaft – Ein (Streit-)Gespräch

Gert Pickel, Dirk van Laak, Oliver Decker

Ein Gespräch als kreisende Bewegung mit Blick auf den gesellschaftlichen Zusammenhalt – Einleitung

Zwar hat der Terminus gesellschaftlicher Zusammenhalt erst in jüngerer Zeit an Bekanntheit in öffentlichen und wissenschaftlichen Debatten gewonnen, gleichwohl beschreibt er ein Phänomen, welches weder neu, noch wissenschaftlich unbehandelt ist. Zum einen lassen sich historisch immer wieder vergleichbare Phänomene identifizieren, die nur gelegentlich unter anderen Bezeichnungen Aufmerksamkeit auf sich zogen. Zum anderen blicken unterschiedliche Fachdisziplinen gern aus unterschiedlicher Perspektive und in unterschiedlichem Rhythmus auf vergleichbare Phänomene. Diese Unterschiede können erheblich sein, aber sie sollten das Gespräch nicht unmöglich machen. Wir haben deshalb für den vorliegenden Text die Form einer Diskussion gewählt, die im besten Fall in der nun beginnenden Arbeit des Forschungsinstitutes Gesellschaftlicher Zusammenhalt mit vielen Beteiligten ihren Fortgang nehmen wird. Das Gespräch, welches hier in redigierter, aber originaler Form wiedergegeben wird, fand zwischen drei Mitgliedern des Leipziger Teilinstituts statt, nämlich Dirk van Laak (Geschichtswissenschaft; im Folgenden: DvL), Gert Pickel (Soziologie/Politikwissenschaft; GP) und Oliver Decker (Sozialpsychologie; OD) statt.

Das Gespräch

GP: Lasst uns mit der Frage beginnen, was gesellschaftlicher Zusammenhalt für unsere Fachdisziplinen ist, eigentlich bedeuten könnte. Die Soziologie und Politikwissenschaft sind stark geprägt durch systemtheoretisches Denken, das davon ausgeht, dass Zusammenhalt etwas ist, was eine grundlegende Gemeinsamkeit aller benötigt. Man geht – zurückgreifend auf Talcott Parsons – davon aus, dass jedes Kollektiv Gemeinsamkeiten besitzt, die für seinen Erhalt und Bestand zentral sind. Einfach gesagt, es kann nicht ohne diese gemeinsamen Elemente in irgendeiner Art und Weise existieren. Nun stehen diesen sehr homogenisierenden Sichtweisen allerdings Annahmen gegenüber, die Konflikte in einer Gemeinschaft als notwendig und normal betonen. Das ist zum Beispiel in der politischen Kulturforschung durchaus eingedacht. Hier geht man davon aus, dass jenseits der von allen Bürger:innen geteilten Elemente durchaus Konflikte und Pluralität existieren. In der politischen Kulturforschung, von der ich herkomme, geht man davon aus, dass viele unterschiedliche Vorstellungen, Einstellungen, Verhaltensweisen in einer Gesellschaft vorherrschen, die sich auf unterschiedliche Objekte, ein bestimmtes Kollektiv, politische Institutionen und Strukturen beziehen, die höchst vielfältig sein können und unterschiedliche Ebenen besitzen. Aber jenseits der divergierenden Haltungen zu bestimmten Institutionen und Politiken muss doch eine Art von Zusammenhalt aller Gesellschaftsmitglieder gewährleistet sein. Ansonsten kommt es zum Zerfall und Zusammenbruch des Systems. Es handelt sich also um ein stark systemisch geprägtes Denken. Und wenn wir, pragmatisch, einen Blick auf gegenwärtige politische Systeme werfen, wäre z. B. die Verfassung das institutionalisierte Element, welches eine Art Grundlage für den Zusammenhalt in der deutschen Gesellschaft bietet. Oberhalb einer generellen Zustimmung zu ihr, die man erwartet, ist viel Freiraum an unterschiedlichen und kontroversen Positionen, der dann durchaus durch Personen und Personengruppen, auch kontrovers, genutzt werden kann. Dieses grundlegende gemeinschaftliche Verständnis, also zum Beispiel auch, dass man das Kollektiv an sich anerkennt, oder dass man die Grundwerte eines bestimmten Kollektivs anerkennt, sind für eine Demokratie – da wären dies demokratische Werte – Kernvoraussetzung. Wenn es Konflikte und Disparität gibt, die diesen Bereich betreffen, dann ist (dem Ansatz nach) davon ausgehen, dass in der Tat das System oder die Gesellschaft auseinanderfällt. Es besitzt ja keine Grundlage für einen Zusammenhalt mehr. Oberhalb dessen kann man sich durchaus über Personen, über einzelne Werte, Überlegungen, Ausfüllungen dieser Demokratie streiten. Aber die politische Kulturforschung und Politikwissenschaft geht grundsätzlich davon aus, dass es eben eine solche von allen geteilte Gemeinschaftsebene gibt.

DvL: Man muss zunächst mal aus der Warte der Geschichtswissenschaft selbstkritisch sagen, dass die Disziplin ja aus einer aktiven Konstruktion von Zusammenhalt heraus erwachsen ist. Im 19. Jahrhundert war sie eine Begleitdisziplin zur Nationalisierung. Sie ging davon aus, dass Gemeinschaften eben vor allem eine Geschichte miteinander teilen, dass sie der konstituierende Faktor ist, den man dann in sehr unterschiedliche Weisen aufgeladen hat, etwa durch scheinbare Selbstverständlichkeiten wie eine gemeinsame Sprache, Kultur, Tradition, aber eben auch gemeinsam erlebte Bedrohungen von außen sowie gemeinsame Wegmarken der Geschichte. Um einen weiten Sprung in die Gegenwart zu machen: Geschichtswissenschaft heute funktioniert eigentlich gerade umgekehrt. Sie ist mit Konstruktionen der Vergemeinschaftung beschäftigt, die in der Regel kritisch hinterfragt und reflektiert werden. Dabei ist alles Mögliche unter Verdacht gestellt worden, konstruiert zu sein und problematische Folgen gehabt zu haben. Der Nationalismus ist inzwischen umfassend auf seine dunklen Seiten hin untersucht worden, auf seine Ausgrenzungsmechanismen natürlich, auf die hurrapatriotischen oder chauvinistischen Tendenzen, auf alle Formen nationaler Übersteigerung oder auf Phänomene wie die Vorstellung einer rassischen Überlegenheit. Dabei geht es um Identitätskonstruktionen, die scheinbar selbstverständlich sind, die man nicht weiter zu begründen braucht, die man aber zur Legitimation für politisches Handeln heranzieht. Und ja, das ist im Grunde nicht ganz ausbalanciert mit Reflexionen darüber, was denn Gemeinschaften tatsächlich zusammenhält. Ich würde sagen, das überlässt man eher Soziolog:innen oder anderen Wissenschaften. Stattdessen ist man als Historiker:in heute sehr sensibel dafür, was alle bisherigen Angebote, mit denen Gemeinschaften definiert wurden, historisch an *unintended side effects* und an Ausgrenzungen schon ausgeprägt haben. Als Wald- und Wiesenhistoriker:in würde man sich jederzeit so etwas Wünschbarem wie dem »Verfassungspatriotismus« oder natürlich auch einer Grundwerteorientierung anschließen und das auch historisch mit herleiten können. Aber das ist gegenwärtig nicht mehr das primäre Bestreben der Historiker:innen.

OD: Vielleicht kann ich hier anknüpfen an dem Begriff der Identität. Der hat in der Psychologie und insbesondere in der Sozialpsychologie nochmal ein anderes Gepräge, und vielleicht darf ich mich bei der Gelegenheit auch gleich selbst korrigieren, denn man müsste eigentlich von *den* Sozialpsychologien im Plural sprechen. Im Grunde genommen ist die Psychologie immer noch eine Protowissenschaft, weil sie sich immer noch nicht drauf hat einigen können, was ihr gemeinsames Paradigma ist. Ich verstehe das allerdings weniger als Schwäche denn als Ausdruck auch der Widersprüchlichkeit des Gegenstands der Psychologie: des vergesellschafteten Individuums und – im Falle der Sozialpsychologie – des Antagonismus in der Gesellschaft. So kann es nicht überraschen, dass es in der Psychologie unterschiedliche Ansätze gibt. Eins ist ihnen aber gemeinsam: Sozialpsychologien betrachten zunächst Gruppen, und Gruppen konstituieren sich, auch das kann man als ein übergreifendes Verständnis bezeichnen, durch Identifikationsprozesse. Diese Identifikationsprozesse folgen einem Bedürfnis, auch hier sind sich viele dieser sozialpsychologischen Theorien einig, ob man jetzt sozialkognitive oder auch psychoanalytische Ansätze nimmt. Gruppenbildung vollzieht sich bedürfnisgetrieben, in der Sozialen Identitätstheorie liegt ein Bedürfnis nach positiver Selbstkategorisierung zugrunde, welches durch die Zugehörigkeit zu einer positiv bewerteten Gruppe befriedigt werden kann. Das kann dann auch noch durch weitere Wünsche ergänzt werden, etwa jene, welche die Terror Management Theorie beschreibt, also die Wahrnehmung einer Bedrohung der eigenen Kultur in ihrer Funktion als säkulare Transzendenzbewältigung. Eine Bedrohungswahrnehmung führt zu einer Verstärkung des Zusammenhalts der in-group und gleichzeitig eben auch zu einer massiven Abwertung anderer. In der Psychoanalyse als einer Psychologie des Unbewussten sind es unbewusste Bedürfnisse, die befriedigt werden. Weil in der psychoanalytischen Sozialpsychologie aber nicht ein abstraktes, ahistorisches Individuum angenommen wird, kann das Bedürfnis dann sehr unterschiedlich ausfallen, Form und Inhalt der Befriedigung hängen sehr stark von den Personen und von den historischen Momenten ab, in denen die Identifikationsprozesse sich vollziehen. Und ich bringe insofern einen sehr spezifischen Zugang mit hinein, weil ich diese Phänomene aus der Perspektive einer kritischen Wissenschaft betrachte. Das spannungsvolle Verhältnis zwischen Individuen, Gruppen und Gesellschaft ist dem Umstand geschuldet, dass die Gesellschaftsmitglieder eine Art innere Umwelt der Gesellschaft bilden: Sie sind ihr entsprungen, als Entsprungenes haben sie aber auch einen Eigensinn. In diesem kann sich sowohl ein regressives Destruktionspotential Luft verschaffen, als auch ein berechtigter Widerstand gegen eine gewaltförmige Zurichtung. Damit wird dann auch die Systemtheorie Talcott Parsons, obwohl er sich schlussendlich auch als psychoanalytischer Sozialforscher begriff, problematisch: Im Verhältnis von Allgemeinem und Besonderem, von Individuum und Gesellschaft nimmt er für die Gesellschaft Partei: das System hat ein grundsätzlich berechtigtes Interesse, sich über den Eigensinn der Individuen hinweg zu setzen. So kommt es in der Forschung zum Zusammenhalt immer wieder aufs Neue zu der Frage: wie kommt es zur Varianz zwischen Menschen bei diesem Wunsch nach Zusammenhalt, dem Wunsch nach Identität, und wenn der besonders stark empfunden wird, zu welchen historischen Zeiten passiert das? Hier ist Forschung notwendig, die den Blick dafür weiten möchte, was das denn für (gesellschaftliche) Bedingungen sind, unter denen der Wunsch nach Zusammenhalt stark wird, und was zeichnet, auch im historischen Vergleich, die Arrangements aus, die dann gewählt werden und den Referenzpunkt liefern. Ich sehe das vor dem Hintergrund der Annahme, dass wir in einer antagonistischen Gesellschaft leben, die durch grundsätzliche Widersprüche geprägt ist.

GP: Einer der Begriffe, die jetzt aufkamen, um den Bezug zum gesellschaftlichen Zusammenhalt herzustellen, ist *Identität*. Identität, insbesondere kollektive Identität, scheint ein Merkmal von Zusammenhalt zu sein. Und auch der Aspekt der *Bedrohung* wird scheinbar in verschiedensten Zugängen negativ mit Zusammenhalt assoziiert. Dieser Aspekt spielt in der Sozialpsychologie, aber auch in der politischen Psychologie, eine beachtliche Rolle. Als Soziolog:in sind mir dabei die Kontexte wichtig. Oft arbeitet die Soziologie ja quasi nur aus Kontexten und erklärt gesellschaftliche Ereignisse weniger aus Handlungsintentionen des Menschen heraus, sondern aus den Kontexten, die ihn dazu bringen, in einer bestimmten Art und Weise zu handeln. Bei den Politikwissenschaftler:innen ist es manchmal noch schlimmer, hier rücken gelegentlich die Institutionen ins Zentrum und lassen wenig Raum für individuelles Handeln. Mittlerweile ist man auch in der Politikwissenschaft ein wenig weiter und schaut dann schon einmal in die Kollektive, in die Gruppen hinein. Der Gedanke der *Kontextualisierung* bleibt trotzdem ein sehr wichtiger. Ein Ansatz, den ich in den letzten Jahren verfolge, beschäftigt sich mit Sozialkapital. Dabei wird davon ausgegangen, dass es sowas wie ein Bedürfnis oder das Interesse gibt, sich trotz wachsender Individualisierung kollektiv mit anderen zu verbinden. Diese Möglichkeit der sozialen Bindung scheint dem Individuum Sicherheit zu geben. Gleichzeitig muss diese Bindung freiwillig sein, und man muss sich die Personen, mit denen man Kontakt bekommt, aussuchen können. So entsteht faktisch die optimale, demokratische und zivilgesellschaftliche Antwort auf den doppelten Wunsch des Menschen nach Sozialität und Individualität. Allerdings wird im Sozialkapitalansatz zwischen zwei Typen unterschieden: einem reinen *bonding* Sozialkapital, mit dem sich die Gruppenmitglieder – quasi nach innen – eng miteinander verbinden, aber nach außen hin abschotten. Merkmale für solche Bindungen können die Historie oder identitäre Bezüge sein. Dem gegenüber steht ein *bridging*, in dem das in der Gruppe gewonnene Vertrauen nach außen hin, am besten auf alle Menschen, erweitert wird. Gerade für pluralistisch angelegte Demokratien steht mithin bei allen auf Zusammenhalt zielenden Gruppenbildungsprozessen die Frage, ob es auch so etwas wie *bridging* gibt. Lässt sich eine Öffnung von Gruppen, Kollektiven und Gemeinschaften nach außen feststellen oder ist es eher so, dass diese nach innen homogenen Gruppen nach außen in Abgrenzung gehen? Man könnte ja am Beispiel der deutsch-französischen Erbfeindschaft auch Vorteile erkennen: da wusste man immer, wo der Feind steht und konnte genau das Gegenteil tun. Zudem hat es nach innen den Zusammenhalt »der Deutschen« gestärkt. Das ist natürlich nicht *bridging*, sondern eben nur *bonding*. Wenn wir also über Zusammenhalt reden, dann reden wir natürlich auch über die Differenzierung von Gruppen und die Probleme, die ein (*bonding*) Zusammenhalt mit sich bringen kann. Dieser trifft dann immer die aus diesem Zusammenhalt ausgeschlossenen Gruppen und Personen.

DvL: Okay, damit es nicht zu soziologisch/sozialpsychologisch wird: Ich hatte ausgeführt, dass die Geschichtswissenschaft sehr selbstkritisch ist gegenüber allen Angeboten, die sie selbst nicht erklären kann. Sozialpsychologische oder anthropologische Aspekte sind natürlich auch Vertiefungsdisziplinen in der Geschichtswissenschaft. Wie fast immer stellt die Geschichtswissenschaft dabei aber Ambivalenzen fest. Was nun diese Identitätskonstruktionen anbelangt, so glaube ist, dass die Forschung der letzten Jahre und Jahrzehnte zwar forciert darauf ausging, zu untersuchen, wie solche Bindungen hergestellt werden. Es wurde aber dabei zunehmend festgehalten, wie sie auch aufgelöst worden sind. Dies ist gewissermaßen eine der Botschaften der jüngeren Geschichtswissenschaft, dass viele solcher Bindungs-Konstruktionen fortlaufend hinterfragt und in Richtung eines selbst-organisierten Individuums auch aufgelöst werden. Es ist sogar einer der Flucht-punkte der liberalen, der offenen und der pluralistischen Gesellschaft – und das nicht erst seit gestern, sondern seit 200 Jahren –, dass wir alle selbstbestimmte, mündige, autonome Wesen sein sollten, die sich weithin selbst organisieren. Das ist natürlich sehr voraussetzungsreich, es setzt eine gewisse Bildung unserer Per-sönlichkeit voraus, wir müssen in diese Autonomie hineinsozialisiert werden. Wie das geschieht, ist gerade ein wichtiger Forschungsschwerpunkt: alle Formen der Disziplinierung, der Zurichtung von Individuen, damit eine Gesellschaft funkti-oniert, obwohl sie aus relativ selbstständigen Individuen besteht. Denn dahinter steht immer dieser Impuls, Menschen herauszulösen aus den gewachsenen Struk-turen, in die sie hineingeboren werden und die man lange Zeit als schicksalhaft wahrgenommen hat, also Prägungen durch Klassen und Milieus, soziale Zuord-nungen, religiöse Bindungen. All das ist heute grundsätzlich prekär geworden, und an deren Stelle setzt sich das selbstbestimmte Individuum mit den entspre-chenden Schlagworten wie das »autonome Subjekt«, die »emanzipierte Frau«, die »Hilfe zur Selbsthilfe«, das »Empowerment« und so weiter und so fort. Deshalb auch das gegenwärtige Interesse junger Forscher:innen für Menschenrechtsfragen oder Minderheitenschutzrechte in historischer Perspektive. Denn die kollektiven Rahmungen werden, vor allem durch Prozesse des fortgesetzten Ortswechsels von Menschen, zunehmend brüchig. Man kann geradezu von einer Neuperspektivie-rung der Geschichte aus der Warte der fortgesetzten Migration und Verflechtung sprechen, also der Dynamisierung von Gesellschaften durch Zuwanderung, Ab-wanderung, kulturelle Durchmischung – all das löst auch Denkschablonen der Geschichtswissenschaft auf und bringt ganz neue Perspektiven mit sich.

OD: Im Grunde genommen bin ich ein wenig als Gast in diese Runde gekom-men, als Sozialpsychologe. Wobei wir als Sozialforscher:innen dadurch, dass wir die letzten 20, 30, 40 Jahre der bundesrepublikanischen Entwicklung auch be-gleitend beforscht haben – ich für meinen Teil die letzten 25 Jahre – ein Über-gangsfeld zur Zeitgeschichte bilden und unser Austausch deswegen vielleicht auch ganz ertragreich ist. Mir fällt auf, dass wir wahrscheinlich an den Punkten Differenzen haben werden, wo es um die normativen Setzungen geht, oder eben darin, dass, so wie ich es jetzt gerade bei Dirk van Laak anklingen hörte, eher auf normative Vorstellungen verzichtet wird. Also ich würde im Gegensatz sa-gen: Das Verhältnis von Gesellschaft und Einzelnen ist grundsätzlich als gewalt-sam zu beschreiben. In diesem Verhältnis besteht immer die Tendenz, dass sich das Allgemeine auf Kosten des Besonderen durchsetzt, also die Gesellschaft auf Kosten der Wünsche, Erwartungen und Bedürfnisse der einzelnen Gesellschafts-mitglieder. Und auf dieses Gewaltverhältnis können Forschungsergebnisse bezogen werden, die dies kritisieren und im besten Fall auch verändern. Also wenn ich über Zusammenhalt spreche, dann spreche ich implizit immer auch gleichzeitig nicht nur über etwas, was wünschenswert ist, weil der Mensch ein soziales Wesen ist, sondern auch gleichzeitig über ein Gewaltverhältnis, das bei der Herstellung von Gemeinschaft zugrunde liegt. Triebpsychologisch gesprochen: Ohne Triebverzicht geht's nicht. Aber das Maß des Triebverzichtes und die Form, mit der es abverlangt wird, unterscheiden sich doch massiv.

Das ist das eine, und das andere ist, dass dieses Gewaltverhältnis nicht einfach nur etwas mit der conditio humana zu tun hat, sondern durchaus auch etwas eben mit diesem Charakter unserer Gesellschaft, dass es unterschiedliche Interessen in der Gesellschaft gibt, und diese unterschiedlichen Interessen unterschiedliche Möglichkeiten haben, sich durchzusetzen und zur Geltung zu bringen. Dadurch ist der gewünschte Zusammenhalt durch etwas an der Basis der Gesellschaft beständig in Frage gestellt, er wird einerseits proklamiert und gefordert, aber wenn wir nicht in Rechnung stellen, wie ihm andererseits massiv das Wasser abgegraben wird, können wir die gesellschaftliche Dynamik nicht verstehen. Wird dies nicht mitgedacht, droht der Zusammenhalt im Zweifel in seiner ideologischen Überhöhung zu verkommen, etwa zur Volksgemeinschaft. Diese Formen scheinen dauerhaft desavouiert, aber der Anlass unserer gegenwärtigen Forschung ist ja nach wie vor Ausgrenzung, Abwertung anderer, Konzeption von Nationen, die sozusagen nach außen gegenüber anderen abgegrenzt werden und die damit dann auch Aggressionen legitimieren. Aber diese Irrationalität des Einzelnen muss auf die Irrationalität des Ganzen zurückgeführt werden, um mal Theodor W. Adorno zu zitieren. Gleichzeitig stellt sich in der Forschung immer auch eine Frage nach der psychischen Funktion, die diese gesellschaftliche Gewalt einnimmt. Etienne Balibar hat, glaube ich, mit Blick auf die Nation davon gesprochen, dass die gesellschaftlich hervorgebrachte Außengrenze der Nation als geographischer Ort immer gleichzeitig auch eine psychische Innenfunktion hat. Diese Innenfunktion ist dann auch mit zu reflektieren, sie geht nicht eins zu eins in der Gegenwart auf, sondern verweist auch auf vergangene Identifikationen, Ablagerungen elterlicher und großelterlicher Wünsche, Erwartungen, Ängste, kurz: Verdrängtes. Diese Gefühlserbschaft hat als transgenerationaler Identifikationsprozess eine hohe gesellschaftliche Wirksamkeit. Gerade für nicht-jüdische Deutsche ist diese Nachträglichkeit Nazi-Deutschlands immer noch relevant, und diese unbewussten Identifikationen vergehen auch nicht einfach in einer Migrationsgesellschaft.

GP: Angst hat sicherlich auch mit Besitz zu tun. Hier zeigt sich aber auch eine Differenz zwischen den Fachdisziplinen, ohne diese in ihrer Pluralität verallgemeinern zu wollen, das eher kontingente Verständnis gesellschaftlicher Entwicklung von Geschichtswissenschaftler:innen ist für Soziolog:innen manchmal etwas schwierig. Sozialwissenschaftler:innen leben ja von Theorien, und gerne auch möglichst von universalen Ansätzen, die über kausale Beziehungen versuchen, Phänomene sowie Kontexte miteinander zu verbinden. Und bei solch einem Zugang ist uns natürlich Kontingenz, ich sage es mal plakativ, eine Pest. Kontingenz ist ja nichts, was in der Erklärung von Ereignissen, Zuständen und Prozessen weiterhilft, sondern macht die Erklärung zum Schluss irgendwie fast unmöglich, oder erschwert sie zumindest – wenn man es mal freundlich formuliert. Dies führt dazu, dass dann, wenn historische Entwicklungen in den Sozialwissenschaften aufgenommen werden, diese der Kontingenz weitgehend entkleidet und in Modelle eingepasst werden. Dies setzt voraus, sie werden überhaupt aufgenommen. Dies geschieht leider gegenwärtig immer weniger, sind doch moderne Formen der Politikwissenschaft oder der Soziologie manchmal fast aseptisch, oder, so muss ich leider sagen, frei von Geschichte. Das ist nicht mein Ansatz, aber eine Beobachtung, welche bei aller rhetorischer Interdisziplinarität die bemerkenswerte Stabilität von fachdisziplinären Grenzen aufzeigt.

In großen Teilen der Sozialwissenschaften setzt man auf universelle Deutungslinien. Natürlich gründet dies im Ausgangspunkt des Jetzt, der Aktualität, die man untersucht. Dabei kann höchstens noch der Pfad, der zu dieser Aktualität geführt hat, interessant sein. Da kann es durchaus unterschiedliche Pfade geben. Ich bin ja auch in der vergleichenden Politikwissenschaft verankert, wo wir teilweise im nationalen Denken verhaftet sind, aber auch übernational denken. Dort betonen wir immer häufiger (historisch bedingte) pfadabhängige Entwicklungen. Betrachten wir zum Beispiel Globalisierungseffekte, dann sagen wir, die Globalisierung trifft nicht alle im gleichen, sondern natürlich in unterschiedlichem Ausmaß. Und auch koloniale Vorprägungen besitzen ihre Effekte, es wäre ja absurd, anderes zu behaupten. Wir würden aber immer versuchen, diese Aspekte, ich will jetzt nicht sagen: als einzelne Variablen in Modellen, aber in empirischen Untersuchungen als Einflussfaktoren zu verwenden, die in einer historischen Entwicklung wie in einer gegenwärtigen kontextualen Entwicklung auf irgendein Geschehnis, ein Ereignis oder eine Situation einen Einfluss besitzen. Diese Verwendung des Historischen unterscheidet sich sicherlich von Zugängen, wie sie Historiker:innen pflegen. Selbst wenn Historie Platz in analytischen Modellen der empirischen Sozialforschung findet, entspricht dies vermutlich nicht dem ambivalenten Verständnis, das Historiker:innen haben. Daraus resultieren mit Blick auf die Untersuchung des gesellschaftlichen Zusammenhalts auch die Spannungen zwischen Versuchen, universale Erklärungsmechanismen aufzuspüren und herauszuarbeiten, und einer historischen Analyse. Die Frage ist, ob es uns gelingt, trotz dieser Spannungen gemeinsam eine Kategorie des gesellschaftlichen Zusammenhalts für den Zweck einer universellen Nutzung handhabbar zu machen.

DvL: Diese Spannung lässt sich wieder fachgeschichtlich herleiten, auch teilweise lebensgeschichtlich. Wenn ich an mein Studium denke, dann war die Geschichtswissenschaft damals in räumlicher wie auch in theoretischer Hinsicht noch sehr fokussiert und stark durch die Auseinandersetzung über eine »historische Sozialwissenschaft« geprägt. Man kann sich nur wundern, wie stark sich im Verlauf eines Arbeitslebens die Perspektiven verbreitert und multipliziert haben. Ich würde mit einem Bild sagen, der/die Historiker:in der Gegenwart sind zunächst einmal Allesfresser. Er/sie nimmt seine/ihre Theoreme und Theorien, wo er/sie sie kriegen kann. Die Soziolog:innen sind gern gesehene Lieferanten von Theorien mittlerer Reichweite, manchmal auch von makrosoziologischen Erklärungsversuchen, aber die sind eher ein wenig aus der Mode gekommen. Das hat auch damit zu tun, dass sich die Horizonte der Betrachtung inzwischen buchstäblich globalisiert haben. So sind einerseits fantastische Arbeiten entstanden. Andererseits ist bei vielen Historiker:innen eher der Eindruck entstanden, dass man bei der schubhaften Zunahme an Komplexität auf der Ebene des Globalen in Bezug auf theoretische Zurichtungen besser bescheiden sein sollte. Dem versuchen viele zu entsprechen, indem sie sich kleinen lokalisierbaren Beschreibungen zuwenden oder auch der Geschichte einzelner Rohstoffe, einzelner Infrastrukturen oder kleinerer Alltagsdinge. Also kurzum, wir Historiker:innen sind eigentlich nicht diejenigen, die sich abgrenzen gegenüber anderen Disziplinen und Wissenschaften, aber wir sind sehr vorsichtig geworden gegenüber universalistischen Erklärungen und widerspruchsfreien Kompletterklärungen. Denn in unserer Erfahrung hat sich das selten bewährt, schon erst recht nicht, wenn man zusätzlich noch prognostische Aussagen daraus abgeleitet hat. Manchmal mag das wie ein Einlassen auf den Zufall erscheinen, insofern stimmt, was Du sagst. Der Zufall ist hier aber eigentlich nur ein Synonym für unaufgelöste Reste, für Überraschungsmomente oder für die Komplexität der Bezüge, denen man sich stellt. Insofern ist er manchmal epistemologisch ein Faktor, den Historiker:innen zuzugestehen bereit sind. Ein/e Historiker:in kann damit leben, dass Konstellationen bisweilen eher zufällig so und nicht anders waren, das entspricht gewissermaßen der historischen Lebenserfahrung. Aber ich bedaure natürlich, dass zuletzt zwischen Historiker:innen und anderen Wissenschaften so relativ wenig gesprochen wurde und dass in viele Gegenwartsdiagnosen so wenig Geschichte mit hineinzuspielen scheint. Davon würde ich die Sozialpsycholog:innen natürlich etwas ausnehmen.

GP: Vielleicht ganz kurz. Die Entwicklung von kleinteiligeren Gegenständen beobachten wir auch in den Sozialwissenschaften in den letzten Jahren. Die Zahl derer, die wirklich noch größere Universalansätze anstreben, ist gesunken, das sind eher wenige. Viel häufiger finden wir kleinteilige mikroorientierte Forschung. Dies schlägt sich auch nieder. Die Zahl derer, die in zehn Jahren in der Soziologie oder der Politikwissenschaft noch eine Dissertation, die nicht aus Artikeln besteht, einreichen wird, dürfte wahrscheinlich massiv geringer sein, als die Zahl derjenigen, welche eine allein auf Artikeln basierende Dissertation einreichen werden.

OD: Ja, das ist auf jeden Fall eine Bewegung, die ist zu beobachten und hat wahrscheinlich einerseits mit der gesellschaftlichen Entwicklung nach 1990 und dem Einfluss des postmodernen Diskurses und dem Abschied von Großnarrativen zu tun. Aber mich drängt es in diesem Moment dazu, diese Auseinandersetzung zu verlassen und die Frage des gesellschaftlichen Zusammenhalts konkret zu betrachten. Ich finde es einen spannenden Ansatzpunkt mit Blick auf die Bundesrepublik Deutschland zu schauen, welche Verläufe man gerade jetzt, zu Beginn der Arbeit dieses neuen Forschungsinstituts, beschreiben kann und welche Bruchlinien des demokratischen Zusammenhalts sich abzeichnen. Für mich ist in diesem Zusammenhang die Entwicklung der zwei postnationalsozialistischen Deutschlands relevant. Bei diesem Forschungsgegenstand könnten sich Historiker:innen, Sozialpsycholog:innen und Soziolog:innen treffen, den es geht um die Entwicklungslinien von Zusammenhalt und Zusammengehörigkeit: wer gehört dazu, wer nicht? Könnte man sagen, dass immer, wenn es um Zusammenhalt geht, sich auch ein Ausschluss vollzieht? Wenn wir zum Beispiel über 30 Jahre deutsche Einigung und über den Zusammenhalt von Ost- und Westdeutschland sprechen, dann sind es doch in Wahrheit immer autochthon deutsche Stimmen, die Gehör bekommen. Hier findet man plötzlich keine migrantische Perspektive mehr, und dieser Mangel wird nicht einmal bemerkt. Also eine Auseinandersetzung über Zusammenhalt, in der sozusagen ein letztes Residuum die autochthone deutsche Bevölkerung ist, die sich miteinander darüber unterhält, warum sie zusammenkommt oder nicht zusammenkommt. Und die Bedeutung der Wende-Jahre taucht aus migrantischer Perspektive im Grunde genommen nicht auf – womit auch ein wesentliches Element des Zusammenhalts völlig außen vor bleibt, eines demokratischen pluralen Zusammenhalts. Ich sehe hier das Spannungsverhältnis von Einschluss und Ausschluss, Inklusion und Exklusion, welches in Deutschland scheinbar eine Voraussetzung des Zusammenhalts ist.

GP: Welche Forschungsperspektiven zum gesellschaftlichen Zusammenhalt ergeben sich also aus dem, was wir bisher besprochen haben? Mir scheint hier der historische Vergleich mit aktuellen Vorgängen von großer Bedeutung. Zwar denken mittlerweile viele räumlich vergleichend, aber es ist auch sehr wichtig zu sehen, wie z. B. unterschiedliche Migrationsgruppen zu unterschiedlichen Zeiten auf das Gefühl des gesellschaftlichen Zusammenhalts gewirkt haben. Nehmen wir die sehr starken Flucht- und Migrationsbewegungen im europäischen Raum nach 1945 mit all ihren Folgen und daraus resultierenden Konflikten. Hier wären Vergleiche mit der Gegenwart durchaus weiterführend, etwa um herauszubekommen, ob doch so etwas wie halbwegs universale Muster existieren, wenn sich bestimmte Rahmenbedingungen wiederholen. Hier ließe sich der sozialwissenschaftliche Blick auf die Historie und die Perspektive der Historiker:innen sehr fruchtbar in Beziehung setzen.

DvL: Ich würde immer erstmal begriffshistorisch-analytisch vorgehen und fragen, wo dieses Sprechen über den Zusammenhalt herkommt und in welchen Formen und Terminologien sich das vorher geäußert hat und verhandelt wurde. Dann hatte ich ja schon angedeutet, dass man sich der Tatsache stellen muss, dass unsere Gesellschaft eben von ihren Grundorientierungen her eigentlich gar nicht auf den Zusammenhalt oder die »Gemeinschaft« abhebt, sondern eher auf die Individualisierung und die Pluralisierung von Teilgruppen abzielt. Und das ist ja auch völlig in Ordnung so, aber die Frage bleibt, was den Laden letztlich zusammenhält? Zum Beispiel war das »Wirtschaftswunder« eines der großen Theoreme der alten Bundesrepublik, aber ist der Faktor der Umverteilung in einer Wachstumsgesellschaft tatsächlich das, was in sozialer Hinsicht alles zusammenhält, eben weil alle davon profitieren und einen Zugewinn an Lebensqualität erzielen? Dafür spricht manches, allerdings wissen wir inzwischen, dass das zum Beispiel ökologisch ein desaströser Kurs ist. Also wird man andere Dinge konstruieren oder voraussetzen müssen. Oder sind es eher die staatlichen Institutionen wie Bildungseinrichtungen, die Polizei oder die Bürokratien, die durch ihr Funktionieren den sozialen Zusammenhalt garantieren? Ich bin überzeugt, dass wir unsere Sensibilität schärfen müssen für Prozesse, mit denen sich Gesellschaften historisch austariert und die immer vorhandene Ambivalenz zwischen dem »Gemeinwohl« und individuellen Privatinteressen miteinander harmonisiert haben. Wie hat sich dies historisch gewandelt, wie wurde es restabilisiert, ohne Ausgrenzungsimpulse oder populistische Antworten hervorzubringen. Vielleicht lohnt auch ein Rückgriff auf den Begriff der »Krise«, denn Historiker:innen werden immer hellhörig, wenn etwas als »krisenhaft« zu beschreiben war. Das ist meist dann der Fall, wenn es um Konstellationen geht, in denen desintegrierende Tendenzen in der Gesellschaft zunehmen und sich problematische Antworten andeuten, mit denen diese »Krise« überwunden werden sollte. Klassisch war dies in Bezug auf die Weimarer Republik, die sich ja auch rasch desintegrierte, worauf es dann unter anderem eine autoritäre faschistische Antwort gab und eine neue Art der »Gemeinschaftlichkeit« propagiert wurde, die »Volksgemeinschaft«, die erst viele begeistert hat, bis klar wurde, dass längst nicht alle dazugehören und es sich eigentlich auch eher um eine Wehrgemeinschaft handelte, die auf einen Krieg zusteuerte. Solche Prozesse sind natürlich eine gängige Münze unserer historischen Betrachtung, aber bisher noch kaum auf einen Fluchtpunkt geeicht, wie wir ihn nun mit diesem Forschungsinstitut ansteuern.

OD: Ja, ich hing noch der Frage nach, wie wir da stärker miteinander ins Gespräch kommen können. Dieses Spannungsverhältnis aus Integration-Desintegration, das ist ja tatsächlich eines, bei dem eine soziale Inklusion, wenn man zugespitzt formuliert, auch gleichzeitig immer eine psychische Exklusion notwendig macht. Dafür muss es ein Anderes, ein Außen geben: Fußballfans, die sich als Gruppe hervorbringen, indem sie die Anhänger einer anderen Mannschaft in den Fokus nehmen. Natürlich kommen wir dann schnell in den Bereich des Hooliganismus, von Körper- und Männlichkeitskonzepten, aber die können wir zunächst beiseitelassen. Für mich ist die spannende Frage, ob historisch betrachtet ein Zusammenhalt ohne Verrechnungskosten möglich ist. Man muss jetzt nicht nur an den psychotischen Kosmos eines völkischen, eliminatorischen Antisemitismus denken. Aber wäre es nicht wichtig, diesen Wunsch nach Zusammenhalt hinsichtlich der Funktion – sagen wir es mal in den Worten der Psychoanalyse – einer narzisstischen Verschmelzung oder eines Containment zu denken? So dass soziale Institutionen und ein Zusammenhalt in einer als homogen phantasierten Gruppe auch Ängste binden kann. Protestbewegung, Zuwanderung, Pluralität werden dann schnell zur Bedrohung eben dieser Containerfunktion von Gesellschaft. Kann man das aus Sicht der Historiker:in sagen, dass es Zusammenhalt nicht für lau gibt, sondern immer die Gefahr besteht, dass der interne Zusammenhalt auf Kosten eines dann zu konstruierenden Außen geht?

DvL: Nur ganz kurz in Antwort darauf: Das hängt wiederum stark davon ab, ob man eine optimistische oder eine pessimistische Geschichtsbetrachtung oder Anthropologie mit sich herumführt. Und es hängt natürlich auch von den Umständen ab: 70 Jahre Friedenszeit mit erstaunlichem Wirtschaftswachstum bringt auch Manches in Menschen hervor, was in Krisenzeiten und verstärktem Druck nicht mobilisierbar ist. Wenn wir uns zum Beispiel das wunderbare Projekt Europa anschauen: was ist die europäische Union für eine tolle Idee! Sicher ist es vor der Erfahrung der Kriegsjahre und der deutsch-französischen »Erbfeindschaft« auf die Spur gebracht worden. Es ist aber doch ein funktionierendes und durch die freiwillige Abgabe von Souveränitätsrechten hergestelltes Projekt, was aber natürlich auch ständig in Krisen gerät, wenn der Druck zunimmt, wenn die Wachstumszahlen der Wirtschaft einbrechen, wenn Migrationen von außen zunehmen und so weiter und so fort. Das ist ja alles sehr situationsabhängig, und wenn man sowieso eine negative Anthropologie mit sich herumträgt, dann wird immer zuerst an die Kosten gedacht und stehen Aspekte wie Angst oder der Erhalt von Sicherheit und Gesundheit auf der Agenda. Im Moment der Herausforderung durch Corona-Zeiten ließ sich ja bemerken, dass wieder die Stunde der Sicherheits- und Gesundheitsexperten mit ihren Bedenklichkeiten anbricht, die Sicht auf den Menschen als »Gefährder« triumphiert, während alle, die dem Menschen gewissermaßen Freiwilligkeit, Einsicht und dergleichen zutrauen, in solchen Situationen oft in Begründungsnöte kommen. Diese Ambivalenzen sind immer abrufbar, sind immer parallel vorhanden, und man muss sorgfältig identifizieren, wer da mit welchen, auch historischen, Argumenten in die Arena steigt.

OD: Ich musste gerade schmunzeln. Sicherlich ist es interessant, den Blick zur Beantwortung der von mir aufgeworfenen Frage auf das Projekt Europa zu richten und die Konsequenzen bzw. auch den Vollzug sich anzuschauen. Auf den ersten Blick scheint eine Einigung auf jeden Fall ohne ein Außen zu funktionieren – außer wir denken an den deutschen Diskurs während der Finanzkrise, die Rede über die »faulen Südländer«. Einen Kommentar möchte ich dann aber noch machen, wenn man eine optimistische mit einer pessimistischen Anthropologie kontrastiert Ja, ich hänge einer negativen Anthropologie an, aber mehr im Sinne Ulrich Sonnemanns. Es geht mir gar nicht darum, ein Pessimist oder Optimist zu sein, sondern gerade keine Aussage über das Wesen des Menschen zu bilden. Man kann aber durchaus feststellen, dass die Geschichte des Menschen geprägt ist durch Gewalt oder noch mehr zugespitzt – da ich kein Historiker bin, darf ich es vielleicht freier formulieren – die Geschichte des Menschen eine Geschichte der Herrschaft des Menschen über den Menschen war. Was nicht bedeutet, dass die Gattung nicht zu anderem in der Lage ist, was dann eben auch durchaus eine Aufgabe an unser Projekt ist, wenn wir zum Zusammenhalt forschen, dass wir uns dazu reflexiv verhalten. Und auch die Frage stellen, welche Form von Zusammenhalt wir eigentlich wollen.

GP: Dies ist natürlich dann die normative Frage, was man als gesellschaftlichen Zustand erreichen möchte, die dem Wunsch von Wissenschaftler:innen gegenübersteht, den jeweiligen Gegenstand intersubjektiv nachvollziehbar und möglichst objektiv zu erforschen. Unser Gespräch zeigt aber schon den Vorzug des Austauschs in einer Lage, in der Ziele, Verfahren und Ressourcen anderer Fächer relativ wenig wahrgenommen werden und erstaunlich selten Gespräche stattfinden. Schon über diese Beobachtung selbst, quasi eine Beobachtung zweiter Ordnung, bleibt in den verschiedenen Konstellationen des FGZ noch zu diskutieren. Man kann vielleicht nicht erwarten, dass 100 Leute zusammensitzen, aber zumindest in begrenzten Teilnehmerzahlen macht ein solch interdisziplinärer, thematisch fokussierter Austausch großen Sinn. Für mich nehme ich die Aufgabe einer weiteren Ab- und Aufklärung der unterschiedlichen Sichtweisen zwischen Historiker:innen und Sozialwissenschaftler:innen mit, speziell, was die Bedeutung von Geschichte in ihren Denkmodellen ausmacht. Da bleibt sicher noch Vieles zu vertiefen. Gleichzeitig lassen sich aber doch deutliche Überschneidungen zwischen den Blickwinkeln feststellen, wenn der gleiche Gegenstand fixiert wird. Der Begriff Identität scheint mir ein relevanter Begriff und Bezugspunkt, wie auch der Begriff Zusammenhalt selbst. Sie können von uns von unterschiedlichen Seiten angegangen werden. Entsprechend würde ich mir wünschen, dass wir in der Tat kontinuierlich ins Gespräch kommen. Zum Beispiel über die Wirkungen historischer Entwicklungen, die ich zum Beispiel auch in Symbolen, in der Übernahme von Argumenten oder von Narrativen, die da in Diskursen verwendet werden, sehe. Die unterschiedlichen Anthropologien der Disziplinen interessieren mich und könnten mir in meinen Ergebnissen und Kontextualisierungen sehr weiterhelfen. Bleibt die Frage, was würdet Ihr euch – hier sind wir jetzt zu dritt – von anderen Beteiligten des Forschungsinstituts Gesellschaftlicher Zusammenhalt wünschen?

DvL: Nun ja, Offenheit und Gesprächsbereitschaft vor allem. Das wird alles noch schwer genug werden im Rahmen unseres Instituts, weil wir alle habituell unterschiedliche Sprachen oder Codes drauf haben. Ich kann für mich sagen, dass ich Geschichte immer verstanden habe als eine Konfrontation mit dem, was bisher menschenmöglich war. Bei der möglichst schonungslosen Interpretation dieser Vorgänge sind wir sowieso auf theoretische Beiträge und Interpretamente anderer Wissenschaften mit angewiesen, gerade auch aus solchen Disziplinen, wie Ihr beide sie vertretet, aber natürlich auch aus den Rechts- oder den Medienwissenschaften und so weiter. Ich bin da offen und freue mich sehr auf die Gespräche innerhalb des Instituts in den kommenden Jahren. Aber ich weiß auch, es wird herausfordernd und anstrengend werden.

OD: Ja, das glaube ich auch. Es wird sich mit Sicherheit erst im Verlauf herauskristallisieren, was der gemeinsame Gegenstand ist, über den wir gemeinsam sprechen. Ich fände es zum Beispiel sehr interessant, in welchen Interaktionen wir mit unserer Arbeit als Sozialforscher:innen mit der Gesellschaft sind, zum Beispiel mit den Leipziger Autoritarismus-Studien, mit denen wir die Gesellschaft ja nun seit 20 Jahren forschend begleiten und doch auch ein Teil von ihr sind. Das auszuwerten im unmittelbaren Austausch mit Zeithistorikern, fände ich sehr wichtig, und das ist bestimmt ertragreich.

DvL: Was ja mein Teilprojekt auch vorhat.

OD: (*lacht*) Ach ja, umso schöner, das ist doch wunderbar.

GP: Gut, dass wir geredet haben, nicht wahr? Aber ich glaube, da sind wir nun in der Tat an einem Punkt, wo man den weiteren Austausch suchen und pflegen muss. Zuerst vielleicht wirklich erst einmal in einem kleineren Rahmen, so wie wir dies jetzt gerade versucht haben. Auf diese Weise ergeben sich gute Möglichkeiten, zielgerichtet interdisziplinär Bereiche miteinander ins Gespräch zu bringen und einen anderen Blick auf Material zu bekommen, welches ja oft schon vorliegt, aber eben nur mit einer Brille betrachtet wurde.

Gesellschaftlicher Zusammenhalt – Eine sozialpsychologische Sicht auf das Konzept und aktuelle gesellschaftliche Herausforderungen an den Zusammenhalt

Andreas Zick, Jonas Rees

Einleitung

Im vorliegenden Beitrag soll es darum gehen, ein Verständnis vom Konzept des gesellschaftlichen Zusammenhaltes darzulegen, welches dem Blickwinkel der empirisch orientierten Sozialpsychologie verpflichtet ist. Sie erforscht den gesellschaftlichen Zusammenhalt im Kontext von Gruppendynamiken und Beziehungen zwischen Gruppen und versucht Zusammenhalt so zu bestimmen, dass er in Studien messbar wird. Dabei beschäftigt sie sich insbesondere mit der Frage, wie Gruppen und andere soziale Entitäten, die mehr oder minder als Kollektive verstanden werden können, Zusammenhalt herstellen. Wir greifen dafür auf einschlägige Studien dazu zurück, wie Gruppen soziale Kohäsion herstellen, aufrechterhalten oder verstärken. Es mag eingewendet werden, das Konzept der Kohäsion meint und messe etwas anderes als Zusammenhalt. In der vornehmlich internationalen Forschung, auf die wir uns im Folgenden beziehen, werden soziale Kohäsion und gesellschaftlicher oder sozialer Zusammenhalt jedoch häufig explizit oder implizit gleichgesetzt. Wir beachten, wo dies nicht der Fall ist und beziehen Forschung zur Kohäsion, die nicht zum Verständnis von gesellschaftlichem Zusammenhalt beiträgt, nicht ein.

Dessen eingedenk, sind wir der Überzeugung, eine genauere Entwicklung eines empirisch orientierten sozialpsychologischen Konzeptes von Zusammenhalt kann das übergeordnete und interdisziplinäre Verständnis von gesellschaftlichem Zusammenhalt bereichern. Spätestens, wenn Zusammenhalt in der Wechselwirkung zwischen makro-sozialen Bedingungen und mikro-sozialen Wahrnehmungen, also als ein Phänomen der Umwelt-Person-Interaktion wahrgenommen wird, wird die sozialpsychologische Analyse von Zusammenhalt relevant. Da allerdings bislang viele und oft unverbundene Ansätze zum Zusammenhalt vorliegen und die Forschung selbst das Fehlen einer geteilten Definition oder Konzeptualisierung beklagt, müssen wir diese Sicht erst ausarbeiten. Unser sozialpsychologischer Ansatz versteht Zusammenhalt als ein Konfliktphänomen, das heißt der Zusammenhalt von Gesellschaften und Gruppen hängt ab von dem Ausmaß, wie er sich mit einer gemeinsamen und geteilten Identität verbindet, und diese über intra- und inter-gruppale Konflikte aushandelt. Der Identität, die Gruppen als ein »Wir« umschreiben, kommt dabei eine zentrale Funktion zu, denn sie umschreibt zugleich, wer ‚die Anderen» sind. Zusammenhalt lässt sich nach unserem Verständnis daher nicht definieren ohne zu beschreiben, mit wem nicht zusammengehalten bzw. wer ausgeschlossen wird. Der gesellschaftliche oder soziale Zusammenhalt nach innen geht auf der Verhaltensebene auch mit Konflikt, Aus- und Abgrenzung nach außen einher. Die Betonung des Zusammenhaltes einer Gesellschaft wie auch in Gruppen kann dabei mit Exklusion und Ausschluss von Gruppen, insbesondere Minderheiten, einhergehen. Aus Sicht der Konflikt- und Gewaltforschung interessieren uns »diskohäsive« und destruktive Formen der Herstellung von Zusammenhalt. Mit welchen besonderen Forschungsfragen, die das sozialpsychologische Konzept von Zusammenhalt noch nicht hinreichend geklärt hat, diskutieren wir nach einer ersten Grundlegung des sozialpsychologischen Konzepts. Dabei gehen wir auf Fragen nach der Erinnerung von Zusammenhalt in gesellschaftlichen Gruppen sowie die Frage, welchen Einfluss die Heterogenität oder Homogenität von Gruppen in einer Gesellschaft auf den Zusammenhalt hat, ein. Zum Ende blicken wir auf aktuelle gesellschaftliche Herausforderungen, die wir für die Zukunft der Bundesrepublik sehen, also jener Gemeinschaft und ihrer Kooperationen mit anderen Gesellschaften, auf die sich unsere Forschung primär richtet.

1.   Gesellschaftlicher Zusammenhalt sozialpsychologisch betrachtet

Gesellschaftlicher Zusammenhalt ist ein Begriff im Alltag. Menschen verwenden ihn als Beschreibung des Zustandes von sozialen Gemeinschaften, wie Familien, Vereinen, oder auch der Gesellschaft. Sie beziehen sich ein, oder beschreiben Zusammenhalt als etwas, das andere Gemeinschaften kennzeichnet. Gesellschaftlicher Zusammenhalt ist auch ein politischer Begriff bzw. ein Policy-Konzept, um Initiativen zu bündeln, die Zusammenhalt erzeugen sollen. Wir suchen einen wissenschaftlichen Begriff, der sowohl alltagsnah und -tauglich ist und empirische Phänomen wie Erfahrungen, Wahrnehmungen und Ansichten zuverlässig beschreiben kann, wie auch politiktauglich werden kann, um gesellschaftlichen Zusammenhalt zu stärken. Die Erkenntnisinteressen von Politik, Zivilgesellschaft und Forschung weisen Unterschiede und Gemeinsamkeiten auf, wie Chan/To/Chan zeigen.[1] Ein gemeinsames Konzept der Forschung wie auch Politik oder Zivilgesellschaft gibt es unseres Erachtens bisher nicht. Auch mehrdimensionale

---

1 Joseph Chan/Ho-Pong To/Elaine Chan, Reconsidering Social Cohesion: Developing a Definition and Analytical Framework for Empirical Research, in: Social Indicators Research 75 (2006), S. 273–302.

Metakonzepte, wie es größer angelegte Monitorings der Gesellschaft vorschlagen, die Zusammenhalt als bestimmte Formation gesellschaftlicher Strukturen definieren, um die Stärke des Zusammenhalts zu indizieren[2], sind für die Analyse von Zusammenhalt im Kontext von Konfliktaushandlungen nicht hinreichend. Sie übersehen, dass am Ende von Aushandlungen die Vielfalt der Zugänge und Ansichten darüber, was den Zusammenhalt einer Gesellschaft ausmacht, für alle, die ihn verstehen, schaffen und stärken möchten, relevant ist. Ebenso verschwimmen in solchen Konzeptionen von Zusammenhalt oft dessen Bedingungen und Folgen mit einer Bestimmung zentraler definitorischer Dimensionen. Nicht zuletzt ist es aus historischer Erfahrung auch klar, dass Zusammenhalt je nach Interesse ein Konzept ist, dass ideologieanfällig ist. Zusammenhalt wird in Gesellschaften verhandelt und ist immer auch umkämpft. Zusammenhalt taucht als Thema im politischen, öffentlichen und alltäglichen Raum daher ironischerweise oft dann auf, wenn er angeblich nicht vorhanden, in Gefahr ist oder erodiert. Gleiches gilt für die Forschung, wo mehr über Zusammenhalt debattiert oder geforscht wird, wenn Anzeichen fehlenden Zusammenhalts auftauchen oder zumindest ausgemacht werden. Insgesamt ist Zusammenhalt je nach Interessen ex positivo wie ex negativo definiert, also mit wünschbaren wie problembehafteten Eigenschaften verbunden.

Zusammenhalt ist aus unserer Perspektive also zunächst ein Konfliktphänomen, zumindest in Gesellschaften, die sich entwickeln durch die konstruktive Aushandlung von Konflikten. Zusammenhalt in einer Gesellschaft oder zwischen Gruppen stellt sich her, wenn Konflikte zwischen den Mitgliedern und Gruppen konstruktiv ausgehandelt werden, so auch eine zentrale Konfliktthese der sozialpsychologischen Forschung.[3] Zusammenhalt beschreibt dann Einheit, Übereinkunft, Eintracht wie ein Gemeinwesen. Zusammenhalt ist damit ein Objekt von Konflikten um Identitäten, Werte und Ressourcen. Diese Sichtweise wird allgemein in Alltag, Zusammenhaltspolitiken wie auch der sozialpsychologischen und auch der soziologischen Forschung geteilt. In der Wissenschaft gibt es diverse Konzepte des Zusammenhaltes, die aus der Forschung zur Kohäsion wie zum Zusammenhalt direkt abgeleitet werden können. Sie beschreiben und postulieren unterschiedliche Zustände wie auch Prozesse und Rahmenbedingungen, die Zu-

---

2 Dem Anspruch nach ist der »Radar gesellschaftlicher Zusammenhalt« der Bertelsmann-Stiftung das derzeit umfassendste Monitoring. vgl. David Schiefer/Jolanda van der Noll/Jan Delhey/Klaus Boehnke, Kohäsionsradar: Zusammenhalt messen. Gesellschaftlicher Zusammenhalt in Deutschland. Ein erster Überblick, Gütersloh 2012; Regina Arant/Georgi Dragolov/Klaus Boehnke, Sozialer Zusammenhalt in Deutschland 2017, Gütersloh 2017.

3 Vgl. Birte Gundelach/Richard Traunmüller, Kulturelle Diversität und Zusammenhalt: Eine Mehrebenenanalyse zum Einfluss interkultureller Kontexte auf das Sozialkapital in den deutschen Regionen, in: Markus Freitag/Adrian Vatter (Hrsg.), Vergleichende subnationale Analysen für Deutschland: Institutionen, Staatstätigkeiten und politische Kulturen, Münster 2010.

sammenhalt ausmachen, heben unterschiedliche zentrale Dimensionen und Elemente für den Zusammenhalt hervor. Es gibt so viele und diverse Definitionen, dass einige Forschende Zusammenhalt als »schlecht definiert« oder wie Bernard als Quasi-Konzept bzw. »konventionelles Konzept« beurteilen und dabei auf die Komplexität und die Vielfalt der mit Zusammenhalt konnotierten Konzepte verweisen.[4] Zusammenhalt werde gleichgesetzt mit Konzepten wie Solidarität, Vertrauen, Inklusion, Altruismus, Integration, Netzwerke, Sozialkapital, Respekt, Reichtum etc., also Indikatoren, die einerseits Elemente von Zusammenhalt sein können wie andererseits Bedingungen oder Folgen von Zusammenhalt. Zudem geht die disziplinäre Uneinigkeit damit einher, dass Zusammenhalt auf der einen Seite als etwas beschrieben wird, was sich durch gesellschaftliche Strukturen ergibt wie feststellen lässt. Auf der anderen Seite wird Zusammenhalt als ein kollektives Gut der Mitglieder einer Gesellschaft angesehen. Im Rahmen der Entwicklung des Forschungsinstitut Gesellschaftlicher Zusammenhalt haben sich die Forschenden im Gründungsantrag auf eine Konsensdefinition geeinigt, die eine Heuristik für die gemeinsame Forschung nahelegt. »Gesellschaftlicher Zusammenhalt bezieht sich folglich auf Gemeinwesen, deren Mitglieder über (näher zu bestimmende) positive Einstellungen zueinander und zu ihrem Gesamtkontext verfügen, in dem sie als Handelnde in Praktiken und Beziehungen involviert sind, die einen (näher zu bestimmenden) Gemeinschaftsbezug haben und sich in komplexe institutionelle Prozesse der Kooperation und Integration einfügen, die von den Gesellschaftsmitgliedern thematisiert und evaluiert werden. Zusammenhalt existiert dort, wo diese Ebenen eine bestimmte Qualität aufweisen und hinreichend (was ebenfalls näher zu bestimmen ist) übereinstimmen – in den *Einstellungen, Handlungen, Beziehungen, Institutionen* und *Diskursen* innerhalb einer Gesellschaft.«[5]

Diese Definition adressiert zwar nicht direkt die konflikttheoretische Sicht, aber sie enthält Bestimmungsstücke, zu denen eine Sozialpsychologie des Zusammenhalts und der sozialen Kohäsion beitragen kann. Zusammenhalt bezieht sich auf Gemeinwesen und deren Mitglieder, was sich auch als ein Gemeinwesen gesellschaftlicher Gruppen verstehen ließe. Sie handeln als Mitglieder dieser sozialen Gruppen und haben Beziehungen, die als intra- und intergruppale Beziehungen verstanden werden können. Die Gruppen stehen in einem Gemeinschaftsbezug, der friedfertig, neutral oder konfliktär sein kann. Sie sind in Prozesse von Kooperation und Integration eingebunden, was wiederum zentral für jegliche Gruppendynamiken ist. Sie sind geprägt von Koordination und Koope-

---

4 Paul Bernard, Social cohesion: a dialectical critique of a quasi-concept', Paper SRA-491. Strategic Research and Analysis Directorate, Department of Canadian Heritage, Ottawa 2000.
5 Aus dem Gründungsantrag des Forschungsinstituts Gesellschaftlicher Zusammenhalt, S. 16.

ration, den zentralen Bestandteilen, die Gruppenprozesse beeinflussen.[6] Zusammenhalt wird thematisiert, wir würden hervorheben gelebt, wie wahrgenommen und bewertet, je nachdem auf welche Gruppen Mitglieder ihren Anspruch oder ihre Bewertung von Zusammenhalt richten. Zusammenhalt ist qualitativ wie quantitativ bestimmbar anhand von Einstellungen, Verhalten, Beziehungen, den Institutionen und Diskursen, womit empirische Objekte oder Sachverhalte genannt sind, zu denen die sozialpsychologische Forschung im Kontext der Forschung beitragen kann.

Dabei schließt diese Sicht explizit die Frage nach den individuellen Wahrnehmungen, Gefühlen und Verhaltensweisen ein bzw. versucht sie mit Blick auf das Individuum einen Beitrag zum Verständnis von gesellschaftlichem Zusammenhalt zu leisten. Das mag als methodologischer Reduktionismus nur dann vorzuhalten sein, wenn übersehen wird, dass von sozialen und kollektiven Phänomenen die Rede ist. Es geht um die Kognitionen, Emotionen und Verhaltensweisen von sozialen Individuen, also jene Wahrnehmungen und Verhaltensweisen, die nur aus der Interaktion in und der Identifikation von Individuen mit Gruppen und Institutionen zu verstehen sind. Friedkin hat diese psychologische Perspektive für eine soziologische Sichtweise auf das Konzept des Zusammenhalts eingefordert, und betont, dass gerade das Konzept des Zusammenhaltes die Analyse von Individual- und Gesellschaftsebene zum Gegenstand haben sollte:

Gruppen halten zusammen, wenn die Bedingungen auf Gruppenebene positive Einstellungen und Verhaltensweisen der Mitglieder hervorrufen und wenn die zwischenmenschlichen Interaktionen der Gruppenmitglieder dazu dienen, diese Bedingungen auf Gruppenebene aufrechtzuerhalten. Folglich sind Gruppen mit Zusammenhalt selbsttragend, wenn sie starke Anziehungskräfte und Bindungen auf Mitgliederebene erzeugen.[7]

Aus einer sozialpsychologischen Perspektive, die in der Tradition der empirischen Sozialpsychologie – und weniger in der soziologischen oder psychoanalytisch orientierten Sozialpsychologie – steht, sind andere Aspekte des Zusammenhaltes und damit auch zum Teil andere Forschungsfragen relevant. Erstens ist die Unterscheidung von intra-gruppalem und inter-gruppalem Zusammenhalt relevant; dies könnte übersetzt werden mit der Frage nach dem inner- und zwischengesellschaftlichen Zusammenhalt. Zusammenhalt beschreibt zwar eine Kraft, die Gruppen und ihre Mitglieder bindet (intra-gruppal), aber in der Sozialpsychologie ist diese Kraft ebenfalls relevant im Verhältnis zwischen unterschiedlichen Gruppen, oder eben Gesellschaften (inter-gruppal). Zweitens ist die operationale Frage nach den zentralen Dimensionen relevant, die sich aus der Perspektive der

---

6 Manfred Sader, Psychologie der Gruppe, Weinheim 1994.
7 Noah E. Friedkin, Social Cohesion, in: Annual Review of Sociology 30 (2004), S. 409–425, hier S. 10 (eigene Übersetzung).

Messbarkeit von Zusammenhalt als empirisches Phänomen ergibt, weshalb eben einführend auch von der Perspektive der empirischen sozialpsychologischen Forschung die Rede war.

Intra- versus inter-gruppal. Die sozialpsychologische Forschung hat Zusammenhalt bis in die 1980er Jahre eher als intra-gruppales Phänomen, also als einen Zustand oder eine Eigenschaft von Gruppen oder Gesellschaften als Entitäten untersucht, die eine Kraft haben und auf Individuen ausüben. Oft zitiert wird z. B. Backs Definition, die besagt, dass Zusammenhalt »die sich daraus ergebenden Kräfte, die auf die Mitglieder einwirken, um in einer Gruppe zu bleiben« oder, mit anderen Worten, »die Anziehungskraft der Mitgliedschaft in einer Gruppe für ihre Mitglieder« ist.[8] In der Forschung spielte ebenfalls die Frage eine wesentliche Rolle, welche individuellen und sozialen Merkmale den Zusammenhalt in einer Gruppe prägen. Zur Definition von Zusammenhalt werden dabei zum Beispiel die Faktoren der Interaktion der Mitglieder, die die Persönlichkeit prägt, wie auch Einstellungen, Normen etc. hervorgehoben, denn sie werden als entscheidend für positive interpersonale Beziehungen in der Gruppe beurteilt.[9] Ebenso werden die Bindungen der Mitglieder untereinander[10], der Widerstand der Gruppe gegen Störungen von außen[11], oder die Zahl und durchschnittliche Stärke positiver Beurteilungen der Gruppenmitglieder, eben eine positive Einstellung zur Gruppe, als maßgeblich für den Zusammenhalt betrachtet.[12] Friedkin rekurriert auch auf die klassische Definition von Zusammenhalt nach Festinger et al., der Zusammenhalt als »das gesamte Kräftefeld, das auf die Mitglieder einwirkt, damit sie in der Gruppe bleiben,«[13] welche von Libo modifiziert wurde zur Bestimmung des Zusammenhaltes über »die Resultierende der Kräfte, die auf jedes Mitglied einwirken, um in der Gruppe zu bleiben.«[14] Daran anknüpfend nennt Friedkin zwei zentrale Indikatoren auf der individuellen Ebene: (a) Mit-

---

8 Kurt W. Back, Influence through Social Communication, in: Journal of Abnormal and Social Psychology 46 (1951), S. 9–23, hier S. 9. Vgl. auch die Übersicht von Miller McPherson/Lynn Smith-Lovin, Cohesion and Membership Duration: Linking Groups, Relations and Individuals in an Ecology of Affiliation, in: Advances in Group Processes 19 (2002), S. 1–36.

9 Edward O. Laumann, Bonds of Pluralism: The Form and Substance of Urban Social Networks, New York 1973.

10 Jacob L. Moreno/Helen H. Jennings, Statistics of Social Configurations, in: Sociometry 1 (1937), S. 342–347.

11 Neal Gross/William E. Martin, On Group Cohesiveness, in: Annual Journal of Sociology 57 (1952), S. 546–554.

12 A. J. Lott/Bernice E. Lott, Group Cohesiveness as Interpersonal Attraction: A Review of Relationships with Antecedent and Consequent Variables, in: Psychological Bulletin 64 (1965), S. 259–309.

13 Leon Festinger/Stanley Schachter/Kurt W. Back, Social Pressures in Informal Groups: A Study of Human Factors in Housing, New York 1950, S. 164.

14 Lester M. Libo, Measuring Group Cohesiveness, Ann Arbor 1953, S. 2.

gliedschaft, also der Wunsch oder die Intention, in der Gruppe zu verbleiben, Identifikation mit oder Loyalität und andere Einstellungen zur Gruppe oder den Mitgliedern, und (b) das individuelle Mitgliedschaftsverhalten, messbar in der Entscheidung, die Gruppenmitgliedschaft oder Partizipation in der Gruppe zu stärken, zu schwächen, aufrechtzuerhalten und andere Indikatoren der Bindung und des Commitment.

Die Auffassung ist hilfreich, denn daran lassen sich auch klassische soziologische Ansätze anschließen, wie jener von Putnam, der Zusammenhalt als soziales Kapital beschreibt, welches wiederum von Vertrauen und Reziprozität der Mitglieder abhänge.[15] Ebenfalls interdisziplinär anschlussfähig sind jüngeren Konzeptionsversuche, die betonen, es käme beim gesellschaftlichen wie dem sozialen Zusammenhalt von gesellschaftlichen Gruppen auf jene Netzwerkbeziehungen der Mitglieder an, die es ermöglichen, Konsens und Kooperation herzustellen, indem sich Gruppenmitglieder gegenseitig belohnen und bestärken. So könnten soziale Normen entwickelt und deren Einhaltung kontrolliert werden. Die Zustimmung und Verhaltenskoordination, wie sie in sozialen Normen festgeschrieben sind, werden ihrerseits durch *Interaktion* produziert.[16] Friedkin postuliert daher – die Forschung resümierend – einen relationalen Ansatz des Zusammenhaltes. Netzwerke, die Zusammenhalt indizierten, seien geprägt von einer bestimmten Dichte und positiven Beziehungen.

Eine besondere Herausforderung für die bisherigen Ansätze, die Zusammenhalt durch Gruppenprozesse und -dynamiken bestimmen, kam in den 1980er Jahren durch eine ganz andere Ansicht der sozialpsychologischen Intergruppenforschung auf. Sie beschäftigte sich mit Konflikten zwischen Gruppen und deren Auswirkungen auf Individuen und konfrontierte die klassische (Klein-)Gruppenforschung mit der Ansicht, dass Individuen in Gruppen oder Gesellschaften vollkommen anders denken, fühlen und handeln als in interpersonalen Beziehungen, die im Vordergrund der zuvor genannten Ansätze stehen. Prägend war hierbei die Theorie der Sozialen Identität von Tajfel und Turner bzw. die experimentellen Forschungen, die zeigten, dass sich Individuen in Gruppen vollkommen anders verhalten als in ähnlichen Situationen, in denen sie sich jedoch nicht mit Bezugsgruppen (Ingroups) identifizierten.[17] Auf Grundlage der Analysen zum Einfluss sozialer Identifikationen mit Gruppen entwickelte Hogg ein Konzept der sozialen Kohäsion, welches im Kern den Zusammenhalt von Gruppen berührt. Es verbin-

---

15 Robert D. Putnam, E Pluribus Unum: Diversity and Community in the Twenty-first Century. The 2006 Johan Skytte Prize Lecture, in: Scandinavian Political Studies 30 (2007), S. 137–174.

16 Vgl. Friedkin, Social cohesion (Anm. 7).

17 Henry Tajfel/John C. A. Turner, An Integrative Theory of Intergroup Conflict, in: William G. Austin/Stephen Worchel (Hrsg.), The Social Psychology of Intergroup Relations, Monterey 1979, S. 33–47; dies., The Social Identity Theory of Intergroup Behavior, in: Stephen Worchel/William G. Austin (Hrsg.), Psychology of Intergroup relations, 2. Aufl., Chicago 1986, S. 7–24.

det die individualpsychologische Ebene der Analyse von Zusammenhalt mit einer gruppalen und definiert Kohäsion bzw. Zusammenhalt als ein vollständig durch Gruppen geprägtes Konzept.[18] Hogg verbindet dazu die Theorie Sozialer Identität mit der Theorie der Selbstkategorisierung nach Turner et al.[19] Er nimmt an, Zusammenhalt in Gruppen kommt zustande, wenn Individuen sich als Gruppenmitglieder kategorisieren, das heißt ihr Selbstkonzept durch die Gruppe definieren und sich mit einer Gruppe, der Eigengruppe oder Ingroup, identifizieren. Die Identifikation geht mit einer Deindividuierung einher und einer Konformität mit den sozialen Normen der Gruppe, wie auch mit einem Vergleich der Ingroup zu anderen relevanten Fremdgruppen, Outgroups. Die Ingroup stellt prototypische Normen, Werte, wie auch Einstellungen bereit, die gerade dann leitend werden für Individuen, wenn eine Outgroup diese bedrohen. Aus dem positiven Vergleich der Ingroup mit einer Outgroup stärkt sich die Identifikation sowie Prozesse der Konformität. Die Gruppe werde für Gruppenmitglieder bedeutsamer als die persönlichen Bedürfnisse oder Beziehungen. Da die soziale Identität der Gruppenmitglieder einen Teil ihres Selbstkonzeptes ausmacht, verlören personale Identitätsmerkmale im Gruppenkontext ihre Bedeutung. Damit wäre aus unserer Perspektive auch interpersonaler von kollektivem Zusammenhalt deutlich zu trennen. Zusammenhalt sei insgesamt ein soziales Phänomen, welches primär anhand sozialer Identifikation zu bestimmen ist und eine kollektive Kraft beschreibt, die sich in Kohäsion manifestiert.

Hogg grenzt damit die »Intergruppenperspektive« auf Zusammenhalt deutlich von einer bis dahin vorherrschenden psychologischen Perspektive ab, die davon ausging, dass Zusammenhalt in Gruppen oder Gesellschaften einer Anziehung der Mitglieder entspreche, die auf gegenseitige und gemeinsame Bedürfnisbefriedigungen zurückgehe. Diese werden wiederum auf Ähnlichkeiten in Einstellungen, rationale Kosten-Nutzen-Berechnungen, gegenseitige Belohnungen und andere Ursachen zurückgeführt. Eine Sicht, dass Zusammenhalt Anziehung zwischen Personen sei, reduziere nach Hogg den Zusammenhalt auf ein interpersonales Phänomen und dabei übersehe, dass sich Gruppenprozesse nicht auf individuelle Prozesse zurückführen ließen. Der zentralste Unterschied zwischen der intergruppalen Sicht und interpersonalen Modellen besteht aber darin, dass sie davon ausgeht, Differenzierungsprozesse zwischen Gruppen stärken die Zugehörigkeit und Identifikation von Mitgliedern einer Gruppen und Zusammenhalt resultieren aus dem sozialen Vergleich mit anderen Gruppen. Genau das

---

18 Michael A. Hogg, The Social Psychology of Group Cohesiveness: From Attraction to Social Identity, London 1992.

19 Andreas Zick, Die Konflikttheorie der Theorie der sozialen Identität, in: Torsten Bonacker (Hrsg.), Sozialwissenschaftliche Konflikttheorien: Eine Einführung (Friedens- und Konfliktforschung, Bd. 5), 3. Aufl., Wiesbaden 2005, S. 409–426.

entspricht eingangs genannten sozialpsychologischen Konfliktthese des Zusammenhaltes. Die Intergruppentheorie des Zusammenhalts, die Hogg entwirft und für die es zahlreiche empirische Belege gibt, rekurriert letztendlich auf die Beobachtung, dass Menschen mit Gruppen und Gesellschaften zusammenhalten, wenn diese durch die Differenzierung von anderen die Identität bzw. den Selbstwert befördern können; eine Identität, die außerhalb der Gruppen nicht relevant ist und auch nicht zum Selbstwert beitragen kann. Der Zusammenhalt der einen geht daher mit der Abwertung der anderen einher, so ließe sich die Formel zusammenfassen. Michalos hat dies schon früher als historische und ethnologische Konstante diskutiert, die darauf zurückzuführen sei, dass die Zufriedenheit von Gesellschafts- bzw. Gruppenmitgliedern mit der eigenen Gruppe oft mit einem Unwohlsein außerhalb der Gruppe einhergehe und sich daher ein Zusammenhang zwischen Zusammenhalt in der Ingroup und Vorurteilen gegen Outgroups bzw. in früheren Zeiten zwischen Rassismus, Klassismus und Sexismus entwickelt, der heute eher zwischen »gefühlten« und »vermuteten« Kulturunterschieden bestehe (Rationalismus).[20] Zusammenhalt in modernen Gesellschaften basiere auch heute noch auf Behauptungen über Differenzen in Denken und Fühlen zwischen der eigenen Bezugsgesellschaft oder -gruppe (Ingroup) und anderen und daher bestehe der Nexus von Zusammenhalt und Differenzierung früher wie heute. Daher ist unseres Erachtens auch immer die Frage zu stellen, von welchem Zusammenhalt mit wem und mit wem nicht die Rede ist, wenn das Thema gesellschaftlicher Zusammenhalt aufgerufen wird. Zick und Küpper haben empirisch sehr deutlich gezeigt, dass Befragte eines repräsentativen Bevölkerungssurveys, die Vielfalt ablehnten, auch den Zusammenhalt der Gesellschaft bedroht sahen und Minoritäten ablehnten, die sie als fremd beurteilten.[21] Es geht aus Intergruppensicht immer darum, wie exklusiv und inklusiv jenseits rechtlicher Vorgaben dazu, wer zur Gesellschaft gehört, Gesellschaft definiert wird.

---

20 Alex C. Michalos, A Feminist View of Women and Development, in: Worldscape 2 (1988), H. 1, S. 5–7.

21 Andreas Zick/Beate Küpper, Zusammenhalt durch Ausgrenzung? Wie die Klage über den Zerfall der Gesellschaft und die Vorstellung von kultureller Homogenität mit Gruppenbezogener Menschenfeindlichkeit zusammenhängen, in: Wilhelm Heitmeyer (Hrsg.), Deutsche Zustände, Folge 10, Berlin 2012, S. 152–176.

2. Eine vorläufige sozialpsychologische Definition von Zusammenhalt

Das intergruppale Verständnis differenziert das Konstrukt Zusammenhalt nicht weiter aus, also nach zentralen Elementen, Facetten oder Dimensionen. Die ersten gruppendynamischen Ansätze verstanden Zusammenhalt ähnlich als *eine* Kohäsionskraft oder ein Kraftfeld, also als eindimensionales Konzept. Die anschließenden Theorien der Kleingruppenforschung, von denen sich der Intergruppenansatz abgrenzt und die zuvor erwähnt wurden, akzentuierten zentrale Prozesse und Konzepte, wie Attraktion, also interpersonale Anziehung, Einstellungsähnlichkeit etc., die als Dimensionen aufgefasst werden könnten (s. o.). Bruhn hat zahlreiche zentrale Definitionen von Zusammenhalt und Kohäsion aufgelistet, die nicht alle genannt werden sollen. Bei genauerer Lektüre betonen sie allerdings die unterschiedlichen Facetten und Dimensionen, die für die Bestimmung von Zusammenhalt relevant sein können.[22] Auch die eingangs genannte vorläufige Konsensdefinition betont implizit Dimensionen des Zusammenhaltes. Dass die Intergruppenforschung nicht weiter nach Dimensionen des Zusammenhaltes unterscheidet, ignoriert Erkenntnisse aus der Gruppenforschung sowie die Frage, ob und warum der Zusammenhalt von Gruppen variieren kann. Gruppen können mehr oder weniger gut zusammenhalten, auch wenn sich ihre Mitglieder gleichermaßen mit der Gruppe identifizieren. Daher möchten wir Dimensionen ausarbeiten. Diese ergeben sich zum großen Teil aus den oben genannten Definitionen, die hervorheben, dass Belohnungen, Ähnlichkeiten etc. zentrale Bestimmungsmerkmale von Zusammenhalt sind. In der Kohäsionsforschung werden weitere konkrete Dimensionierungen vorgeschlagen. Bollen und Hoyle unterscheiden beispielsweise nach objektivem und wahrgenommenem Zusammenhalt.[23] Der wahrgenommene Zusammenhalt bezieht sich dabei auf die Stellung in der Gruppe oder Gesellschaft, die abhängt von (a) der wahrgenommenen Sinnhaftigkeit der Zugehörigkeit zur Gruppe und (b) einem Gefühl von Moral, als einer emotionalen Reaktion, die mit der Mitgliedschaft assoziiert ist. Ein Sinn für die Zugehörigkeit sei fundamental für die Existenz der Gruppe, während die Moral direkte Auswirkungen auf die Motivation der Gruppenmitglieder habe. Sogenannte pluralistische und politikorientierte Ansätze heben Dimensionen hervor, die wissenschaftlich relevant sind und zugleich durch Politikgestaltung verändert werden können. So betont z. B. Jenson die Dimensionen (a) Zugehörigkeit versus Isola-

---

22 John. G., Bruhn, The Group Effect: Social Cohesion and Health Outcomes, New York 2009.
23 Kenneth A. Bollen/Rick H. Hoyle, Perceived Cohesion: A Conceptual and Empirical Examination, in: Social Forces 69 (2001), H. 2, S. 479–504.

tion, (b) Inklusion versus Exklusion, (c) Partizipation versus nicht-Involviertheit, (d) Anerkennung versus Zurückweisung, (e) Legitimität versus Illegitimität.[24]

Vor dem Hintergrund der von uns postulierten Auffassung scheinen die Dimensionen *Identität, Zugehörigkeit und Gemeinschaft, Teilhabe und Begegnung* bzw. Kontakt sowie *Vertrauen* besonders wichtige und prägende Dimensionen des gesellschaftlichen Zusammenhalts zu sein. Aus dieser Sicht gelingt die Herstellung von Zusammenhalt zwischen Gesellschaftsmitgliedern in einem bestimmten sozialen Raum und zu einer bestimmten Zeit nur dann, wenn Mechanismen und Dynamiken der Einbindung verstanden und mögliche Wege zur Herstellung von Zusammenhalt aufgezeigt werden können. Gesellschaftlicher Zusammenhalt basiert auf sozialen Identitäten und zugeschriebenen wie wahrgenommenen Zugehörigkeiten. Das identitätsstiftende Zugehörigkeitsgefühl ist eines der zentralen sozialen Motive von Gesellschaftsmitgliedern, neben den Motiven Ereignisse zu verstehen, Einfluss zu nehmen sowie Selbstwert und Vertrauen zu erlangen.[25] Gesellschaften und die sie konstituierenden Institutionen und Gemeinschaften sind auf ein bestimmtes Ausmaß an Zusammenhalt angewiesen. Sie sozialisieren und integrieren Individuen, die in Institutionen, Gruppen und engen Beziehungen Zusammenhalt schaffen und sie erzeugen durch Sozialisationsprozesse Gleichwertigkeiten wie soziale Ungleichheiten. Zusammenhalt ist ein Ergebnis von gesellschaftlichen Klassifikations- bzw. Kategorisierungs-, Identifikations- und Integrationsprozessen, die grundlegend sind für die notwendige Konfliktregulation, Kooperation und für die Herstellung von Vertrauen. Zusammenhalt in Gesellschaften hängt davon ab, inwieweit gute, d. h. konfliktäre wie konstruktive Beziehungen zwischen Gruppen bestehen. Eben diese Fähigkeit, auch über Zugehörigkeitsgrenzen hinweg geteilten Interessen zu vertrauen und zu kooperieren, ermöglicht erst das Zusammenleben in diversen Gesellschaften; jedenfalls jener mit einer demokratischen Grundordnung. Als Bindekraft erzeugt Zusammenhalt eine Beziehung zwischen den einzelnen Mitgliedern einer Gesellschaft, aber auch zwischen Individuen und der Gesellschaft selbst. Die dazu notwendige und aus den Beziehungen entstehende Bindung ermöglicht die Herstellung gleichwertiger Lebensverhältnisse und den Zugang von unterstützungsbedürftigen bzw. marginalisierten Gruppen in die Mehrheitsgesellschaft und ihren Institutionen.

Konflikte und Kooperation wiederum können Zusammenhalt herstellen, wenn soziales Vertrauen, insbesondere in Umbruchzeiten hergestellt wird.[26] De-

---

24 Jane Jenson, Mapping Social Cohesion: The State of Canadian Research, Paper SRA-321. Strategic Research and Analysis Directorate, Department of Canadian Heritage, Ottawa 1998.

25 Andreas Zick/Beate Küpper/Andreas Hövermann, Die Abwertung der Anderen: Eine europäische Zustandsbeschreibung zur Intoleranz, Vorurteilen und Diskriminierung, Berlin 2011.

26 Marc Hooghe, Social Capital and Diversity Generalized Trust, Social Cohesion and Regimes of Diversity, in: Canadian Journal of Political Science/Revue Canadienne de Science Politique 40 (2007), H. 3, S. 709–732.

mokratiemisstrauen, Distanz gegenüber Institutionen und ihren Vertretungen und vor allem gegenüber (ihnen) Fremden, kann dazu führen, dass Menschen sich bedroht fühlen und Ideologien der Ungleichwertigkeit, die ihnen angeboten werden, adaptieren. Vertrauen in Gesellschaft, ihre Institutionen, die Regeln und Verfahren des Austausches von Ressourcen, Identitäten wie Fairness und Gerechtigkeit sind maßgeblich für den Zusammenhalt von Gesellschaften.[27]

Zusammenhalt hat aus unserer Perspektive zunächst eine quantitative und zeitliche Dimension, kann also *stark oder schwach, eindeutig oder ambivalent, singulär oder dauerhaft* sein. Er kann *spezifisch* sein, wenn er sich auf eine bestimmte Gruppe oder einen bestimmten Raum bezieht, oder er kann *generalisiert und multipel* sein. Zusammenhalt kann *gelebt, gefühlt oder erlebt* wie *imaginiert* werden, findet also auf den Ebenen Verhalten, Emotion und Kognition statt. Zusammenhalt wird erzeugt in Praxis, d. h. ist ein gelebter Zusammenhalt, wie auch in Diskursen und Wahrnehmung. Diese Ebenen können symmetrisch sein. Der gelebte Zusammenhalt kann aber z. B. auch den Erwartungen der Mitglieder widersprechen, sodass Konflikte um Zusammenhalt entstehen. Er kann *explizit oder implizit* sein, wie es in der Auffassung vom Zusammenhalt als kohärente Kraft zum Ausdruck kommt, die Gruppen und ihren Mitgliedern kaum bewusst ist. Er kann *personal oder kollektiv* erlebt und gelebt werden. Ebenso kann Zusammenhalt *inner- oder zwischengesellschaftlich* sein, wie es z. B. mit Blick auf nationale und supranationale Identitäten der Fall ist. Aus den Definitionen zuvor geht auch hervor, dass Zusammenhalt *exklusiv und desintegrativ* wie *inklusiv und integrativ* sein kann und dies kann mit konstruktiven oder destruktiven Konfliktlösungen einhergehen. Damit ist eine konflikttheoretisch bedeutsame Differenzierung mit Blick auf die Konflikte zwischen gesellschaftlichen Gruppen angesprochen. Zusammenhalt ist in der Regel konfliktär in Demokratien, um Machtdifferenzen auszubalancieren. Damit kann er aber auch *konstruktiv-integrativ* und zugleich *destruktiv-desintegrativ* sein. Damit Konflikte konstruktiv verlaufen, bedürfen sie entsprechender Regulationsmöglichkeiten und -kompetenzen, wie sie in geteilten Vorstellungen über Konfliktregeln und der Anerkennung des Ergebnisses realisiert werden; dies sowohl innerhalb von als auch zwischen Gruppen. Konstruktiv ausgetragene Ressourcen- und Identitätskonflikte können integrativ wirken, indem sie eine höhere Teilhabe und Identifikation der Mitglieder herstellen. Destruktive Konflikte andererseits diskriminieren, schädigen und stellen die Gleichwertigkeit der Gesellschaftsmitglieder in Frage und gefährden damit gesellschaftlichen Zusammenhalt. Die Regulation von Konflikten bedarf der *Kooperation* von Insti-

---

27 Vgl. z. B. Francis Fukuyama, Trust. The Social Virtues and the Creation of Prosperity, New York 1995.

tutionen, Gruppen und Personen.[28] Durch Kooperation entstehen Bindung und Zugehörigkeit, sozialer Einfluss und Kontrolle von Personen und Gruppen, ebenso wie Teilhabe.

Bei der Analyse der Dimensionen ist ferner zu beachten, dass der Zusammenhalt von Gesellschaft und ihren Gemeinschaften sich mit den sozialen Gegebenheiten ändern und zeitlich *symmetrisch wie asymmetrisch* sein kann, d. h. dort, wo es zu Zusammenhalt zwischen gesellschaftlichen Gruppen kommt, können andere Gruppen ihn je nach Lebensbereichen missen oder verlieren.[29]

3. Zusammenhalt gesellschaftlicher Gruppen und Zusammenhalt der Gesellschaft

Eine Kritik an dem skizzierten sozialpsychologischen Ansatz mag vorhalten, dass Gruppenzusammenhalt etwas vollkommen anderes sei als Zusammenhalt der Gesellschaft; sich makro- und meso-sozialer Zusammenhalt unterscheiden. Dies trifft zu, aber die Annahme ist auch nicht, Gruppen und Gesellschaften wären identische Entitäten, sondern gesellschaftlicher Zusammenhalt hängt davon ab, inwieweit Gruppen in Gesellschaften Zusammenhalt finden können und auf der Ebene der Identifikation mit der Gesellschaft eine Brücke besteht. Weiterhin lassen sich die intragesellschaftlichen Prozesse und die Verbindung von Gesellschaft und Gruppen zusammenführen, wenn zum Beispiel Gesellschaften als Staaten gedacht werden. Chan, To und Chan haben einen Ansatz zur Verbindung entwickelt. Sie verstehen Zusammenhalt als

Stand der Dinge in Bezug darauf, wer in einer Gesellschaft »zusammenhält« oder »aneinanderklebt«. Darüber hinaus ist dieser Zusammenhalt bzw. dieses »Zusammenhalten« letztlich ein Spiegelbild der Gemütsverfassung des Einzelnen, die sich in einem bestimmten Verhalten manifestiert; insbesondere sollten Menschen in einer Gesellschaft nur dann aneinander »kleben«, wenn die folgenden drei Kriterien gleichzeitig erfüllt sind: (1) sie können ihren Mitmenschen in der Gesellschaft vertrauen, ihnen helfen und mit ihnen zusammenarbeiten; (2) sie haben eine gemeinsame Identität oder ein Zugehörigkeitsgefühl

---

28 Dick Stanley, What Do We Know About Social Cohesion: The Research Perspective of the Federal Government's Social Cohesion Research, in: The Canadian Journal of Sociology 28 (2003), H. 1, S. 5–17.

29 So zeigen z. B. Zurbriggen et al. wie einerseits Jugendliche mit Unterstützungsbedarf in der Schule sozial eingebunden sind wie ihre Mitschüler:innen, in der Freizeit jedoch eher vereinsamen und weniger Zusammenhalt mit Peers erfahren: Carmen Zurbriggen/Martin Venetz/Chantal Hinni, The Quality of Experience of Students with and without Special Educational Needs in Everyday Life and when Relating to Peers, in: European Journal of Special Needs Education (2018), S. 208, 205–220.

zu ihrer Gesellschaft; (3) die subjektiven Gefühle in (1) und (2) manifestieren sich in objektivem Verhalten.[30]

Sozialer Zusammenhalt ist demnach ein Zustand, der durch Interaktionen zwischen einer Gesellschaft (Staat) und ihren Mitgliedern (Bürger:innen) auf einer vertikalen Achse sowie innerhalb von Gesellschaften auf einer horizontalen Achse besteht und durch Einstellungen und Normen gekennzeichnet ist, »die Vertrauen, ein Gefühl der Zugehörigkeit und die Bereitschaft zur Teilnahme und Hilfe sowie deren Verhaltensausprägungen umfassen.«[31] In Tabelle 1 sind die Dimensionen von Zusammenhalt aufgeführt, die nach Meinung der Autoren zuverlässig gemessen werden können bzw. zu denen sie entsprechende Messinstrumente vorlegen.

Tabelle 1: Messbare Dimensionen von Zusammenhalt[32]

	Subjektive Komponente (Gemütsverfassung der Menschen)	Objektive Komponente (Verhaltensmanifestationen)
Horizontale Dimension (Zusammenhalt in der Gesellschaft)	Generelles Vertrauen in Mitglieder	Soziale Teilhabe und Lebendigkeit der Zivilgesellschaft
	Willen, mit anderen Gesellschaftsmitgliedern zu kooperieren und ihnen zu helfen, auch jenen aus ›anderen‹ sozialen Gruppen	Freiwilligendienst und Spenden
	Sinn für Zugehörigkeit und Identität	Vorhandensein oder Fehlen größerer gruppeninterner Allianzen oder Spaltungen
Vertikale Dimension (Staat-Bürger:innen)	Vertrauen in öffentliche Personen	Politische Partizipation (z. B. Wählen gehen etc.)
	Vertrauen in politische und andere wichtige gesellschaftliche Institutionen	

4. Speicherung und Heterogenität als Bedingungen des Zusammenhalts?

Das Konzept von Zusammenhalt, wie wir es bis hierher dargelegt haben, bietet viele Anschlüsse in andere disziplinäre Sichten. Allerdings hat es noch Lücken

---

30 Chan/To/Chan, Reconsidering social cohesion (Anm. 1), S. 289 (eigene Übersetzung).
31 Ebd., S. 290 (eigene Übersetzung).
32 Ebd., 294, Tab. III (eigene Übersetzung).

bzw. sind Fragen offen. Die erste Frage berührt die Stabilität von Zusammenhalt. Gesellschaftlicher Zusammenhalt kann ein Zustand sein, aber er muss deshalb nicht ständig hergestellt werden. Stabilität gewinnt unseres Erachtens der gesellschaftliche Zusammenhalt, wenn er erinnert wird bzw. das kollektive Wissen gespeichert wird. Eine zweite Herausforderung an Zusammenhalt als intergruppales Konfliktphänomen ist die Frage inwieweit die Homogenität und Heterogenität der gesellschaftlichen Gruppen den gesellschaftlichen Zusammenhalt berühren. Da moderne Gesellschaften offene Gesellschaften sind, die viele Interessen von Gruppen berücksichtigen und die Vielfalt nicht nur im Kontext von Migration als zentral erachten, stellt sich Frage, wie und unter welchen Bedingungen die Diversität von Gruppen den Zusammenhalt tangieren.

Kollektive Gedächtnisse des Zusammenhaltes. Wie wird Zusammenhalt erinnert? Wo ist er in Gruppen gespeichert, wo in der Gesellschaft? Muss Zusammenhalt im Sinne einer aktuellen Kraft der Gruppe immer wieder hergestellt werden, oder speichern Gruppen Zusammenhalt, damit er stabil und verlässlich ist, und wie geschieht das? Diese Frage erscheint uns vor dem Hintergrund der Forschung zur kollektiven Erinnerungskultur besonders wichtig. Studien von Vertovec und Brubaker zeigen, dass das kollektive Gedächtnis, welches ethnische und/oder nationale Identitäten schafft, in Diaspora-Gemeinschaften immer »wach«, also bedeutsam für die Wahrnehmung und Interpretation der Gegenwart und mit der Vision verbunden ist, eines Tages in die Heimat zurückzukehren.[33] Das wird in der Forschung als kollektive Nostalgie bezeichnet und untersucht. Sie bezieht sich auf eine gruppenbasierte Emotion, die eine gemeinsame Sehnsucht nach der Vergangenheit der Gruppe und den Glauben zum Ausdruck bringt, dass die Gruppe in der Vergangenheit besser war als in der Gegenwart. Dies wird als maßgebend für einen überzogenen Schutz der in Gruppenidentität und der Bezugsgruppe favorisierten kollektiven Verhaltensweisen und die Ablehnung von Minderheitenrechten eingeschätzt, die sich auch auf die gruppenübergreifenden Beziehungen der Diaspora-Mitglieder in ihrem Aufenthaltsland auswirken könnten.[34]

Mindestens ebenso relevant mit Blick auf den Gruppenspeicher für gesellschaftlichen Zusammenhalt in Deutschland scheinen verschiedene, teilweise konkurrierende historische Narrative darüber, wer »Wir« sind, wie »Wir« so geworden sind und was »Unsere« Rolle sein sollte – national wie international. Der Gedanke, dass kollektive Erinnerungen mobilisiert werden, um etwa Standpunk-

---

33 Stephen Vertovec, Three Meanings of Diaspora, Exemplified among South Asian Religions, in: Diaspora: A Journal of Transnational Studies 6 (1997), H. 3, S. 277–299; Rogers Brubaker, Grounds for Difference, Cambridge 2015.

34 Wing-Yee Cheung/Constantine Sedikides/Tim Wildschut/Nicole Tausch/Arin H. Ayanian, Collective Nostalgia is Associated with Stronger Outgroup-directed Anger and Participation in Ingroup-favoring Collective Action, in: *Journal of Social and Political Psychology* 5 (2018), H. 2, S. 301–319.

te mit Blick auf aktuelle gesellschaftspolitische Fragen zu legitimieren, ist nicht neu.[35] Konstruktionen von Erinnerungen oder Repräsentationen von Geschichte geben Gesellschaften Bedeutung (»Wir sind wie wir sind wegen unserer Geschichte«) und Richtung (»Wir müssen auf eine bestimmte Weise handeln wegen unserer Geschichte«). Liu und Hilton sprechen in diesem Zusammenhang von sozialen Repräsentationen von Geschichte, die im deutschen Kontext allerdings nur unzureichend erforscht sind.[36] Insbesondere die konkrete Verbindung zu gesellschaftlichem Zusammenhalt fehlt bislang.[37] Seit dem Jahr 2017 führen wir regelmäßige bevölkerungsrepräsentative Umfragen zum Stand der Erinnerungskultur in Deutschland durch.[38] Einer der Kernbefunde unserer bisherigen Arbeit zum Gruppenspeicher für gesellschaftlichen Zusammenhalt ist, dass in Deutschland nicht nur Uneinigkeit darüber herrscht, was erinnert werden soll (insbesondere Zweiter Weltkrieg oder Wiedervereinigung), sondern auch bemerkenswerte Unterschiede zwischen familiären Erinnerungskulturen bestehen. So wird in manchen Familien selten oder nie über die Vergangenheit gesprochen und es ist wenig bekannt über die eigene Familiengeschichte, etwa während der NS-Zeit. Andere Befragte wissen beispielsweise von Vorfahren, die Täter, Opfer oder Helfer waren. Diese divergierenden Erinnerungskulturen sind ein Ansatzpunkt für Arbeiten zum kollektiven Gedächtnis des Zusammenhalts.

Heterogenität als Zusammenhalt. In der Mitte-Studie 2016 meinten 46 Prozent der Befragten, der Zusammenhalt der Deutschen sei gefährdet.[39] Ein gutes Viertel der Befragten (26 Prozent) meinte außerdem, zu viele kulturelle Unterschiede würden dem Zusammenhalt der Deutschen schaden. Beide Wahrnehmungen korrelieren signifikant und zugleich gehen sie mit abwertenden Vorurteilen gegenüber Minderheiten einher. In der Studie *ZuGleich* (Zugehörigkeit und Gleichwertigkeit) zeigten sich ähnliche Einstellungen unter Befragten mit Migrations-

---

35 Für einen Überblick siehe Ana Figueiredo/Borja Martinovic/Jonas H. Rees/Laurent Licata, Collective Memories and Present-day Intergroup Relations: Introduction to the Special Thematic Section, in: Journal of Social and Political Psychology (2017), H. 5, S. 694–706.

36 James H. Liu/Denis J. Hilton, How the Past Weighs on the Present: Social Representations of History and their Role in Identity Politics, in: British Journal of Social Psychology 44 (2005) 4, S. 537–556.

37 Siehe aber Harald Welzer/Sabine Moller/Karoline Tschuggnall, »Opa war kein Nazi.« Nationalsozialismus und Holocaust im Familiengedächtnis, Frankfurt am Main 2002.

38 Jonas H Rees/Michael Papendick/Andreas Zick/Franziska Wäschle, Ergebnisbericht MEMO: Multidimensionaler Erinnerungsmonitor, Berlin 2017; Dies., MEMO: Multidimensionaler Erinnerungsmonitor Studie II, Berlin 2019; Dies., MEMO: Multidimensionaler Erinnerungsmonitor Studie III, Berlin 2020.

39 Andreas Zick/Beate Küpper/Daniela Krause (Hrsg.), Gespaltene Mitte – Feindselige Zustände: Rechtsextreme Einstellungen in Deutschland 2016, hrsg. für die Friedrich-Ebert-Stiftung von Ralf Melzer, Bonn 2016.

biografie.[40] Zwischen den Jahren 2014 und 2016 identifizierten sich diese nicht nur stärker mit Deutschland, sondern sie forderten – ähnlich wie dies vormals nur autochthone Deutsche taten – im Jahr 2016 stärker als 2014 Vorrechte gegenüber Zuwanderern und Außenseitern ein. Seit vielen Jahren zeigen unsere Studien, dass dort, wo die Gleichwertigkeit infrage gestellt wird, innergesellschaftliche Konflikte entstehen und ein gewünschter Zusammenhalt, der sich an einer nicht vorurteilsgeleiteten gleichwertigen Behandlung von Gruppen orientiert, erodiert. Für die sozialpsychologische Forschung zum Zusammenhalt ist die Konflikthypothese immer noch leitend, das heißt es wird vor allem untersucht, wie Zusammenhalt in Ingroups durch die Differenzierung von Outgroups entsteht, welche Prädiktoren dem zugrunde liegen und welche Folgen dies hat.[41] Werden nun stärker und genauer die gesellschaftliche Ebene und Fragen nach dem gesellschaftlichen Zusammenhalt einbezogen, dann eckt die These mit den Grundprinzipien, also den Norm- und Wertvorstellungen offener und vielfältiger Gesellschafen an bzw. erforscht sie gewissermaßen nur die »dunkle Seite« des Zusammenhalt. Nach der Konfliktthese bedroht Diversität Zusammenhalt bzw. führt zur Abschottung von Gesellschaften und Gruppen, weil Outgroups, also als »anders« und »fremd« markierte Gruppen, Unsicherheiten erhöhen über die Absicherung von Identitäten, Werten und vor allem Ressourcen; viele grundlegende sozialpsychologische wie soziologische Theorien über den Zusammenhalt beschäftigen sich mit den Grundlagen und Folgen von Ressourcen- und Statuskonflikten und Formen destruktiver, d. h. gruppenschädigender Konfliktlösungen.[42]

Zentraler Topos einer Gesellschaft, die maßgeblich für sich beansprucht, sie sei offen und vielfältig und der Zusammenhalt entstehe in ihrer Mitte und in der zugleich zu beobachten ist, wie dieser Zusammenhalt einerseits mit nationaler Einheit verbunden wird wie andererseits mit der Abgrenzung von Minoritäten oder anderen Kulturen, kann daher weniger die Frage nach der sozialen wie ökonomischen Gleichheit von Chancen sein, sondern zuvörderst die Frage nach der Akzeptanz von Ungleichwertigkeit zur Herstellung von Zusammenhalt. Es

---

40 Andreas Zick/Madlen Preuß, Einstellungen zur Integration in der Bevölkerung: Kurzbericht zum Projekt ZuGleich – Zugehörigkeit und Ungleichwertigkeit, Berlin 2016.

41 Vgl. Birte Gundelach/Richard Traunmüller, Kulturelle Diversität und Zusammenhalt: Eine Mehrebenenanalyse zum Einfluss interkultureller Kontexte auf das Sozialkaptial in den deutschen Regionen, in: Markus Freitag/Adrian Vatter (Hrsg.), Vergleichende subnationale Analysen für Deutschland: Institutionen, Staatstätigkeiten und politische Kulturen, Münster 2010, S. 315–343.

42 Vgl. Hubert M. Blalock, Towards a Theory of Minority-group Relations. New York 1967; Herbert Blumer, Race Prejudice as a Sense of Group Position, in: The Pacific Sociological Review 1 (1958), H. 1, S. 3–7; Lawrence Bobo, Group Conflict, Prejudice, and the Paradox of Contemporary Racial Attitudes, in Phyllis A. Katz/Dalmas A. Taylor (Hrsg.), Eliminating Racism: Profiles in Controversy, New York 1988, S. 85–116; Lincoln Quillian, Prejudice as a Response to Perceived Group Threat, in: American Sociological Review 60 (1995), S. 586–611.

stellt sich daher die Frage, wie ein Zusammenhalt, der Ungleichwertigkeit nicht akzeptiert, sondern ein Zusammenhalt der Gleichwertigen in Würde und Recht ist, hergestellt werden kann, der sich an einem Maximum an gleichwertigen Lebensverhältnissen orientiert und nicht an einem Minimum an Diskriminierung.[43]

Gesellschaftlicher Zusammenhalt, dessen Elemente, Dimensionen, also Zutaten für ein »Zusammenhalten« der vorliegende Beitrag kenntlich gemacht hat, müsste daher auch und kontinuierlich nach einem Zukunftsmodell für Zusammenhalt fragen. Dies müsste sich wiederum in der Bundesrepublik nach der Verfasstheit einer offenen, global orientierten und nicht autoritären Gesellschaft, eben einer starken Zivilgesellschaft orientieren, die sich zum Beispiel an Modellen des innergesellschaftlichen Friedens bzw. der innergesellschaftlichen Konfliktbearbeitung orientiert. Es ginge also um die Frage, wie Konflikte so reguliert werden können, dass sie – mit Senghaas gedacht – Spaltungen überwinden durch Herstellung von Gewaltmonopolen, Interdependenzen und Affektkontrollen, konstruktive Konfliktkulturen, demokratische Partizipation und eine Rechtsstaatlichkeit für alle.[44] Dies impliziert Überlegungen zum Schutz von Grund- und Menschenrechten, der Diskriminierung bzw. einer Betonung von Inklusion und Integrationskräften, also einem Zusammenhalt, der weniger auf eine negative Differenzierung von »Anderen« basiert, auch wenn die Sozialpsychologie des Zusammenhalts nahelegt, dass Zusammenhalt sich einfacher durch Abgrenzung herstellen lässt. Ein Leitbild könnte sein: Der gesellschaftliche Zusammenhalt im Sinne eines sozialen Zusammenhalts beschreibt insgesamt eine Dynamik zwischen unterschiedlichen sozialen Gruppen und Kulturen, die »unter einem Dach« leben. Zusammenhalt soll letztendlich ein gutes und gesundes Leben durch Vertrauen und Kooperation zwischen den Mitgliedern einer Gesellschaft schaffen, und dazu fördert er die wirtschaftliche Leistungsfähigkeit und das Wohlbefinden, verbessert die Gesundheitsbedingungen und fördert die Partizipationsrate sowie Legitimität demokratischer Institutionen.[45]

Ein mangelnder Zusammenhalt hat aber nicht nur Einfluss auf das soziale Klima und die Integrationskräfte, sondern zeigt auch Wirkungen auf die Wohlfahrt, das Wohlbefinden und die Lebenschancen von Menschen, und er beeinflusst die Konstitution der sozialen Struktur, wie sie sich in Versorgungssystemen manifestiert. Was also hält Gesellschaften zusammen und wie können Gesellschaften Zu-

43 Andreas Zick, Zusammenhalt durch Gleichwertigkeit, Zusammenhalt: in Gleichwertigkeit – Leitbilder der Mitte, in: Andreas Zick/Beate Küpper/Wilhelm Berghan (Hrsg.), Verlorene Mitte – Feindselige Zustände: Rechtsextreme Einstellungen in Deutschland 2018/19, Bonn 2019, S. 283–307.

44 Dieter Senghaas, Hexagon-Variationen: Zivilisierte Konfliktbearbeitung trotz Fundamentalpolitisierung, in: Norbert Ropers/Tovias Debiel (Hrsg.), Friedliche Konfliktbearbeitung in der Staaten- und Gesellschaftswelt, Bonn 1995, S. 37–54.

45 Caroline Beauvais/Jane Jenson, Social Cohesion: Updating the State of Research, CPRN Discussion Paper No. F|22 May 2002, Ottawa 2000.

sammenhalt herstellen? In einer Gesellschaft wie der Bundesrepublik Deutschland, die immer diverser wird, muss der Zusammenhang von Vielfältigkeit in sozialen und kulturellen Gruppen und Zusammenhalt ständig untersucht werden. Dabei geht es um eine Loslösung von einer Konfliktthese, die einer Defizitthese gleicht und sich auf negative Konsequenzen von Konflikten konzentriert. Diversität, die durch Einwanderung entsteht, wird vielfach als »Risiko« oder »Belastung« bzw. »Stress« wahrgenommen. Internationale Studien haben hinlänglich gezeigt, dass Zusammenhalt und Toleranz in Gesellschaften durch die Diversität in Kommunen und Nachbarschaften steigen können, wenn Diversität eine Brückenfunktion zwischen Gruppen zukommt. Laurence legt einen Überblick und Daten aus einer Untersuchung britischer Gemeinden vor, die Vor- und Nachteile von Diversität für den Zusammenhalt sorgfältig prüfen.[46] Er testet die Kontakthypothese, die davon ausgeht, dass Kontakt Vorurteile mindert und somit den Zusammenhalt stärkt, gegen eine Bedrohungsthese, die davon ausgeht, dass kulturell-ethnische Diversität für Gruppen als bedrohlich wahrgenommen werden können bzw. Wahrnehmungen von Konflikten um begrenzte Ressourcen befördern.[47] Die Daten sprechen für die Kontakthypothese, die aber erweitert werden muss um den Aspekt der Interaktion. Wenn Diversität nicht mit einer Separierung in homogene Gruppen einhergeht, die nebeneinanderher leben, sondern in Interaktion treten, dann hat Diversität positive Effekte auf den gesellschaftlichen Zusammenhalt und die damit begleitete Förderung von Toleranz. Es kommt also letztendlich darauf an, in Gesellschaften Brücken zwischen jenen Gruppen zu bauen, auf die sich ein erwünschter Zusammenhalt beziehen soll.

5.   Konfliktthemen für den zukünftigen Zusammenhalt

Eine sozialpsychologische Konfliktsicht auf Zusammenhalt könnte sich bemessen lassen an der Zuverlässigkeit einer zuverlässigen Bestandsaufnahme wie Diagnostik. Dabei spielt die Frage nach aktuellen Konflikten in Gesellschaften, die so destruktiv sind, dass Zusammenhalt verloren geht, oder so konstruktiv gelöst werden, dass Zusammenhalt gestärkt wird und sich stabilisiert, eine große Rolle. Wie unpolitisch und nichtnormativ auch immer eine wissenschaftliche Annäherung sein

---

46 James Laurence, The Effect of Ethnic Diversity and Community Disadvantage on Social Cohesion: A Multi-level Analysis of Social Capital and Interethnic Relations in UK Communities, in: European Sociological Review 27 (2011), H. 1, S. 70–89.

47 Vgl. Jonas H. Rees/Yann P. M. Rees/Jens H. Hellmann/Andreas Zick, Climate of Hate: Similar Correlates of Far-Right Electoral Support and Right-wing Hate Crimes in Germany, in: Frontiers in Psychology 10 (2019), Article 2328.

möchte, so wenig kann eine Zusammenhaltsforschung, die sich auf Gesellschaften bezieht, ausblenden, dass Zusammenhalt durch Politik hergestellt und normativ beeinflusst wird. Daher stellen sich eben auch Fragen nach den aktuellen gesellschaftlichen Herausforderungen. Zusammenhalt sollte dabei kein exklusives Thema von Institutionen sein. Allerdings werden sich immer wieder nicht-vorhersehbare gesellschaftliche Gefahren und Risikolagen wie Herausforderungen ergeben. Die Coronapandemie und die damit einhergehenden Gefahren sozialer Ungleichheit, von Krankheiten als Spaltungs- und Exklusionsfaktor stehen derzeit an erster Stelle der Herausforderungen. Fragen der weiteren Globalisierung von Märkten und Beziehungen wie neuen Formen der Vergemeinschaftung oder Renationalisierung, also neue Formen der Provinzialisierung des Zusammenhalts in der Betonung von Nationen und Regionen oder auch nostalgischen Heimatvorstellungen ausdrücken, scheinen ebenso herausfordernd zu sein. Das wirft zugleich Fragen nach neuen Formen der Governance auf, wie sie in Kanada in der Zusammenarbeit von Politik und Forschung intensiv als Modelle des Zusammenhalts diskutiert werden.[48] Es betont die Stärken von Solidarität in Übereinstimmung mit traditionellen Wohlfahrts- und ökonomischen Prinzipien, der Anerkennung von Partizipation, eine ganzheitliche Politik und die Bedeutung von koordinierten Maßnahmen zur Herstellung von Zusammenhalt. Kritisch einzuwenden wäre, dass hierbei gesellschaftlicher Zusammenhalt eher ein Reflex auf Veränderung und nicht als ein Topos der Gestaltung von Veränderung verstanden wird. Derzeit beobachten wir in Studien zur Stabilität oder Dekonsolidierung der Demokratie, wie neue Formen von gesellschaftlichen Überzeugungen den Zusammenhalt erodieren lassen. Diese zeigen sich zum Beispiel in Meinungen, dass bei aller Befürwortung zur Demokratie im Sinne einer zusammenhaltenden Gemeinschaft, die wesentlichen gesellschaftlichen Prozesse doch eher von marktförmigen Regeln und Werten wie jenen der Durchsetzung gegen Schwächere, der individuellen Leistung etc., eben Markgesetzen geprägt sind. Unsere Analysen weisen darauf hin, dass Menschen, die der Meinung sind, in Gesellschaften würden sozialdarwinistische Regeln gelten und die sich von der Gesellschaft oder Demokratie entbunden fühlen, Zusammenhalt nicht sehen, wie auch gemessen an den Kriterien, die wir wichtig für den Zusammenhalt erachten, nicht kompetent sind, Zusammenhalt herzustellen.[49] Eine Gesellschaft, die als Markt angesehen

---

48 Sharon Jeannotte, Social Cohesion around the World: An International Comparison of Definitions and Issues, Paper SRA-309, Strategic Research and Analysis Directorate, Department of Canadian Heritage, Ottawa 2000; Sharon Jeannotte/Dick Stanley/Ravia Pendakur/Bruce Jamieson/Maureen Williams/Amanda Aizlewood, Buying In or Dropping Out: The Public Policy Implications of Social Cohesion Research, Paper SRA-631, Ottawa 2002.

49 Vgl. z. B. Andreas Hövermann/Steve F. Messner/Andreas Zick, Anomie, Marketization, and Prejudice Toward Purportedly Unprofitable Groups: Elaborating a Theoretical Approach on Anomie-driven Prejudices, in: Acta Sociologica 58 (2015), S. 215–231.

wird, drängt zu einem anderen Zusammenhalt als Gesellschaften, die sich primär als Demokratien verstehen. Dazu kommen neue Formen der Individualisierung in modernen Gesellschaften, die scheinbar kaum oder keinen kollektiven Zusammenhalt benötigen. Dies sind nur einige Stichworte zu gesellschaftlichen Herausforderungen an das Verständnis von gesellschaftlichem Zusammenhalt, die sich durch den Wandel von Gesellschaften ergeben.

Die Sozialpsychologie des Zusammenhalts, die hier entfaltet wurde, kann helfen zu verstehen, wie sich die gesellschaftlichen Veränderungen auf den Zusammenhalt in Gesellschaften ergeben. Zusammenhalt ist auch ein Raum der Gestaltungsmöglichkeiten und dazu hilft es zu verstehen, wie Menschen sich Zusammenhalt zu eigen machen und ihn gestalten.[50] Die sozialpsychologische Konfliktthese der Zusammenhaltsforschung lohnt sich aus unserer Sicht weiterzuführen und unter Würdigung der theoretischen und empirischen Tradition aufrechtzuerhalten, aus der sie stammt.[51] Angesichts der massiven internationalen Konflikte scheint viel dafür zu sprechen, dass Konflikte von Gesellschaften mit anderen Gesellschaften den innergesellschaftlichen Zusammenhalt stärken. Allerdings verwies schon Stein in seinem Review der klassischen Theorien ebenso darauf, dass aus Konflikten auch Zustände von Anomie entstehen können und es darauf ankäme, die Integrationskräfte von Gesellschaften genau zu kennen, um keinen einfachen Schlüssen auf die Mobilisierungskraft von Konflikten anheimzufallen. Das ist auch heute noch relevant. Für demokratische Gesellschaften ist es normativ entscheidend, dass jeder Mensch und jede Gruppe regelmäßig Zusammenhalt erfährt und so an gesellschaftlichen Prozessen teilhat. Die Prozesse sind immer wieder neu zu bestimmen und Zusammenhalt muss fortwährend ausgehandelt werden. Zur Aushandlung gehören aus sozialpsychologischer Sicht soziale Identitäten und Zugehörigkeiten, die sich in Symbolen, Worten, Framings wie auch in Inklusions- und Integrationsprozessen und -regeln manifestieren. Schon in den Studien zu den Deutschen Zuständen deutete sich an, dass Menschen Umbrüche feststellen, die mit Gefühlen der Bedrohung des Zusammenhalts einhergingen und dies wiederum zur Öffnung gegenüber rechtspopulistischen, oftmals vereinfachenden Erklärungen von gesellschaftlichen Zusammenhängen führte.[52] Umbrüche, wie sie durch eine Veränderung im Zuge von Wanderung wie aber auch vor allem durch die Globalisierung der Ökonomie zustande kommen, zeitigen Einflüsse auf soziale Verhältnisse. Ein nicht unbeachtlicher Teil der Bevöl-

---

50 Jo W. Ritzen/William Easterly/Michael Woolcock, On »Good« Politicians and »Bad« Policies: Social Cohesion, Institutions, and Growth, in: World Bank Policy Research Working Paper 2448 (2000).

51 Arthus A. Stein, Conflict and Cohesion: A Review of the Literature, in: Journal of Conflict Resolution 20 (1976), S. 143–172.

52 Andreas Zick/Beate Küpper (Hrsg.), Wut, Verachtung und Abwertung: Rechtspopulismus in Deutschland. Bonn 2015.

kerung ist der Meinung, dass gesellschaftliche Werte und Normen sich nur noch an globalisierten Marktgesetzen orientieren. Das hat Folgen für den gesellschaftlichen Zusammenhalt. Gruppen, die einerseits von Zuständen der Anomie wie anderseits aber auch einer fehlenden Teilhabe und Einbindung in gesellschaftliche Institutionen betroffen sind, entwickeln marktförmig extreme Ideologien und ziehen ihre Solidarität und die Unterstützung von Gruppen mit Unterstützungsbedarf zurück, weil sie diese als »unnütz« und »unprofitabel« markieren.[53] Diese Entwicklung nachzuvollziehen, dazu hilft ein zuverlässiges Konzept von Zusammenhalt, von Konfliktprozessen und -strukturen und der Frage, wie Mitglieder einer Gesellschaft entsprechende Strukturen wahrnehmen.

---

[53] Andreas Zick, Die Macht des Vorurteils: Menschenfeindliche Inklusionsvorstellungen, in: Birgit Lütje-Klose/Mai-Ann Boger/Benedikt Hopmann/Philipp Neumann (Hrsg.), Leistung inklusive? Inklusion in der Leistungsgesellschaft, Bad Heilbrunn 2017, S. 26–38.

Verschenkte Potenziale

Marginalisierte Ideen über gesellschaftlichen Zusammenhalt im Kaiserreich und in der Nachwendezeit

Felix Axster, Mathias Berek, Stefanie Schüler-Springorum

Einleitung

In diesem Beitrag möchten wir das Verhältnis zwischen jenen antagonistischen Vorstellungen von Gesellschaft untersuchen, die sich unter den Begriffen Homogenität und Pluralität abstrahieren lassen. Anhand von zwei Beispielen wollen wir den Versuch unternehmen, jeweils spezifische Visionen eines pluralen Gesellschaftsmodells nachzuzeichnen und diese – wenn auch nur in Ansätzen – aufeinander zu beziehen. Es handelt sich um Visionen, die aus dezidiert marginalisierten Perspektiven bzw. aus latent prekären gesellschaftlichen Positionierungen heraus entwickelt und artikuliert wurden, zum einen im Kontext der jüdischen Emanzipation im Laufe des 19. Jahrhunderts, zum anderen im Zuge der Auseinandersetzungen über Migration in den ersten beiden Dekaden des 21. Jahrhunderts. Wir werden im Verlauf dieses Beitrags also einen gewaltigen Sprung machen – sowohl zeitlich als auch inhaltlich. Dabei sei betont, dass es uns nicht um einen Vergleich von Antisemitismus und Rassismus geht, ja nicht einmal um deren jeweils spezifische ideologische oder praktische Strukturen. Vielmehr stehen die erwähnten pluralistischen Visionen gesellschaftlich marginalisierter Gruppen im Zentrum unseres Interesses, zwischen denen ungeachtet des zeitlichen Abstandes – so werden wir im Folgenden argumentieren – durchaus eine Verwandtschaft besteht.

Mehr noch: Die These dieses Artikels – und Grundlage der Forschungsarbeit des Zentrums für Antisemitismusforschung am FGZ – ist es, dass die sich im 19. Jahrhundert abzeichnende parallele Existenz einander widersprechender Vorstellungen von Zusammenhalt auch noch im 21. Jahrhundert die gesellschaftlichen Zustände und Prozesse prägt, und dass auch die Debatten darüber weiterhin von den im 19. Jahrhundert ausbuchstabierten Prämissen ausgehen. Gerade unsere Gegenwart, in der sich die offensichtlichen Ergebnisse schon realisierter Emanzipation mit einem massiven Backlash konfrontiert sehen, kann, davon sind wir überzeugt, aus der Geschichte marginalisierter Konzepte gesellschaftlichen Zusammenhalts viel lernen – aus ihren Teilerfolgen, aber auch aus der Geschichte ihres Scheiterns.

1. Judentum im 19. Jahrhundert: Pluralistische Visionen zwischen Fortschritt und Feindseligkeit

Die Ideengeschichte des gesellschaftlichen Zusammenhalts lässt sich an kaum einem historischen Beispiel besser nachzeichnen als an der Entwicklung des deutschen Judentums seit dem 19. Jahrhundert. Hier wird das ganze Ausmaß der Ambivalenz von Zusammenhaltsvorstellungen sichtbar – sie konnten dem Ausschluss ganzer Bevölkerungsgruppen aus der legitimen Zugehörigkeit ebenso dienen wie der ideellen Integration des gesamten fragilen Konstrukts ›Gesellschaft‹.

Während Antisemitismus mit der Vorstellung eines gesellschaftlichen Zusammenhalts einherging, der auf der gewalttätigen Homogenisierung von Gesellschaft und dem im Zweifelsfall mörderischen Ausschluss der nicht Dazugehörigen beruhte, hat die historische Situation des 19. Jahrhunderts im deutschen Judentum auch ganz entgegengesetzte Modelle von Gesellschaft und deren Zusammenhalt entstehen lassen. Aus der Erfahrung von Ausgrenzung und Judenhass, von rechtlicher Emanzipation und sozialem Aufstieg, aber mehr noch aus der Erfahrung, eine neue Nation in Theorie und Praxis mit zu konstruieren und sich mit ihr zu identifizieren, ohne die partikulare jüdische Zugehörigkeit aufgeben zu müssen, erwuchsen pluralistische und subjektivistisch-konstruktivistische Gesellschaftsmodelle, die mit antisemitischen, rassistischen oder religiös-homogenen Ideen inkompatibel waren.

Die knapp ein Jahrzehnt nach der Reichsgründung 1871 immer lauter und zahlreicher werdenden nichtjüdischen Stimmen, die die jüdische Emanzipation wieder rückgängig machen wollten, beriefen sich auf das Bild einer Gesellschaft, die so nie existiert hatte. Das Deutsche Kaiserreich war ein nationales Projekt, das deutschsprachige Juden und Jüdinnen unleugbar mitgegründet und -gestaltet hatten.[1] Es war *auch* ein jüdisches Projekt, und konsequenterweise identifizierten sich die vielen nationalistisch gesinnten jüdischen Deutschen als genau das: deutsch und jüdisch.

Insofern war es ganz folgerichtig, dass sich Repräsentanten des deutschen Judentums durch die Ende der 1870er Jahre erneut gestellte antisemitische »Judenfrage« mehr *als Deutsche* denn *als Juden* angegriffen fühlten. So konstatierte der Philosoph und Sozialpsychologe Moritz Lazarus 1880, ein Jahr nach Heinrich von

---

1 Peter Pulzer, Die jüdische Beteiligung an der Politik, in: Werner E. Mosse/Arnold Paucker (Hrsg.), Juden im Wilhelminischen Deutschland 1890–1914. Ein Sammelband, Tübingen 1976, S. 143–239; Ulrich Wyrwa, Die Konstruktion der deutschen Nation mit den Juden. Deutsche Juden als Akteure auf dem nationalen Feld (1858–1878), in: David Bordiehn et al. (Hrsg.), Ausgrenzende politische Ideologien. Akteure, Organisationen und Programmatiken. Festschrift zu Ehren von Uwe Puschner, Berlin/Bern 2020, S. 179–191.

Treitschkes Provokation, die den »Antisemitismusstreit« auslöste, in einer Rede vor Berliner jüdischen Honoratioren:

die Thatsache, daß man darüber discutirt, die ist mehr als eine Gefahr, sie ist ein tiefes Leiden, sie ist eine Schmach! Nicht welche Antwort man auf die Judenfrage geben wird, kümmert uns; daß die Judenfrage existirt, ist ein schweres Leid für die Judenschaft in Deutschland, ein schwereres für die deutsche Nation. Meine Herren, das Schlimmste für uns deutsche Juden, vollends für diejenigen, welche mitarbeiten an der deutschen Cultur ist eines: unser Stolz ist gebrochen. Wie waren wir stolz auf diesen deutschen Nationalgeist![2]

Diese nationalliberale Reaktion auf den Antisemitismus beruhte auf jenem ganz anderen, pluralistischen, subjektivistischen und letztlich humanistischen Verständnis von nationalem Zusammenhalt, das Antisemit:innen zuwider war. Zusammenhalt beruht in Gesellschaftsmodellen wie diesem nicht auf der Annahme einer a priori existierenden Homogenität, sondern auf geteilten Zielen und Überzeugungen bezüglich der Grundlagen des Zusammenlebens. Damals durchgesetzt hat sich bekanntlich das Homogenisierungsmodell.

Doch das Ergebnis historischer Prozesse verstellt zu oft den Blick auf die Komplexität der Vergangenheit, die meist homogener erscheint, als sie war. Die durchaus vorhandene Diversität der deutschen Gesellschaften des 19. Jahrhunderts, auch des Wilhelminischen Kaiserreichs, musste erst nachträglich aus der Geschichte herausgeschrieben werden.[3] So ist es heute weithin unbekannt, in welchem Ausmaß deutsch-jüdische Intellektuelle wie Moritz Lazarus in ihre Zeit hinein wirkten und wie prominent sie in der allgemeinen Öffentlichkeit waren, gewissermaßen als Teil-Marginalisierte in der Mitte der Gesellschaft.[4] Ähnliches gilt für die Erinnerung an das Wirken von Frauen oder Schwarzen in der Geschichte – oder auch für die migrantischen Bevölkerungen jener Zeit in deutschen Ländern.[5] Die jeweilige judenfeindliche, patriarchale, protestantische oder

---

2 Moritz Lazarus, Unser Standpunkt. Zwei Reden an seine Religionsgenossen am 1. und 16. December 1880, in: ders., Treu und Frei. Gesammelte Reden und Vorträge über Juden und Judenthum, Leipzig 1887, S. 115–155, hier S. 121.

3 Neil Gregor/Nils Roemer/Mark Roseman (Hrsg.), *German History* from the Margins, Bloomington 2006; Tara Zara, Imagined Non-Communities: National Indifference as a Category of Analysis, in: *Slavic Review* 69 (2010), H. 1, S. 93–119.

4 Mathias Berek, Moritz Lazarus. Deutsch-jüdischer Idealismus im 19. Jahrhundert, Göttingen 2020, S. 555.

5 Gisela Bock, Frauen in der europäischen Geschichte. Vom Mittelalter bis zur Gegenwart, München 2005; Ulrich Herbert, Geschichte der Ausländerpolitik in Deutschland. Saisonarbeiter, Zwangsarbeiter, Gastarbeiter, Flüchtlinge, München 2001; Sara Lennox (Hrsg.), Remapping Black Germany. New Perspectives on Afro-German History, Politics, and Culture, Amherst 2016; Hanna Lotte Lund, Der Berliner »Jüdische Salon« um 1800. Emanzipation in der Debatte, Berlin 2012; Marion A. Kaplan, Jüdisches Bürgertum. Frau, Familie und Identität im Kaiserreich, Hamburg 1997; Peter Martin, Schwarze Teufel, edle Mohren. Afrikaner in Geschichte und Bewusstsein der Deutschen, Hamburg 2001; Katharina Oguntoye, Eine afro-

rassistische Gegenwartsdominanz kann ihre Legitimität nur verteidigen, wenn das Jüdische, Weibliche, Katholische, Polnische, Litauische, Sorbische, Dänische, Französische, Tschechische oder Nichtweiße aus der Erzählung ihrer Gewordenheit konsequent entfernt wird.

Dies kann jedoch erst geschehen, wenn die praktische Hegemonie erreicht ist. Die von deutsch-jüdischen Intellektuellen entwickelten und vertretenen pluralistischen und emanzipativen Gesellschaftsmodelle mussten erst zusammen mit ihren realen zeitgenössischen Vertreter:innen marginalisiert und exkludiert werden, bevor auch ihre historischen Spuren verwischt werden konnten. Im Kaiserreich war es die Thematisierung der »Judenfrage«, mit der ein sich über Jahrzehnte ziehender Prozess begann, der die fast vollendete Emanzipation und die neue Präsenz der deutschen Juden und Jüdinnen in der Gesellschaft zu einem Problem erklärte. Wie schon einige Jahrhunderte zuvor in Spanien ging es auch in Deutschland um die Sichtbarkeit von Differenz.[6] So war den Judenfeind:innen der in seiner Kleidung und seinem Lebenswandel, ja selbst in der Art seines Gottesdienstes kaum noch von seinen nichtjüdischen Pendants unterscheidbare bürgerliche Jude ein viel größeres Hassobjekt als der in seinem Ghetto und orthodoxem Ritus klar erkenn- und ausgrenzbare Jude der Vergangenheit.[7] Die antisemitische Bewegung erstarkte zusammen mit einem Rechtsruck des Kaiserreichs am Ende der 1870er Jahre, dessen politisches Symbol Bismarcks Abwendung von den Nationalliberalen hin zu den Konservativen war. Eine Petition an den Reichstag forderte die Rücknahme der gesetzlichen Gleichstellung des Judentums, am kaiserlichen Hof predigte Adolf Stöcker protestantischen modernen Antisemitismus, die Antisemitenparteien gewannen an Zulauf, und spätestens 1879, mit Heinrich von Treitschkes Artikel über das »Unglück«, das »die Juden« für eine christlich verstandene deutsche Nation seien, begann trotz liberalen Gegenwinds die schleichende Eta-

---

deutsche Geschichte. Zur Lebenssituation von Afrikanern und Afro-Deutschen in Deutschland von 1884 bis 1950, Berlin 1997; dies./May Opitz/Dagmar Schulz (Hrsg.), Farbe bekennen. Afro-deutsche Frauen auf den Spuren ihrer Geschichte, 4. Aufl., Berlin 2016; Angelika Schaser, Frauenbewegung in Deutschland 1848–1933, Darmstadt 2006; dies/Stefanie Schüler-Springorum (Hrsg.), Liberalismus und Emanzipation. In- und Exklusionsprozesse im Kaiserreich und in der Weimarer Republik. Stuttgart 2010.

6 Zum Spanienbezug siehe Stefanie Schüler-Springorum, Das Abendland. Christlich, Jüdisch und auch ein bisschen Islamisch? Anmerkungen zu einer seltsamen Debatte, in: Ozan Zakariya Keskinkilic/Armin Langer (Hrsg.), Fremdgemacht und reorientiert. Jüdisch-muslimische Verflechtungen, Berlin 2018, S. 131–146.

7 Uffa Jensen, Gebildete Doppelgänger. Bürgerliche Juden und Protestanten im 19. Jahrhundert, Göttingen 2005; Till van Rahden, Juden und andere Breslauer. Die Beziehungen zwischen Juden, Protestanten und Katholiken in einer deutschen Großstadt von 1860 bis 1925, Göttingen 2000; Reinhard Rürup, Emanzipation und Krise. Zur Geschichte der Judenfrage in Deutschland vor 1890, in: Mosse/Paucker, Juden im wilhelminischen Deutschland (Anm. 1), S. 1–56; Stefanie Schüler-Springorum, Die jüdische Minderheit in Königsberg/Preußen, 1871–1945, Göttingen 1996.

blierung des Judenhasses an den Universitäten, den Ausbildungsstätten für die politische, administrative und intellektuelle Elite des Landes.[8] Gemessen an den Wahlergebnissen waren die explizit antisemitischen Parteien um 1900 marginal – und doch wurde es schrittweise zu einer dominanten Position, die Existenz eines deutschen Judentums als partikulare, jüdische Teilgruppe der deutschen Nation zu problematisieren. Selbst prominente christlich-liberale Gegner des Antisemitismus wie Theodor Mommsen erwarteten letztlich die Konversion von den Juden und Jüdinnen, um echte Deutsche zu werden.[9]

Die Antisemit:innen bedienten sich im Übrigen beim Angriff auf das Judentum auch eines migrationsfeindlichen Arguments, wie man z. B. in Treitschkes berüchtigter Hetze nachlesen kann, wonach »aus der unerschöpflichen polnischen Wiege eine Schaar strebsamer hosenverkaufender Jünglinge« über die deutsche Ostgrenze hereindränge, »deren Kinder und Kindeskinder dereinst Deutschlands Börsen und Zeitungen beherrschen sollen«.[10] Abgesehen von der in der Figur des »Ostjuden« realisierten Verknüpfung des Antisemitismus mit dem antislawischen Hass konstruierte der Berliner Geschichtsprofessor hier auch eine völkische Vision des »Deutschtums« und seiner Gefährdung durch vermeintliche Masseneinwanderung.[11] So ist eines seiner Argumente gegen das Judentum: »die Einwanderung wächst zusehends«.[12] Er ließ sich in seiner Argumentation weder davon beirren, dass die meisten aus Osteuropa vor Armut und Pogromen fliehenden Juden und Jüdinnen überhaupt nicht nach Deutschland wollten, sondern Transmigrant:innen auf dem Weg nach Nordamerika waren, noch davon, dass auch die in Deutschland bleibenden ausländischen Juden und Jüdinnen eine recht kleine Minderheit blieben, deren Anteil an der Gesamtbevölkerung zwischen 1880 und 1910 von 0,03 auf gerade einmal 0,12 Prozent stieg.[13]

---

8 Heinrich von Treitschke, Unsere Aussichten, in: Preußische Jahrbücher 44 (1879), H. 5, S. 559–576. Siehe auch Karsten Krieger (Hrsg.), Der Berliner Antisemitismusstreit 1879–1881. Eine Kontroverse um die Zugehörigkeit der deutschen Juden zur Nation. Kommentierte Quellenedition, München 2003.

9 Theodor Mommsen, Auch ein Wort über unser Judenthum, in: Krieger, Berliner Antisemitismusstreit (Anm. 8), S. 695–709.

10 Treitschke, Unsere Aussichten (Anm. 8), S. 572 f.

11 Treitschke setzt die »Polnischen« in Deutschland explizit den aus Spanien stammenden, sephardischen Juden und Jüdinnen in Frankreich, England oder Italien entgegen. Zur Figur des »Ostjuden« siehe Steven E. Aschheim, Brothers and Strangers: The East European Jew in German and German-Jewish Consciousness, 1800–1923, Madison 1982; Ludger Heid, »Der Ostjude«, in: Joachim Schlör/Julius H. Schoeps (Hrsg.), Antisemitismus. Vorurteile und Mythen, München/Zürich 1995, S. 241–251; Jack Wertheimer, Unwelcome Strangers: East European Jews in Imperial Germany, New York 1987.

12 Treitschke, Unsere Aussichten (Anm. 8), S. 573.

13 Monika Richarz, Die Entwicklung der jüdischen Bevölkerung, in: Steven M. Lowenstein et al. (Hrsg.), Deutsch-jüdische Geschichte in der Neuzeit. Band III: Umstrittene Integration 1871–1918, München 1997, S. 13–38, hier S. 23–27.

Der Antisemitismus als politische Bewegung ist, wie erwähnt, ganz wesentlich als Backlash gegen realisierte Fortschritte zu verstehen. Parallel zur Formierung der Nation in jenen Dekaden zwischen der Märzrevolution und der Reichsgründung wurde in vielen Bereichen die jüdische Emanzipation durchgesetzt, trotz aller noch vorhandenen Einschränkungen, etwa im Militär oder bei leitenden Positionen im Staatsapparat. Selbstbild und Selbstbewusstsein des deutschen Judentums bildeten diese Emanzipation als Selbstverständlichkeit ab. Viele deutsche Juden und Jüdinnen sahen sich als Teil der deutschen Gesellschaft, der deutschen Nation. Zum einen war diese für sie das historische Projekt, das ihre bürgerliche Gleichstellung ermöglicht hatte. Zum anderen hatten die jüdischen Männer nicht erst in den Reichseinigungskriegen ihre Orden ebenso verdient wie ihre katholischen oder protestantischen Geschlechtsgenossen. Sie hatten seit dem Vormärz in den liberalen Vereinen und Parteien an der Realisierung der Nation mitgearbeitet, sie waren in der Arbeiter:innenbewegung ebenso aktiv wie in den konservativen Parteien. Moritz Lazarus fasste die deutsch-jüdische Erfolgsgeschichte 1887 voll feierlichem Pathos so zusammen:

Rasch haben wir Juden mit einer vielleicht beispiellosen Energie die fortan unzertrennliche Einheit mit der deutschen Volksseele errungen. […] so sind auch wir jüdischen Männer aus der ersten Hälfte des Jahrhunderts zuerst und schnell in die innerliche Einheit des nationalen Geistes eingetreten, in deutscher Kunst und Wissenschaft aufnehmend und mitschaffend heimisch, durch deutsche Ideale und deutsche Arbeitsformen zu Gliedern der deutschen Volksseele und des Volksgemüths geworden.[14]

Dieses von ihnen mitgeschaffene Reich war für die meisten deutschen Juden und Jüdinnen ein Ort zivilisatorischen und kulturellen Fortschritts. Sie waren optimistisch und überzeugt, ein Staat, »welcher die sittliche Höhe des Deutschen Reiches erstiegen hat, kann von derselben nicht wieder heruntersteigen.«[15] Deshalb auch war die gestellte »Judenfrage« für sie eben »nicht eine Frage der Juden, sondern der Deutschen. Die Frage, ob sie zur Reihe der civilisirten Nationen Europas fürderhin gehören oder aus derselben ausscheiden und in die Barbarei des Mittelalters zurückfallen wollen.« Deshalb auch erwartete Lazarus den Kampf gegen den Antisemitismus »von der Regierung und von dem Parlament; […] von jedem für Recht und Gerechtigkeit einstehenden Manne; […] von dem Genius der deutschen Nation.«[16] Es war die gefühlte Kontinuität des Fortschritts von Emanzipation und Gleichstellung, die es mindestens männlichen, bürgerlich-honorigen deutschen Juden wie Lazarus ermöglichte, den Antisemitismus ganz selbstbewusst und *als Deutsche* zurückzuweisen, ohne dabei die jüdische Differenz und Autonomie aufzugeben.

---

14 Moritz Lazarus, An die deutschen Juden, Berlin 1887, S. 21 f.
15 Ebd., S. 19.
16 Ebd., S. 16.

Diese Position war freilich »weit entfernt [...] von den Berichten nagenden
Selbstzweifels der nächsten Generation«, deren Sicherheitsgefühl von den antisemitischen Angriffen bereits zermürbt und ausgehöhlt war.[17] Im späteren Kaiserreich war der Angriff auf die jüdische Emanzipation partiell erfolgreich. Auch
wenn die Forderungen der Antisemitenpetition nicht umgesetzt wurden, auch
wenn die antisemitischen Parteien wieder an Stimmen verloren, auch wenn einige
antisemitische Hetzer von den Gerichten verurteilt wurden, auch wenn der Antisemitismus vielleicht noch nicht offen hegemonial war, sondern eher »kultureller
Code« für antiliberalen Konservatismus: Die »Judenfrage« war gestellt, das mo-
dern-antisemitische Denken breitete sich an Universitäten, an Schulen und in der
Verwaltung weiter aus, der Stolz des deutsch-jüdischen Bürgertums aus der ersten
Dekade des Reiches war gebrochen.[18] Und obwohl auch während des Weltkrie-
ges wieder unzählige jüdische Deutsche kämpften, führte die Armeeführung 1916
eine sogenannte »Judenzählung« durch, die der weit verbreiteten antisemitischen
Unterstellung, die Juden hätten sich vor der Front gedrückt, offizielle Weihen ver-
lieh. Und wieder tat das (zunächst geheim gehaltene) Ergebnis, das die selbstverständliche Beteiligung jüdischer Deutscher erneut bestätigte, dem Schaden keinen Abbruch, der schon durch das Stellen der Frage entstanden war.[19]

Vor dem Hintergrund dieser ambivalenten Erfahrung – von antisemitischer
Ausgrenzung und erlebter Pluralität und Emanzipation – entstanden im deutschen Judentum »Visionen der gerechten Gesellschaft«, die heute noch relevant
sind, und dies nicht zuletzt deshalb, weil sie auch hundertfünfzig Jahre später nur
partiell umgesetzt sind.[20] So gehörte für Moritz Lazarus derjenige Mensch zu einer
Gruppe, der sich *selbst dazu rechnete* und an den gemeinsamen Aufgaben *teilnahm*.
Seine eigene Biografie und die Aufstiegsgeschichten der jüdischen Emanzipation vor Augen, war für Lazarus klar, dass deutsche Juden und Jüdinnen genauso
deutsch waren wie deutsche Christ:innen. Und er erweiterte diese Einsicht zur
allgemeinen, universellen Norm. Inspiriert vom Schweizer Republikanismus, den

---

17 Stefanie Schüler-Springorum, Unser Standpunkt. Jüdische Reaktionen auf den Berliner Antisemitismusstreit, in: dies./Andreas Brämer/Michael Studemund-Halévy (Hrsg.), Aus den
   Quellen. Beiträge zur deutsch-jüdischen Geschichte. Festschrift für Ina Lorenz zum 65. Ge-
   burtstag, München/Hamburg 2005, S. 276–283, hier S. 281.
18 Shulamith Volkov, Antisemitismus als kultureller Code, in: dies., Antisemitismus als kultureller Code. Jüdisches Leben und Antisemitismus im 19. und 20. Jahrhundert. Zehn Essays,
   München 2000, S. 13–36.
19 Volker Ullrich, Fünfzehntes Bild: Drückeberger. Die Judenzählung im Ersten Weltkrieg, in:
   Joachim Schlör/Julius H. Schoeps (Hrsg.), Bilder der Judenfeindschaft. Antisemitismus, Vorurteile und Mythen, Frankfurt am Main 2000, S. 210–217.
20 Michael Brocke et al., Visionen der gerechten Gesellschaft. Der Diskurs der deutsch-jüdischen
   Publizistik im 19. Jahrhundert, Köln/Weimar/Wien 2009. Siehe auch Mathias Berek, Neglected
   German-Jewish Visions for a Pluralistic Society: Moritz Lazarus, in: Leo Baeck Institute Year-
   book 60 (2015), S. 45–59.

er als Professor in Bern miterlebt hatte, bedeutete Mitwirken für ihn Teilhabe an der Gesellschaft, die selbstverständlich zu Zusammenhalt führt und führen muss. Teilhabe war nicht als revidierbare Belohnung bei Wohlverhalten, sondern als Ausweis von Zugehörigkeit gemeint, die entsprechend zu akzeptieren war. Nicht angeborene Eigenschaften, sondern die Selbstzurechnung und das Handeln entscheiden über die Zugehörigkeit: Das, »was ein Volk zu eben diesem macht, liegt wesentlich nicht sowohl in gewissen objektiven Verhältnissen wie Abstammung, Sprache usw. an sich als solchen, als vielmehr bloß in der subjektiven Ansicht der Glieder des Volkes, welche sich alle zusammen als ein Volk ansehen«.[21] Und mehr noch: Kultureller Wert und zivilisatorische Größe dieses Kollektivs liegen in der Herstellung von Zusammenhalt unter der Bedingung der Erhaltung und Schaffung von Vielfalt: »Die wahre Cultur aber liegt in der Mannigfaltigkeit«.[22] Der (auch heute immer wieder geäußerten) Behauptung der Homogenitätsgläubigen, dass Pluralität eine »Herausforderung« für den Zusammenhalt darstelle, entgegnete Lazarus, dass sich Harmonie und Vielfältigkeit von Kultur und Gesellschaft gegenseitig bedingten:

Das wäre eine dürftige Kultur, welche keine Verschiedenheit [der Gruppen] erträgt. […] Verschiedenheit ist keine Dekomposition, sondern Kitt. – Die Einerleiheit erzeugt Zentrifugalität – die Mannigfachheit wirkt zentripetal! […] Innerer Reichtum der Kultur, Mannigfaltigkeit der Fähigkeit und Bestrebungen, Wettkampf der Lebensformen usw. ist notwendig.[23]

Lazarus ist nur ein Vertreter dieser Vorstellungen. Ludwig Bamberger, Gabriel Riesser, Ludwig Philippson oder Leopold Zunz wären andere.[24]

Nach dem Weltkrieg, der Revolution, dem Friedensschluss und der Gründung der Weimarer Republik setzte sich die Auseinandersetzung um Gleichstellung und Pluralität fort. Es ist keine Frage, dass Verfassung und gesellschaftliche Realität in Weimar einen großen Fortschritt bedeuteten und es durchaus auch ein dezidiert nicht-antisemitisches Milieu gab, vor allem im Umfeld des Linksliberalismus und der Arbeiterbewegung. Jüdisches Leben florierte und jüdische Deutsche waren in vielen Bereichen anerkannte und erfolgreiche Mitglieder der Gesellschaft. In den Großstädten entfalteten auch jüdische Migrant:innen aus Ostmittel- und Osteuropa eine vielfältige kulturelle Präsenz – nicht nur orthodoxe Religiöse prägten manches Stadtviertel in Berlin, auch säkulare ostjüdische In-

---

21 Moritz Lazarus, Was heißt national?, in: ders., Treu und Frei. Gesammelte Reden und Vorträge über Juden und Judenthum, Leipzig 1887, S. 53–113, hier S. 64.

22 Ebd., S. 93.

23 Moritz Lazarus, Ethik des Judenthums. Zweiter Band. Aus dem handschriftlichen Nachlasse des Verfassers, hgg. v. Jakob Winter u. August Wünsche, Frankfurt am Main 1911, S. 179 und 183.

24 Brocke et al., Visionen der gerechten Gesellschaft (Anm. 20).

tellektuelle lebten und wirkten hier künstlerisch, politisch und wissenschaftlich.[25] Doch der Backlash war der Republik von Anfang an inhärent. Die Saat der wilhelminischen Universität war in Schulen, Gerichten, Parteien, Presse, Verwaltungen und Polizeibehörden aufgegangen, wo, wenn nicht latente oder manifeste antisemitische Einstellungen ausagiert wurden, sich Widerspruch oder Widerstand gegen den zunehmenden Antisemitismus kaum regte – wenn, dann höchstens als heroischer Einzelfall (erwähnt sei z. B. der preußische Kulturminister Carl Heinrich Becker).[26]

Das nationalsozialistische Deutschland erklärte Antisemitismus zur offiziellen staatlichen Politik, definierte sodann, wer als jüdisch zu gelten habe und schuf eine rechtliche Grundlage für eine völlig neue Dimension der Verfolgung, die schließlich im Krieg mit aller mörderischen Konsequenz zu Ende geführt wurde. Zumindest, was die Entfernung der Juden und Jüdinnen aus der deutschen Gesellschaft angeht, wurden die Träume von Marr, Wagner, Stoecker und Treitschke nun in die Realität umgesetzt. Es wurde nicht nur die Gleichstellung der Juden und Jüdinnen beendet, sondern mit industriellem Massenmord oder per Erschießungskommando die jüdische Existenz als solche ausgelöscht, wo immer deutsche Armeen und Polizeitruppen ihre Herrschaft etablierten. Mit Blick auf die Geschichte des Judentums in Europa und den Zickzack-Kurs der Emanzipation seit dem Ausgang des 18. Jahrhunderts ist der Nationalsozialismus und seine »Volksgemeinschaft« der radikalste, in einem unfassbar kurzen Zeitraum und mit bis dahin nicht gekannter Brutalität durchgesetzte Versuch der Homogenisierung einer modernen Gesellschaft durch Ausschluss und Ermordung derjenigen, die dem nationalen und völkischen Zusammenhalt aus Sicht der deutschen Täter:innen gefühlt entgegenstanden – und das waren mehr als alle anderen die Juden und Jüdinnen. Die Auseinandersetzung darum, worauf sich gesellschaftlicher Zusammenhalt gründen sollte: Einheitlichkeit und Reinheit oder Pluralität und Gleichstellung, wurde schon im Kaiserreich am Beispiel des Judentums am intensivsten geführt und nicht nur, aber auch von deutschen Juden und Jüdinnen vehement zugunsten Letzteren entschieden. Im Nationalsozialismus wurde sie mit Deportation und Massenmord beendet. Dies ist die Ausgangslage der postnazistischen Gesellschaften, aus denen sich in den Dekaden nach 1945 auch die heutige Bundesrepublik formte.

---

25 Michael Brenner, The Renaissance of Jewish Culture in Weimar Germany, New Haven 1996; Verena Dohrn, Transit und Transformation. Osteuropäisch-jüdische Migranten in Berlin 1918–1939, Göttingen 2010.

26 Avraham Barkai/Paul Mendes-Flohr, Deutsch-Jüdische Geschichte der Neuzeit, Band IV: Aufbruch und Zerstörung 1918–1945, München 1997, S. 15–190; Stefanie Schüler-Springorum, Vom Wort zur Tat. Das Erbe des Weimarer Antisemitismus, in: Hanno Hochmuth/Martin Sabrow/Tilmann Siebeneichner (Hrsg.), Weimars Wirkung. Das Nachleben der ersten deutschen Republik, Göttingen 2020.

2. Postmigrantische Gesellschaftsanalyse

Im Folgenden geht es nicht darum, die Entwicklung der postnazistischen Gesellschaftsformationen in der zweiten Hälfte des 20. Jahrhunderts nachzuvollziehen. Vielmehr steht die seit der Jahrtausendwende sich entfaltende postmigrantische Perspektive im Fokus. Es steht außer Frage, dass das postnazistische Erbe die Geschichte von Migration und Migrationspolitik in BRD und DDR und also auch die Intervention des Postmigrantismus mitgeprägt hat. Gleichwohl machen wir – wie eingangs schon angedeutet – einen Sprung von der Situation am Ende des 19. hin zum Beginn des 21. Jahrhunderts. Dieser Sprung bedeutet nicht, dass die dazwischen liegenden Epochen oder der Epochenbruch der Shoah keine Bedeutung mehr hätten oder dass Antisemitismus heute kein relevantes Problem wäre. Es erscheint uns jedoch analytisch plausibel, gegenwärtige Auseinandersetzungen um das *Verhältnis von Pluralität und Homogenität* auf Parallelen und Herkünfte in ähnlich gelagerten Konstellationen und Dynamiken im 19. Jahrhundert hin zu untersuchen.

Post-Diskurse zeichnen sich durch eine ambivalente Zeitlichkeit aus: Das Präfix »Post« verweist sowohl auf ein chronologisches Danach als auch darauf, dass sich dieses Danach immer noch im Horizont des Davor bewegt.[27] Darüber hinaus eignet Post-Diskursen häufig eine normative Dimension. Entsprechend wird das Präfix im Sinne eines Zudem verstanden.[28] Was heißt das nun für die Diagnose des Postmigrantischen?

Diese Diagnose, die sich Mitte/Ende der 1990er Jahre an der Schnittstelle von politischem Aktivismus, Kulturbetrieb und wissenschaftlicher Analyse zu etablieren begann, ist – so fasst Kijan Espahangizi zusammen – »in den Selbstermächtigungsprozessen der ›Ausländerkinder‹, bzw. der sogenannten ›zweiten Generation‹ seit den 1980er und 1990er Jahren verwurzelt.«[29] Eine wesentliche Referenz ist das

---

27 Siehe z. B. Stuart Hall, Wann war ›der Postkolonialismus‹? Denken an der Grenze, in: Elisabeth Bronfen/Benjamin Marius/Therese Steffen (Hrsg.), Hybride Kulturen. Beiträge zur anglo-amerikanischen Multikulturalismusdebatte, Tübingen 1997, S. 219–246.

28 Ebd.

29 Kijan Espahangizi, Das #Postmigrantische ist kein Kind der Akademie, in: Geschichte der Gegenwart, 12.6.2016, https://geschichtedergegenwart.ch/das-postmigrantische-kein-kind-der-akademie/ (Zugriff 24. Juni 2020). Eine der vermutlich frühesten, heute noch rekonstruierbaren Verwendungsweisen des Begriffs des Postmigrantischen ist die Tagung »Türkisch-Deutsche Postmigrantenkultur: Transnationalismus, Übersetzung, Politik der Repräsentation«, die der Waliser Germanist Tom Cheesman 1998 organisierte. Gegenstand der Tagung waren literarische Werke von Zugewanderten aus der zweiten und dritten Generation. Siehe Moritz Schramm, Jenseits der binären Logik: Postmigrantische Perspektiven für die Literatur- und Kulturwissenschaft, in: Naika Foroutan/Juliane Karakayali/Riem Spielhaus (Hrsg.), Postmigrantische Perspektiven. Ordnungssysteme, Repräsentationen, Kritik, Bonn 2018, S. 83–94.

postmigrantische Theater, das sich vor allem in Berlin, im Ballhaus Naunynstraße (ab 2008) und am Maxim Gorki Theater (ab 2013) institutionalisierte, jeweils unter der Intendanz von Shermin Langhoff, die das Postmigrantische als »eine gesellschaftliche Vision« bezeichnet.[30] Es gehe darum, »neue, gemeinsame Narrative zu schaffen« und dadurch »postmigrantische Identität zu einer gesellschaftlichen, einer kollektiven Identität« werden zu lassen.[31] Mit dem postmigrantischen Theater sei ein Raum entstanden, »in dem ich mich wiederfinde, ohne etwas von mir und meiner Geschichte aufgeben zu müssen; es bildet um mich eine Gruppe der sich von Zuschreibungen Befreienden.«[32] Auch Espahangizi verweist auf die gesamtgesellschaftliche Dimension der Diagnose des Postmigrantischen: »Aus einer postmigrantischen Perspektive müsste man davon wegkommen, das Migrantische an Personen und Bevölkerungsgruppen festzumachen. Stattdessen ginge es darum, eine Gesellschaft zu analysieren, die zwar – bildlich gesprochen – insgesamt längst ›Migrationsvordergrund‹ hat, ohne dass sich dies jedoch angemessen in den gesellschaftlichen Selbstbildern und Teilhabestrukturen widerspiegelt.«[33] So gesehen geht es um eine Änderung der Blickrichtung: Die migrantische Erfahrung, im herkömmlichen Migrations- und Integrationsdiskurs gemeinhin als Sonderfall klassifiziert und somit als »fremd stigmatisiert«, soll als »gesellschaftliche Normalität« anerkannt werden.[34] Im Fokus stünden dann nicht mehr die Migrant:innen oder Menschen mit sogenanntem Migrationshintergrund, sondern die durch Migrationsprozesse geprägte und also migrantisierte Gesellschaft.

Naika Foroutan wiederum geht von der Beobachtung einer zunehmenden Polarisierung der deutschen Gesellschaft aus. Ein wesentlicher Grund für die gereizte Stimmungslage sei die Erkenntnis, »am eigenen Anspruch einer weltoffenen, aufgeklärten Demokratie zu scheitern«. Die Migration wiederum sei »der Spiegel, in dem wir diese Gewissheit erkennen: Wir sind hässlich geworden und wir schieben die Wut auf den Boten, der uns das übermittelt.«[35] Konsequenterweise komme es darauf an, »hinter die Migrationsfrage [zu] schauen« bzw. sich einzugestehen, »dass es nicht um Migration selbst geht, sondern um gesellschaftspolitische Aushandlungen, die *nach* der Migration erfolgen, die *hinter* der Migrationsfrage verdeckt werden und die *über* die Migration *hinaus* weisen.«[36] Kurzum, im Mittelpunkt einer postmigrantischen Gesellschaftsanalyse stehen die Konflikte um die

---

30 Shermin Langhoff, Nachwort, in: Foroutan/Karakayali/Spielhaus, Postmigrantische Perspektiven (Anm. 29), S. 301–310, hier S. 301.

31 Ebd., S. 309.

32 Ebd., S. 301.

33 Espahangizi, Das #Postmigrantische (Anm. 29).

34 Ebd.

35 Naika Foroutan, Die postmigrantische Gesellschaft. Ein Versprechen der pluralen Demokratie, Bielefeld 2019, S. 13.

36 Ebd., S. 14 u. 19.

»Aushandlung und Anerkennung von Gleichheit als zentralem Versprechen der moder-nen Demokratien«.[37] Die Migration fungiert gewissermaßen als ein Medium, in dem diese Konflikte ausgetragen werden. Der Umstand, dass der Migration die-se Rolle zukommt, hat damit zu tun, dass es auch und vor allem Migrant:innen und ihre Nachkommen sind, die »Anerkennung, Chancengerechtigkeit und Teil-habe […] als umkämpfte politische Güter« beanspruchen, was wiederum darauf zurückzuführen ist, dass ihnen diese lange Zeit vorenthalten wurden und immer noch werden.[38]

Die postmigrantische Gesellschaftsanalyse – so lässt sich zusammenfassen – ist eine politische Intervention, die aus dem ambivalenten »Verhältnis zur Migration als gelebte Erfahrung einerseits und diskursive Zumutung andererseits« resultiert, und die die Relationen zwischen Zentrum und Rand bzw. zwischen Eigenem und Fremden in Frage stellt und neu justiert.[39] Im Mittelpunkt steht der Ver-such, das Ordnung stiftende Prinzip der Herkunft zu überwinden. Entsprechend ist der Postmigrantismus stets auch eine Auseinandersetzung mit dem Rassismus und seiner Herkunfts-Besessenheit. Das Migrantische jedenfalls soll nicht mehr einfach nur als spezifische Erfahrung von Individuen und Gruppen, sondern als Charakteristikum der Gesamtgesellschaft verstanden werden. Dies bedeutet je-doch nicht, Differenzen bzgl. der jeweils spezifischen Erfahrungswelten und Le-bensumstände sowie der jeweiligen Positionierungen innerhalb gesellschaftlicher Machtverhältnisse zu negieren. Vielmehr ist damit gemeint, dass das Selbstver-ständnis und die Selbstbeschreibung der Gesellschaft insgesamt neu zu fundieren seien, und zwar ausgehend von der Einsicht, dass Migration und Pluralität längst Alltag und somit der Normalfall sind. In diesem Sinne erweist sich die Diagno-se des Postmigrantischen als eine Art Modernisierungs-Angebot: Zwischen ge-sellschaftlicher Realität und Selbstbild bzw. Repräsentationsordnung besteht ein Missverhältnis. Letztere sind gewissermaßen nicht auf dem neuesten Stand, sie brauchen ein »Update«.[40] Es handelt sich keineswegs nur um kosmetische Nach-besserungen. Vielmehr steht das demokratische Gleichheitsversprechen zur Dis-position. Die gegenwärtige Polarisierung der Gesellschaft zeugt davon, dass dieses

---

37 Ebd., S. 13.
38 Ebd., S. 14.
39 Espahangizi, Das #Postmigrantische (Anm. 29).
40 So Kijan Espahangizi in einem kurzen Videoclip, den er am 21. Juni 2020 auf seinem Twitter-Kanal postete: https://twitter.com/KEspahangizi?ref_src=twsrc%5Egoogle%7Ctwcamp%5E serp%7Ctwgr%5Eauthor (Zugriff 24. Juni 2020). Für den deutschen Kontext lässt sich fest-halten, dass eine Art erstes Update unter der rot-grünen Regierung um die Jahrtausendwen-de erfolgte, als das die Staatsbürgerschaft fundierende Prinzip des ius sanguini aufgeweicht und der Charakter der Gesellschaft als Einwanderergesellschaft regierungsoffiziell anerkannt wurde. Gleichwohl ist der Status von Migration stets prekär: Der Bundesinnenminister Horst Seehofer sprach kurz nach der rassistischen Hetzjagd von Chemnitz im September 2018 von der Migration als »Mutter aller Probleme«.

Gleichheitsversprechen umkämpft ist. Um es mit dem Philosophen und politischen Aktivisten Thomas Seibert zu sagen: »Jeder Versuch, die Kanakisierung unserer Gesellschaft zurückzudrängen, ist in der Sache rechts und wird deshalb auch zwangsläufig autoritär.«[41] Und genau hier liegen die Parallelen zur Situation am Ende des 19. Jahrhunderts: Eine real vorhandene gesellschaftliche Pluralität wird von homogenisierenden Diskursen in Frage gestellt, die Selbstbeschreibung der Gesellschaft widerspricht dem alltäglichen Normalzustand.

Innerhalb der Migrations- und Rassismusforschung sowie der migrantischen Selbstorganisation und der antirassistischen Bewegung ist das Konzept des Postmigrantismus jedoch keineswegs unumstritten. Paul Mecheril etwa stimmt zwar mit der Stoßrichtung der postmigrantischen Intervention und insbesondere mit der Kritik sowohl am nationalstaatlichen Integrationspostulat als auch an der in diesem angelegten Defizitperspektive auf Migration überein.[42] Gleichwohl stößt er sich am Begriff des Postmigrantischen selbst, der – gemäß der politisch-normativen Dimension des Präfix »Post« – eine Distanzierung von Migration nahelege: »Irreführend daran ist die Suggestion, migrantische Phänomene gehörten empirisch eher einer nach wie vor zwar wirksamen, aber vergangenen Vergangenheit an; gefährlich ist die normative Botschaft, das Migrantische sei etwas, von dem sich abzusetzen angeraten sei.«[43] Mecheril wirft die Frage auf, ob das Präfix nicht »das Bild der Schmuddeligkeit des Migrantischen bestätigt, das in Deutschland zumindest lange Zeit gesellschaftlich vorherrschend war.«[44] Und er schlussfolgert, dass es nicht um eine Distanzierung von Migration an sich gehen sollte, sondern darum, sich »von bestimmten einflussreichen politischen, diskursiven und kulturellen Reglementierungen migrationsgesellschaftlicher Phänomene« zu distanzieren. In diesem Sinne lautet sein Fazit: »Der Ausdruck ›postmigrantisch‹ distanziert sich in meinem Verständnis gewissermaßen vom falschen Objekt.«[45]

Aus dem Umfeld der Zeitschrift *Jalta – Positionen zur jüdischen Gegenwart* wird ein anderer Kritikpunkt formuliert. Zunächst fällt auf, dass sich die Redaktion der Zeitschrift durchaus affirmativ auf das Konzept des Postmigrantismus

---

41 »Wer die Kanakisierung der Gesellschaft zurückdrängen will, ist in der Sache rechts«, Interview mit Thomas Seibert, in: WOZ – Die Wochenzeitung 23/2018, https://www.solidarische-moderne.de/de/article/525.wer-die-kanakisierung-unserer-gesellschaft-zurueckdraengen-will-ist-in-der-sache-rechts.html (Zugriff 24. Juni 2020).

42 Zur Kritik am Integrationspostulat siehe Sabine Hess/Jana Binder/Johannes Moser (Hrsg.), No integration?! Kulturwissenschaftliche Beiträge zur Integrationsdebatte in Europa, Bielefeld 2009.

43 Paul Mecheril, Was ist das x im Postmigrantischen?, in: sub/urban – Zeitschrift für kritische Stadtforschung 3 (2014), S. 107–112, hier S. 111.

44 Ebd. Mittlerweile sei das allgemeine Schmuddelbild einem spezifischen Schmuddelbild gewichen: »Schmuddelig sind nicht mehr alle Migrant_innen, sondern nur noch diejenigen, die nutzlos sind.«

45 Ebd., S. 108.

bezieht. So heißt in der Einleitung zur ersten Ausgabe: »Explizit richten wir uns an alle Mitglieder der Post-Migrationsgesellschaft: Lasst uns Allianzen bilden. Es ist auch unsere Gesellschaft, gestalten wir sie!«[46] Und in der Einleitung zur zweiten Ausgabe wird explizit von Juden und Jüdinnen »als Teil eines postmigrantischen Deutschlands« gesprochen.[47] Der wesentliche Hintergrund für diese Aneignung und Selbstverortung ist die Migration von Juden und Jüdinnen aus der ehemaligen Sowjetunion ab den 1990er Jahren. Im Rahmen eines der am FGZ Berlin angesiedelten Forschungsprojekte haben wir erste Interviews durchgeführt, insbesondere mit in Deutschland lebenden und/oder deutschen Juden und Jüdinnen, die den Mauerfall entweder als Kind erlebt haben oder erst danach geboren wurden. Dmitrij Kapitelman, einer unserer Gesprächspartner, kam 1994 als Achtjähriger aus Kiew nach Deutschland, im Rahmen der Regelung für jüdische Kontingentflüchtlinge.[48] Er betont die Bedeutung von migrantischen Erfahrungen: jüdische und migrantische Existenz überschneiden sich. Dabei macht er deutlich, dass die anfangs mit historischer Verantwortung begründete Aufnahme jüdischer Geflüchteter inzwischen der allgemein üblichen Einwanderungsabwehr gewichen sei. In Bezug auf seine erfolglosen Versuche, die deutsche Staatsbürgerschaft zu bekommen, sagt er: »Ich wurde an die lange Migrantenleine genommen. [...] Bei der Ausländerbehörde bin ich reiner Migrant, völlig egal, ob ich Jude bin und welche historischen Bezüge es gibt.«[49] Hannah Peaceman, eine weitere Gesprächspartnerin und außerdem Redaktionsmitglied der Zeitschrift *Jalta*, ergänzt: »›Wir‹ sind inzwischen einfach viel mehr als unsere Vorgängergeneration [...]. Also nicht mehr 30.000, sondern eher 200.000. Und auch noch mal ein ganzes Stück diversifizierter. Entsprechend haben sich neue jüdische Identitäten herausgebildet.«[50] Kurzum, viele der in Deutschland lebenden Juden und Jüdinnen haben Migrationserfahrungen. Vor diesem Hintergrund erklärt sich der Versuch der *Jalta*-Redaktion, sich in den Diskurs des Postmigrantismus einzuschreiben.

---

46 Hannah Peaceman/Lea Wohl von Haselberg, Eine Eröffnung, in: Jalta – Positionen zur jüdischen Gegenwart 1 (2017), S. 4–7, hier S. 4.

47 Max Czollek/Hannah Peaceman/Lea Wohl von Haselberg, Desintegration!, in: Jalta – Positionen zur jüdischen Gegenwart 2 (2017), S. 4–7, hier S. 5.

48 Ab 1991 hatten Juden und Jüdinnen aus der ehemaligen Sowjetunion die Möglichkeit, im Rahmen einer humanitären Hilfsaktion als Kontingentflüchtlinge nach Deutschland einzureisen, ohne Asyl- oder sonstiges Aufnahmeverfahren.

49 Felix Axster/Mathias Berek, Zwischen Postnazismus und Post-Migration: Jüdische Perspektiven auf die Wende- und Nachwendezeit. Gespräche mit Max Czollek, Dmitrij Kapitelman, David Kowalski und Hannah Peaceman, in: Lydia Lierke/Massimo Perinelli (Hrsg.): Erinnern stören. Migrantische und jüdische Perspektiven auf den Mauerfall, Berlin 2020, S. 31–66, hier S. 42.

50 Ebd., S. 46. Schätzungen gehen davon aus, dass seit 1990 ca. 220.000 Juden und Jüdinnen nach Deutschland eingereist sind, die meisten aus der ehemaligen Sowjetunion. Die Mitgliedszahlen in den jüdischen Gemeinden in Deutschland stiegen um ca. 90 Prozent.

Allerdings ist diese Einschreibung keineswegs ungebrochen. Im Umfeld der *Jalta*-Redaktion wird eine gewissermaßen doppelte Leerstelle diagnostiziert: Die postmigrantische Gesellschaftsanalyse übersieht die jüdische Migration in Geschichte und Gegenwart, und es gibt zu wenig Aufmerksamkeit für die Bedeutung gegenwärtiger Formen von Antisemitismus. Zum ersten Aspekt führt Hannah Peaceman an:

> Migrationsgeschichte, die in der [postmigrantischen] Gegenerzählung oft erst mit der Geschichte der Gastarbeiter:innen beginnt, ist natürlich schon älter. Selbst wenn man nur nach 1945 schaut, dann müsste man mit den DP-Camps anfangen, und dann würde man sehen, dass auch die jüdischen Migrationsbewegungen die Migrationsgesellschaft mitgeformt haben. [...] Juden:Jüdinnnen [...] sind nicht nur im dominanzgesellschaftlich-deutschen Narrativ übersehen worden, sondern offensichtlich weitgehend auch in der post-migrantischen Gegenerzählung.[51]

Mit dieser Leerstelle korrespondiere ein Mangel an Sensibilität bzgl. der gegenwärtigen Virulenz antisemitischer Ausgrenzung und Gewalt. In einem Beitrag zum sogenannten Nationalsozialistischen Untergrund (NSU) machen Peaceman und Lea Wohl von Haselberg darauf aufmerksam, dass es zwar keine Juden und Jüdinnen unter den Opfern der Mordserie gab. Dennoch sei die Frage nach der Bedeutung des Antisemitismus aufgrund der Namensgebung und des darin sich ausdrückenden ideologischen Profils naheliegend, aber in der medialen Berichterstattung wie in der wissenschaftlichen Forschung kaum aufgeworfen worden.[52] Peaceman zufolge geht es hier keineswegs einfach nur um Ignoranz, sondern um das Erbe des Postnazismus als übergeordneter gesellschaftlicher Struktur, die unter anderem eine Trennung von Opferperspektiven bewirkt oder zumindest verstärkt und somit auch die Möglichkeitsbedingungen für Konkurrenzen zwischen Opfergruppen geschaffen habe.[53] In dem bereits erwähnten Beitrag zum NSU heißt es korrespondierend: »Denn viel häufiger als zu Solidarisierungen kommt es im Kontext von Antisemitismus und Rassismus zu einer sogenannten Opfer-Konkurrenz zwischen den Betroffenen – einer Konkurrenz, wer als Betroffene:r

---

51 Ebd., S. 48. Die Displaced-Persons-Camps der Alliierten boten nach Kriegsende vielen, vor allem osteuropäischen Juden und Jüdinnen, die die Shoah überlebt hatten, aber deren Wohnort, Familien, vertrautes Umfeld zerstört worden waren, eine erste Zuflucht. Gleichwohl gilt es zu beachten, dass Juden und Jüdinnen nur eine Minderheit unter den insgesamt ca. 7 Millionen Displaced Persons bildeten, die sich 1945 auf deutschen Boden befanden oder dorthin in den folgenden Jahren aus Osteuropa flohen. Viele wollten oder konnten aus politischen Gründen nicht in ihre von der Sowjetunion dominierte Heimat zurück. Siehe Jan-Hinnerk Antons, Ukrainische Displaced Persons in der britischen Zone. Lagerleben zwischen nationaler Fixierung und pragmatischen Zukunftsentwürfen, Essen 2014.

52 Hannah Peaceman/Lea Wohl von Haselberg, Über die (Un-)Möglichkeit von Solidarisierungen zwischen Betroffenen von Antisemitismus und Rassismus in Deutschland im Kontext des NSU-Komplexes, in: Jalta – Positionen zur jüdischen Gegenwart 2 (2017), S. 96–104.

53 Axster/Berek, Zwischen Postnazismus und Post-Migration (Anm. 49), S. 49 ff.

(durch die ›deutsche‹ Dominanzgesellschaft) anerkannt wird.«[54] Um einer solchen Dynamik entgegenwirken zu können, komme es darauf an, gesellschaftliche Mechanismen und Prozesse in den Blick zu nehmen, die ihre Entstehung mindestens begünstigten. Im Fokus stehen hier unter anderem die Externalisierung von Antisemitismus auf (meist als muslimisch markierte) Andere und ihre die Dominanzgesellschaft entlastende Funktion, die Vorstellung einer zentralen Repräsentanz des deutschen Judentums und die damit einhergehende Unsichtbar-Machung jüdisch-migrantischer Vielfalt sowie die Eingemeindung der (jüdischen) Kämpfe um das Holocaust-Gedenken »in einen vermeintlichen ›Lernprozess‹ der deutschen Gesellschaft«.[55]

Gerade der letztgenannte Aspekt verweist auf die übergeordnete Frage, wie eine postmigrantische Erinnerungskultur aussehen könnte. Sina Arnold und Jana König machen darauf aufmerksam, dass diese »aktiv eingefordert und gestaltet werden« müsse, was impliziere, dass das, was gemeinhin als deutsche Geschichte gilt, Änderungen unterworfen sei.[56] Arnold und König sprechen von der »Möglichkeit historischer Alternativen zur nationalen Gemeinschaftsbildung«.[57] Ausgehend von der besonderen Stellung des Holocaust in der deutschen Erinnerungskultur, die, so darf man nicht vergessen, keineswegs immer schon gesetzt war, sondern sich erst nach vielen Jahrzehnten langer Kämpfe und nicht zuletzt aus außenpolitischen Gründen nach 1990 zum moralischen Fundament der »Berliner Republik« entwickelte, komme es darauf an, gleichermaßen Partikularität wie Universalität von historischen Ereignissen anzuerkennen. Dies führe bestenfalls dazu, »auf der Ebene des Vergleichs Differenzierungen statt Gleichsetzungen anzustreben und auf der Ebene des politischen Affekts Solidarität statt Konkurrenz zu befördern.«[58] Analog zum hybriden Charakter postmigrantischer Identitäten sei die postmigrantische Erinnerung »grundsätzlich identitätskritisch, geht sie doch von situationalen Subjektpositionen statt stabilen homogenen Gruppenbezügen aus.«[59]

An dieser Stelle wird der visionäre Charakter der postmigrantischen Gesellschaftsanalyse ersichtlich. Die Betonung von Hybridität und Identitätskritik jedenfalls meint keineswegs, dass identitäre und homogenisierende Vorstellungen gegenwärtig keine Rolle mehr spielen würden, ob in der AfD, bei Islamist:innen

54 Peaceman/Haselberg, (Un-)Möglichkeit von Solidarisierungen (Anm. 52), S. 97 f.

55 Ebd., S. 97.

56 Sina Arnold/Jana König, »The whole World owns the Holocaust«: Geschichtspolitik in der postmigrantischen Gesellschaft am Beispiel der Erinnerung an den Holocaust unter Geflüchteten, in: Foroutan/Karakayali/Spielhaus, Postmigrantische Perspektiven (Anm. 29), S. 173–190, hier S. 180.

57 Ebd., S. 181.

58 Ebd., S. 182.

59 Ebd., S. 185.

oder den »Grauen Wölfen«, einer ursprünglich aus der Türkei stammenden faschistischen Bewegung. Wenn Anhänger dieser Bewegung – wie zuletzt in Wien –
eine pro-kurdische Demonstration angreifen, lässt sich an diesem Beispiel vielleicht die Stoßrichtung der postmigrantischen Intervention verdeutlichen:
Postmigrantisch würde zum einen heißen, den hier zutage tretenden Konflikt als
Konflikt *dieser* Gesellschaft anzuerkennen, den man nicht – wie immer wieder gefordert – in die sogenannten »Heimatländer« auslagern kann. Zum anderen kann
postmigrantisch aber eben auch bedeuten: Es gibt eine aus pluralen gesellschaftlichen Realitäten geborene Vision von einem besseren Leben, das weniger identitär und grundsätzlich solidarisch ist, das Gemeinsamkeiten fokussiert, etwa auch
zwischen Migrant:innen und Ostdeutschen.

So ist es zum Beispiel bemerkenswert, dass im Rahmen der postmigrantischen
Gesellschaftsanalyse erst kürzlich nach Gemeinsamkeiten zwischen den Abwer-
tungserfahrungen von Migrant:innen einerseits und Ostdeutschen andererseits
gefragt wurde.[60] Auch in diesem Zusammenhang spielt die Erinnerung eine wichtige Rolle. Zudem lassen sich die *Ost-Migrantischen Analogien* – so der Titel einer 2019 erschienenen Studie des Deutschen Zentrums für Integrations- und Migrationsforschung (DeZIM-Institut) in Berlin – als Versuch verstehen, den von
Shermin Langhoff anvisierten und bereits erwähnten »Raum für neue, gemeinsame Narrative«, in dem »postmigrantische Identität zu einer gesellschaftlichen,
einer kollektiven Identität« wird, gewissermaßen wissenschaftspolitisch und for-
schungsstrategisch herzustellen.

Pablo Dominguez Andersen und Elisa Gutsche weisen darauf hin, dass bereits
kurz nach der Wende Analogien zwischen Ostdeutschen und Migrant:innen gebildet wurden. In dem 1991 erschienenen Film *Go Trabi Go: Die Sachsen kommen*
wird die in Regensburg ankommende ostdeutsche Verwandtschaft von dem dortigen Familienoberhaupt als »Türkenkarawane« bezeichnet. Der im gleichen Jahr
gedrehte (und erst 2000 veröffentlichte) Film *Mauern/Duvarlar/Walls* hingegen
dokumentiert migrantische Perspektiven auf den Mauerfall. Dominguez Andersen und Gutsche fassen zusammen:

Den ihnen jenseits der Mauer entgegen schlagenden Rassismus analysieren die Interviewten
hellsichtig als die Kehrseite ostdeutscher Erfahrungen von Deklassierung und sozialem Abstieg. Die deutsche Einheit habe die Ostdeutschen zu Bürger:innen zweiter Klasse
gemacht, Arbeitslosigkeit und Armut seien rasant gestiegen. Ostdeutsche, die in den Westen gingen, konkurrieren nun mit türkischen Migrant:innen und Polen um Jobs bei Fir-

---

60 Naika Foroutan et al., Ost-Migrantische Analogien I. Konkurrenz um Anerkennung, Berlin 2019, https://www.dezim-institut.de/fileadmin/user_upload/Projekte/Ost-Migrantische_
Analogien/Booklet_OstMig_1_web.pdf (Zugriff 24. Juni 2020).

men wie Siemens, in der Baubranche und im Reinigungsgewerbe ebenso wie um den nun plötzlich knapper werdenden städtischen Wohnraum.[61]

Auch die Studie *Ost-Migrantische Analogien* handelt von dem Motiv des:der Bürgers:Bürgerin zweiter Klasse.[62] Darüber hinaus kommt der Faktor »Leistungshürde« zur Sprache: »In Bezug auf die Gleichbehandlung sehen sich Ostdeutsche auf einer Ebene mit Muslim:innen. Fast jede:r zweite Ostdeutsche hat bei beiden sozialen Gruppen das Gefühl [...], sie müssten sich mehr anstrengen, um das Gleiche zu erreichen.«[63] In Dmitrij Kapitelmans literarischem Bericht über seinen Vater und die gemeinsame Reise nach Israel findet dieser Faktor ebenfalls Erwähnung, allerdings am Beispiel von Migration und Judentum (und nicht Migration und Ostdeutschland). Am Tag seiner Einschulung in Deutschland wird der Autor von seinem Vater mit ernster Miene aufgeklärt: »In diesem Land hasst man die Juden auch, aber man darf es hier nicht so offen zeigen wie in der Ukraine. Du musst doppelt so gut werden wie die anderen. Hörst du? Doppelte Leistung! Das war bei mir auch so. Anders kommen wir nicht voran.«[64] Und Fatma Aydemir schreibt:

»Du musst immer doppelt so hart arbeiten wie die Deutschen, wenn du was schaffen willst.« Wir alle kennen diesen Satz. Wir haben ihn verinnerlicht und werden ihn so schwer wieder los wie den Ohrwurm eines Ariana-Grande-Songs. Einerseits ist das gut so, denn unsere Eltern haben sich etwas dabei gedacht, als sie ihn rauf und runter gebetet haben. Andererseits fügt sich der Satz leider wunderbar in die neoliberale Erzählung ein, der zufolge wir alles schaffen können, wenn wir uns nur genug anstrengen. Als gäbe es keine rassistischen und patriarchalen Strukturen.[65]

Der Faktor Leistungshürde scheint ein verbindendes Element in den Erfahrungswelten von Juden und Jüdinnen, Migrant:innen und Ostdeutschen zu sein.[66] Überhaupt sind Analogien insbesondere zwischen Migrant:innen und Ostdeutschen durchaus verbreitet: In dem 2002 erschienenen Roman *Zonenkinder* beschreibt Jana Hensel die Orientierungs- und Identitätskrisen, die die Wende bei

---

61 Pablo Dominguez Andersen/Elisa Gutsche, Anders erinnern: Für eine ost-migrantische Erinnerungspolitik, in: Ost/Journal 05/2019, URL: https://www.ost-journal.de/anders-erinnern-fuer-eine-ost-migrantische-erinnerungspolitik/ (Zugriff 24. Juni 2020).
62 Foroutan et al., Ost-Migrantische Analogien (Anm. 60), S. 22.
63 Ebd., S. 23.
64 Dmitrij Kapitelman, Das Lächeln meines unsichtbaren Vaters, München 2019, S. 24.
65 Fatma Aydemir, Arbeit, in: Dies./Hengameh Yaghoobifarah (Hrsg.), Eure Heimat ist unser Albtraum, Berlin 2019, S. 27–37, hier S. 35 f.
66 Zur historischen Bedeutung des Topos Arbeit im Kontext von kolonialem Rassismus und Antisemitismus siehe Felix Axster, Arbeit, Teilhabe und Ausschluss. Zum Verhältnis zwischen kolonialem Rassismus und nationalsozialistischem Antisemitismus, in: Birthe Kundrus/Sybille Steinbacher (Hrsg.), Kontinuitäten und Diskontinuitäten. Der Nationalsozialismus in der Geschichte des 20. Jahrhunderts, Göttingen 2013, S. 121–133.

vielen Ostdeutschen ausgelöst habe.[67] Rückblickend resümiert sie, dass es sich bei dieser Beschreibung letztlich um »eine migrantische Erfahrung« gehandelt habe.[68] Zudem berichtet Hensel von der Konfrontation mit einer »westdeutschen Perspektive«, zum Beispiel im Geschichtsunterricht unmittelbar nach dem Mauerfall. Sie spricht in diesem Zusammenhang von »Fremdbestimmung« bzw. davon, dass sie »ganz früh gespürt« habe, dass diese Perspektive »doch nicht meine Erzählung, […] doch nicht unsere Geschichte« sei.[69] In ähnlicher Weise argumentiert David Begrich in einem an *Liebe westdeutsche Freund/innen* adressierten offenen Brief, den er kurz nach der rassistischen Hetzjagd von Chemnitz im September 2018 verfasste. Darin heißt es unter anderem:

Aus einem vielschichtigen Ressentimentmix hat sich eine grundsätzliche Ablehnung westlicher/westdeutscher sozialer Praxen und Kulturen entwickelt. Sie artikuliert sich autoritär und rassistisch. Zugleich sehen sich Menschen der mittleren und älteren Generation einer Art kulturellen Fremdherrschaft unterworfen, in der sie mit ihren Erfahrungen nicht vorkommen.[70]

In der Betonung solcher Gemeinsamkeiten bzw. in der Herstellung entsprechender Bezüge besteht ein besonderes Potenzial der postmigrantischen Gesellschaftsanalyse. Dabei wird keineswegs davon ausgegangen, dass Zuschreibungen und Anforderungen für marginalisierte Gruppen deckungsgleich oder differenzlos sind. Nicht umsonst ist im Titel der Studie von Analogien (und nicht von Gleichheit) die Rede.

Es ist im Übrigen kein Zufall, dass diese Studie 30 Jahre nach dem Mauerfall erschien. Angesichts der gesellschaftlichen Verwerfungen – der Aufstieg der AfD mit Massenbasis gerade in den ostdeutschen Bundesländern, die Massendemonstrationen der Pegida-Bewegung vor allem in Dresden, die Radikalisierung rechtsextremer Gewalttäter während der Wendejahre usw. – scheint es zunehmend schwierig, Mauerfall und Vereinigung als Erfolgsgeschichte zu erzählen. Umso mehr gilt es, »andere Geschichten ins Zentrum zu rücken«, die Perspektiven zum Beispiel von Migrant:innen und Juden und Jüdinnen, die ostdeutschen Arbeitskämpfe vor allem der 1990er Jahre sowie der beinahe vergessene Versuch, einen dritten Weg jenseits von real existierendem Sozialismus und neoliberalem Kapitalismus einzuschlagen.[71] Mit dieser Fokusverlagerung würde die »dominieren-

67 Jana Hensel, Zonenkinder, Hamburg 2019.

68 Wolfgang Engler/Jana Hensel, Wer wir sind. Die Erfahrung, ostdeutsch zu sein, Berlin 2018, S. 53.

69 Ebd., S. 50.

70 David Begrich, Liebe westdeutsche Freund/innen, in: Telegraph, 6.9.2018, https://telegraph. cc/liebe-westdeutsche-freund-innen/ (Zugriff 24. Juni 2020).

71 Dominguez Andersen/Gutsche, Anders erinnern (Anm. 61).

de Erzählung der ›friedlichen Revolution‹ ihre Glaubwürdigkeit« verlieren.[72] Die postmigrantische Gesellschaftsanalyse, die im Nachwendejahrzehnt zu entstehen beginnt, zielt auf die Pluralisierung von Erinnerung, insbesondere durch Einbezug marginalisierter Perspektiven. Wichtig ist dabei, Konflikte um Aufmerksamkeit und Anerkennung nicht im Modus der Konkurrenz auszutragen. Erst wenn die sozialen, ökonomischen und politischen Verwerfungen der Wende- und Nachwendezeit gesamtgesellschaftlich anerkannt sind und (selbst-)kritisch reflektiert werden, wird es möglich sein, auch die gegenwärtige Polarisierung verstehen und historisch einordnen zu können.[73]

3. Pluralität, Anerkennung und gesellschaftlicher Zusammenhalt – abschließende Bemerkungen

Fast alle vermeintlich aufgeklärten, modernen Gesellschaften der Gegenwart sind, so formuliert es Zygmunt Bauman, heimgesucht von Trends »zurück zum Stammesfeuer« und seinen simplen Wahrheiten.[74] All diesen Vorstellungen zugrunde liegt die falsche Gleichsetzung von Gesellschaft mit Gemeinschaft, Kleingruppe oder Stamm, welche das Komplexe einfach und das Diverse homogen machen soll. Solche, das Gleichheitsversprechen negierenden Zusammenhaltsdiskurse entspringen der grundsätzlichen Spannung zwischen dem Zusammenhalt der Gesellschaft als Ganzer und dem von Teilgruppen. Manche dieser Teilgruppen versuchen, ihren eigenen Zusammenhalt zu sichern, indem sie sich als *die* Gesamtgesellschaft imaginieren und ihre eigenen Ansprüche zu den gesamtgesellschaftlichen erklären.[75] Kultur und Gesellschaft erscheinen in diesen Modellen als *statisch*. Migration, Mobilität und Veränderung ist darin nicht vorgesehen. Sie beziehen sich auf vermeintlich feststehende und historisch angeblich unveränderliche Eigenschaften einer Kultur oder Gesellschaft, welche gegen jede Änderung von innen oder außen zu verteidigen seien, um den Zusammenhalt zu gewährleisten. Gleichzeitig imaginieren sie Gleichheit nicht im Sinne von *gleichen Rechten*, sondern als *Homogenität* von unveränderlichen Eigenschaften der

---

72 Arnold/König, The whole World owns the Holocaust (Anm. 56), S. 186.

73 In diesem Horizont bewegen sich auch die Forschungsprojekt am FGZ Berlin, zu Solidarität und Ressentiment in Nachwende-Erinnerungen, zur Geschichte des Rassismus in BRD und DDR, zum Antisemitismus in der postmigrantischen Gesellschaft, zur Rolle von Religion im gegenwärtigen Antisemitismus und zur Rolle der Bilderdominanz in Online-Ausgrenzungsdiskursen.

74 Zygmunt Bauman, Retrotopia, Berlin 2017.

75 Birgit Rommelspacher, Dominanzkultur. Texte zu Fremdheit und Macht, Berlin 1995.

angenommenen Wir-Gruppe. Sie kritisieren gesellschaftlichen Pluralismus, und die Begriffe »migrantisch« und »multikulturell« geraten zu pejorativen Markern des Negativen. Ähnlich dem statischen Kulturmodell geht auch die Idee einer Gleichartigkeit davon aus, dass diese angenommene Gleichheit der natürliche und Normal-Zustand sei. Die Definition der Gleichheit orientiert sich dabei fast immer an der deutlichen Markierung derjenigen, die auszugrenzen sind – der eigentliche Kern dessen, was die Gleichartigkeit ausmachen soll, bleibt oft unterbestimmt, wie die oft inkonsistenten Versuche der inhaltlichen Bestimmung von »Leitkultur« zeigen.[76]

Anders als diese Gleichartigkeitsideologien annehmen, waren aber alle als Normen vorgestellten Zustände vermeintlicher Homogenität – ethnische, religiöse, kulturelle oder sexuelle – in jedem einzelnen Fall historisch erst *hergestellte* Zustände. Und der Prozess der Homogenisierung war fast immer ein höchst gewaltsamer. In diesem Sinne sind auch gegenwärtige Forderungen nach Zusammenhalt, die sich auf die vermeintliche Homogenität der »Autochthonen« berufen, nurmehr der Aufruf an ihre Anhänger:innen, diese Homogenität erst mit Gewalt herzustellen. Diese Forderungen sind, wie ihre Vorgänger, Backlashs gegen vorgängige, reale Zustände von Pluralität und Postmigration. Der Homogenisierungsdiskurs reagierte und reagiert auf einen gelebten Alltag, der gerade in urbanen Räumen durch eine Normalität des Zusammenlebens hochgradig diverser Teilgruppen oder Milieus charakterisiert ist. So war es auch historisch, als beispielsweise um die Wende zum 20. Jahrhundert den die Juden und Jüdinnen ausgrenzenden Diskursen in Medien, Politik und Wissenschaft eine im Alltag völlig selbstverständliche Gemeinsamkeit der Lebenswelt gegenüberstand. Man nahm an denselben populärkulturellen Events teil, arbeitete in gleichen Fabriken und Büros zusammen, las die gleichen Zeitungen und Romane, besuchte dieselben Parks und Sportplätze.[77]

Das Beispiel des Antisemitismus zeigt, dass der Zusammenhalt einer Gesellschaft nur auf der Basis *gleicher Rechte* für alle Mitglieder dieser Gesellschaft hergestellt werden kann, wenn er nicht zum bloßen Zusammenhalt von Teilgruppen verkommen soll. Ein nichtexklusives Konzept von gesellschaftlichem Zusammenhalt muss sich daher notwendig auf die Grundlage von Menschenrechten und Menschenwürde stellen. Damit untrennbar verbunden ist das Grundkonzept des *Pluralismus*, und zwar gemeint als ein *nichtrelativistisches Modell von Pluralität,*

---

76 Hartwig Pautz, Die deutsche Leitkultur: Eine Identitätsdebatte. Neue Rechte, Neorassismus und Normalisierungsbemühungen, Stuttgart 2005; Julika Rosenstock, Vom Anspruch auf Ungleichheit. Über die Kritik am Grundsatz bedingungsloser Menschengleichheit, Weilerswist 2015.

77 Klaus Hödl, Zwischen Wienerlied und Der Kleine Kohn. Juden in der Wiener populären Kultur um 1900, Göttingen 2017.

da Differenz und Vielfalt immer schon Grundbestandteil jeder modernen Gesellschaft sind.[78] Vielfalt auszuhalten ist eine basale Kompetenz zur Teilnahme an Gesellschaft. »Nichtrelativistisch« meint die Einschränkung, wonach die Pluralität eben nicht die Legitimität von Positionen umfasst, welche die Grundrechte anderer oder die Pluralität selbst angreifen, etwa antisemitische, rassistische oder religiös-fundamentalistische. Die Betonung des Pluralismus hilft gleichzeitig, dem – meist absichtlichen – Missverständnis vorzubeugen, jede Rechts- und Chancengleichheit für alle Mitglieder der Gesellschaft laufe darauf hinaus, alle Differenzen einzuebnen und allen Teilgruppen der Gesellschaft das Existenzrecht zu entziehen. Jede Teilgruppe hat einen legitimen Anspruch auf ihren eigenen Zusammenhalt. Aber eben nur, solange sie nicht den Anspruch erhebt, damit die gesamte Gesellschaft zu vertreten, und anderen Gruppen genau dieses Recht abspricht.

Schließlich gilt es, von einem dynamischen Kulturmodell auszugehen. Jede Kultur und Gesellschaft existieren nicht als statischer Zustand, sondern als permanenter Prozess und befinden sich unablässig in Veränderung. Und diese Prozesse sind angetrieben von einer permanenten Dynamik der Auseinandersetzung zwischen Partikularität und Universalität, Differenz und Gleichheit, Entwicklung und Tradition.

Unsere Beispiele aus dem 19. Jahrhundert und der Nachwendezeit haben gezeigt, wie pluralistische Konzeptionen von Gesellschaft (und deren Vertreter:innen) wieder und wieder marginalisiert und damit das Potenzial zu grundlegenden Verbesserungen verschenkt wurde – zugunsten gewaltförmiger Realisierung der homogenisierenden Optionen. Doch auch Marginalisierung ist ein revidierbarer Prozess.

---

78 Heiner Bielefeldt, Menschenrechte in der Einwanderungsgesellschaft. Plädoyer für einen aufgeklärten Multikulturalismus, Bielefeld 2007; Will Kymlickal, Multikulturalismus und Demokratie, Hamburg 1999; Shulamit Volkov, Jewish Emancipation, Liberalism and the Challenge of Pluralisation in Modern Germany, in: José Brunner/Shai Lavi (Hrsg.), Juden und Muslime in Deutschland. Recht, Religion, Identität, Göttingen 2009, S. 32–43.

Verfassungspatriotismus in der Migrationsgesellschaft*

Daniel Thym

Es vergeht kaum eine Talkshow oder Sonntagsrede zum jüngeren Migrationsgeschehen, ohne dass das Grundgesetz als Grundlage des Zusammenhalts beschworen würde. So positionieren sich Politiker ebenso wie die deutsch-türkische Religionsbehörde DITIB[2] oder der Präsident des Bundesverfassungsgerichts, der der Frage nach der Sinnhaftigkeit einer Leitkultur auswich, indem er antwortete, er sei »in erster Linie Verfassungspatriot.«[3] Allein schon die Vielzahl der Grundgesetzfreunde lässt vermuten, dass hinter dem verbreiteten Bekenntnis tiefere Konflikte lauern. Diese zu thematisieren fällt den liberalen westlichen Gesellschaften auch deshalb schwer, weil sie ihr Selbstverständnis heutzutage mit hohem Rationalitätsanspruch über universelle Werte definieren. Der Aufstieg populistischer Parteien und religiöser Fundamentalismen sind die radikalen Ausdrucksformen einer Gegenreaktion, die sich dem rationalen Werteuniversalismus entgegenstellt. Es ist daher an der Zeit, sich zu vergewissern, wie das Grundgesetz das Zusammenleben anzuleiten vermag – und wo die Grenzen liegen. Es zeigt sich, dass die Verfassung eine größere Beweglichkeit besitzt, als es der öffentliche Diskus anerkennt. Sie steht für eine Gesellschaftserfahrung, die beständig erneuert werden muss und in der Gegenwart angesichts kultureller und affektiver Bekenntnisse zunehmend prekär erscheint.

---

* Der Beitrag ist eine gekürzte und modifizierte Fassung des Beitrags »Verfassungspatriotismus in der Einwanderungsgesellschaft. Über die gesellschaftliche Breitenwirkung des Verfassungsrechts und kulturelle Parteinahme unter dem Grundgesetz«, in: Archiv des Öffentlichen Rechts 145 (2020), S. 40–74, der sich vorrangig an die rechtswissenschaftliche Leserschaft richtete, während vorliegend die nichtjuristischen Gesichtspunkte akzentuiert werden.

1 Vgl. die »Grundsätze« des Dachverbands in: http://www.ditib.de (Zugriff 1. August 2020).

2 Andreas Voßkuhle im Interview, RP Online vom 6. Januar 2018, in: https://rp-online.de/po litik/deutschland/andreas-vosskuhle-ueber-regierungsbildung-und-elitenhass_aid-17705947 (Zugriff 1. August 2020).

1. Verfassung zwischen Recht und Gesellschaft

In Deutschland dürfte der Begriff der »Verfassung« gemeinhin eine doppelte Assoziation wecken. Viele denken an die juristischen Inhalte und das Bundesverfassungsgericht, während andere das Grundgesetz als Symbol betrachten, das für die deutsche Gesellschaft steht – ganz ähnlich wie man sich in Frankreich auf Republik und Nation beruft. In öffentlichen Debatten verschwimmen die juristische und die symbolische Bedeutungsebene zumeist, deren Unterscheidung gleichwohl dabei hilft, das Verhältnis von Recht und gesellschaftlicher Debatte auszuloten.

1.1. Rechtsnormen als Sinnspeicher

Eine Annäherung erlaubt die Geschichte des Begriffs des »Verfassungspatriotismus«, den der Politikwissenschaftler Dolf Sternberger gegen Ende der 1970er Jahre prägte und damit gerade nicht die juristischen Inhalte meinte, sondern Demonstrationen oder Tarifverträge als Lebensvorgang der Verfassung in der Gesellschaft.[3] Auch Jürgen Habermas verwandte den Begriff im Kontext des Historikerstreits jenseits der dogmatischen Feinheiten für ein Staatsverständnis, das sich aus universellen Normen speist und die Bundesrepublik fest im Westen verankert.[4] In beiden Fällen ging es also durchaus um Inhalte, wenn für Sternberger beispielhaft die gelebte Versammlungsfreiheit und bei Habermas ein freiheitlich-egalitäres Menschenbild als Grundlage des Verfassungspatriotismus erschienen, dessen gesellschaftliche und normative Prägekraft gleichwohl nicht mit rechtsdogmatischen Auslegungsfragen oder konkreten Gerichtsurteilen kurzgeschlossen wurde. Speziell das Bundesverfassungsgericht kommt in den klassischen Texten zum Verfassungspatriotismus nicht vor.

Diese nicht nur für Juristen überraschende Gerichtsferne bekräftigt, dass man die gesellschaftliche Breitenwirkung des Grundgesetzes nicht vorschnell auf juristische Auslegungsfragen reduzieren sollte. Vielmehr ist die doppelte Bedeutung, die die Verfassung einerseits als Symbol für das Gemeinwesen versteht und andererseits als Rechtmäßigkeitsmaßstab anwendet, eine Beobachtung, die einer Erklärung bedarf. Warum eignet sich gerade die Verfassung für die Doppelrolle, sperrige juristische Inhalte mit symbolischen Grundsatzfragen zu verbinden?

---

3 So Dolf Sternberger, Verfassungspatriotismus, Frankfurter Allgemeine Zeitung vom 23. Mai 1979, S. 1; und ders., Verfassungspatriotismus, Hannover 1982.

4 Vgl. Jürgen Habermas, Eine Art Schadensabwicklung, Die Zeit vom 11. Juli 1986, S. 40; und ders., Staatsbürgerschaft und nationale Identität (1990), in: ders., Faktizität und Geltung, Frankfurt am Main 1992, S. 632–660.

In den öffentlichen Debatten über Migration und Integration dürfte die Wirkung nicht dieselbe sein, wenn man statt des Grundgesetzes auf das europäische Primärrecht oder die UN-Menschenrechtspakte verwiese, obgleich diese inhaltlich vergleichbare rechtliche Aussagen treffen. Offenbar geht es beim öffentlichkeitswirksamen Verfassungspatriotismus nur am Rande um die Details des Gesetzgebungsverfahrens oder der Grundrechtsdeutung, die den meisten Bürgern ohnehin unbekannt sein dürften. Im öffentlichen Diskurs steht der gängige Verfassungsbezug in erster Linie für ein freiheitsbasiertes Gemeinwesen, das das gesellschaftliche Miteinander seit Jahrzehnten friedlich und erfolgreich im Zeichen der Verfassung organisiert.[5] Sehr viel mehr als Flagge und Hymne diente das Grundgesetz als Symbol für die späte Bonner und frühe Berliner Republik.

Damit ist nicht gesagt, dass Rechtsnormen für die gesellschaftliche Selbstverständigung irrelevant wären. Sie können sich ändernde Selbstverständnisse anleiten und deren Inhalt mitprägen, allein hierfür reichen justitiable Rechtsfolgen nicht aus.[6] Eine Leitfunktion verlangt, dass Rechtsnormen an soziale Praktiken und politische Prozesse rückgebunden sind, die die Verfassung in der öffentlichen Semantik verankern, wie dies etwa in der Bundesrepublik und den Vereinigten Staaten der Fall ist[7] – nur begrenzt jedoch in der Europäischen Union.[8] Damit vertrete ich keinen Essentialismus, der Verfassungen nur dann als symbolischen Sinnspeicher anerkennt, wenn diese für geschichtlich geformte Gemeinschaften stehen. Wohl jedoch behaupte ich, dass eine gesellschaftliche Breitenwirkung voraussetzt, dass eine Verfassung durch öffentliche Debatten getragen wird.

Es gehört zum Wesen symbolischer Ordnungen, kognitiv-inhaltliche Aspekte mit affektiv-emotionalen Komponenten zu verbinden,[9] die keine umfassende und zeitlose Einigkeit begründen, was die deutsche Gesellschaft auszeichnet. So steht das Grundgesetz in der Migrationsdebatte durchaus für Inhalte, die bestimmte Positionen ausschließen, etwa ein völkisches Gedankengut.[10] Dennoch bleiben die konkreten Ableitungen und theoretischen Vorannahmen umstritten, wenn sich die öffentliche Debatte etwa auf die Menschenwürde beruft. Auch muss die symboli-

---

5 Näher Hans Vorländer, Integration durch Verfassung?, in: ders. (Hrsg.), Integration durch Verfassung, Heidelberg/Berlin 2002, S. 9, 18–24.

6 Aus diesem Grund ist auch ein Verfassungsexport in andere Länder nicht immer erfolgreich; vgl. Erhard Denninger, Die Rechte der Anderen, in: Kritische Justiz 2009, S. 226, 232 f.

7 Zur Wechselbezüglichkeit Gerald N. Rosenberg, The Hollow Hope. Can Courts Bring about Social Change?, 2. Aufl., Chicago 2008.

8 Siehe Mattias Kumm, Why Europeans Will Not Embrace Constitutional Patriotism, in: International Journal of Constitutional Law 6 (2008), S. 117–136.

9 Vgl. Gerhard Göhler, Die affektive Dimension der Demokratie, in: Felix Heidenreich/Gary S. Schaal (Hrsg.), Politische Theorie und Emotionen, Baden-Baden 2012, S. 235–254.

10 So im Kontext des NPD-Verbots treffend BVerfGE 144, 20, Rn. 653 ff.; ähnlich im Kontext der Flüchtlingsumverteilung Europäischer Gerichtshof (EuGH), Slowakei & Ungarn/Rat, C-643/15 & C-647/15, EU:C:2017:631, Rn. 302–305.

sche Leitfunktion der Verfassung regelmäßig erneuert werden, um nicht im Lauf der Zeit zu erschlaffen.[11] Dies gilt gerade auch für das Migrationsgeschehen, dessen Aufbereitung mehr fordert als einen diffusen Verweis auf das Grundgesetz als Ausdruck einer vermeintlich feststehenden Lösung.

1.2. Interaktion mit der Verfassungsauslegung

Ein Defizit vieler Debatten besteht darin, dass dem Grundgesetz ein zeitloser Gehalt unterstellt wird. In öffentlichen Diskussionen über Migration und Integration wird vielfach angenommen, dass die Grundrechte dem Zusammenleben eine »unverrückbare« Grundlage verliehen.[12] Dies unterstellt einen statischen Inhalt, den die Verfassung vor allem dann selten besitzt, wenn sie Antworten auf konkrete Fragen geben soll. Insbesondere die Grundrechte, die man mit Christoph Möllers als Text und Norm beschreiben kann, treffen in prägnanten Worten vermeintlich feststehende Aussagen, bleiben in ihrer Anwendung aber gleichwohl elastisch.[13] So beriefen sich bis vor Kurzem die Befürworter und Gegner der »Ehe für alle« auf das Grundgesetz, indem sie entweder den Schutz von Ehe und Familie hervorhoben oder, alternativ, den Gleichheitssatz betonten. Nichts Anderes galt für den Schwangerschaftsabbruch, die Eurorettung oder die Mitbestimmung. Das BVerfG konnte diese Streitigkeiten schlichten helfen, doch das Einverständnis folgte einem bisweilen leidenschaftlichen Streit.

Verfassungen sind mithin gekennzeichnet durch eine Parallelität von textlicher Immobilität und normativer Beweglichkeit. Es ist ein Kennzeichen der Karlsruher und der Straßburger Grundrechtsjudikatur, gesellschaftliche Entwicklungen aufzugreifen und insofern zu »leben.«[14] Gewiss bleibt die Dynamik verfassungstheoretisch und in der operativen Durchführung umstritten, liegt meinen Ausführungen aber dennoch zu Grunde.[15] Damit ist nicht gesagt, dass eine dynamische Auslegung denselben Mustern folgte wie eine Parlamentsdebatte. Es gehört zu den Eigenheiten der juristischen Auslegung, gesellschaftliche Entwicklungen aufzugreifen, die Wechselwirkung dogmatisch aber kaum zu reflektieren.[16]

---

11 Siehe Vorländer, Integration (Anm. 5), S. 20–23.
12 So die Initiative kulturelle Integration, 15 Thesen »Zusammenhalt in Vielfalt«, 16. Mai 2017 verschiedener Bundesministerien, Verbände und Kirchen.
13 Siehe Christoph Möllers, Das Grundgesetz, München 2009, S. 9–11.
14 Prägnant Europäischer Gerichtshof für Menschenrechte (EGMR), Urteil vom 25.4.1978, Nr. 5856/72, Tyrer gegen das Vereinigte Königreich, Rn. 31: »living instrument.«
15 Grundlegend Uwe Volkmann, Grundzüge einer Verfassungslehre, Tübingen 2013; und Jack M. Balkin, Constitutional Redemption, Cambridge 2011.
16 Näher Michaela Hailbronner, Rethinking the Rise of the German Constitutional Court, in: ICON 12 (2014), S. 626, 641–649.

Allerdings dürfte die Existenz eines Verfassungsgerichts eine wichtige Voraussetzung dafür sein, dass die Verfassung zum Referenzpunkt in öffentlichen Debatten erstarkt. Zum einen bewirkt die Aussicht eines Urteils, dass sich alle Beteiligten häufiger auf die Verfassung berufen. Zum anderen bleibt es nicht bei den unterschiedlichen Meinungen, weil das Verfassungsgericht diese zusammenführt.[17] Dies verleiht den Eindruck von Stabilität, ohne dass dies etwas daran änderte, dass eine Stabilisierung immer nur punktuell erfolgt, wenn die Gegner die höchstrichterliche Interpretation akzeptieren. Beim nächsten Thema beginnt der Streit von Neuem. Wenn dies stimmt, ist ein ernst gemeinter Verfassungspatriotismus anspruchsvoller als es scheint: Er fordert eine Bereitschaft zur inhaltlichen Auseinandersetzung. Die Wertschätzung des Grundgesetzes beruht auch darauf, dass wir um die richtige Auslegung ringen, ohne dass zum Zeitpunkt der Auseinandersetzung notwendig feststünde, wer sich durchsetzt.[18]

Dass die Bevölkerung dem Bundesverfassungsgericht seit Jahrzehnten ein hohes Vertrauen entgegenbringt, das auch durch vereinzelte Streitigkeiten, etwa um den Kruzifix-Beschluss, nicht nachhaltig erschüttert wurde,[19] liegt nicht nur an der als ausgleichend wahrgenommenen Urteilspraxis. Zu den Kontextfaktoren, die die neutrale Wahrnehmung bis heute fördern, gehören die roten Roben, die abstrakte und feierliche Urteilsverkündung, das Beratungsgeheimnis und der zumeist konsensual vom Richterkollegium getragene Urteilsinhalt sowie das – anders als in den USA – weitgehend entpolitisierte Ernennungsverfahren.[20] Man kann Verfassungsrichter insofern mit Hohepriestern vergleichen, die aufgrund ritualisierter Handlungen und mit Argumenten, die die Bevölkerung nicht versteht, mystisch die normativen Grundlagen des Gemeinwesens erneuern.[21]

---

17 Näher Dieter Grimm, Integration by Constitution, in: International Journal of Constitutional Law 3 (2005), S. 193, 198–220.

18 So bereits Daniel Thym, Migrationsfolgenrecht, in: Veröffentlichungen der Vereinigung Deutscher Staatsrechtslehrer 76 (2017), S. 169, 196–205.

19 Für eine empirische Langzeitbetrachtung siehe Hans Vorländer/André Brodocz, Das Vertrauen in das Bundesverfassungsgericht, in: ders. (Hrsg.), Die Deutungsmacht der Verfassungsgerichtsbarkeit, Wiesbaden 2006, S. 259–298.

20 Siehe Christoph Schönberger, Anmerkungen zu Karlsruhe, in: Christoph Möllers et al., Das entgrenzte Gericht, Frankfurt am Main 2011, S. 9, 11–48.

21 Siehe William Y. Elliott, The Constitution as the American Social Myth, in: Conyers Read (Hrsg.), The Constitution Reconsidered, New York 1968, S. 209–224.

2. Fortschreibung in der Migrationsdebatte

Der stete Verweis auf die Verfassung in den jüngeren Debatten über Migration und Integration besitzt eine Eigendynamik, die das verfassungspatriotische Prestige des Grundgesetzes zu festigen scheint. Hierbei ist es zuerst einmal unproblematisch, dass das öffentliche Verfassungsbekenntnis sich häufig nicht auf konkrete Inhalte bezieht. Erneut dient die Verfassung als Symbol für das Gemeinwesen. Zum Problem wird der rhetorische Überschuss freilich, wenn er sich verselbständigt und der Verfassungsbezug inhaltliche Auseinandersetzungen übertönt, anstatt durch diese geerdet zu werden. Die jüngeren Debatten über Migration und Integration sind insofern Problemanzeigen, die Voraussetzungen und Nebenwirkungen eines öffentlichkeitswirksamen Verfassungspatriotismus identifizieren helfen.

2.1. Streit um die Grenzschließung

Leistungsgrenzen des Verfassungsbezugs zeigten sich in den Diskussionen über die Entscheidung der Bundesregierung, während der Flüchtlingskrise die deutsche Staatsgrenze nicht geschlossen zu haben, um dort Asylbewerber zurückzuweisen. Als Kritiker im Frühjahr 2016 gegen eine »Herrschaft des Unrechts«[22] protestierten und mit einer Verfassungsklage drohten,[23] präsentierten sie das Grundgesetz abermals als Fixstern der innenpolitischen Auseinandersetzung. Auch deutschnationale Kreise gerierten sich in der »Erklärung 2018« verfassungspatriotisch, als sie eine Wiederherstellung der »rechtsstaatlichen Ordnung an den Grenzen« forderten.[24] Kurz zuvor hatte die AfD eine Organklage in Karlsruhe eingereicht.[25] Wenige Wochen später stürzte der Streit um Zurückweisungen von Asylbewerbern die Große Koalition in eine schwere Regierungskrise.[26]

Für unsere Zwecke verdeutlicht die Begebenheit zweierlei. Erstens kontrastiert die öffentliche Sichtbarkeit des Grundgesetzes mit dessen dogmatischer Überlagerung durch das Europarecht unter Einschluss der Dublin III-Verordnung, die nach meiner Überzeugung allenfalls in extremen Sondersituationen eine punk-

---

22 Innenminister Horst Seehofer im Interview mit der Passauer Neuen Presse vom 9. Februar 2016 in der Antwort auf eine Frage nach einer eventuellen Verfassungsklage.

23 Zum Hintergrund Udo Di Fabio, Migrationskrise als föderales Verfassungsproblem, Gutachten im Auftrag des Freistaats Bayern, Januar 2016.

24 Die Erklärung aus dem Frühjahr 2018 u. a. von Vera Lengsfeld, Uwe Tellkamp und Thilo Sarrazin findet sich unter https://www.erklaerung2018.de.

25 BVerfG, Beschluss vom 11. Dezember 2018, 2 BvE 1/18 befand den Antrag für unzulässig.

26 Stellvertretend die Titelgeschichte »Endzeit«, Der Spiegel vom 23. Juni 2018.

tuelle und europapolitisch eingebettete Grenzschließung erlaubte.[27] Doch selbst wenn man dies anders sehen wollte, müsste die Argumentation hochkomplexe EU-Regelungen verarbeiten.[28] Aus sich heraus kann das Grundgesetz heute in vielen Konstellationen nicht mehr als Mikrokosmos die Lösung anleiten. Die ausgefeilten Vorgaben des Europarechts entzaubern den Nimbus des BVerfG, den man, wie in der Eurokrise, allenfalls auf Umwegen zu wahren versuchen kann.

Zweitens verweist der Streit um die Grenzschließung darauf, dass die öffentliche Berufung auf das Grundgesetz und hieran anschließende Verfassungsgerichtsurteile politische Streitigkeiten nicht notwendig befriedigen. Vielmehr verlangt ein solches Ergebnis, dass politische und gesellschaftliche Konflikte mit einer grundsätzlichen Kompromissbereitschaft geführt und diesbezügliche Verfassungsgerichtsurteile als vermittelnde Lösung akzeptiert werden.[29] Man mag den Verfassungspatriotismus und die Hochachtung des BVerfG insofern als Ausdruck einer spezifisch bundesrepublikanischen Konsensbereitschaft und -sehnsucht deuten, die Interessengegensätze nach dem Modell einer Tarif- oder Koalitionsverhandlung auszugleichen sucht.[30] Hiernach übertrug sich die Logik eines »Sowohl-als-auch«, das die konkordanzorientierte Verfassungsauslegung kennzeichnet, auf politische Streitigkeiten.[31] Eben diese Erfolgsvoraussetzung scheint in der Gegenwart zu erodieren. Die Anrufung der Verfassung bedeutete im Grenzschließungsdiskurs nicht mehr, dass man andere Perspektiven als prinzipiell legitim anerkannte und Einigungsbereitschaft signalisierte.

Während der Flüchtlingskrise fehlte auf allen Seiten die Bereitschaft, sich im Zeichen der Verfassung konstruktiv zu verständigen. Neben den Gegnern verwiesen auch die Befürworter der unterlassenen Grenzschließung regelmäßig auf das Grundgesetz, um ihre Position zu rechtfertigen, weil die Menschenwürde oder das Asylgrundrecht das Regierungshandeln rechtfertigen, obgleich sich auf letzteres ungeachtet des Europarechts bereits dem Wortlaut nach »nicht berufen (kann)«[32], wer über Österreich oder Polen einreist. Das Grundgesetz war sichtbar, vermochte jedoch keine Verständigung anzuleiten. Im Gegenteil erhöhte der Ver-

---

27 Näher Daniel Thym, Der Rechtsbruch-Mythos und wie man ihn widerlegt, Verfassungsblog vom 2. Mai 2018.

28 Instruktiv die Gesamtschau bei Markus Rau, Der Flüchtlingsstreit und das Recht, in: Bund Deutscher Verwaltungsrichter und Verwaltungsrichterinnen-Rundschau 3 (2018), S. 21–40.

29 Siehe Andreas Voßkuhle/Thomas Wischmeyer, Die Verfassung der Mitte, München 2016, S. 19–26.

30 Paradigmatisch Ernst Fraenkel, Der Pluralismus als Strukturelement der freiheitlich-rechtsstaatlichen Demokratie (1964), in: ders., Deutschland und die westlichen Demokratien, 9. Aufl., Baden-Baden 2011, S. 256–280; und Herfried Münkler, Mitte und Maß, Hamburg 2010, Kap. 4.

31 Vgl. Peter Häberle, Demokratische Verfassungstheorie im Lichte des Möglichkeitsdenkens, in: Archiv des Öffentlichen Rechts 102 (1977), S. 27, 29–56.

32 Art. 16a Abs. 2 S. 1 GG.

fassungsbezug den Einsatz und förderte insofern eine rhetorische Eskalation. Es entstand eine öffentliche Semantik, die mit moralischem und politischem Eifer kein Dazwischen mehr anerkannte und damit auch eine gestaltende Politik erschwerte, die die vielfältigen Interessen zu einem Ausgleich zu bringen suchte.[33]

2.2. Grundrechte jenseits des Freiheitsschutzes

Ein Kennzeichen des Verfassungsrechts ist die Ausrichtung an universellen Werten: etwa der Würde eines jeden Menschen oder der Gleichheit vor dem Gesetz. Diese Ausrichtung an den Grundrechten erklärt, warum die Verfassung im öffentlichen Diskurs gerade bei Migrantenverbänden beliebt ist.[34] Wer sich in einer Talkshow oder Stellungnahme auf die Religionsfreiheit oder die Eheschließungsfreiheit beruft, bringt die Grundrechte argumentativ gegen hoheitliche Eingriffe in Stellung – und möchte nicht etwa betonen, dass zur gelebten deutschen und europäischen Verfassungspraxis auch gehört, dass Kopftuch und Burka möglicherweise verboten werden können oder der Ehegattennachzug von einfachen deutschen Sprachkenntnissen abhängig gemacht werden darf.[35] Im öffentlichen Diskurs stehen die Grundrechte für einen Vorrang von Freiheit und Gleichheit vor gegenläufigen öffentlichen Interessen, weshalb der Verfassungspatriotismus heute zumeist als linksliberales Projekt wahrgenommen wird.

Nicht nur in der Rechtspraxis ist die Situation komplizierter, denn auch theoretisch muss man das Grundgesetz nicht als liberale Minimalverfassung konzipieren, die nur die Staatsorganisation regelt und die individuellen Freiheiten schützt. Gerade in den Anfangsjahrzehnten betonte das Bundesverfassungsgericht häufig die Gemeinschaftsorientierung, indem es die Vorstellung eines »selbstherrlichen Individuums« zurückwies und das Grundgesetz als »objektive Wertordnung« konzipierte.[36] Es gab und gibt in Rechtsprechung und Lehre traditionell auch republikanische und kommunitaristische Deutungen des Grundgesetzes.[37] Im Maastricht-Urteil sprach das BVerfG der EU die Demokratietauglichkeit ab, weil dieser ein »geistig, sozial und politisch relativ homogenes« Staatsvolk fehle.[38]

---

33 Näher Daniel Thym, Humanität und Härte, Frankfurter Allgemeine Zeitung vom 17. Juni 2019, S. 6.

34 Exemplarisch die Stellungnahme der Migrant:innenorganisationen zum 10. Nationalen Integrationsgipfel am 13. Juni 2018 im Kanzleramt.

35 So jedoch die Position von EGMR, Urteil vom 1. Juli 2014, Nr. 43835/11, S.A.S. gegen Frankreich; und EuGH, K & A, C-153/14, EU:C:2015:453.

36 Hierzu näher Abschn. III.1.

37 Exemplarisch Görg Haverkate, Verfassungslehre, München 1992; und Winfried Brugger, Liberalismus, Pluralismus, Kommunitarismus, Baden-Baden 1999.

38 Vgl. BVerfGE 89, 155, 186.

Solch pointierte Aussagen bleiben jedoch die Ausnahme. In der Regel changiert die Rechtsprechung zwischen einer eher liberalen und einer moderat republikanischen Lesart, die bisweilen auch von den Karlsruher Senaten unterschiedlich gehandhabt wird. So betonte das erste Kopftuchurteil des Zweiten Senats den Gemeinschaftsbezug und ermöglichte damit generalisierte Kopftuchverbote für Lehrerinnen in den Ländern, während das zweite Urteil des Ersten Senats die liberalen Freiheitsrechte akzentuierte und damit strengere Anforderungen für Verbote errichtete.[39] Der verbreitete Fokus auf die konkreten Urteilsinhalte verdeckt, dass die theoretischen Grundannahmen selten reflektiert werden und in der Interpretationsgemeinschaft kein genereller Konsens besteht,[40] wie individuelle Freiheiten und Gemeinschaftsbezug sich zueinander verhalten.

2.3. Diskussionen als notwendige Erscheinung

Wenn es stimmt, dass die breitenwirksame Wertschätzung des Grundgesetzes die juristischen Inhalte mit symbolischen Elementen verbindet und beide Komponenten keine zeitlose Gestaltform besitzen, sind Diskussionen kein pathologischer Zustand, sondern können Treibstoff des Zusammenhalts sein, soweit sie – anders als die Grenzschließungsdebatte – im Geiste einer prinzipiellen Kompromissbereitschaft geführt werden. Es ist ein Defizit aktueller Migrationsdiskurse, diese Dynamik tendenziell auszublenden und einen »unverrückbaren« Verfassungsinhalt zu unterstellen. Man wird jeder Generation die Gelegenheit geben müssen, sich die Verfassung diskursiv anzueignen und in deren Deutungsarchiv einzuschreiben.

Im Migrationskontext entstehen derartige Konflikte zumeist, wenn sich der Aufenthalt von Ausländern zur Einwanderung verfestigt – einen Schritt, den die deutsche Gesellschaft rechtlich und identifikatorisch erst um die Jahrtausendwende vollzog.[41] In einer »Einwanderungsgesellschaft« fordern die Neubürger eine gleichberechtigte Teilhabe, was zu Rangordnungskonflikten in diversen Lebensbereichen führen kann,[42] wenn die Neubürger eine gleiche Mitgliedschaft einfor-

---

39 Vgl. BVerfGE 108, 282; und BVerfGE 138, 296.

40 Siehe Jakob Hohnerlein, Legitime Ziele von Grundrechtseingriffen, in: Der Staat 56 (2017), S. 227, 231–242; allgemein Cass R. Sunstein, Legal Reasoning and Political Conflict, Oxford 1996, Kap. 2.

41 Näher Daniel Thym, Vom »Fremdenrecht« über die »Denizenship« zur »Bürgerschaft«, in: Der Staat 57 (2018), S. 77, 98–114.

42 Instruktiv das Phasenmodell von Jörg Hüttermann, Zur Soziogenese einer kulturalisierten Einwanderungsgesellschaft, in: Özkan Ezli et al. (Hrsg.), Wider den Kulturenzwang, Bielefeld 2009, S. 95, 102–129; streitbar programmatisch Naika Foroutan, Die postmigrantische Gesellschaft. Ein Versprechen der pluralen Demokratie, Bielefeld 2019.

dern und auch die Alteingesessenen realisieren, dass die Migrationsfolgen in die normativen Grundlagen des Gemeinwesens einzuarbeiten ist, weil sie nicht länger als periphere Ausnahmeerscheinung abgetan werden können. Es geht hierbei wohlgemerkt nicht darum, die Migration oder die Anliegen der Neubürger normativ zu fördern oder zu privilegieren, sondern um eine kritische Reflexion, wie Recht und Gesellschaft auf migrationsbezogene Sachverhalte reagieren.

Dass eine Gesellschaft sich gegenüber den Migrationsfolgen immunisieren könnte, bleibt unter den Bedingungen des freiheitlichen Verfassungsstaats eine Illusion. Migration verstärkt eine Tendenz zur Vielfaltssteigerung, die die individualisierte und ausdifferenzierte Gegenwart ohnehin auszeichnet. Das hat zur Folge, dass man den gesellschaftlichen Zusammenhalt nicht mehr auf kulturnationale oder religiös-wertbezogene Gemeinsamkeiten auslagern kann, auf denen die Verfassung ruht und gedeiht, wie dies nicht nur die bundesrepublikanische Staatsrechtslehre vielfach angenommen hatte.[43] Angesichts von Vielfalt kann eine außerrechtliche Einigkeit der Bürger:innen nicht nur normativ nicht erzwungen werden, weil die Grundrechte vor Homogenitätspostulaten schützen, sondern bleibt auch empirisch unerreichbar. In der deutschen Einwanderungsgesellschaft ist Vielfalt im Duktus des bekannten Böckenförde-Diktums nicht mehr nur ein Wagnis um der Freiheit Willen,[44] sondern eine unausweisliche Notwendigkeit. Damit muss auch das Verfassungsrecht umzugehen lernen.

2.4. Drei aktuelle Herausforderungen

Auf einer mittleren Abstraktionsebene ergeben sich mindestens drei Herausforderungen jenseits der im engeren Sinne juristischen Herausforderungen,[45] die bei der Bearbeitung von konkreten Themenstellungen zu beachten sind. Erstens gab es lange Jahre eine Tendenz, auf migrationsbedingte Vielfalt mit Dispensen oder Sonderprogrammen zu reagieren, anstatt die Regelstrukturen zu reformieren. Augenfällig wurde dies bei der früheren Praxis, Muslima vom koedukativen Schwimmunterricht zu befreien und sie damit letztlich aus der Mehrheitsgesell-

---

43 Etwa das Konsens- bzw. Einheitsdenken bei Smend und, modifiziert, Böckenförde nach Günter Frankenberg, Tocquevilles Frage. Zur Rolle der Verfassung im Prozess der Integration, in: Gunnar Folke Schuppert/Christian Bumke (Hrsg.), Bundesverfassungsgericht und gesellschaftlicher Grundkonsens, Baden-Baden 2000, S. 31, 37–44; näher Joachim Bühler, Das Integrative der Verfassung, Baden-Baden 2011, S. 83–129.

44 So noch Ernst-Wolfgang Böckenförde, Die Entstehung des Staates als Vorgang der Säkularisation (1967), in: ders., Staat, Gesellschaft, Freiheit, Frankfurt am Main 1976, S. 92, 112 f.

45 Zu diesen Daniel Thym, Verfassungspatriotismus in der Einwanderungsgesellschaft, in: Archiv des Öffentlichen Rechts 145 (2020), S. 40, 62–72.

schaft auszuschließen.[46] Ein Verfassungsleitbild, dass Vielfalt nicht dauerhaft mittels gruppenbasierter Sonderrechte im Sinn eines Multikulturalismus befrieden möchte, verlangt daher von Politik und Verfassungsrechtswissenschaft, die bestehenden Grundstrukturen daraufhin zu überprüfen, wo diese im Lichte von Migration zu überarbeiten sind, anstatt Dispense einzuführen.[47] Ein Schwimmunterricht mit Burkini, den das Bundesverwaltungsgericht inzwischen anstelle früherer Unterrichtsbefreiungen vorschreibt, liefert für eine solche aktive Integration ein Beispiel.[48] Ein Kompromiss ist dieser insofern, weil ein konservativer Islam das geschlechtergemischte Baden generell ablehnt.[49]

Zweitens kann die gesellschaftliche Breitenwirkung der Verfassung diskursive Nebenwirkungen entfalten, wenn speziell die Grundrechte im öffentlichen Diskurs einerseits rechtliche Handlungsgrenzen bezeichnen und andererseits als Projektionsfläche für moralische Vorstellungen dienen.[50] Dies birgt die Gefahr, dass gerade wegen der Sichtbarkeit des Grundgesetzes im öffentlichen Diskurs politische Streitfragen zu moralischen Grundsatzfragen erklärt werden, die einer Kompromisssuche schwer zugänglich sind. Die Flüchtlingspolitik bietet hierfür viele Beispiele.[51] Gerade bei heiklen Fragen sollte man sich öffentlich auf das Grundgesetz nicht mit moralischem Hochmut berufen, sondern abweichende Meinungen als prinzipiell legitim anzuerkennen, also im Zeichen der Verfassung konstruktiv über den richtigen Weg zu streiten, anstatt Gegenpositionen auszugrenzen.[52]

Drittens bleibt ein solches Unterfangen riskant, denn ein Streit kann immer auch in Desintegration münden. Moralischer Hochmut schadet hierbei ebenso wie ethno-kulturelle Homogenitätsfantasien, die eingewanderte Bevölkerungsgruppen herabsetzen oder ausgrenzen und die durch diskursive Echokammern verstärkt werden können. Recht und Politik reagieren hierauf mit Grenzziehungen, die radikale Positionen vom legitimen Streit ausschließen, wobei die Ein-

---

46 Näher Ulrich K. Preuß, Die Belagerung des liberalen Verfassungsstaats durch die multikulturelle Gesellschaft, in: Leviathan 26 (1998), S. 60, 68–73; und Brian Barry, Culture and Equality, Cambridge 2001, S. 317–328.

47 Programmatisch SVR, Steuern, was zu steuern ist, Jahresgutachten 2018, S. 80 f.

48 Vgl. BVerwGE 147, 362, Rn. 13 ff. entgegen BVerwGE 94, 82; zum Hintergrund Christine Langenfeld, Integration und kulturelle Identität zugewanderter Minderheiten, Tübingen 2001, Kap. 5.

49 Näher Özkan Ezli, Diskriminierung und Antidiskriminierung als Praktiken der Entortung, in: Zeitschrift für Kulturwissenschaften 2016, S. 49–61.

50 Näher Jürgen Habermas, Das Konzept der Menschenwürde und die realistische Utopie der Menschenrechte, in: Deutsche Zeitschrift für Philosophie 58 (2010), S. 343–357.

51 Zur Grenzschließung vorstehend; für den Familiennachzug Daniel Thym, Grenzen des Familiennachzugs, Frankfurter Allgemeine Zeitung vom 18. Januar 2018, S. 6.

52 Näher Helmut Dubiel, Unversöhnlichkeit und Demokratie, in: Wilhelm Heitmeyer (Hrsg.), Was hält die Gesellschaft zusammen?, Bd. 2, Frankfurt am Main 1997, S. 425, 440–442.

schätzung, wo die Trennlinie verläuft, ihrerseits umstritten bleibt.[53] Für die Verfassungsgerichtspraxis begründet dies eine anspruchsvolle Gemengelage. Sie muss die gesellschaftliche Selbstverständigung gleichzeitig durch Zurückhaltung ermöglichen, durch inhaltliche Impulse anleiten und durch normative Grenzziehungen einschränken. Dies gilt vor allem auch dann, wenn Konflikte die kulturellen Grundlagen von individuellen und kollektiven Identifikationsmustern betreffen, die durch Migration eine neue Aktualität erfahren und auf die nicht nur die Verfassungsrechtswissenschaft bisher keine befriedigende Antwort gefunden hat.

3.   Kultur diesseits und jenseits der Verfassung

Die Begriffsgeschichte des Verfassungspatriotismus verdeutlicht, dass dieser entgegen einem aktuell verbreiteten Fokus auf juristische Inhalte und politische Verfahren unterschiedlichen Vorannahmen zugänglich bleibt, welche Rolle außerrechtlichen Bindungskräften zukommt. Deutlich wird das anhand der Positionen von Jürgen Habermas und Dolf Sternberger, die zugleich konzeptuelle Leerstellen der jüngeren Debatten aufzeigen helfen, der im weiteren Sinne kulturelle Fragen vielfach ausblendeten. Dieses Schweigen ist ein Grund, warum die deutsche Einwanderungsgesellschaft der Rückkehr von Affekt und Kultur infolge von Migration vielfach unbeholfen gegenübersteht. Hier mag die Einsicht helfen, dass eine verfassungspatriotische Einstellung nicht zur kulturellen Abstinenz zwingt.

3.1.   Sternberger: verwundetes Nationalgefühl

Vor vierzig Jahren lancierte Dolf Sternberger sein Konzept des »Verfassungspatriotismus« in einem Leitartikel der FAZ zum dreißigsten Verfassungsjubiläum. Gekonnt brachte der liberalkonservative Bonner Politikwissenschaftler einen gefühlsmäßigen Zwiespalt auf den Punkt, den weite Teile des bürgerlichen Spektrums damals empfunden haben dürften: »Das Nationalgefühl bleibt verwundet, wir leben nicht im ganzen Deutschland. Aber wir leben in einer ganzen Verfassung […] und das ist selbst eine Art von Vaterland.«[54] Für Sternberger war der fortgesetzte Glaube an die geteilte Nation vereinbar mit einem Stolz auf die westdeutsche Aufbauleistung. Ein gegenwartsbezogener Verfassungspatriotismus schloss nicht

---

53 Streitbar aus der Publizistik Max Czollek, Desintegriert euch!, München 2018, S. 107–122.
54 Sternberger, Verfassungspatriotismus (Anm. 3), S. 1.

aus, dass man gegenüber der DDR sowie im Einbürgerungsrecht am tradierten ethnisch-kulturellen Selbstverständnis einer deutschen Kulturnation festhielt, das gegenüber Migration unterschwellig auch im Osten dominierte.[55]

Begünstigt wurde die steile Karriere des Grundgesetzes als Referenzpunkt des westdeutschen Selbstverständnisses dadurch, dass es sich als unschuldige Alternative zu den tradierten Ausdrucksformen eines deutschen Nationalgefühls präsentierte, weil die Verbrechen und Brüche des Nationalsozialismus ihm nicht zugerechnet werden konnten.[56] Das Grundgesetz erlaubte den Deutschen, Stolz über Demokratie, Wirtschaftswunder und Westbindung auszudrücken, ohne sich in den Wirrungen der eigenen Geschichte zu verstricken. Dies beförderte eine anationale Deutung eines westdeutschen Verfassungspatriotismus im geteilten Nationalstaat,[57] der in den Folgejahren seine komplementäre Ergänzungsfunktion zum herkömmlichen Nationalgefühl zunehmend verlieren sollte, die Dolf Sternberger nicht beseitigen hatte wollen, als er sich auf das Grundgesetz berief.

In der Verfassungsgerichtspraxis fand die Sternberger'sche Sichtweise wiederholt einen Niederschlag, ohne dass sich jenseits punktueller Aussagen zur Staatsangehörigkeit und der EU-Integration greifbare dogmatische Ableitungen ergeben hätten.[58] So besaßen die Formeln vom »Menschenbild des Grundgesetzes«[59] und der »objektiven Wertordnung«[60] in der Nachkriegszeit eine ursprünglich antiliberale Schlagseite, die die Gemeinschaftsbezogenheit des Individuums betont hatte,[61] heute jedoch einer deutungsoffenen und pragmatischen Begriffsverwendung gewichen ist.[62] Hinzu kommt, dass die freiheitlich-demokratische Grundordnung in den öffentlichen Debatten der 1970er Jahre angesichts von Radikalenerlass, Notstandsgesetzgebung und Verfassungsschutz bisweilen als rhetorische Chiffre eingesetzt und verstanden wurde, um die 68er-Bewegung zu kritisieren. Sternbergers Verfassungspatriotismus war kein linkes Projekt.

---

55 Zur Ausgrenzung von Fremden in der DDR lesenswert Jan Plamper, Das neue Wir. Eine andere Geschichte der Deutschen, Frankfurt am Main 2019, Kap. 4.

56 Hierzu Jan-Werner Müller, Verfassungspatriotismus, Frankfurt am Main 2010, S. 22–36.

57 Zur Teilung als Erklärungsfaktor auch Horst Dreier, Der freiheitliche Verfassungsstaat als riskante Ordnung, in: Rechtswissenschaft 2010, S. 11, 32–34.

58 Zur EU bereits bei Anm. 38; zur Staatsangehörigkeit etwa BVerfGE 77, 137 (150 f.); und BVerfGE 83, 37, 51 f.

59 Erstmals BVerfGE 4, 7, 15 f.

60 So BVerfGE 7, 198, 205 f.

61 Näher Thomas Gutmann, Recht als Kultur, Baden-Baden 2015, S. 28–43; und Andreas Anter, Ordnungsdenken in der Rechtsprechung des Bundesverfassungsgerichts, in: Robert Chr. van Ooyen/Martin H. W. Möllers (Hrsg.), Das Bundesverfassungsgericht im politischen System, Wiesbaden 2006, S. 307, 307–311, 312–315.

62 Siehe Ulrich Becker, Das ›Menschenbild des Grundgesetzes‹ in der Rechtsprechung des Bundesverfassungsgerichts, Berlin 1996, S. 101–123.

3.2. Habermas: Abschied von der Kulturnation

Im erweiterten Kontext des Historikerstreits plädierte Jürgen Habermas für ein emanzipatorisches Verfassungsverständnis, das tradierte kulturnationale Deutungen nach Auschwitz bewusst überwand und durch eine deutsche Staatsbürgernation ersetzte: »Der einzige Patriotismus, der uns dem Westen nicht entfremdet, ist ein Verfassungspatriotismus.«[63] Die europäische Einigung und das Migrationsgeschehen dienten ihm nach dem Mauerfall als Anschauungsfelder, um aufzuzeigen, warum ein Selbstverständnis aufgrund universeller Prinzipien von der Bürgerschaft nicht mehr verlangen dürfe, als sich in die »politische Kultur« des jeweiligen Landes einzufügen.[64] Recht und Verfassung konzipierte Habermas damit als gleichsam akulturelle Ordnungen, die die vielfältigen kulturellen Lebensformen ins Privatleben auslagerten.[65] Im öffentlichen Diskurs dürfte diese Sichtweise des Verfassungspatriotismusbegriffs heutzutage dominieren.

Ein derartiges Selbstverständnis erkennt durchaus an, dass universelle Werte eine partikulare Konkretisierung in Politik und Verfassung erfahren, die freilich weit hinter einem dichten Band nationalkultureller Einheitsvorstellungen zurückbleibt und zu denen exemplarisch besondere Einschränkungen für NS-Gedankengut als Grenze der Versammlungsfreiheit nach dem Wunsiedel-Beschluss des Bundesverfassungsgerichts gehören mögen.[66] Damit präsentiert sich der Habermas'sche Verfassungspatriotismus als betont rationales Gebilde, das darauf setzt, mittels Verfahren und Diskursen ein einiges Band zu schaffen, das als gelebtes Solidaritätsgefühl ein öffentliches Gemeinwesen zu tragen vermag.[67] Dies entsprach dem symbolpolitischen Nüchternheitsregime der Bonner Republik, das auf eine gefühlsbetonte Verfassungsfolklore weitgehend verzichtete.

Man akzeptierte, dass Staat und Verfassung im Motivhaushalt der Bürger auf etwas angewiesen bleiben, das man früher altmodisch als Gemeinsinn oder Bürgertugenden bezeichnet hatte,[68] und hoffte, dass eine solche Einstellung sich pro-

---

63 Habermas, Staatsbürgerschaft (Anm. 4), S. 4.

64 Ausführlich ebd., S. 632–660.

65 Für Migration Jürgen Habermas' Kampf um Anerkennung im demokratischen Rechtsstaat (1993), in: ders., Die Einbeziehung des Anderen, Frankfurt am Main 1996, S. 237, 264–271.

66 Vgl. BVerfGE 124, 300.

67 Zuletzt großzügiger Jürgen Habermas, Vorpolitische Grundlagen des demokratischen Rechtsstaates? (2004), in: ders., Zwischen Naturalismus und Religion, Frankfurt am Main 2005, S. 106, 109–114; siehe auch Florian Weber, Unterkühlter Diskurs. Zum Verhältnis von Emotion und Deliberation bei Jürgen Habermas, in: Felix Heidenreich/Gary S. Schaal (Hrsg.), Politische Theorie und Emotionen, Baden-Baden 2012, S. 199, 204–208.

68 Näher Tine Stein, Gibt es eine multikulturelle Leitkultur als Verfassungspatriotismus?, in: Leviathan 36 (2008), S. 33, 36–39; und Uwe Volkmann, Darf der Staat seine Bürger erziehen?, Baden-Baden 2012.

zedural im Diskurs ohne staatliches Zutun einstellen werde.[69] Gestützt wurde der gleichsam akulturelle Verfassungspatriotismus durch die Globalisierungseuphorie der 1990er Jahre.[70] Im Migrationskontext erfreuten sich weite Teile der Gesellschaft an bunten Straßenfesten und ethnischen Restaurants, die den Alteingesessenen einen oberflächlichen Kontakt mit kultureller Vielfalt boten,[71] die ansonsten der privaten Lebensgestaltung überlassen wurden.

3.3. Rückkehr von Affekt und Kultur

In der jüngeren Entwicklung zeigen sich die Grenzen eines breitenwirksamen Verfassungspatriotismus aufgrund universeller Prinzipien und politischer Verfahren, ohne dass damit kulturnationale Einheitsvisionen zurückkehren müssen. Vielmehr zeigt gerade die Perspektive von Migration, warum die argumentative Konfrontation von universellen Normen und ethnisch-kulturellen Homogenitätspostulaten den Blick auf Zwischenlösungen versperrt, die es Verfassungslehre und -praxis erlauben, die pragmatische Formel von der »Einheit in Vielfalt« mit Leben zu füllen.

Auf einer abstrakten Ebene dürfte noch ein Grundkonsens bestehen, dass die außerrechtlichen Grundlagen des gesellschaftlichen Miteinanders brüchig geworden sind. Es zeigt sich, dass politische Verfahren und universelle Rechtsnormen aus sich heraus nicht notwendig eine innere Einstellung gewährleisten, wonach der Einzelne sich im gewissen Umfang mit dem demokratischen Gemeinwesen identifiziert und sich für dieses einsetzt. Dies bekräftigen der Aufstieg populistischer Parteien ebenso wie die Erosion der Rechtsstaatlichkeit in Osteuropa und die unterentwickelte Breitenwirkung des europäischen Verfassungsrechts. Es bleibt ein prekäres und dennoch unausweichliches Unterfangen, den Verfassungsstaat nicht nur institutionell zu verwalten, sondern emotional-affektiv zu stützen. Politische Akteure ziehen hieraus derzeit die Konsequenz, einen »aufgeklärten Patriotismus«[72] zu fordern und den Heimatbegriff neu zu beleben.[73]

---

69 So etwa Stefan Huster, Die ethische Neutralität des Staates, Tübingen 2002, S. 668–678.
70 Paradigmatisch Francis Fukuyama, Das Ende der Geschichte, München 1992.
71 Siehe Sabine Hess, Von der Integrationskritik zur Kritik des migrationswissenschaftlichen Kulturalismus, in: Sandra Kostner (Hrsg.), Migration und Integration, Münster 2016, S. 211, 216–223; und Will Kymlicka, Multicultural Odysseys, Oxford 2007, Kap. 3 zum Fokus auf Kleidung, Küche und Musik als »Karikatur« des Multikulturalismus.
72 Bundespräsident Frank-Walter Steinmeier, Gedenkstunde des Deutschen Bundestages zum 9. November 2018.
73 So Innenminister Horst Seehofer, Warum Heimatverlust die Menschen so umtreibt, FAZ.net vom 29. April 2018.

Eine auch gefühlsbetonte Hinwendung zum Gemeinwesen betrifft die autochthone Bevölkerung in Zeiten von Pegida und AfD ebenso wie Menschen mit Migrationshintergrund. Für letztere tritt verstärkend hinzu, dass sie über die türkischen, russischen und teilweise arabischen Medien mit aggressiven Identifikationsangeboten ethno-kultureller Prägung konfrontiert sind,[74] denen der nüchterne Repräsentationsstil der Bundesrepublik mit einem rational-juristischen Verfassungspatriotismus offenbar nicht wirksam entgegentreten kann. Ebenso zeigen die Erfahrungen der französischen Staatsbürgernation, die früher bisweilen pauschal als Vorbild betrachtet worden war, dass frühe Einbürgerungen sowie ein strenges Trennungsgebot kulturelle Selbstverständnisse nicht erübrigen.[75] Identitätsfragen, die nicht adressiert werden, bestehen unterschwellig fort und können sich dort verselbständigen und essentialisieren.[76] Identitätssuchen müssen nicht in emanzipatorischen Freiheitserlebnissen münden.

Sozialwissenschaftliche Studien bekräftigen, dass Migration dazu beitragen kann, bestehende Bindekräfte zu schwächen und das soziale Gemeinschaftsgefühl zu verändern,[77] auch wenn die Zusammenhänge empirisch und theoretisch überaus umstritten sind.[78] Allerdings wäre es zu einfach, die migrationsbedingte Vielfaltssteigerung sowie deren Einfluss auf den gesellschaftlichen Zusammenhalt einseitig als negative Verlustgeschichte zu erzählen, die übersieht, dass traditionale Ausprägungen des gesellschaftlichen Zusammenhalts in den auch unabhängig von Migration immer ausdifferenzierten westlichen Gesellschaften gegebenenfalls durch neue Formen einer Kohäsionsstiftung überlagert werden, die vorrangig auf starke Institutionen setzen.[79] Die verbreitete Berufung auf das Grundgesetz setzt insofern richtige Akzente, tendiert aber dennoch dazu, die affektive und kulturelle Dimension des Zusammenhalts unterzubelichten.

---

74 Siehe Plamper, Das neue Wir (Anm. 55), S. 324.

75 Instruktiv Angéline Escafré-Dublet/Patrick Simon, Ce qu'il y a derrière l'identité nationale, in: Céline Husson-Rochcongar/Laurence Jourdain (Hrsg.), L'identité nationale. Instruments et usages, Villeneuve 2014, S. 63–80; siehe auch Mathias Möschel, Law, Lawyers and Race. Critical Race Theory from the United States to Europe, Abington 2014, S. 152–164.

76 Siehe Mareike Gebhardt, Die demokratische Schließung, in: Nele Kortendiek/Marina Martinez Mateo (Hrsg.), Grenze und Demokratie. Ein Spannungsverhältnis, Münster 2017, S. 81 (94 f.); und Göhler, Die affektive Dimension (Anm. 9), S. 235–254.

77 Prominent Robert Putnam, E Pluribus Unum. Diversity and Community in the Twenty-first Century, in: Scandinavian Political Studies 30 (2007), S. 137–174; siehe auch David Abraham, Immigrant Integration and Social Solidarity in a Time of Crisis, in: Critical Historical Studies 1 (2014), S. 215, 218–226.

78 Im Überblick Nils Holtug, Identity, Causality and Social Cohesion, in: Journal of Ethnic and Migration Studies 43 (2017), S. 1084–1100.

79 Siehe Alejandr Portes/Erik Vickstrom, Diversity, Social Capital and Cohesion, in: Andrea Rea et al. (Hrsg.), Governing Diversity, Brüssel 2018, S. 41, 54–56; allgemein Niklas Luhmann, Die Gesellschaft der Gesellschaft, Frankfurt am Main 1998, S. 618–706.

Für die Zwecke dieses Beitrags ergibt sich hieraus die Frage, inwieweit in einer modifizierten Version der Sternberger'schen Lesart kulturelle Faktoren jenseits der Verfassung den Zusammenhalt beeinflussen können und was hieraus für das Verfassungsrecht folgt. Dass die Thematik die Öffentlichkeit umtreibt, bekräftigten die heftigen Debatten, ob eine deutsche Leitkultur existiere oder der Islam zu Deutschland gehöre.[80] Befürworter und Gegner tendierten in dieser Diskussion – ähnlich wie bei der Grenzschließungsdebatte – zur rhetorischen Eskalation, die sich inhaltlich auf die Verfassung bezog und eine Annäherung blockierte. So verlangte der damalige Innenminister pauschal eine Leitkultur, die über das geltende Recht hinausreicht, und überspielte damit sprachlich den notwendigen Wandel und die fehlende Verbindlichkeit.[81] Umgekehrt wollte die damalige Integrationsbeauftragte nur das Grundgesetz anerkennen, weil eine deutsche Kultur jenseits der Sprache »schlicht nicht identifizierbar« sei.[82] Diese argumentative Verhärtung zeigt an, dass der Kulturbegriff und dessen Verhältnis zum Verfassungsrecht dringend näher bestimmt werden sollten.

3.4. Dynamisches Kulturverständnis

Ein Defizit der öffentlichen Debatte bleibt die gedankliche Essentialisierung eines Kulturkonzepts, der als moderne Variation klassischer Kulturkreislehren ein statisches Begriffsverständnis unterstellt, das nationalkulturelle Eigenarten als feststehenden Container konzipiert. Dies führte seitens der Befürworter des Leitkulturgedankens dazu, dass das deutsche Selbstverständnis statisch eingefroren und einseitig den Migranten eine Anpassungspflicht auferlegt wurde, während die Gegner umgekehrt kulturelle Nähebeziehungen generell für inexistent oder jedenfalls für normativ irrelevant erklärten, weil das Grundgesetz im Habermas'schen Duktus einzig verlange, sich in die politische Kultur einzufügen.[83] Beide Positionen machen es sich zu einfach.

Eine überzeugende Vorannahme tätigen sie noch insofern, als sie den Kulturbegriff nicht auf den bildungsbürgerlichen Kanon an Kunst- und Kulturgütern beschränken, sondern die offene Struktur einer jeden Sinnproduktion meinen, mittels derer sich Individuen und Gesellschaften über ihr ideelles Selbstbild ver-

---

80 Im Überblick Sachverständigenrat deutscher Stiftungen für Integration und Migration (SVR), Bewegte Zeiten, Jahresgutachten 2019, S. 177–179.

81 Vgl. Thomas de Maizière, Leitkultur für Deutschland – Was ist das eigentlich?, Bild am Sonntag vom 30. April 2017.

82 Siehe Aydan Özoğuz, Gesellschaftsvertrag statt Leitkultur, Tagesspiegel Causa vom 14. Mai 2017.

83 Bekräftigt von Jürgen Habermas, Keine Muslima muss Herrn de Maizière die Hand geben, RP online vom 3. Mai 2017.

ständigen.[84] Die jüngere Kulturwissenschaft betont insofern die Dynamik und ersetzt feststehende Identitäten durch Eigen- und Fremdzuschreibungen, die die beständigen Identitätskonstruktionen anleiten.[85] Damit ist nicht gesagt, dass individuelle und kollektive Selbstverständigungsdiskurse diese Dynamik notwendig reflektierten. Im Gegenteil lehrt die Sozialpsychologie, dass Bedrohungslagen dazu führen können, dass das subjektive Selbstbild sich versteinert und eine gruppenbezogene Negativabgrenzung erfolgt.[86] Es dürfte daher kein Zufall sein, dass die polarisierende Leitkulturdebatte nach der zwischenzeitlich unkontrollierten Masseneinwanderung während der Flüchtlingskrise einsetzte.

Dies ändert jedoch nicht die analytische Einsicht, dass Kultur als Sinnhaushalt einer Gesellschaft immer auch konstruiert und damit veränderbar ist. Für eine normative Ordnung wie das Verfassungsrecht muss hieraus nicht folgen, dass kulturelle Identifikationsmuster irrelevant wären, wie dies die Gegner des Leitkulturdenkens bisweilen suggerieren. Gewiss erleichtert gerade die Wandlungsfähigkeit es, allfällige Verweise etwa auf Begrüßungsrituale oder das Vereinsleben lächerlich zu machen, die als Alltagskultur einen deutschen *way of life* mitprägen.[87] Zahlreiche Eigenschaften sind nicht spezifisch deutsch, sondern regional verschieden, vielfach europäisch und teils universal – und Migration gestaltet den Wandel mit. Wenn also kulturelle Selbstverständnisse die Hochkultur ebenso umfassen wie den Holocaust oder alltagskulturelle Praktiken, wird man dem Staat keine umfassende Abstinenz abverlangen können. Anders als gegenüber der religiösen Vielfalt muss der Staat in kultureller Hinsicht nicht neutral sein.

Beim Ausmaß der Parteinahme wird man zu differenzieren haben. Vergleichsweise unproblematisch sind Handlungsfelder, die vom Gesetzgeber zu gestalten sind, ohne dass die Grundrechte ein bestimmtes Ergebnis vorgeben. Dies gilt etwa für Feiertage, die Förderung von Museen und Denkmälern oder die schulische Lehrplangestaltung. Ein politischer Streit über derartige Maßnahmen bietet der deutschen Einwanderungsgesellschaft eine Plattform, ihr Selbstverständnis zu erneuern, indem sie ganz konkret etwa über Feiertage oder Lehrpläne diskutiert. Anstatt ein Ergebnis vorzugeben, vertraut die Verfassung auf den politischen Diskurs. Gleiches gilt für weiche Empfehlungen und sanfte Ermahnungen, die durch Anreizstrukturen oder Informationen inhaltlich Partei ergreifen, indem etwa ein Minister oder staatliche Broschüren für bestimmte Begrüßungsrituale werben,

---

84 So zuletzt enger Andreas Reckwitz, Die Gesellschaft der Singularitäten, Frankfurt am Main 2017, S. 75–92.

85 Für Migration Andreas Wimmer, Ethnic Boundary Making, Oxford 2014, Kap. 2.

86 Siehe Eva G.T. Green/Christian Staerklé, Migration and Multiculturalism, in: Leonie Huddy et al. (Hrsg.), The Oxford Handbook of Political Psychology, 2. Aufl., Oxford 2013, S. 852, 865 ff.

87 Siehe auch Jeremy Waldron, What Respect is Owed to Illusions about Immigration and Culture?, in: NYU Public Law Research Paper No. 49 (2016), S. 4–8.

sich für gleichberechtigte Geschlechterrollen im Privatleben einsetzen oder von allen verlangen, sich gedanklich mit dem Holocaust zu beschäftigen. Kulturell neutral sind diese Verhaltensweisen nicht und müssen es auch nicht sein.

Die These von der fehlenden kulturellen Neutralität mag radikaler erscheinen, als sie verfassungsrechtlich gedacht ist. Im Kern bezieht sie sich auf einen Raum kollektiver Selbstverständigung, der schwerpunktmäßig nichtregelndes Staatshandeln betrifft.[88] Imperative Maßnahmen, die sanktionsbewehrt ein Verhalten vorschreiben, sind durch die auch kulturelle Suche nach Gemeinsamkeit typischerweise nicht zu rechtfertigen, soweit nicht auch andere Rechtsgüter für dieses Ergebnis streiten.[89] Ganz in diesem Sinn erlaubte der Bayerische Verfassungsgerichtshof in seinem Urteil zum Landesintegrationsgesetz dem Staat, an Weihnachten Krippen aufzustellen, verbot jedoch verpflichtende Bürgerschaftskurse bei Integrationsverweigerung, wenn nicht zugleich wichtige Rechtsgüter verletzt wurden.[90] Dafür werben zu können, dass Eltern und Schüler einer Lehrerin die Hand reichen, muss nicht heißen, dass ein verweigerter Handschlag sanktioniert werden darf.

Man mag insofern idealtypisch drei Bereiche unterscheiden. Erstens eine Privatsphäre der individuellen Moral, in der jeder nach seiner Fasson glücklich werden soll und eine staatliche Einflussnahme prinzipiell ausscheidet. Zweitens eine Zivilsphäre, in der der Staat werbend Einfluss nehmen darf, ohne typischerweise etwas erzwingen zu können, die aber gleichwohl das gesellschaftliche Miteinander prägt.[91] Drittens schließlich die hoheitliche Sphäre, in der der Staat mittels Gesetzen häufig auch ein bestimmtes Verhalten vorschreibt.[92] Der Schwerpunkt der kulturellen Selbstverständigung betrifft die mittlere Zivilsphäre, die analytisch schärfer von der privaten Lebensgestaltung unterschieden werden sollte.

---

88 Eine Ausnahme besteht für das Migrationsrecht, wenn die Gebietszulassung und die Aufenthaltsverfestigung an rechtlich zwingende Integrationskriterien geknüpft werden.

89 Dies gilt insb. für die Schulpflicht oder die Sonderstellung von Beamten.

90 Siehe bayerischer Verfassungsgerichtshof, Urteil vom 3. Dezember 2019, 6-VIII-17 & 7-VIII-17; und Daniel Thym, Keine staatliche »Gesinnungspolizei«, FAZ Einspruch am 10. Dezember 2019.

91 Bewusst spreche ich nicht von »Zivilgesellschaft«, die konzeptuell mit den neuen sozialen Bewegungen verbunden ist; vgl. Ulrich Rödel, Vom Nutzen des Konzepts der Zivilgesellschaft, in: Zeitschrift für Politikwissenschaft 6 (1996), S. 669–677.

92 Eine strenge Trennung lässt sich angesichts der Verbindungslinien zwischen privaten, öffentlichen und staatlichen Bereichen nicht durchhalten; näher Jeffrey C. Alexander, The Civil Sphere, Oxford 2006, Kap. 15 f.

4. Ausblick

Begriff und Konzept des Verfassungspatriotismus erlauben uns, die gesellschaftliche Breitenwirkung des Grundgesetzes zu vermessen und damit zugleich den staatlichen Beitrag zur beständigen Erneuerung des gesellschaftlichen Zusammenhalts zu bestimmen. Es zeigt sich, dass juristische Auslegungsfragen und die breitere Debatte sich aufeinander beziehen. Diese dynamische Interaktion verdeutlicht, warum ein ernst gemeinter Verfassungspatriotismus anspruchsvoller ist, als es auf den ersten Blick erscheinen mag. Er erfordert die Bereitschaft zur inhaltlichen Auseinandersetzung, die etablierte Beschreibungsmuster infolge gesellschaftlicher Veränderungen fortschreibt. In einer Einwanderungsgesellschaft gilt das auch für kulturelle Fragen, die eine verfassungspatriotische Einstellung nicht notwendig dem Privatleben zuordnet, um vom Staat sodann eine kulturelle Neutralität einzufordern. Alternativ kann man kulturelle Selbstverständnisse mit dem Verfassungsrecht verbinden und dem Staat angesichts von Migration einen inhaltlichen Einfluss auf der Suche nach einer notwendig relativen und wandlungsfähigen kulturellen Ähnlichkeit beimessen.

Ein solcher Schritt beseitigte nicht die freiheitsbasierte Grundstruktur des deutschen Verfassungsrechts und beträfe vor allem nichtregelnde Maßnahmen, die, exemplarisch im Schulwesen oder in der öffentlichen Erinnerungskultur, bestimmte kulturelle Ausdrucksformen privilegieren. Das Grundgesetz bietet sich für diese Diskussionen als symbolischer Referenzpunkt an, weil das Verfassungsrecht ein öffnendes Narrativ bereitstellt, das es der gesamten Bürgerschaft unabhängig vom Migrationshintergrund ermöglicht, sich über das gemeinschaftliche Selbstbild zu verständigen. Über die Zielrichtung wird es immer unterschiedliche Meinungen geben. Während einige in der Tradition des Verfassungspatriotismus Habermas'scher Prägung eine größere kulturelle Neutralität einfordern, betonen andere in einer modifizierten Sternberger'schen Lesart zugleich auch die kulturelle Selbstverständigung. Ein solcher Blickwinkel hilft der Rechtswissenschaft, jenseits der Einzelfragen ihre Grundstrukturen zu erneuern und auf die Herausforderungen einer auch unabhängig von Migration immer vielfältigeren Gesellschaft zu reagieren. Dies stärkte zugleich die Funktion des Grundgesetzes als symbolischer Anker des deutschen Gemeinwesens.

Plurale Konzepte, Narrative und Praktiken gesellschaftlichen Zusammenhalts

Axel Salheiser, Janine Dieckmann, Matthias Quent,
Anja Thiele, Daniel Geschke

Einleitung

Der Begriff »Gesellschaftlicher Zusammenhalt« wird häufig in politischen und öffentlichen Debatten verwendet, wenn gesellschaftliche Transformationsprozesse und krisenhafte Entwicklungen Widersprüche und Widerstände hervorbringen, verstärken oder in besonderer Weise sichtbar werden lassen.[1] Der Koalitionsvertrag der Deutschen Bundesregierung von CDU/CSU und SPD aus dem Jahr 2018 für die 19. Legislaturperiode trägt den Untertitel »Ein neuer Zusammenhalt für unser Land« und suggeriert damit, dass der ›alte Zusammenhalt‹ beschädigt oder überholt sei und daher erneuert werden müsse. Auf parteipolitischer Ebene wird diese attestierte Spaltung vor allem in den Wahlerfolgen einer Rechtsaußenpartei sichtbar: Die AfD radikalisierte sich vor dem Hintergrund der Entwicklungen und Debatten der sogenannten Flüchtlingskrise 2015/2016. Prozesse disruptiven bzw. beschleunigten sozialen Wandels, die endogen und exogen induziert sein können, müssen aufgrund ihrer komplexen, tief greifenden Auswirkungen auf gesellschaftliche Institutionen, Strukturen, Diskurse sowie individuelle und kollektive Akteur:innen in ihrer Totalität als *Krisen* analysiert werden. Sie sind durch die Kulmination von sozialen, kulturellen, politischen und ökonomischen Konflikten sowie die Zunahme von Unsicherheit und normativer Desorientierung gekennzeichnet. Integrationsmechanismen, Funktionsweisen und Legitimationsnarrative der Gesamtgesellschaft oder einzelner gesellschaftlicher Subsysteme werden irritiert und unter Transformationsdruck gesetzt. Auch die Entwicklungen der globalen Corona-Krise sind in diesem Kontext zu analysieren und werden politisch in diesem Zusammenhang diskutiert. So zeigte sich beispielsweise der nordrhein-westfälische Ministerpräsident Armin Laschet darüber besorgt, dass durch die Pandemie und ihre Folgen »eine noch stärkere gesellschaftliche und wirtschaftliche Polarisierung und Spaltung als während der Flüchtlingskrise« drohe.[2]

---

1 Siehe den Beitrag von Matthias Quent, Axel Salheiser und Dagmar Weber in diesem Band.
2 »Armin Laschet: Die einen schicken Blumen, die anderen Beschimpfungen«, in: https://www. augsburger-allgemeine.de/politik/Armin-Laschet-Die-einen-schicken-Blumen-die-anderen-Beschimpfungen-id57480066.html (Zugriff 10. Juli 2020).

Die politischen Bezüge veranschaulichen die soziale Relevanz und normative Erwartung an den »gesellschaftlichen Zusammenhalt« und dessen Erforschung, welche insbesondere in Krisendiskursen zusätzlich an Bedeutung gewinnen. Gesellschaftliche Krisen können als *Zusammenhaltskrisen* gedeutet werden. Bestehende Modi der kollektiven Konfliktaushandlung, Interessensartikulation und Verständigung, die normativen Orientierungen werden infrage gestellt. Intra- und Intergruppenbeziehungen unterschiedlich strukturierter, kollektiver Akteur:innen bzw. »Sub-Gemeinschaften« innerhalb der Gesellschaft werden konflikthaft oder dysfunktional. Bestehende Statusunterschiede büßen ihre Legitimität ein und müssen folglich stark modifiziert oder gänzlich neu ausgehandelt werden. Dies zeigt sich aktuell beispielhaft in Bezug auf Diskussionen über Rassismus und Diskriminierung ethnischer Minderheiten bis hin zu tödlicher rassistischer Staatsgewalt in den USA und weltweit. Was als Krise des gesellschaftlichen Zusammenhalts diskutiert und wahrgenommen wird, wird erheblich durch die Medien, soziale Bewegungen und die Politik definiert bzw. sozial konstruiert. Wenngleich sich Zusammenhaltsforschung nicht ausschließlich an Trends orientieren darf, sollte doch das Verhältnis zwischen Wissenschaft und Gesellschaft stets reflektiert werden und die Forschung wechselseitige Wissenstransferprozesse implementieren.

1. Gesellschaftliche Krisen und Transformationsprozesse als Herausforderungen für gesellschaftlichen Zusammenhalt

Gesellschaftlichen Krisensituationen wie der Corona-Pandemie wohnt das Potenzial inne, die Skepsis in der Bevölkerung gegenüber Modernisierungsteleologien zu erhöhen. Sie können die Distanz zu »progressiven« gesellschaftspolitischen Narrativen vergrößern, die eine normativ-integrierende Funktion für gesellschaftliche Großkollektive erfüllen sollen und aus denen politische, staatliche und zivilgesellschaftliche Institutionen Legitimation bzw. Unterstützung für mittel- und längerfristige Handlungsstrategien und Entscheidungen generieren. Im Allgemeinen sind Krisen Unsicherheitsgeneratoren. Ihr ungewisser Ausgang birgt die Möglichkeit von *rollbacks* bzw. *backlashes* (rückwärtsgewandte Entwicklung/Gegenreaktionen) und stellt bereits etabliert geglaubte soziale Innovationen erneut zur Disposition. In der theoretischen Terminologie der Pfadabhängigkeit[3] handelt es sich um *critical junctures*: Bei denen wird nicht nur eine hoch bedeutsame Pfadentscheidung über die Zukunft getroffen, sondern gleichzeitig können

---

3 James Mahoney, Path Dependence in Historical Sociology, in: *Theory and Society* 29 (2000), S. 507–548.

Entscheidungen über die in der Vergangenheit eingeschlagenen Pfade einer kritischen Revision unterzogen werden. Der Rückzug auf vermeintliche Sicherheiten erscheint in Krisen als pragmatische Lösung, wenngleich durch den Pfadabbruch der Handlungsspielraum begrenzt wird. Dies zeigt sich auf individueller und gesellschaftlicher Ebene durch kognitive Coping-Strategien der Komplexitätsreduktion, wie der Regress auf alte, insbesondere von Autoritarismus und Diskriminierung geprägte Denkmuster oder die Virulenz von Verschwörungserzählungen.[4] Insbesondere der illiberalen radikalen Rechten, die sich selbst als »fundamentale Systemopposition« inszeniert, eröffnen Krisen Gelegenheitsfenster, den modus operandi liberaler demokratischer Gesellschaften infrage zu stellen[5] sowie die eigenen antimodernistischen sozialdarwinistischen und rassistischen Ideologeme und autoritären »Retrotopien«[6] zu popularisieren. Krisen wohnt demnach immer das Potenzial zur Destabilisierung demokratischer Gesellschaften inne.

Für die sozialwissenschaftliche Transformationsforschung wurde in den 2000er Jahren eine theoretisch-empirische Forschungsheuristik vorgeschlagen, die Prozesse disruptiven bzw. beschleunigten sozialen Wandels als die reflexive Verkettung von Herausforderungen (*challenges*) und Reaktionsmustern (*responses*) modelliert.[7] *Herausforderungen für den gesellschaftlichen Zusammenhalt* können demnach in zäsurhaften Ereignissen, Krisenphasen oder längerfristigen Transformationsprozessen wurzeln, für die gesellschaftliche Akteur:innen Lösungen und »Antworten« entwickeln müssen. Im Anschluss an Wilhelm Heitmeyers[8] Überlegungen zur Konflikthaftigkeit als konstitutives Merkmal von Gegenwartsgesellschaften der »zweiten Moderne« ist angesichts einer fortschreitenden Globalisierung, Diversifizierung, Enttraditionalisierung und Individualisierung gesellschaftlicher Zusammenhalt insofern prekär, als in unterschiedlichen Bevölkerungsgruppen und sozio-politischen Milieus konkurrierende normative Verständnisse des Zusammenlebens existieren, insbesondere hinsichtlich der Zugehörigkeits- und Partizipationsrechte bzw. Kriterien sozialer Statuszuweisung. Andreas Reckwitz diskutiert die Ambivalenzen einer hochgradig individualisierten Gegenwartsgesellschaft, in der es aufgrund der fortschreitenden Ausdifferenzierung und Enthierarchisierung von Lebens- und Arbeitswelten, Lebensstilen und kulturellen Orientierungen immer schwieriger werde,

---

4 Katharina Nocun/Pia Lamberty, Fake Facts: Wie Verschwörungstheorien unser Denken bestimmen, Bergisch Gladbach 2020.

5 Matthias Quent, Deutschland rechts außen: wie die Rechten nach der Macht greifen und wie wir sie stoppen können, München 2019.

6 Zygmunt Bauman, Retrotopia, Frankfurt am Main 2017.

7 Dorothee de Nève/Marion Reiser/Kai-Uwe Schnapp (Hrsg.), Herausforderung – Akteur – Reaktion: Diskontinuierlicher sozialer Wandel aus theoretischer und empirischer Perspektive, Baden-Baden 2007.

8 Wilhelm Heitmeyer, Bundesrepublik Deutschland: Von der Konsens- zur Konfliktgesellschaft, Frankfurt am Main 1997.

übergeordnete Normen, Werte und Ziele zu definieren und auszuhandeln, die alle Gesellschaftsmitglieder und sozialen Gruppen verbinden, eine zentrale Integrationskraft entfalten und eine Orientierungsleistung erfüllen könnten.[9] Hier schließen pessimistische Diagnosen oder Prognosen einer Gesellschaft an, die kurz davorstehen, ihre Koordinations- und Steuerungsfähigkeit einzubüßen: Diversität in ihren angeblich exzessiven und ubiquitären Erscheinungsformen erscheint nicht als Bereicherung, sondern als Bedrohung.

Die Fragestellungen des gesellschaftlichen Zusammenhaltes, seiner normativen und empirischen Bezüge kann nur vor dem historischen Hintergrund der langfristigen politischen, sozialen, demografischen, technologischen und ökonomischen Transformationsprozesse der (deutschen) Gesellschaft, insbesondere in den letzten 50 Jahren, schlüssig fokussiert werden. Seit den 1970er Jahren wurden die grundlegenden Ambivalenzen, Paradoxien und Legitimationsprobleme einer demokratisch verfassten, kapitalistischen Gesellschaft[10] keineswegs beseitigt. Unter den Bedingungen der Kapitalakkumulations- und -konzentrationslogiken einer »neoliberal« entfesselten Globalisierung haben sie sich in den letzten Jahrzehnten teilweise sogar drastisch erhöht: Soziale Sicherheit, Gerechtigkeit und Chancen auf Aufstiegsmobilität erscheinen in der postmodernen »Risikogesellschaft«[11] nicht nur defizitär verwirklicht zu sein, sondern immer weiter in die Ferne zu rücken. Repräsentativen Umfragen zufolge nehmen seit Jahren beträchtliche Teile der Bevölkerung eine wachsende Kluft zwischen arm und reich wahr. Insbesondere Personen, die sich selbst den Unter-, Arbeiter- und unteren Mittelschichten zuordnen, äußern sich verstärkt statusfatalistisch und pessimistisch.[12] Des Weiteren haben die Aufnahme und Integration von Bevölkerungsgruppen mit Migrationsgeschichte, die deutsche Vereinigung, die Transformation in Ostdeutschland nach 1989/90 und die fortschreitende Internationalisierung, Multikulturalisierung und Liberalisierung im Zuge des Wertewandels neue Dimensionen strukturierter Ungleichheit sowie soziokulturelle, sozioökonomische und politische Spannungs- und Spaltungslinien erzeugt bzw. aktualisiert. Dabei standen und stehen nicht nur die Aushandlung, Abmilderung oder Neutralisation von Statuskonkurrenzen, gesellschaftlicher Ressourcenverteilung, politischer Prioritätenordnungen oder

---

9 Andreas Reckwitz, Gesellschaft der Singularitäten: Zum Strukturwandel der Moderne, 2. Aufl., Frankfurt am Main 2019.

10 Jürgen Habermas, Legitimationsprobleme im Spätkapitalismus, Frankfurt am Main 1973.

11 Ulrich Beck, Risikogesellschaft. Auf dem Weg in eine andere Moderne, Frankfurt am Main 1986.

12 Einstellungen zum Sozialstaat und zur sozialen Ungleichheit von 2017, GESIS Datenarchiv, ZA6636 Datenfile Version 1.0.0; Der Statusfatalismus der Unterschicht, in: https://www.faz. net/aktuell/politik/inland/allensbach-analyse-der-statusfatalismus-der-unterschicht-1894414. html (Zugriff 29. Juni 2020).

Logiken diskursiver Aufmerksamkeitsökonomien und deren politischer Folgen[13] an, sondern es wurde gleichzeitig das *normative Grundgerüst* einer Gesellschaft modifiziert, die ihrem Selbstverständnis nach (und in politischen Inszenierungen) eine durch »Einigkeit und Recht und Freiheit« integrierte nationale Gemeinschaft konstituieren soll. Jedoch wurden frühere Legitimationsnarrative, zum Beispiel eine sinnvolle, unilineare historische Deutung deutscher Gesellschaftsentwicklung, nicht erst mit dem Vollzug der deutschen Einheit infrage gestellt. Auch der lange Zeit hegemoniale, bis heute fortwirkende Kollektivmythos einer ethnokulturellen Abstammungs- und Schicksalsgemeinschaft der Deutschen kollidiert mit den Realitäten einer (lange in Abrede gestellten) Einwanderungsgesellschaft.

Insbesondere bezüglich der Rejustierung des Verhältnisses zwischen *Etablierten und Außenseitern*,[14] zum Beispiel der Integration und Gleichstellung von Migrant:innen und anderen gesellschaftlich marginalisierten Gruppen, kommt es zu einer konflikthaften Neuverhandlung basaler kollektiver Normen und Identitäten. Es geht dabei um nicht weniger als die Frage nach der Geltung der demokratischen Ansprüche auf allgemeine Gleichwertigkeit, um Gerechtigkeitsmaßstäbe und die damit verbundenen sozialen und ökonomischen Praktiken und Strukturen, die eine komplexe gesellschaftliche Ungleichheitsordnung reproduzieren, und damit einem ostentativ egalitären Anspruch liberaler demokratischer Gesellschaften nur defizitär entsprechen oder zuwiderlaufen und deren Legitimität unter Druck geraten lassen. Komplexe Zusammenhänge zwischen politisch-kulturellen Emanzipations- und Liberalisierungsprozessen, reaktionärer Rückschlagpolitik (*cultural backlash*) sowie sozialen Ungleichheiten erschweren die eindeutige Identifizierung wirksamer Stellschrauben für einen normativ positiv verstandenen gesellschaftlichen Zusammenhalt – nicht zuletzt durch die Ethnisierung sozialer Konflikte und weitere intersektionale Verschränkungen. Die Kollusion sozio-ökonomischer und symbolischer Verteilungskonflikte mit politischen Steuerungskrisen (wie im Kontext der Fluchtmigrationsentwicklung nach 2014) und deren Intensivierung sind in normativer Perspektive als Bedrohung des gesellschaftlichen Zusammenhaltes zu betrachten, weil sie die Sozial- und Systemintegration beträchtlicher Teile der Bevölkerung untergraben, die Gefahr antidemokratischer, gruppenbezogen menschenfeindlicher, rechtsextremistischer und -terroristischer Aktivitäten erhöhen und – in Reaktion darauf – die Handlungs-

---

13 Silke van Dyk/Stefanie Graefe, Wer ist schuld am Rechtspopulismus? Zur Vereinnahmung der Vereinnahmungsdiagnose: eine Kritik, in: Leviathan 47 (2019), H. 4, S. 405–427; Aleida Assmann, Das neue Unbehagen an der Erinnerungskultur. Eine Intervention, München 2019; Petra Köpping, Integriert doch erst mal uns! – Eine Streitschrift für den Osten, Berlin 2018.

14 Norbert Elias/John L. Scotson, Etablierte und Außenseiter, Frankfurt am Main 1993; Madlen Preuß, Elias' Etablierte und Außenseiter: Eine quantitativ-empirische Modellierung am Beispiel der deutschen Migrationsgesellschaft, Bielefeld 2020.

fähigkeit staatlicher und nicht staatlicher Institutionen und Akteur:innen an ihre Grenzen bringen können.

Gerahmt werden diese Prozesse durch divergierende bzw. kollidierende normative Orientierungen – idealtypisch lässt sich zwischen *partikularistischen und universalistischen Zusammenhaltsverständnissen* und darauf bezogenen Handlungsdispositionen unterscheiden. Die partikularistische Position vertritt dabei vorrangig auf die Erhöhung von Binnenkohärenz abzielende Praktiken der Anerkennung[15] und Solidarität unter Eigengruppenmitgliedern; die Herstellung von *exklusivem Zusammenhalt* soll durch die Konstruktion von Homogenität durch Grenzziehung und Betonung der Differenz, Exklusion und Zurückweisung universalistischer Partizipationsansprüche erzielt werden (zum Beispiel Wohlfahrtstaatsnativismus, rassistische Abwertung von Zuwandernden). Der dabei artikulierte Appell der »Etablierten« an Einheit und Geschlossenheit ist nicht ohne die gleichzeitige Favorisierung systematischer Ausschlüsse denkbar, die sich als Marginalisierung und Diskriminierung von (vermeintlichen) Fremdgruppenmitgliedern – den »Außenseitern« – äußern. Hingegen basiert ein universalistisches Verständnis von Zusammenhalt auf der Erweiterung und Entgrenzung des Eigengruppenbegriffs und sieht daraus abgeleitete umfassende Anerkennungs- und Solidaritätspraktiken vor. Während bei der Realisierung dieser normativen Ansprüche teils erhebliche Defizite und Dilemmata der Priorisierung gesellschaftlicher Ziele auftreten, erfolgt auf symbolischer Ebene die prinzipielle Betonung von Pluralität und Diversität *in Abgrenzung zum exkludierenden Partikularismus*. Doch die Angehörigen von marginalisierten Gruppen, deren Integration und Gleichstellung im Rahmen eines universalistischen Zusammenhaltsverständnisses erzielt werden soll, haben aufgrund der oben genannten realexistierenden Defizite vermutlich Wahrnehmungen und Vorstellungen von gesellschaftlichem Zusammenhalt, die zum Teil erheblich von den Wahrnehmungen und Vorstellungen von Akteur:innen der sogenannten Mehrheitsgesellschaft bzw. Angehörigen anderer sozialer Gruppen und Milieus abweichen können. Anzunehmen ist hier eine *Pluralisierung von Zusammenhaltskonzepten*, in der sich eine typische Hybridität sozialer Identitäten bzw. ethno-kultureller Zugehörigkeiten von Angehörigen marginalisierter Gruppen (zum Beispiel Jüdinnen und Juden, Sint:ezze und Rom:nja, Menschen mit Migrationsgeschichte, Muslim:innen) widerspiegelt und fortsetzt. Vor diesem Hintergrund ist fraglich, wie eine umfassende Integration und gegenseitige Anerkennung von Diversität in einer von universalistischen Inklusionsprinzipien geleiteten Gesellschaft gestaltet werden soll bzw. kann.

Die bis hier skizzierten Aspekte müssen Gegenstand einer interdisziplinären sozial- und kulturwissenschaftlichen Zusammenhaltsforschung sein, die aus Per-

---

15 Axel Honneth, Kampf um Anerkennung: Zur moralischen Grammatik sozialer Konflikte, Frankfurt am Main 2010.

spektive der Akteur:innen in ihren jeweiligen situativen und institutionellen Handlungskontexten ausgeht. Zur Untersuchung konkurrierender Konzepte, Narrative und Praktiken im Prozess des gesellschaftlichen Zusammenhalts wurden von uns drei oft vernachlässigte Themenfelder ausgewählt. Konkret diskutieren wir die Herausforderungen für den gesellschaftlichen Zusammenhalt und die darauf bezogenen Reaktionsmuster in Hinblick auf (1) die Wahrnehmung zunehmender Diversität der Gesellschaft und die Exklusions- bzw. Inklusionserfahrungen marginalisierter Gruppen, (2) die Implikationen globaler ökologischer Krisen unter besonderer Berücksichtigung der Instrumentalisierung und des Mobilisierungspotenzials für die antidemokratische Rechte sowie (3) die Paradoxien des geschichtspolitischen Diskurses und der kulturellen Praktiken in Bezug auf die Erinnerung an die Verbrechen des historischen Nationalsozialismus als umstrittenes normatives Integral für die deutsche Gesellschaft.

2.   E pluribus unum? Gesellschaftliche Diversität als Herausforderung für Zusammenhalt

Die Transformation moderner Gegenwartsgesellschaften ist durch umfassende und anhaltende Diversifizierungsprozesse gekennzeichnet. Wie die politischen und sozialen Entwicklungen in Deutschland nicht erst seit 2015 vor Augen geführt haben, kann zunehmende Diversität – besonders dann, wenn sie »schubweise« bzw. in starker zeitlicher Verdichtung erfolgt – krisenhafte Entwicklungen auslösen, die den gesellschaftlichen Zusammenhalt herausfordern. In theoretischen Ansätzen wird zwischen proximalen und distalen Auswirkungen gesellschaftlicher Diversifizierung unterschieden. Putnam[16] belegt empirisch, dass steigende *ethnische und kulturelle Diversität* durch Migration zunächst zu abnehmendem Vertrauen zwischen Menschen im Allgemeinen, verringertem Vertrauen in staatliche Institutionen sowie insgesamt zu weniger Kooperationsbereitschaft, Engagement und Solidarität führt. Nach Überwindung dieser kurzfristigen Auswirkungen, so Putnam, stellen sich langfristige Effekte von Diversität ein: Es entstehen neue Formen von Solidarität, neue gesellschaftliche Kategorien werden konstruiert und angewendet[17] und ein weiteres, inklusiveres Verständnis von Gesellschaft entsteht. Anpassungsprozesse an Diversität finden demnach sowohl auf individu-

---

16 Robert D. Putnam, E Pluribus Unum: Diversity and Community in the Twenty-first Century, in: Scandinavian Political Studies 30 (2007), H. 2, S. 137–174.

17 Siehe auch Richard J. Crisp/Rhiannon N. Turner, Cognitive Adaptation to the Experience of Social and Cultural Diversity, in: Psychological Bulletin 137 (2011), H. 2, S. 242–266.

eller (kognitiver) Ebene[18] statt als auch auf gesellschaftlicher Ebene.[19] Ramos und
Kolleg:innen[20] skizzieren im Kontext *religiöser Diversität* einen ähnlichen Verlauf
der Anpassungsprozesse: Zeitverzögert stellen sich positive Effekte von Diversität
ein, die sich im Sinne des Konzepts des sozialen Kapitals[21] als *bonding social capital* (Interaktionszusammenhänge innerhalb einer gesellschaftlichen Gruppe) und
als *bridging social capital* (Vernetzung und Austausch zwischen unterschiedlichen
gesellschaftlichen Gruppen, wie beispielsweise Kontakte zwischen unterschiedlichen religiösen Subgruppen) charakterisieren lassen.[22] Damit erhöht sich langfristig neben der individuellen Lebenszufriedenheit der Zusammenhalt innerhalb
der Gesellschaft. So kann Migration positive Effekte entfalten, das wirtschaftliche
Wachstum, die Innovationsfähigkeit und Kreativität (unter anderem zur Bewältigung von gesellschaftlichen Krisensituationen) erhöhen und demografische Veränderungen innerhalb einer Gesellschaft ausgleichen.[23]

Um die Komplexität und Gleichzeitigkeit unterschiedlicher Diversitätskon-
texte (zum Beispiel Vielfalt aufgrund von Herkunft, Migrationshintergrund, Aussehen, Religionszugehörigkeit, kognitiver und körperlicher Leistungsfähigkeit,
sexueller und geschlechtlicher Diversität) theoretisch und empirisch zu erfassen,
ist zunächst das Verhältnis zwischen den jeweiligen gesellschaftlich marginalisierten Teilgruppen und einer konstruierten Mehrheitsgesellschaft zu fokussieren.
Unter Marginalisierung werden gruppenbezogene Prozesse der (partiellen) sozial-
strukturellen, politischen und symbolischen Exklusion des wortwörtlichen »An
den Rand gedrängt Werdens« verstanden. Young[24] beschreibt Marginalisierung
als eine repressive Form der kollektiven Statuszuweisung von Teilgruppen innerhalb einer Gesellschaft, die sich in deren fehlender gesellschaftlicher Partizipation
und Repräsentation äußert. Das interdisziplinär verwendete Konzept der Marginalisierung[25] umfasst aus sozialgeographischer Perspektive das Schaffen räum-

---

18 Ebd.

19 Miguel R. Ramos/Matthew R. Bennett/Douglas S. Massey/Miles Hewstone, Humans Adapt
to Social Diversity over Time, in: Proceedings of the National Academy of Sciences of the
United States of America 116 (2019), H. 25, S. 12244–12249; Linda R. Tropp, Adaptation to
Diversity: Individual and Societal Processes, in: Proceedings of the National Academy of Sciences of the United States of America 116 (2019), H. 25, S. 12131–12133.

20 Ramos et al., Humans Adapt to Social Diversity (Anm. 19).

21 Robert D. Putnam (Hrsg.), Gesellschaft und Gemeinsinn. Sozialkapital im internationalen
Vergleich, Gütersloh 2001; Putnam, E Pluribus Unum (Anm. 16).

22 Ramos et al., Humans Adapt to Social Diversity (Anm. 19).

23 Putnam, E Pluribus Unum (Anm. 16).

24 Iris M. Young, Five Faces of Oppression, in: Lisa Maree Heldke/Peg O'Conor (Hrsg.), Oppression, Privilege, and Resistance: Theoretical Perspectives on Racism, Sexism, and Hetero-
sexism, McGraw-Hill 2014, S. 37–63.

25 Matthias Bernt/Laura Colini, Exclusion, Marginalization and Peripheralization: Conceptual
Concerns in the Study of Urban Inequalities. Working Paper, Erkner 2013.

licher Distanz und Abgeschlossenheit und den damit einhergehenden Mangel an Ressourcen, aus soziologischer bzw. sozialpsychologischer Sicht das Verwehren kultureller Integration[26] sowie normative Abwertungsprozesse bzw. Prozesse der Unterdrückung. Im gesellschaftsnormativen Kontext tragen auch Prozesse des »Nicht-gehört-Werdens« bestimmter Perspektiven bzw. des »Nicht-mitgedacht Werdens«[27] zu Marginalisierung bei. Gesellschaftlich marginalisierte Gruppen sind nicht nur in aktuellen öffentlichen Debatten um Zusammenhalt und Gesellschaft mit der Infragestellung ihrer Zugehörigkeit bzw. der ihnen verweigerten Gleichwertigkeit, Partizipation und Repräsentation konfrontiert, sondern waren es historisch gesehen kontinuierlich. Ihre Marginalisierung und Diskriminierung ist in den (Macht-)Strukturen der Gesellschaft verwurzelt und wird kontinuierlich reproduziert und legitimiert.

Die Analyse innergesellschaftlicher Intergruppenbeziehungen verdeutlicht In- und Exklusionsprozesse, gruppenbasierte Perspektivendivergenzen auf gesellschaftliche Normen und Wertevorstellungen sowie gruppenbezogene Status- und Machtunterschiede. Diese Perspektivendivergenzen (zwischen marginalisierten Teilgruppen und der »Mehrheitsgesellschaft«) und damit verbundene Manifestationen der Marginalisierung und Diskriminierung wirken sich auf Kognitionen (einschließlich Einstellungen), Emotionen und Verhalten von Gesellschaftsmitgliedern aus.[28] Es entstehen subgruppenbezogene Strategien und Handlungspraktiken, wie einerseits Rückzug und Distanzierung von der Gesamtgesellschaft (zum Beispiel als Separation[29]). Andererseits kann sich die Identifikation mit einer gesellschaftlich marginalisierten Subgruppe auch als Resilienzfaktor gegen Diskriminierung positiv auf das Wohlbefinden von Individuen auswirken,[30] das Engagement in Emanzipationsbewegungen[31] oder in sozialem Protest[32] erhöhen.

---

26 Richard Y. Bourhis/Lena C. Moïse/Stephane Perreault/Sacha Senécal, Towards an Interactive Acculturation Model: A Social Psychological Approach, in: International Journal of Psychology 32 (1997), S. 369–386.

27 Thierry Devos/Mahzarin R. Banaji, American = White?, in: Journal of Personality and Social Psychology 88 (2005), H. 3, S. 447–66.

28 John F. Dovidio/Samuel L. Gaertner/Tamar Saguy, Another View of »We«: Majority and Minority Group Perspectives on a Common Ingroup Identity, in: European Review of Social Psychology, 18 (2007), S. 296–330.

29 Bourhis et al., Towards an Interactive Acculturation Model (Anm. 26).

30 Nyla R. Branscombe/Michael T. Schmitt/Richard D. Harvey, Perceiving Pervasive Discrimination among African Americans: Implications for Group Identification and Well-being, in: Journal of Personality and Social Psychology 77 (1999), S. 1 und S. 135–149.

31 Stefan Stürmer/Bernd Simon, The Role of Collective Identification in Social Movement Participation: A Panel Study in the Context of the German Gay Movement, in: Personality and Social Psychology Bulletin, 30 (2004), H. 3, S. 263–277.

32 Martijn van Zomeren/Tom Postmes/Russel Spears, Toward an Integrative Social Identity Model of Collective Action: A Quantitative Research Synthesis of three Socio-psychological Perspectives, in: Psychological Bulletin 134 (2008), H. 4, S. 504–35.

Zusätzlich zum gemeinsamen, übergeordneten Bezugsrahmen »Gesellschaft« stellen gesellschaftliche Subgruppen, mit denen sich Individuen in unterschiedlichem Ausmaß identifizieren und denen sie von Anderen zugeschrieben werden, wichtige Bezugsrahmen für Normen und Werte sowie Identitätsprozesse dar.[33] Gesellschaftsmitglieder konstruieren ihre soziale Identität,[34] zentral für ihre Wahrnehmungen, Emotionen und Handlungen, aus verschiedenen Gruppenidentitäten unterschiedlicher Abstraktionsebenen (Identität als Teil der Gesamtgesellschaft »Deutsche:r«, als Teil bestimmter Subgruppen wie »Migrant:in«, »Person of Color«, »Lesben«, »Schwule« usw.). In markanter Differenz zum Beispiel zu dörflichen Gemeinschaften konstituieren diese *Communitys* gesellschaftlich marginalisierter Menschen in der Regel eher diffuse, diskursiv erzeugte, identitätsbezogene Zusammenhänge. Sie stellen zunächst keine einheitliche soziale Bewegung dar, verfügen über keine unmittelbar gemeinschaftsstiftenden Interaktionen bzw. Beziehungsmuster. Sie konstituieren sich in erster Linie über spezifische, kollektiv geteilte, historische, kulturelle, biografische (Differenz-)Erfahrungen und ein minimales Definitionskriterium, das ein zentraler Bezugspunkt der Selbst- oder Fremdbeschreibung und damit identitätsprägend für die »Angehörigkeit« sein kann. Diese Prozesse der Eigen- und Fremdverortung von Individuen innerhalb einer Gesellschaft (beispielsweise als »Menschen mit Migrationshintergrund«) bestimmen ihre gesellschaftsbezogenen Erfahrungs- und Lebenswelten. Nicht nur das Zugehörigkeitsgefühl zur Gesamtgesellschaft, sondern diverse Subgruppenidentitäten beeinflussen somit das (gruppenbezogene) Denken, Fühlen und Handeln.

Aus soziologischer Forschungsperspektive handelt es sich bei diesen »Gemeinschaften« – zumindest a priori – vielmehr um Aggregate statt Gruppen, es ist sozialwissenschaftlich zu untersuchen, inwiefern bzw. mit welchen Konsequenzen überhaupt institutionelle Modi der Regulierung von »Zugehörigkeit« oder »Identität« akzeptiert und praktiziert werden, sich spezifische Zusammenhaltsvorstellungen ausprägen und als relationaler Deutungsrahmen einer gesellschaftlichen Kollektivverortung wirksam werden und Handlungen stattfinden, die intentional auf die Herstellung von Intra- oder Intergruppenkohäsion gerichtet sind.

Die kollektive Positionierung im gesellschaftlichen Gefüge[35] ist historisch verankert und mit jeweils unterschiedlichen gesellschaftlichen Macht-, Repräsenta-

---

33 Dovidio/Gaertner/Saguy, Another View of »We« (Anm. 28).

34 Henry Tajfel/John C. Turner, An Integrative Theory of Intergroup Conflict, in: William G. Austin/Stephen Worchel (Hrsg.), The Social Psychology of Intergroup Relations, Monterey 1979, S. 33–47.

35 Michael Wenzel/Amélie Mummendey/Sven Waldzus, Superordinate Identities and Intergroup Conflict: The Ingroup Projection Model, in: European Review of Social Psychology 18 (2007), H. 1, S. 331–372.

tions- und Ressourcenverteilungen verbunden.[36] Die Legitimität und Stabilität dieser Statusunterschiede unterscheidet sich in den Perspektiven gesellschaftlich marginalisierter Gruppen und der »Mehrheitsgesellschaft«.[37] Vor dem Hintergrund dieser Perspektivendivergenzen fügen sich innergesellschaftliche Gruppenbeziehungen mit Prozessen der Kooperation und Partizipation, aber auch der Marginalisierung und Diskriminierung in das komplexe Gefüge aller gleichzeitig stattfindenden gesellschaftlichen Prozesse aufgrund von Transformation, Werteliberalisierung und Adaptation ein. Mit anderen Worten: Sozialer Wandel findet statt. Dieser geht nach Honneth unter dem Topos der sozialen Gerechtigkeit nicht nur mit Prinzipien der Verteilung (materieller) Güter und deren Legitimität einher, sondern ganz wesentlich mit »Maßnahmen der Schaffung von symmetrischen Anerkennungsverhältnissen«.[38] So wurde beispielsweise in der sozialpsychologischen Migrationsforschung diese Perspektivendivergenz auf Ressourcen und Anerkennung zwischen migrierten Minderheiten und Aufnahmegesellschaften in Hinblick auf unterschiedliche Akkulturationsstrategien untersucht.[39] Es lassen sich anhand des Ausmaßes der Passung der Perspektiven und Akkulturationsstrategien (zum Beispiel Assimilation, Integration, Separation) von Migrierten und Mehrheitsgesellschaft harmonische versus dissonante Gruppenbeziehungen vorhersagen.[40] Zahlreiche Studien der Migrationsforschung in Deutschland verdeutlichen die Auswirkungen dieser innergesellschaftlichen Gruppenbeziehungen und der damit einhergehenden strukturellen und individuellen Diskriminierung für Migrant:innen.[41] In Bezug auf die Ansprüche (post-)migrantischer Gruppen auf weitreichende Inklusion und Anerkennung, die auf strukturelle und institutionelle Barrieren sowie auf den Widerstand jener stößt, die ihre Privilegien gegen die (vermeintlichen) »Newcomer« verteidigen wollen, hat Aladin El-Mafaalani[42] aufgezeigt, welche Probleme sich gerade dadurch ergeben, dass die Eindeutigkeit exkludierender Statusordnungen durch Emanzipations-, Akkultu-

---

36 Jim Sidanius/James H. Liu/John S. Shaw/Felicia Pratto, Social Dominance Orientation, Hierarchy Attenuators and Hierarchy Enhancers: Social Dominance Theory and the Criminal Justice System, in: Journal of Applied Social Psychology 24 (1994), H. 4, S. 338–366.

37 Dovidio/Gaertner/Saguy, Another View of »We« (Anm. 28).

38 Axel Honneth, Das Ich im Wir: Studien zur Anerkennungstheorie, Frankfurt am Main 2010, S. 9.

39 Hanna Zagefka/Dennis Nigbur, Akkulturation und Integration ethnischer Gruppen, in: Andreas Beelmann/Kai J. Jonas (Hrsg.), Diskriminierung und Toleranz: Psychologische Grundlagen und Anwendungsperspektiven Wiesbaden 2009, S. 173–192.

40 Bourhis et al., Towards an Interactive Acculturation Model (Anm. 26).

41 Zum Beispiel Petia Genkova, Migrationsstress oder Migrationserfolg? Überblick über kurz- und langfristige Migrationsansätze, in: Petia Genkova/Andrea Riecken (Hrsg.), Handbuch Migration und Erfolg, Wiesbaden 2020, S. 33–69.

42 Aladin El-Mafaalani, Das Integrationsparadox: Warum gelungene Integration zu mehr Konflikten führt, Köln 2018.

rations- und Inklusionsprozesse aufgelöst wird. Migrant:innen und deren Nachfahren, so sein Gleichnis, wollen (und sollen) nicht mehr nur mit am Tisch sitzen, sondern sie wollen mit darüber entscheiden, was aufgetischt wird. Im Zuge gelingender Integration wird die Zuweisung einer passiven »Gastrolle« und die Perspektive der Etablierten, mit bestimmten Zugeständnissen der Notwendigkeit doch genüge getan zu haben, als Machtasymmetrie, paternalistische Bevormundung und hegemoniales Narrativ entlarvt und von den Betroffenen dementsprechend kritisiert. Das Muster dieses »Integrationsparadoxes« ist – über Migrationsprozesse hinausführend – für die Fragestellung von Diversität, Inklusion und Zusammenhalt in liberalen demokratischen Gesellschaften von genereller Bedeutung: In ähnlicher Weise ist es für alle gesellschaftlich marginalisierten Gruppen zu konstatieren, beispielsweise »autochthone«, ethnische, kulturelle, religiöse, soziale, sexuelle und geschlechtliche Subgruppen.

Eine diversitätsbewusste Erforschung des gesellschaftlichen Zusammenhalts wird durch die Grundfragen angeleitet, welche spezifischen Perspektiven und Praktiken (zum Beispiel Engagement) Angehörige marginalisierter Gruppen bezüglich der Deutung und Herstellung gesellschaftlichen Zusammenhalts einnehmen, perspektivisch einnehmen wollen und weshalb dies für die Gesamtgesellschaft relevant ist. Zu vermuten ist, dass sich in den Subgruppen zunächst binnenkohärenzerhöhende Narrative und Praktiken kollektiver Sinnstiftung und Identitätsbildung etablieren (*binding social capital*), die als Substitute für mangelnde bzw. vorenthaltene Akzeptanz vonseiten des gesellschaftlichen »Mainstreams« fungieren. Hierbei sind auch ambivalente und mehrdimensionale Figurationen von besonderer Relevanz, durch die das Konkurrenzverhältnis zwischen unterschiedlichen Teil- und Subgruppenidentitäten bzw. damit verbundene Interessens- und Zielkonflikte markiert sind: So lässt sich innerhalb marginalisierter Gruppen eine hohe Heterogenität hinsichtlich der Wahrnehmungen der gesellschaftlichen Anerkennungsfortschritte sowie der normativen Erwartungen gegenüber der Produktion und Reproduktion von Subidentitäts- und Binnenkohärenzverhältnissen feststellen (zum Beispiel innerhalb der LSBTTIQ*-Community[43]). Heterogenität der Perspektivenvielfalt ist dabei auch geprägt von »Intersektionalität«, der Verwobenheit von Ungleichheit und unterschiedlichen Marginalisierungen,[44] welche es in ihrer Bedeutung für innergesellschaftliche Inklusions- und Exklusionsprozesse zu verstehen gilt. Zur Erforschung des gesamtgesellschaftlichen Zusammenhalts ist es essenziell, nicht in der Fokussierung von

---

43 Janine Dieckmann/Jörg Litwinschuh, Die interdisziplinäre Zusammenführung der LSBTI*-Forschung als Experiment, in: Bundesstiftung Magnus Hirschfeld (Hrsg.), Forschung im Queerformat, Bielefeld 2014, S. 9–16.

44 Gabriele Winker/Nina Degele, *Intersektionalität. Zur Analyse sozialer Ungleichheiten*, Bielefeld 2009.

Exklusionsprozessen zu verharren, sondern auch auf die Verknüpfung von Inklusionsprozessen und -potenzialen zwischen Meso- und Makroebene zu schauen (*bridging social capital*): auf Manifestationen und Prozesse der Beteiligung und Partizipation sowie auf das Engagement für gesamtgesellschaftlichen Zusammenhalt durch gesellschaftlich marginalisierte Gruppen.

3.   Die radikale Rechte, der Klimawandel und die ökologische Frage

Neben wachsender Diversität und globalen Migrationsbewegungen ist vor allem die ökologische Wende ein gesellschaftlicher Megatrend, der als Krise diskutiert wird, mit Transformationsdruck und -stress einhergeht und Gegenreaktionen hervorbringt.[45] Politische und wirtschaftliche Interessen sind dabei ebenso zu berücksichtigen wie sozialräumliche Disparitäten, politisch-kulturelle Identitätsbildungen und habituelle Abgrenzungen. Ein wesentlicher Ausgangspunkt einer soziologischen Untersuchung der mit der Klima- und Umweltthematik verbundenen Herausforderungen für den gesellschaftlichen Zusammenhalt ist: Der Glaube an den wissenschaftlich-technischen Fortschritt und das Wohlstandswachstum als integrationsstiftende Leitideen (industrieller und kapitalistischer) moderner demokratischer Gesellschaften hat nicht zuletzt durch die Häufung ökologischer Krisen und die Konkretion von Gefahren und Risiken – vom Waldsterben über Tschernobyl und Fukushima bis hin zur globalen Klimakatastrophe – tiefe Risse bekommen. Der geradezu euphorische Technikoptimismus der 1950er bis 1970er Jahre ist einer pragmatischen bis pessimistischen Sichtweise gewichen, die mit dem Aufkommen und Erstarken der Umweltbewegung immer stärker die politischen und gesellschaftlichen Diskurse bestimmt und populäre Spielarten der Gesellschafts-, Kapitalismus- und Technikkritik geprägt hat. Diese Krisenkommunikation versuchte bei der die Abschätzung ökologischer und gesundheitlicher Risiken und der Aushandlung probater Reaktionsmuster zwischen den Polen einer rationalen, an wissenschaftlichen, ökonomischen und sozialen Kalkülen orientierten Reformpolitik und bisweilen alarmistischen, radikalen Positionierungen zu vermitteln. Ein allgemein verbindlicher Konsens konnte nicht erzielt werden, vielmehr haben sich Konfliktlinien vertieft und erhebliches Spannungspotenzial erzeugt. Dies illustrieren in den letzten Jahren die Auseinandersetzungen um den Ausstieg aus der fossilen Energiegewinnung, das umstrittene

---

45 Ein weiterer gesellschaftlicher Megatrend, der in der Zusammenhaltsforschung beachtet werden sollte, ist die Digitalisierung.

Erneuerbare-Energien-Gesetz (EEG), der politisch umkämpfte Ausstieg aus der Kernkraft und die Diesel-Debatte.

Im Diskurs über die Klima- und Umweltfrage existieren nicht nur divergierende und kollidierende Ansichten darüber, wie adaptive Prozesse sozialen Wandels gestaltet werden müssen und wie umfassend diese greifen sollen, sondern primär ein fundamentaler Dissens zwischen den verschiedenen Akteur:innen darüber, inwieweit *überhaupt* bestimmte Reaktionen und Veränderungen sinnvoll bzw. erforderlich sind. Die jeweiligen Wahrnehmungen und Deutungen sind eng mit spezifischen Mustern gesellschaftlicher Selbstbeschreibung verbunden. Im Kontext der Klima- und Umweltproblematik ergeben sich grundlegende Herausforderungen für den gesellschaftlichen Zusammenhalt – nicht nur aus einer antizipierbaren Aktualisierung sozio-ökonomischer Spannungen zwischen Bevölkerungsgruppen in verschiedenen sozialen Lagen, Schichten und Milieus. Sie sind ebenso durch eine Reaktivierung der alten Stadt-Land-Cleavage gekennzeichnet, die seit einigen Jahren im Kontext der gesellschaftlichen politischen Veränderungsprozesse verstärkt wirksam wird.

Dass das international beobachtbare Phänomen des Erstarkens des Rechtspopulismus mit sozialräumlichen Strukturdisparitäten zusammenhängt, ist inzwischen Konsens in den Sozialwissenschaften. Ökologische Wahlanalysen für Deutschland auf Bundes- und Länderebene bestätigen wiederholt diesen Befund.[46] Die relative Stärke der AfD in der *Peripherie* ist nicht nur auf die sozialstrukturelle Zusammensetzung des dortigen Elektorats zurückzuführen, sondern maßgeblich auf die Konturierung und Bedeutungszunahme politisch-kultureller Spannungslinien, die den Referenzrahmen für rechtspopulistische Mobilisierung aufspannen: Die Unterstützung für ethnozentrisch-nativistische Migrationspolitik, völkisch-nationalistische Identitätsnarrative und eine generalisierte Kritik an staatlichem Handeln im Kontext der sozioökonomischen und demografischen Veränderungsprozesse unterliegen einer regionalen Differenzierung, bei der sozialräumliche Strukturdisparitäten und historische Entwicklungslinien lokaler demokratischer Kultur eng miteinander verwoben sind. Diese multidimensionale Kluft zwischen urbanen Zentren und dem ländlichen (das heißt dörflich und kleinstädtisch geprägten) Raum ist in den letzten Jahrzehnten gestiegen, ohne dass in toto ein wirksames politisches Regulativ zu dessen Überwindung in Aussicht steht.

Die Bewältigung der Herausforderungen der globalen Klima- und Umweltkrise geht unmittelbar mit sozioökonomischen und kulturellen Fragen (der Ressourcennutzung, der Verteilung und Aufrechterhaltung materiellen Wohlstands, der Lebensqualität, der Veränderung von Konsumstilen und Verhaltensweisen

---

46 Christoph Richter/Axel Salheiser/Matthias Quent, Demokratie auf dem Rückzug? Die Ursachen der Wahlerfolge der AfD in Thüringen und zur Bundestagswahl 2017, in: Heinz Ulrich Brinkmann/Karl-Heinz Reuband (Hrsg.), Rechtspopulismus in Deutschland. Wahlverhalten in Zeiten politischer Polarisierung, Wiesbaden 2021 (i. E.).

unter zunehmend divergierenden Strukturbedingungen) einher. Hier bieten sich der radikalen Rechten zahlreiche rhetorische Anknüpfungspunkte. Insbesondere die Chimäre der »Umerziehungsdiktatur« erfährt eine konkrete Aktualisierung, wenn in der Öffentlichkeit angesichts der abstrakt und fern empfundenen Problematik abschmelzender Polkappen, steigender Meeresspiegel und abgeholzter Regenwälder immer lauter darüber nachgedacht wird, ob Appelle an freiwillig beschränkten ökologisch bewussten Konsum überhaupt noch ausreichend sein können oder vielmehr konkrete, einschneidende staatliche Regulierungsmechanismen und Verbotspraktiken dringend notwendig werden – inklusive pädagogischer Aufklärungs- und Bildungsprogramme. Dass diese auf massive Widerstände stoßen werden, kann als sicher gelten und als ein Potenzial für rechtspopulistische Agitation angenommen werden.

Rechte Positionierungen bezüglich der Klima- und Umweltthematik[47] sind bei Weitem nicht so einheitlich und unidirektional, wie sie auf den ersten Blick erscheinen mögen. Die schematische Unterteilung zwischen »linken« Befürworter:innen und »rechten« Verweigerer:innen ökologischer Politik stellt einen unzulänglichen Reduktionismus dar. Innerhalb der »Mosaikrechten« werden in der ökologischen Frage – ähnlich wie bei anderen politischen bzw. gesellschaftlichen Themenfeldern – sehr ambivalente und teils paradoxe Positionen vertreten, die im Sinne einer Angebotsdiversifikation, das heißt einer Erhöhung von Anschlussfähigkeit an Mainstream-Diskurse und einer Ansprache unterschiedlicher gesellschaftlicher Gruppen, hochfunktional sein kann. Bezüglich Klima und Umwelt macht sich die AfD eine catch-all-Logik zunutze, derer sie sich auch zum Beispiel hinsichtlich ihrer unkonturierten Sozialprogrammatik bedient: Als »fundamentaloppositionelle Alternative« versucht sie Fragen des gesellschaftlichen Zusammenhaltes in einer Art und Weise aufzugreifen, die »blinde Flecken« des hegemonialen Klima- und Umwelt-Diskurses benennt, besetzt und inhaltlich nach den eigenen ideologisch-programmatischen Vorstellungen ausformt. Die AfD inszeniert sich dabei unter anderem als konservative Bewahrerin des wirtschaftlichen Fortschritts und Wohlstands, als Mahnerin vor der Fallibilität (Fehlbarkeit) wissenschaftlicher Erkenntnisse (Klimaprognosen) und deren Folgen, als Vertreterin »vernunftgeleiteter Sachpolitik«, als Warnerin vor der »Hysterie« naiv anmutender jugendlicher Aktivist:innen (Fridays for Future: »Wer nicht hüpft, der ist für Kohle!«) und vor staatlich oktroyierten Zwangsmaßnahmen oder »linken Gesellschaftsexperimenten«, als Anwalt der »kleinen Leute«, Autofahrer:innen und Dieselmotoren-Nutzer:innen. Dabei übt sie den Spagat zwischen der Interessensvertretung von Unternehmer:innen, Arbeitnehmer:innen und Konsument:innen.

---

47 Bernhard Forchtner (Hrsg.), The Far Right and the Environment. Politics, Discourse and Communication, Abingdon und New York 2020.

Eingerahmt wird dies durch den bekannten nationalistischen Deutungshorizont, dessen antidemokratische, antimodernistische und völkische Traditionslinien bis an den Beginn des 19. Jahrhunderts zurückreichen, wo der ideologiegeschichtliche Ausgangspunkt für die moderne »Ökologie-Bewegung von rechts« liegt. *Umwelt* ist demnach Kategorie einer essenzialistischen und biologistischen Kosmologie und Anthropologie, sie wird als Biotop einer ursprünglich organischen und harmonischen Lebensweise des Menschen imaginiert, die durch die Moderne zerstört und das *Fremde* bedroht werde. Der Titel der neurechten Ökologie-Zeitschrift »Die Kehre«, die erst seit dem Frühjahr 2020 herausgegeben wird, deutet bereits an, dass im Zentrum rechten »identitären« Umweltdenkens[48] die Umkehr bzw. Rückkehr zu diesem idealisierten Natur-Mensch-Verhältnis steht. Thematisiert wird beispielsweise die ästhetische »Landschaftsverschandelung« durch Windräder und Stromtrassen sowie das durch sie induzierte Artensterben von Vögeln, Fledermäusen und Insekten – also Aspekte, die die Kontraintentionalität und Schädlichkeit »linksgrüner ideologischer« Politik demonstrieren sollen. Dementgegen sei »wahres« ökologisches Denken genuin »rechts«: Neben einem selektiven Technikskeptizismus tritt das mythische, schwärmerische Naturverständnis wieder zutage, das die radikalen Rechten aus der Zeit des erwachenden deutschen Nationalismus konserviert haben (zum Beispiel »der deutsche Wald« als Allegorie des Volkes und dessen metaphysischer ›Kraftort‹).

Rechte Ökologie beklagt die Zerstörung der *Heimat*, die als vormals »heile Welt« imaginiert wird, und propagiert die Retrotopie ihrer Wiederherstellung, die den Menschen mit seiner Umwelt versöhnt, ihm Geborgenheit gibt, die physische Grundlage für Vergemeinschaftung bietet und damit einen (ethnisch exklusiven) Zusammenhalt stiftet. Vor allem aber verweist rechte Ökologie auf eine spezifische Form der Modernisierungskritik, deren regressive und antidemokratische Dimensionen unübersehbar sind. Dem Dorf und seiner Gemeinschaft, nach den Prinzipien von »Blut, Geist und Scholle«,[49] wird antagonistisch die (Groß-) Stadt als Chiffre der Moderne und als Kulminationsort der Dekadenz – und des »Untergang[es] des Abendlandes«[50] – entgegengesetzt. Zwar kreist auch die »linke« Ökologiebewegung um eine radikale Kritik an *urban* konnotierter Naturferne, Ressourcenverschwendung und Schadstoffbelastung. Aus rechter Perspektive jedoch stellte die moderne Stadt von Anbeginn den Inbegriff der »Entartung« dar, da sich die westliche Zivilisation, die sich in ihr entwickelt hat, abgelehnt und mit

---

48 In Anlehnung an die Philosophie Martin Heideggers: Samuel Salzborn, Heidegger für Halbgebildete – Identitäre Heimatideologie zwischen Fiktion und Propaganda, in: Institut für Demokratie und Zivilgesellschaft (Hrsg.), Wissen schafft Demokratie. Schriftenreihe des IDZ Band 3, Jena 2018, S. 158–167.

49 Ferdinand Tönnies, Gemeinschaft und Gesellschaft: Grundbegriffe der reinen Soziologie, Darmstadt 2010 [1887].

50 Oswald Spengler, Der Untergang des Abendlandes, 2 Bde, München 1922.

Vermüllung, Zerstörung und Degeneration gleichgesetzt wurde. Die Stadt galt als der Ort des Fremden, der Diversität, des Multikulturalismus. Dessen Repräsentation sei der »Jude«, der Vertreter des internationalen Großkapitals mit seiner liberalen »Wertebeliebigkeit« und seinen Rationalitätskalkülen, die einerseits als mechanisch, zwanghaft und beengend gelten, andererseits dem Chaos, der Regellosigkeit, dem Sittenverfall und der Kriminalität Vorschub zu leisten scheinen. In der rechten Ökologie verbindet sich dieser Hass auf die Großstadt und ihrer gesellschaftlichen Triebkräfte mit der schroffen Ablehnung der Konsum- und Lebensstile einer ethnisch und sozialstrukturell diversen Stadtbevölkerung, in denen die eigentliche Ursache für ökologische Krisen gesehen wird. Das entgegengesetzte »Landidyll« ist sowohl Symbol des reaktionären Antimodernismus als auch konkreter Ort, der die Gelegenheitsstrukturen für alltagspraktische und politische Aktivitäten bietet, die als »Revolte« gegen die verhasste liberale, rationalistische und »materialistische« Moderne[51] verklärt werden.

Rechtspopulistische und rechtsextremistische Mobilisierung kann an den Unmut von Teilen der regionalen und lokalen Bevölkerung anschließen. Deren Gefühle gestörter Ästhetik (zum Beispiel durch Windräder oder Stromtrassen) und schwerwiegende Bedenken hinsichtlich gesundheitlicher Risiken, Sicherheitsrisiken sowie des Tierschutzes sind dabei relevant. Hinzu tritt das fundamentale Gefühl, *Ungerechtigkeit* zu erfahren und die Kosten für den ständig steigenden exzessiven Energieverbrauch und Lebensmittelkonsum der Stadtbevölkerung tragen zu müssen. Diese ungleich verteilten ökologischen Lasten sind Teil einer sich verschärfenden Asymmetrie zwischen Zentrum und Peripherie. Die Feindbilder der radikalen Rechten, vor allem »linke« ökosoziale Protest- und Reformmilieus, dienen dabei als Sündenböcke, gegen die die »Abgehängten« und »Zurückgelassenen« in der »Provinz« aufgebracht werden sollen.

Näher zu untersuchen sind deshalb unter anderem Versuche der Bildung von Allianzen radikal rechter Akteur:innen mit konservativen und traditionellen Sozialmilieus und ökonomischen Interessensgruppen (zum Beispiel Jäger:innen, Waldbesitzer:innen, Bäuer:innen bzw. Agrarunternehmer:innen, die konventionellen Landbau und Viehzucht/Massentierhaltung betreiben) gegen »linksradikalen« Tier- und Umweltschutz-Aktionismus bzw. »übertriebene«, »ideologische« »grüne« Politik. Relevant für die Ableitung demokratiepraktischer Handlungsempfehlungen kann die Identifikation von Best-Practice-Beispielen sein, die modellhaft für die Stärkung der Resilienz gegen eine rechtspopulistische und rechtsextremistische Instrumentalisierung der Klima- und Umweltthematik, gegen völkische Siedlungsprojekte und »braune« Öko-Esoterik in lokalen Kontexten stehen. Von besonderem Interesse wird sein, inwieweit inklusive, solidarische

---

51 Julius Evola, Revolte gegen die moderne Welt, Interlaken 1982.

Praktiken im Sinne des *bridging social capitals* die Stadt-Land-Cleavage verringern können.

4. Erinnerungskultur, Geschichtsnarrative und gesellschaftlicher Zusammenhalt

Doch nicht nur über den Rückgriff auf sozialräumliche und politisch-kulturelle Disparitäten, auf Natur- und Umweltvorstellungen, sondern auch über den Rückgriff auf die Vergangenheit, auf geteilte Geschichte, Erfahrungen und Erinnerungen werden kollektive und nationale Identitätsangebote generiert und Zugehörigkeiten verhandelt. Unter dem Begriff »Erinnerungskultur« werden die in einer Gesellschaft übersubjektiv geteilten Riten, Symbole und Narrative subsumiert, die in Museen, Gedenkstätten, Schulbüchern, Romanen, Filmen usw. kollektiven historischen Sinn stiften.[52] Erinnerungskultur ermöglicht es den Mitgliedern einer Gesellschaft, sich über räumliche und zeitliche Entfernung hinweg auf gemeinsame Referenzpunkte in der Vergangenheit zu verständigen und sich als Teil einer größeren Einheit zu begreifen.[53] Während die sinnstiftenden Narrative der Vergangenheit in totalitären und autoritären Staaten staatlich determiniert und statisch sind, werden sie in Demokratien auch durch zivilgesellschaftliches Engagement, die Wissenschaft sowie künstlerische Darstellungen kontinuierlich verhandelt und weiterentwickelt. Da die übersubjektive Erinnerungskultur jedoch auch in Demokratien eng mit der Legitimation von Machtansprüchen sowie mit der Stiftung nationaler Identifikation verwoben ist, kann sie in Spannung stehen zur individuellen Erinnerung oder zu anderen Erinnerungsgemeinschaften, die sich von der nationalen Erinnerungskultur bzw. deren normativen Implikationen und Forderungen unterscheiden.

In der Bundesrepublik Deutschland gehört die Erinnerung an den Nationalsozialismus und den Holocaust spätestens seit den 1990er Jahren zur Staatsräson. Die Holocaust-Erinnerung gilt in einem politischen Sinne als normativ: Sie ist fest durch Gedenktage, Museen, Denkmäler, Archive usw. in der politischen Kultur verankert. Die Konstitution der Bundesrepublik auf diesem sogenannten negativen Gründungsmythos, das heißt auf der Erinnerung an den »Zivilisationsbruch«, der Verfolgung und Vernichtung von sechs Millionen Juden und Jüdinnen, ist allerdings umkämpft. Sie konfligiert in verschiedener Hinsicht mit

---

52 Jörn Rüsen, Was ist Geschichtskultur? Überlegungen zu einer neuen Art, über Geschichte nachzudenken, in: Jörn Rüsen/Theo Grütter/Klaus Füßmann (Hrsg.), Historische Faszination. Geschichtskultur heute, Köln 1994, S. 5.

53 Assmann, Das neue Unbehagen (Anm. 13), S. 7.

abweichenden, konkurrierenden oder kritisierenden Narrativen, die das normative Holocaust-Gedenken entweder als reines Lippenbekenntnis und »Lebenslüge« kritisieren[54] oder es zu erweitern, mit anderen Vergangenheitsnarrativen in Verbindung zu bringen oder zu relativieren und anzufechten beabsichtigen.

Eine zentrale Problematik der deutschen Erinnerungskultur seit 1989 besteht in der Frage nach einer geeigneten Erinnerung an die Geschichte der DDR, ohne dass diese in Konkurrenz zur Erinnerung an den Nationalsozialismus tritt.[55] Während in den vergangenen 30 Jahren Opferverbände, Wissenschaftler:innen und Publizist:innen eine Trivialisierung der DDR-Erinnerung postulierten und sich inzwischen institutionalisierte Räume erkämpften, die ihrer Erfahrung Raum geben, warnten Kritiker:innen vor einer Nivellierung der NS-Verbrechen durch die Gleichsetzung beider Regime.[56] Die kritischen Stimmen beziehen sich dabei insbesondere auf eine asymmetrische Gedenkstättenpolitik zugunsten der DDR in einzelnen Bundesländern sowie auf die Priorisierung der Erinnerung an die Wiedervereinigung Deutschlands als »positive« deutsche Geschichte im Gegensatz zur »negativen« Erinnerung an den Nationalsozialismus.[57] Vor dem Hintergrund des Niedergangs des Kommunismus in den Ostblock-Ländern hat diese Frage eine gesamteuropäische Dimension. Die bisher vornehmlich in fachwissenschaftlichen Kreisen geführte Debatte um eine Geschichtskultur, die die Verbrechen des Stalinismus bzw. Kommunismus mit den Verbrechen des Nationalsozialismus analogisiert, läuft mitunter Gefahr, die gravierenden Unterschiede zwischen den Systemen sowie die Singularität der Shoah in Abrede zu stellen.

Eine weitere Konfliktlinie verläuft zwischen der normativen deutschen Holocaust-Erinnerung und der Einwanderungsgesellschaft. Die über viele Jahrzehnte hinweg beschwerlich in Gang gesetzte Auseinandersetzung mit dem Holocaust impliziert in Deutschland eine Auseinandersetzung mit der eigenen Familienbiografie – was paradoxerweise wiederum eine Nationalisierung und »Ethnisierung« der eigenen Geschichte und damit der Erinnerungskultur zu forcieren droht.[58] Die als »ethnisches Paradox« bezeichnete Problematik verweist auf die Gefahr der Exklusion migrantischer Familiengeschichten und Erinnerungsgemeinschaften,

---

54 Samuel Salzborn, Kollektive Unschuld. Die Abwehr der Shoah im deutschen Erinnern, Leipzig/Berlin 2020.

55 Volkhard Knigge, »Das radikal Böse ist das, was nicht hätte passieren dürfen.« Unannehmbare Geschichte begreifen, in: Aus Politik und Zeitgeschichte 2016, H. 3/4, S. 3–9.

56 Konrad H. Jarausch, Die Zukunft der ostdeutschen Vergangenheit – was wird aus der DDR-Geschichte?, in: Jens Hüttmann/Ulrich Mählert/Peer Pasternack (Hrsg.), Geschichte vermitteln. Ansätze und Erfahrungen in Unterricht, Hochschullehre und politischer Bildung, Berlin 2004, S. 81–100.

57 Jonas Rees/Andreas Zick/Michael Papendick/Franziska Wäschle, MEMO Multidimensionaler Erinnerungsmonitor Studie I/2018, Forschungsbericht, IKG 2018.

58 Dan Diner, Nation, Migration & Memory: On Historical Concepts of Citizenship, in: Constellations 4 (1998), H. I.3, S. 293–306 und S. 303.

die an den deutschen Verbrechen unbeteiligt waren und sich mit den täterzentrierten Erinnerungsparadigmen nicht identifizieren können. Die Frage danach, wie Menschen mit Migrationsbiografie in das Gedenken an den nationalsozialistischen Genozid an Juden und Jüdinnen einbezogen werden können, wird seit geraumer Zeit in der Gedenkstättenpädagogik verstärkt diskutiert und erprobt. Dabei spielen sowohl die geschichtspolitischen und erinnerungskulturellen Diskurse der ethnischen oder religiösen Zielgruppen bzw. der Herkunftsländer als auch die eigenen Erfahrungen von Verfolgung, Gewalt und Flucht sowie von Rassismus eine Rolle. Während das eigene oder familiäre Erleben von Diskriminierung und Verfolgung eine Identifizierung mit den Opfern der Shoah Vorschub leisten kann, stehen bestimmte transferierte geschichtspolitische Narrative in Konflikt mit der bundesdeutschen Verpflichtung gegenüber den jüdischen Opfern. Insbesondere antiisraelisch-antisemitische Narrative aus dem arabischen und islamisch geprägten Raum kollidieren mit der erinnerungskulturell begründeten Verpflichtung der Bundesrepublik auf die Verteidigung des Existenzrechts Israels.[59] Damit verdeutlicht sich zugleich die unauflösbare Verwobenheit der Erinnerungskultur mit tagesaktuellen politischen Fragen sowie mit exkludierenden Einstellungen und Praktiken, insbesondere mit Antisemitismus. Eine Herausforderung für das beschriebene universalistische Verständnis von Zusammenhalt besteht folglich darin, die Rassismuserfahrungen von Menschen mit Migrationsbiografie nicht gegen deren transportierte antisemitische Einstellungen auszuspielen, etwa indem letztere kulturalisiert und damit nivelliert werden. Weder darf ein pauschales Antisemitismus-Verdikt, zum Beispiel über muslimische Einwanderer:innen, den in Deutschland grassierenden anti-muslimischen Rassismus ignorieren, noch ist es zielführend, Migrant:innen aufgrund ihrer Rassismuserfahrungen sakrosankt zu sprechen. Letzteres findet sich häufig gerade in linksliberalen Milieus, wobei gesellschaftlich marginalisierte Gruppen ihrerseits ebenso Erinnerungs- und Geschichtsnarrative identitätspolitisch aufladen und damit soziale Differenzen verschärfen. Beides führt an einem universalistischen und hybridisierten Verständnis von Zusammenhalt vorbei, das auf Anerkennung von Pluralismus beruht, wie es hier vorgeschlagen wird. Indes könnte ein Weg zur Anerkennung der Holocaust-Erinnerung bei Migrant:innen über die Auseinandersetzung mit der eigenen oder familiären Verstrickung in nationale Verbrechen – zum Beispiel über die Auseinandersetzung mit der Kollaboration der Familienländer mit dem nationalsozialistischen deutschen Regime, wie dies bei manchen arabischen Län-

---

59 Itamar Radai, On the Road to Damascus. Bashar-Al-Asad, Israel and the Jews, in: The Vidal Sassoon International Center for the Study of Antisemitism: Posen Papers Contemporary Antisemitism 9 (2017), S. 1–26; Matthias Küntzel, Unholy Hatreds. Holocaust Denial and Antisemitism in Iran, in: The Vidal Sassoon International Center for the Study of Antisemitism: Posen Papers Contemporary Antisemitism 8 (2017), S. 1–19.

dern der Fall war – oder über eine kritische Revision transportierter Erinnerungs-narrative (zum Beispiel der Ausblendung des Völkermords an den Armeniern in der Türkei) führen. Umgekehrt liegt es bei der Aufnahmegesellschaft, Formen der nicht-nationalen, marginalisierten Erinnerungen Sicht- und Hörbarkeit zu verschaffen und sie anschlussfähig an eigene Erinnerungsdiskurse zu machen – sofern sie nicht mit demokratischen Prinzipien in Konflikt treten.

Die bereits angeklungene Problematik der »Opferkonkurrenzen« intensiviert sich zudem mit der zunehmenden Internationalisierung und Globalisierung der Erinnerungsdiskurse.[60] Neben Debatten um eine angemessene erinnerungskulturelle Repräsentation stalinistischer bzw. kommunistischer Verbrechen ist vor allem die Frage nach der Erinnerung an die Verbrechen des Kolonialismus im postnationalsozialistischen Zeitalter Gegenstand wissenschaftlicher und publizistischer Debatten, die weit über Deutschland hinausführen. Ein aktuelles Beispiel aus Deutschland stellt die feuilletonistische Debatte um den postkolonialen Theoretiker Achille Mbembe dar. Die berechtigte Forderung nach Aufarbeitung der kolonialen Verbrechen und ihrer Nachwirkungen geht dabei sowohl unter postkolonial argumentierenden Aktivist:innen als auch Wissenschaftler:innen nicht selten mit dem Postulat einher, die vermeintlich hegemoniale Holocaust-Erinnerung, und insbesondere die Darstellung der Shoah als »singulär«, verstelle den Weg zu einer gleichberechtigten, sogenannten »multidirektionalen Erinnerung«.[61] So wichtig das Anliegen einer vielschichtigen Erinnerungskultur ist, werden auf diesem Wege die qualitativen Unterschiede zwischen den historischen Ereignissen eingeebnet und ihre jeweils genuine Spezifik aberkannt.[62]

Darüber hinaus steht die vermeintlich »hegemoniale« Erinnerung an die Shoah in Deutschland, ausgedrückt etwa durch die staatstragende Erinnerungsrhetorik der Bundesrepublik, nach wie vor in Widerspruch zu einer gesamtgesellschaftlichen Auseinandersetzung mit der Shoah. Vermeintliche erinnerungskulturelle Gewissheiten wurden gerade in den letzten Jahren wieder vermehrt auf den Prüfstand gestellt oder gar in Zweifel gezogen.[63] Dies zeigen die geschichtsrevisionistischen Positionen der extremen, populistischen und der sogenannten Neuen Rechten sowie zahlreiche Beispiele aus verschiedenen Milieus. Die Aktualität holocaustrelativierender Narrative zeigte sich jüngst auf den Corona-bezogenen »Hygienedemos«, auf denen sich Impfgegner:innen mittels angehefteten »Judensternen« mit den

---

60 Daniel Levy/Natan Sznaider, Erinnerung im globalen Zeitalter: der Holocaust, Frankfurt am Main 2000.
61 Michael Rothberg, Multidirectional Memory. Remembering the Holocaust in the Age of Decolonization, Stanford/California 2009.
62 Steffen Klävers, Decolonizing Auschwitz? Komparativ-postkoloniale Ansätze in der Holocaustforschung, Berlin 2019.
63 Salzborn, Kollektive Unschuld (Anm. 54); Norbert Frei/Franka Maubach/Christina Morina/Maik Tändler, Zur rechten Zeit. Wider die Rückkehr des Nationalismus, München 2019.

Opfern der Shoah gleichsetzten. Nicht zuletzt weisen etliche Studien auf geringe Wissensbestände über den Holocaust hin, etwa unter deutschen Schüler:innen,[64] und auf verbreitete Abwehr- und Relativierungsstrategien gegenüber modernem Antisemitismus, die alle Bevölkerungsschichten betreffen.[65]

Vor diesem Hintergrund ist es zielführend, bei der Frage nach der Legitimation von gesellschaftlichem Zusammenhalt durch Geschichte oder »Erinnerung« gewisse normative »Leitplanken« zu etablieren. Im Sinne eines normativ-demokratischen Verständnisses von gesellschaftlichem Zusammenhalt ist in Anschluss an Volkhard Knigge das Paradigma der »Erinnerung« infrage zu stellen, das im öffentlichen Diskurs vor allem als moralisch aufgeladene, diffuse Pathosformel gebraucht wird. Vielmehr kann wissenschaftlich fundiertes, der historischen Aufklärung verpflichtetes »Geschichtsbewusstsein« dazu beitragen, die verschiedenen Erinnerungsnarrative miteinander in Kontext zu setzen.[66] Daran anknüpfend und insbesondere vor dem Hintergrund, dass bestimmte Erinnerungsnarrative eine mehr oder weniger explizite Relativierung des Holocaust vornehmen und damit antisemitischen Ressentiments zumindest strukturell Vorschub leisten,[67] aber auch vor dem Hintergrund, dass Erinnerungsdiskurse als identitätspolitisches Kampfmittel und als Instrument zur Legitimierung von Macht von der historischen Realität abstrahieren, seien hier drei Eckpfeiler eines universalistisch und normativ vermittelnden Verständnisses von Erinnerungskultur angeführt: Erstens sollte sich die Legitimität von Erinnerungsdiskursen an ihrem historischen Wahrheitsgehalt messen. Zweitens darf der Versuch, Verbindendes und Gemeinsames zwischen den erlebten Traumata zu benennen, um eine hybride und der Einwanderungsgesellschaft angemessenen Erinnerungskultur zu installieren, nicht dazu führen, dass die fundamentalen Differenzen und Spezifika der historischen Ereignisse, insbesondere des »Zivilisationsbruchs« Auschwitz, verwischt werden. Drittens sollten Erinnerungsnarrative, die antisemitisch argumentieren, durch eine reflexive Erinnerungskulturforschung kritisch eingeordnet und widerlegt werden.

---

64 U. a.: Geschichtsunterricht. Studie im Auftrag der Körber-Stiftung, in: https://www.koerber-stiftung.de/fileadmin/user_upload/koerber-stiftung/redaktion/handlungsfeld_internationale-verstaendigung/pdf/2017/Ergebnisse_forsa-Umfrage_Geschichtsunterricht_Koerber-Stiftung.pdf (Zugriff 2. Juni 2020).

65 Monika Schwarz-Friesel, Judenhass im Internet. Antisemitismus als kulturelle Konstante und kollektives Gefühl, Leipzig und Berlin 2019, S. 18.

66 Volkhard Knigge, Zur Zukunft der Erinnerung, in: Aus Politik und Zeitgeschichte 2010, H. 25/26, S. 10–16.

67 Werner Bergmann, Störenfriede der Erinnerung. Zum Schuldabwehr-Antisemitismus in Deutschland, in: Klaus Michael Bogdal/Klaus Holz/Matthias N. Lorenz (Hrsg.), Literarischer Antisemitismus nach Auschwitz, Stuttgart 2007, S. 13–36.

Zusammenfassung

Die hier diskutierten, höchst unterschiedlichen Phänomene und Entwicklungen haben unter anderem gemeinsam, dass in ihnen die Widersprüchlichkeit und Konflikthaftigkeit zutage tritt, die dem Prozess der Transformation von kollektiven Identitäten und normativen Ordnungen in der sich verändernden Gegenwartsgesellschaft immanent sind. Die Konstruktion eines einheitlichen gesamtgesellschaftlichen Zusammenhalts und seiner normativen Verbindlichkeit wird dadurch infrage gestellt. Empirisch gehaltvoll erscheint stattdessen die Suche nach den sozialen und kulturellen Bearbeitungsmustern in Konflikten um die Definition – das heißt die Begrenzung oder Ausweitung – von Solidar- und Identitätsgemeinschaften, um kollektive Deutungsmacht und um die Verteilung materieller und symbolischer gesellschaftlicher Ressourcen. Durch Zusammenhaltsnarrative sollen diese Konflikte einerseits eingehegt werden, andererseits werden sie gerade durch die Diagnose eines verloren geglaubten Zusammenhalts und moralisch aufgeladene Appelle an den Zusammenhalt diskursiv entfacht bzw. verstärkt. Dabei stehen auch die zentralen Ideologeme der Diversität und *Inklusion* als Triebfedern gemeinschaftsstiftender sozialer Praxis zur Disposition, die gemeinhin als Eckpfeiler einer pluralistischen, demokratischen Gesellschaft apostrophiert werden.

In der Realität kollidieren jene Ideale einer hochfunktionalen Sozial- und Systemintegration mit Prozessen der Marginalisierung, Diskriminierung, der kollektiven absoluten und relativen Deprivation, der politischen Entfremdung und der Empfindung des Verlusts sinnstiftender normativer Orientierungen. Dazu zählt auch die wahrgenommene »Überforderung« durch »Identitätspolitiken« oder durch staatliche Reaktionsmodi auf krisenhafte Entwicklungen, die als unangemessen oder als »ideologisch« empfunden werden. Dass hier die Agitations- und Mobilisierungsbestrebungen antidemokratischer – vor allem recht(sextrem)er – Akteur:innen ansetzen, zeigt, was auf dem Spiel steht. Während Toleranz als demokratische Tugend es gebieten sollte, Ambivalenzen und Spannungen weitestgehend auszuhalten, sind ihr dort Grenzen gesetzt, wo grundgesetzlich garantierte Ansprüche auf Menschenwürde, Gleichwertigkeit und Gleichberechtigung verletzt werden, wo Hassgewalt legitimiert werden soll und verübt wird oder wo antisemitisch konnotierter Geschichtsrevisionismus als Sinnstiftungsangebot in Konkurrenz zu einer konsequent demokratischen Grundorientierung aufgebaut wird. Eine kritische Zusammenhaltsforschung sollte sich bezüglich dieser Problematiken zu einem inklusiven Zusammenhaltsbegriff bekennen, marginalisierte soziale Gruppen partizipativ in die Forschung einbinden und für deren normative wie reale Gleichwertigkeit eintreten, um Grundsatzfragen ebenso wie Alltagsprobleme und deren Folgewirkungen mit Hinblick auf praktikable Lösungsansätze zu analysieren. In diesem Sinne verantwortungsbewusst zu forschen bedeutet, auf Grundlage eines kritischen Geschichtsbewusstseins Bedingungen sowie Akteur:innen zu identifizieren und zu beforschen, die sich gegen integrative und inklusive demokratische Kultur, Gesellschafts- und Politikentwürfe wenden.

Zusammenfassend besteht eine der größten Herausforderung darin, die oft artikulierten Ansprüche an *Diversität, Liberalität und Weltoffenheit* nicht nur als schmückende Vokabeln eines politisch erwünschten »Verfassungspatriotismus« diskursiv zu inkorporieren, sondern im Sinne einer universalistischen Modernisierungslogik strukturell, institutionell und alltagspraktisch zu untersuchen und zu stärken. Mit anderen Worten: Anstelle exkludierender Solidarität müsste inkludierende Solidarität treten – wenn gesellschaftlicher Zusammenhalt unter aktuellen und zukünftigen Rahmenbedingungen nicht nur beschworen werden, sondern auch den oben skizzierten gesamtgesellschaftlichen Zentrifugaltendenzen entgegenwirken soll. Krisendynamiken und -diskurse, wie Einwanderungs- und Intergruppenkonflikte, die Corona-Pandemie, der drohende ökologische Kollaps und der damit verbundene beschleunigte ökonomische und soziale Wandel, können unter Umständen gerade dann die Opportunitätsstrukturen für die Produktion universalistischen Zusammenhalts erweitern, wenn partikularistisch motivierte materielle und symbolische Verteilungskämpfe als dysfunktionale Reaktionsmodi auf die Krise erkannt und daher beigelegt werden. Ob und unter welchen konkreten Bedingungen ein solcher Optimismus berechtigt ist, kann die zukünftige Zusammenhaltsforschung zeigen.

Gesellschaftlicher Zusammenhalt und Rechtspopulismus in der empirischen Forschung

Gert Pickel, Immo Fritsche, Holger Lengfeld, Oliver Decker, Annedore Hoppe, Alexander Yendell

Einleitung – Gesellschaftlicher Zusammenhalt und Rechtspopulismus *(Gert Pickel)*

Selbst wenn das Begriffspaar gesellschaftlicher Zusammenhalt erst seit 2015 eine – dann allerdings beachtliche – Konjunktur erfahren hat, beschreibt es an vielen Stellen keine vollständig neuen Phänomene. So zählt die Auseinandersetzung um Systemintegration oder Konflikt, bzw. die Untersuchung eines Gemeinwesens trotz zunehmender Individualisierung zu den Grundaufgaben der Soziologie.[1] Dies kann man auch mit Blick auf die empirische Sozialforschung sagen, stehen Themen wie Integration oder sein Gegenpart Konflikt bereits seit den Anfangszeiten der Sozialwissenschaften auf ihrer Agenda. Gleichwohl hat nach 2015 die Dynamik der empirisch-analytischen Auseinandersetzung mit den Phänomenen, die sich um gesellschaftlichen Zusammenhalt ranken, noch einmal einen beachtlichen Schub und eine interessante Wendung genommen. Unzweifelhaft ein Auslöser waren die Landgewinne des Populismus, speziell des Rechtspopulismus, und eine damit verbundene Polarisierung in den europäischen Gesellschaften und deren politischen Landschaften. Der gesellschaftliche Zusammenhalt wurde da problematisiert, wo er brüchig zu werden drohte. Und dies speziell in der demokratischen Öffentlichkeit und seitens der Politik. Entsprechend liegt es nahe, sich über Fragen der Polarisierung und der sie auslösenden Faktoren dem Phänomen gesellschaftlicher Zusammenhalt zu nähern. Jenseits der konzeptionellen Auseinandersetzungen über das, was gesellschaftlicher Zusammenhalt ist, bzw. ob er für eine Gesellschaft überhaupt in übergreifender Weise wünschenswert ist, impliziert dies die Notwendigkeit Rahmenbedingungen und Gründe zu identifizieren, die Gesellschaften auseinandertreiben oder zusammenrücken lassen. Hier kommt die in ihren Perspektiven und Methoden vielfältige empirische Sozialforschung

---

1 Emile Durkheim, Über die Teilung der sozialen Arbeit, 2. Aufl., Frankfurt am Main 1992 [1898]; Ferdinand Tönnies, Gemeinschaft und Gesellschaft. Grundbegriffe der reinen Soziologie, Darmstadt 2010 [1887]; Max Weber, Wirtschaft und Gesellschaft. Grundriss der verstehenden Soziologie, 5. Aufl., Tübingen 2009 [1922].

ins Spiel. Sie muss Grundlagen für die Konstruktion eines Umrisses sowie belastbares Material für eine Beurteilung des Phänomens liefern.

Dies ist eine langfristige Aufgabe, der sich das Forschungsinstitut Gesellschaftlicher Zusammenhalt (FGZ) stellt, aber wir starten nicht bei null. So wie erste Überlegungen zur Konzeptionalisierung und sogar Operationalisierung des gesellschaftlichen Zusammenhaltes bereits diskutiert werden, führen wir unterschiedliche – ursprünglich mit anderen Foci durchgeführte – Forschungsarbeiten fort, welche das Thema berühren.[2] Diese können hier nicht alle referiert werden, gleichwohl halten wir es für sinnvoll, einige auf empirische Sättigung zielende Perspektiven der Forschung exemplarisch und komprimiert darzustellen. Dabei konzentrieren wir uns auf das Verhältnis zwischen Rechtspopulismus und gesellschaftlichen Zusammenhalt, dessen Relevanz anhand der breiten öffentlichen Debatten ins Auge springt. Dies impliziert einen Einblick in konzeptionelles Grundlagendenken, wie einen Blick auf existierende Ergebnisse, die für Forschungen zum gesellschaftlichen Zusammenhalt von Bedeutung sein können. Der Fokus Populismus bildet zudem einen zentralen Orientierungspunkt der im Leipziger FGZ-Teilinstitut zusammengeführten Projekte. Ausgangsannahme ist, dass in liberalen Demokratien Rechtspopulismus und gesellschaftlicher Zusammenhalt in einem konzeptionellen und empirischen Verhältnis zueinander stehen. Dies skizzieren wir anhand von fünf Perspektiven aktueller Forschung. Sie sind nicht erschöpfend, geben aber Einblick in die diskursive Ausgangsposition der Beschäftigung mit gesellschaftlichen Zusammenhalt bei einigen der beteiligten Forscher:innen.

Unter Rechtspopulismus setzen wir im Anschluss an die einschlägige Forschung den propagierten Gegensatz zwischen »dem Volk« bzw. »dem kleinen Mann« und »den Eliten« als konstitutives Merkmal. Rechtspopulist:innen empfinden sich als Verteidiger:innen von identitär homogen gedachter Nation und Traditionen, sowie einer »schweigenden« Mehrheit gegen unzumutbare Bedrohungen von außen und die eigenen politischen Eliten.[3] Mit diesem Verständnis folgen wir faktisch dem *ideational approach* von Cas Mudde, welcher dem Rechtspopulismus eine, wenn auch schwache, eigene Ideologie zugesteht. Dies ist aber nur ein Bestandteil seiner Einordnung. Seine wirkliche inhaltliche Füllung

---

2 Monitor Gesellschaftlicher Zusammenhalt der Bertelsmann Stiftung; https://www.bertelsmann-stiftung.de/de/unsere-projekte/gesellschaftlicher-zusammenhalt; zuletzt: https://www.bertelsmann-stiftung.de/de/themen/aktuelle-meldungen/2020/august/gesellschaftlicher-zusammenhalt-verbessert-sich-in-der-corona-krise (Zugriff 13. Oktober 2020).

3 Cas Mudde/Cristóbal Rovira Kaltwasser, Populism. A Very Short Introduction. Oxford 2017, S. 9–11; auch Benjamin Moffitt, The Global Rise of Populism. Performance, Political Style, and Representation. Stanford 2016; Karin Priester, Populismus. Historische und aktuelle Erscheinungsformen. Frankfurt am Main 2007; Jan Werner Müller, Was ist Populismus? Ein Essay, 5. Aufl., Frankfurt am Main 2017.

erlangt der Rechtspopulismus aufgrund einer Anbindung an eine rechtsradikale Wirtsideologie, die er populistisch in öffentlichen und politischen Diskursen umsetzt. Damit ergibt sich eine Verbindung des *ideational approaches* zu einem Verständnis von Populismus als Stilmittel. Der Populismus eines »Volk« gegen »Eliten« wird im rechtspopulistischen Fall mit der rechtsradikalen Grundunterscheidung »Wir« gegen die »Anderen« verknüpft. In diese Richtung erweiterte Mudde auch seine Einschätzung, als er zuletzt die Bezeichnung entsprechender Politiker:innen und Parteien als rechtsradikal forcierte.[4]

Jenseits dieses noch nicht unumstrittenen Verständnisses von Rechtspopulismus, finden sich empirische Anknüpfungspunkte zur Erforschung und Beobachtung des in der gesellschaftlichen Realität greifbaren Phänomens, die überwiegend durch die Identifikation von Einstellungen, die eine Offenheit für Populismus suggerieren, oder durch die Wahl einer als rechtspopulistisch einzuordnenden Partei entstehen.[5] Gerade in dieser Form wird der Rechtspopulismus für einen gesellschaftlichen Zusammenhalt, der alle Bürger:innen umfasst, zu einem Problem, setzt er doch auf Polarisierung und identitären (und damit kaum verhandelbaren) Konflikt. Gesellschaftlichen Zusammenhalt verstehen wir für die vorliegenden Überlegungen pragmatisch erst einmal als Konstrukt, welches auf Integration der ganzen Bevölkerung und soziale Kohäsion der Gesellschaft zielt. Dies schließt alternative Verständnisse von gesellschaftlichem Zusammenhalt nicht grundsätzlich aus. Es kennzeichnet nur die Grundlage für die hier präsentierten, empirische Auswertungslinien aufzeigenden Zugänge, welche die potentielle Gefährdung eines gesellschaftlichen Zusammenhaltes in Demokratien, oder der liberalen Demokratie selbst ansprechen.

1.   Rechtspopulismus, Rechtsextremismus, Autoritarismus
(Oliver Decker)

Bis vor Kurzem war es üblich, für die Einordnung politischer Ziele auf die Unterscheidung zwischen Rechtsextremismus und Rechtsradikalismus zurückzugreifen, die in den 1970er-Jahren eingeführt wurde. Während rechtsextreme Bestrebungen gegen die freiheitlich-demokratische Grundordnung gerichtet und damit ein Fall für den Verfassungsschutz sind, haben rechtsradikale Aktivitäten, als an die Wurzel gehende (lat. Radix) Bemühungen einen Platz im Kanon des demokra-

---

4 Cas Mudde, The Far Right Today, Cambridge 2019.
5 Gert Pickel, Populismus und gesellschaftliche Integration, in: Gert Pickel/Oliver Decker/Steffen Kailitz/Antje Röder/Julia Schulze-Wessel, Handbuch Integration, Wiesbaden 2020.

tischen Aushandlungsprozesses. So schwer zwischen beiden zu trennen ist, hatten diese Begriffe von jeher vor allem eine praktische Bedeutung, stammen sie doch nicht aus der Wissenschaft, sondern aus dem Feld der Politik.[6] Statt von »Rechtsextremismus« oder »Rechtsradikalismus« ist aber heute allenthalben vom »Rechtspopulismus« die Rede – ausgerechnet zu einem Zeitpunkt, zu dem eine in allen Landtagen und im Bundestag vertretene Partei, die AfD, nicht nur klassischen Themen der extremen Rechten, wie völkisch-nationalistischen Positionen, Antisemitismus und NS-Verharmlosung, sondern Rechtsextremen selbst eine breite Plattform bietet.

Zwar gibt es auch Konstanten, die den Populismus-Begriff als legitimen Erben des Extremismus-Begriffs erscheinen lassen – so wird zum Beispiel zwischen einer linken und einer rechten Spielart unterschieden –, aber dennoch erstaunt seine gegenwärtige Konjunktur. Innerhalb kürzester Zeit hat es der Begriff Rechtspopulismus aus der Nische seines akademischen Daseins ins Zentrum der Politik geschafft. In der Wissenschaft wurde bereits in den 1950er-Jahren in Studien über politische Bewegungen in Nord- und Südamerika von Populismus gesprochen, und die Herausgeberin und der Herausgeber eines Sammelbandes zum selben Thema sahen diesen Spuk Ende der 1960er-Jahre am Werk: »Ein Gespenst geht um in der Welt – der Populismus«.[7] In den 1980er-Jahren analysierte dann Stuart Hall einen »autoritären Populismus« als politische Reaktion auf den sich Anfang des Jahrzehnts neu formierenden anglo-amerikanischen Neoliberalismus (»Thatcherismus« und »Reaganomics«) und den verheerenden sozialen Kahlschlag in seiner Folge.[8] Ihm wäre, so die Forderung des marxistischen Theoretikers, eine »popular-demokratische« Position entgegenzusetzen.

Gibt es auch vonseiten der Linken Versuche, den Populismus für eigene Ziele nutzbar zu machen, ist doch seine gegenwärtige Präsenz ganz klar durch die Rechte geprägt.[9] Auch im internationalen Überblick wird das deutlich: Viktor Orbán, Donald Trump und Geert Wilders als bekannte Exponenten oder die Parteien Dansk Folkeparti in Dänemark, UKIP in Großbritannien, Forza Italia in Ita-

---

6 Johannes Kiess/Oliver Decker, Der Rechtsextremismusbegriff – Einführung und Problemanzeige, in: Oliver Decker/Johannes Kiess/Marlene Weissmann/Elmar Brähler (Hrsg.), Die Mitte in der Krise, Springe 2012, S. 10–20.

7 Wolfgang Knöbl, Über alte und neue Gespenster. Historisch-systematische Anmerkungen zum »Populismus«, in: Mittelweg 36 (2016), H. 25, S. 8–35; Ghita Ionescu/Ernest Gellner (Hrsg.), Populism. Its Meanings and National Characteristics, London 1969, S. 1.

8 Stuart Hall, Popular-demokratischer oder autoritärer Populismus, in: Wolfgang Fritz Haug/Wieland Efferding (Hrsg.), Internationale Sozialismusdiskussion, Bd. 2, Neue soziale Bewegungen und Marxismus, Hamburg 1982, S. 104–124.

9 Chantal Mouffe, Für einen linken Populismus. Unser Gegner sind nicht Migranten, sondern die politischen und ökonomischen Kräfte des Neoliberalismus, in: Internationale Politik und Gesellschaft. https://www.ipg-journal.de/rubriken/soziale-demokratie/artikel/fuer-einen-linken-populismus-857/ (Zugriff 21. Oktober 2018); Mudde/Kaltwasser, Populism (Anm. 3).

lien, ÖVP in Österreich oder Fidesz in Ungarn gelten durchweg als rechtspopulistisch. Was sich hinter diesen populistischen Bewegungen, Parteien oder Führer:innen verbirgt, welche Programme oder Ziele sie verfolgen, kann sehr unterschiedlich ausfallen.[10] Nicht zu Unrecht bemerken die Autoren einer jüngeren Studie zur Verbreitung rechtspopulistischer Einstellungen in Deutschland, Populismus sei »ein schillernder Begriff, vieldeutig und von zahlreichen Zuschreibungen überlagert«.[11] Gerade das aber könnte ihn auch zu einem analytisch starken Begriff machen, denn der Gegenstand, den er beschreibt, ist selbst schillernd und widersprüchlich und folglich nicht widerspruchsfrei zu erfassen. Zwar lässt sich innerhalb der Wissenschaft keine einheitliche Definition des Rechtspopulismus finden, wohl aber die Entgegensetzung von »Volk« und »Elite« als verbindendes Merkmal.[12] Damit allein aber kommt der Populismus nicht aus. Wie schon der Politikwissenschaftler Jan-Werner Müller betont, zieht er auch gegen das Pluralistische zu Felde, ist doch der »*Kernanspruch* aller Populisten [...]: ›Wir – und nur wir – repräsentieren das wahre Volk.‹«[13] Wobei der Rechtspopulismus das »Volk« betont, und zwar das »wahre«. Ihm geht es nicht um Mehrheiten oder Demokratie, sondern die Konstruktion eines homogenen »Volkes« und die Konstruktion der Bedrohung des Volkswillens durch – zumeist fremde – »Eliten«. Denn der Populismus ist, wie Müller es zusammenfasst, die »Politikvorstellung, laut der einem moralisch reinen, homogenen Volk stets unmoralische, korrupte und parasitäre Eliten gegenüberstehen – wobei diese Art von Eliten eigentlich gar nicht zum Volk gehören«. Diese Definition liegt auch dem »Populismusbarometer« der Bertelsmann Stiftung zugrunde, einer Studie, die seit 2017 durchgeführt wird. Die beiden Elemente Anti-Establishment und Anti-Pluralismus, ergänzt um eine dritte Dimension »Pro-Volkssouveränität«, also die Forderung nach mehr direkter Demokratie, dient zur Bestimmung der »populistischen Einstellung« in der Bevölkerung.[14]

Ihr Ergebnis lässt aufhorchen. 30,5 Prozent der Menschen offenbaren ausdrücklich und 36,8 Prozent teilweise eine populistische Einstellung. Tendenz: steigend. Den größten Zuwachs verzeichnet der so festgestellte Populismus an einem bekannten Ort, denn es findet sich ein »anschwellender Populismus in der politischen Mitte«, so der Titel für einen zentralen Befund der Untersuchung. Es fällt aber auf, dass die Autoren nicht auf die ideologische Verankerung und

---

10 Karin Priester, Rechtspopulismus – ein umstrittenes theoretisches und politisches Phänomen, in: Fabian Virchow/Martin Langebach/Alexander Häusler (Hrsg.), Handbuch Rechtsextremismus, Wiesbaden 2016, S. 533–560.

11 Robert Vehrkamp/Christopher Wratil, Die Stunde der Populisten? Populistische Einstellungen bei Wählern und Nichtwählern vor der Bundestagswahl 2017, Gütersloh 2017, S. 14.

12 Mudde/Kaltwasser, Populism (Anm. 3), S. 5.

13 Jan-Werner Müller, Was ist Populismus? Ein Essay. Berlin 2016.

14 Wolfgang Merkel/Robert Vehrkamp, Populismusbarometer, Gütersloh 2018.

die Gründe für die Verbreitung der »populistischen Einstellung« eingehen. Dabei sind doch die Motive selbst ein erster Hinweis: Die Idee eines »homogenen Volkes«, betrogen von »fremden Eliten«, darin drückt sich eindeutig nicht nur der Wunsch nach mehr Partizipation aus. Der Populismus als »schwache Ideologie« kommt mit der »Aversion gegen die ›Bevormundung‹ des Volkes durch die Funktionseliten« nicht aus.[15] Er ist zwingend auf eine umfassendere Ideologie angewiesen. Die Agitation der NSDAP setzte auch auf die Gegenüberstellung eines »homogenen Volkes« und einer von außen phantasierten Bedrohung durch die weltumspannende Elite eines »jüdischen, raffenden Finanzkapitals«, brauchte also mit dem Antisemitismus einen ideologischen Kern für ihre Propaganda war. Werfen wir einen Blick auf die AfD, wird das sehr deutlich: Ihr Bündnis mit Vertreter:innen der ausländerfeindlichen und gewaltbereiten Bewegung Pegida zum Beispiel in Chemnitz, der Rassismus etlicher ihrer Exponenten oder ihre anti-egalitären politischen Ziele zeigen unmissverständlich, dass sich mit dem Populismus der AfD zumeist eine rechtsextreme Weltsicht verbindet.[16] Ihre Rhetorik ist geprägt von Metaphern eines »Volksaufstandes« gegen eine »Diktatur«, gegen »Volksverräter«, »Lügenpresse« und »Eliten«. Vertreter der AfD, wie zum Beispiel der Fraktionsvorsitzende im Thüringer Landtag Björn Höcke, sehen eine »Schwellenzeit« gekommen, die den Übergang zu einer neuen Gesellschaft markiert.[17] Der Wunsch nach einem Umsturz und dem Ende der pluralen Demokratie im Rechtspopulismus ist ohne rechtsextreme Ideologie nicht zu haben. Das gilt auch, wenn er etwas leiser daherkommt.

Der Partei- und Fraktionsvorsitzende Gauland fragte sich selbst und seine Leser:innen in einem Gastbeitrag in der Frankfurter Allgemeinen Zeitung im Oktober 2018: »Warum ist er [der Populismus, OD] entstanden? Worauf reagiert er?« Auf diese Frage antwortet er, indem er sich über »Menschen aus der Wirtschaft, der Politik, dem Unterhaltungs- und Kulturbetrieb – und vor allem die neue Spezie der digitalen Informationsarbeiter« auslässt. Diese »globalisierte Klasse« gebe »kulturell und politisch den Takt vor [...], weil sie die Informationen kontrolliert«. Ihre »Bindung an ihr jeweiliges Heimatland« sei schwach, sie haben den »Riss« zu verantworten, der »alle westlichen Gesellschaften« durchziehe und der »ungeheuer vertieft« wurde, »als plötzlich Abermilliarden Steuergelder vorhanden waren, um Banken zu retten, europäische Pleitestaaten zu finanzie-

---

15 Mudde/Kaltwasser, Populism (Anm. 3), S. 6; Karin Priester, Wesensmerkmale des Populismus, in: Aus Politik und Zeitgeschehen 62 (2012), S. 4.
16 Felix Korsch, Pegida und Gewalt: Das Beispiel der »Freien Kameradschaft Dresden«, in: Oliver Decker/Elmar Brähler (Hrsg.), Flucht ins Autoritäre. Rechtsextreme Dynamiken in der Mitte der Gesellschaft, Gießen 2018, S. 267–286.
17 Drittes Kyffhäusertreffen des »Flügels« am 2. September 2017; https://www.youtube.com/watch?v=7ALZpg3gIGk (Zugriff 15. Oktober 2018).

ren und Hundertausende Einwanderer zu alimentieren«.[18] Gaulands Einlassungen sind nicht einfach gegen »die da oben« gerichtet. Der Autor verwendet dieselben Stereotype wie die faschistischen Propagandisten des 20. Jahrhunderts: Er bedient sich einer Verschwörungsmentalität, die im Hintergrund eine weltumspannende, heimatlose und ausbeuterische Elite am Werk sieht. Mithilfe des »Kulturbetriebs« gelinge es dieser »Elite«, die Menschen zu manipulieren und die bis dahin harmonische »Heimat« mit einem »Riss« zu durchziehen. Das ist nicht nur anti-pluralistisch; solche Rhetorik identifiziert konkrete Feinde, nicht zuletzt – und das erinnert ebenfalls an faschistische Propaganda – wird das latente Bild vom »heimatlosen Juden« aufgerufen. Diese Verschwörungsmentalität ist eng mit klassischen antisemitischen Ressentiments verbunden – nicht nur bei Gauland.[19] Was Gauland unterschlägt oder selbst nicht erkennt, ist, dass der »Riss« in der »Heimat« schon längst da war, und dass dieser nicht einzelnen Personen oder Eliten geschuldet ist, sondern politischen Auseinandersetzungen und gesellschaftlichen Widersprüchen. Und ob die Heilung des Risses tatsächlich das Ziel der AfD ist, darf abgewartet werden. Auch wenn Gauland schreibt, »[d]ie Globalisierung sieht im Penthouse sehr viel freundlicher aus als in der Sozialwohnung«, legt das markt-radikale Parteiprogramm der AfD nahe, dass nicht Penthouse-Besitzer/innen sich um ihren Bestand fürchten müssen, sondern vielmehr die Sozialwohnung abgeschafft werden soll.[20] Es ist ein klassisches Stilmittel des Agitators, zwar über die Armut, nicht aber über ihre wirtschaftlichen Ursachen zu sprechen. Mit Personifizierung wird stattdessen die Aggression gegen Menschen legitimiert. Mit der Muslimfeindschaft, dem Antisemitismus, dem Geschichtsrevisionismus und mit den in Teilen offen rassistischen Positionen wird der Rechtsextremismus als ideologischer Kernbestand dieses Populismus sichtbar. Mit dem Erfolg der Rechtspopulist:innen wird die Frage nach den Ursachen immer dringlicher. Trotz der öffentlichen Konjunktur ist vom Begriff »Populismus« keine Hilfe zu erwarten. Dass ihn derzeit fast jeder im Munde führt, ist dem Versuch geschuldet, eine Art »Extremismus light«-Vorwurf in die öffentliche Debatte einzuführen. Mit ihm soll der/die Agitator:in delegitimiert werden, nicht aber diejenigen, die ihm begeistert zustimmen. Das ist nicht die Schuld der Wissenschaft, aus der

---

18 Alexander Gauland, Warum muss es Populismus sein? Frankfurter Allgemeine Zeitung, 6. Oktober 2018, 232/40, S. 8.

19 Lars Rensmann, Die Mobilisierung des Ressentiments: Zur Analyse des Antisemitismus in der Partei Alternative für Deutschland, in: Ayline Heller/Oliver Decker/Elmar Brähler (Hrsg.), Prekärer Zusammenhalt. Die Bedrohung des demokratischen Miteinanders in Deutschland, Gießen 2020.

20 Juho Kim, The Radical Market-oriented Policies of the Alternative for Germany (AfD) and Support from Non-beneficiary Groups – Discrepancies between the Party's Policies and its Supporters, in: Asian Journal of German and European Studies 3 (2018), https://link.springer.com/article/10.1186/s40856-018-0028-7 (Zugriff 13. Oktober 2020).

der Populismus-Begriff stammt. Zu Recht schreibt der Potsdamer Politikwissenschaftler Gideon Botsch:

Die Begriffsverwirrungen um den Populismusbegriff deuten auf Hilflosigkeit. Offenbar soll mit »Rechtspopulismus« etwas bezeichnet werden, das irgendwie als rechts und irgendwie als unangenehm wahrgenommen wird. Es ist eine Vermeidungsstrategie: Teile der Öffentlichkeit, auch staatliche Behörden, schrecken davor zurück, von Rechtsextremismus zu sprechen. Rechtspopulismus wird zum Stellvertreterbegriff. Dabei wäre eine Bewertung der AfD mit Blick auf den Rechtsextremismus überfällig.[21]

Wer glaubt, Populist:innen seien »enttäuschte Demokrat:innen«, weil sie zwar eine plurale Gesellschaft ablehnen, aber die Idee der Demokratie bejahen, geht in die Irre.[22] Was ist von Demokrat:innen zu halten, die aus Enttäuschung über die Demokratie antidemokratisch, gar antisemitisch werden? Der Rechtspopulismus, den Gauland hier seinen Leser:innen präsentiert, ist vielmehr eine Propagandaform, eine Technik der Agitation, die nur funktioniert, weil sie auf ein Bedürfnis bei den Adressat:innen trifft. Doch wie die Bereitschaft entsteht, diese populistische Propaganda zu konsumieren und zu honorieren, ist selten Gegenstand der Populismusforschung, oft ausdrücklich nicht. Aber wer die Subjektivität und auch die Irrationalität der Gesellschaftsmitglieder nicht in den Blick nehmen will, wird die Gesellschaft nur unvollständig erfassen können. Müller ist auf der richtigen Spur, wenn er schreibt: »Nicht an ihren vermeintlich ressentimentgeladenen Wählern sollt ihr Populisten erkennen – sondern an ihren Worten.«[23] Nur sind die Worte der Populist:innen an ein Publikum gerichtet, deren Bedürfnis es ist, diese zu hören. Erreichen die sogenannten Rechtspopulist:innen ihr Publikum nicht, müssen wir uns nicht weiter um sie kümmern – ist die begeisterte Zuhörer:innenschaft aber groß, ist die Demokratie und damit auch die Forschung vor ein Problem gestellt. Erst von der Antwort auf die Frage, warum Individuen dieses Bedürfnis haben, ist eine Perspektive auf Veränderung zu erwarten. Will man die gesellschaftliche Realität verstehen, in der der Rechtspopulismus gedeiht, kann man die Genese dieses Bedürfnisses nicht einfach beiseitelassen. Die Agitator:innen verführen nicht, sondern greifen fast schlafwandlerisch die Bedürfnisse ihrer Zuhörer:innen auf. Diese fallen nicht auf die Populist:innen herein, sondern beide erschaffen sich gegenseitig. Man kann das in Leo Löwenthals klassischer und heute wieder aktueller Studie nachlesen:

Die Behauptungen und Aussagen des Agitators sind oft mehrdeutig und unernst. Es ist schwer, ihn auf irgendetwas festzunageln, und er vermittelt den Ein-

---

21 Gideon Botsch, Eine Neubewertung der AfD ist überfällig, in: Potsdamer Neuste Nachrichten, 17. Oktober 2018.
22 Vehrkamp/Wratil, Die Stunde der Populisten? (Anm. 11), S. 9e.
23 Jan-Werner Müller, Was ist Populismus. Ein Essay, Berlin 2016, S. 65.

druck, daß er absichtlich schauspielert. Er scheint sich selbst einen Spielraum für Unbestimmtheit zu lassen, die Möglichkeit des Rückzugs für den Fall, daß irgendeine seiner Improvisationen schiefgehen sollte. Er legt sich nicht fest, denn er ist – zumindest vorübergehend – entschlossen, mit seinen Ideen zu jonglieren und seine Kräfte auszuprobieren. […] wie in den Fällen individueller Verführung bleibt keiner der beiden Partner gänzlich passiv, und es ist nicht immer deutlich, wer die Verführung initiiert hat. Im Akt der Verführung sind nicht nur irrige Vorstellungen oder falsche Situationsbeurteilungen am Werke, sondern vorwiegend psychologische Faktoren, die das tiefgehende bewußte und unbewußte Engagement beider Teile reflektieren.[24]

Liest man diese und ähnliche Stellen, muten sie seltsam vertraut an.[25] Man fühlt sich an Auftritte von Donald Trump oder Björn Höcke erinnert, an Redner also, die als Agitatoren einzuordnen sind – Löwenthal würde wahrscheinlich sagen: faschistische Agitator:innen – und als solche nicht die Zaubermeister:innen, für die sie sich höchstwahrscheinlich selbst halten. Sie sind der Spuk, den ihre Zuhörer:innen – alles kleine Zauberlehrlinge – heraufbeschwören und doch nicht im Griff haben. Was ihnen aber gelingt, ist die demokratische Gesellschaft in eine paradoxe Lage zu bringen: ein mehr an Demokratie – hier eben an Bürger:innenbeteiligung – bringt nicht etwa eine Stabilisierung der Demokratie mit sich, sondern ihre Bedrohung. Der Politikwissenschaftler Philipp Manow hat dies auf den Punkt gebracht: »(Ent)Demokratisierung der Demokratie«.[26] Und wie schon vor ihm Karin Priester stellt er fest, dass die Entwicklung, welche eine Zeitlang als Populismus bezeichnet wurde, vor allem eins ist: ein politischer Kampf zwischen autoritären Vorstellungen von Gesellschaft und der liberalen Demokratie. Letztere war lange Zeit als repräsentative Form verankert. Das Volk ist der Souverän, aber um den Preis, dass dieser Souverän im selben Moment seine Macht an Repräsentant:innen abtritt. Die repräsentative Demokratie erfüllt ihren Zweck damit, dass sie eben nicht alles repräsentiert. Aus guten Gründen – aber gleichzeitig auch aus Interessen, welche ihre Hegemonie so absichern können.

Lange Zeit blieben politische Forderungen oder Gruppen außen vor, sie wurden nicht repräsentiert. Das galt etwa für Migrant:innen, Frauen, die Frauen lieben, Männer, die Männer lieben und Frauen im generellen. Je mehr aber die Be-

---

24 Leo Löwenthal, Falsche Propheten, in: Helmut Dubiel (Hrsg.), Leo Löwenthal, Schriften, Bd. 3: Zur politischen Psychologie des Autoritarismus, Frankfurt am Main 1982 [1949], S. 11–160 (hier S. 18f.).

25 Gaulands Beitrag in der FAZ ist ein Lehrstück dieser Agitation; jedes Element ist bereits von Löwenthal beschrieben worden, samt der Verschwörungsmentalität, die den Beitrag durchzieht: »Der Agitator lastet die Verantwortung dafür einer sich nicht veränderten Feindclique an, deren übler Charakter oder schiere Bosheit die Ursache aller sozialen Mißstände ist« (Löwenthal, Falsche Propheten, S. 20).

26 Philipp Manow, (Ent)Demokratisierung der Demokratie, Berlin 2020.

ratung vieler in die *res publica*, die gemeinsame Sache, einbezogen wurden, desto stärker wurden die deliberativen Elemente der Demokratie. Faktisch ist dies ein demokratischer Populismus, aber dem Rechtspopulismus ist genau diese Form der Politik ein Dorn im Auge: nicht umsonst richtet sich die Aggression gegen Frauen und die sogenannte »Gender-Politik«. Die Schwierigkeiten, die mit der Betonung von Gruppeninteresse einhergehen – sie führen nicht nur zu einer Politik der Anerkennung, sondern auch zu einer Identitätspolitik, welche selbst wieder zur Gefahr für die Deliberation wird – sind gegenwärtig nicht das hervorstechendste Problem.[27] Im Gegenteil: die Aggression geben einen anderen Untergrund wieder, eine autoritäre Dynamik, wie sie von Anfang an für die faschistischen Bewegungen beschrieben wurde: Alles, was an Feindseligkeit und Aggression vorhanden ist und was dem Stärkeren gegenüber nicht zum Ausdruck kommt, findet sein Objekt im Schwächeren. Muss man Haß gegen den Stärkeren verdrängen, so kann man doch die Grausamkeit gegen die Schwächeren genießen. Wenn sie sich nicht als ausreichend erweisen (Frauen, Kinder, Tiere), werden Objekte des Sadismus gleichsam artifiziell geschaffen, sei es dadurch, dass man Sklaven oder gefangene Feinde, sei es, dass man Klassen oder rassemäßige Minoritäten in die Arena wirft".[28] Insofern kann man bei der gegenwärtigen Dynamik mit Fug und Recht auch von einer »Wiederkehr des Verdrängten« auf die politische Bühne sprechen. Das Phänomen, welches wir gewohnt sind als Rechtspopulismus zu bezeichnen, wühlt einerseits vieles auf, was schon längst abgesunken erschien. Und es bringt die deliberative Demokratie in eine arge Zwickmühle.

2. Ausgewählte Erklärungsansätze zu gesellschaftlichem Zusammenhalt und Rechtspopulismus (*Alexander Yendell*)

Rechtspopulistische sowie rechtsextreme Parteien und Bewegungen betonen gerne die Bedeutung des gesellschaftlichen Zusammenhalts und der gesellschaftlichen Solidarität. Die AfD bezieht zum Beispiel den Aspekt des Zusammenhalts in ihrem Grundsatzprogramm ein, zum einen, weil sie Ehe und Familie als wichtige Keimzelle des »gesellschaftlichen Zusammenhalts« fördern möchte und zum anderen, weil sie betont, wie gefährdet der soziale Zusammenhalt sei, weil die angebliche »Ausbreitung der konfliktträchtigen Multi-Minoritätengesellschaften« zu dessen Erosion beitragen.[29] Damit wird deutlich, dass gesellschaftlicher Zu-

---

27 Charles Taylor, Multikulturalismus und die Politik der Anerkennung, Frankfurt am Main 1997.

28 Erich Fromm, Studien über Autorität und Familie. Sozialpsychologischer Teil, in: Erich Fromm, Gesamtausgabe, Bd. 1. Stuttgart 1999, S. 139–187 (hier S. 172–173).

29 Alternative für Deutschland Parteiprogramm, https://www.afd.de/grundsatzprogramm/.

sammenhalt für die AfD nicht für alle Gruppen gilt, sondern im Gegenteil, aus ihrer Sicht andere bzw. Fremde, Zuwanderer etc. den gesellschaftlichen Zusammenhalt in einer möglichst homogenen Gesellschaft gefährden. Der Wunsch nach Zusammenhalt geht bei der AfD mit einer restriktiven Migrationspolitik einher und ist Bestandteil einer nationalistischen Identitätspolitik. Zu dieser Identitätspolitik nicht nur der AfD, sondern im Grunde aller Rechtspopulist:innen, gehört die Konstruktion einer gemeinsamen Identität. Dies ist der Fall, wenn PEGIDA und die AfD sich als Verteidiger des christlichen Abendlandes inszenieren und dabei gleichzeitig vom Islam abgrenzen.[30] Diese Einteilung in das »Wir« und »Die Anderen« ist fundamental für das Wesen des Rechtspopulismus und den Rechtsextremismus, die beide schwer voneinander abzugrenzen sind. Es steht in Zusammenhang mit der Einteilung in »Freund« und »Feind«, der Projektion eigener Aggressivität auf Fremde bzw. Sündenböcke und Schwarzweißdenken. All diese Aspekte, die aus Sicht der Rechtspopulist:innen, den Zusammenhalt zumindest in den eigenen Reihen stärken, aber aus Sicht der Vertreter:innen einer freiheitlich demokratischen Grundordnung den gesellschaftlichen Zusammenhalt nicht fördern, sondern im Gegenteil zur Spaltung führen, werden in zahlreichen Theorien diskutiert. Einige der prominentesten Theorien, werden im Folgenden kurz angerissen und hinsichtlich ihrer Relevanz für die Erforschung des gesellschaftlichen Zusammenhaltes diskutiert.

Autoritäre Dynamiken

Ein Ansatz, der vor dem skizzierten Hintergrund nützlich erscheint, ist die Theorie der autoritären Persönlichkeit, die Adorno und seine Koautoren skizzierten.[31] Sie ist von beachtlicher Bedeutung in der sozialpsychologischen Forschung über Vorurteile und Rechtsextremismus.[32] Die autoritäre Persönlichkeit ist gekennzeichnet durch den Glauben an absoluten Gehorsam oder Unterwerfung unter eine Autorität und durch die Unterdrückung von Schwächeren bzw. Minderheiten. Autoritäre Menschen entwickeln eine autoritäre, strenge und auch gewaltsame Persönlichkeit insbesondere gegenüber Untergebenen. Auch der Abwehrmechanismus der Projektion, der in der Psychoanalyse beschrieben wird, kommt im Autoritarismus zum Ausdruck, z. B. wenn die eigene Minderwertigkeit auf Zuwanderer über-

---

30 Oliver Hidalgo/Philipp W. Hildmann/Alexander Yendell (Hrsg.) (2019): Religion und Rechtspopulismus. Argumentation kompakt (3). Online unter: https://www.hss.de/download/publications/Argu_Kompakt_2019-3_Religion.pdf (Zugriff 13. Oktober 2020).
31 Theodor W. Adorno/Else Frenkel-Brunswik/Daniel Levinson/R. Nevitt Sanford, The Authoritarian Personality, New York 1950.
32 Oliver Decker/Elmar Brähler (Hrsg.), Flucht ins Autoritäre: Rechtsextreme Dynamiken in der Mitte der Gesellschaft, Gießen 2018.

tragen wird und diese zur Stabilisierung der eigenen »Ich«-Schwäche abgewertet werden.[33] Es besteht auch ein Zusammenhang zwischen einer autoritären Geisteshaltung mit Unsicherheit und geringem Selbstwertgefühl sowie einer geringen Selbstakzeptanz.[34] Die ursprüngliche Theorie bei Adorno basierte auf der Tatsache, dass das Erziehungsideal in der deutschen Gesellschaft lange Zeit Gehorsam war, welches einschloss Kinder körperlich zu züchtigen.[35] Obwohl die moderne Gesellschaft offener geworden ist und die körperliche Bestrafung von Kindern nun verboten und weniger verbreitet ist, sehen Vertreter:innen dieses Ansatzes den Autoritarismus immer noch als allgegenwärtig, und weisen darauf hin, dass Menschen auch heute gesellschaftlichen Zwängen ausgesetzt sind und auf verschiedenen gesellschaftlichen Ebenen nicht genügend Anerkennung erhalten. Kern des Arguments ist, dass autoritäre Menschen nicht in ausreichendem Maße Gelegenheit haben, ihre eigenen, wahren Bedürfnisse zu befriedigen und der Autoritarismus sich aus der eigenen Anpassung der Menschen an diese sozialen Zwänge ergibt. Adorno bezog sich in seiner Theorie zur autoritären Persönlichkeit auf Sigmund Freuds Ausführungen zum »Narzissmus der kleinen Differenzen«, den er in seinem Werk »Das Unbehagen in der Kultur« thematisierte.

Ich habe mich einmal mit dem Phänomen beschäftigt, daß gerade benachbarte und einander auch sonst nahe stehende Gemeinschaften sich gegenseitig befehden und verspotten, so Spanier und Portugiesen, Nord- und Süddeutsche, Engländer und Schotten usw. Ich gab ihm den Namen »Narzißmus der kleinen Differenzen« […] Man erkennt nun darin eine bequeme und relativ harmlose Befriedigung der Aggressionsneigung, durch die den Mitgliedern der Gemeinschaft das Zusammenhalten erleichtert wird.[36]

Aus Sicht der Vertreter:innen des Autoritarismusansatzes gilt diese Form des Erhalts von Zusammenhalt allerdings nicht für alle Gemeinschaftsmitglieder, sondern für diejenigen, die aufgrund einer autoritären Sozialisation solche Einstellungsmuster vorweisen und so anfällig für rechtspopulistische und rechtsextreme Einstellungen sind. Passenderweise stehen dann auch autoritäre Einstellungen und daran anlehnend narzisstische Persönlichkeitseigenschaften in empirischen Studien nachweislich in Zusammenhang mit der Wahl der AfD.[37]

---

33 Wilhelm Reich, Die Massenpsychologie des Faschismus, Kopenhagen 1933.

34 Knud S. Larsen/Gary Schwendiman, Authoritarianism, Self Esteem and Insecurity, in: Psychological Reports 25 (1969), H. 1, S. 229–230.

35 Oliver Decker/Elmar Brähler, Autoritäre Dynamiken: Ergebnisse der bisherigen »Mitte«-Studien und Fragestellung, in: Oliver Decker/Johannes Kiess/Elmar Brähler (Hrsg.), Die enthemmte Mitte. Autoritäre und rechtsextreme Einstellung in Deutschland, Gießen 2016, S. 11–22.

36 Sigmund Freud, Das Unbehagen in der Kultur, Wien 1930, S. 27.

37 Alexander Yendell/Elmar Brähler/Andreas Witt/Jörg Fegert/Marc Allroggen/Oliver Decker, Die Parteien und das Wählerherz 2018. https://bit.ly/2OPiBAm (Zugriff 11. August 2019).

Die Theorie der sozialen Identität

Eine weitere prominente Theorie ist die *Social Identity Theory*.[38] Dieser Ansatz geht davon aus, dass es kollektive Identitäten gibt, die durch Abgrenzung von anderen – als fremd wahrgenommenen – Sozialgruppen gestärkt werden. Die eigene Identität resultiert nach diesem Ansatz aus dem Vergleich mit und der Differenz zu anderen Gruppen. Das Verhalten von Individuen wird demnach durch Zugehörigkeit (zu einer *In-Group*) bestimmt, die im Verhältnis zu anderen (*Out-Groups*) definiert wird. Diese emotionale Bedeutung nimmt dann zu, wenn eine geringe Mobilität bezüglich der Gruppenzugehörigkeit (*social mobility*) besteht und die Gruppenzugehörigkeit von konkreter subjektiver Bedeutung für das Selbst-Konzept eines Individuums ist. Vom Individuum wird wiederum angenommen, dass es ein generelles Bedürfnis nach einem positiven Selbstwert hat, der durch die Identifikation mit der Gruppe durch deren Wertigkeit gestärkt wird. Dies bestärkt das Individuum, die eigene Gruppe bzw. die In-Group aufzuwerten. Innerhalb eines solchen Aufwertungsprozesses vergleicht das Individuum die eigene Gruppierung mit der fremden Gruppierung und neigt dazu, die fremde Gruppe schlechter als die eigene Gruppe zu bewerten und spricht dieser häufig negative Eigenschaften zu nach dem Motto »Die eigene Gruppe muss immer besser sein als die andere«. Einen Verstärker für die Identifikation mit der In-Group – und damit die soziale Abgrenzung von der Fremdgruppe – stellt das Ausmaß an von der Gruppe gewünschter Verbindlichkeit und Loyalität dar. Je loyaler eine Person gegenüber ihrer Gruppe glaubt sein zu müssen, desto eher nimmt sie eine ablehnende Haltung gegenüber anderen ein. In dieser Theorie geht es also zunächst einmal darum, dass es überhaupt Konstruktionen einer »Eigengruppe« und einer »Fremdgruppe« gibt und damit auch, wer zusammenhält und wogegen man möglicherweise zusammenhält. Auch andere Theorien bauen auf das Verständnis von »In-« und »Outgroup« auf, z. B. wenn argumentiert wird, dass unter Bedrohung die Identifikation mit der »Ingroup« die Abwertung fremder Gruppen zunimmt. Fühlen sich Gruppen bedroht wie bspw. nach einem Terrorangriff, durch negative Berichterstattung über Migrant:innen oder Andersgläubige oder durch vermehrte Einwanderung, so steigen mit dem existenziellen und symbolischen Gefühl der Bedrohung auch die Identifikationen bspw. mit der eigenen Nation sowie die negativen Einstellungen gegenüber den Fremdgruppen.[39]

---

38 Henri Tajfel/John Turner, The Social Identity Theory of Intergroup Behavior, in: Stephen Worchel/William G. Austin (Hrsg.), Psychology of Intergroup Relations, Chicago 1986, S. 7–24.

39 Jeff Greenberg/Sheldon Solomon/Tom Pyszczynski, Terror Management Theory of Self-Esteem and Cultural Worldviews: Empirical Assessments and Conceptual Refinements, in: Advances in Experimental Social Psychology 29 (1997), S. 61–139; Walter G. Stephan/Rolando Diaz-Loving/Ann Duran, Integrated Threat Theory and Intercultural Attitudes, in: Journal of Cross-Cultural Psychology 31 (2000), H. 2, S. 240–249; Eva Jonas/Immo Fritsche, Des-

Eine vergleichende Studie zum Zusammenspiel von Regelungen der Einbürgerung, nationaler Identität und der Abwertung von Muslim:innen zeigt, dass in Staaten, in denen die Einbürgerung von Zuwanderern aktiv gefördert wird, eher eine Identifikation mit einer politischen Gemeinschaft entsteht, bei der potentiell jeder, also auch Zuwanderer, Mitglied werden kann. In Staaten mit einer eher ethnisch begründeten Auffassung von Staatsbürgerschaft, wie sie in vielen osteuropäischen Ländern existiert und bis in die späten 1990er Jahre auch in Deutschland, entsteht eher eine ethnisch geprägte Identität, bei der es Zuwanderer:innen nicht möglich ist, dazuzugehören.[40] Sie bleiben immer in der Out-Group und sind daher gefährdet von der In-group diskriminiert zu werden.

Kontakte zwischen Gruppen fördern den Zusammenhalt

Ein weiterer Ansatz ist die Kontakthypothese, die davon ausgeht, dass Kontakte zwischen Gruppen Vorurteile abbauen und Brücken zwischen verschiedenen Gruppen bilden. Sie ist ebenso banal wie empirisch vielfach belegt und eine der wichtigsten Theorien bspw. zur Erklärung, warum Menschen andere Gruppen abwerten.[41] Erkennbar wird dies am Beispiel der Muslim:innen: So kommt es insbesondere dort zu häufiger und starker Islamfeindlichkeit, wo wenige Muslim:innen leben.[42] Dabei kommt es vor allem darauf an wie häufig Menschen Kontakte zu Muslim:innen haben. Je häufiger solche Kontakte sind, desto wahrscheinlicher ist es, dass die Gruppe der Muslim:innen nicht mehr als homogene Gruppe gesehen wird. Kontakte zu Ausländer:innen sind somit auch ein wichtiger Faktor in der Prävention von Rechtsextremismus, denn wer Kontakte zu Ausländer:innen hat, besitzt eine statistisch geringere Wahrscheinlichkeit rechtsextrem zu werden. Vor

---

tined To Die But Not To Wage War: How Existential Threat Can Contribute To Escalation Or De-escalation of Violent Intergroup Conflict, in: The American Psychologist 68 (2013), H. 7, S. 543–558; Alexander Yendell/Gert Pickel, Islamophobia and anti-Muslim feeling in Saxony – Theoretical Approaches and Empirical Findings Based on Population Surveys, in: Journal of Contemporary European Studies 32 (2019), H. 3, S. 1–15.

40 Alexander Yendell, In welchem Zusammenhang stehen Regelungen im Bereich der Staatsbürgerschaft und Einstellungen gegenüber Muslimen?, in: Antonius Liedhegener/Gert Pickel (Hrsg.), Religionspolitik und Politik der Religionen in Deutschland: Fallstudien und Vergleiche, Wiesbaden 2016, S. 309–325.

41 Gordon W. Allport, The Nature of Prejudice, Cambridge 1954; Thomas Pettigrew/Linda Tropp, How Does Intergroup Contact Reduce Prejudice? Meta-analytic Tests of Three Mediators, in: European Journal of Social Psychology 38 (2008), H. 6, S. 922–934.

42 Alexander Yendell, Young People and Religious Diversity: A European Perspective, With Particular Reference to Germany, in: Elisabeth Arweck (Hrsg.): Young People's Attitudes to Religious Diversity, Farnham 2016, S. 275–290.

diesem Hintergrund können Kontakte zu Mitgliedern verschiedener Kulturen die Wahl rechtspopulistischer Parteien unwahrscheinlicher machen.

Forschungsperspektiven

Für den gesellschaftliche Zusammenhalt, der durch die restriktive Migrationspolitik bis hin zum Aufruf von Gewalt durch Rechtspopulist:innen gefährdet ist, bedeutet dies, dass die Entwicklung autoritärer Einstellungen in den Blick genommen werden muss. Das zielt sowohl auf die Erforschung von Erziehungsstilen in Familien als auch auf die Untersuchung von Handlungsfreiheiten in Gesellschaften, die es dem Individuum ermöglichen ohne Zwang zum Gehorsam sich möglichst frei zu entfalten und damit zusammenhängend demokratiebefürwortende Einstellungen zu entwickeln. Des Weiteren ist für die Erforschung des gesellschaftlichen Zusammenhalts die Identitätspolitik und damit verbundener anderer Policyfelder wie bspw. die Migrationspolitik verschiedener politischer Akteure interessant. Wer gehört dazu und wer nicht? Welche Identitätskonstruktionen passen in eine moderne Gesellschaft und welche Maßnahmen ermöglichen es den Individuen einen stabilen Selbstwert zu entwickeln, sodass eine ausgrenzende (nationale) Identität für das Selbstkonzept unwichtig ist? Ein weiterer Forschungsgegenstand sind die Netzwerkbildungen und Kontakte zwischen sozialen Gruppen, »Mehrheitsbevölkerung« und Zuwandern. Wo entstehen vorurteilsabbauende Kontakte zwischen verschiedenen gesellschaftlichen Gruppen und wie wird gesellschaftliche Segregation vermieden?

3.   Volk gegen Elite: Psychologisch-motivationale Grundlagen rechtspopulistischen Denkens *(Immo Fritsche/Annedore Hoppe)*

Zu sozialen Gruppen dazuzugehören und sich ihnen angehörig zu fühlen, ist eine grundlegende menschliche Neigung. Dies impliziert oft auch eine Einteilung der sozialen Welt in »Wir« und »die Anderen«. Die (oft nativistische) Zuspitzung dieser Zuschreibungen ist gleichzeitig der Kern populistischen Denkens: Ein Volk (»Wir«) steht der Elite (»die Anderen«) gegenüber und ist zum Handeln aufgerufen für die gute – d. h. eigene – Sache. Zur Eingrenzung dieses »Wir-Volks« bemüht der Rechtspopulismus in der Regel ethnische oder pseudo-ethnische Kategorien, wie »Deutsche« oder »Weiße«. Die Anderen, also »die Eliten« werden hier häufig mit entsprechenden ethnischen Fremdgruppen assoziiert oder ihnen wird unterstellt, in deren Interesse zu arbeiten (s. z. B. die verschwörungstheoretische

Idee einer geplanten »Umvolkung«). In anderen Populismen umfasst das »Wir« auch Kategorien wie »wirtschaftlich Benachteiligte«, welche durch Entscheidungen und Handlungen der Elite weiteren Schaden nehmen, beispielsweise durch Klimaschutzmaßnahmen oder (ganz aktuell) Maßnahmen zur Eindämmung der Corona-Pandemie. Gleich ist allen das Versprechen der kollektiven Erhebung des Wir-Volks und gesellschaftliche Veränderung. Eine psychologische Erklärung der Funktionsweise und der Attraktivität rechtspopulistischer Bewegungen muss an diesen zentralen Bestimmungsmerkmalen populistischen Denkens ansetzen und gleichzeitig nach den kognitiven und motivationalen Mechanismen, sowie den sozialen Kontexten fragen, die dieses Denken und die Unterstützung populistischer Gruppen wahrscheinlich machen. Kennt man diese allgemeinen Mechanismen (z. B. Soziale Identität oder Streben nach Selbstwert und Kontrolle) und Kontextklassen (z. B. gesellschaftliche Krisen), so gibt dies die Hoffnung, den Erfolg (rechts-)populistischer Bewegungen über Kulturen und Epochen hinweg erklären, vorhersagen und möglicherweise sogar beeinflussen (Stichwort: Interventionsinstrumente) zu können. In diesem Abschnitt erläutern wir anhand des sozialpsychologischen Forschungsansatzes der sozialen Identität, wie derartige Erklärungen aussehen können.

Soziale Kategorisierung und Diskriminierung

Laborexperimentelle Forschungen, die in den 1960er und 1970er Jahren an der Universität Bristol von Henri Tajfel und Kolleg:innen begonnen wurden, haben verblüffend eindeutige Evidenz für die Omnipräsenz des »Wir vs. Die Anderen« im menschlichen Denken und Handeln geliefert.[43] Versuchspersonen wurden auf Grundlage eines inhaltlich bedeutungslosen Kriteriums in zwei Gruppen unterteilt, beispielsweise in jene Personen, die die Zahl von Punkten in unübersehbar großen Punktewolken angeblich eher *über*schätzten und solche, denen zurückgemeldet wurde, dass sie diese eher *unter*schätzten. Tatsächlich erfolgte die Einteilung in solche »Überschätzer« und »Unterschätzer« aber zufällig. Bereits diese »minimale Kategorisierung« führte zu Verhalten, das man außerhalb des Labors als Bevorzugung der eigenen Gruppe oder auch »soziale Diskriminierung« kennt. Im Labor bevorzugten die Versuchspersonen bei der Verteilung von geldwerten Bonuspunkten anonyme Mitglieder der eigenen Gruppe vor jenen der anderen. In der sozialen Welt zeigt sich dieser *ingroup bias* in Phänomenen wie *America-First*-Slogans, rassistischem Denken oder Demonstrationen gegen die Aufnahme von geflüchteten »Fremden«.

---

43 Henri Tajfel/Michael Billig/R. P. Bundy/Claude Flament, Social Categorization and Intergroup Behaviour, in: European Journal of Social Psychology 1 (1971), H. 2, S. 149–174.

Die Ergebnisse der Bristoler Studien zur sozialen Identität stimmen pessimistisch, was die Auslöschung ethnozentrischen Denkens und Handelns betrifft. Tatsächlich zeigen darauf aufbauende Arbeiten zur »Selbstkategorisierungstheorie« von John Turner und Kolleg:innen und die Erkenntnisse der sozialen Kognitionsforschung, dass die Einschränkungen alltäglicher Informationsverarbeitungskapazität (und -motivation) nahezu zwangsläufig dazu führen, dass wir über Menschen (einschließlich unserer eigenen Person) zumeist in Form unterschiedlicher Gruppen nachdenken, sie also sozial kategorisieren.[44] Aus stereotypen Annahmen über diese kategorialen Schubladen leiten wir dann in der Regel auch die Eigenschaften jener einzelnen Menschen ab, die wir – oder uns umgebende Mehrheiten – in die entsprechenden sozialen Gruppen einordnen. Die Südländer, denen wir im Urlaub begegnen, erscheinen also alle ziemlich gelassen, während wir bei uns Deutschen »feststellen«, dass die Einhaltung von Regeln wichtig erscheint. Diese Stereotypisierungen sind aber in der Regel nicht wertfrei, sondern lassen die eigene Gruppe im Vergleich zur Fremdgruppe zumeist in einem positiveren Licht erscheinen. Dies liegt gemäß dem Ansatz der sozialen Identität daran, dass Menschen nach einem positiven Selbstwert streben. Dieses Bedürfnis nach positiver Bewertung gilt nicht nur für das individuelle Selbst, sondern auch für unsere *soziale* Identität, für die vielen Situationen also, in denen wir unser Selbst über eine eigene Gruppe definieren. Für die Attraktivität populistischer Ideologie bedeutet dies, dass die wertende Gegensatzbildung zwischen »Wir-Volk« und »Elite« ein grundlegendes – weil kognitiv einfaches und selbstwertförderndes – Denkmuster bedient. Dies sollte besonders dann attraktiv sein, wenn Einzelne aktuell nicht die Möglichkeit haben, in gründlicher und differenzierter Form über Andere nachzudenken und zu urteilen. Eine weitere begünstigende Bedingung ist bedrohter Selbstwert.

Höherwertigkeit und Kollektive Handlungsfähigkeit als Motivbefriedigung

Bedrohungsgefühle stehen allgemein hoch im Kurs, wenn es um Erklärungen des Rechtspopulismus und dessen Attraktivität geht. Und tatsächlich gibt es zahlreiche und wissenschaftlich anspruchsvolle Evidenz dafür, dass soziale Kategorien und die Unterteilung in »Wir« und »die Anderen« bei wahrgenommener Bedrohung für menschliches Denken wichtiger werden. Für das bessere Verständnis dieses allgemeinen und gedanklich weitgehend automatischen Effekts ist es hilfreich, die spezifische Natur des Bedrohungserlebens und des ablaufenden psychologischen Prozesses näher zu betrachten. Bedrohungen können sich auf unter-

---

44 John C. Turner/Michael A. Hogg/Penelope J. Oakes/Stephen D. Reicher/Margaret S. Wetherell, Rediscovering the Social Group: A Self-categorization Theory, New York 1987.

schiedliche psychische Bedürfnisse beziehen, wie die Grundbedürfnisse nach Selbstwert oder Kontrolle.[45] Miteinander verwandte Theorien helfen zu erklären, weshalb unterschiedliche Bedrohungen kollektives, ethnozentrisches Denken erhöhen. Im Kern dieser Theorien steht die Idee, dass Gruppenzugehörigkeit die psychischen Grundbedürfnisse einer Person auf die eine oder andere Weise erfüllen kann. Wenn es Menschen beispielsweise gelingt, ihre eigene Gruppe im Vergleich zu einer anderen Gruppe als höherwertiger erscheinen zu lassen, sollte dies das Bedürfnis nach Selbstwert erfüllen. Diese Annahme stand bereits im Kern der Theorie der sozialen Identität der Arbeitsgruppe um Tajfel.

Eine jüngere Erweiterung der motivationalen Annahmen zur sozialen Identität ist das Modell gruppenbasierter *Kontrolle*.[46] Demnach widerspricht das Bedürfnis nach persönlicher Kontrolle und Einflussnahme nur scheinbar der persönlichen Einordnung in eine Gruppe. Vielmehr können Menschen, die sich in ihren persönlichen Einflussmöglichkeiten beschnitten fühlen, versuchen, ein Gefühl von Kontrolle durch die Mitgliedschaft in einer handlungsfähigen Gruppe (wieder) zu finden. Ein gutes Beispiel ist hier die Brexit-Kampagne, deren Motto, »Let's get back control to Britain«, in direkter Weise kollektive Kontrolle versprach. Populistische Agenden erfüllen bedrohte Bedürfnisse von Menschen nach Selbstwert und Kontrolle in mustergültiger Weise, zumindest dann, wenn man sich als Person, z. B. qua ethnischer Gruppenzugehörigkeit, zum »Wir-Volk« zählen darf. Die implizite Annahme der Höherwertigkeit der eigenen Gruppe (»das *wahre* Volk steht den *korrupten* Eliten gegenüber«; »die Rechte von Zugewanderten haben gegenüber jenen der angestammten Bevölkerung zurückzustehen«) kann helfen, bedrohten persönlichen oder kollektiven Selbstwert auszugleichen. Gleichzeitig rufen Populisten zum kollektiven Handeln und der Veränderung der Gesellschaft auf. Beides lässt sie handlungsfähig erscheinen. Ein wichtiger Indikator für kollektive Handlungsfähigkeit (oder *agency*) ist die Wahrnehmung eines gemeinsamen und von anderen Gruppen unterscheidbaren Ziels oder einer gemeinschaftlichen Agenda.[47] Insbesondere dann, wenn populistische Gruppen gegenwärtige gesellschaftliche Minderheitenpositionen („gegen den Mainstream)

---

45 Thane S. Pittman/Kate R. Zeigler, Basic Human Needs, in: Arie W. Kruglanski/E. Tory Higgins (Hrsg.), Social Psychology: Handbook of Basic Principles, 2nd ed., New York 2007, S. 473–489.

46 Immo Fritsche/Eva Jonas/Thomas Kessler, Collective Reactions to Threat: Implications for Intergroup Conflict and for Solving Societal Crises, in: Social Issues and Policy Review 5 (2017), H, 1, S. 101–136; Immo Fritsche/Miguel Moya/Marcin Bukowski/Philipp Jugert/Soledad de Lemus/Oliver Decker/Inmaculada Valor-Segura/Ginés Navarro-Carrillo, The Great Recession and Group-Based Control: Converting Personal Helplessness into Social Class In-Group Trust and Collective Action, in: Journal of Social Issues 73 (2017), S. 117–137.

47 Janine Stollberg/Immo Fritsche/Anna Bäcker, Striving for Group Agency: Threat to Personal Control Increases the Attractiveness of Agentic Groups, in: Frontiers in Psychology 6 (2015), S. 649.

vertreten, stärkt dies die Wahrnehmung, dass diese Gruppe autonome – weil ganz eigene – Ziele besitzt. Ein zweiter Indikator einer agentischen Gruppe ist gemeinsames zielgerichtetes Handeln. Dieser Eindruck kann beispielsweise durch Wiederholen identischer Parolen durch unterschiedliche Vertreter:innen der populistischen Gruppe erweckt werden, durch erkennbares gemeinsames Auftreten bei einer Demonstration oder durch politisch motivierte Provokation und Aggression. Schließlich indizieren sichtbare Ergebnisse die kollektive Handlungsfähigkeit einer Gruppe, wie beispielsweise eine Veränderung der landesweiten politischen Debatte in Richtung der Themen der populistischen Bewegung.

Diese Analyse ermöglicht ein besseres Verständnis der Wirkweise populistischen Denkens, insbesondere für Personen, die ihren Selbstwert oder ihre persönlichen Kontrollmöglichkeiten bedroht sehen. Solche Bedrohungswahrnehmungen können in gesellschaftlichen Krisenzeiten breitere Bevölkerungsgruppen erfassen und so – im Zusammenspiel mit der gesellschaftlichen »Verfügbarkeit« scheinbar handlungsfähiger Eigengruppen – populistisches Denken erklären. Dabei ist wichtig, dass Bedrohung nicht automatisch zu einer Verstärkung *rechts*populistischer Positionen in der Bevölkerung führen muss. Ganz im Gegenteil sollte die Verstärkung gruppenbezogenen Denkens und Handelns unter Bedrohung bei politisch links orientierten Personen zu erhöhter Identifikation mit linkspolitischen Gruppen bzw. »Wir-Gruppen« führen. Entsprechendes zeigen eigene experimentelle Studien zu den Effekten islamistischer terroristischer Bedrohung auf die Bereitschaft von Studierenden sich *gegen* eine rechtspopulistische Vereinigung zu engagieren.[48] Leipziger Studierende, die an persönliche Bedrohung als Folge eines möglichen islamistischen Terroranschlags erinnert wurden, waren eher bereit, sich gegen die lokale »LEGIDA«-Gruppe zu engagieren als jene, die über schlechtes Wetter in Leipzig nachgedacht hatten. In weiteren Studien zeigte sich dieser Effekt besonders deutlich für jene Studierenden, die annahmen, dass Protest gegen LEGIDA für Leipziger Studierende die deutliche Mehrheitsnorm darstellte.[49] Unter Bedrohung werden Menschen also handlungsbereiter im Sinne eigener Wir-Gruppen, seien dies ethnisch definierte Deutsche (Rechtspopulismus), die vom Kapitalismus Unterdrückten (Linkspopulismus) oder eine andere relevante Eigengruppe, wie beispielsweise Studierende.

---

48 Janine Stollberg/Immo Fritsche/Eva Jonas, The Groupy Shift: Conformity to Liberal Ingroup Norms as a Group-based Response to Threatened Personal Control, in: Social Cognition 35 (2017), S. 374–394; Immo Fritsche, How Does Terrorist Threat Change Attitudes Towards Xenophobic Movements? It Depends on the Salient Social Norm! Invited Talk at the Workshop on Memories, Normative Ideals, and Empathic Solidarities in Europe in the Aftermath of Refugee Arrivals in 2015/16. Humboldt-Universität zu Berlin 2018.

49 Luisa Adam, Terrorismus, soziale Norm und Anti-Legida-Protest: Zur Bedeutung von Gruppennormen in unsicheren Zeiten, unveröffentlichte Bachelorarbeit, Universität Leipzig 2016.

Interventionsstrategien

Im Forschungsinstitut für gesellschaftlichen Zusammenhalt werden wir diese vermuteten Kausalzusammenhänge durch experimentelle und Befragungsstudien empirisch prüfen. Dadurch soll zum einen die Wirkweise des Populismus besser verstanden werden. Zum anderen wollen wir mögliches Interventionswissen generieren. So stellt sich beispielsweise die Frage, ob auch demokratische Mehrheitsgruppen in Zeiten von Krise und Bedrohung erstarken können, wenn sie Grundbedürfnisse wie das Streben nach Kontrolle befriedigen.[50] Anhand von populistischen Gruppen zeigt sich, dass Normen und Ideologie des »Wir« das Potential haben, auch das Miteinander und den Zusammenhalt in der Gesellschaft im negativen Sinn zu beeinflussen. Interventionen in demokratischen Mehrheitsgruppen hingegen hätten das Ziel, Kontrollgefühle zu stärken, ohne den gesellschaftlichen Zusammenhalt zu gefährden. Dass auch demokratische Mehrheitsgruppen in der Gesellschaft Handlungsfähigkeit und autonome Ziele ausstrahlen können, zeigt sich auch heute schon in vielen Punkten, wenn z. B. breite zivilgesellschaftliche Bündnisse öffentlich gegen Rechtspopulismus in Erscheinung treten oder das gemeinschaftliche Engagement in der Corona-Krise mit einer erfolgreichen Eindämmung des Virus verbunden ist.

4. Wer wählt rechtspopulistisch in Deutschland und warum? *(Holger Lengfeld)*[51]

In den Sozialwissenschaften werden zwei Thesen diskutiert, die beanspruchen, wirtschaftliche und soziale Globalisierungsprozesse, das Schwinden des gesellschaftlichen Zusammenhalts und das Aufkommen rechtspopulistischer Parteien in den europäischen Gesellschaften im Zusammenhang zu erklären. Die erste These ist die »Modernisierungsverliererthese«. Sie wurde in der Vergangenheit unter anderem zur Erklärung der Unterstützung von rechtsextremen Parteien in Deutschland formuliert. Ihr zufolge haben vor allem Angehörige der unteren so-

---

50 Maximiliane Kaufmann, Bedrohung als Antrieb: Gruppenbasierte Kontrolle im Kontext der Anti-Legida-Bewegung. Universität Leipzig, unveröffentlichte Bachelorarbeit 2015.

51 Dieser Abschnitt basiert in Teilen auf Ausführungen aus: Holger Lengfeld, Der »Kleine Mann und die AfD: Was steckt dahinter? in: Kölner Zeitschrift für Soziologie und Sozialpsychologie 70 (2018), H. 2, S. 295–310 und Holger Lengfeld/Clara Dilger, Kulturelle und ökonomische Bedrohung. Eine Analyse der Ursachen der Parteiidentifikation mit der »Alternative für Deutschland" mit dem Sozioökonomischen Panel 2016, in: Zeitschrift für Soziologie 47 (2017), H. 3, S. 181–199.

zialen Schichten im Zuge der wirtschaftlichen Globalisierung in den letzten zwei Jahrzehnten neue wirtschaftliche Unsicherheiten und Verluste erfahren, wohingegen Personen oberer Schichten zu den Gewinnern zählen.[52] Die Annahme ist, dass Modernisierungsverlierer den etablierten Parteien vorwerfen, sich nicht ausreichend um ihre wirtschaftlichen Nöte zu kümmern. Rechtsradikale Parteien würden demnach von den sozial Schwachen gewählt, weil sie versprächen, sich ihrer wirtschaftlichen Sorgen anzunehmen.[53] Analysen mit Umfragedaten, die die These in Deutschland für rechtspopulistisches Wahlverhalten prüfen, kommen allerdings zu einem gemischten Bild. In diesen Analysen wurde untersucht, ob es einen Zusammenhang zwischen dem sozialen Status eines/einer Wahlberechtigten und seiner Wahlentscheidung bzw. Wahlpräferenz oder Sympathie für die Partei »Alternative für Deutschland« (AfD) gibt. Für die ersten Jahre nach Gründung der AfD (2014–2015) waren überwiegend keine Zusammenhänge feststellbar.[54] Mit Daten ab 2016 fanden Forscher:innen heraus, dass Personen mit niedrigem Einkommen, geringer Bildung oder einfacher beruflicher Tätigkeit eine erhöhte Wahrscheinlichkeit aufwiesen, bei Bundestagswahlen für die AfD zu stimmen.[55] Allerdings ist umstritten, was die Motive dieser Personen sind. Während einige Autoren an der These des Zusammenhangs von Globalisierung, der Zunahme von Ungleichheit und dem Wahlverhalten festhalten, argumentieren andere, dass statusniedrige Personen AfD deshalb wählen, weil sie sich auf diese Weise ihre (subjektiv wahrgenommene) Bedrohung ihrer wirtschaftlichen Lage durch Migrant:innen und Asylsuchende im eigenen Land zum Ausdruck bringen.[56] Allerdings ist der Statuseffekt relativ klein und nicht in allen Studien statistisch signifikant. Dagegen ist der Effekt des Geschlechts und der regionalen Herkunft (Männer und Ostdeutsche neigen häufiger zur AfD-Wahl als Frauen und Westdeutsche) in der Regel größer als der Statuseffekt. Weiterhin zeigt sich, dass

---

52 Branko Milanovic, Global Inequality: A New Approach for the Age of Globalization, Cambridge 2016.

53 Norbert Götz, Modernisierungsverlierer oder Gegner der reflexiven Moderne?, in: Zeitschrift für Soziologie 26 (2004), S. 393–413; Tim Spier, Modernisierungsverlierer? Die Wählerschaft rechtspopulistischer Parteien in Westeuropa, Wiesbaden 2010.

54 Tobias Schwarzbözl/Matthias Fatke, Außer Protesten nichts gewesen? Das politische Potenzial der AfD, in: Politische Vierteljahresschrift 57 (2016), S. 276–299.

55 Andreas Tutić/Hagen von Hermanni, Sozioökonomischer Status, Deprivation und die Affinität zur AfD – Eine Forschungsnotiz, in: Kölner Zeitschrift für Soziologie und Sozialpsychologie 70 (2018), S. 275–329.

56 Thomas Lux, Die AfD und die unteren Statuslagen. Eine Forschungsnotiz zu Holger Lengfelds Studie Die »Alternative für Deutschland«: eine Partei für Modernisierungsverlierer?, in: Kölner Zeitschrift für Soziologie und Sozialpsychologie 70 (2018), S. 255–273; Susanne Rippl/Christian Seipel, Modernisierungsverlierer, Cultural Backlash, Postdemokratie. Was erklärt rechtspopulistische Orientierungen? in: Kölner Zeitschrift für Soziologie und Sozialpsychologie 70 (2018), S. 237–254.

Personen, die sich als Verlierer der gesellschaftlichen Entwicklung sehen oder die sich vor Arbeitsplatzverlust sorgen, eine geringfügig erhöhte Neigung zur AfD haben. Auch dieser Effekt scheint auf höherer Ablehnung von Zuwanderung in dieser Personengruppe zurückzugehen. Diese Befunde hat Lengfeld zum Anlass genommen, um darauf hinzuweisen, dass eine parteipolitisch motivierte Ausweitung von sozialpolitischen Maßnahmen oder Umverteilung von oben nach unten nur geringe Wirkung für Parteien der Mitte hätte, potentielle Wähler:innen von der AfD zurückzugewinnen.[57] Offensichtlich bewegt AfD-Wähler:innen bei der Wahlentscheidung anderes mehr als ihre wirtschaftliche Lage.

Die zweite These ist die »These der kulturellen Schließung«. Im Zentrum der Debatte steht die (idealtypische) Annahme der Spaltung der Bevölkerung in zwei kulturell verschiedene Lager: »Kosmopoliten« und »Kommunitaristen«. Diese Spaltungslinie ist geprägt von unterschiedlichen kulturellen Wertvorstellungen über die Offenheit der nationalen Gesellschaft gegenüber Zuwanderern und Flüchtlingen, dem Verhältnis von internationaler Kooperation und nationalstaatlicher Souveränität und der Reichweite von Gleichheit und Gerechtigkeit als Basis für internationale Solidarität.[58] Kosmopoliten vertreten dabei eine universalistische Weltsicht. Ihnen zufolge sollen Recht und Gerechtigkeit ohne Einschränkung für alle Menschen gelten, egal wo sie leben. Internationale Gerechtigkeit mit Bezug auf Handel, Arbeitsmigration und Asyl hat für sie hohe Legitimität. Die Öffnung von nationalen Grenzen wird als notwendige Folge der zunehmenden Globalisierung und zugleich als Chance für eine global gerechtere Politik angesehen. Weitere zentrale Forderungen von Kosmopoliten ist der Schutz von Menschenrechten und ethnischen Minderheiten.

Dagegen ist die Weltsicht von Kommunitaristen kontextualistisch: Für sie sind Gleichheit und Gerechtigkeit keine universal gültigen Werte, sondern können nur für begrenzte sozialgeographische Räumen und kulturell integrierte Gemeinschaften gelten. Entsprechend wird die Verantwortung innerhalb kleinerer Gemeinschaften, die enge Verknüpfung von Recht und Nationalstaat und die Bedeutung der gemeinsamen Sprache und Kultur für Solidarität betont. Um die Gemeinschaft zu schützen, sind stabile nationalstaatliche Grenzen notwendig. Ihre Öffnung für Zuwanderer:innen, aber auch ein starker grenzübergreifender Han-

---

57 Holger Lengfeld, Die Alternative für Deutschland: Eine Partei für Modernisierungsverlierer?, in: Kölner Zeitschrift für Soziologie und Sozialpsychologie 69 (2017), H. 2, S. 209–232.

58 Wolfgang Merkel, Kosmopolitismus versus Kommunitarismus. Ein neuer Konflikt in der Demokratie, in: Philipp Harfst/Ina Kubbe/Thomas Poguntke (Hrsg.), Parties, Governments and Elites: The Comparative Study of Democracy, Wiesbaden 2017, S. 9–24; Celine Teney/Marc Helbling, How Denationalization Divides the Elites and Citizens, in: Zeitschrift für Soziologie 43 (2014), H. 4, S. 258–271; Michael Zürn/Pieter De Wilde, Debating Globalization: Cosmopolitanism and Communitarianism as Political Ideologies, in: Journal of Political Ideologies 21 (2016), H. 3, S. 280–301.

del und die internationale politische Zusammenarbeit, gefährden somit den gesellschaftlichen Zusammenhalt. Wie Inglehart und Norris argumentieren, hat die faktische Öffnung und Liberalisierung der OECD-Gesellschaften seit mehr als zwanzig Jahren zu einer Gegenreaktion von Teilen der Bevölkerung in Europa geführt. Kommunitaristen lehnen den Prozess, im Zuge dessen »[n]eue Lebensformen, gleichgeschlechtliche Ehen, Chancengerechtigkeit der Geschlechter, Multikulturalismus und ökologische Fragen« die politischen Diskurse dominieren, als grundsätzlich falsch ab.[59] Dieser »Cultural Backlash« findet in den Wahlerfolgen populistischer Parteien seinen politischen Ausdruck. Studien, die die These der kulturellen Spaltung für Deutschland untersuchen, finden überwiegend positive Belege. Eine Reihe von Studien stellt einen Zusammenhang von europaskeptischen Einstellungen, von Sorgen vor Zuwanderung und Asyl oder von fremdenfeindlichen Einstellungen auf die Wahrscheinlichkeit fest, bei der Bundestagswahl 2013 für die AfD zu votieren. Generell scheinen nativistische bzw. ethnozentristische Einstellungen die wichtigsten Ursachen der Wahlpräferenz für die AfD zu sein, und zwar vollkommen unabhängig von den wirtschaftlichen Interessenlagen der Wahlberechtigten.[60]

Bei der Frage, ob jemand die AfD wählt, geht es also nicht entscheidend um Verteilungskonflikte zwischen Oben und Unten, sondern um einen Konflikt zwischen Innen und Außen, zwischen Angestammten und ethnisch-kulturell Fremden. Oben-Unten-Konflikte sind mit klassischer Verteilungspolitik dem Grundsatz nach lösbar oder man kann sie zumindest vorübergehend abschwächen. Bei Innen-Außen-Konflikten greifen aber viele sozial- und verteilungspolitische Instrumente nicht, wie etwa höherer Mindestlohn, länger gezahltes Arbeitslosengeld oder ein allgemeines Grundeinkommen. Die entscheidende Ursache der Unzufriedenheit, das Gefühl der Bedrohung aufgrund der Anwesenheit des »Außen« in Gestalt von Migrant:innen und Flüchtlingen, wird Lengfeld zufolge durch eine sozialpolitische Verbesserung der ökonomischen Lebenschancen von Modernisierungsverlierern nicht entscheidend bekämpft, zumal diese sozialpolitischen Maßnahmen aus Gründen der Rechtsgleichheit auch den meisten Migrant:innen mit Aufenthaltsstatus zugutekommen müssen.[61]

---

59 Ronald Inglehart/Pippa Norris, Trump, Brexit, and the Rise of Populism: Economic Have-nots and Cultural Backlash, HKS Working Paper No. RWP16–026 2016.

60 Martin Kroh/ Karolina Fetz, Das Profil der AfD-AnhängerInnen hat sich seit Gründung der Partei deutlich verändert, in: DIW-Wochenbericht 34 (2018), S. 711–719; Oskar Niedermayer/ Jürgen Hofrichter, Die Wählerschaft der AfD: Wer ist sie, woher kommt sie und wie weit rechts steht sie?, in: Zeitschrift für Parlamentsfragen 46 (2016), S. 267–285.

61 Lengfeld, Der »Kleine Mann« und die AfD (Anm. 51).

5. (Religiöse) Identitätszuschreibungen durch Rechtspopulisten als Gefahr für den Gesellschaftlichen Zusammenhalt
(Gert Pickel)

Eine Möglichkeit gesellschaftlichen Zusammenhalt arbeitstechnisch zu definieren, ist es auf die *politische Kulturforschung* zurückzugreifen. Der dort verwendete Gemeinschaftsbegriff charakterisiert den Zusammenhalt der Gesellschaft durch das Gefühl der Zugehörigkeit seiner Mitglieder zu dieser Gesellschaft.[62] Dabei wird das Gefühl der Zugehörigkeit zur politischen Gemeinschaft als zentral für den Erhalt einer Demokratie angesehen. Hier verbindet sich die Annahme der eminenten Bedeutung von Gemeinschaft mit einem pluralistischen Denken, wie es die gegenwärtige Betrachtung von Demokratie kennzeichnet. Moderne Gesellschaften können und müssen zwar hinsichtlich ihrer sozialen Gruppen und Mitglieder plural sein, benötigen aber einen Grundkonsens, der in einer Demokratie die gemeinsame Anerkennung von Grundprinzipien einer Demokratie (z.B. niedergeschrieben in der Verfassung) ist.[63] Die Bedingung ist: Jede/r Bürger:in muss sich in irgendeiner Weise den anderen Mitgliedern der Gemeinschaft verbunden fühlen. Folgt man diesen Prämissen, dann bildet der auf Identifikation zielende Gedanke einer politischen Gemeinschaft in Kombination mit der Anerkennung der Demokratie als geeigneter Staatsform die Grundlage gesellschaftlichen Zusammenhalts. Heterogenität und Pluralität sind für den gesellschaftlichen Zusammenhalt unproblematisch, wenn es keine Differenzen sind, die zu einer Erosion der Unterstützung der demokratischen politischen Gemeinschaft und ihrer Institutionen führen. Die politische Gemeinschaft und ihre Institutionen stellen den Rahmen einer pluralistischen Gesellschaft dar. Man könnte es als politisch-kulturelle Verbundenheit in sozialer und kultureller Heterogenität bezeichnen.

Sieht man den gesellschaftlichen Zusammenhalt in Verlängerung der politischen Kulturforschung als eine Orientierung auf ein von allen Bürger:innen geteiltes Grundverständnis oder geteilte Grundwerte an, dann scheint der Rechtspopulismus diesem entgegenzustehen. Als ein zentraler Marker für den europäischen Rechtspopulismus hat sich die Abwehr von Migrant:innen erwiesen. Sie einte

---

62 David Easton, A Re-Assessment of the Concept of Political Support, British Journal of Political Science 1975, 5, S. 435–457; Seymour M. Lipset, Political Man: The Social Bases of Politics, Baltimore 1981; Susanne Pickel/Gert Pickel, Politische Kultur- und Demokratieforschung. Grundbegriffe, Theorien, Methoden. Eine Einführung, Wiesbaden 2006; Bettina Westle, Kollektive Identität im vereinigten Deutschland – Nation und Demokratie in der Wahrnehmung der Deutschen, Opladen 1999.

63 Gert Pickel/Susanne Pickel, Gesellschaftlicher Zusammenhalt und die Angst vor seinem Schwund. Analysen zu Existenz, Ursachen und Folgen gesellschaftlichen Zusammenhalts am Beispiel Sachsen, in: Steffen Kailitz/Frank Asbrock/Oliver Decker/Gert Pickel/Antje Röder/Julia Schulze Wessel (Hrsg.), Sachsen zwischen Integration und Desintegration, Wiesbaden 2020.

rechtspopulistische Bewegungen in ganz Europa, und über Europa hinaus und stellte die Grundlage für die Mobilisierung von Wähler:innen dar. Dabei sind es in der Regel nicht irgendwelche Migrant:innen, sondern vor allem muslimische Migrant:innen und in Erweiterung dann Muslim:innen, die als bedrohlicher Feind der eigenen Nation identifiziert wurden. Das offensichtlich erfolgreichste Mobilisierungsargument aktueller Rechtspopulisten in Europa ist die Ablehnung muslimischer Zuwanderung und der Kampf gegen die »Islamisierung des Abendlandes«.[64] Speziell osteuropäische Politiker:innen, teilweise in Regierungsverantwortung, forcieren Antimigrations- und Antiislamdiskurse. Sie versprechen sich davon eine Unterstützung ihrer nationalistisch ausgerichteten Politik. Dies ist erfolgreich, weil sie häufig auf Ängste in den Bevölkerungen hinsichtlich muslimischer Zuwanderung zugreifen können. Auch in fast allen westeuropäischen Ländern, inklusive Deutschland, haben rechtspopulistische Bewegungen und Parteien recht erfolgreich auf diese Strategie gesetzt – und können auf ähnliche, wenn auch bislang weniger verbreitete Einstellungen in den Bevölkerungen zurückgreifen.

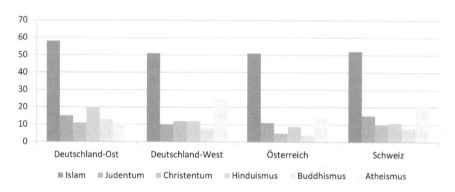

Abbildung 1: Gefühl der Bedrohung durch Religionen im europäischen Vergleich

Frage: Wenn Sie an die Religionen denken, die es auf der Welt gibt: Als wie bedrohlich bzw. wie bereichernd nehmen sie die folgenden Religionen wahr? Anteil sehr bedrohlich/eher bedrohlich; Religionsmonitor 2017.[65]

64 Everhard Holtmann, Völkische Feindbilder. Ursprünge und Erscheinungsformen des Rechtspopulismus in Deutschland, Bonn 2018, S. 11; Susanne Pickel/Gert Pickel, Migration als Gefahr für die politische Kultur? Kollektive Identitäten und Religionszugehörigkeit als Herausforderung demokratischer Gemeinschaften. Zeitschrift für Vergleichende Politikwissenschaft 12 (2018), S. 297–320.

65 Gert Pickel, Weltanschauliche Vielfalt und Demokratie. Wie sich religiöse Pluralität auf die politische Kultur auswirkt, Gütersloh 2019, S. 82–84.

Die Religion des Islam wird in den Bevölkerungen (hier Deutschland, Österreich, die Schweiz) mehrheitlich als bedrohlich eingestuft, während andere Religionen nur in geringem Ausmaß von einer solchen Einschätzung betroffen sind. Dabei nutzt fast niemand die Möglichkeit ausweichend zu antworten, z. B. mit »sowohl als auch«, »weiß nicht« oder »kann mich nicht entscheiden«. Daraus lässt sich schlussfolgern, dass eine große Zahl an Menschen eine überzeugte Empfindung äußert, obwohl sie noch nie direkte Erfahrungen mit Muslim:innen gemacht haben (gilt speziell für Osteuropa und Ostdeutschland). Diese Bürger:innen haben sich ihre Position auf anderem Wege, als durch persönliche Erfahrungen gebildet. Angelehnt an die Überlegungen der Sozialpsychologie, kann man fehlende Kontakte oder (meist negative) parasoziale Kontakte mit Mulim:innen und »dem Islam« über Medien als Erklärung anführen.[66]

Diese Haltung gegenüber Muslim:innen wird dann global von Rechtspopulist:innen genutzt, um Mobilisierung für sich zu betreiben. Verschiedene empirische Befunde bestätigen dabei sowohl Bezüge auf der Makroebene, als auch auf der Mikroebene: Wähler:innen von rechtspopulistischen Parteien, sind meist auch Wähler:innen, die »den Islam« und Muslim:innen ablehnen.[67] Gleichzeitig stehen sie in einem skeptischen Verhältnis zur liberalen Demokratie und hinterfragen deren Werte, speziell die des Pluralismus. Die Ablehnung der muslimischen Migration nach Deutschland und eigentlich von Muslim:innen stellt sich dabei als eine zentrale Triebkraft für die Wahl der AfD dar, wie sie in anderen europäischen Ländern die Wahl rechtspopulistischer Parteien stützt.[68] Nun handelt es sich weniger um eine religiöse Abneigung, als vielmehr um ein Ergebnis auch breiter Zuschreibungsprozesse. So wie die Muslim:innen der optimale, weil in größeren Teilen der Bevölkerung gefürchtete, Feind für Mobilisierungskampagnen darstellt, besteht auch die Chance dogmatische Christ:innen oder überzeug-

---

66 Gert Pickel/Alexander Yendell, Islam als Bedrohung? Beschreibung und Erklärung von Einstellungen zum Islam im Ländervergleich, Zeitschrift für Vergleichende Politikwissenschaft 10 (2016), H. 3/4, S. 273–309.

67 Gert Pickel/Cemal Öztürk, Islamophobic Right-wing Populism? Empirical Insights about Citizens Susceptibility to Islamophobia and Its Impact on Right-wing Populists Electoral Success: Eastern Europe in a Comparative Perspective, in: Religion & Society in Central and Eastern Europe 12 (2019), H. 1, S. 39–62; Gert Pickel/Cemal Öztürk, Islamophobia without Muslims? The »Contact-Hypothesis« as Explanation for Anti-Muslim Attitudes – Eastern European Societies in a Comparative Perspective, in: Journal of Nationalism, Memory & Language Politics 12 (2018), H. 2, S. 162–191.

68 Verena Hambauer/Anja Mays, Wer wählt die AfD? – Ein Vergleich zwischen Sozialstruktur, politischen Einstellungen und Einstellungen zu Flüchtlingen zwischen AfD-WählerInnen und WählerInnen anderer Parteien, in: Zeitschrift für Vergleichende Politikwissenschaft 12 (2018), H. 1, S. 133–154; Susanne Pickel, Die Wahl der AfD. Frustration, Deprivation, Angst oder Wertekonflikt?, in: Karl-Rudolf Korte (Hrsg.), Die Bundestagswahlen 2017, Wiesbaden 2019, S. 145–175.

te Säkularist:innen für sich zu gewinnen.[69] Vor allem aber dient die Religionszugehörigkeit als Markierung für abwertende Zuschreibungsprozesse, wie sie die *Social Identity Theory* beschreibt. Damit stellt sich bei gleichzeitiger Betrachtung grundsätzlicher Annahmen der Integrationskraft von Religion sowie dem starken zivilgesellschaftlichen Engagement vieler Christ:innen in der Flüchtlingshilfe, die Frage welche Relevanz Religion für den gesellschaftlichen Zusammenhalt nun wirklich spielt.

6. Zusammenfassung und weiterer Forschungsbedarf
   (Gert Pickel)

Betrachtet man die vorliegenden, zugegebenermaßen aufgrund der nichtrepräsentativen Kombination noch bruchstückhaften Einblicke in das Verhältnis zwischen Rechtspopulismus und gesellschaftlichem Zusammenhalt, dann werden nicht nur empirische Wechselbeziehungen erkennbar. Auch konzeptionell scheint der, von seiner strategischen Ausrichtung eher auf Polarisierung angelegte Rechtspopulismus, einem Zusammenhalt zwischen allen Bürgern in einer heterogenen Gesellschaft entgegenzustehen. Homogenisierung, Abgrenzung gegen Minderheiten und vor allem andere ethnische Gruppen sind zentrale Triebkräfte hierfür. Somit ist durchaus einiges bekannt über die Gefährdungen des gesellschaftlichen Zusammenhalts aus dem Rechtspopulismus, oder gar dem Rechtsextremismus heraus. Allerdings können die Ergebnisse erst unter den Vorbedingungen einer normativen Füllung des Phänomens gesellschaftlicher Zusammenhalt vollständig in dessen Rahmen gedeutet werden. So muss man eben die Notwendigkeit eines irgendwie gearteten grundsätzlichen Zusammenhalts aller Bürger:innen für ein heterogenes demokratisches Gemeinwesen voraussetzen, um entsprechende Konfliktlinien oder Konflikte als Gefährdung des Zusammenhaltes zu verstehen.
Allerdings liegt es unter einem demokratietheoretischen Blickwinkel nahe, die Grundprinzipien der liberalen Demokratie, wie auch den Wunsch des Systemerhalts als Maßstab für die Bewertung der politischen Entwicklungen anzusetzen. Diese Sichtweise scheint uns nicht unplausibel, muss aber sicherlich noch Inhalt weiterer (normativer) Diskurse und Diskussionen sein. Gleichzeitig schränkt

---

69 Gert Pickel, Religion als Ressource für Rechtspopulismus? Zwischen Wahlverwandtschaften und Fremdzuschreibungen, in: Zeitschrift für Religion, Gesellschaft und Politik 2 (2018), H. 2, S. 277–312; Antonius Liedhegener/Gert Pickel/Anastas Odermatt/Alexander Yendell/Yvonne Jaeckel, Wie Religion uns trennt und verbindet. Befunde einer Repräsentativbefragung zur gesellschaftlichen Rolle von religiösen und sozialen Identitäten in Deutschland und der Schweiz 2019, Luzern 2019.

dies die Notwendigkeit systematischer empirischer Forschung zu Phänomenen, die den gesellschaftlichen Zusammenhalt betreffen – und Rechtspopulismus wie rechtsradikale oder antipluralistische Einstellungen sind aus unserer Sicht Teil davon – nicht ein, im Gegenteil es zeigt sogar den erhöhten Bedarf für empirische Bausteine eines Puzzles. So stellt sich die Frage, wie und warum die polarisierenden und den gemeinschaftlichen Zusammenhalt gefährdenden Argumente von Rechtspopulist:innen auf Erfolg treffen. Ist es die fehlende Responsivität politischer Eliten, sind es untergründige Nationalismen in der Bevölkerung bzw. gar Rassismus, oder sind es ganz konkrete inhaltliche Gründe der aktuellen Politik, welche Bürger:innen dazu bringen ihre Stimme für Rechtspopulist:innen abzugeben. Gerade hier bedarf es weiterer Forschungen, die im FGZ in den nächsten Jahren geleistet werden soll.

Gesellschaftlicher Zusammenhalt und gleichwertige Lebensverhältnisse im bundesdeutschen Mehrebenensystem – Politische Weichenstellungen und Instrumente

Astrid Lorenz, Thomas Lenk, Mario Hesse, Katharina Kolb

1. Einleitung

Gesellschaftlicher Zusammenhalt und gleichwertige Lebensverhältnisse sind keine universellen Ziele oder analytischen Begrifflichkeiten, sondern unmittelbare Bestandteile eines politischen Diskurses und Wettbewerbs, der stark durch die spezifischen nationalen Rahmenbedingungen geprägt ist. Die Einbettung wird etwa daran deutlich, dass sich die Begriffe nur mit Mühen in andere Sprachen übersetzen lassen. Wenngleich ihre inhaltliche Ausdeutung also Ergebnis politischen Handelns ist,[1] so kann die Analyse der Muster und Folgen dieses Handelns doch an grundlegende sozialwissenschaftliche Theorien anschließen.

Der vorliegende Aufsatz erläutert für die Bundesrepublik Deutschland die politische Entwicklung der Konzepte *gleichwertige Lebensverhältnisse* und *gesellschaftlicher Zusammenhalt* sowie Möglichkeiten und Grenzen ihrer Realisierung. Dabei knüpft er an den akteurszentrierten Neo-Institutionalismus und die fiskalische Föderalismustheorie, insbesondere an die Thematik der Aufgabenverteilung und der Zentralisierungs- bzw. Dezentralisierungserwägungen, an. Beide Perspektiven ergänzen sich sehr gut, um einen Beitrag zur besseren empirischen Erfassung und multidisziplinären Erklärung von Leitlinien und Praxis der Politik, konkret ihrer Institutionalisierung und Funktionalität, zu leisten.

Der erste Abschnitt beleuchtet zunächst, wie gesellschaftlicher Zusammenhalt und gleichwertige Lebensverhältnisse in Deutschland als politische Leitziele entstanden und teils institutionalisiert wurden. Im zweiten Teil skizziert der Beitrag die wechselseitigen Wirkmechanismen zwischen den Konzepten *Gleichwertigkeit* und *soziale Kohäsion* und die Instrumente, die der Politik zur Verfügung stehen, um gleichwertige Lebensverhältnisse zu sichern und den Zusammenhalt zu fördern. Es folgen eine Zusammenfassung der Befunde und ein Ausblick auf aktuelle

---

1 Michael Mießner, »Gleichwertigkeit der Lebensverhältnisse«. Zum Aufstieg eines leeren Signifikanten, in: pnd-online 1 (2016), http://archiv.planung-neu-denken.de/images/stories/pnd/dokumente/1_2016/pnd-online_2016-1.pdf (Zugriff 11. August 2020); Paul Bernard, Social Cohesion: A Dialectical Critique of a Quasi-concept, in: Lien social et Politiques 41 (1999), S. 47–59, hier S. 48f.

weitergehende Forschung zu diesen Themen im Forschungsinstitut Gesellschaftlicher Zusammenhalt.

2. Gleichwertige Lebensverhältnisse und gesellschaftlicher Zusammenhalt als Ergebnis politischen Handelns

Aus politikwissenschaftlicher Perspektive und insbesondere aus der Warte des akteurszentrierten Neo-Institutionalismus sind an gleichwertigen Lebensverhältnissen und gesellschaftlichem Zusammenhalt vor allem ihre Genese als Konzepte, ihre Institutionalisierung und Umsetzung im Raum des Politischen sowie die Funktionen dieser Prozesse für das Gesamtsystem relevant. Gesellschaftlicher Zusammenhalt setzt beispielsweise voraus, dass sich das Individuum als Teil einer Gemeinschaft versteht, deren Mitglieder es größtenteils nicht persönlich kennt. Es passt sein Verhalten im Vergleich zum Naturzustand an und akzeptiert politische Eingriffsmechanismen im Falle negativer oder positiver externer Effekte des Zusammenlebens. Diese Bereitschaft ist erklärungsbedürftig.

Das gegenwärtige Bemühen um den gesellschaftlichen Zusammenhalt in Deutschland baut in vielen Elementen auf vergangenen föderalen Konflikten und parteienwettbewerblichen Positionierungen auf. Diese Konflikte um interregionale und interpersonelle Ausgleichsmaßnahmen waren über die Zeit in institutionellen Arrangements befriedet worden, die eine eigene Steuerungswirkung entfalteten. Durch veränderte Rahmenbedingungen geriet die praktische Umsetzung dieser Arrangements unter Druck. Die dadurch ausgelöste politische Debatte richtete sich aber nicht nur auf die technische Behebung von Steuerungsproblemen, sondern auch auf die angemessene Benennung des eigentlichen Steuerungsziels. Daraus resultieren neue Begriffe und Diskurse, wie wir im Folgenden zeigen.

2.1. Das Postulat gleichwertiger Lebensverhältnisse als staatliches Ziel

Geschaffen wurde der bundesdeutsche Föderalismus als Solidarprinzip: Die Länder schlossen sich mit dem Ziel wechselseitigen Beistands und Kompetenzteilung zugunsten des Gemeinwohls zusammen. Wohlstand und Kriegsfolgen waren ungleich verteilt und ein regionaler Ausgleich schien notwendig.[2] Die SPD war eher

---

2 Thomas Lenk, Reformbedarf und Reformmöglichkeiten des deutschen Finanzausgleichs, Baden-Baden 1993, S. 107 ff.

an einem unitarisch-zentralistischen Steuerungsmodell interessiert, während die Union dezentrale Strukturen befürwortete. Auch wenn die Verhandlungen über die Regeln des Finanzföderalismus keineswegs harmonisch verliefen,[3] kamen die politischen Protagonisten und Protagonistinnen doch überein, die Wahrung der Einheitlichkeit der Lebensverhältnisse als ein wichtiges Anliegen staatlichen Handelns der Bundesrepublik Deutschland festzuschreiben. Die konkrete Auslegung oblag den demokratisch gewählten Mehrheiten; eine Einigung auf präzise normative Vorgaben war nicht mehrheitsfähig.

Die entsprechenden Formulierungen im Grundgesetz werden teils als Verfassungsauftrag im Sinne eines Staatsziels bezeichnet,[4] teils als eine in Einzelbestimmungen zum Ausdruck kommende Leitlinie. Manchen gilt die Herstellung gleichwertiger Lebensverhältnisse als Verfassungsvoraussetzung, die überwiegend in Ausnahmesituationen greift,[5] andere interpretieren sie als eine »legitime fakultative Aufgabe der Staatsgewalt«[6]. Das Bundesverfassungsgericht legte sie in einem Urteil aus dem Jahr 2000 als Staatsziel aus.[7] Zwei Jahre später präzisierte es, dass das Rechtsgut *gleichwertige Lebensverhältnisse* (nur) dann bedroht ist, »wenn sich die Lebensverhältnisse in den Ländern der Bundesrepublik in erheblicher, das bundesstaatliche Sozialgefüge beeinträchtigender Weise auseinander entwickelt haben oder sich eine derartige Entwicklung konkret abzeichnet.«[8] Eine bestimmte Politik ist also mit Verweis auf dieses Prinzip allein nicht einklagbar.[9]

Konkret wurde die Wahrung der Einheitlichkeit der Lebensverhältnisse im Artikel 72 Absatz 2 GG verankert und per Gesetz vom 27. Oktober 1994 durch die Formulierung »Herstellung gleichwertiger Lebensverhältnisse im Bundesgebiet« ersetzt. Macht es dieses Ziel erforderlich, so genießt der Bund für be-

3 Wolfgang Renzsch, Finanzverfassung und Finanzausgleich. Die Auseinandersetzungen um ihre politische Gestaltung in der Bundesrepublik Deutschland zwischen Währungsreform und deutscher Vereinigung (1948 bis 1990), Bonn 1991.

4 Thomas Terfrüchte, Gleichwertige Lebensverhältnisse zwischen Raumordnung und Regionalpolitik, in: Wirtschaftsdienst 99 (2019), 13, S. 24–30, hier S. 24.

5 Christian Waldhoff, Normative und faktische Gleichheitserwartungen – die magische Formel von den »gleichwertigen Lebensverhältnissen« im Bundesgebiet, in: Hans-Günter Henneke (Hrsg.), Gleichwertige Lebensverhältnisse bei veränderter Statik des Bundesstaates?, Stuttgart 2019, S. 26 f.

6 Wolfgang Kahl/Jacqueline Lorenzen, Verfassungsrechtliche Grundlagen der Regionalpolitik in Deutschland, in: Michael Hüther/Jens Südekum/Michael Voigtländer (Hrsg.), Die Zukunft der Regionen in Deutschland, Köln 2019, S. 49–66, hier S. 62.

7 BVerfG, Urteil des Ersten Senats vom 22. November 2000 – 1 BvR 2307/94 –, Rn. 277, http://www.bverfg.de/e/rs20001122_1bvr230794.html.

8 BVerfG, Urteil des Zweiten Senats vom 24. Oktober 2002 – 2 BvF 1/01 –, Rn. 320f., http://www.bverfg.de/e/fs20021024_2bvf000101.html.

9 Jens Kersten/Claudia Neu/Berthold Vogel, Gleichwertige Lebensverhältnisse – Mindeststandards allein genügen nicht, in: ARCH+ (2017), H. 228, S. 188–191.

stimmte Bereiche der konkurrierenden Gesetzgebung das Gesetzgebungsrecht.[10]
Einige weitere Stellen im Grundgesetz weisen verwandte Formulierungen auf. So
wird in Artikel 91a Absatz 1 GG die »Verbesserung der Lebensverhältnisse«[11] als
Voraussetzung der Beteiligung des Bundes an Gemeinschaftsaufgaben genannt.
Auch mehrere Artikel der Finanzverfassung[12] können in Zusammenhang mit dem
Gleichwertigkeitsgedanken gebracht werden. Hervorzuheben ist insbesondere der
Artikel 106 Absatz 3 GG, welcher unter anderem die »Wahrung der Einheitlich-
keit der Lebensverhältnisse«[13] als Vorgabe für die Zuordnung der Umsatzsteuer-
anteile an Bund und Länder und damit der zentralen Stellschraube im fiskalföde-
ralen System benennt.[14]

Die Konkretisierung des Politikziels erfolgte auf einfachgesetzlicher Ebene,
etwa im vom Bundestag mit Zustimmung des Bundesrates beschlossenen (und
vielfach geänderten) Raumordnungsgesetz. Hier wurde die Gleichwertigkeit der
Lebensverhältnisse als Teil einer nachhaltigen Raumordnung spezifiziert. »Im Ge-
samtraum der Bundesrepublik Deutschland und in seinen Teilräumen« sind danach »ausgeglichene soziale, infrastrukturelle, wirtschaftliche, ökologische und
kulturelle Verhältnisse anzustreben.«[15] Zugleich wurde mit dem zweiten Grundsatz der Raumordnung dieser Anspruch des Ausgleichs wieder eingeschränkt und
die »prägende Vielfalt des Gesamtraums und seiner Teilräume« betont, die zu sichern sei.[16] Bereits in einer früheren Fassung war die Wahrung geschichtlicher
und kultureller Zusammenhänge sowie der regionalen Zusammengehörigkeit als
Grundsatz genannt worden.[17]

Der durchschimmernde Konflikt um das richtige Maß von Strukturpolitik
ist nicht nur parteipolitisch, sondern auch föderal konturiert. Die Bundesländer
haben rechtlich Staatsqualität und müssen, damit das föderale Strukturprinzip
der Bundesverfassung nicht ausgehöhlt wird, die Möglichkeit haben, für ihren
Rechtsraum bzw. Kompetenzbereich relevante Politikfelder selbst zu regeln. Wie
bedeutsam den Ländern für ihren eigenen Rechtsraum die Gleichwertigkeit der
Lebensverhältnisse ist, können sie aufgrund der allgemein gehaltenen, den Lan-
desregelungen einen Rahmen setzenden, Bundesnormen selbst bestimmen. Da-

---

10 Art. 72 Abs. 2 GG.

11 Art. 91a Abs. 1 GG.

12 Als Finanzverfassung werden die Art. 104a bis 108 des Grundgesetzes verstanden.

13 Artikel 106 Abs. 3 GG. Vgl. dazu auch Lenk, Reformbedarf und Reformmöglichkeiten des
deutschen Finanzausgleichs (Anm. 2), S. 220 ff.

14 Weiterhin sind auch die auf Finanzhilfen des Bundes an die Länder gerichteten Art. 104b GG,
Art. 104c GG sowie Art. 107 Abs. 2 GG mit dem Gleichwertigkeitsgedanken verwoben, indem
sie auf einen Ausgleich der Unterschiede im Bundesgebiet hinwirken.

15 § 2 Abs. 2 Nr. 1 des Raumordnungsgesetzes (ROG) vom 22. Dezember 2008 (BGBl. I S. 2986),
das zuletzt am 19. Juni 2020 (BGBl. I S. 1328) geändert worden ist.

16 Vgl. ROG § 2 Abs. 2 Nr. 2.

17 Vgl. ROG § 2 in der Fassung vom 18. August 1997 (BGBl. I S. 2081).

her sind sie gewillt, legislative Freiräume zu erhalten und für die Durchsetzung parteiprogrammatischer Zielvorstellungen zu nutzen. Dies zeigt auch: Ohne einfachgesetzliche Untersetzung kann das Postulat gleichwertiger Lebensverhältnisse ein »stumpfes Schwert« bleiben.

Dass »Gleichwertigkeit« nicht gleichzusetzen ist mit Einheitlichkeit der Staatsleistungen gegenüber den Bürgern (Policy Outcome), gilt besonders seit der erwähnten Abschwächung des Ziels »einheitlicher« Lebensverhältnisse in Artikel 72 Absatz 2 GG auf »gleichwertige«.[18] Mithin sind Unterschiede in den Lebensstandards nicht per se verfassungswidrig. Sie müssen lediglich eine gleiche *Wertigkeit* aufweisen. Der Gleichwertigkeitsbegriff gibt jedoch keine Indikation, ob eine Anpassung an das höchste Niveau oder an den Durchschnitt erfolgen soll, beziehungsweise ob Unterschiede vollständig nivelliert oder aus Gründen der Eigenverantwortung zum Teil erhalten bleiben sollen. Lediglich die Gewährleistung von Mindeststandards scheint weitgehend ausgeschlossen.[19] Dennoch werden diese zunehmend in die Diskussion eingebracht, wenn argumentiert wird, dass in allen Regionen zumindest eine Basisversorgung bzw. Versorgungssicherheit gewährleistet sein muss.[20]

Ergänzend zur räumlichen Perspektive wurde in der Politik eine interpersonelle Perspektive der Gleichwertigkeit entwickelt. Die Schaffung individueller Verteilungsgerechtigkeit und Chancengleichheit nimmt in der Bundesrepublik einen hohen Stellenwert ein, welcher sich in dem in Artikel 20 GG verankerten Sozialstaatsprinzip[21] widerspiegelt. Fürsorge-, Versorgungs- und Versicherungsleistungen sind Ausgleichssysteme, die beispielsweise Rentnern und Rentnerinnen, Alleinerziehenden oder Arbeitslosen eine gleichwertige soziale und ökonomische Teilhabe ermöglichen sollen. In dieser interpersonellen Perspektive bildet die individuelle Chancengleichheit das Richtmaß gleichwertiger Lebensverhältnisse. Offen bleibt in diesem Kontext jedoch, ob damit Bezug auf gleiche

---

18 Edmund Brandt, Gleichwertige Lebensverhältnisse als Rechtsproblem, Berlin-Brandenburgische Akademie der Wissenschaften, Materialien Nr. 13, 2006, S. 19–21.

19 Marc Lechleitner, Gleichwertige Lebensverhältnisse. Teil 1: Begriff und Staatsziel, Potsdam 2018, S. 32.

20 Akademie für Raumentwicklung in der Leibniz-Gemeinschaft (Hrsg.), Raumordnung: Anwalt für gleichwertige Lebensverhältnisse und regionale Entwicklung, Hannover 2020, S. 4; Alexandra Tautz/Jan M. Stielike/Rainer Danielzyk, Gleichwertige Lebensverhältnisse neu denken – Perspektiven aus Wissenschaft und Praxis, in: BBSR (Hrsg.), Mal über Tabuthemen reden. Sicherung gleichwertiger Lebensbedingungen, Mindeststandards, Wüstungen…, Bonn 2018, S. 25–36, hier S. 28 f.; Akademie für Raumforschung und Landesplanung (Hrsg.), Daseinsvorsorge und gleichwertige Lebensverhältnisse neu denken, Hannover 2016, S. 15–17.

21 Das Sozialstaatsprinzip wird vom Bundesverfassungsgericht ausgelegt als auf sozialen Ausgleich, soziale Sicherheit und soziale Gerechtigkeit abzielend. Siehe hierfür auch Jens Kersten/Claudia Neu/Berthold Vogel, Der Wert gleicher Lebensverhältnisse, Bonn 2015, S. 6.

Ausgangs- oder Verwirklichungschancen, Zugangs- oder Ergebnisgerechtigkeit genommen wird.

Auch die Abgrenzung dessen, was Lebensverhältnisse konkret ausmacht, wurde nicht gesetzlich fixiert und ist daher rechtlich unbestimmt. Sie können aufgefasst werden »als raumbezogene äußere Faktoren, die die Qualität des menschlichen Daseins beeinflussen«[22]. Somit ist der Begriff *Lebensverhältnisse* deckungsgleich mit *Lebensbedingungen*, hingegen nicht synonym mit *Lebensgefühl*.[23] Nicht die subjektive Wahrnehmung etwa von relativer Deprivation, sondern die objektiven Lebensbedingungen sind entscheidend. Offen bleibt zudem, welche Indikatoren für die objektive Messung der Lebensverhältnisse konstitutiv sind. Der erste Grundsatz der Raumordnung identifiziert die Daseinsvorsorge, die Wirtschaft sowie die Infrastruktur als essentielle Bestandteile.[24] In der öffentlichen Debatte werden auch Wohn- und Arbeitsbedingungen, Konsummöglichkeiten und der Naturraum als Merkmale der Lebensverhältnisse benannt.[25]

Föderaler und parteipolitischer Wettbewerb kann in der Lesart seiner Kritiker die Gleichwertigkeit der Lebensbedingungen gefährden. Seinen Anhängern zufolge können wettbewerbliche Elemente hingegen durch Leistungsanreize verbesserte Lebensbedingungen auch in den schwächeren Einheiten fördern und damit selbst dort nützlich sein. Der für die alte Bundesrepublik im Laufe der Zeit einigermaßen befriedete Konflikt zwischen diesen Positionen gewann mit der deutschen Einheit 1990 und der Erweiterung der Europäischen Union, der seit 2004 auch zahlreiche Staaten mit erheblich geringerer Wirtschaftskraft angehören, wieder an Bedeutung. Abwanderung von Unternehmen in Niedriglohnländer und Arbeitsmigration führten zu deutlichen Änderungen in der Siedlungs-, Wirtschafts- und Sozialstruktur. Der Abbau von Markthemmnissen wurde bislang kaum durch gesamteuropäische sozialpolitische Ausgleichsmechanismen abgefedert.[26] Die EU baute jedoch ihre Strukturpolitik weiter

---

22 Lechleitner, Gleichwertige Lebensverhältnisse (Anm. 19), S. 14.

23 Ebd., S. 14 u. 17.

24 Vgl. ROG § 2 Abs. 2 Nr. 1.

25 Kersten/Neu/Vogel, Gleichwertige Lebensverhältnisse – für eine Politik des Zusammenhalts, in: Aus Politik und Zeitgeschichte 69 (2019), H. 46, S. 4; Bundesministerium des Innern, für Bau und Heimat (Hrsg.), Unser Plan für Deutschland – Gleichwertige Lebensverhältnisse überall, Berlin 2019, S. 9.

26 Für die Hintergründe Manfred G. Schmidt, Europäische und nationale Sozialpolitik, in: Anthony B. Atkinson/Peter M. Huber/Harold James/Fritz W. Scharpf (Hrsg.), Nationalstaat und Europäische Union. Eine Bestandsaufnahme, Baden-Baden 2016, S. 201–228; Fritz W. Scharpf, Weshalb die EU nicht zur Sozialen Marktwirtschaft werden kann, in: Zeitschrift für Staats- und Europawissenschaften 7/2 (2009), 419–443; Stefan Leibfried, Social Policy. Left to the Judges and the Markets?, in: Helen Wallace/William Wallace/Mark A. Pollack (Hrsg.), Policy Making in the European Union, Oxford 2005, S. 243–278.

aus, um das Gefälle langfristig auszugleichen; Deutschland trägt als Nettozahler dazu bei. Ökonomisch betrachtet, werden damit dem Abbau interner regionaler Disparitäten Mittel entzogen, während der Integrationsnutzen aus der verbesserten Bereitstellung öffentlicher Güter, die sich rein national weniger gut organisieren lassen (Konsumentenschutz, Sicherheit, Umweltschutz), wiederum ungleich sozial verteilt ist.

Bis heute sind in Deutschland die Wirtschaftskraft, Finanzausstattung, Infrastruktur, Siedlungsstruktur und -dichte sowie demografische Entwicklungen stark heterogen ausgeprägt.[27] Selbst drei Jahrzehnte nach der deutschen Einheit ist die Ost-West-Angleichung keineswegs abgeschlossen.[28] Das Ende des Solidarpaktes II als zentrale interregionale Angleichungsmaßnahme sowie die mit der Neuregelung des bundesstaatlichen Finanzausgleichs einhergehende Einnahmenverteilung sprechen anschaulich für die Reduktion aktiver Angleichungsbemühungen.[29] Auch Stadt-Land-Unterschiede wurden in jüngerer Zeit betont.[30] Räumliche Unterschiede kristallisieren sich ferner bezüglich sozioökonomischer Faktoren wie der Lebenserwartung, der Beschäftigung, des Wohlstands, der Einkommen und der Armutsentwicklung heraus.[31] Weder das andauernde Wirtschaftswachstum noch die positive Arbeitsmarktentwicklung der letzten Jahre konnten diese sozioökonomischen Ungleichheiten nivellieren.[32] In repräsentativen Befragungen zeigt sich zudem

---

27 Thomas Lenk/Philipp Glinka, Die öffentlichen Finanzen als Grundlage gleichwertiger Lebensverhältnisse, in: Martin Junkernheinrich/Joachim Lange (Hrsg.), Gleichwertigkeit der Lebensverhältnisse: Zwischen produktiver Vielfalt und problematischer Ungleichheit, Rehburg/Loccum 2019, S. 88–97.

28 Mario Hesse/Thomas Lenk/Philipp Glinka, Öffentliche Haushalte in Ost- und Westdeutschland nach 30 Jahren – Vergleichende Bestandsaufnahme aus finanzwissenschaftlicher Perspektive, in: Sozialer Fortschritt 69 (2020), H. 6–7, S. 395–415.

29 Philipp Glinka, »Gleichwertige Lebensverhältnisse«? Zur Persistenz finanzpolitischer Abhängigkeit der neuen Länder, in: Die Mediation 1 (2018), S. 70–73; Thomas Lenk/Philipp Glinka, Die Bund-Länder-Finanzbeziehungen – Zur Neuregelung und ihren Zukunftsperspektiven, in: Zeitschrift für Staats- und Europawissenschaften (2017), H. 2–3, S. 417–442.

30 Allerdings sind benachteiligte bzw. strukturschwache Räume in allen Raumtypen vertreten. Vgl. Christian A. Oberst/Hanno Kempermann/Christoph Schröder, Räumliche Entwicklung in Deutschland, in: Michael Hüther/Jens Südekum/Michael Voigtländer (Hrsg.), Die Zukunft der Regionen in Deutschland, Köln 2019, S. 87–114; Frederick Sixtus/Manuel Slupina/Sabine Sütterlin, Teilhabeatlas Deutschland. Ungleichwertige Lebensverhältnisse und wie die Menschen sie wahrnehmen, Berlin-Institut für Bevölkerung und Entwicklung (Hrsg.), Berlin 2019.

31 Philipp Fink/Martin Hennicke/Heinrich Tiemann, Ungleiches Deutschland: Sozioökonomischer Disparitätenbericht 2019, Bonn 2019.

32 Joachim Albrech/Philipp Fink/Heinrich Tiemann, Ungleiches Deutschland: Sozioökonomischer Disparitätenbericht 2015, Bonn 2016; Fink/Hennicke/Tiemann, Sozioökonomischer Disparitätenbericht 2019 (Anm. 31).

eine ungleiche Verteilung des individuellen Gefühls relativer Deprivation, eines »Abgehängtseins«.[33]

2.2. Gleichwertigkeit als uneinheitlich gestaltetes Anliegen in Bund und Ländern

Diese Veränderung der Rahmenbedingungen und der Heterogenität beförderte seit den 1990er Jahren[34] zunehmend die Diskussion darüber, was gleichwertige Lebensverhältnisse bedeuten und wie sie aktiv hergestellt werden können. Da Wirtschaft und Soziales traditionell besonders wichtige Themen für Wahlentscheidungen und somit für den Parteienwettbewerb sind, konkurrieren die Parteien hier mit unterschiedlichen politischen Angeboten.[35] Gerade Oppositionsparteien sprechen Themen im Parlament an oder bringen eigene Initiativen ein, um öffentlichen Druck auf die aktuelle Mehrheit auszuüben und sich als Regierung im Wartestand zu profilieren.

Das Vorhandensein von 16 Ländern als politische Arenen mit unterschiedlichen Mehrheitsverhältnissen zusätzlich zur Bundesebene sowie die häufigen Wahlen begünstigten Teilerfolge und Dynamiken. So wurden in den Ländern gleichwertige Lebensverhältnisse in den 1990er Jahren als Themen der Verfassungspolitik entdeckt, nachdem in den Jahrzehnten zuvor kein Bedarf gesehen worden war, das Anliegen landesverfassungspolitisch zu regeln. Auffallend war, dass die Anpassungen auch aktuelle völkerrechtliche Entwicklungen aufgriffen. Zunächst bezog sich ein neu in die Landesverfassung aufgenommenes Bekenntnis zur Bereitstellung gleichwertiger Lebensverhältnisse oft auf die Teilhabe von Menschen mit Beeinträchtigungen; erst seit 2013 überwog dann der Bezug auf den Abbau regionaler Disparitäten (Tabelle 1).

---

33 Everhard Holtmann, Umbruchs- und Transformationserfahrungen als Einflussgrößen für politische Partizipation, in: ders. (Hrsg.), Die Umdeutung der Demokratie. Politische Partizipation in Ost- und Westdeutschland, Frankfurt am Main/New York 2019, S. 109–142, hier S. 134 ff.

34 Vorher tauchte der Begriff etwa in Plenardebatten des Bundestags über Jahrzehnte wesentlich seltener auf. Siehe Zeit Online. Darüber spricht der Bundestag, https://www.zeit.de/politik/deutschland/2019-09/bundestag-jubilaeum-70-jahre-parlament-reden-woerter-sprache-wandel#s=gleichwertige%20lebensverh%C3%A4ltnisse (Zugriff 28. Januar 2020)

35 Zur Positionierung der Bundesparteien siehe Thomas Bräuninger/Marc Debus, Parteienwettbewerb in den deutschen Bundesländern, Wiesbaden 2012, S. 54.

Tabelle 1: Verfassungspolitische Maßnahmen und Enquete-Kommissionen in den Bundesländern mit explizitem Bezug zur Gleichwertigkeit der Lebensverhältnisse.

27.05.1992	Sachsen; CDU-Regierung; in neu verabschiedeter Landesverfassung Art. 7 (2) Das Land bekennt sich zur Verpflichtung der Gemeinschaft, alte und behinderte Menschen zu unterstützen und auf die Gleichwertigkeit ihrer Lebensbedingungen hinzuwirken.
20.08.1992	Brandenburg; Regierung aus SPD, FDP, B'90; in neu verabschiedeter Landesverfassung Art. 12 (4) Das Land, die Gemeinden und Gemeindeverbände sind verpflichtet, für die Gleichwertigkeit der Lebensbedingungen von Menschen mit und ohne Behinderungen zu sorgen. Art. 44 Das Land gewährleistet eine Strukturförderung der Regionen mit dem Ziel, in allen Landesteilen gleichwertige Lebens- und Arbeitsbedingungen zu schaffen und zu erhalten.
01.11.1994	Bremen; Regierung aus SPD, B'90/Gr, FDP; per Gesetz in Landesverfassung eingefügt Art. 65 (3) Die Freie Hansestadt Bremen bekennt sich zum Zusammenhalt der Gemeinden des Landes und wirkt auf gleichwertige Lebensverhältnisse hin.
23.11.1995	Berlin; Regierung aus CDU, SPD; erstmals in neu verabschiedeter Landesverfassung Art. 11 Das Land ist verpflichtet, für die gleichwertigen Lebensbedingungen von Menschen mit und ohne Behinderung zu sorgen. Art. 65 (1) Parallel zur Herstellung einheitlicher Lebensverhältnisse in Berlin sollen Rechtsvorschriften, die bisher nur in Teilen des Landes Berlin galten, durch Rechtsvorschriften ersetzt werden, die im ganzen Land gelten.
20.02.1998	Bayern; CSU-Regierung; per Gesetz in Landesverfassung eingefügt Art. 118a Der Staat setzt sich für gleichwertige Lebensbedingungen von Menschen mit und ohne Behinderung ein.
08.03.2000	Rheinland-Pfalz; Regierung aus SPD, FDP; per Gesetz in Landesverfassung eingefügt Art. 64: Das Land, die Gemeinden und Gemeindeverbände schützen behinderte Menschen vor Benachteiligung und wirken auf ihre Integration und die Gleichwertigkeit ihrer Lebensbedingungen hin.
11.11.2013	Bayern; CSU-Regierung; per Gesetz in Landesverfassung eingefügt Art. 3 (2) Der Staat […] fördert und sichert gleichwertige Lebensverhältnisse und Arbeitsbedingungen in ganz Bayern, in Stadt und Land.
01.07.2014	Bayern; CSU-Regierung; Beschluss über Einsetzung der Enquete-Kommission »Gleichwertige Lebensverhältnisse in ganz Bayern«
10.06.2015	Brandenburg; Regierung aus SPD, Linke; Beschluss über Einsetzung einer Enquete-Kommission »Zukunft der ländlichen Regionen vor dem Hintergrund des demografischen Wandels«
01.12.2015	Baden-Württemberg; Regierung aus B'90/Gr, SPD; per Gesetz in Landesverfassung eingefügt Art. 3a (2) Der Staat fördert gleichwertige Lebensverhältnisse, Infrastrukturen und Arbeitsbedingungen im gesamten Land.
28.10.2018	Hessen; Regierung aus CDU, B'90/Gr; per Gesetz mit Volksabstimmung eingefügt Art. 26d Der Staat, die Gemeinden und Gemeindeverbände fördern die Errichtung und den Erhalt der technischen, digitalen und sozialen Infrastruktur und von angemessenem Wohnraum. Der Staat wirkt auf die Gleichwertigkeit der Lebensverhältnisse in Stadt und Land hin.
20.03.2020	Sachsen-Anhalt; Regierung aus CDU, SPD, B'90/Gr; per Gesetz in Verfassung eingefügt Präambel Abs. 1 S. 2 die Gleichwertigkeit der Lebensverhältnisse im ganzen Land zu fördern Art. 35a Das Land und die Kommunen fördern gleichwertige Lebensverhältnisse im ganzen Land.

Quelle: Eigene Darstellung auf Basis von Parlamentarischen Dokumenten.

Ein parteipolitisches Muster der landespolitischen Maßnahmen oder eine Korrelation mit raumbezogenen oder demografischen Merkmalen des Landes lässt sich prima facie nicht erkennen. Verfassungsergänzungen, denen aufgrund erhöhter Mehrheitserfordernisse Teile der Opposition zustimmen müssen, wurden bei unterschiedlichen Regierungskonstellationen zur Abstimmung gestellt, in Flächenländern wie in Stadtstaaten. Maßnahmen in den proaktiven Ländern lieferten Unterstützern in anderen Ländern und auf Bundesebene zumindest potenziell Inspiration und Referenzpunkte für ähnliche Forderungen. Parteienhandeln in föderalen Strukturen steigert daher die Aufmerksamkeit für bestimmte Themen auch anderswo und treibt somit den politischen Diskurs und Rechtsänderungen auch in anderen Bundesländern und auf Bundesebene voran.[36] Dennoch deuten die Daten nicht auf eine systematische Bund-Länder-Koordination von Initiativen hin. In immerhin sieben der 16 Länder unterblieben verfassungspolitische Reaktionen oder die Einsetzung von Kommissionen (Hamburg, Mecklenburg-Vorpommern, Niedersachsen, Nordrhein-Westfalen, Schleswig-Holstein, Saarland, Thüringen) – bei Regierungskonstellationen, die von denen der proaktiven Länder nicht systematisch abwichen.

Im Bundestag wurden die Lebensverhältnisse in Deutschland kontinuierlich besprochen; in der ersten Hälfte der 1990er Jahre in besonderem Maße. Der Aspekt der »*gleichwertigen* Lebensverhältnisse« wurde aber ähnlich wie in den Ländern erst ab 2014 zunehmend mit dieser Begrifflichkeit thematisiert. Mehr als die Hälfte (33) der 61 seit 1990 gestellten Anträge, die einen Bezug zu gleichwertigen Lebensverhältnissen beinhalteten,[37] wurde in den Jahren 2014 bis 2019 eingebracht, allein 2019 13. Im selben Jahr wurde der Begriff in Plenardebatten 176 Mal erwähnt (Abbildung 1).

---

36 Vgl. Astrid Lorenz, Landesverfassungspolitik als Kommunikationsraum und Experimentierfeld. Eine Fallstudie zur Ausgestaltung der Rechte Minderjähriger im deutschen Föderalismus, in: Thüringer Landtag (Hrsg.), Demokratie und Verfassung in einer sich wandelnden Welt, Erfurt: Thüringer Landtag 2019 (=Schriften zum Parlamentarismus in Thüringen, Band 34), S. 145–170; Astrid Lorenz, Dynamiken von Gesetzgebungsinitiativen der Bundes- und Landesparteien im deutschen Föderalismus. Eine Analyse für den Bereich der Rechte Minderjähriger, 1990 bis 2014, in: Politische Vierteljahresschrift 59 (3), 521–547.

37 Erfasst wurden hier Anträge, die die Formulierung enthalten, unabhängig von ihrer Gewichtung oder ihrem konkreten Anliegen.

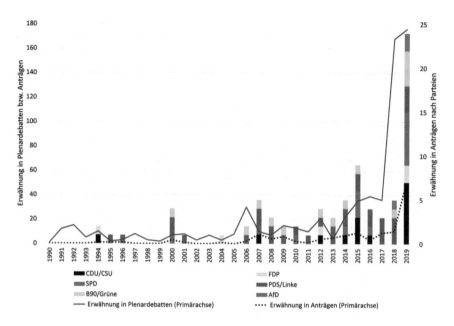

Abbildung 1: Erwähnung des Begriffs »Gleichwertige Lebensverhältnisse« in Anträgen und Plenardebatten, 1.1.1990–31.12.2019[38]

Stammten einschlägige Anträge zuvor zumeist aus Oppositionsfraktionen, die bereits ab 2006 im Hinblick auf das Thema aktiver geworden waren, so legten nun auch die Regierungsfraktionen entsprechende Anträge vor. Trotz einer gestiegenen Aufmerksamkeit für gleichwertige Lebensverhältnisse agierten die Fraktionen, wie in parlamentarischen Demokratien üblich, individuell und starteten nur dann gemeinsam Initiativen, wenn sie miteinander in einer Koalition regierten. Die PDS bzw. Linke brachte 29 Anträge ein, die sich (auch) auf gleichwertige Lebensverhältnisse bezogen, die CDU/CSU 13, die SPD zwölf (wie CDU/CSU fast ausnahmslos mit Koalitionspartnern), Bündnis 90/Grüne ebenfalls zwölf. Die FDP (fast ausnahmslos mit Koalitionspartnern) und die AfD brachten je drei Anträge ein, die auf gleichwertige Lebensverhältnisse Bezug nahmen (Abbildung 1). Beide gehörten dem Bundestag nicht im gesamten Untersuchungszeitraum an.

In den politischen Diskurs auf Bundesebene klinkten sich die Regierungsparteien später, aber mit hohem Aktivismus ein. Vor der Bundestagswahl 2017 er-

---

38 Datenquellen: Plenardebatten gemäß Zeit online. 2019. Darüber spricht der Bundestag. https://www.zeit.de/politik/deutschland/2019-09/bundestag-jubilaeum-70-jahre-parlament-reden-woerter-sprache-wandel# (Zugriff 29. Juni 2020); Anträge gemäß Deutscher Bundestag. o. J. Drucksachen und Plenarprotokolle des Bundestages – ab 1949. https://pdok.bundestag.de/ (Zugriff 11. November 2019).

wähnte die CDU (wie die Linke) in ihrem Wahlprogramm prominent gleichwertige Lebensverhältnisse. Sie untersetzte dies mit den Anliegen, ländliche Räume zu stärken, Städte lebenswerter zu machen, in Ost und West gleiche Chancen zu schaffen und eine Kommission »Gleichwertige Lebensverhältnisse« einzurichten. Die Linke deutete das Anliegen im Hinblick auf eine Ost-West-Angleichung und mehr Mitwirkungsrechte für Kommunen in der Bundesgesetzgebung aus. Die SPD erwähnte in ihrem Programm zwar ebenfalls Vorhaben, die heute in diesem Kontext behandelt werden, berief sich aber nicht auf den Begriff gleichwertige Lebensverhältnisse.

Nach dem Wahlsieg der Union wurde die von ihr avisierte Regierungskommission »Gleichwertige Lebensverhältnisse« in der Koalitionsvereinbarung mit der SPD verankert und 2018 eingesetzt.[39] Die Koalitionspartner verknüpften das Thema im Regierungsprogramm mit Forderungen der SPD, so dass es von der allgemeinen Stadt-Land- und Ost-West-Angleichung über die Stärkung der öffentlichen Daseinsvorsorge, der Kommunen und des Ehrenamts bis hin zu Infrastruktur- und Kohlepolitik in verschiedener Hinsicht durch konkrete Ziele untersetzt wurde.[40] Entsprechend breit erhielt die Kommission den Auftrag, »eine gerechte Verteilung von Ressourcen und Möglichkeiten für alle in Deutschland lebenden Menschen zu untersuchen und Vorschläge zur Stärkung gleichwertiger Lebensverhältnisse im Bundesgebiet zu machen und hierbei alle Aspekte der Daseinsvorsorge genauso wie gezielte Strukturverstärkungen in den Ländern und Kommunen in den Blick zu nehmen.«[41] Sie beriet in sechs Facharbeitsgruppen über »Kommunale Altschulden«, »Wirtschaft und Innovation«, »Raumordnung und Statistik«, »Technische Infrastruktur«, »Soziale Daseinsvorsorge und Arbeit« sowie »Teilhabe und Zusammenhalt der Gesellschaft«.

Im Sinne einer frühen Kommunikation mit den betroffenen und für die gesetzgeberische Umsetzung der Maßnahmen relevanten Akteuren und Akteurinnen gehörten der Kommission die Bundesministerien einschließlich der Beauftragten für Kultur und Medien, für die neuen Länder sowie für Migration, Flüchtlinge und Integration, die 16 Länder sowie die drei kommunalen Spitzenverbände (Deutscher Landkreistag, Deutscher Städtetag, Deutscher Städte- und Gemeindebund) an. Die Leitung umfasste neben einschlägigen Ministern und

---

39 Vgl. Gleichwertige Lebensverhältnisse, https://www.bmi.bund.de/DE/themen/heimat-integra tion/gleichwertige-lebensverhaeltnisse/gleichwertige-lebensverhaeltnisse-node.html (Zugriff 3. Juni 2020).

40 Vgl. Christliche Demokratische Union Deutschlands/Christlich-Soziale Union in Bayern/Sozialdemokratische Partei Deutschlands, Ein neuer Aufbruch für Europa. Eine neue Dynamik für Deutschland. Ein neuer Zusammenhalt für unser Land, Koalitionsvertrag zwischen CDU, CSU und SPD für die 19. Legislaturperiode, 2018, Zeile 5074 f., 5440–5442 und 5445–5448.

41 Bundesministerium des Innern, für Bau und Heimat, Maßnahmen der Bundesregierung zur Umsetzung der Ergebnisse der Kommission »Gleichwertige Lebensverhältnisse«, Berlin 2019, S. 1.

Ministerinnen als deren Stellvertreter jeweils Repräsentanten und Repräsentan-
tinnen der Länder und der Kommunen, so dass die entsprechenden Interessen
prominent abgebildet waren.

2.3. Gesellschaftlicher Zusammenhalt im Kontext gleichwertiger Lebensverhältnisse

Zeitgleich erlangte in den vergangenen Jahren der gesellschaftliche (oder auch soziale) Zusammenhalt als Begriffspaar eine spezifische Aufmerksamkeit und wird
seither weit häufiger thematisiert als die gleichwertigen Lebensverhältnisse. Seine
Konnotation geht weit über diese hinaus. Er schließt unter anderem an die seit
den 1970er Jahren zu beobachtende Pluralisierung und Individualisierung von
Gesellschaften, an das Abschmelzen geteilter Werte sowie an die Entgrenzung
kollektiver Identitäten und des Zusammengehörigkeitsgefühls infolge europäischer Integration, Globalisierung und Migration an. Dass alte Gemeinschaftsvorstellungen verblassen, zugleich aber ein neues Gefühl der Zugehörigkeit zu einer
entsprechend erweiterten (europäischen oder Welt-)Gesellschaft nur rudimentär
vorhanden ist, weckt in Teilen der Gesellschaft Verlustängste.

In dieser Situation ist bereits die Thematisierung und Problematisierung der
Phänomene des Wandels und nötiger Anpassungsbedarfe ein Versuch, politisch
zu steuern. Unabhängig von der Debatte über konkrete Maßnahmen schafft die
Konstruktion eines neuen Begriffs einen Anlass, sich als *demos* über die Vision
der künftigen Gesellschaft zu verständigen und dabei eingefahrene Konfliktlini-
en möglicherweise zugunsten einer Einigung zu verlassen. Seine Ausdeutbarkeit
schafft günstige Voraussetzungen dafür, dass er mehrheitsfähig wird und in einer
Phase gesellschaftlicher Erosionsprozesse eine re-integrative Wirkung entfaltet.

Unzählige Themen werden derzeit rhetorisch in einen Zusammenhang mit gesellschaftlichem Zusammenhalt gebracht, so auch die gleichwertigen Lebensverhältnisse. Beispielsweise heißt es im Abschlussbericht der Kommission »Gleichwertige Lebensverhältnisse« der Bundesregierung:

> Ziel unserer Politik für Gleichwertige Lebensverhältnisse ist es, bestehende Disparitäten zu
> verringern und deren Verfestigung zu verhindern. Mit vielfältigen Ansätzen der Heimat-
> politik und der Regionalpolitik will die Bundesregierung gegensteuern und ein zukunfts-
> festes, nachhaltiges Deutschland gestalten, in dem der *gesellschaftliche Zusammenhalt* ge-
> stärkt wird. Der Mensch steht im Mittelpunkt unseres Handelns. Wichtige Grundlagen
> sind eine solide Haushaltspolitik, nachhaltig finanzierte soziale Sicherungssysteme und ein
> leistungsfähiger bundesstaatlicher Finanzausgleich.[42]

---

42 Ebd., S. 2.

3. Gesellschaftlichen Zusammenhalt und gleichwertige Lebensverhältnisse erreichen – Wechselbeziehungen und Instrumente

Die beschriebenen Prozesse der politischen Verständigung und Entscheidungsfindung über gemeinschaftliche Ziele garantieren noch nicht deren Erreichung. Wechselbeziehungen zwischen unterschiedlichen systemischen Prozessen, Instrumente der Zielerreichung und ihre Grenzen lassen sich gut mithilfe finanzwissenschaftlicher und ökonomischer Ansätze analysieren. Dabei ist das Konzept des *gesellschaftlichen Zusammenhalts* der Ökonomie eher fremd, denn für den in der ökonomischen Theorie angestrebten Optimalzustand des (vollkommenen) Wettbewerbs stellen Formen der Kooperation, wie beispielsweise Absprachen und Kartelle, unerwünschte Wettbewerbsverzerrungen dar. Anschlussfähig ist das Konzept der sozialen Kohäsion, aber welche Bestandteile als konstitutiv oder als schlicht vorgelagerte Bedingung für diese definiert werden, ist in der Literatur umstritten.[43] Folgt man der Argumentation, dass soziale Kohäsion die drei Dimensionen soziale Beziehungen, Zugehörigkeit und Gemeinwohlorientierung als Bestandteile umfasst, so ist die interregionale und interpersonelle Gleichwertigkeit kein konstituierendes Element, sondern vor- bzw. nachgelagert.[44]

Im Folgenden sollen die wechselseitigen Wirkmechanismen zwischen den Konzepten *Gleichwertigkeit* und *soziale Kohäsion* auch unter Rückgriff auf Erkenntnisse angrenzender Disziplinen beleuchtet werden. Exemplarisch wird aufgezeigt, über welche Mechanismen Gleichwertigkeit den gesellschaftlichen Zusammenhalt sichert und inwiefern dieser umgekehrt auch die Gleichwertigkeit fördert.

---

43 Joseph Chan/Ho-Pong To/Elaine Chan, Reconsidering Social Cohesion: Developing a Definition and Analytical Framework for Empirical Research, in: Social Indicators Research 75 (2006), H. 2, S. 273–302, hier S. 273 f.; David Schiefer/Jolanda van der Noll, The Essentials of Social Cohesion: A Literature Review, in: Social Indicators Research 132 (2017), H. 2, S. 579–603, hier S. 580.

44 Schiefer/van der Noll, The Essentials of Social Cohesion (Anm. 43), S. 592–594; Georgi Dragolov/Zsófia Ignácz/Jan Lorenz/Jan Delhey/Klaus Boehnke/Kai Unzicker, Social Cohesion in the Western World, Cham 2016, S. 6–12. Daneben sprechen sich auch Chan/To/Chan, Reconsidering Social Cohesion (Anm. 43), S. 283; Paul Dickes/Marie Valentova, Construction, Validation and Application of the Measurement of Social Cohesion in 47 European Countries and Regions, in: Social Indicators Research 113 (2013), 3, S. 827–846, hier S. 829 f. und der Canadian Council on Social Development, Social Cohesion in Canada, o. O. 2000 dafür aus, ökonomische Gegebenheiten, Ungleichheit und Lebensverhältnisse als Bedingung und nicht Bestandteil der sozialen Kohäsion aufzufassen. In den Definitionen von sozialer Kohäsion aufzufinden sind diese teils in OECD, Perspectives on Global Development 2012. Social Cohesion in a Shifting World, o. O. 2011, S. 51 u. 53–55; Bernard, Social Cohesion (Anm. 1).

3.1. Wirkmechanismen zwischen Gleichwertigkeit und gesellschaftlichem Zusammenhalt

3.1.1. Gleichwertigkeit als Einflussfaktor für gesellschaftlichen Zusammenhalt

Prinzipiell kann interpersonelle und interregionale Gleichwertigkeit den Zusammenhalt sowohl in vertikaler Dimension, zwischen Staat und Gesellschaft, als auch horizontal, zwischen den Mitgliedern beziehungsweise Gruppen einer Gesellschaft, stärken.[45] Mögliche Wirkmechanismen sind vielfältig und können an dieser Stelle nur skizziert werden (siehe auch Abbildung 2).

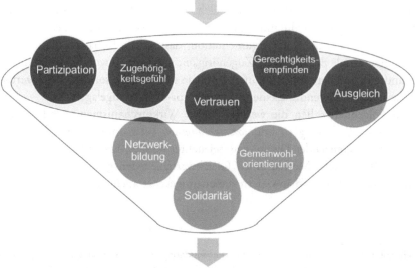

Abbildung 2: Mögliche Wirkungskanäle zwischen Gleichwertigkeit und gesellschaftlichem Zusammenhalt, eigene Darstellung.

Ein gleichwertiger Zugang zu öffentlichen Leistungen der technischen und sozialen Infrastruktur, insbesondere zu Bildung, Kultur, Verkehrseinrichtungen und Gesundheitsleistungen, ist eine wesentliche Voraussetzung für gesellschaftliche Teil-

---

45 Zur vertikalen und horizontalen Dimension sozialer Kohäsion siehe auch Chan/To/Chan, Reconsidering Social Cohesion (Anm. 43), S. 290.

habe, soziale Inklusion[46] und soziale Gerechtigkeit.[47] Gleiche Möglichkeiten des Zugriffs auf Ressourcen intensivieren vermutlich das Vertrauen in Mitbürger und Mitbürgerinnen sowie in den Staat, die Partizipation, die Netzwerkbildung und Zugehörigkeitsgefühl.[48] Öffentliche Infrastruktur schafft auch soziale Räume.[49] Solche Orte der Begegnung fördern den Austausch verschiedener gesellschaftlicher Gruppen und damit möglicherweise auch das Verständnis und die Solidarität innerhalb der Gesellschaft. Zudem fördert die Manifestation des Staates in der öffentlichen Infrastruktur die Identifikation mit der oftmals die Leistungen bereitstellenden Kommune.[50] Damit stärkt öffentliche Infrastruktur potenziell nicht nur die horizontale, sondern auch die vertikale Dimension des gesellschaftlichen Zusammenhalts.

Diese angenommenen positiven Effekte gehen nicht zwingend mit der Notwendigkeit eines flächendeckenden Angebots gleicher Leistungen einher. Erreichbarkeit durch Mobilität kann für bestimmte Bereiche auch einen hinreichend gleichwertigen Zugang darstellen. Dennoch beeinflussen die materiellen Unterschiede in den Lebensverhältnissen die wahrgenommene Lebensqualität. Die Ursache der Diskrepanz zwischen objektiver Lage und subjektiver Wahrnehmung der Lebensverhältnisse ist jedoch ungeklärt. Insgesamt können sowohl erhebliche objektive Unterschiede in den Lebensverhältnissen als auch eine subjektiv als ungerecht empfundene Lebensqualität die soziale Kohäsion gefährden. Die Analyse der exakten Wirkmechanismen und Gewichtungen ist bislang ein Forschungsdesiderat. Besonders ist vor der Annahme linearer Zusammenhänge zu warnen.

So beschränken individuelle Ungleichheiten, insbesondere im Einkommen und Vermögen, die soziale Inklusion und soziale Mobilität, befördern kompetitive Vergleiche sowie Unzufriedenheit, und schüren Verunsicherung und Misstrauen. Umgekehrt kann ein niedriges Niveau interpersoneller Ungleichheit ähnlichere Lebensrealitäten generieren, wodurch möglicherweise die zivilgesellschaftliche Verständigung verbessert wird.[51] Allerdings können kompetitive Vergleiche, Verunsicherung und der Wunsch nach sozialer Mobilität auch bei geringer Ungleich-

46 Petra Böhnke/Jens Kersten/Tanja Klenk/Claudia Neu/Berthold Vogel, Der Wert öffentlicher Güter. Bericht der »Kommission Öffentliche Güter« der Heinrich-Böll-Stiftung, Berlin 2015.

47 John Farrington/Conor Farrington, Rural Accessibility, Social Inclusion and Social Justice: Towards Conceptualisation, in: Journal of Transport Geography 13 (2005), H. 1, S. 1–12.

48 Schiefer/van der Noll, The Essentials of Social Cohesion (Anm. 43), S. 594.

49 Kersten/Neu/Vogel, Gleichwertige Lebensverhältnisse (Anm. 25), S. 8–10; Delfino Vargas Chanez/María Merino Sanz, Public Spaces in Mexico as Social Cohesion Promoters: An Structural Modeling Perspective, in: Well-being and Social Policy 9 (2014), H. 1, S. 157–177; Claudia Neu, Daseinsvorsorge und territoriale Ungleichheit, in: Claudia Neu (Hrsg.), Daseinsvorsorge. Eine gesellschaftswissenschaftliche Annäherung, Wiesbaden 2009.

50 Böhnke et al., Der Wert öffentlicher Güter (Anm. 46), S. 11.

51 Siehe zum Verhältnis von Ungleichheit und sozialer Kohäsion auch OECD, Perspectives on Global Development (Anm. 44), S. 93–119.

heit entstehen und systemische Instabilität befördern. So wurde beispielsweise die von eher wenigen Bürgerrechtlern und Bürgerrechtlerinnen initiierte friedliche Revolution in Ostdeutschland 1989 infolge der Unterstützung durch die große Zahl jener erfolgreich, die sich v. a. mehr Konsummöglichkeiten und soziale Aufstiegsoptionen wünschten.[52]

Die subjektive Bewertung der Unterschiede ist auch im Kontext interpersoneller Gleichwertigkeit von Relevanz für die soziale Kohäsion. Sozialstaatlichkeit als verfassungsrechtlich deklariertes Strukturprinzip der Bundesrepublik Deutschland, die Zunahme des Wohlstands, der Ausbau des Wohlfahrtsstaates sowie die Bildungsexpansion haben die Erwartung einer abnehmenden Ungleichheit geweckt. In der Realität zeichnet sich hingegen eine Stagnation, wenn nicht sogar Zunahme ökonomischer und sozialer Ungleichheitsniveaus ab.[53] Die Diskrepanz zwischen Erwartung und Wirklichkeit kann die soziale Kohäsion durch das Auslösen gesellschaftlicher Spannungen und eines Vertrauensverlusts gegenüber demokratischen Institutionen gefährden.

Zudem sind *Maßstäbe* für Deprivationswahrnehmungen, d. h. den Eindruck, individuell nicht den erwarteten Anteil am Wohlstand zu erhalten, vermutlich kontexteingebettet. In den sozialistischen Staaten mit ihren egalitären Lebensverhältnissen war beispielsweise das Sensorium selbst für kleine individuelle Ungleichheiten geschärft und sprang sogar auf immaterielle Werte über, gerade weil die Lebensverhältnisse weitgehend nivelliert waren.[54] Der ostdeutschen Bevölkerung geht es weit überwiegend viel besser als vor 1989, aber dies ist nicht der dominante Bewertungsmaßstab; vielmehr führen der Vergleich mit Westdeutschland oder mit den Lebensverhältnissen in den ostdeutschen Großstädten zu Unzufriedenheit.

---

52 Dem Prinzip der »materiellen Interessiertheit« hatten auch die sozialistischen Regierungen in unterschiedlichem Maße zu entsprechen versucht. Vgl. Christoph Boyer, Zwischen Pfadabhängigkeit und Zäsur: Ost- und westeuropäische Sozialstaaten seit den siebziger Jahren des 20. Jahrhunderts, in: Konrad H. Jarausch (Hrsg.), Das Ende der Zuversicht? Die siebziger Jahre als Geschichte, Göttingen 2008, S. 103–119; Ulrich Busch/Rainer Land, Ostdeutschland: Vom staatssozialistischen Fordismus in die Entwicklungsfalle einer Transferökonomie, in: Forschungsverbund Sozio-ökonomische Berichterstattung (Hrsg.), Berichterstattung zur sozioökonomischen Entwicklung in Deutschland, Wiesbaden 2012, S. 153–184, hier S. 165.

53 Thilo N. H. Albers/Charlotte Bartels/Moritz Schularick, The Distribution of Wealth in Germany, 1895–2018, o. O. 2020; Markus M. Grabka/Jan Goebel, Realeinkommen sind von 1991 bis 2014 im Durchschnitt gestiegen – erste Anzeichen für wieder zunehmende Einkommensungleichheit, in: DIW Wochenbericht (2017), H. 4, S. 71–82. Nicolas Legewie/Sandra Bohmann, Sozialer Auf- und Abstieg: Angleichung bei Männern und Frauen, in: DIW Wochenbericht (2018), H. 20, S. 422–431.

54 Ein Beispiel war der Unmut über die Lebensverhältnisse im DDR-Regierungsviertel Wandlitz, die 1989 durch Aufnahmen des DDR-Fernsehens der Öffentlichkeit bekannt wurden und eher kleinbürgerlich waren. Siehe auch Paulina Bren/Mary Neuburger (Hrsg.), Communism Unwrapped: Consumption in Cold War Eastern Europe, Oxford 2012.

3.1.2. Gesellschaftlicher Zusammenhalt als Einflussfaktor für Gleichwertigkeit

Für die Auswirkungen gesellschaftlichen Zusammenhalts auf Gleichwertigkeit liegen teils empirische Befunde vor, die sich jedoch nicht explizit auf Deutschland beziehen, sondern auf internationalen, überwiegend quantitativen Vergleichsstudien mit unterschiedlichen Samples basieren. Stärkere soziale Kohäsion geht empirisch in der Regel mit einer höheren wirtschaftlichen Leistung einher: So sind beispielsweise Arbeitslosigkeit, Inflationsraten, Ungleichheit und Armutsrisiko niedriger, das Bruttoinlandsprodukt, Sozialausgaben und die Erwerbsbeteiligung von Frauen höher.[55] Des Weiteren zeichnen sich diese Gesellschaften durch eine höhere Lebensqualität und ein gesteigertes Wohlbefinden aus.[56] Dazu trägt auch bei, dass soziale Kohäsion die subjektive Bewertung niedriger Lebensstandards entschärfen kann[57] und dadurch Lebensverhältnisse möglicherweise gleichwertiger wahrgenommen werden. Eine negative Erfahrung, wie zum Beispiel Arbeitslosigkeit, kann durch die höhere Solidarität und den sozialen Rückhalt in kohäsiven Gesellschaften abgemildert werden.

Kohäsive Gesellschaften weisen überdies annahmegemäß ein höheres Institutionenvertrauen und damit einhergehend eine höhere Legitimation staatlicher Institutionen auf.[58] Inwiefern dies die Toleranz gegenüber Ungleichheiten erhöht und damit die Transformation in Gefühle der Unzufriedenheit und Verunsicherung abschwächt, bleibt noch offen. Dragolov et al. heben zudem die stärkere Gemeinwohlorientierung und Solidarität in kohäsiven Gesellschaften hervor.[59] Daraus lässt sich die These ableiten, dass ein hoher Zusammenhalt über diese Kanäle auch ein größeres Maß an Ausgleichspolitik und damit Gleichwertigkeit ermöglicht. Insgesamt entfaltet ein höheres Niveau sozialer

---

55 Acket et al. nutzen die European Values Study (Welle 2008) für 39 europäische Länder. Dragolov et al. untersuchen 27 EU-Staaten sowie Australien, Kanada, Israel, Neuseeland, Norwegen, die Schweiz sowie die USA und kombinieren Umfragedaten aus bspw. European Quality of Life Survey, European Social Survey, European Values Study etc. für mehrere Wellen. Vgl. Sylvain Acket/Monique Borsenberger/Paul Dickes/Francesco Sarracino, Measuring and Validating Social Cohesion: A Bottom-up Approach, CEPS/INSTEAD Working Paper 2011, S. 25; Dragolov et al., Social Cohesion (Anm. 44), S. 60–62; OECD, Perspectives on Global Development (Anm. 44), S. 55–57.

56 Acket et al., Measuring and validating social cohesion (Anm. 55), S. 25; Dragolov et al., Social Cohesion (Anm. 44), S. 65 f.

57 Özcan Erdem/Frank J. van Lenthe/Rick G. Prins/Toon A. J. J. Voorham/Alex Burdorf, Socioeconomic Inequalities in Psychological Distress among Urban Adults: The Moderating Role of Neighborhood Social Cohesion, in: PLOS ONE 11 (2016), H. 6, S. 1–15; Shelley Phipps, Social Cohesion and the Well-Being of Canadian Children, in: Lars Osberg (Hrsg.), Teamwork: The Economics of Social Cohesion, Toronto 2003, S. 79–120.

58 Dickes/Valentova, Construction (Anm. 44); Dragolov et al., Social Cohesion (Anm. 46), S. 4–12.

59 Dragolov et al., Social Cohesion (Anm. 44).

Kohäsion folglich häufig eine positive Wirkung auf die interpersonelle und interregionale Gleichwertigkeit.

3.2. Instrumente der Ausgleichspolitik

Für die politisch ausgehandelte Steuerungsabsicht, gleichwertige Lebensverhältnisse herzustellen, stehen unterschiedliche Instrumente zur Verfügung. Wie im Folgenden gezeigt wird, entstammen die in Deutschland zum Tragen kommenden Ausgleichsmechanismen überwiegend der Finanz-, Sozial- und Raumpolitik. Die Kompetenzen liegen aufgrund der funktionalen Kompetenzverteilung im Föderalismus bei verschiedenen Staats- und Verwaltungsebenen. Nicht nur dadurch stößt der Ausgleich an gewisse Grenzen.

3.2.1. Möglichkeiten des Ausgleichs

Die Kompetenzaufteilung zwischen den Gebietskörperschaften bezüglich interregionaler und interpersoneller Umverteilungsmaßnahmen (siehe auch Abbildung 3) verdeutlicht, dass die Bundespolitik im sozioökonomischen und die Landespolitik im räumlichen Ausgleich einen hohen Stellenwert einnehmen. Die Durchführungskompetenz der Instrumente liegt oftmals bei den Ländern und Kommunen und spricht diesen daher erhebliche Gestaltungsmöglichkeiten des direkten Lebensumfelds der Gesellschaftsmitglieder zu.

	Ausgleichsinstrument	Gesetzgebungs-kompetenz	Finanzierungs-kompetenz	Durchführungs-kompetenz
Finanz-politisch	Bundesstaatlicher Finanzausgleich	Bund	Bund	Bund
	Kommunaler Finanzausgleich	Länder	Länder	Länder
	Sanierungshilfen	Bund	Bund	Bund
	Finanzhilfen	Bund	Bund	Länder
	Gemeinschaftsaufgabe regionale Wirtschaftsstruktur	Bund	Bund/Länder	Länder
	Gemeinschaftsaufgabe Agrarstruktur und Küstenschutz (+Sonderrahmenplan „Förderung der ländlichen Entwicklung")	Bund	Bund/Länder	Länder
	EU-Strukturhilfen (EU-Strukturförderung europäische territoriale Zusammenarbeit, Europäischer Fonds für regionale Entwicklung, Europäischer Sozialfonds etc.)	EU	EU	Länder
Sozial-politisch	Sozialversicherungen	Bund	Bund/Parafisci	Parafisci
	Steuersystem	Bund	Bund/Länder/Kommunen	Länder
	Sozialhilfe (SGB XII)	Bund	Bund/Kommunen	i.d.R. Kommunen
	Jugendhilfe	Bund	Länder/Kommunen	Länder/Kommunen
	AsylbewerberInnen	Bund	Länder/Kommunen	Kommunen
	Sozialer Wohnungsbau	Bund	Bund/Länder/Kommunen	Kommunen
	Grundsicherung (SGB II)	Bund	Bund/Länder/Kommunen	Kommunen
	Arbeitsmarktpolitik (Berufseinstiegsbegleitung, Weiterbildungsmaßnahmen, Eingliederung von Langzeitarbeitslosen, etc.)	Bund	Bund	Bund
Raum-strukturell	Zentrale-Orte-System	Länder	Länder/Kommunen	Kommunen
	Interkommunale Zusammenarbeit	-	-	Kommunen
	Städtebauförderung	Bund/Länder	Bund/Länder	Kommunen
	Regional- und Landesplanung	Länder	Länder	Kommunen
	Infrastrukturplanung des Bundes	Bund	Bund/Länder/Kommunen	Bund / Länder/Kommunen
	Öffentliche Daseinsvorsorge (Straßeninfrastruktur, ÖPNV, Ver-und Entsorgungsleistungen, etc.)	Bund/Länder	Bund/Länder/Kommunen	Kommunen

Abbildung 3: Exemplarische Übersicht der finanzpolitischen, sozialpolitischen und raumstrukturellen Ausgleichsinstrumente, eigene Darstellung.

Interregionale Umverteilung

Bereits die grundgesetzlich festgelegte Aufgabenverteilung im Bundesstaat entfaltet eine Wirkung hinsichtlich des interregionalen Ausgleichs.[60] Zwar folgt aus Artikel 70 ff. GG generell der Grundsatz der Landeszuständigkeit, doch spricht eine Vielzahl zusätzlicher Regelungen letztlich dem Bund erhebliche Gesetzge-

---

60 Lenk, Reformbedarf und Reformmöglichkeiten des deutschen Finanzausgleichs (Anm. 2) S. 147 ff.; Martin T. W. Rosenfeld/Björn Alecke/Peter Franz/Gerhard Heimpold/Heiderose Kilper/Kirsten Kunkel/Gerhard Untiedt/Sabine Zillmer, Interregionale Ausgleichspolitik in Deutschland: Untersuchungen zu den Effekten ausgewählter Systeme zur Herstellung von »gleichwertigen Lebensverhältnissen«. IWH-Sonderheft 2 (2007), S. 33.

bungskompetenzen zu.[61] Den Ländern verbleibt schließlich der Großteil der Verwaltungs- und Durchführungskompetenzen.[62] Somit liegt die Bereitstellung von Leistungen der Daseinsvorsorge überwiegend bei den Ländern und damit auch bei ihren Kommunen. Letzteren sind die Daseinsvorsorgeaufgaben mehrheitlich übertragen und sie können mittels der kommunalen Selbstverwaltung dabei einen gewissen Gestaltungsspielraum nutzen.[63] Die Dominanz des Bundes ist insbesondere bei der Gewährleistung überregionaler Infrastruktur sowie bei stark distributiven Aufgaben, zum Beispiel über das Steuer- und Transfersystem oder die Verteilung von Fördermitteln, zu beobachten.

Für die Deckung der mit den Aufgaben verbundenen Ausgaben sind die Finanzausgleichssysteme zentral. Der bundesstaatliche Finanzausgleich verringert über mehrere Umverteilungsstufen die originären Finanzkraftunterschiede der Länder erheblich.[64] Die nachgelagerten kommunalen Finanzausgleichssysteme liegen in der Kompetenz der Länder und sind interregional ausgleichend, ist die Gestaltung der örtlichen Lebensverhältnisse doch stark abhängig von der kommunalen Finanzausstattung.[65] Die Finanzausgleichssysteme setzen folglich die finanzielle Grundvoraussetzung für eine gleichmäßige Versorgung mit öffentlichen Leistungen und streben damit die Herstellung gleichwertiger Lebensverhältnisse durch eine Annäherung der Finanzmittelausstattung an. Interessant ist, dass die kommunalen Finanzausgleichssysteme durch ihre stärker bedarfsorientierte Ausgestaltung noch einen Schritt darüber hinaus gehen. Durch die Berücksichti-

---

61 Heinz Laufer/Ursula Münch, Das föderale System der Bundesrepublik Deutschland, München 2010, S. 118 f. u. 124–131. Der Bund hat die ausschließliche Gesetzgebungskompetenz beispielsweise über auswärtige Angelegenheiten, Währungs-, Geld- und Münzwesen, den Luftverkehr, das Postwesen, die Telekommunikation (Art. 73 GG). Die konkurrierende Gesetzgebung eröffnet dem Bund auch Kompetenzen in Bereichen wie der Raumordnung, des Naturschutzes, der Flüchtlingsangelegenheiten oder des Straßenverkehrs (Art. 74 GG).

62 Ebd. S. 132 f.

63 Alexander Milstein, Daseinsvorsorge, in: ARL-Akademie für Raumforschung und Landesplanung (Hrsg.), Handwörterbuch der Stadt- und Raumentwicklung, Hannover 2018, S. 361–373.

64 Vgl. Lenk/Glinka, Die öffentlichen Finanzen als Grundlage gleichwertiger Lebensverhältnisse (Anm. 31), S. 97–112; Thomas Lenk/Philipp Glinka, Die Länder in den finanziellen Ausgleichssystemen: Verteilung von Aufgaben, Ausgaben und Einnahmen sowie die finanzielle Entwicklung der Länder im Vergleich zu Bund und Kommunen, in: Tilmann Schweisfurth/Wolfgang Voß (Hrsg.), Haushalts- und Finanzwirtschaft der Länder in der Bundesrepublik Deutschland (= Schriften zur öffentlichen Verwaltung und öffentlichen Wirtschaft, Bd. 236), Berlin 2017, S. 79–116.

65 Thomas Lenk/Tim Starke/Mario Hesse, Kommunaler Finanzausgleich – vertikale und horizontale Verteilung, Strukturprinzipien und Wirkungen, in: Tilmann Schweisfurth/Walter Wallmann (Hrsg.), Haushalts- und Finanzwirtschaft der Kommunen in der Bundesrepublik Deutschland (= Schriften zur öffentlichen Verwaltung und öffentlichen Wirtschaft, Bd. 242), Berlin 2019, S. 325–357; Martin Junkernheinrich, Gleichwertigkeit der Lebensverhältnisse und die Kommunalfinanzen, in: Wirtschaftsdienst 99 (2019), H. 13, S. 36–43.

gung individueller Gegebenheiten nehmen diese eine Angleichung von Verwirklichungschancen in den Blick und schaffen zum Teil Ungleichheiten, wo sie vorher nicht bestanden haben.[66]

Weiterhin leistet die Strukturpolitik einen Beitrag zum interregionalen Ausgleich durch die Verbesserung der »*Gleichwertigkeit des ökonomischen Entwicklungsstandes*«[67]. Auch Wirtschaftsförderung und gezielte Standortpolitik entfalten durch die Schaffung von Erwerbsmöglichkeiten, die Generierung von Steuereinnahmen und die Stärkung der lokalen Wirtschaftsstruktur eine ausgleichende Wirkung.[68]

Um Leistungen der Daseinsvorsorge in angemessener Entfernung zur Verfügung zu stellen, bietet sich zudem das Zentrale-Orte-System der Raumordnung an.[69] Auch interkommunale Kooperationen sowie die Förderung der Zusammenarbeit von Kommunen mit Akteuren und Akteurinnen der Privatwirtschaft und Nichtregierungsorganisationen erweisen sich als den interregionalen Ausgleich befördernd.[70]

Interpersonelle Umverteilung

Mit dem Sozialstaatsprinzip[71] verständigten sich Bund und Länder zudem auf Eingriffe zugunsten einer interpersonellen Umverteilung. Auch wenn das Gleichwertigkeitspostulat zunächst den Anschein erweckt, primär einen inter*regionalen* Ausgleich einzufordern, ist die inter*personelle* Umverteilung in diesem Kontext erforderlich. Zum einen entsteht durch die gleichmäßige Versorgung mit öffentlichen Leistungen auch das Nebenprodukt der Verbesserung individueller Chancengerechtigkeit, wodurch interpersonelle Gleichwertigkeit ermöglicht wird. Zum anderen geht auch von der interpersonellen Umverteilung eine räumliche Ausgleichswirkung aus, unter der Annahme, dass Empfänger und Empfängerin-

---

66 Lenk/Starke/Hesse, Kommunaler Finanzausgleich (Anm. 65).

67 Hans-Friedrich Eckey, Regionale Strukturpolitik, in: Ernst-Hasso Ritter (Hrsg.), Handwörterbuch der Raumordnung, 4. Auflage, Hannover 2005, S. 933–940, hier S. 935.

68 Martha Pohl, Kommunale Wirtschaftsförderung, in: Ernst-Hasso Ritter (Hrsg.), Handwörterbuch der Raumordnung, 4. Auflage, Hannover 2005, S. 509–514. Die Strukturpolitik befördert keinesfalls eine homogene Ausstattung, sondern strebt durch das begründete Setzen von Hierarchien und das Definieren von Unterschieden eine gleich*wertige* Versorgung an.

69 Thomas Terfrüchte/Florian Flex, Zentrale Orte, in: ARL-Akademie für Raumforschung und Landesplanung (Hrsg.), Handwörterbuch der Stadt- und Raumentwicklung, Hannover 2018, S. 2969–2979; Rainer Danielzyk, Was heißt eigentlich Gleichwertigkeit der Lebensverhältnisse? Thesen zur aktuellen Diskussion, in: Martin Junkernheinrich/Joachim Lange (Hrsg.), Gleichwertigkeit der Lebensverhältnisse: Zwischen produktiver Vielfalt und problematischer Ungleichheit, Rehburg/Loccum 2019, S. 60.

70 Danielzyk, Was heißt eigentlich Gleichwertigkeit der Lebensverhältnisse? (Anm. 69), S. 60.

71 Vgl. Art. 20 Abs. 1 GG.

nen entsprechender Transfers nicht homogen im Raum verteilt sind und partiell Zusammenhänge mit der wirtschaftlichen Situation der Räume bestehen.[72]

Die Instrumente interpersoneller Umverteilung bilden gesetzlich standardisierte Ausgleichsmechanismen individueller Einkommens- und Konsummöglichkeiten. Das Steuersystem leistet hierzu insbesondere über die progressive Wirkung des Einkommensteuertarifs (einschließlich des Solidaritätszuschlages) einen erheblichen Beitrag.[73] Über das Transfersystem tragen Geldleistungen wie das Kindergeld, Grundsicherungsleistungen, das Wohngeld, aber auch nicht-monetäre Transfers zur Redistribution bei.[74] Dass das Steuer- und Transfersystem eine fundamentale Umverteilungsleistung erbringt und die im Markteinkommen noch bestehende ausgeprägte Ungleichverteilung spürbar glättet, zeigen auch empirische Studien.[75]

3.2.2. Grenzen der Umsetzung

Die konkrete Ausgestaltung der breiten Palette an Ausgleichsinstrumenten hängt insbesondere von politischen Aushandlungsprozessen ab. Die Möglichkeiten sind folglich vielfältig, dem Ausgleich sind jedoch auch Grenzen gesetzt.

Zunächst gehen Maßnahmen der Ausgleichspolitik mit effizienztheoretischen Erwägungen einher. Daher ist die Festlegung des Angleichungsgrades immer auch mit einer Abwägung zwischen allokativer Effizienz und distributiver Gerechtig-

---

72 Martin T. W. Rosenfeld, Gleichwertigkeit der Lebensverhältnisse, in: ARL – Akademie für Raumforschung und Landesplanung (Hrsg.): Handwörterbuch der Stadt- und Raumentwicklung, Hannover 2018, S. 837–849, hier S. 841.

73 Jochen Pimpertz/Nicole Horschel/Christoph Schröder, Soziale Umverteilung in Deutschland. Bestandsaufnahme und Ansätze zu einer rationalen Neukonzeption, Köln 2009, S. 4f.

74 Stefan Bach/Markus Grabka/Erik Tomasch, Steuer- und Transfersystem: Hohe Umverteilung vor allem über die Sozialversicherung, in: DIW Wochenbericht (2015), H. 8, S. 147–156, hier S. 150; Pimpertz/Horschel/Schröder, Soziale Umverteilung in Deutschland (Anm. 73), S. 27–36. Es sei jedoch auch auf die, mit einer regressiven Belastung die Umverteilung hemmenden, indirekten Steuern verwiesen (Vgl. Bach/Grabka/Tomasch, Steuer- und Transfersystem, S. 155). Weiterhin führt die Beitragsbemessungsgrenze der Sozialversicherungen dazu, dass die prozentuale Abgabenbelastung im obersten Einkommensdezil mit zunehmendem Einkommen abnimmt. (Vgl. Stefan Bach/Martin Beznoska/Viktor Steiner, Wer trägt die Steuerlast in Deutschland?, in: DIW Wochenbericht 51/52 [2016], S. 1207–1216, hier S. 1212 f.).

75 Andreas Peichl/Nico Pestel/Sebastian Siegloch, Ist Deutschland wirklich so progressiv? Einkommensumverteilung im europäischen Vergleich, in: Vierteljahreshefte zur Wirtschaftsforschung 82 (2013), H. 1, S. 111–127, hier S. 116–124; Orsetta Causa/Mikkel Hermansen, Income Redistribution Through Taxes and Transfer Across OECD Countries, OECD Economics Department Working Papers No. 1453, S. 29 f.; Stefan Bach/Markus Grabka/Erik Tomasch, Steuer- und Transfersystem (Anm. 74). In letzterem wird zudem betont, dass auch über die Sozialversicherungen umverteilt wird, jedoch durch die Beitragserhebung nur bedingt interpersonell. Eine Umverteilung findet dann statt, wenn für die Versicherungsleistungen keine angemessenen Beiträge erhoben werden, sondern diese aus z. B. Bundeszuschüssen finanziert werden.

keit verbunden. In diesem Zusammenhang sei speziell auf die mit Transferleistungen einhergehenden Anreizeffekte verwiesen, welche womöglich eigene Angleichungsbestrebungen reduzieren.[76] Zudem sollte aus allokativer Perspektive insbesondere die Infrastrukturausstattung den Bedarfen folgen, sprich den bestehenden Entwicklungszentren. Des Weiteren limitiert die ungleiche räumliche Konzentration nicht ausgleichbarer Faktoren, wie beispielsweise geographische Gegebenheiten, eine Lage in Grenzgebieten oder fernab von Agglomerationszentren, den Grad möglicher Angleichung. Lechleitner zeigt für Brandenburg, dass auch der Natur- und Umweltschutz dem Einsatz von Instrumenten wie der Flächenausweisung entgegenstehen.[77]

Obgleich das Gleichwertigkeitspostulat einem föderalen Staatsaufbau gerechter wird als das Streben nach Einheitlichkeit, begrenzt der Föderalismus den Ausgleichsgrad in mehrfacher Hinsicht. Erstens liegt ein nicht unerheblicher Teil der Entscheidungs- und Durchführungskompetenzen der Ausgleichspolitik auf Landes- und kommunaler Ebene. Der Auslegungsspielraum des Gleichwertigkeitspostulats kann vielfältige Umsetzungsvarianten nach sich ziehen und damit möglicherweise die Angleichung der Lebensverhältnisse behindern. Zweitens stehen die mit den Gleichwertigkeitsbestrebungen verbundenen Solidaritäts- und Konvergenzgedanken im Kontrast zur jüngst stärker wettbewerbsorientierten Entwicklung des deutschen Föderalismus. Das Streichen des Länderfinanzausgleichs, Symbol horizontaler Solidarität, im neuen bundesstaatlichen Finanzausgleich[78] ist nur ein Beispiel für die fehlende Ausgleichsbereitschaft der ehemaligen Geberländer. Weitere Limitierungen erfährt die Ausgleichspolitik auch durch die Konkurrenz mit anderen Zielen und Geboten. Beispielhaft ist hier im Rahmen des Finanzausgleichs das Verbot der Übernivellierung zu nennen.[79]

Zuletzt ist auf die Rolle privatwirtschaftlicher Akteure und Akteurinnen als Mitgestaltende der Lebensverhältnisse zu verweisen. So hängen beispielsweise Arbeitsplätze und Konsummöglichkeiten wesentlich von der Bereitschaft der Unternehmen ab, sich regional anzusiedeln. Auch Teile der Daseinsvorsorge, wie zum Beispiel die Stromversorgung oder Pflegedienste, liegen überwiegend bei privatwirtschaftlich organisierten Trägern. Dies zeigt, dass sich für die Lebensverhältnisse essentielle Teilbereiche den Sphären staatlichen Handelns entziehen können und dem Ausgleich Grenzen gesetzt sind.

---

76 Rosenfeld, Gleichwertigkeit der Lebensverhältnisse (Anm. 72), S. 843.

77 Lechleitner, Gleichwertige Lebensverhältnisse (Anm. 19), S. 42.

78 Wolfgang Renzsch, Die verbogene Verfassung – zur Neuregelung der Bund-Länder-Finanzbeziehungen ab 2020, in: Wirtschaftsdienst 97 (2017), H. 12, S. 876–880, hier S. 877; Thomas Lenk/Philipp Glinka, Der neue bundesstaatliche Finanzausgleich – eine Reform und viel Reformaufschub, in: Wirtschaftsdienst 97 (2017), H. 7, S. 506–512, hier S. 507.

79 Auf eine vollständige Nivellierung der Unterschiede in der Steuerkraft muss aufgrund möglicher Fehlanreize verzichtet werden.

4. Resümee und Forschungsperspektiven

Der vorliegende Beitrag verdeutlicht, dass der in Deutschland neue und inzwischen verbreitete Begriff »gesellschaftlicher Zusammenhalt« in weiten Teilen an vorangegangene Debatten um gleichwertige Lebensbedingungen anknüpft. Er bildet deren kontinuierliche Erweiterung vom Fokus auf regionale Ungleichheiten hin zu sozialer Inklusion und ökonomischer Teilhabe ab und denkt sie teils weiter. Darüber hinaus zeigt der Beitrag, dass die Instrumente, die der Politik zur Verfügung stehen, um gleichwertige Lebensverhältnisse zu sichern und den Zusammenhalt zu fördern, auf interpersonellen und interregionalen Ausgleich angelegt und überwiegend der Finanz-, Sozial- und Raumordnungspolitik zuzuordnen sind. Da die funktionale Kompetenzverteilung Bund, Länder und Kommunen einschließt, sind Wettbewerbs- und Solidaritätsdynamiken im föderalen System auch bezüglich der Umsetzung und Effektivität konkreter Maßnahmen relevant und vielschichtig. Debatten um die Grenzen des Ausgleichs aufgrund allokativer Effizienz und der Rolle privatwirtschaftlicher Akteure und Akteurinnen werden begleitet von der Frage, ob und inwiefern ein gewisser Grad an Ungleichheit für eine Gesellschaft als förderlich bewertet werden kann.

Es ist evident, dass sich die beschriebenen Zusammenhänge gut mithilfe etablierter sozialwissenschaftlicher Theorien analysieren lassen, auch wenn die konkreten in der deutschen Politik genutzten Begriffe *gesellschaftlicher Zusammenhalt* und *gleichwertige Lebensverhältnisse* bisher eher in der Raumforschung und Landesplanung adressiert wurden.[80] Daher bestehen verschiedene Lücken. Im Sinne der Grundlagenforschung sind beispielsweise stärker Muster der Politik auf der kommunalen und Landesebene sowie Interdependenzen zwischen gewählten Entscheidungsvertretern und -vertreterinnen, zivilgesellschaftlichen Organisationen und Medien über Kommunen, Länder und Ebenen hinweg zu analysieren. Zur Schnittstellenfunktion etwa der Kommunen und Länder für die politische Verhandlung von gesellschaftlichem Zusammenhalt und gleichwertigen Lebensverhältnissen und ihrer Responsivität gegenüber den Bürgern und Bürgerinnen ist noch wenig bekannt.

Eine solche Grundlagenforschung kann nicht nur die beschriebenen Lücken der wissenschaftlichen Analyse durch Erhebung, Auswertung und öffentliche Bereitstellung neuer empirischer Daten schließen, sondern auch hervorragend mit anwendungsorientierten Fragestellungen verbunden werden, wie dies im *Forschungsinstitut Gesellschaftlicher Zusammenhalt* geschieht. Den in diesem Beitrag untersuchten Themen widmen sich zwei Teilprojekte des Forschungsinstituts in besonderer Wei-

---

80 Für eine Ausnahme siehe Cathleen Bochmann/Helge Döring (Hrsg.), Gesellschaftlichen Zusammenhalt gestalten, Wiesbaden 2020.

se – eines aus der Warte der Politikwissenschaft, ein anderes aus der Perspektive der Finanzwissenschaft.

Das politikwissenschaftliche Teilprojekt geht davon aus, dass unter den gewandelten Rahmenbedingungen der Politik bisherige Wahrnehmungen öffentlicher Güter und politisch-institutionelle Ordnungsarrangements nicht mehr stabil sind und dies den gesellschaftlichen Zusammenhalt gefährdet. Vor diesem Hintergrund will es herausfinden, ob und wie Handeln und Maßnahmen politischer Akteure und Akteurinnen gesellschaftlichen Erwartungen hinsichtlich des im Grundgesetz verankerten Ziels gleichwertiger Lebensverhältnisse entsprechen. Dafür werden Bürger und Bürgerinnen sowie Entscheidungsträger und Entscheidungsträgerinnen in mehreren Ländern und Kommunen befragt sowie umfangreiche Dokumente und Medienbeiträge ausgewertet. Auf diese Weise lässt sich auch ergründen, ob wir es mit bundesweit relativ ähnlichen Zusammenhängen zu tun haben oder beispielsweise parteipolitische Mehrheitsverhältnisse einen Unterschied machen.

In dem finanzwissenschaftlichen Projekt liegt der Fokus auf der tatsächlichen Bereitstellung öffentlicher Leistungen. Hier wird vertiefend untersucht, inwiefern staatliche Aufgabenträger den gesellschaftlichen Zusammenhalt durch die Herstellung interpersoneller und interregionaler Gleichwertigkeit unterstützen können. Neben der begrifflich-theoretischen Auseinandersetzung mit den Konzepten Gleichwertigkeit und soziale Kohäsion sollen auch deren wechselseitige Wirkmechanismen genauer analysiert werden. Welche räumlichen und zeitlichen Muster sind für Deutschland identifizierbar? Welche Ausgleichsinstrumente kommen in verschiedenen Kontexten zum Einsatz? Wieviel Ungleichheit in der Ausstattung öffentlicher Haushalte verträgt das Gemeinwesen und welcher Grad an Ungleichheit ist eher als förderlich zu bewerten? Welche Rolle spielt die öffentliche Infrastruktur in Bezug auf wahrgenommene Lebensqualität und Realisierung von Chancen? Müssen öffentliche Leistungen/öffentliche Güter zwingend durch den Staat bereitgestellt werden?

Zusätzlich zu diesen Projekten sind interdisziplinäre Forschungsperspektiven nötig und sinnvoll, um allzu enge »Inseltheorien« zu vermeiden. Gesellschaftlicher Zusammenhalt und Ausgleichspolitik mögen beispielsweise wichtig für politische Stabilität sein, aber für die Herausbildung von Parteien, die in Flächenstaaten elementare Stützen der repräsentativen liberalen Demokratie sind, waren Ungleichheiten maßgeblich.[81] Umgekehrt behinderten die nivellierten Lebensverhältnisse in den ehemaligen sozialistischen Staaten nach 1989 die gesellschaftliche Verankerung der Parteien, weil die unterschiedlichen Pro-

---

81 Seymour Martin Lipset/Stein Rokkan, Cleavage Structures, Party Systems, and Voter Alignments. An Introduction, in: dies. (Hrsg.), Party Systems and Voter Alignments. Cross-national Perspectives, New York 1967, S. 1–64.

gramme die Gesellschaft künstlich auseinanderzutreiben schienen.[82] Sowohl zu wenig als auch zu viel Zusammenhalt können für Demokratien riskant sein. Diese komplexen Zusammenhänge besser zu verstehen, ist ein wichtiger Auftrag für die künftige Forschung.

---

82 Astrid Lorenz, Im Klammergriff struktureller Faktoren? Die politische Kultur in Sachsen im europäischen Vergleich, in: Ist Sachsen anders? Sächsische Heimatblätter. Unabhängige Zeitschrift für sächsische Geschichte, Landeskunde, Natur und Umwelt (2017), H. 1, S. 58–64.

Räumliche Unterschiede und gesellschaftlicher Zusammenhalt

Peter Dirksmeier, Angelina Göb, Sylvia Herrmann, Jens Ibendorf, Falco Knaps, Frank Othengrafen, Eva Ruffing

> Spatium est ordo coexistendi.
> *Gottfried Wilhelm Leibniz (1708)[1]*

1. Die Verknüpfung von räumlichen Disparitäten mit sozialer Kohäsion

Raum ist die Ordnung für alles, was zugleich existiert: von Gemeinsamkeiten und Unterschieden, Widersprüchen und Relationen, Tradition und Moderne. Als Ordnung konvertiert Raum in Zeit, wie die britische Geographin Doreen Massey schreibt. Die räumliche Ungleichheit von Armut und Reichtum, die in der Globalisierung manifest wird, erscheint so als zeitliche Sukzession in der Geschichte.[2] Die Semantiken des *Entwicklungslandes*, der *Entwicklungsprobleme* oder der *Disparitäten* sind Beispiele für sprachliche Ausdrücke dieses Phänomens.

Der Philosoph Ernst Bloch fand für dieses Nebeneinander von Tradition und Moderne[3] den prägenden Ausdruck der Gleichzeitigkeit von Ungleichzeitigem[4], der auch in Prozessen der Ver- und Enträumlichung zum Tragen kommt. Die Wissenschaft ist sich über die Wirkrichtung aber nicht einig. Das Postulat vom *Ende der Geographie*[5] steht so neben dem *spatial turn* als (Wieder-)Entdeckung des Raums in der Sozial- und Geschichtswissenschaft.[6] Raum avanciert in diesem Zusammenhang »zu einem Kernthema der sozial- und kulturwissenschaftlichen Reflexion«[7] unter verstärkter Einbindung in Rahmen- und Erklä-

---

1 Zitiert nach Dietrich Bartels, Zur wissenschaftstheoretischen Grundlegung einer Geographie des Menschen, Wiesbaden 1968, S. 108.

2 Doreen Massey, Space, Time and Political Responsibility in the Midst of Global Inequality, in: Erdkunde 60 (2006), H. 2, S. 89–95.

3 Joseph R. Gusfield, Tradition and Modernity: Misplaced Polarities in the Study of Social Change, in: American Journal of Sociology 72 (1967), H. 4, S. 351–362.

4 Ernst Bloch, Über Ungleichzeitigkeit, Provinz und Propaganda, in: Ernst Bloch (Hrsg.), Tendenz – Latenz – Utopie, Frankfurt am Main 1978, S. 209–220.

5 Richard O'Brien, Global Financial Integration: The End of Geography, London 1992.

6 Karl Schlögel, Im Raume lesen wir die Zeit. Über Zivilisationsgeschichte und Geopolitik, Wien/München 2003.

7 Julia Lossau, Spatial Turn, in: Frank Eckardt (Hrsg.), Handbuch Stadtsoziologie, Wiesbaden 2012, S. 185.

rungsmodelle gesellschaftlicher Entwicklungen.[8] Trotz oder gerade wegen der beobachtbaren raum-zeitlichen Verdichtungsereignisse traten sozial-räumliche Beziehungsmuster in das Blickfeld der interdisziplinären Forschung. So zeigte der britisch-US-amerikanische Geograph David Harvey unter dem Schlagwort der *time-space-compression*[9], dass sich die räumlichen Bedingungen im täglichen Leben der Menschen grundlegend verändert haben. Der Soziologe Anthony Giddens beschreibt mit dem Begriff des »disembedding«[10] die sozialen Beziehungen, die sich aus ihrer Ortsgebundenheit herauslösen, aber in kontingenter Weise in Raum und Zeit restrukturiert und rückgebunden werden können.[11] Der ähnlich gelagerte Begriff der *Glokalisierung*[12] verweist hingegen auf vielfältige Auswirkungen und Konnektivitäten, die sich auf verschiedenen Maßstabsebenen abspielen und wechselseitig beeinflussen. Prominent wird dieses Neben- und Ineinander sozialer Entwicklungen in der Theorie der Weltgesellschaft des Soziologen Rudolf Stichweh, der konstatiert, dass »Bestandteil einer jeden Theorie der Globalisierung […] eine Theorie der Regionalisierung sein [wird], d. h. eine Theorie der *neu entstehenden* regionalen und lokalen Differenzen im System der Weltgesellschaft«.[13] Diese hier nur angerissene »Fülle von Ungleichzeitigkeiten und lokalen Differenzen«[14] kennzeichnet die Gegenwartsgesellschaft: eine mitunter gegenläufige Koexistenz und Koinzidenz von mentalen und technischen Mobilitätsbewegungen, die in verschiedenen Räumen unterschiedlich wirken und wahrgenommen werden. Diese Gleichzeitigkeit und räumliche Differenziertheit von sozialen Prozessen und Phänomenen wirkt sich auch, so unsere leitende These, auf den gesellschaftlichen Zusammenhalt aus. Sozialer Zusammenhalt variiert regional und die Analyse dieser Variationsbedingungen und -gründe von Kohäsion sind eine zentrale Aufgabe der gegenwärtigen sozial- und raumwissenschaftlichen Zusammenhaltsforschung.

Die regionale Varianz von sozialem Zusammenhalt stellt ein profundes Beispiel für die Bedeutung von Regionalisierungen im Zuge der Globalisierung dar.

---

8 Jörg Döring/Tristan Thielmann, Einleitung: Was lesen wir im Raume? Der Spatial Turn und das geheime Wissen der Geographen, in: Jörg Döring/Tristan Thielmann (Hrsg.), Spatial Turn. Das Raumparadigma in den Kultur- und Sozialwissenschaften, Bielefeld 2008, S. 7–48.

9 David Harvey, The Condition of Postmodernity: An Enquiry into the Origins of Cultural Change, Oxford 1989, S. 260–307.

10 Antony Giddens, The Consequences of Modernity, Cambridge 1990, S. 21.

11 Benno Werlen, Sozialgeographie alltäglicher Regionalisierungen. Bd. 2. Globalisierung, Region und Regionalisierung, Stuttgart 1997, S. 214–232.

12 Roland Robertson, Glocalization: Time-Space and Homogeneity-Heterogeneity, in: Mike Featherstone/Scott Lash/Roland Roberston (Hrsg.), Global Modernities, London 1995, S. 25–44.

13 Rudolf Stichweh, Die Weltgesellschaft. Soziologische Analysen, Frankfurt am Main 2000, S. 125 (Hervorhebung im Original).

14 Bloch, Über Ungleichzeitigkeit, Provinz und Propaganda (Anm. 4), S. 218

Entscheidend ist hier die Idee der regionalen Differenzierung. Das Konzept der Region ist ein Ordnungsansatz »zur geordneten Repräsentation von Erfahrung«.[15] Regionen sind merkmals- und zweckspezifische Konstrukte, die aus der Verknüpfung von sachlichen Indikatoren mit einer räumlichen Ebene hervorgehen. Sie werden durch Selektion von Identifikations- und Abgrenzungskriterien in Bezug auf ein bestimmtes Erkenntnisinteresse, ein bestimmtes Problem oder durch Zugehörigkeit aufgrund kollektiv bindender politischer Entscheidungen produziert.[16] Regionen sind damit zweckdienliche Konstrukte zu Ordnung der sozialräumlichen Wirklichkeit und dies in zweifacher Hinsicht:

1. in empirisch-analytischer Funktion als räumliche Ordnung von Objekten bzw. der Klassifizierung von Raumelementen
2. in normativer-politischer Funktion zur Kennzeichnung von Tätigkeits- bzw. Programmregionen.[17]

Die Konstruktion von Regionen führt die empirische Tatsache der regionalen Differenzierung bzw. räumlichen Ungleichheit gesellschaftlicher Wirklichkeit in der Bundesrepublik unmittelbar vor Augen. Zwei Beispiele verdeutlichen die regionale Differenzierung mit Bezug auf Indikatoren, die sich auf den sozialen Zusammenhalt auswirken (könnten): Die Erreichbarkeit von Supermärkten und die Versorgung mit öffentlichen Bibliotheken.

Die Abbildung stellt regionale Versorgungsleistungen in Deutschland anhand von Supermarkt- und Discounter-Erreichbarkeiten bzw. die Zugänglichkeit von Lebensmitteln in Form von sogenannten Ernährungswüsten – *food deserts* bzw. *food oases* – dar. Die Karte in der Abbildung 1.1 ist somit Ausdruck für den Aufwand eines Individuums zur Versorgung mit frischen Lebensmitteln, was gleichzeitig eine Teilhabedimension in der Gesellschaft darstellt. Abbildung 1.2 zeigt dagegen die Verteilung von öffentlichen Bibliotheken als Einrichtungen der allgemeinen Bildung und Informationsversorgung. Beide Beispiele verdeutlichen unmittelbar große regionale Unterschiede in Hinblick auf die tägliche Grund- und spezifischere Versorgung. Solche Infrastrukturen bieten parallel Möglichkeiten für Begegnungen und in der Folge einen Ausgangspunkt von gesellschaftlichem Zusammenhalt. Wie die hier ausgewählten Indikatorenwerte in der sozialen Wirklichkeit wirksam werden, unterscheidet sich *vor Ort*, aufgrund unterschiedlicher subjektiver Wahrnehmungen und Bewertungen der *objektiven* Sachverhalte durch die

---

15 Bartels, Zur wissenschaftstheoretischen Grundlegung einer Geographie des Menschen (Anm. 1), S. 75.
16 Manfred Sinz, Region, in: ARL – Akademie für Raumforschung und Landesplanung (Hrsg.), Handwörterbuch der Stadt- und Raumentwicklung, Hannover 2018, S. 1975–1984.
17 Sinz, Region (Anm. 16), S. 1979.

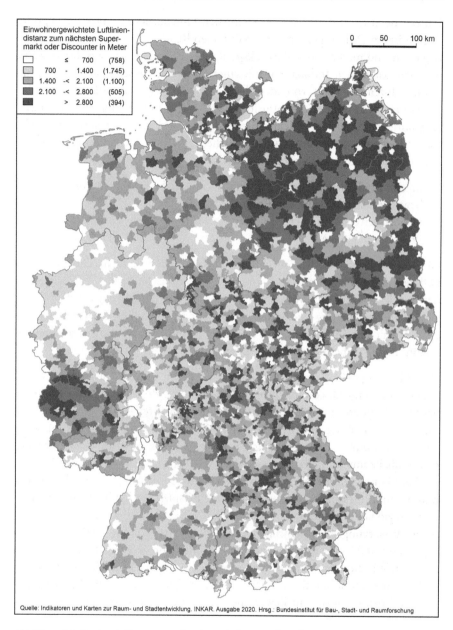

Abbildung 1.1: Regionale Versorgungssituation mit Supermärkten/Discountern in Deutschland (Kartografie: Stephan Pohl)

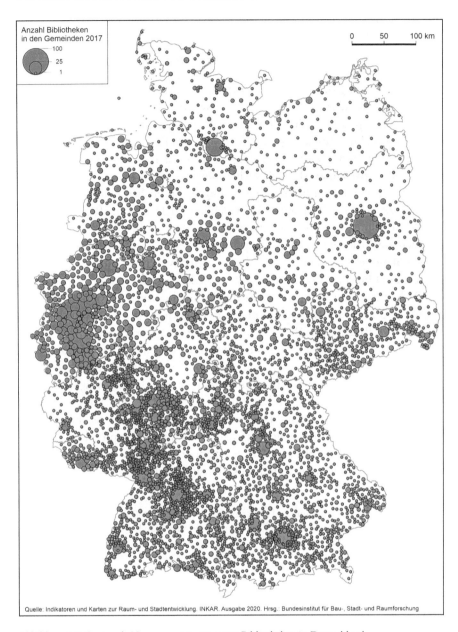

Abbildung 1.2: Regionale Versorgungssituation mit Bibliotheken in Deutschland
(Kartografie: Stephan Pohl)

jeweiligen Bewohner:innen.[18] Mit Blick auf die regionale Differenzierung der Versorgungsinfrastrukturen stellt sich die Frage, inwiefern welche Verteilungsungleichheiten auf welcher räumlichen Betrachtungsebene Einfluss auf den gesellschaftlichen Zusammenhalt nehmen können.

Die anwendungsorientierte räumliche Forschung zielt demgegenüber stärker auf den Diskurs über gleichwertige Lebensverhältnisse in der Bundesrepublik. Ursprünglich speist sich diese normative Leitvorstellung gesellschaftlich-räumlicher Entwicklung aus dem prosperierenden Wohlfahrtsstaat der 1950er Jahre in Westdeutschland. Sie ist als Umgang mit regionalen Disparitäten eine genuin praktische Entwicklung, die sich nicht zwingend aus Regionalisierungstendenzen oder der wissenschaftlichen Hinwendung zu räumlichen Fragen im Zuge des *spatial turn* herleitet. Ziel war es, Entwicklungsrückstände in Regionen durch die Bereitstellung wesentlicher Infrastrukturen des gesellschaftlichen Lebens abzubauen, unabhängig von der geographischen Lage und auf Basis einer angenommenen ökonomischen Prosperität.[19] Diese normative Nivellierung der Zentrum/Peripherie-Differenzierung geriet mit der Wiedervereinigung und der Ablösung des Wohlfahrtsstaates durch den Gewährleistungsstaat spätestens mit den Hartz-Reformen unter Dauerdruck.[20] Dennoch findet sich nach wie vor im Raumordnungsgesetz, Paragraph 1 Absatz 2, die Leitvorstellung des Erreichens gleichwertiger Lebensverhältnisse in der räumlichen Entwicklung in Deutschland. Der wissenschaftliche Diskurs in den Planungs- und Sozialwissenschaften zielt vorrangig auf die regionale Ebene, d. h. auf manifeste, je nach Datenverfügbarkeit und Erkenntnisinteresse gewählte Bezugseinheiten wie Kreise und kreisfreie Städte oder Raumordnungsregionen.[21] Für die derart ermittelten Dimensionen regionaler Ungleichheit existiert eine unüberschaubare Anzahl an empirischen Arbeiten, die unter anderem die Flächennutzung, demografische Entwicklung, Wohnen, Arbeiten, Vernetzung mit Kommunikationsinfrastruktur, Mobilität, Gesund-

---

18 Akademie für Raumforschung und Landesplanung ARL (Hrsg.), Daseinsvorsorge und gleichwertige Lebensverhältnisse neu denken. Perspektiven und Handlungsfelder. Positionspapier der ARL 108, Hannover 2016, S. 6 f.

19 Martin Heintel, Regionalentwicklung, in: ARL – Akademie für Raumforschung und Landesplanung (Hrsg.), Handwörterbuch der Stadt- und Raumentwicklung, Hannover 2018, S. 2009 f.; Karl-Hermann Hübler, Die Schaffung gleichwertiger Lebensbedingungen in allen Teilräumen, in: Raumforschung und Raumordnung 63 (2005), H. 1, S. 57 f.

20 Sabine Drewes, Geteilte Räume, in: Heinrich-Böll-Stiftung (Hrsg.), Geteilte Räume – Strategien für mehr sozialen und räumlichen Zusammenhalt. Bericht der Fachkommission »Räumliche Ungleichheit« der Heinrich-Böll-Stiftung (= Wirtschaft und Soziales, Bd. 21), Berlin 2017, S. 9–14.

21 Rainer Danielzyk, Raumstrukturelle Entwicklungsmuster in Deutschland: Raumtypen mit Problemlagen, in: Heinrich-Böll-Stiftung (Hrsg.), Geteilte Räume – Strategien für mehr sozialen und räumlichen Zusammenhalt. Bericht der Fachkommission »Räumliche Ungleichheit« der Heinrich-Böll-Stiftung (= Wirtschaft und Soziales, Bd. 21), Berlin 2017, S. 16–24.

heitsversorgung, Bildung oder Schutz vor Kriminalität in den Blick nimmt. Als eine wichtige Semantik hat sich dabei der Begriff der *abgehängten Region* erwiesen, in denen Menschen nur unter größeren Mühen einen Zugang zum sozialen Gemeinwesen und der gesellschaftlichen Teilhabe erreichen können.[22]

In der Bundesrepublik Deutschland sind gegenwärtig sehr unterschiedliche, dynamische Entwicklungstrends zu beobachten, die sich wechselseitig beeinflussen und monokausalen Interpretationen und Erklärungen entziehen. Ein grobes räumliches Muster bleibt aber dennoch erkennbar: Wachstumskerne im Südwesten, im Rhein-Main-Gebiet und um weitere prosperierende Großstädte herum zeigen überwiegend positive Entwicklungen. Das Ruhrgebiet und ländlich-periphere Räume vor allem in Ostdeutschland werden dagegen in vielerlei Hinsicht als benachteiligt gesehen. Der Zusammenhang zwischen einer Ungleichverteilung von Teilhabechancen am Gemeinwesen und der Ausprägung und Intensität des gesellschaftlichen Zusammenhalts ist dabei weitgehend anerkannt: Ungleiche Lebensverhältnisse evozieren benachteiligte Regionen und dies gefährdet den sozialen Zusammenhalt in der Gesellschaft.[23] Die Ungleichheit lässt sich mit Schiefer und van der Noll in zwei unterschiedliche Dimensionen unterteilen. Die erste Dimension betrifft eine (un)gleichmäßige Verteilung materieller und immaterieller Ressourcen, zum Beispiel in Hinblick auf Beschäftigung, Einkommen, Bildung, Gesundheitsversorgung, Sozialfürsorge oder rechtlicher Rahmenbedingungen, in Regionen, städtischen und ländlichen Gebieten sowie zwischen verschiedenen sozialen Gruppen. Die zweite Dimension zielt auf die Unterschiede der Menschen in Hinblick auf kultureller, ethnischer, religiöser und sozialer Hintergründe und den sich damit verbindenden Lebenschancen.[24] Dieser Mechanismus wird dabei selbst auf europäischer Maßstabsebene als so bedeutsam betrachtet, dass die Notwendigkeit von regionalen Umverteilungen als Prophylaxe gesellschaftlicher Spaltungen als unabdingbar betrachtet wird.[25]

Die Bedeutung von regionalen Disparitäten und ungleicher Lebensverhältnisse für den gesellschaftlichen Zusammenhalt ist bislang in der Forschung in Deutschland noch nicht aus den unterschiedlichen Blickwinkeln der mit regio-

---

22 Christian A. Oberst/Hanno Kempermann/Christoph Schröder, Räumliche Entwicklung in Deutschland, in: Michael Hüther/Jens Südekum/Michael Voigtländer (Hrsg.), Die Zukunft der Regionen in Deutschland. Zwischen Vielfalt und Gleichwertigkeit, Köln 2019, S. 87–114; Frederick Sixtus/Manuel Slupina/Sabine Sütterlin, Teilhabeatlas Deutschland. Ungleichwertige Lebensverhältnisse und wie die Menschen sie wahrnehmen, hrsg. v. Berlin-Institut für Bevölkerung und Entwicklung und Wüstenrot Stiftung, Berlin 2019.

23 Jens Kersten, Abschied von der Gleichwertigkeit der Lebensverhältnisse – der »wirtschaftliche, soziale und territoriale Zusammenhalt« als neue Leitvorstellung der Raumordnung, in: Umwelt- und Planungsrecht 26 (2006), H. 7, S. 245.

24 David Schiefer/Jolanda van der Noll, The Essentials of Social Cohesion: A Literature Review, in: Social Indicators Research 132 (2017), S. 579–603.

25 Simona Immarino/Andrés Rodriguez-Pose/Michael Storper, Regional Inequality in Europe: Evidence, Theory and Policy Implications, in: Journal of Economic Geography 19 (2019), S. 273–298.

nalen Unterschieden befassten Disziplinen, wie der Sozialgeographie, Raumplanung oder Politikwissenschaft, integrierend und systematisch in den Blick genommen worden. Der Beitrag versteht sich daher als eine erste Systematisierung der in dem Teilinstitut Hannover des FGZs geplanten Arbeiten, die in ihrer Zusammenschau darauf abzielen, inwiefern räumliche Ungleichheiten soziale Kohäsion ermöglichen, bilden, differenzieren oder hemmen.

2.   Der Nexus von regionalen Ungleichheiten und gesellschaftlichem Zusammenhalt aus Perspektive der Politikwissenschaft, Raumplanung und Sozialgeographie

2.1   Politikwissenschaft: gleichwertige Lebensverhältnisse in föderalen Strukturen

In der Politikwissenschaft hat sich insbesondere die Föderalismusforschung mit der Gleichwertigkeit der Lebensverhältnisse – mit einer Fokussierung auf die Bundesländer – beschäftigt.[26] Föderale Bundesstaaten befinden sich immer in einem Spannungsverhältnis zwischen Zentralisierungstendenzen, die auf eine möglichst hohe Einheitlichkeit politischer Maßnahmen und Lebensbedingungen abzielen und Dezentralisierungstendenzen, die den Bundesländern eigene Gestaltungsmöglichkeiten geben. Die Möglichkeiten der Bundesländer politische Maßnahmen und Lebensverhältnisse unterschiedlich zu gestalten, ist allerdings eines der zentralen normativen Argumente für den Föderalismus. Dies ergibt sich zum einen aus dem Subsidiaritätsprinzip[27], nachdem Sachverhalte immer auf der niedrigst möglichen Ebene politisch behandelt werden sollen, auf der sie noch erfolgreich bearbeitet werden können, da so die politischen Präferenzen der Bürger:innen als demokratische Souverän:in direkteren Eingang finden können. Zum anderen werden die Bundesländer durch diese Möglichkeit zu *Politiklaboren*, in denen unterschiedliche Ansätze ausprobiert werden können und Lernen stattfinden kann. Beide Argumente lassen sich ohne weiteres auch auf Regionen und Kommunen als Gebietskörperschaften übertragen.

---

26 Arthur Benz, Politik in Mehrebenensystemen, Wiesbaden 2009; Gerhard Lehmbruch, Institutionelle Schranken einer ausgehandelten Form des Wohlfahrtsstaates. in: Roland Czada/ Hellmut Wollmann (Hrsg.), Von der Bonner zur Berliner Republik. 10 Jahre Deutsche Einheit, Wiesbaden 2000, S. 89–112; Fritz Wilhelm Scharpf, Förderalismusreform. Kein Ausweg aus der Politikverflechtungsfalle?, Frankfurt am Main 2009.

27 Benz, Politik im Mehrebenensystem (Anm. 26).

Inwiefern unterschiedliche politische Maßnahmen zu einer Gleichwertigkeit der Lebensverhältnisse führen, ist von der Policy-Forschung, im internationalen Vergleich vor allem von der vergleichenden Wohlfahrtsstaatsforschung, untersucht worden. Aus Sicht der Policy-Forschung[28] könnte man die Herstellung gleichwertiger Lebensverhältnisse als race-to-the-top sehen, der nie abgeschlossen werden kann. Nur durch die Unterschiedlichkeit der gewählten Policies in Bundesländern, Regionen und Kommunen ergibt sich die Möglichkeit, zu lernen und bessere Lösungen zu identifizieren.

Diese positive Fassung der Unterschiedlichkeit von Lebensverhältnissen steht aber im offensichtlichen Gegensatz zu den weiter oben dargestellten Problemperspektiven. Eine negative Perspektive ergibt sich daraus, dass bestimmte staatliche Leistungen – die sich unter den weit gefassten Begriff der Infrastrukturen subsumieren lassen[29] – eine Grundbedingung für die weitere soziale, politische und wirtschaftliche Entfaltung der Bürger:innen darstellen und damit auch eine zentrale Legitimationsquelle moderner Nationalstaaten sind.[30] In dieser Perspektive steht der Ermöglichungscharakter von Infrastrukturen im Vordergrund, die Vorleistungen für andere soziale Felder erbringen.[31] In der liberalen Demokratie ist es damit kein Zufall, dass die gleichmäßige Bereitstellung solcher zur weiteren Entfaltung notwendigen Grundleistungen eine im Grundgesetz festgeschrieben Aufgabe des Staates ist.

Diese Bereitstellung gerät durch den Niedergang des industriell geprägten Wohlfahrtsstaates, den demografischen Wandel usw. in die Krise.[32] Der Übergang zum so genannten Gewährleistungsstaat als Antwort auf diese Probleme wird in der politikwissenschaftlichen Forschung ambivalent bilanziert. Die Grundidee dabei ist, dass sich der Staat von der Erbringung dieser Leistungen entlastet, indem er entweder auf stärkeres Eigenengagement der Bürger:innen setzt oder die Leistungserbringung an private Akteure delegiert. Bei ersterem besteht das Problem, dass bestimmte Leistungen durch Eigenengagement der Bürger:innen nicht erbracht werden können (vor allem wenn es um Infrastrukturen im engeren Sinne geht) und dieser Ansatz zudem zwangsläufig zu punktuellen Lösungen führt.

---

28 Als Policy-Forschung wird der Teil der Politikwissenschaft bezeichnet, der sich mit der inhaltlichen Dimension politischer Maßnahmen beschäftigt und fragt, wie diese zustande kommen und welche Steuerungswirkung sie in der Gesellschaft entfalten. siehe: Thomas R. Dye, Policy Analysis. What Governments Do, Why They Do It, and What Difference It Makes, Tuscaloosa 1976.

29 Eva Barlösius, Infrastrukturen als soziale Ordnungsdienste. Ein Beitrag zur Gesellschaftsdiagnose, Frankfurt am Main 2019.

30 Jens Kersten/Claudia Neu/Berthold Vogel, Demografie und Demokratie. Zur Politisierung des Wohlfahrtsstaates, Hamburg 2000.

31 Barlösius, Infrastrukturen als soziale Ordnungsdienste (Anm. 29).

32 Kersten/Neu/Vogel, Demografie und Demokratie (Anm. 30).

Der zweite Ansatz leidet darunter, dass der Staat sich durch die Delegation an private Akteure häufig Steuerungs- und Kontrollprobleme in so großem Umfang einhandelt, dass gegenüber der Eigenerbringung der Leistung durch den Staat keine Effizienzgewinne mehr realisiert werden können.[33]

Allerdings befasst sich die politikwissenschaftliche Forschung nicht nur mit dem Problem einer möglicherweise unzureichenden Infrastrukturbereitstellung, sondern ebenfalls mit dem politischen Protest gegen als unerwünscht wahrgenommene Infrastrukturen, bei denen der Ermöglichungscharakter für bestimmte Bevölkerungsgruppen nicht im Vordergrund steht. Frühe Beispiele dafür sind etwa der Widerstand gegen die Startbahn West des Flughafens Frankfurt und die geplante Wiederaufbereitungsanlage für Brennstäbe in Wackersdorf.[34] Mit solchen Protesten ist insbesondere dann zu rechnen, wenn die Nachteile einer Infrastrukturmaßnahme konzentriert von einer Gruppe zu tragen sind (etwa Lärm durch Flugzeuge, Risiken durch Strahlung, Einkommensverluste im Tourismus), während die Vorteile breit gestreut sind (etwa für den einzelnen kaum direkt beobachtbare Vorteile für den Wirtschaftsstandort, die Energieversorgungssicherheit usw.) oder bei einer *anderen* Gruppe konzentriert (etwa bestimmten Industriezweigen). Da Infrastrukturen – zumindest im klassischen Sinn – räumlich verortet sind, haben sie daher nicht nur das Potenzial, eine Gleichwertigkeit der Lebensverhältnisse über Regionen hinweg herzustellen, sondern auch Ungleichheiten zwischen Regionen, die Nachteile zu tragen haben, und solchen, bei denen das nicht der Fall ist, zu erzeugen.

Ob solche regionalen Ungleichheiten allerdings auch den gesellschaftlichen Zusammenhalt gefährden, ist eine empirische Frage. Das in der Literatur vorherrschende Konzept von gesellschaftlichem Zusammenhalt als gemeinwohlorientierte Handlungsdisposition[35] schließt grundsätzlich mit ein, dass Bürger:innen eigene Nachteile zugunsten des wahrgenommenen Gemeinwohls akzeptieren. Die Politikwissenschaft fokussiert – quasi disziplinbedingt – bei den Zusammenhalt erzeugenden Faktoren vor allen Dingen auf politische Partizipation und die wahrgenommene empirische Legitimität von Entscheidungen. Auch ungleichheitsinduzierende Entscheidungen können demnach als legitim anerkannt werden und damit keine spaltende Wirkung entfalten. Verschiedene aktuelle Entwicklungen werfen allerdings zumindest die Frage auf, inwiefern die bestehenden politischen Institutionen noch in der Lage sind, diese empirische Legitimität zu gewährleisten.

---

33 Detlef Sack, Rechnungshöfe als Veto-Spieler? Öffentlich-Private Partnerschaften im Bundesfernstraßenverkehr, in: dms-der moderne staat. Zeitschrift für Public Policy, Recht und Management 11 (2018), H. 1, S. 55–78.

34 Peter H. Feindt, Umwelt- und Technikkonflikte in Deutschland zu Beginn des 21. Jahrhunderts. Bestandsaufnahme und Perspektiven, in: Peter H. Feindt/Thomas Saretzki (Hrsg.), Umwelt- und Technikkonflikte, Wiesbaden 2010, S. 9–29.

35 Schiefer/van der Noll, The Essentials of Social Cohesion (Anm. 24).

Globalisierung und Europäisierung treffen auf eine zunehmende Delegation von Entscheidungen an Fachverwaltungen[36] und eine Verwissenschaftlichung und gestärkte Rollen von Expert:innen[37] im politischen Entscheidungsprozess. Diese Faktoren machen vor allem in ihrer Kombination politische Entscheidungen weniger greifbar und erschweren es Bürger:innen zunächst einmal, sich über Praktiken politischer Partizipation mit dem Gemeinwesen zu identifizieren. Damit stellt sich zum einen die Frage, wie sich bestehende politisch-administrative Verfahren auf den gesellschaftlichen Zusammenhalt auswirken, zum anderen, ob neue und teilweise experimentelle Verfahren und Praktiken die Chance auf eine Revitalisierung der politischen Beteiligung bieten.[38]

2.2 Raumplanung: gleichwertige Lebensverhältnisse und gesellschaftlicher Zusammenhalt

Der Abbau regionaler Disparitäten und die Schaffung gleichwertiger Lebensverhältnisse gelten seit Einführung des Raumordnungsgesetzes 1965 als zentrale Leitvorstellung der Raumplanung. Damit wird versucht, das sozialstaatliche Versprechen, jedefrau und jedermann am gesellschaftlichen Wohlstand teilhaben zu lassen, räumlich umzusetzen.[39] Zum Erreichen des Gleichwertigkeitsziels avancierte das Zentrale-Orte-Konzept zum wesentlichen raumplanerischen Instrument.[40] Damit sollten und sollen für alle Bürger:innen in zumutbarer Entfernung Mindeststandards der *Daseinsvorsorge* geschaffen werden,[41] das heißt technische Infrastrukturen (zum Beispiel Verkehrsinfrastruktur, Kommunikationsdienstleis-

36 Jacint Jordana/Xavier Fernández-i-Marin/Andrea C. Bianculli, Agency Proliferation and the Globalization of the Regulatory State. Introducing a Data Set on the Institutional Features of Regulatory Agencies, in: Regulation & Governance 12 (2018), H. 4, S. 524–540.

37 Eva Krick/Johan Christensen/Cathrine Holst, Between »Scientitation« and a »Participatory Turn«. Tracing Shifts in the Governance of Policy Advice, in: Science and Public Policy 46 (2019), H. 6, S. 927–939; Peter Weingart, Verwissenschaftlichung der Gesellschaft. Politisierung der Wissenschaft, in: Zeitschrift für Soziologie 12 (1983), H. 3, S. 225–241.

38 Simon Fink/Eva Ruffing, Legitimation durch Kopplung legitimatorischer Arenen, in: Alexander Thiele (Hrsg.), Legitimität in unsicheren Zeiten, Tübingen 2019, S. 195–220; Simon Fink/ Eva Ruffing, Legitimation durch Verwaltungsverfahren? Was sich die Politik von Konsultationen beim Stromnetzausbau verspricht, in: dms-der moderne staat. Zeitschrift für Public Policy, Recht und Management 8 (2015), H. 2, S. 253–271.

39 Kersten, Abschied von der Gleichwertigkeit der Lebensverhältnisse (Anm. 23), S. 245.

40 Thomas Terfrüchte/Florian Flex, Zentraler Ort, in: ARL – Akademie für Raumforschung und Landesplanung (Hrsg.), Handwörterbuch der Stadt- und Raumentwicklung, Hannover 2018, S. 2975.

41 Ludwig Scharmann et al., Raumordnung: Anwalt für gleichwertige Lebensverhältnisse und regionale Entwicklung – eine Positionsbestimmung (= Positionspapier aus der ARL, Bd. 115), Hannover 2020, S. 4.

tungen, Wasser-, Energie, Abfallversorgung), soziale Infrastrukturen (zum Beispiel Bildungseinrichtungen, soziale Dienste, Kultur- und Freizeiteinrichtungen) sowie ausreichende Ausstattungen des Brand- bzw. Katastrophenschutzes.[42] Elementare Bestandteile dieses Instrumentes sind zentralörtliche Funktionszuweisungen. Dabei handelt es sich um Kategorisierungen bestimmter Gemeinden als Ober-, Mittel- oder Grundzentrum, die erstens auf vorhandenen Versorgungsfunktionen für die Gemeinde selbst sowie zweitens für den jeweiligen Verflechtungsbereich bzw. drittens auf der Entwicklungsfähigkeit eines Ortes basieren (zum Beispiel hinsichtlich Verkehrsanbindung, Flächenverfügbarkeit, Demografie, Finanzen).[43] Der Planungsbedarf zum Abbau räumlicher Disparitäten leitete sich bis in die 1980er Jahre aus Diskrepanzen zwischen der Ist-Zentralität sowie der Soll-Zentralität eines zentralen Ortes ab und wurde durch entsprechende Infrastrukturausstattungen der öffentlichen Hand adressiert.[44]

Die Ausrichtung raumplanerischer Aktivitäten am Postulat der gleichwertigen Lebensverhältnisse und die konsequente Anwendung des Zentrale-Orte-Konzeptes führten in den 1980er Jahren durchaus zu einer Verringerung räumlicher Entwicklungsgefälle und verbesserte Teilhabemöglichkeiten.[45] Allerdings zeigt sich spätestens seit der Wiedervereinigung, dass das Zentrale-Orte-Konzept reformbedürftig ist[46] – sowohl mit Blick auf methodische Erfordernisse als auch auf die tatsächliche Steuerungswirkung.[47] Insbesondere wurde deutlich, dass die Nutzung des Zentrale-Orte-Konzeptes als *Allzweckwaffe*[48] der Raumplanung neue (kleinräumige) Ungleichheiten produzierte. Denn mit dem Aufrechterhalten und Ausbauen der Versorgungsfunktionen zentraler Orte in ländlichen Gebieten ging vielfach eine Konzentration von Bewohner:innen und Arbeitsplätzen einher. Mithin wurde und wird die zunehmende Ausdünnung nicht-zentraler Orte in Kauf genommen.[49] Zugespitzt ließe sich formulieren, dass die Entstehung sozial-räumlicher Ungleichheit für die Regionalplanung eigentlich unvermeidlich, »vielleicht sogar erwünscht ist« und – »innerhalb vertretbarer Grenzen – begleitet

42 Marit Schröder, Gleichwertigkeit jenseits von Angleichung, phil. Diss., Universität Vechta, 2017, S. 35–38.
43 Terfrüchte/Flex, Zentraler Ort (Anm. 40), S. 2971–2976.
44 Ebd.
45 Hübler, Die Schaffung gleichwertiger Lebensbedingungen (Anm. 19), S. 59.
46 Bärbel Winkler-Kühlken, Standards in der Raumordnung auf dem Prüfstand?, in: APuZ 69 (2019), H. 46, S. 20 f.
47 Stefan Greiving/Florian Flex/Thomas Terfrüchte, Vergleichende Untersuchung der Zentrale-Orte-Konzepte in den Ländern und Empfehlungen zu ihrer Weiterentwicklung, in: Raumforschung und Raumordnung 73 (2015), H. 4, S. 286 u. 290–296.
48 Terfrüchte/Flex, Zentraler Ort (Anm. 40), S. 2975.
49 Für eine frühe Kritik siehe Hans H. Blotevogel, Zur Kontroverse um den Stellenwert des Zentrale-Orte-Konzepts in der Raumordnungspolitik heute, in: Informationen zur Raumentwicklung 23 (1996), H. 10 S. 647–657.

und gestaltet werden« muss.[50] Ein solches *Begleiten und Gestalten* wurde vor allem in zunehmend ausdünnenden Gebieten durch die Förderung von bürgerschaftlichem Engagement versucht, das wegbrechende Leistungen der Daseinsvorsorge auffangen sollte. Besonders in peripheren, ländlichen Regionen kompensiert letzteres das Wegbrechen sozialer Infrastrukturen (zum Beispiel von Kulturkneipen, Sommer- oder Erntefesten, Theaterbühnen),[51] öffentlicher Infrastrukturen[52] (zum Beispiel ÖPNV)[53] sowie kommerzieller Angebote[54] und schafft somit soziale Lebensqualität.[55]

Die ohnehin steigende Bedeutung bürgerschaftlichen Engagements *vor Ort* wird durch zunehmende Liberalisierungs- und Deregulierungsbestrebungen in den 1990er Jahren zusätzlich katalysiert.[56] An die Stelle des *konservativen* Wohlfahrtstaates mit einem umfassenden Verständnis der öffentlichen Daseinsvorsorge trat ein *aktivierender Sozialstaat*, dessen programmatischer Grundgedanke in der stärkeren Verschränkung öffentlicher und individueller Verantwortung lag.[57] Gemäß dieser Logik zieht sich der Staat zunehmend zurück, überträgt mehr Lasten und Risiken an Bürger:innen und fordert deren Eigenverantwortung in einer Vielzahl gemeinwohlorientierter Bereiche ein.[58] Verantwortungsübernahme wurde damit zum zentralen Prinzip einer kooperativen Governance zwischen Staat, Markt und Zivilgesellschaft.[59] Der Staat zieht sich zwar nicht vollständig aus seiner Handlungspflicht der öffentlichen Daseinsvorsorge zurück, sieht aber eine weitere zentrale Säule für den Abbau sozialer und räumlicher Disparitäten in zi-

---

50 Benjamin Davy, Raumplanung als Architektin sozialer Ungleichheit, in: Nachrichten der ARL 50 (2020), H. 1/2, (i. E.).

51 BBE, Land in Sicht. Engagementförderung, Demokratiestärkung, Ländliche Entwicklung, Berlin 2019, S. 6–10.

52 Christoph Schubert, Strukturen des Engagements im ländlichen Raum: zivilgesellschaftliches Engagement im Umgang mit demografischen Veränderungen, in: Janine Dieckmann et al. (Hrsg.), Schwerpunkt: Ländlicher Raum, Berlin 2019, S. 152.

53 Bundesregierung, Nationale Engagementstrategie der Bundesregierung, Berlin 2010, S. 30.

54 Nicole Hameister/Clemens Tesch-Römer, Landkreise und kreisfreie Städte: Regionale Unterschiede im freiwilligen Engagement, in: Julia Simonson/Claudia Vogel/Clemens Tesch-Römer (Hrsg.), Freiwilliges Engagement in Deutschland, Wiesbaden 2017, S. 549–571.

55 Thomas Gensicke/Sabine Geiss, Hauptbericht des Freiwilligensurveys 2009. Zivilgesellschaft, soziales Kapital und freiwilliges Engagement in Deutschland 1999 – 2004 – 2009, Berlin 2010, S. 26.

56 Martin T. W. Rosenfeld, Gleichwertigkeit der Lebensverhältnisse, in: ARL – Akademie für Raumforschung und Landesplanung (Hrsg.), Handwörterbuch der Stadt- und Raumentwicklung, Hannover 2018, S. 839.

57 Stephan Lessenich, »Aktivierender« Sozialstaat: Eine politisch-soziologische Zwischenbilanz, in: Reinhard Bispinck et al. (Hrsg.), Sozialpolitik und Sozialstaat, Wiesbaden 2012, S. 41–54.

58 Ludger Heidbrink/Alfred Hirsch, Verantwortung in der Zivilgesellschaft. Zur Konjunktur eines widersprüchlichen Prinzips, Frankfurt am Main/New York 2006, S. 14.

59 Ludger Heidbrink, Definitionen und Voraussetzungen der Verantwortung, in: Ludger Heidbrink/Claus Langbehn/Janina Loh (Hrsg.), Handbuch Verantwortung, Wiesbaden 2017, S. 27 f.

vilgesellschaftlicher Verantwortungsübernahme. Hierbei wird davon ausgegangen, dass »die Gleichwertigkeit der Lebensverhältnisse durch eigenverantwortliche Individuen (Teilräume, Regionen, Nachbarstädte, Menschen)« hergestellt wird, »die ihre vom Staat gebotenen ›Chancen‹ ergreifen und zum eigenen Vorteil wie zum allgemeinen Besten nutzen«.[60]

Die veränderten Rahmenbedingungen im Anstreben gleichwertiger Lebensbedingungen wirkten sich auch auf das Rollen- und Aufgabenverständnis von Raumplaner:innen aus. Neben klassischen Aufgaben der Raum- und Regionalplanung (zum Beispiel dem Anwenden des Zentrale-Orte-Konzeptes) können sie in lokalen und regionalen Governance-Arrangements[61] eine Schnittstellenfunktion übernehmen und Möglichkeitsräume zivilgesellschaftlicher Verantwortungsübernahme schaffen. Dies bedeutet zum Beispiel, dass sie Synergien unterschiedlicher Akteure identifizieren, Brücken zwischen unterschiedlichen Engagementformen und -traditionen sowie zwischen divergierenden inhaltlichen Zielen schlagen bzw. Akteursnetzwerke durch fachliche Beratung unterstützen.[62]

Mit einem um die Gestaltung regionaler Governance-Arrangements erweiterten Aufgaben- und Rollenverständnis übt Raumplanung eine nicht unbedeutende Wirkung auf gesellschaftlichen Zusammenhalt *vor Ort* aus. Grundsätzlich gelten gleichwertig wahrgenommene Lebensverhältnisse (zum Beispiel über die Entwicklung der Zentralen Orte) als wichtige Voraussetzung gesellschaftlichen Zusammenhalts.[63] Durch das Schaffen von Möglichkeitsräumen zivilgesellschaftlicher Verantwortungsübernahme – mit dem primären Ziel, Entwicklungsnachteile zu überwinden – kann die Raumplanung zusätzliche Beiträge zu einem gelingenden Zusammenhalt leisten. Denn realisierte zivilgesellschaftliche Verantwortungsübernahme ist vielfach gleichbedeutend mit einer hohen Qualität und Quantität sozialer Beziehungen und vermag die Identifikation mit den jeweiligen Bezugsräumen zu stärken – und somit zwei Dimensionen dessen stärken, was als gesellschaftlicher Zusammenhalt bezeichnet wird.[64] Raumplanung wird somit zu einem wichtigen Akteur für gesellschaftlichen Zusammenhalt *vor Ort*, auch wenn festzuhalten ist, dass Planung hier durch Vorabwägungen und (inhaltliche) Prio-

---

60 Davy, Raumplanung als Architektin sozialer Ungleichheit (Anm. 50).

61 Zum Begriff der »Regional Governance« siehe Dietrich Fürst, Raumplanung. Herausforderungen des deutschen Institutionensystems, Detmold 2010, S. 110–115.

62 Ward Rauws, Civic Initiatives in Urban Development: Self-Governance versus Self-Organisation in Planning Practice, in: Town Planning Review 87 (2016), H. 3, S. 339–361; Meike Levin-Keitel/Frank Othengrafen/Lukas Behrend, Stadtplanung als Disziplin. Alltag und Selbstverständnis von Planerinnen und Planern, in: Raumforschung und Raumordnung/Spatial Research and Planning 77 (2019), H. 2 S. 115–130.

63 Schiefer/van der Noll, The Essentials of Social Cohesion (Anm. 24), S. 585–592.

64 Joseph Chan/Ho-Pong To/Elaine Chan, Reconsidering Social Cohesion: Developing a Definition and Analytical Framework for Empirical Research, in: Social Indicators Research 75 (2006), H. 2, S. 273–302.

ritätensetzungen, der Einbeziehung bestimmter Akteure in Entwicklungsprozesse usw. zu weiteren Ungleichheiten beitragen kann.

Gleichzeitig zeigen sich in der Verbindung zwischen raumplanerischen Bemühungen zum Erreichen des Gleichwertigkeitsziels mit unterschiedlichen Formaten zivilgesellschaftlicher Verantwortungsübernahme und gesellschaftlichem Zusammenhalt offene Fragen. Offen ist, wie angesichts klassischer Governance-Herausforderungen (wie einer schwachen Konfliktregelungsfähigkeit, der hohen Abhängigkeit personaler Faktoren, selektiver und vielfach marginalisierender Themenwahlen[65]) und einem nicht auszuschließenden weiteren Rückzug des Staates entsprechende Governance-Arrangements angestoßen werden können. Insbesondere vor dem Hintergrund pluralisierender Interessen, Raum- und Identitätsvorstellungen stellt sich darüber hinaus die Frage, wie die Stabilität solcher Arrangements in unterschiedlich strukturierten Räumen gewährleistet werden kann.

2.3   Sozialgeographie: gesellschaftlicher Zusammenhalt und Begegnung

Gesellschaftlicher Zusammenhalt stellt sich, wie bereits einleitend angemerkt, räumlich differenziert dar, da soziale Phänomene und räumliche Merkmale unterschiedlich wahrgenommen werden. Die sich herausbildende Forschungsrichtung der *Geography of (Dis)Cohesion* untersucht deshalb, wie und warum es zu regionalen Unterschieden in den Formen und Intensitäten von sozialer Kohäsion kommt. Ein wichtiges forschungsleitendes Konzept sind in diesem Zusammenhang bedeutsame Begegnungen und Kontakte als »meaningful encounter«[66] die dem Zufall im Entstehen und Verstehen von gesellschaftlichem Zusammenhalt Raum geben. Dabei fragt die sozialgeographische Zusammenhaltsforschung danach, welche Art von Zusammenhalt unter welchen räumlichen Rahmenbedingungen wo hergestellt wird; welche Bedeutung(en) spezifische Raumstrukturen für das Handeln haben, wie diese wahrgenommen, erlebt und bewertet werden. Dieser Zugang fokussiert folglich das *doing cohesion* als »*mundane everyday practices, that shape the conduct of human beings towards others and themselves in particular places*«.[67]

---

65 Fürst, Raumplanung (Anm. 61), S. 110–115.

66 Gill Valentine, Living with Difference: Reflections on Geographies of Encounter, in: Progress in Human Geography 32 (2008), H. 3, S. 325, 334; Helen Wilson, On Geography and Encounter: Bodies, Borders, and Difference, in: Progress in Human Geography 41 (2017), H. 4, S. 460 f.; Kye Askins, Emotional Citizenry: Everyday Geographies of Befriending, Belonging and Intercultural Encounter, in: Transactions of the Institute of British Geographers 41 (2016), H. 4, S. 515–527.

67 Nigel Thrift, The Still Point. Resistance, Expressive Embodiment and Dance, in: Michael Keith/Steven Pile (Hrsg.), Geographies of Resistance, London 1997, S. 126.

Begegnungen sind aufgrund ihres ermöglichenden und vermittelnden Charakters basal für die Entstehung von Zusammenhalt. Im Moment ihrer Existenz sind Begegnungen als *situative Orte*[68] kognitiv und affektiv erfahrbar. Innerhalb dieses ephemeren Zeit-Raums findet eine Situationsbestimmung durch Aushandlung bzw. situativer Stratifizierung[69] statt, die auch von raumbezogenen Einstellungs- und Verhaltensweisen geleitet wird. In der Begegnung werden dementsprechend Möglichkeiten für und Modi von (Dis)Kohäsion – über die (Im-)Materialität des Settings – wirksam.[70] Obschon die Kontakthypothese[71] von Gordon Allport für bestimmte Kontexte empirisch widerlegt werden kann oder zu widersprüchlichen Aussagen kommt[72], stellt sich die Frage, welche räumlichen Gegebenheiten und Gelegenheiten für ein nachhaltig positives Erleben, Verstehen und Anerkennen von Anderen relevant sind und in welchen Zusammenhängen (Un-)Gleichbehandlungen entstehen und sich räumlich manifestieren.

»Gesellschaftliches Miteinander wird vor allem vor Ort erfahren und gelebt […] entsteht also vor der Haustür«.[73] Viele sozialgeographische Forschungsarbeiten legen ihren Schwerpunkt daher auf Nachbarschaften als wichtigen Schauplatz für die Messung des sozialen Zusammenhalts.[74] Sie fungieren als kleinmaßstäb-

---

68 Peter Dirksmeier/Ilse Helbrecht/Ulrike Mackrodt, Situational Places: Rethinking Geographies of Intercultural Interaction in Super-Diverse Urban Space, in: Geografiska Annaler Series B, Human Geography 96 (2016), H. 4, S. 299–312.

69 Randall Collins, Situational Stratification: A Micro-Macro Theory of Inequality, in: Sociological Theory 18 (2000), H. 1, S. 17–43; Peter Dirksmeier/Ilse Helbrecht, Everyday Urban Encounters as Stratification Practices: Analysing Affects in Micro-Situations of Power Struggles, in: City 19 (2015), H. 4, S. 486–498.

70 Ash Amin, Ethnicity and the Multicultural City: Living with Diversity, in: Environment and Planning A 34 (2002), H. 6, S. 959–980; Peter Dirksmeier/Ilse Helbrecht, Die Beobachtung der Situation: Zur Rolle von Affekten in Begegnungen zwischen Fremden, in: Geographische Zeitschrift 101 (2013), H. 2, S. 65–81; Brenda S. A. Yeoh, Affective Practices in the European City of Encounter, in: City 19 (2015), H. 4, S. 545–551.

71 Gordon W. Allport, The Nature of Prejudice, Reading 1954.

72 Barbara Bloch/Tanja Dreher, Resentment and Reluctance: Working with Everyday Diversity and Everyday Racism in Southern Sydney, in: Journal of Intercultural Studies 30 (2009), H. 2, S. 193–209; Kye Askins/Rachel Pain, Contact Zones: Participation, Materiality, and the Messiness of Interaction, in: Environment and Planning D: Society and Space 29 (2011), H. 5, S. 803–821; Tatiana Matejskova/Helga Leitner, Urban Encounters with Difference: The Contact Hypothesis and Immigrant Integration Projects in Eastern Berlin, in: Social & Cultural Geography 12 (2011), H. 7, S. 717–741; Deborah Phillips et al., Towards Intercultural Engagement: Building Shared Visions of Neighbourhood and Community in an Era of New Migration, in: Journal of Ethnic and Migration Studies 40 (2014), H. 1, S. 42–59.

73 Regina Arant/Mandi Larsen/Klaus Boehnke, Sozialer Zusammenhalt in Bremen, Bertelsmann Stiftung, Bremen 2016, S. 9; 11.

74 Zheng Wang/Fangzhu Zhang/Fulong Wu, Neighbourhood Cohesion under the Influx of Migrants in Shanghai, in: Environment and Planning A, 49 (2017), H. 2, S. 3; John Bwalya/Cecil Seethal, Neighbourhood Context and Social Cohesion in Southernwood, East London, South Africa, in: Urban Studies 53 (2016), H. 1, S. 40–56; Leila Mahamoudi Farahani, The

liche sozial-räumliche Einheit[75], die als *neighbourhood*, das heißt als territorialer Ausschnitt der gebauten Umwelt, aber auch als »Lokalisation des Sozialen«[76] in Form des *neighbouring* definiert werden kann.[77] Ihre »unscharfen Grenzen«[78] sind sowohl statistisch als auch qualitativ schwer zu operationalisieren, weil sie sich auf die unmittelbaren Nachbar:innen, einen Straßenzug oder einen Wohnblock beziehen können. Dennoch ist die Nachbarschaftsebene bedeutsam für die Zusammenhaltskonstitution, weil sie sozial-räumliche Vertrautheit offeriert: Mensch kann sich in ihr problemlos orientieren, kennt sich und weiß gemeinhin, wie mensch sich zu verhalten hat.[79] Auf dieser Vertrautheitsgrundlage kann sich ein Sicherheitsgefühl unter den Bewohner:innen einstellen, ohne dass mensch sich mit seinen Nachbar:innen oder der Umgebung (emotional) identifizieren müsste. Auch wenn soziale Bindungen und raumbezogene Zugehörigkeitszuschreibungen ausbleiben, bestehen ordinäre Kontaktmöglichkeiten, die – beeinflusst unter anderem von der Häufigkeit und Dauer der Begegnungen – ein »*meeting*« in ein »*mating*«[80] transformieren, Vorurteile und Streit generieren können oder unverbindlich und minimalsympathisch verbleiben.

Vor dem Hintergrund einer multikulturellen Ausdifferenzierung der Nachbarschaft und multipler Verhaltensweisen ihrer Bewohner:innen, steigen potenziell auch Unsicherheiten im Umgang miteinander. Aus diesem Grund ist Zusammen-

---

Value of the Sense of Community and Neighbouring, in: Housing, Theory and Society 33 (2016), H. 3, S. 357–376; KC Ho/Vincent Chua, The Neighbourhood Roots of Social Cohesion: Notes on an Exceptional Case of Singapore, in: Environment and Planning C: Politics and Space 36 (2018), H. 2, S. 290–312; Myrte S. Hoekstra/Fenne M. Pinkster, We want to be there for Everyone: Imagined Spaces of Encounter and the Politics of Place in a Super-Diverse Neighbourhood, in: Social & Cultural Geography 20 (2019), H. 2, S. 222–241.

75 Myrte S. Hoekstra/Julia Dahlvik, Neighbourhood Participation in Super-Diverse Contexts: Comparing Amsterdam and Vienna, in: Urban Research & Practice 11 (2018), H. 4, S. 441 f.

76 Ash Amin, Local Community on Trial, in: Economy and Society 34 (2005), H. 4, S. 615.

77 Ade Kearns/Ray Forrest, Social Cohesion and Multilevel Urban Governance, in: Urban Studies 37 (2000), H. 5–6, S. 995–1017; Ray Forrest/Ade Kearns, Social Cohesion, Social Capital and the Neighbourhood, in: Urban Studies 38 (2001), H. 12, S. 2125–2143; Margarethe Kusenbach, Patterns of Neighboring: Practicing Community in the Parochial Realm, in: Symbolic Interaction 29 (2006), H. 3, S. 279–306; Ana Petrović/David Manley/Maarten van Ham, Freedom from the Tyranny of Neighbourhood: Rethinking Sociospatial Context Effects, in: Progress in Human Geography (2019), S. 4.

78 Petrović/Manley/van Ham, Freedom from the Tyranny of Neighbourhood (Anm. 77). S. 4.

79 Gill Valentine/Catherine Harris, Encounters and (In)tolerance: Perceptions of Legality and the Regulation of Space, in: Social & Cultural Geography 17 (2016), H. 7, S. 913–932; Talja Blokland/Julia Nast, From Public Familiarity to Comfort Zone: The Relevance of Absent Ties for Belonging in Mixed Neighborhoods, in: International Journal of Urban and Regional Research 38 (2014), H. 4, S. 1142–1159; Elijah Anderson, Code of the Street: Decency, Violence and the Moral Life of the Inner City, New York 2000.

80 Mario L. Small/Laura Adler, The Role of Space in the Formation of Social Ties, in: Annual Review of Sociology 45 (2019), S. 117.

halt als Prozess des Zusammenlebens situativ *vor Ort* zu betrachten. Notwendig scheint die Entwicklung von Routinen im Umgang mit Differenz und von unterschiedlichen Werthaltungen in und Erwartungen an die Nachbarschaft – auch oder gerade im Konflikt. Welche Kohäsionsmuster sich in welchen räumlich differenzierten nachbarschaftlichen Handlungskontexten ausbilden, wie dies gelingt oder misslingt, ist indes unbekannt.[81] Des Weiteren ist unklar, welchen Effekt die sog. Super-Diversität[82] auf den Zusammenhalt hat. Empirische Studien belegen in diesem Zusammenhang eine Ambivalenz, da sozial-kulturelle Diversität sich sowohl fördernd wie hemmend auf Zusammenhalt auswirken kann oder aber gar keine Effekte nach sich zieht.[83]

Nachbarschaften sind »Räume des Widerspruchs – Orte der Geselligkeit und des Konflikts«,[84] der Minimierung und Maximierung von Differenz, der Inklusion und Exklusion. Dies manifestiert sich auch entlang unterschiedlicher Lebensbedingungen und wirtschaftlicher Entwicklungsmöglichkeiten, die in Form von räumlichen oder regionalen Disparitäten das Zusammenleben in und zwischen Nachbarschaften beeinflussen. Ungleiche Verteilungen zum Beispiel bei der Infrastrukturausstattung, der Wohnraumversorgung sowie die Bevölkerungszusammensetzung können zu Segregations- und Polarisierungserscheinungen in Nachbarschaften führen, Ungleichheiten und damit Zugangsmöglichkeiten und Machtstrukturen sedimentieren. Aktuelle Studien zeigen, dass sich Heterogenität zwischen Nachbarschaften positiv auf soziale Kohäsion auswirkt, während Unterschiede innerhalb von Nachbarschaften dem Zusammenhalt entgegenstehen.[85]

---

81 Askins, Emotional Citizenry (Anm. 66), S. 515–527; Aneta Piekut/Gill Valentine, Spaces of Encounter and Attitudes towards Difference: A Comparative Study of two European Cities, in: Social Science Research 62 (2017), S. 175–188; Valentine/Harris, Encounters and (In)tolerance (Anm. 79), S. 913–932.

82 Steven Vertovec, Super-Diversity and Its Implications, in: Ethnic and Racial Studies 30 (2007), H. 6, S. 1024–1054; Meike Peterson, Living with Difference in Hyper-Diverse Areas: How Important are Encounters in Semi-Public Spaces?, in: Social & Cultural Geography 18 (2016), H. 8, S. 1067–1085.

83 Patrick Sturgis et al., Ethnic Diversity, Segregation and the Social Cohesion of Neighbourhoods in London, in: Ethnic and Racial Studies 37 (2014), H. 8, S. 1286–1309; Tom van der Meer/Jochem Tolsma, Ethnic Diversity and Its Effects on Social Cohesion, in: Annual Review of Sociology 40 (2014), S. 459–478; Ruud Koopmans/Merlin Schaeffer, Statistical and Perceived Diversity and Their Impacts on Neighborhood Social Cohesion in Germany, France and the Netherlands, in: Social Indicators Research 125 (2016), S. 853–883.

84 Deborah Phillips et al., Towards Intercultural Engagement: Building Shared Visions of Neighbourhood and Community in an Era of New Migration, in: Journal of Ethnic and Migration Studies 40 (2014), H. 1, S. 42–59, S. 55.

85 Sturgis et al., Ethnic Diversity (Anm. 83). Richard Lang/Andreas Novy, Cooperative Housing and Social Cohesion: The Role of Linking Social Capital, in: European Planning Studies 22 (2011), H. 8, S. 1744–1764; Tim Cassiers/Christian Kesteloot, Socio-spatial Inequalities and Social Cohesion in European Cities, in: Urban Studies 49 (2012), H. 9, S. 1909–1924.

Entscheidend in diesem Zusammenhang scheint die räumliche Verteilung bzw. das Ausmaß der sozialen und ethnischen Durch- bzw. Entmischung zu sein.[86] Inwiefern statistische Strukturdaten zur Erfassung regionaler Disparitäten mit der subjektiven Wahrnehmung und Bewertung der Bewohner:innen von Benachteiligung, Ausgrenzung und Diskriminierung übereinstimmen, ist allerdings noch nicht geklärt.

Da die meisten Menschen in räumlich deutlich ausgreifenderen Zusammenhängen als in ihrer Nachbarschaft leben, wie spätestens seit Melvin Webbers Arbeiten[87] fundiert sozialwissenschaftlich aufgearbeitet ist, sind *Nachbarschaftseffekte* in Hinblick auf Intensität und Wertigkeiten von lokal situierten Begegnungen empirisch genauer zu untersuchen.[88] Dazu gehört auch eine Berücksichtigung der zeitlichen Dimension in ihrer transformativen Funktion. Denn offensichtlich ist, dass die Wohndauer, Gewöhnungs- und Anpassungseffekte vor Ort, aber auch temporäre Abwesenheiten aufgrund von globalisierten Aktionsräumen und (Freundschafts-)Netzwerken Bewohner:innen zum Teil weniger *place-bound* als *place-less*[89] agieren lässt. Daneben sind es aber auch die Geschichte des Ortes, (Leit-)Bilder und Narrative, die den Zusammenhalt – positiv wie negativ – tangieren.[90] Quantitative Studien in der Sozialgeographie gehen dabei selten auf subjektive Wahrnehmungen, raumbezogene Einstellungen und Verhaltensweisen ein und vernachlässigen Umwelteinflüsse, wie zum Beispiel Umweltverschmutzungen oder Kriminalität sowie politisch-institutionelle Strukturen und Systeme wie zum Beispiel die Ressourcenausstattung oder Stigmatisierungen des Quartiers.[91]

Aufgrund der schwierigen (Er-)Fassbarkeit von Nachbarschaften, können »*locale micro-publics*«[92], als institutionalisierte situative Orte der Begegnung, betrachtet werden. Mikro-Öffentlichkeiten sind Orte, die aufgrund gleicher Hand-

---

86 James Laurence, The Effect of Ethnic Diversity and Community Disadvantage on Social Cohesion: A Multi-Level Analysis of Social Capital and Interethnic Relations in UK Communities, in: European Sociological Review 27 (2011), H. 1, S. 70–89.

87 Melvin M. Webber, The Urban Place and the Nonplace Urban Realm, in: Melvin M. Webber et al. (Hrsg.), Explorations into Urban Structures, Philadelphia 1964, S. 79–153.

88 Mei-Po Kwan, The Limits of the Neighborhood Effect: Contextual Uncertainties in Geographic, Environmental Health, and Social Science Research, in: Annals of the American Association of Geographers, 108 (2018), H. 6, S. 1482–1490.

89 Farahani, The Value of the Sense of Community and Neighbouring, (Anm. 74).

90 Gill Valentine/Joanna Sadgrove, Lived Difference: A Narrative Account of Spatiotemporal Processes of Social Differentiation, in: Environment and Planning A (2012), H. 44, S. 2049–2063; Kwan, The Limits of the Neighborhood Effect (Anm. 88).

91 Sanae Inagami/Deborah A. Cohen/Brian K. Finch, Non-Residential Neighborhood Exposures Suppress Neighborhood Effects on Self-Rated Health, in: Social Science & Medicine 65 (2007), S. 1779–1791.

92 Amin, Ethnicity and the Multicultural City (Anm. 70), S. 960, 969, 976; Junjia Ye, Contours of Urban Diversity and Coexistence, in: Geography Compass 11 (2017), H. 9, S. 1–8; Hoekstra/Dahlvik, Neighbourhood Participation in Super-Diverse Contexts (Anm. 75).

lungsmotive zweckgebunden aufgesucht werden und so soziale Kontakte und Begegnungen ermöglichen. Diese Orte bergen die Möglichkeit der Überwindung von Differenz und Konflikten, die Herstellung von Gemeinsamkeit und Kohäsion.[93] Als *organized encounter*[94] bieten sie unterschiedliche Möglichkeiten für thematische und gruppenspezifische Zusammenkünfte an. Neben sportlichen und kulturellen Aktivitäten werden diese Treffen in Nachbarschaften für Treffen mit Nachbar:innen organisiert; dienen als Plattform für die Hausaufgabenbetreuung von Schulkindern, Kaffeerunden für Senior:innen, genauso wie für Deutschstunden mit Migrant:innen oder gemeinsames Gärtnern.[95] Diese Form von Gemeinschaft wird zunehmend auch von der (lokalen) Politik unterstützt, um Partizipation und Teilhabe, Verantwortungsübernahme und Selbstorganisation von Bewohner:innen zu fördern.[96] Weil sich jedoch nicht alle Bewohner:innen gleichermaßen engagieren, können infolge des politischen Rückzugs aus wohlfahrtsstaatlichen Einrichtungen Integrationsbarrieren entstehen, die den Zusammenhalt vor Ort durch einseitige Ausrichtung reduzieren. Offen ist hierbei, welche Bedeutung mikro-öffentliche Begegnungsorte innerhalb von Nachbarschaften in ihrer spezifischen räumlichen Einbettung, regionalen Differenzierung und physisch materiellen Strukturierung haben.

Da sich der gesellschaftliche Zusammenhalt zunehmend unter Bedingungen sozialer Differenz und Distanz bei gleichzeitig auftretenden pluralisierten Einstellungen, Sicht- und Handlungsweisen der Gesellschaftsmitglieder konstituieren muss, kommt der Frage nach der Art des Zusammenhalts für die sozialgeographische Forschung unmittelbare Evidenz zu: »*What kind of community cohesion and cooperation do we need in different societies and localities, and how is* [cohesion] [...] *performed, perceived and prejudiced in various places and spaces?*«.[97]

---

93 Amin, Ethnicity and the Multicultural City (Anm. 70), S. 960, 969, 976.

94 Brenda S. A. Yeoh/Katie Willis, Singaporean and British Transmigrants in China and the Cultural Politics of Contact Zones, in: Journal of Ethnic and Migration Studies 31 (2005), S. 269–285; Askins/Pain, Contact Zones (Anm. 72), S. 803–821.

95 E. J. Veen et al. Community Gardening and Social Cohesion: Different Designs, Different Motivations, Local Environment 21 (2016), H. 10, S. 1271–1287; Peter J. Hemming, Meaningful Encounters? Religion and Social Cohesion in the English Primary School, in: Social & Cultural Geography 12 (2011), H. 1, S. 63–81.

96 Forrest/Kearns, Social Cohesion, Social Capital and the Neighbourhood (Anm. 77), S. 2125–2143; Caterina Cortese et al., Governing Social Cohesion in Shrinking Cities: The Cases of Ostrava, Genoa and Leipzig, in: European Planning Studies 22 (2014), H. 10, S. 2050–2066; Hoekstra/Pinkster, We want to be there for Everyone (Anm. 74).

97 Ulrike M. Vieten/Gill Valentine, Counter-Mappings: Cartography and Difference, in: Ulrike M. Vieten/Gill Valentine (Hrsg.), Cartographies of Differences. Interdisciplinary Perspectives, Oxford 2016, S. 3.

3. Fazit

Die unterschiedlichen fachlichen Perspektiven auf das Zusammenspiel von räumlicher und regionaler Differenzierung sowie gesellschaftlichen Zusammenhalts eröffnen die Möglichkeit, diesen gesellschaftlich immanent wichtigen Mechanismus des Ineinandergreifens von, auf der einen Seite staatlich garantierten und bereitgestellten Infrastrukturen, die Teilhabe an dem Gemeinwesen für alle Mitglieder erst ermöglichen, und auf der anderen Seite, dem Verhalten dieser Mitglieder in Bezug auf das Gemeinwesen selbst auf unterschiedlichen räumlichen Maßstabsebenen fundiert zu untersuchen. Räumliche Differenzierungen in der Qualität der Verbundenheit von sozialen Kollektiven verlangen nach einer Analyse, die die unterschiedlichen Rahmenbedingungen und Ausprägungen maßstabsgerecht vornimmt. Wesentliche Variablen, die in Hinblick auf den gesellschaftlichen Zusammenhalt in unterschiedlichen räumlichen Kontexten Erklärungskraft aufweisen, sind Beziehungen, Identifikationen, Interaktionen und weltanschauliche Orientierungen der Bewohner:innen.

Die unterschiedlichen Ausprägungen und Ausstattungen der Regionen ist demnach eine wichtige erklärende Variable für Prozesse des gesellschaftlichen Zusammenhalts. Großstädte variieren in Bezug auf die Qualität der Schulen, der Dichte der Biosupermärkte oder Discounter, der Anbindung an den ÖPNV oder der Miet- und Bodenpreise zwischen ihren Vierteln und Quartieren, während in peripheren und dünn besiedelten ländlichen Kreisen die Versorgung mit Finanzdienstleistungen mitunter nur noch mobil sichergestellt werden kann. Die für soziale Kohäsion als wesentlich betrachteten Zusammenhänge zwischen räumlichen und gesellschaftlichen Entwicklungen auf unterschiedlichen räumlichen Maßstabsebenen verlangen für ihre Erforschung die Integration räumlicher Zusammenhänge in ihre Erklärung. Die sozial-räumliche Strukturierung gesellschaftlichen Zusammenhalts ist entlang von Gelegenheitsstrukturen verortet, die zwischen lokalen Kontexten wie Stadtquartieren, Dörfern, Nachbarschaften oder Gemeinden variieren, genauso wie zwischen prosperierenden und strukturschwachen oder städtischen und ländlichen Regionen.

Räumliche Disparitäten werfen in Bezug auf den gesellschaftlichen Zusammenhalt eine Reihe von Fragen auf, die je nach Fachdisziplin unterschiedliche Antworten erwarten lassen. Eine an praktischen Lösungen für die Herstellung gleichwertiger Lebensverhältnisse orientierte Raumplanung lotet daher zum einen flexible und innovative Lösungen hinsichtlich der gleichwertigen Standards der Daseinsvorsorge und zum anderen neue Akteurskonstellationen und Governance-Arrangements zum Abbau räumlicher Disparitäten aus. Sie fragt insbesondere nach den, so die leitende These, regional variierenden Gründen für unterschiedliche Intensitäten von Praktiken des Zusammenhalts, die insbesondere mit Blick auf die zivilgesellschaftliche Verantwortungsübernahme analysiert werden. Eine auf föderale Strukturen schauende Politikwissenschaft interessiert sich besonders für die Konflikte um Bereitstellungen von Infrastrukturen, die für Zusammenhalt immanent wichtig, zugleich aber so umstritten sind, dass sie diesen wiederum gefährden. Existieren in diesem Sinne bestimmte Typen von Infrastrukturkonflikten, die für den gesellschaftlichen Zusammenhalt besonders problematisch sind? Oder kann politische Partizipation zur Überwindung dieser Infrastrukturkonflikte und damit zum gesellschaftlichen Zusammenhalt beitragen? Die Sozialgeographie fokussiert sich schließlich auf die lokale Maßstabsebene der Nachbarschaft. Die steigende Diversifizierung von Bewohner:innen in Nachbarschaften, in der Sozialwissenschaft bereits seit geraumer Zeit mit Super-Diversität bezeichnet,[98] etwa in Bezug auf Gender, Herkunft, Alter, Aufenthaltsstatus, religiöser oder sexueller Orientierung, geht mit veränderten Formen von Interaktionen einher. Die Maßstabsebene der Nachbarschaft ist für das Verständnis der Entstehung, Abläufe und Folgen sowohl eines konstruktiven Zusammenhalts als Kooperation oder Hilfeverhaltens als auch eines destruktiven, auf die Ausgrenzung des Anderen gerichteten Zusammenhalts in Form von Diskriminierung, menschenfeindlicher Einstellungen oder Gewalt wichtig. Insbesondere soziale Beziehungen und Praktiken des Zusammenhalts wie Freundschaften, soziale Netzwerke und Vereine, die den Rahmen für nachbarschaftliche Interaktionen und damit Rückschlüsse auf den gelebten und gefühlten Zusammenhalt ermöglichen, stehen im Zentrum des sozialgeographischen Nachdenkens.

Den Einfluss räumlicher und regionaler Differenzierung auf die Erklärung von Phänomenen gesellschaftlichen Zusammenhalts auf unterschiedlichen Maßstabsebenen von der Nachbarschaft bis zum europäischen Vergleich quantitativ und qualitativ zu erfassen und zu vermessen, erscheint als eine wichtige Aufgabe der sozialwissenschaftlichen Zusammenhaltsforschung. Trotz der normativen Vorgabe gleicher Lebensverhältnisse in allen Räumen der Bundesrepublik differenzieren sich die Voraussetzungen gesellschaftlicher Teilhabe und damit auch die Lebensrealitäten in wachsendem Maße aus. Die Auswirkungen dieser empirischen Tatsache auf die so wichtige soziale Kohäsion der Gesellschaft im Blick zu behalten und zu erklären, ist sowohl wissenschaftlicher Auftrag als auch gesellschaftlicher Anspruch der mit dem Raum befassten Fachwissenschaften.

---

98 Vertovec, Super-Diversity and Its Implications (Anm. 82).

Statuskonkurrenz und Gemeinschaftsbezüge

Die Mittelschichten und der gesellschaftliche Zusammenhalt

Stefan Holubek-Schaum, Patrick Sachweh, Uwe Schimank

Die Mittelschichten gelten gemeinhin als Garant gesellschaftlichen Zusammenhalts und demokratischer Stabilität. In den 1960er Jahren erblickte Seymour M. Lipset[1], ganz im Geiste des zeitgenössischen modernisierungstheoretischen Optimismus, in den politischen Teilhabeansprüchen der prosperierenden und wachsenden Mittelschichten das zentrale Bindeglied zwischen ökonomischem Wachstum und der Etablierung demokratischer Herrschaftsstrukturen. Die Bürger:innen der noch jungen Bundesrepublik erlebten zu dieser Zeit das Wirtschaftswunder der Nachkriegsära, für das der damalige Wirtschaftsminister Ludwig Erhard das Leitbild vom »Wohlstand für alle« formuliert hatte – und an dessen beginnendem Ausklang der erste sozialdemokratische Bundeskanzler Willy Brandt »mehr Demokratie wagen« wollte. Die sozialstrukturelle Formation dieser außergewöhnlichen Prosperitätsphase wurde von der soziologischen Gesellschaftsanalyse mit dem mittelschichtsdominierten Gesellschaftsmodell der »Bolte-Zwiebel«[2] auf den Begriff gebracht und hatte zuvor bereits mit Helmuth Schelskys[3] These von der »nivellierten Mittelstandsgesellschaft« auch Einzug ins öffentliche Bewusstsein gehalten. Obgleich diese soziologischen Deutungsangebote nie unumstritten waren, prägten sie doch über einen langen Zeitraum das Selbstverständnis der deutschen Gesellschaft. Die Mittelschicht wurde als Integrationszentrum der Gesellschaft angesehen – ihre Lebensführung war erstrebenswert, ihr Lebensstandard schien durch individuellen wie kollektiven Aufstieg erreichbar und steigerbar.

Dieses Selbstbild des »Golden Age«[4] der 1950er bis zur Mitte der 1970er Jahre hat seitdem vielfältige Erschütterungen erfahren. Unter der Oberfläche einer positiven ökonomischen Entwicklung der letzten fünfzehn Jahre – sichtbar in weitgehend stabilem Wachstum, sinkender Arbeitslosigkeit und wachsender Erwerbs-

---

1 Seymour M. Lipset, Political Man. The Social Basis of Politics, London 1960.

2 Karl M. Bolte, Dieter Kappe/Friedhelm Neidhard, Soziale Ungleichheit, Opladen 1968.

3 Helmut Schelsky, Die Bedeutung des Schichtungsbegriffes für die Analyse der gegenwärtigen deutschen Gesellschaft, in: Heike Solga/Justin Powell/Peter A. Berger, Soziale Ungleichheit. Klassische Texte zur Sozialstrukturanalyse, Frankfurt am Main 2009 [1965], S. 201–206.

4 Eric Hobsbawn, Das Zeitalter der Extreme. Weltgeschichte des 20. Jahrhunderts, München 1995, S. 324–421.

beteiligung –hat sich ein tiefgreifender Wandel sozialer Ungleichheitsverhältnisse vollzogen, der die Mittelschichten einer internen Polarisierungsdynamik aussetzt.[5] So ist nicht nur der Anteil der Bezieher:innen mittlerer Einkommen zwischen der Mitte der 1980er und der Mitte der 2000er Jahre kontinuierlich geschrumpft, sondern die Einkommenszuwächse der letzten Jahre verteilen sich auch zunehmend ungleich innerhalb der Mittelschicht.[6] Hinzu kommen unstetere Berufsbiografien sowie ein Wandel des Sozialstaats, der nun weniger auf Statussicherung, sondern stärker auf Eigenverantwortung und Aktivierung setzt, so dass die Kontinuität eines einmal erreichten Status fragil erscheint.[7]

Vor diesem Hintergrund hat sich eine breite wissenschaftliche und öffentliche Diskussion über die Statusverunsicherung der Mittelschichten entwickelt. Während die wissenschaftliche Debatte ihr Augenmerk primär auf die sozialstrukturelle Position der Mittelschicht sowie das Ausmaß, die Verbreitung und die zeitliche Entwicklung ihrer Abstiegsängste richtete,[8] gerieten in der öffentlichen Diskussion zunehmend die gesellschaftspolitischen Folgen von Statusverunsicherungen in den Fokus. Nicht zuletzt der Aufstieg der rechtspopulistischen Alternative für Deutschland (AfD) wird als desintegrative Reaktion auf Abstiegsängste in jenen Teilgruppen der Mittelschichten verstanden, denen die fundamentalen gesellschaftlichen Veränderungen der letzten Dekaden – wie Globalisierung, Migration und Digitalisierung der Arbeitswelt – als Bedrohung erscheinen.[9] Aus dieser Perspektive scheinen die Mittelschichten an integrativer Kraft verloren zu haben. Sie gelten nicht länger als unbeirrte »Bewahrer« des gesellschaftlichen Zusammenhalts, seitdem größere Teilgruppen inzwischen auch als dessen »Gefährder« agieren – die sich freilich als dessen »wahre« »Bewahrer« verstehen.

---

5 Welchen dauerhaften Einbruch Corona hier bringen wird, lässt sich derzeit noch nicht abschätzen.

6 Olaf Groh-Samberg, Inmitten der Ungleichheit: Entwicklungen der deutschen Mittelschicht, in: Gesellschaft, Wirtschaft, Politik. Sozialwissenschaften für politische Bildung 66 (2017), H. 2, S. 213–225.

7 Steffen Mau/Patrick Sachweh, The Middle-class in the German Welfare State. Beneficial Involvement at Stake?, in: Social Policy & Administration 48 (2014), H. 5, S. 537–555; Berthold Vogel, Wohlstandskonflikte. Soziale Fragen, die aus der Mitte kommen, Hamburg 2009.

8 Holger Lengfeld/Jochen Hirschle, Die Angst der Mittelschicht vor dem sozialen Abstieg. Eine Längsschnittanalyse 1984–2007, in: Zeitschrift für Soziologie 38 (2009), H. 5, S. 379–389; Holger Lengfeld/Jessica Ordemann, Der Fall der Abstiegsangst, oder: Die mittlere Mittelschicht als sensibles Zentrum der Gesellschaft. Eine Trendanalyse 1984–2014, in: Zeitschrift für Soziologie 46 (2017), H. 3, S. 167–184; Christiane Lübke/Jan Delhey, Diagnose Angstgesellschaft. Was wir wirklich über die Gefühlslage der Menschen wissen, Bielefeld 2019; Uwe Schimank/Steffen Mau/Olaf Groh-Samberg, Statusarbeit unter Druck? Zur Lebensführung der Mittelschichten, Weinheim 2014.

9 Zum Beispiel Alexander Hagelücken, Die Angst der Mittelschicht vor dem Abstieg droht die Republik zu zerreißen, in: Süddeutsche Zeitung, 27. Januar 2018, https://www.sueddeutsche. de/wirtschaft/essay-die-angst-der-mittelschicht-vor-dem-abstieg-droht-die-republik-zu-zerreissen-1.3841978 (Zugriff 13. Juli 2020).

Wir wollen in diesem Beitrag die Rolle der Mittelschichten mit Blick auf den gesellschaftlichen Zusammenhalt näher beleuchten. Wir skizzieren zunächst die Ungleichheitsdynamiken, die zu einer Polarisierung von Lebenslagen und Lebenschancen innerhalb der Mittelschichten geführt haben. Sodann fragen wir, wie sich diese gesellschaftlichen Dynamiken in spezifische Muster der Lebensführung übersetzen. Dabei ziehen wir zur Illustration unserer Überlegungen Daten aus einer eigenen Untersuchung heran. Die Kernthese, die wir zur Diskussion stellen wollen, lautet: Aus dem Modus der Lebensführung einer Person bestimmen sich das Ausmaß und die Art der Statuskonkurrenz, in die sie sich begibt, sowie das Ausmaß und die Art ihrer Gemeinschaftsbedürftigkeit. Die Schlussfolgerung mit Blick auf gesellschaftlichen Zusammenhalt lautet: Wenn man zusammenhaltsgefährdender Statuskonkurrenz entgegenwirken und zusammenhaltsstärkende Gemeinschaftsorientierung fördern will, ist es wichtig, sich vor Augen zu führen, auf welche Resonanz die entsprechenden Maßnahmen bei den verschiedenen Lebensführungsmodi stoßen.

1.   Ungleichheitsdynamiken und die Lage der Mittelschichten

Wie in anderen westlichen Industriegesellschaften hat sich auch in Deutschland in den letzten Dekaden ein weitreichender Gestaltwandel sozialer Ungleichheiten vollzogen,[10] der zu einer Polarisierung von Lebenslagen und Lebenschancen in den Mittelschichten geführt hat und diese intern in ›Gewinner‹ und ›Verlierer‹ spaltet. Beim *ökonomischen Kapital* zeigt sich dieser Wandel etwa in der Spreizung der Einkommensverteilung zwischen Anfang und Mitte der 2000er Jahre. So flossen Einkommenszuwächse überwiegend an das obere Zehntel der Einkommensverteilung, während die Realeinkünfte in der Mitte stagnierten und in den untersten Einkommensgruppen sogar zurückgingen.[11] Hinzu kommt eine gleichermaßen ausgeprägte wie stabile Konzentration von Vermögen – insbesondere in Form selbstgenutzter und weiterer Immobilien – in den mittleren und oberen Teilen der Mittelschicht, während die untere Mittelschicht in weitaus geringerem

---

10 Facundo Alvaredo/Lucas Chancel/Thomas Piketty/Emmanuel Saez/Gabriel Zucman, World Inequality Report 2018, Cambridge 2018; Branko Milanovic, Die ungleiche Welt. Migration, Das eine Prozent und die Zukunft der Mittelschichten. Berlin 2016; OECD, Divided We Stand. Why Inequality Keeps Rising, Paris 2011.

11 Markus Grabka/Jan Goebel, Realeinkommen sind von 1991 bis 2014 im Durchschnitt gestiegen – erste Anzeichen für wieder zunehmende Einkommensungleichheit, in: DIW Wochenbericht (84) 2017, H. 4, S. 71–82; Branko Milanovic, Die ungleiche Welt. Migration, das Eine Prozent und die Zukunft der Mittelschichten, Berlin 2016

Maße über nennenswertes Vermögen verfügt.[12] Daneben hat der traditionell auf Statussicherung abzielende »konservative« deutsche Sozialstaat im Zuge verschiedener institutioneller Reformen – etwa der Einführung der Riester-Rente oder der Zusammenlegung von Arbeitslosen- und Sozialhilfe – für die unteren Mittelschichten an Bedeutung für die Sicherung ihres Lebensstandards eingebüßt und verlangt den Bürgern stattdessen mehr Eigenverantwortung ab.[13]

Anzeichen für Polarisierungstendenzen finden sich nicht nur in der Verteilung ökonomischer Ressourcen, sondern auch beim *kulturellen Kapital*. So hat sich im Zuge der Bildungsexpansion der Anteil von Personen mit tertiären Bildungsabschlüssen kontinuierlich erhöht.[14] Von dieser Entwicklung konnten insbesondere Angehörige der akademisch qualifizierten oberen und mittleren Mittelschichten profitieren, während die Mitglieder der berufsfachlich qualifizierten Mittelschichten, wie etwa Facharbeiter:innen oder Angestellte im Dienstleistungssektor, sich zunehmend an ihren unteren Rand – und teils aus ihr heraus – gedrängt sehen.[15] Zu dieser Entwertung mittlerer Bildungsabschlüsse als Form institutionalisierten kulturellen Kapitals tritt die kulturelle Abwertung einer »mittleren«, an gesellschaftsweiten Normalitätsstandards orientierten Lebensweise hinzu, die bislang insbesondere den Angehörigen der unteren Mitte den Anschluss an die Respektabilitätsstandards kleinbürgerlicher Lebensformen gestattete. Anstelle einer noch von Schelsky postulierten »Vereinheitlichung der sozialen und kulturellen Verhaltensformen«[16] beansprucht inzwischen eine Lebensführung kulturelle Hegemonie, die sich an der Besonderheit, Authentizität und Unverwechselbarkeit sozialer Praktiken ausrichtet und hierauf ihre Wertigkeit gründet.[17] Praktiziert wird letztere häufig von den Angehörigen der urbanen, akademisch qualifizierten oberen Mittelschicht, die damit nicht nur zu den materiellen, sondern

---

12 Philipp Korom, Ungleiche Mittelschichten: Über Unterschiede im Immobilienvermögen und im Erbe innerhalb der Mitte Deutschlands, in: MPIfG Discussion Paper 17/14 (2017); Nora Waitkus/Olaf Groh-Samberg, Beyond Meritocracy: Wealth Accumulation in the German Upper Classes, in: Olav Korsnes/Johan Heilbron/Johs Hjellbrekke/Felix Bühlmann/Mike Savage (Hrsg.), New Directions in Elite Studies, London 2018.

13 Stephan Lessenich, Die Neuerfindung des Sozialen. Der Sozialstaat im flexiblen Kapitalismus, Bielefeld 2008; Mau/Sachweh, The Middle-Class (Anm. 7).

14 Tanjev Schulz/Klaus Hurrelmann (Hrsg.), Die Akademiker-Gesellschaft. Müssen in Zukunft alle studieren?, Weinheim 2013.

15 Christoph Burkhardt/Markus Grabka/Olaf Groh-Samberg/Yvonne Lott/Steffen Mau, Mittelschicht unter Druck, Gütersloh 2013, S. 54–55; Andreas Reckwitz, Das Ende der Illusionen. Politik, Ökonomie und Kultur in der Spätmoderne, Berlin 2019, S. 97–107.

16 Helmut Schelsky, Die Bedeutung des Schichtungsbegriffes für die Analyse der gegenwärtigen deutschen Gesellschaft, in: Heike Solga/Justin Powell/Peter A. Berger, Soziale Ungleichheit. Klassische Texte zur Sozialstrukturanalyse, Frankfurt am Main 2009 [1965], S. 201–206, hier S. 202.

17 Andreas Reckwitz, Die Gesellschaft der Singularitäten. Zum Strukturwandel der Moderne, Berlin 2017.

auch symbolischen Gewinnern der beschriebenen Ungleichheitsdynamiken zählen. Hinsichtlich politischer Orientierungen ergibt sich so eine neue »cleavage« zwischen »Kosmopoliten« und »Kommunitaristen«, weltoffenen und im Gegensatz dazu auf nationale soziale Schließung bedachten Bevölkerungsgruppen.[18]

Zusammengenommen lassen sich diese Entwicklungen zu *zwei Ungleichheitsdynamiken* verdichten, die unmittelbar folgenreich für die Lebensführung von Mittelschichtsangehörigen sind und von denen hierüber eine Bedrohung des gesellschaftlichen Zusammenhalts ausgehen kann:

1. Zum ersten geht es um ein *Auseinanderdriften gesellschaftlicher Teilgruppen.* Dabei ist es eine empirische Frage, inwiefern sich verschiedene Formen von Ungleichheiten im Sinne einer kumulativen Logik zu gegeneinander scharf abgegrenzten sozialen Gruppen überlagern, oder ob sich ein komplexeres Bild ergibt. Von zentraler Bedeutung ist dabei, in welchen Beziehungen diese Gruppen zueinander stehen: Wie stark interagieren sie miteinander und kommen in Schulen, Vereinen, Nachbarschaften, Betrieben, zivilgesellschaftlichen oder öffentlichen Organisationen, Chaträumen und Kommunikationsnetzwerken miteinander in Berührung – oder inwiefern vertiefen sich soziale und symbolische Grenzziehungen?[19] Was denken und wissen unterschiedliche – teilweise sozial und räumlich weit voneinander entfernte – gesellschaftliche Gruppen über- und voneinander? Wie unversöhnlich oder kompromissfähig sind ihre Interessen und Weltsichten, und welche Arten der Verständigung bestehen? Je weniger Inter-Gruppen-Interaktionen bestehen, je schärfer sie sich voneinander abgrenzen und je härter ihre Interessen aufeinanderprallen, desto mehr stellt sich wechselseitiges *Nicht-Verstehen-können und -wollen* ein.

2. Neben dem Verhältnis zwischen gesellschaftlichen Teilgruppen fokussieren wir zum zweiten auf *gesteigerte individuelle Statuskonkurrenzen,* die sowohl innerhalb gesellschaftlicher Teilgruppen – also im Rahmen geteilter Werte und kultureller Orientierungen – als auch zwischen Teilgruppen zu intensivierten Kämpfen um knappe Ressourcen und Positionen führen.[20] Gerade in den

---

18 Hanspeter Kriesi/Edgar Grande/Romain Lachat/Martin Dolezal/Simon Bornschier/Timotheos Frey, West European Politics in the Age of Globalization, Cambridge 2008; Wolfgang Merkel, Kosmopolitismus versus Kommunitarismus. Ein neuer Konflikt in der Demokratie, in: Philipp Harfst/Ina Kubbe/Thomas Poguntke (Hrsg.), Parties, Governments, and Elites: The Comparative Study of Democracy, Wiesbaden 2017, S. 9–23.

19 Michèle Lamont/Sabrina Pendergrass/Mark C. Pachucki, Symbolic Boundaries, in: James Wright (Hrsg.), International Encyclopedia of Social and Behavioral Sciences, Oxford 2015, S. 850–855; Patrick Sachweh, Symbolische Grenzziehungen und subjektorientierte Sozialstrukturanalyse. Eine empirische Untersuchung aus einer Mixed-Methods-Perspektive, in: Zeitschrift für Soziologie 42 (2013), H. 1, S. 7–27.

20 Jonathan J. B. Mijs/Elyas Bakhtiari/Michèle Lamont, Neoliberalism and Symbolic Boundaries in Europe: Global Diffusion, Local Context, Regional Variation, in: Socius: Sociologi-

Mittelschichten können solche Konkurrenzen eine Eigendynamik gewinnen und eskalieren.[21] Das ist etwa der Fall, wenn die »Bildungspanik«[22] von Mittelschichteltern nicht nur ruinöse Konkurrenzen zwischen ihnen entfesselt, sondern auch dazu führt, Kinder bildungsferner Schichten auf Abstand zu halten; wenn Mittelschichtangehörige ihr Vermögen in Investmentfonds anlegen, die dann als Shareholder-Value-Kapitalisten in den von ihnen dominierten Unternehmen auch Mittelschichtarbeitsplätze abbauen[23]; oder wenn Techniken des Self-Trackings zu einer kompetitiven Obsession der Selbstoptimierung werden.[24] In vielen dieser Fälle entsteht durch die Aggregation massenhaften individuellen Handelns in Konkurrenzkonstellationen, die sich einer kollektiven Regulierung entziehen, schnell eine faktische *Entsolidarisierung* sowohl innerhalb der eigenen Mittelschichtfraktion als auch zwischen ihr und den anderen Mittelschichtfraktionen und sonstigen gesellschaftlichen Gruppen. Individuelle Statuskonkurrenzen zeitigen also vielfach unbeabsichtigte gesamtgesellschaftliche Effekte, die in einem direkten Widerspruch zu den eigenen Werten der Betreffenden stehen können – weshalb die Analyse nicht bei Einstellungen und Werten stehenbleiben darf.[25]

Die beiden skizzierten Dynamiken kollektiven Auseinanderdriftens und individueller Konkurrenzen können einander überlagern und verstärken. Wenn sich Mittelschichtangehörige im Statuswettbewerb an ihresgleichen orientieren, verlieren sie Kontakt mit Angehörigen anderer Gruppen. Das treibt beide Prozesse voran: Statuskonkurrenzen intensivieren sich weiter, weil man glaubt, sonst hinter der eigenen Bezugsgruppe zurückstehen zu müssen. Das wiederum befördert ein Auseinanderdriften, weil man es sich im Statuswettbewerb nicht leisten kann, in einem weniger privilegierten Stadtteil zu wohnen, weniger Überstunden zu arbeiten, nicht jedes Steuerschlupfloch auszunutzen oder seine Kinder auf weniger renommierte Schulen zu schicken. Man verliert dabei leicht in dem Maße den Blick für das gesellschaftliche Ganze und die Lage

---

cal Research for a Dynamic World (2016), H. 2, S. 1–8; Marii Paskov/Klarita Gërxhani/Herman G. van de Werfhorst, Giving Up on the Joneses? The Relationship between Income Inequality and Status-seeking, in: European Sociological Review (33) 2017, H. 1, S. 112–123.

21 Steffen Mau, Inequality, Marketization and the Majority Class. Why Did the European Middle Classes Accept Neo-Liberalism?, Houndsmill 2015.

22 Heinz Bude, Bildungspanik. Was unsere Gesellschaft spaltet, München 2011.

23 Hans-Peter Martin/Harald Schumann, Die Globalisierungsfalle. Der Angriff auf Wohlstand und Demokratie, Reinbek 1996, S. 103.

24 Steffen Mau, Das Metrische Wir. Über die Quantifizierung des Sozialen, Berlin 2017.

25 Wie z. B. Ronald Inglehart/Harald Norris, Trump, Brexit, and the Rise of Populism: Economic Have-Nots and Cultural Backlash, HKS Working Paper, 2016, No. RWP 16–026; Regina Arant/Georgi Dragolov/Klaus Boehnke, Sozialer Zusammenhalt in Deutschland 2017, Gütersloh 2017.

der anderen gesellschaftlichen Gruppen, wie die Ungleichheiten sich weiter verschärfen.

Die möglichen Folgen beider Ungleichheitsdynamiken für den gesellschaftlichen Zusammenhalt wurden bereits angesprochen (Abb. 1). Ausmaß und Art des gesellschaftlichen Zusammenhalts ergibt sich aus dem Zusammenspiel entsprechender *kulturell gerahmter und teilweise institutionell geregelter Orientierungen, Beziehungen und Praktiken* der Gesellschaftsmitglieder. Das wechselseitige Nicht-Verstehen strahlt, ausgehend von der Beziehungsdimension, in die Orientierungsdimension gesellschaftlichen Zusammenhalts aus. Weil man Verbindungen zu anderen gesellschaftlichen Gruppen verliert oder bewusst kappt, gehen Empathie und Respekt verloren. Die Entsolidarisierung nimmt ihren Ausgang hingegen umgekehrt in der Orientierungsdimension und formatiert dann gleichsam die Beziehungsdimension um. Wer durch die »neoliberale« kulturelle Wende auf »Eigennutz als erste Bürgerpflicht« getrimmt wird, sieht keinen Sinn mehr in solidarischen Beziehungen zu anderen gesellschaftlichen Gruppen oder überhaupt zu anderen jenseits der einem nahestehenden Anderen. Beide Orientierungs-Beziehungs-Transformationen vollziehen sich in entsprechenden Praktiken der Lebensführung als Veränderung der Lebenschancen von Personen.

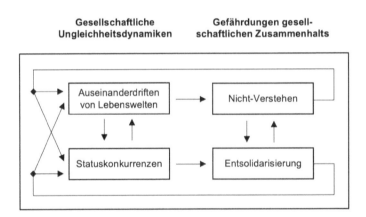

Abbildung 1: Ungleichheitsdynamiken und Zusammenhaltsgefährdungen

2.   Lebensführung und gesellschaftlicher Zusammenhalt

Lebenschancen darf man nicht – wie in der Ungleichheitsforschung noch immer üblich[26] – auf die *Optionen* einer Person reduzieren, also ihre Ressourcen wie beispielsweise Geld oder Bildungstitel sowie ihre Anrechte, etwa auf sozialstaatliche Leistungen. Im Anschluss an Ralf Dahrendorf[27] ergeben sich Lebenschancen auch aus den *Ligaturen*, also den Identifikationen mit bestimmten Werten und Idealen sowie den sozialen Bindungen zu anderen Personen oder sozialen Gruppen. Beide zusammen, Optionen und Ligaturen, bestimmen die Lebenschancen einer Person und setzen damit den Rahmen, innerhalb dessen sich deren Lebensführung vollzieht. Sowohl das Nicht-Verstehen als auch die Entsolidarisierung stellen – in sich stimmige – Re-Arrangements von Optionen wie von Ligaturen dar, wobei beim Nicht-Verstehen die Wirkungsrichtung auf die Ligaturen, bei der Entsolidarisierung auf die Optionen zielt.

Erosionen gesellschaftlichen Zusammenhalts haben zwar in ›großen‹ politischen Entwicklungen wie einem Erstarken rechtspopulistischer Strömungen ihre öffentlich sichtbaren und journalistisch aufbereiteten Manifestationen. Diese ›großen‹ Geschehnisse sind jedoch ihrerseits verwurzelt in viel unscheinbareren ›kleinen‹ Praktiken der tagtäglichen Lebensführung der Menschen einschließlich ihrer je individuellen oder nahestehende Personen einbeziehenden Lebensplanung. Gesellschaftlicher Zusammenhalt entsteht, anders gesagt, nicht primär in politischen Arenen, sondern »down to earth« im privaten und beruflichen Alltag und in der Lebensplanung – nicht zuletzt der Mittelschichten. Grüßen Weiße Mittelschichtsangehörige ihre neuen Nachbar:innen, die in ihren Augen ›fremdartig‹ aussehen oder treten sie aus dem Sportverein aus, weil in den letzten Jahren immer mehr Mitglieder eingetreten sind, die ihnen »undeutsch«[28] erscheinen? Haben Abgesichertere eine Ahnung davon, wie die Lebensverhältnisse der Menschen in einem der ›Problemviertel‹ ihrer Stadt sind? Ziehen sie um, damit ihr Kind auf eine Schule gehen kann, die nicht so einen hohen Migrant:innenanteil an Schüler:innen hat? Nutzen Statusbeflissene die momentane Schwäche einer Kollegin, die sich um ihre pflegebedürftige Mutter kümmern muss, aus, um selbst bei ihren Vorgesetzten zu ›punkten‹? Bestehen sie auf beruflichen Leistungsmessungen, solange sie sicher sind, dass die herangezogenen Leistungsindikatoren güns-

---

26 Uwe Schimank, Kämpfe um Lebenschancen, in: Horst Pöttker/Thomas Meyer (Hrsg.), Kritische Empirie. Lebenschancen in den Sozialwissenschaften. Festschrift für Rainer Geißler, Wiesbaden 2004, S. 43–60, hier S. 44–49.

27 Ralf Dahrendorf, Lebenschancen. Anläufe zur sozialen und politischen Theorie, Frankfurt am Main 1979.

28 Fatima El-Tayeb, Undeutsch. Die Konstruktion des Anderen in der postmigrantischen Gesellschaft, Bielefeld 2016.

tig für sie aussehen? Das sind nur einige Beispiele für zusammenhaltsgefährdende, weil auf Nicht-Verstehen und Entsolidarisierung hinauslaufende Praktiken.

Genau solche, über Beispiele hinausgehende systematische Analysen der ganz konkreten *Praktiken der Lebensführung und ihrer – oftmals nicht beabsichtigten – gesellschaftlichen Folgen* müssen durchgeführt werden, um gesellschaftliche Makro-Geschehnisse wie das rasante Wachstum der AfD aus den Mikro-Bedingungen der je individuellen Lebensführung heraus besser verstehen zu können. Diese Analysen müssen größtenteils erst noch – unter anderem von uns – durchgeführt werden. Im Folgenden wollen wir aber zumindest illustrierende Schlaglichter darauf werfen, wie sich die beiden dargestellten Ungleichheitsdynamiken in der Lebensführung zeigen können. Anders gesagt: Wir möchten verdeutlichen, zu welcher Art von empirisch fundierten Ergebnissen wir in den nächsten vier Jahren kommen wollen. Wir ziehen dazu biografisch-narrative Interviews heran, die aus dem in den Jahren 2016 bis 2019 an der Universität Bremen durchgeführten Forschungsprojekt »Lebensführung als investive Statusarbeit« stammen.[29] In diesem Projekt hat uns zwar der gesellschaftliche Zusammenhalt nicht interessiert; es ging vielmehr darum, wie eine Person ihr Leben ›zusammenhält‹, ihm also eine als sinnhaft erlebte Gestalt gibt, und inwieweit ihr das gelingt. Dennoch können wir die mit dieser Fragestellung erhobenen empirischen Daten auch als Anregungen für unsere hier auf Gefährdungen des gesellschaftlichen Zusammenhalts zielenden heuristischen Überlegungen heranziehen.

Modi der Lebensführung

Die Leithypothese des Projekts war, dass Mittelschichtangehörige als Lebensführungsmodus *investive Statusarbeit* betreiben. Sie bemühen sich in ihrer Lebensführung primär darum, durch den klugen Einsatz ökonomischen und kulturellen Kapitals einen hohen beruflichen Status – Einkommen, berufliche Position, Berufsprestige – zu erlangen.[30] Baseline dafür ist zunächst einmal die eigene soziale Herkunft, also der berufliche Status – zumeist – des eigenen Vaters. Sozialer Aufstieg ist die Maxime investiver Statusarbeit; in ›schlechten Zeiten‹ wie etwa wirtschaftlichen Krisen geht es darum, den Status zumindest zu halten oder Statusverluste in Grenzen zu halten.

In unseren lebensgeschichtlichen Gesprächen mit Mittelschichtangehörigen unterschiedlichen Alters, Geschlechts, Bildungsstands und Einkommens zeigte sich zunächst deutlich, dass alle Befragten investive Statusarbeit praktizieren, um

---

29 Gefördert von der Deutschen Forschungsgemeinschaft. ProjektleiterInnen: Karin Gottschall, Betina Hollstein, Uwe Schimank. Projektmitarbeiter: Stefan Holubek-Schaum, Nils Kumkar.
30 Schimank/Mau/Groh-Samberg, Statusarbeit unter Druck? (Anm. 8).

ihren Status mindestens zu halten oder, wo möglich, aufzusteigen. Sie arbeiteten dafür teils über Erschöpfungsgrenzen hinaus und bis zum Herzinfarkt selbstständig oder als Angestellte. Sie investierten in Aktien oder Immobilien – und machten dabei öfter schlechte Erfahrungen. Sie durchliefen weit über die Schulpflicht und weitere Ausbildungen hinaus Aus- und Weiterbildungen. Sie lagerten Haus- und Sorgearbeiten an Dienstleister:innen oder Partnerinnen aus.[31] Um an Aufträge oder Jobs zu gelangen, suchten, knüpften und nutzten sie Netzwerke. Sie verließen ihre Wohnorte, um besser bezahlte Stellen einnehmen zu können. Vereinzelt berichteten sie sogar von Drogenverkäufen in der Jugend und Steuerhinterziehungen als devianten Praktiken investiver Statusarbeit.

Die lebensgeschichtlichen Erzählungen zeigten uns allerdings auch, dass investive Statusarbeit – das kulturell hegemoniale Modell ›guten Lebens‹ in unserer Gesellschaft – nicht der einzige und vermutlich nicht einmal der vorherrschende Lebensführungsmodus der Mittelschichten ist. Wir fanden empirisch zwei weitere Lebensführungsmodi vor. Auch diese beiden bedienen sich in erheblichem Maße der *Praktiken* investiver Statusarbeit, stellen diese jedoch in einen anderen biografischen *Orientierungshorizont*. Die primären biografischen Orientierungen der drei Lebensführungsmodi lassen sich kurz so gegenüberstellen:

1. *Investive Statusarbeit*: Diese Orientierung leitet eine Lebensführung an, in der Karriere, Vermögen, ein hohes Einkommen und sozialer Aufstieg explizit angestrebt werden. Der Inhalt der beruflichen Tätigkeit ist zweitrangig, teils gänzlich irrelevant. Die Erwerbssphäre stellt das Zentrum der tagtäglichen und längerfristigen Lebensführung dar. Partnerschaft, Familie und die Freizeit spielen nahezu keine Rolle.

2. *Berufsstolz*: Auch hier steht die Erwerbssphäre im Zentrum der Lebensführung. Das Streben richtet sich aber nicht auf Aufstieg im Sinne von Einkommenssteigerung und Karriere, sondern darauf, im Beruf immer besser zu werden – egal, ob das mit mehr Geld oder höherer Position verbunden ist. Beides kann sogar verdächtig im Sinne eines ›Ausverkaufs‹ beruflicher Ideale sein.

3. *Gemeinschaft*: Im Zentrum dieses Lebensführungsmodus steht nicht die Berufssphäre, sondern die Anerkennung als Mitglied einer lokalen Gemeinschaft – Familie und Verwandtschaft, Freunde, Nachbarschaft, Vereine, Parteien, Gewerkschaften, Bürgerinitiativen. Man will sich dort ›aufgehoben‹ fühlen; dafür schraubt man berufliche Ambitionen zurück und verzichtet auf berufliche Chancen.

---

31 Die weibliche Form entspricht der Beobachtung, dass es noch immer zumeist Frauen waren, die die eigene Erwerbsarbeit zurückstellten, um die Karriere ihres Mannes zu ermöglichen.

Wie könnten nun diese drei sehr verschiedenen Modi der Lebensführung zum wechselseitigen Nicht-Verstehen und zur gesteigerten Statuskonkurrenz als Gefährdungen des gesellschaftlichen Zusammenhalts beitragen?

Gesteigerte Statuskonkurrenz

Bei der gesteigerten Statuskonkurrenz fällt der Verdacht natürlich sogleich auf die investiven Statusarbeiter:innen. Personen, die diesen Lebensführungsmodus haben, äußern sich in der Tat so, dass ihr Berufsleben eine große Anstrengung nicht erst der Statusverbesserung, sondern in den unsicheren heutigen Zeiten auch bereits der Statussicherung darstellt. Ein Handwerker berichtet gleich zu Beginn des Interviews, er sei »*eigentlich immer nur / also fast nur ausschließlich an der Arbeit //mhm// bin ich eigentlich immer außer heute //ja// Ja //ja// (Da?) ich überall die Fühler ausstrecke wo man was machen kann //mhm// wo es mal was gibt //mhm// wie man weiterkommen kann.*« Auch wenn er angesichts seines Einkommens eher der oberen Mittelschicht zugeordnet werden kann, zeigt er eine ausgeprägte Alarmiertheit in Bezug auf seinen Status als beständig zu sicherndes Gut. Gegen Ende des Interviews resümiert er nochmals, dass »*jeder Tag ein Kampf*« sei, und kommt zu dem Schluss: »*ansonsten (.) bin ich nur in der Arbeit. //mhm// Ne? Ja, ist so. Besten Jahre vergeudet mit Arbeit.*« Der »Kampf« bezieht sich hier nicht nur auf die augenscheinlichen Widrigkeiten des Lebens, sondern etwa auch auf jene Studierenden, die in »*irgendwelchen teuren Städten, in irgendwelchen WGs irgendwelche Partys*« feiern, also scheinbar ohne die gleiche Anstrengungen hohe Statuspositionen erreichen, denn »*wenn sie fertig sind, dann ziehen sie einen Anzug an und dann ist alles gut.*«

Ähnlich berichtet ein Werksleiter, der sich nach Abschluss der Ausbildung zum Industriemechaniker in ein nach oben offenes Aufstiegsprojekt in Form eines Studiums begab, er habe früher mit einem Kollegen phantasiert: »*Wenn wir mal sechsstellig verdienen, D-Mark, dann haben wir es geschafft*«. Dass dieses Ziel inzwischen »*locker im Bereich des Möglichen*« sei, wird nicht als Indikator für ›Genug ist genug‹ herangezogen, sondern als Entlarvung früherer Naivität. In einer bemerkenswerten Parallele zum bereits zitierten Handwerker spricht auch der Werksleiter davon, er werde bald wieder beginnen, seine »*Fühler auszustreuen*«, um seinen nächsten Karriereschritt vorzubereiten. Die analytisch erst einmal überzeugende Unterscheidung zwischen bloßer Statussicherung und Statusverbesserung als Aspirationen, die Stephan Voswinkel[32] einfordert, ist in dieser Lebensführung gerade nicht präsent. Das Aufstiegsstreben entpuppt sich als ein Si-

---

32 Stephan Voswinkel, Der statusorientierte Mensch als Homo oeconomicus der Soziologie, in: WestEnd – Neue Zeitschrift für Sozialforschung 15 (2018), H. 1, S. 119–128.

cherungsexzess. In diesem »rasenden Stillstand«[33] erscheint jedes Innehalten im Aufstiegsstreben bereits als drohender Abstieg.

Dass sich eine so ausgerichtete Lebensführung, wenn sie auf andere gleichen Typs trifft, in ein »Prisoner's Dilemma« verstrickt, in der jeder den anderen zu weiteren Steigerungen seiner Anstrengungen treibt und sich keine »evolution of co-operation«[34], also Waffenstillstand und Abrüstung, einstellt, leuchtet ein. Wichtig ist aber nun, dass sich die anderen beiden Lebensführungsmodi aus diesem Wettrüsten nicht etwa heraushalten können, sondern mit hineingezogen werden.

Wie schon kurz erwähnt, setzen auch gemeinschafts- und berufsstolzgeprägte Mittelschichtangehörige die Praktiken investiver Statusarbeit ein. So berichtet etwa ein Befragter, der als ausgebildeter Musiker danach strebte, »*sehr gut*« zu sein, er habe in diesem Beruf zwar erfolgreiche Phasen gehabt; er konnte sich mit seinen Auftritten aber keine hinreichende Statussicherheit erwirtschaften, weshalb er sich zu einem Quereinstieg als Lehrer entschloss: »*Es konnte, konnte nicht so weitergehen. Irgendwelche, ne? Ich wusste am Anfang des Jahres nicht, was ich in den nächsten Monaten verdiente. Wusste ich nicht.*« Der Wechsel zum Lehrerberuf war eine Praktik investiver Statusarbeit, und sich in diesem Beruf zu halten ist es weiterhin. Doch auch als Lehrer gibt der Befragte seine übergeordnete Orientierung am Berufsstolz nicht auf. Vielmehr transformiert er sie zum einen in ein Streben nach stetiger Verbesserung der eigenen pädagogischen Kompetenz. Zum anderen verschiebt er die Orientierung am Berufsstolz in diverse Freizeitprojekte.

Die Sorge vor Statusverlust hat einen gemeinschaftszentrierten Facharbeiter in der Chemiebranche dazu gebracht, dass er schon seit fast 30 Jahren, obwohl er keine Angst hat, seinen Arbeitsplatz zu verlieren, in diversen Nebenjobs zum Beispiel als Wachmann oder Maschinenputzer »*am Wochenende und rund um die Uhr gearbeitet*« habe. Dieser ebenfalls markante Rekurs auf Praktiken investiver Statusarbeit habe allerdings, wie er etwas resignativ einräumt, dennoch »*nicht viel Geld irgendwie was zurück zu legen*« eingebracht. Auch hier liegt also kein Aufstiegsstreben vor, sondern lediglich Besitzstandswahrung gegen einen deutlich gespürten Sog nach ›unten‹.

Beide Beispiele zeigen, dass das Ausmaß, in dem eine berufsstolz- und eine gemeinschaftsgeprägte Lebensführung Praktiken investiver Statusarbeit einsetzt, nicht hinter denjenigen zurückbleiben muss, die investive Statusarbeit als Lebensführungsmodus haben. Der Stellenwert dieser Praktiken ist aber ein anderer: Bei investiven Statusarbeiter:innen sind sie Selbstzweck, bei den anderen beiden Lebensführungsmodi Mittel zum Zweck. Das ändert jedoch nichts daran, dass auch der Druck, für das Ausleben von Berufsstolz und Gemeinschaftsgefühlen auf in-

---

33 Klaus-M. Kodalle/Hartmut Rosa (Hrsg.), Rasender Stillstand: Beschleunigung des Wirklichkeitswandels: Konsequenzen und Grenzen, Würzburg 2008.
34 Robert Axelrod, The Evolution of Cooperation, New York 1984.

vestive Statusarbeit zurückgreifen zu müssen, genauso dazu führt, dass die Betreffenden zur Steigerung der Statuskonkurrenz beitragen. Das je individuelle Bemühen um Sicherung des eigenen Status – durch Karriereanstrengungen, Wechsel des Arbeitsplatzes, Intensivierung des Erwerbsstrebens, Mehrfachbeschäftigung u. a. – führt als kollektives Resultat zu einer intensivierten Statuskonkurrenz.

Wie bei jedem Gut, um das konkurriert wird, gilt zunächst: Was ein gegebenes Quantum an eigener Statusarbeit ›bringt‹, hängt davon ab, wie sich die Konkurrent:innen ins Zeug legen. Je mehr sie sich anstrengen, desto anstrengender wird es für mich, will ich auch nur Statussicherung – von Statusverbesserung ganz zu schweigen – betreiben. Hinzu kommt aber, dass Status – um Fred Hirschs[35] Kategorie aufzugreifen – ein »positionales Gut« ist: Welchen Wert dieses Gut, habe ich es erst einmal erlangt, hat, bemisst sich vor allem daran, wie viele andere es ebenfalls erlangt haben. Ich muss also nicht nur immer größere Anstrengungen der Statusarbeit bei sinkenden Erfolgschancen unternehmen – wenn ich dabei erfolgreich bin, kann es sein, dass der Lohn der Anstrengungen ein immer geringerer ist, weil auch viele andere erfolgreich sind. Mit Statusarbeit verhält es sich somit wie mit allseits begehrten Urlaubszielen: Sie können immer höhere Preise verlangen; und wenn man sie dennoch zahlt, stellt man vor Ort oft fest, dass das ›Objekt des Begehrens‹ wegen Überfüllung auch nicht mehr das ist, was es einst versprach.

Doch trotz dieses – inzwischen vorhersehbaren – unweigerlichen schalen Nachgeschmacks können und wollen die meisten, ob sie nun investive Statusarbeit oder Berufsstolz oder Gemeinschaft als dominante biografische Orientierung haben, nicht aufhören damit, investive Statusarbeit zu betreiben und sich dabei auch immer rücksichtsloserer Praktiken zu bedienen, um ihre Chance zu wahren. *Entsolidarisierung* ist die Folge dessen für den gesellschaftlichen Zusammenhalt. Ohne hier die Erscheinungsformen dieser Entsolidarisierung genauer anschauen zu können, halten wir fest: Sollten sich die Überlegungen, die wir hierzu angestellt haben, empirisch weiter erhärten lassen, bedeutete dies, dass nicht nur die investiven Statusarbeiter:innen, sondern auch die Vertreter:innen der anderen beiden Lebensführungsmodi Verursacher:innen dieser Gefährdung des gesellschaftlichen Zusammenhalts sind. Maßnahmen politischer Gesellschaftsgestaltung, die auf eine Reduktion der Statuskonkurrenz abzielen, um der daraus hervorgehenden Entsolidarisierung entgegen zu wirken, können sich also nicht nur auf eine Teilgruppe der Mittelschichten beschränken, sondern müssen diese möglichst flächendeckend erreichen.

---

35 Fred Hirsch, Die sozialen Grenzen des Wachstums: eine ökonomische Analyse der Wachstumskrise, Reinbek 1980.

Wechselseitiges Nicht-Verstehen

Wenn wir uns nun dem wechselseitigen Nicht-Verstehen zuwenden, stellt sich diese Gefährdung gesellschaftlichen Zusammenhalts bei den drei Lebensführungsmodi – die bei der gesteigerten Statuskonkurrenz keinen großen Unterschied machen – sehr verschieden dar. Ein wechselseitiges Verstehen, das zusammenhaltsstärkend ist, geht ja über ein strategisch kalkulierendes Antizipieren-können dessen, was die Gegenüber umtreibt, hinaus. Letzteres reicht aus, will man in der Konstellation mit den Gegenübern je eigennützige Interessen möglichst gut durchsetzen. Der Zusammenhalt einer solchen Konstellation von Eigennutzinteressierten ist allerdings nicht sehr stark, beruht er doch auf nicht mehr als Interessenkomplementaritäten und, wo diese nicht reichen, auf eventuell gegebener überlegener Durchsetzungsfähigkeit der einen gegenüber den anderen. Ein deutlich stärkerer gesellschaftlicher Zusammenhalt besteht dann, wenn *Vergemeinschaftung* auf der Grundlage einer variablen Mixtur von geteilten Anschauungen, affektiven Zuneigungen, Vertrauen ineinander und Bereitschaft zum Lernen voneinander besteht – was alles auf einem nicht-strategischen wechselseitigen Verstehen beruht.[36] Vor diesem Hintergrund kann man die Frage, wie die drei Lebensführungsmodi zu einem zusammenhaltsgefährdenden Nicht-Verstehen beitragen könnten, als Frage nach ihren Vergemeinschaftungsmodi angehen.

Beginnt man wieder mit den *investiven Statusarbeiter:innen*, so findet man bei ihm am ehesten dezidiert nicht-gemeinschaftliche Beziehungsmuster zu den allermeisten seiner Gegenüber vor. Das zeigt sich etwa exemplarisch, wenn der zitierte Werksleiter bereits in der Eingangserzählung seines Interviews berichtet, er habe sich »*durch verschiedene Firmen durchgearbeitet als Ingenieur*«, ohne irgendeine Art von Firmenloyalität anzudeuten. Die jeweiligen Firmen waren ihm offenkundig nur Mittel zum Zweck des persönlichen Vorankommens. Er berichtet weiter, er habe von einem früheren Vorgesetzten gelernt, »*wie man mit Mita/ Mitarbeitern versuchen sollte, umzugehen*«, und würde nun seine »*Tipps und Tricks*« beherzigen, indem er versucht, »*nicht der Kumpeltyp, aber eher der Kollegentyp*« zu sein. Er versteht »*genau dieses Kollegiale halt*«, also das Auf-Distanz-halten der Mitarbeiter:innen, als einen erfolgreichen Führungsstil und zeigt damit erneut ein instrumentelles Verhältnis zu Sozialbeziehungen in der Erwerbssphäre. Auf Grundlage von Befunden der Netzwerkforschung wäre ferner zu vermuten, dass investive

---

36 Man kann hier die sozial- und gesellschaftstheoretisch umstrittenen Fragen auf sich beruhen lassen, ob gesellschaftlicher Zusammenhalt immer eines erheblichen Maßes an gemeinschaftlichem Halt bedarf oder ob die Moderne andere Mechanismen des gesellschaftlichen Zusammenhalts gefunden hat, die ihren Gemeinschaftsbedarf minimieren. Völlig ohne Vergemeinschaftung funktioniert die Vergesellschaftung der Moderne jedenfalls nicht.

Statusarbeiter:innen über mehr Kontakte und eine größere Zahl von »weak ties«[37] verfügen – also »entfernte Bekannte«, über die unter anderem nützliche Informationen wie etwa über Jobangebote o. ä. weitergegeben werden[38] – verfügen. Selbst die Mitgliedschaft im Sportverein kann dann primär so genutzt werden, dass man Klient:innen für die eigene Rechtsanwaltspraxis gewinnt. Außerhalb der Erwerbsarbeit fällt bei dieser Form der Lebensführung generell das weitgehende Fehlen von Gemeinschaften jenseits der eigenen Kleinfamilie auf. Die wenige Freizeit, die bleibt, wenn man »*ungefähr sechzehn, siebzehn Stunden jeden Tag*« arbeitet, wie es der Handwerker beschreibt, verbringen die Interviewten allein in der Sauna, beim Computer-Spiel, beim Spaziergang mit Hund oder schlicht vor dem Fernseher auf dem Sofa oder schlafend im Bett.

Es besteht in diesem Lebensführungsmodus offenkundig kaum Bedarf nach Gemeinschaft und auch kaum Zeit dafür; sich zu vergemeinschaften oder vergemeinschaftet zu werden wird vielmehr schnell als konfligierend mit dem internalisierten Statusstreben erfahren, so dass man sich aus entsprechenden Aktivitäten herauszuhalten versucht.[39] Mit wem sollte denn eine genuine Vergemeinschaftung gelingen? Diejenigen, die wie man selbst im gleichen Berufsfeld investive Statusarbeit betreiben, sind Konkurrent:innen, mit denen man allenfalls strategische Schein-Vergemeinschaftung etwa in einer beruflichen ›Seilschaft‹[40] pflegt; und all diejenigen, die einen anderen Lebensführungsmodus zeigen, finden keine Gnade vor dem Leistungsethos der investiven Statusarbeiter:innen. Er weiß mit Leuten, die es sich ›bequem machen‹ oder gar als ›Nichtstuer‹ durchs Leben kommen, nichts anzufangen. So betont der Handwerker, er habe »*nie etwas geschenkt gekriegt, alles selbst erwirtschaftet*«. Auch der Werksleiter stellt heraus, er sei »*keinem was schuldig*« und »*selbstständig*«, einer der »*sich durchs Leben (.) selber kämpft*« und »*auf niemanden angewiesen*« sei. Die Kehrseite dieses Stolzes, mit dem der eigene Statuserfolg als Ergebnis eigener Leistung präsentiert wird, ist die Abwertung anderer, denen das Leistungsethos abgesprochen wird und mit denen man sich nicht gemein machen will. Der Werksleiter kritisiert folglich sozialstaatliche Umverteilung: »*Ich glaube, es wird viel zu viel aufgefangen, [...] ja? Also das Netz ist glau/ ist, ist für meine Begriffe ist (.) zu engmaschig.*« Unterstützung gesteht er nur jenen zu, die unverschuldet »*durch einen schweren Unfall oder was auch immer*« nicht mehr arbeiten könnten, aber »*nicht für Sozialschmarotzer und für die,*

---

37 Mark Granovetter, The Strength of Weak Ties, in: American Journal of Sociology 78 (1973), H. 6, S. 1360–1380.

38 Martina Brandt, Soziale Kontakte als Weg aus der Erwerbslosigkeit, in: Kölner Zeitschrift für Soziologie und Sozialpsychologie 58 (2006), H. 3, S. 468–488.

39 Umgekehrt gilt: Da der eigene Statuserfolg nicht im Rahmen unmittelbarer Gemeinschaftserfahrungen gespiegelt und erlebt, dadurch aber auch begrenzt wird, kann sich das Statusstreben leicht zu einem generalisierten Anerkennungsstreben verselbständigen.

40 Rainer Paris, Solidarische Beutezüge. Zur Theorie der Seilschaft, in: Merkur 12 (1991), S. 1167–1174.

die sich (.) dann ein laues Leben auf Kosten anderer machen. //mhm// Und davon gibt es zu viele.« Die Entsolidarisierung, die sich in dieser leistungszentrierten Bewertung anderer Personen und Gruppen dokumentiert, zeigte sich in unserem Untersuchungssample bei jenen Befragten besonders deutlich, die in Folge ihres entgrenzten Statusstrebens über die größten Einkommen und Vermögen verfügten. Das deutet darauf hin, dass die oberen Mittelschichten die stärksten Treiber von Dynamiken der Entsolidarisierung gegenüber jenen Gruppen sind, die ihnen als »undeserving« erscheinen.[41]

In einer Lebensführung, die sich um den *Berufsstolz* dreht, erfüllt der berufliche Status zwei Funktionen. Erstens dient er als Voraussetzung dafür, sich auf das feldspezifische Erfolgsstreben fokussieren zu können. Wenn der erwähnte Musiker beschließt, schließlich als Seiteneinsteiger an einer Schule zu arbeiten, und dies als eine sehr harte und endgültige Einschränkung seiner künstlerischen Ambitionen deutet, zeigt sich, dass ein einträgliches und sicheres Einkommen als unhintergehbare Voraussetzung dafür erkannt worden ist, wenigstens noch in der Freizeit die einstigen Ambitionen ein klein wenig pflegen zu können. Zweitens kann sich finanziell ausdrückender beruflicher Statuserfolg aber unter bestimmten Umständen auch als Indikator für legitimen Berufsstolz gewertet werden. Der Musiker erinnert sich, wie er nach erfolgreichen Auftritten über die Autobahn fuhr, »*in den Autositz*« gedrückt wurde, sich daran erfreute, dass er »*600 Mark in ner Stunde*« verdient hatte und sich wie ein »*König*« gefühlt habe. Finanzielle Entlohnungen stellen allerdings gerade nicht den Kern der hier gesuchten Anerkennung dar, weshalb sich der Musiker zum Beispiel von Wolfgang Petry – ein »*Gitarren-Schrapper, der einen auf Kumpel macht*« – abgrenzt, da es diesem nur ums Geld gehe, während sein eigenes künstlerisches Ziel sei, Menschen »*mit der wahren, tiefen Musik*« zu berühren. Wenn dies ohne Konzessionen an den Publikumsgeschmack gelinge, ist das so verdiente Geld nicht ›schmutzig‹, sondern Beweis der künstlerischen Meisterschaft.

Im Rahmen dieser biografischen Orientierung, stellen sich andere Gemeinschaftsbezüge als bei investiven Statusarbeiter:innen her. Die gesuchte Identitätsbestätigung, stolz auf die eigene berufliche Meisterschaft sein zu können, wird nicht allein durch abstrakte Medien wie das schon erwähnte verdiente Geld oder durch Beförderungen in einer organisationalen Hierarchie vermittelt. Vielmehr spielen Personen eine wichtige Rolle, die ihrerseits selbst als Expert:innen im jeweiligen Feld anerkannt sind. Dass der Beifall anderer Künstler:innen im selben Metier, insbesondere von Seiten verehrter Spitzenkönner:innen, wichtiger ist als jede andere Anerkennung, und so die Berufsgemeinschaft eine essentielle Quelle von Erfolgserlebnissen darstellt, ist ein sehr gängiger Topos in Künstlerbiografien.

---

41 Demgegenüber sind es bei den von uns Befragten die stärker lokalräumlich verwurzelten, eher in den mittleren Mittelschichten angesiedelten Gemeinschaftsgeprägten, deren Streben nach gelebter Gemeinschaftlichkeit auch die Bewertung anderer Lebensführungen formt.

Ganz ähnlich erinnert sich aber auch eine Gewandmeisterin, deren Lebensführung ebenfalls am Berufsstolz orientiert ist, daran, wie sie in ihrem Ausbildungsbetrieb eine »*berufliche Familie*« gefunden hatte, nachdem ihre Kolleg:innen und Vorgesetzten gemerkt hätten, dass sie versuche, ihre Aufgaben »*einfach super gut [zu] machen*«, und »*total ehrgeizig*« sei.

Auch außerhalb der Berufssphäre spielen in der berufsstolzgeprägten Lebensführung Gemeinschaften eine größere Rolle als für investive Statusarbeiter:innen. Allerdings fällt auf, dass entsprechende Sozialbeziehungen der Berufsstolzen zum einen stark durch eine gemeinsam ausgeübte Praxis vermittelt sind, indem man zum Beispiel gemeinsam tanzt, musiziert, debattiert usw. Zum anderen sind die Berufsstolzen sozial recht selektiv, wenn etwa der Musiker erzählt, er müsse »*n paar Kilometer fahren, um Leute zu finden, die [...] die auf der gleichen Welle sind*«, oder wenn die Gewandmeisterin erzählt, sie habe Freund:innen in »*London, Berlin, München halt irgendwie so*«.

Mit den Berufsstolzen hat der dritte Lebensführungsmodus – die *Gemeinschaftsorientierten* – gemeinsam, dass sich die Teilnahme an der beruflichen Statuskonkurrenz darauf ausrichtet, hinreichende Voraussetzungen für ein andersgelagertes Anerkennungsstreben zu schaffen. Dieser Lebensführungsmodus ist der gemeinschaftsbedürftigste der drei Modi, weil hier gelungene Vergemeinschaftung biografischer Selbstzweck ist. In unseren Interviews drückt sich das unübersehbar schon darin aus, dass das außerberufliche Leben einen deutlich größeren Raum einnahm als bei den anderen beiden biografischen Orientierungen. Das Familienleben einschließlich näherer und fernerer Verwandtschaft, Freundeskreise, Nachbarschaften, das Vereinsleben: All diese Vergemeinschaftungsbezüge waren Thema, und an der Art und Weise, wie sie geschildert wurden, war ihre biografische Bedeutung gut ablesbar und wurde nicht selten explizit vermerkt. So berichtet ein Lehrer von seinen »*Fußballkumpels*«, mit denen er auch abseits des Fußballplatzes viel Zeit verbringt. Ein Facharbeiter spricht analog von einer »*gute[n] Truppe*«, mit der er »*schon viele lustige Zeiten gehabt*« habe. Ein Architekt erzählt von einer »*Männerrunde*«, in der man zusammensitzt, um sich »*einfach nur [zu] unterhalten bei guter Musik*«, bzw. sich wöchentlich trifft, um »*einfach nur [einen] lustige[n] Abend*« zu verbringen.

Interessant und so nicht erwartet war sodann, dass einige Gemeinschaftsorientierte auch ihre berufliche Sphäre als Vergemeinschaftungsort schilderten. Es ist also nicht immer so, dass die Berufstätigkeit in diesem Lebensführungsmodus lediglich instrumentell dem Broterwerb dient und das ›eigentliche‹ Leben nur in der Freizeit stattfindet. Insbesondere die ungezwungene Sozialität mit Kolleg:innen wird wiederholt erwähnt. So erinnert sich zum Beispiel der jetzt als Architekt tätige Befragte positiv und etwas nostalgisch an seine Zeit als Tischler:[42] »*abends äh haben wir uns oft*

---

42 Er gab diesen Beruf – ähnlich wie der oben zitierte Musiker – nur aufgrund massiver Statusprobleme auf und schloss ein Architektur-Studium an.

auf ner Hobelbank (.) äh versammelt. Haben wir uns hingesetzt, noch n Bier getrunken.« Die Sozialität ist hier nicht im gleichen Maße durch spezifische Praxen vermittelt wie bei den Berufsstolzen. Vielmehr sind die Gemeinschaftsbezüge hier stärker funktional diffus,[43] insofern bestimmte Personen nicht klar unterschiedlichen Sphären der Lebensführung zugeordnet werden, sondern eben »Kumpel« oder Freund:innen sind.

Charakteristisch für die Gemeinschaftsgeprägten ist weiterhin, dass gelungene Sozialbeziehungen nicht nur zufrieden registriert werden, sondern leitende Gesichtspunkte biografischer Entscheidungen sind. Das zeigt sich etwa, wenn ein Staplerfahrer berichtet, dass er sich nach seiner Beförderung zum stellvertretenden Schichtleiter *»nicht wohlgefühlt«* habe, da er nun seinen *»ganzen Kollegen«* zu sagen hatte, *»was sie machen sollen«.* Als er die Position wieder verliert, ist er folglich *»ehrlich gesagt auch froh«,* dass er *»da rausgekommen«* sei. Ähnlich berichtet der bereits zitierte Lehrer, er habe eine Beförderung zum Schulleiter ohne langes Überlegen abgelehnt, und macht in bildhaften Erzählungen klar, dass er die sich durch *»Ehrlichkeit und Unvoreingenommenheit«* auszeichnende Interaktion mit seinen Schüler:innen die ihm *»wegen ihrer Geradlinigkeit an Herz gewachsen«* seien, einer Beförderung vorzieht, durch die er *»mit irgendwelchen blöden Kollegen Dienstgespräche zu führen«* hätte.

Wenn diese Eindrücke aus unserem bisherigen empirischen Material sich in systematischer darauf ausgerichteten Untersuchungen bestätigen sollten, hieße das für unsere Betrachtung der Wirkungszusammenhänge zwischen dem Modus der Lebensführung und dem wechselseitigen Verstehen oder Nicht-Verstehen: Vergemeinschaftung als ein möglicher Mechanismus zur Erzeugung solchen Verstehens greift bei investiven Statusarbeiter:innen, Berufsstolzen und Gemeinschaftsgeprägten sehr unterschiedlich. Das gilt quantitativ wie qualitativ.

Quantitativ bietet das sehr unterschiedliche Ausmaß an Gemeinschaftsbedürftigkeit der drei Lebensführungsmodi entsprechend geringere oder größere Zugriffschancen für Vergemeinschaftungsangebote und -maßnahmen. Gängige Bemühungen, ›zivilgesellschaftliche‹ Gemeinschaften – in kleinem lokalen über den regionalen bis hin zum großen nationalen oder sogar übernationalen und globalen Maßstab – durch politische Appelle, Anreize und Unterstützungen zu stärken, sprechen Gemeinschaftsgeprägte je nach deren Gemeinschaftsprofil vielfältig an. Investive Statusarbeiter:innen werden demgegenüber durch all das so gut wie gar nicht erreicht. Die Erreichbarkeit der Berufsstolzen liegt in der Mitte zwischen diesen beiden Extremen. Das Ausmaß der Erreichbarkeit bestimmt, auf welche Mittelschichtfraktionen durch Gemeinschaftsstärkung überhaupt eingewirkt werden kann.

---

43 Talcott Parsons, The Social System. London 1970 [1951], S. 65/66.

In diesem Rahmen geht es sodann qualitativ darum, welcher Art die Vergemeinschaftung ist. Vergemeinschaftung fördert ja nicht per se wechselseitiges Verstehen
zwischen Bevölkerungsgruppen und damit gesellschaftlichen Zusammenhalt. Wie
etwa Norbert Elias und John Scotson[44] gezeigt haben, kann das vermehrte Auftreten von »Außenseitern« wie etwa Migranten dazu führen, dass sich die »Etablierten« – die im Land geborene Wohnbevölkerung – verstärkt miteinander vergemeinschaften, um die »Außenseiter« ›draußen‹ zu halten. Ob diese Form der
exklusiven Vergemeinschaftung der ›Gleichgesinnten‹ stattfindet, oder eine inklusive Vergemeinschaftung der wechselseitigen Neugierde und Toleranz, ist eine wichtige Determinante dafür, inwieweit ein möglichst ausgreifendes wechselseitiges
Verstehen zwischen verschiedenen gesellschaftlichen Teilgruppen hervorgebracht
oder genau umgekehrt Nicht-Verstehen forciert wird. In dieser Hinsicht läuft die
kaum vorhandene Gemeinschaftsbedürftigkeit der investiven Statusarbeiter auf jenen »amoral familism«[45] hinaus, der den gesellschaftlichen Nicht-Zusammenhalt
Süditaliens – und die Herrschaft der Mafia, die genau das ausnutzt – zementiert.
Die investiven Statusarbeiter:innen untergraben also den gesellschaftlichen Zusammenhalt. Aber auch die Berufsstolzen, deren Gemeinschaften sich auf enge Zirkel
mit gleichen Anschauungen beschränken, und die darüber hinaus höchst wähle-
risch sind, tragen eher nicht zu einer inklusiven Vergemeinschaftung bei. Allein die
Gemeinschaftsgeprägten bieten die Chance – keineswegs die Garantie – für Diversität zulassende Vergemeinschaftungen, in denen die Fragmentierung und das Gegeneinander gesellschaftlicher Teilgruppen überwunden werden kann. Auch bei ihnen besteht aber durchaus auch das Risiko exklusiver Vergemeinschaftung.

Dass insgesamt ein tiefgreifendes wechselseitiges Nicht-Verstehen zwischen
den Lebensführungsmodi vorherrschen könnte, lässt sich an drei markanten biografischen Ausrichtungen verdeutlichen:

1. So stellen lange Ausbildungs- und Studienphasen für Lebensführungen, die
   am Berufsstolz orientiert sind, Gelegenheiten dar, um berufliche Logiken zu
   erkunden, kulturelles Kapital zu sammeln und praktische Meister:innenschaft
   voranzutreiben. Für Gemeinschaftsgeprägte eröffnen diese Phasen hingegen
   Möglichkeiten für die »Suche nach habitueller Übereinstimmung«[46]. Investive Statusarbeiter:innen schließlich zeichnen sich durch einen instrumentellen
   Zugriff auf Ausbildungsphasen aus. Wer zum Beispiel länger studiert, als es für
   einen einträglichen Abschluss nötig wäre, läuft Gefahr »*blöd studiert*« zu enden, wie es der zitierte Handwerker formuliert.

---

44 Norbert Elias/John L. Scotson, Etablierte und Außenseiter, Frankfurt am Main 1990 [1965].
45 Edward C. Banfield, The Moral Basis of a Backward Society, New York 1958.
46 Ralf Bohnsack, Auf der Suche nach habitueller Übereinstimmung, in: Heinz-H. Krüger/
   Winfried Marotzki (Hrsg.), Erziehungswissenschaftliche Biographieforschung, Wiesbaden 1996,
   S. 258–275.

2. In einer zweiten Hinsicht stellen hohe Einkommen für investive Statusarbeiter:innen ausdrücklich das Zentrum tagtäglicher und längerfristiger Aspirationen dar. Bei Berufsstolzen sind hohe Einkommen demgegenüber zwar ein Indikator feldspezifischen Erfolgsstrebens, können allerdings auch in eine Gefährdung der Authentizität der Orientierung umschlagen, wenn »*Nutzen und das Materielle im Vordergrund*« steht, wie es ein Geisteswissenschaftler kritisiert. Ähnlich kann entgrenztes Statusstreben für die Gemeinschaftsgeprägten eine Bedrohung darstellen, wenn es sie aus ihre Lebensführung bestätigenden Sozialbeziehungen herausführt und diese insgesamt untergräbt.

3. In einer dritten biografischen Ausrichtung schließlich erscheinen soziale und lokalräumliche Kontinuitäten im Rahmen einer gemeinschaftsorientierten Lebensführung als Foren gelebter Gemeinschaftlichkeit. Investiven Statusarbeiter:innen mögen solche Kontinuitäten stattdessen als planloses Verharren erscheinen und bereits mit drohendem Abstieg assoziiert werden; und im Rahmen von Lebensführungen, die am Berufsstolz orientiert sind, bergen lokale und soziale Kontinuitäten die Gefahr, den Anschluss an feldinterne Dynamiken und Chancen zu verpassen.

Vertreter:innen der drei Lebensführungsmodi leben also durchaus in sehr verschiedenen Welten – und sind sich dessen nicht immer so bewusst, so dass es immer wieder Situationen tiefgreifender Missverständnisse, die gar nicht als solche bemerkt werden, gibt. Die Förderung von Vergemeinschaftung stellt vor diesem Hintergrund alles andere als einen Königsweg zur Stärkung gesellschaftlichen Zusammenhalts dar. Die interne Gliederung der Mittelschichten in die drei sehr unterschiedlichen Modi der Lebensführung lässt vielmehr vermuten, dass kontraproduktive Effekte des Bemühens, über Vergemeinschaftung ein wechselseitiges Verstehen zu erreichen, überwiegen könnten. Dennoch sollte man Vergemeinschaftung nicht abschreiben. Es kommt vielmehr auf differenziertere Angebote und Maßnahmen an; und unsere weiteren Forschungen können hoffentlich Gesichtspunkte ermitteln, die hierbei relevant sind.

3. Stärkung gesellschaftlichen Zusammenhalts: Bei der Lebensführung ansetzen!

Auch wenn unsere Überlegungen eher Wasser in den Wein gängiger Bemühungen geschüttet haben, wie gesellschaftlicher Zusammenhalt gestärkt werden kann: Es geht uns nicht darum, defätistisch solche Bemühungen zu verabschieden. Ganz im Gegenteil: Sie müssen intensiviert werden – aber im vollen Wissen über das komplexe Wechselspiel von Praktiken, Beziehungen und Orientierungen der Lebensführung.

Die sozialwissenschaftliche Analyse kann es daher nicht bei simplen Ein- oder auch Mehr-Faktor-Erklärungen für das zusammenhaltsgefährdende Tun einer Person, etwa rechtspopulistische Aktivitäten, bewenden lassen. Eine bloße Liste von Ursachenfaktoren reicht nicht; deren prozessuales Zusammenwirken muss ausbuchstabiert werden, um Stellschrauben für ein Eingreifen identifizieren zu können. Die hier vorgeschlagene Perspektive, die analytisch nicht erst an aktuellen Oberflächenphänomenen eines erodierenden Zusammenhalts – wie etwa rechtspopulistisches Wahlverhalten oder Gentrifizierung von Stadtteilen – ansetzt, sondern die tieferliegenden Muster der Lebensführung in ihrer Gesamtheit untersucht, legt nahe, die aktuellen gesellschaftlichen Konflikte als Auseinandersetzungen um die ›richtige‹ Art und Weise der Lebensführung zu begreifen. Diese Kämpfe sind eingebettet in Tiefenstrukturen von als legitim erachteten Lebensformen, die ihrerseits angesichts schwieriger werdender ökonomischer Rahmenbedingungen nicht länger in wechselseitiger Indifferenz ›friedlich‹ nebeneinander koexistieren, sondern über die Ungleichheitsdynamik der Statuskonkurrenz aufeinanderprallen.

Daraus folgt weiterhin, dass man eine zusammenhaltsgefährdende Lebensführung nicht einfach bloß re-orientieren oder deren soziale Beziehungen re-arrangieren kann. Moralische Appelle und sozialtechnologische Manipulationen gingen angesichts der Eigensinnigkeit von Biografien ins Leere. Vielmehr zeigt die Vielfältigkeit der hier präsentierten Lebensführungsmuster, dass es unterschiedliche Arenen gibt, in denen die verschiedenen Teilgruppen der Mittelschichten ›abgeholt‹ werden müssen: Während etwa die Stärkung von Nachbarschaften durchaus diejenigen mit einer gemeinschaftsorientieren Lebensführung ansprechen könnte, wären jene, die sich am Muster des Berufsstolzes orientieren, womöglich eher über Berufsverbände – in denen schon Durkheim[47] eine solidaritätsstiftende Kraft erblickte – erreichbar. Am ungeklärtesten bleibt bislang, durch welche Maßnahmen den Entsolidarisierungstendenzen in Folge investiver Statusarbeit entgegengewirkt werden könnte. Womöglich kommt es hier auf die Ausgestaltung institutioneller Arrangements – etwa einen robusten Sozialstaat und ökonomische Umverteilung – an, um der inhärenten Steigerungslogik investiver Statusarbeit ihren Nährboden ein Stück weit zu entziehen. Zumindest könnten dann die Berufsstolzen und Gemeinschaftsorientierten bei ihren Praktiken investiver Statusarbeit ›abrüsten‹, was dann auch den Druck der Statuskonkurrenz auf die investiven Statusarbeiter:innen reduzierte.

---

47 Émile Durkheim, Vorwort zur zweiten Auflage. Einige Bemerkungen über die Berufsgruppen, in: Émile Durkheim, Über soziale Arbeitsteilung. Studie über die Organisation höherer Gesellschaften, Frankfurt am Main 1988 [1902], S. 41–77.

Die Praxis des Zusammenhalts in Zeiten gesellschaftlicher Verwundbarkeit

Soziologische Perspektiven auf Arbeit, Haushalt und öffentliche Güter

Natalie Grimm, Ina Kaufhold, Stefan Rüb, Berthold Vogel

1. Zusammenhalt in Zeiten der Pandemie

Die Corona-Pandemie, die damit verbundenen politischen Maßnahmen und ökonomischen Folgewirkungen stellen den gesellschaftlichen Zusammenhalt auf eine harte Probe. Sie legt zugleich die Grenzen und Möglichkeiten der Digitalisierung und die Bedeutung öffentlicher Güter für ein funktionierendes Gemeinwesen offen.

Wohin entwickelt sich die Arbeitswelt, die im nationalen und insbesondere im internationalen Maßstab auf eine tiefe und langanhaltende Strukturkrise zusteuert? Vieles deutet darauf hin, dass sich vorhandene Fragmentierungen verstärken und neue Spaltungs- und Konfliktlinien provoziert werden. Zugleich wurde der gesellschaftliche Wert der Arbeit und konkreter beruflicher Tätigkeit Gegenstand öffentlicher Verhandlungen – eine zentrale Differenzlinie ist nun die sogenannte Systemrelevanz. Auch die Zukunft des Betriebs als Sozialform wird durch die Corona-Krise auf die Probe gestellt. Betriebe und Behörden sind Orte, in denen Interessen zusammenfinden und verschiedene beruflich-soziale Statusgruppen miteinander verknüpft sind. Zudem sind Betriebe Lernorte der Konfliktaustragung und der Mitbestimmung. Das pandemisch erzwungene Homeoffice verstärkt eher Vereinzelung.

Damit verknüpft sind Fragen nach alten und neuen Fragmentierungen in Belegschaften. Aus der betrieblichen Wirklichkeit erfahren wir, dass der sofortige Abschied der Entwickler:innen, Marketingleute und Personaler:innen ins Homeoffice von Seiten der Beschäftigten in der Produktion sehr genau wahrgenommen wurde – als starke Markierung der Ungleichheit zwischen Anzug- und Kostümfraktion auf der einen Seite und Blaumannfraktion auf der anderen. Alte Spaltungslinien zwischen Arbeiterschaft und Angestellten wurden schlagartig virulent (white und blue collar-workers). Die einen können sich in Sicherheit flüchten, die anderen stehen in der Werkhalle. Eine weitere betriebliche Spaltungslinie trat markant hervor – zwischen Stammbelegschaft und Leihkräften oder Werkvertragsnehmer:innen. Den Schutzmechanismen für die einen stand die Schutzlosigkeit der anderen gegenüber.

Deutlich wird, dass sich schon jetzt gravierende ökonomische Krisenerfahrungen andeuten – branchenübergreifend und im internationalen Maßstab. Wie gelingt es, dass die kommende Krise von Arbeitsmarkt und Beschäftigung die Gesellschaft nicht weiter auseinandertreibt und anti-kooperative, destruktive, den Zusammenhalt zerstörende Dynamiken entwickelt? Um diese Frage beantworten zu können, gilt es zunächst, die Relevanz von Erwerbsarbeit für sozialen Zusammenhalt und diesbezügliche Wandlungsprozesse aufzuzeigen (siehe Abschnitt 2). Welche Rolle spielen hierbei die digitalen Transformationen der Arbeitswelt? Einiges spricht dafür, dass die Krise den digitalen Strukturwandel (mit den entsprechenden Verschiebungen der Beschäftigtenstrukturen) verstärken wird.

Die Pandemie-Bewältigung und die Minderung von gesellschaftlicher Verwundbarkeit werden zudem in erheblichem Maße davon abhängen, welche Rolle öffentliche Institutionen und Güter auf supranationaler (EU), nationaler wie kommunaler Ebene (siehe Kapitel 3) spielen. Vieles deutet im Angesicht einer Hyperverschuldung auf neue und verschärfte Verteilungskonflikte hin. Umso wichtiger werden daher ausgleichende öffentliche Institutionen des Rechts- und Sozialstaats, die gewissermaßen als letzte Instanz für soziale Balancen sorgen müssen. Interessanterweise bestand ja bis zum März 2020 in weiten Teilen der Soziologie Einigkeit darin, dass komplexe, in Systemfunktionalitäten getrennte Gesellschaften keine zentrale Steuerung mehr erlauben. Der Staat und die öffentliche Verwaltung waren offenbar Konzepte des 19. und 20. Jahrhunderts. In der Pandemie zeigt sich, wie rasch die gesellschaftliche Wirklichkeit allerlei konzeptionelle und theoretische Gedankenspiele zu schlagen vermag. Von besonderer Bedeutung wird sein, wie die Wechselseitigkeit von handlungsfähigem Staat auf der einen Seite und einer an ihren Freiheitsrechten orientierten Gesellschaft auf der anderen Seite künftig aussehen kann und sollte; das alles vor dem Hintergrund einer massiven und nachhaltig wirkenden Staatsverschuldung. Die Zukunft staatlichen, öffentlichen, kommunalen und supranationalen Handelns findet jedenfalls unter dramatisch verengten fiskalischen Handlungsspielräumen statt. Dem steht die Anforderung gegenüber, reaktionsfähige und resiliente öffentliche Güter zu sichern, die im Krisenfall Zusammenhalt ermöglichen. Kurzum – in welcher Weise verändert sich die kohäsive Energie der Erwerbsarbeit und welche öffentlichen Rahmenbedingungen ermöglichen sozialen Ausgleich und Zusammenhalt? Diese beiden Schlüsselfragen stehen im Mittelpunkt einer Sozialforschung, die die gesellschaftlichen Entwicklungen von der Arbeit und den Angelegenheiten des Gemeinwesens her denkt (siehe Abschnitt 4).

2.   Arbeit und Zusammenhalt

Gegenwartsgesellschaften sind Erwerbsarbeitsgesellschaften. Erwerbsarbeit stellt einen zentralen gesellschaftlichen Integrationsmechanismus dar. Sie entscheidet über die ökonomisch-materielle Stellung in der Sozialstruktur, über sozialen Status und gesellschaftliche Anerkennung. Zugleich ist das Arbeitsverhältnis eine erlebte und durchlebte Sozialbeziehung. Betriebe sind Sozialräume und damit Erfahrungsräume der Praxis des Zusammenhalts und Konflikts. Hierbei geht es um Fragen von Anerkennung, Verteilung, Beteiligung und Gestaltung. Darüber hinaus strahlt die Arbeits- und Beschäftigungssituation auf die alltägliche Lebensführung und familiäre Situation aus und entscheidet über Möglichkeiten und Grenzen (ehrenamtlichen) gesellschaftlichen Engagements mit.

Obgleich die Frage nach dem gesellschaftlichen Zusammenhalt kein expliziter Untersuchungsbereich der Arbeitsforschung ist, verweisen viele Untersuchungen zum Wandel der Arbeit implizit auf Fragen gesellschaftlichen Zusammenhalts und dessen Gefährdung. Zentrale Befunde zum gegenwärtigen Wandel der Arbeit – Prekarisierung, Fragmentierung, Entgrenzung – bezeichnen Flieh-, nicht Bindekräfte. Sie deuten auf Erosionstendenzen sozialen beziehungsweise betrieblichen Zusammenhalts hin, zumindest aber auf Restrukturierungen der Arbeitswelt, die mikrosozialen Praktiken gesellschaftlichen Zusammenhalts entgegenwirken und diese erschweren. Die Corona-Pandemie setzt diese Fliehkräfte in ein noch schärferes Licht. Die Brüche und Fragmentierungen werden sichtbarer. Das gilt für die Beschäftigungsverhältnisse im Bereich der stationären, aber auch häuslichen Pflege oder auch in den Betrieben der Lebensmittelindustrie. Eklatante Ungleichheiten werden hier in der Krise beschleunigt und verschärft. Subtiler und uneindeutiger sind die Veränderungen der Arbeits- und Betriebswelt, die mit Prozessen der Digitalisierung verknüpft sind.

2.1.   Herausforderungen der Digitalisierung

Veränderungen der Arbeitswelt werden seit vielen Jahren prominent unter dem Fokus der Digitalisierung betrachtet. Prognostiziert werden weitreichende Arbeitsfolgen des digitalen Umbruchs im Hinblick auf Effekte der Rationalisierung (Beschäftigungsabbau, Qualifizierungserfordernisse), der Polarisierung (Digitalisierungsgewinner und -verlierer), der Überwachung und der Deregulierung der Arbeit (Schwächung des Schutzes und der Stellung der Arbeitnehmer).

Mit dem Prozess der Digitalisierung sind auf der einen Seite Innovations- und Produktivitätserwartungen verknüpft. Die digitale Transformation soll durch die Verbindung physischer Produktion mit Informations- und Kommunikationstechnologien insbesondere den industriellen Sektor revolutionieren (»Industrie 4.0«). Zugleich versprechen Digitalisierungsbefürworter:innen, dass die Durchdringung der Arbeitswelt mit digitalen Technologien sich auch für die Beschäftigten durch eine Entlastung von körperlich schwerer und/oder monotoner Arbeit, durch eine Aufwertung von Tätigkeiten sowie durch Autonomiegewinne auszeichnet, so dass die Ausübung produktiver Arbeit immer weniger davon abhängt, dass sich Arbeitnehmer:innen zu einer bestimmten Zeit an einem vom Arbeitgeber bestimmten Ort aufhalten. Auf der anderen Seite verbinden sich mit der Digitalisierung Sorgen vor einem massiven Arbeitsplatzverlust, einer stärkeren Formalisierung und Fremdbestimmung von Arbeitsprozessen, einer Ausweitung atypischer Beschäftigung, aber auch vor einer Verdichtung der Arbeit sowie vor einer wachsenden Verschmelzung von Arbeitszeit und arbeitsfreier Zeit. Hierbei spielen neue Techniken der Automatisierung, der permanenten Erreichbarkeit (Virtualisierung) und der Kontrolle von Leistung und Verhalten der Beschäftigten im Zuge von Datifizierungsprozessen ebenso eine Rolle wie die Erosion gewachsener betrieblicher Strukturen mit negativen Konsequenzen für die Vertretung von Beschäftigteninteressen durch Betriebsräte. Auch mit ganz neuen, weniger betriebsgebundenen Arbeitsformen werden derzeit sowohl Hoffnungen auf selbstbestimmte Arbeit verbunden, aber auch Befürchtungen, dass die Arbeitswelt zu einem Ort umfassender Prekarität wird. Wichtige Stichworte sind hier Plattformökonomie und »Crowdwork«.

Arbeitssoziologische Untersuchungen zeigen, dass der gegenwärtige digitale Umbruch mit grundlegenden Veränderungen der Arbeitsprozesse, Tätigkeitsstrukturen, Geschäftsmodelle und Wettbewerbsstrukturen verknüpft ist. Berufliche Kompetenzen stehen in Frage, Tätigkeitsfelder werden neu geordnet. Verunsicherungen bei Beschäftigten (angesichts drohender Entwertungen ihrer bisherigen Arbeitserfahrungen und Qualifikationen, verbunden mit Ängsten, zurückzubleiben oder überfordert zu sein), aber auch im Management, sind schon heute beobachtbar.

Die Fragen nach den positiven oder negativen Wirkungen des technologischen Wandels unterstellen oftmals lineare Entwicklungen und klar abgrenzbare Szenarien. Sie legen das Schwergewicht auf die zweifellos rasanten Fortschritte digitaler Technologien und nehmen – ob unbewusst oder interessengeleitet – in einer technikzentrierten Sichtweise an, dass die Veränderungen der Arbeitswelt im Wesentlichen durch technologische Weiterentwicklungen vorangetrieben werden. Die Frage der Gestaltung, die für die Frage des sozialen Zusammenhalts zentral ist, kommt kaum in den Blick.

In der arbeitssoziologischen Tradition der SOFI-Forschung[1] ist Digitalisierung als zukunftsoffenes und konfliktreiches Geschehen konzipiert, dessen produktive Bearbeitung keineswegs nur von technischen Gegebenheiten oder allen-

---

1 Soziologisches Forschungsinstitut Göttingen (SOFI) e.V. an der Georg-August-Universität (http://www.sofi-goettingen.de).

falls noch von Managementstrategien abhängt. Vielmehr wird die Digitalisierung der Arbeitswelt als ein konfliktbehafteter Prozess verstanden, der einer aktiven Gestaltung bedarf, um kohäsive Kräfte zu stärken. Digitalisierung provoziert den gesellschaftlichen Zusammenhalt – und provoziert damit gesellschaftswissenschaftliche Initiative und gesellschaftspolitische Verantwortung. Jüngere empirisch ausgerichtete Untersuchungen,[2] nach denen die Praxis betrieblicher Digitalisierung durch Vielfalt, Heterogenität und inkrementellen pfadabhängigen Wandel sowie durch Gestaltungsoffenheit und Ambivalenz der Arbeitswirkungen geprägt ist, bestätigen diese Sichtweise.

Der Diskurs um die Digitalisierung der Arbeit wurde zunächst hauptsächlich als Automatisierungsdiskurs geführt. Die Studie von Frey und Osborne (2013),[3] die für die USA die Substituierbarkeit von 47 Prozent aller Berufe ermittelten, schreckte Wissenschaft und Politik in Deutschland gleichermaßen auf. Nach einer Reihe von Untersuchungen, die die Automatisierungswirkungen deutlich nach unten korrigierten,[4] hat sich die deutsche Diskussion um Automatisierungswirkungen der Digitalisierung merklich entspannt. Unsere eigenen empirischen Befunde spiegeln dies ein Stück weit wider.[5] Automatisierung findet statt, aber – von einzelnen Wirtschaftsbereichen wie Versicherungen/Banken abgesehen – nicht als Bruch und qualitativer Sprung, sondern als kontinuierlicher, obgleich beschleunigter Prozess. Angesichts eines gesellschaftlichen Digitalisierungsdiskurses, der weitreichende Veränderungen heraufbeschwört,[6] und sichtbar werdender

---

2 Volker Baethge-Kinsky/Kai Marquardsen/Knut Tullius, Technik und Arbeit in der Arbeitssoziologie – Konzepte für die Analyse des Zusammenhangs von Digitalisierung und Arbeit, in: Arbeits- und Industriesoziologische Studien 11 (2018), H. 2, S. 91–106; Hartmut Hirsch-Kreinsen/Peter Ittermann/Jonathan Niehaus (Hrsg.), Digitalisierung industrieller Arbeit. Die Vision Industrie 4.0 und ihre sozialen Herausforderungen, 2. Aufl., Baden-Baden 2018; Martin Kuhlmann/Barbara Splett/Sascha Wiegrefe, Montagearbeit 4.0? Eine Fallstudie zu Arbeitswirkungen und Gestaltungsperspektiven digitaler Werkerführung, in: WSI-Mitteilungen 3, 2018, S. 182–188.

3 Carl Benedikt Frey/Michael A. Osborne, The Future of Employment: How Susceptible are Jobs to Computerisation? Hrsg. v. Oxford Martin Programme on Technology and Employment, 2013.

4 Siehe Holger Bonin/Terry Gregoy/Ulrich Zierahn, Übertragung der Studie von Frey/Osborne (2013) auf Deutschland. Kurzexpertise Nr. 57. Endbericht. Bundesministerium für Arbeit und Soziales (Forschungsbericht 455), 2015; Katharina Dengler/Britta Matthes, Wenige Berufsbilder halten mit der Digitalisierung Schritt. Substituierbarkeitspotenziale von Berufen. Hrsg. v. Institut für Arbeitsmarkt- und Berufsforschung (IAB) der Bundesagentur für Arbeit (IAB-Kurzbericht 4), 2018.

5 Stefan Rüb et al., Digitalisierungskonflikte. Eine empirische Studie zu interessenpolitischen Auseinandersetzungen betrieblicher Digitalisierungsprozesse, Hans-Böckler-Stiftung, 2020 (i. E.)

6 Martin Kuhlmann/Stefan Rüb, Wirkmächtige Diskurse – betriebliche Auseinandersetzungen um Digitalisierung, in: Arbeits- und Industriesoziologische Studien 13 (2020), H. 1, S. 22–39.

technischer Potenziale, ist bei Betriebsräten und Beschäftigten zwar eine gewisse Verunsicherung spürbar. Automatisierung wird aber eher als Garant für Beschäftigungssicherung denn als Gefährdung der Beschäftigungssicherheit bewertet und die damit einhergehenden Beschäftigungseffekte (Substituierungen) werden als zum Erhalt der Wettbewerbsfähigkeit bzw. zur Standortsicherung notwendig anerkannt. Dazu trägt bei, dass ein automatisierungsbedingter Beschäftigungsabbau in der Regel ohne betriebsbedingte Kündigungen im Rahmen verfügbarer konfliktpartnerschaftlicher Praktiken und Kompromisslinien sozialverträglich umgesetzt wird.

Automatisierungseffekte der Digitalisierung, eine Zunahme technologischer Erwerbslosigkeit und Entwertungen von Qualifikationen mit damit einhergehenden Erfahrungen der gesellschaftlichen Desintegration und des gesellschaftlichen Statusverlustes könnten in der durch Corona bedingten Krise an Gewicht gewinnen. Dafür spricht, dass Substitutionseffekte der Automatisierung nicht mehr durch Wachstum aufgefangen werden können und Unternehmen angesichts eines krisenbedingten Kostendrucks stärker auf die Automatisierungseffekte der Digitalisierung setzen dürften.

Mit den pandemisch verursachten und begründeten gesundheitspolitischen Maßnahmen und Einschränkungen drängte die Virtualisierungsdimension der Digitalisierung in den Vordergrund. Die Zunahme digital angebundener und vernetzter Heimarbeit gilt als Indikator beschleunigter Digitalisierung.[7] Die Virtualisierung von Arbeits- und Betriebsorganisation schreitet aber nicht allein durch die Zunahme an mobiler und Homeoffice-Arbeit voran, sondern auch durch die Ausweitung virtueller Teamarbeit und durch den Einsatz algorithmenbasierter Plattformen zur Arbeitsvermittlung und -einsatzsteuerung. Die Virtualisierung der Arbeit ermöglicht es, Orte und Zeiten der Arbeitsverausgabung flexibler zu gestalten. Dies eröffnet Möglichkeiten einer größeren Zeit- und Ortssouveränität der Beschäftigten verbunden mit einer besseren Vereinbarkeit von Beruf und Privatleben. Dies birgt aus Beschäftigtensicht jedoch zugleich die Gefahr der Entgrenzung von Arbeits- und Privatsphäre und eines stärkeren zeitlichen Zugriffs der Vorgesetzten auf die nun potenziell ständig verfügbare und kommunikationstechnisch permanent angeschlossene Arbeitskraft.[8] Zugleich eröffnen die Möglichkeiten des Homeoffice eine neue Spaltungslinie in den Belegschaften zwischen denjenigen, die diese Möglichkeit haben und nutzen können, und denjenigen, bei denen dies nicht gegeben ist.

---

7 Roland A. Stürz et al., Digitalisierung durch Corona? Verbreitung und Akzeptanz von Homeoffice in Deutschland. Bayerisches Forschungsinstitut für digitale Transformation (bidt), 2020, https://www.bidt.digital/studie-homeoffice/#downloads (Zugriff 10. Juli 2020).

8 Siehe Tanja Carstensen, Neue Anforderungen und Belastungen durch digitale und mobile Technologien, in: WSI-Mitteilungen 3 (2015), S. 187–193.

Die Virtualisierung der Arbeit verändert zudem soziale Beziehungen und öffnet den Raum der Konkurrenz der Beschäftigten und Arbeitssuchenden unternehmensorganisatorisch wie geographisch. Dies gilt einerseits für virtuelle Team- und Projektarbeit, in der räumliche Grenzziehungen an Gewicht verlieren, andererseits für plattformvermittelte digitale Arbeit, die jenseits klassischer Beschäftigungsverhältnisse flexibel zugekauft und tendenziell aus einem weltweiten Arbeitskraftreservoir geschöpft werden kann.[9] Die Zunahme von mobiler und virtueller Team- und Projektarbeit befördert schließlich auch die Auflösung des Büros und Betriebs als Sozialraum. Das Büro verliert als Arbeitsort und damit als Ort der Kommunikation, Kooperation und Zusammenarbeit an Bedeutung. Es dezentriert sich, d. h. Teams und Projekte verlieren Anlässe und Bezugspunkte für informelle Kommunikations- und Kooperationsbezüge vor Ort.

Diese kurzen Schlaglichter verdeutlichen, dass die Digitalisierung den gesellschaftlichen Zusammenhalt in ihren verschiedenen Dimensionen herausfordert und gestaltungsbedürftig, aber eben auch gestaltungsfähig ist. Die Pandemie zeigt hierbei in klarem Licht, dass digitale Technologien hilfreich sein können, da sie Schutz bieten und virtuelle Kontakte erlauben; zugleich werden aber auch die Grenzen des Arbeitens und Lebens in digitalen Welten sichtbar. Die Präsenz, die Kommunikation vor Ort und das Beieinandersein sind nicht zu ersetzen – weder im persönlichen Umfeld noch am Arbeitsplatz.

2.2. Herausforderungen für den Arbeits- und Lebenszusammenhang

Die skizzierten technologischen Prozesse treffen auf eine Arbeitswelt, die sich durch Transnationalisierung[10] und Finanzialisierung[11] von Wirtschaft und Unternehmen einerseits, durch staatlich-regulative Eingriffe andererseits in einem fortlaufenden Wandlungsprozess befindet. Die betriebliche Organisation der Erwerbsarbeit, die rechtliche Gestaltung von Beschäftigung und die Formen beruflicher Karrieren verändern seit einigen Jahren merklich ihre Konturen. Zu-

---

9 Andreas Boes et al., Digitalisierung und »Wissensarbeit«. Der Informationsraum als Fundament der Arbeitswelt der Zukunft, in: Aus Politik und Zeitgeschichte 66 (2016), H. 18–19, S. 32–39; Philipp Staab/Oliver Nachtwey, Digitalisierung der Dienstleistungsarbeit, in: Aus Politik und Zeitgeschichte (2016), H. 18–19, S. 24–31; Elisabeth Vogl, Crowdsourcing-Plattformen als neue Marktplätze für Arbeit. Die Neuorganisation von Arbeit im Informationsraum und ihre Implikationen, Augsburg/München 2018.

10 Hans-Wolfgang Platzer/Matthias Klemm/Udo Dengel (Hrsg.), Transnationalisierung der Arbeit und der Arbeitsbeziehungen. Interdisziplinäre Perspektiven, Baden-Baden 2020.

11 Michael Faust/Jürgen Kädtler/Harald Wolf (Hrsg.), Finanzmarktkapitalismus? Der Einfluss der Finanzialisierung auf Arbeit, Wachstum und Innovation, Frankfurt am Main/New York 2017.

gleich steht die wohlfahrtsstaatlich organisierte Erwerbsarbeitsgesellschaft unter dem Druck permanenter Neujustierung. Hierbei spielen auch veränderte Erwartungen und Ansprüche an Arbeit von Arbeitgeber- und Arbeitnehmerseite eine wichtige Rolle. Die Erwartungen an Beschäftigte und die Erwartungen an Beschäftigung haben sich in den vergangenen Jahrzehnten grundlegend verändert. Die Entwicklung des Arbeits- und Sozialrechts vollzieht diese Entwicklung nach, gestaltet sie aber auch mit. Erwerbsarbeit als die zentrale Vergesellschaftungs- und Statuszuweisungsinstanz unterliegt damit starken Wandlungen und es entstehen – zum Beispiel durch die Pluralisierung von Beschäftigungsformen – neue komplexe und konfliktreiche Arbeitswirklichkeiten, die erhebliche Folgen für Individuen, aber auch für größere Solidargemeinschaften, lokale Gemeinschaften und Lebenszusammenhänge haben.[12]

Mit der Heterogenität der Arbeitswelt gewinnen sogenannte atypische Erwerbsformen an Bedeutung. Zu denken ist hier beispielhaft an Leiharbeit, befristete Beschäftigung, Minijobs, Arbeit auf Abruf oder auch an neue Formen der Solo-Selbstständigkeit. Das »Normalarbeitsverhältnis«,[13] bestehend aus der Verbindung zwischen Sozialversicherung und dauerhafter, abhängiger und existenzsichernder (Vollzeit-)Erwerbsarbeit, wird für immer mehr Erwerbstätige eine nicht (mehr) erreichbare Beschäftigungsform. Das heißt, neue soziale Gefährdungen entstehen zum einen vor dem Hintergrund disparater Arbeitsmärkte und flexibler Beschäftigung. Zum anderen wurden währenddessen wohlfahrtsstaatlich zuerkannte Sicherungsformen und Statusgarantien zurückgenommen. Prekäre Arbeits- und Lebenszusammenhänge sind somit nicht nur das Ergebnis veränderter ökonomischer Rahmenbedingungen, sondern auch Produkt politischer Entscheidungen und Interventionen, die die Gestalt der Erwerbsarbeit und die biografische Wirklichkeit von Erwerbsverläufen beeinflussen und verändern.[14] Ein markanter und politisch kontrovers diskutierter Kernbereich dieser Prozesse ist die institutionelle, fiskalische und normative Neuausrichtung der Arbeitsmarktpolitik. Insbesondere die Veränderungen in der Erwerbslosenversicherung bzw. wohlfahrtsstaatlichen Existenzsicherung sorgten unter dem Etikett »Hartz IV« für sozialen und politischen Zündstoff. Die arbeitsmarkt- und sozialpolitischen Reformprozesse sind Ausdruck eines veränderten Konzepts der wohlfahrtsstaatlichen Steuerung und Gestaltung des Sozialen. Exemplarisch stehen sie für den allmählichen Übergang von Konzeptionen »sorgender« zu Konzeptionen »gewähr-

---

12 Natalie Grimm/Andreas Hirseland/Berthold Vogel, Die Ausweitung der Zwischenzone. Erwerbsarbeit im Zeichen der neuen Arbeitsmarktpolitik, in: Soziale Welt 64 (2013), H. 3, S. 249–268.

13 Ulrich Mückenberger, Die Krise des Normalarbeitsverhältnisses, in: Zeitschrift für Sozialreform 31 (1985), H. 8, S. 457–475.

14 Grimm/Hirseland/Vogel, Ausweitung der Zwischenzone (Anm. 12).

leistender« Staatlichkeit.[15] Charakteristisch für diesen Übergang ist vor allem die Abkehr vom bis dahin geltenden wohlfahrtsstaatlichen Statussicherungsprinzip, das Leitbild der Aktivierung zur Eigenverantwortung und die damit einhergehende Individualisierung von (Arbeitsmarkt-)Risiken, sowie die Betonung von Subsidiarität durch die Konzeption der Bedarfsgemeinschaften. In der sozialpolitischen Debatte werden die kompensatorischen Kräfte in Familien, sozialen Netzen und räumlicher Umwelt seitdem oftmals geradezu beschworen.[16]

Zugleich wandeln sich Lebensformen, Familien- und Haushaltsstrukturen und damit auch kompensatorische Möglichkeiten verschiedener Lebenszusammenhänge. Insofern muss in Bezug auf die Analyse des sozialen Zusammenhalts die Einbettung verschiedener beruflicher Statusgruppen in lebensweltliche und haushaltsbezogene Kontexte stärkere analytische und empirische Beachtung finden. Denn neben Markt und Staat stellen Haushalte und Familien (bzw. allgemeiner formuliert: private, informelle Solidaritäts- und Austauschzusammenhänge) eine wesentliche Komponente in der Produktion und Verteilung von Ressourcen dar.[17] Sie sind allerdings nicht nur Anbieter von Produktionsfaktoren und Nachfrager von Konsumgütern, sondern auch Produzenten personaler Pflege- und Versorgungsleistungen für die Haushaltmitglieder. Haushalte treffen Entscheidungen über die Familienbildung und den Generationenverbund sowie über die Bildung von Human-, Geld- und Sachvermögen, sie sind primäre Sozialisationsinstanzen für die nachwachsende Generation und Stätten der Alltagskultur sowie Elemente basaler politischer Strukturen und Prozesse.[18] Lebenszusammenhänge und Haushalte lassen sich somit nicht nur unter dem Aspekt der Sicherung des wirtschaftlichen Kapitals betrachten. Sie haben ebenso eine bedeutende vergemeinschaftende Funktion und spielen eine wichtige Rolle für den Aufbau und die gemeinsame Pflege sozialer und kultureller Kapitalien der Verbundenheit, der Verpflichtung und des Vertrauens und sind damit ein wichtiger Bestandteil in Bezug auf Praktiken der Gefährdung und Wahrung gesellschaftlichen Zusammenhalts.

---

15 Berthold Vogel, Der Nachmittag des Wohlfahrtsstaats. Zur politischen Ordnung gesellschaftlicher Ungleichheit, in: Mittelweg 36, Zeitschrift des Hamburger Instituts für Sozialforschung (2004), H. 4, S. 36–55.

16 Natalie Grimm/Berthold Vogel, Prekarität als kollektive Herausforderung im Haushaltskontext. Zur Notwendigkeit und Methode kollektiver Erhebungsverfahren?, in: Nicole Burzan (Hrsg.), Komplexe Dynamiken globaler und lokaler Entwicklungen. Verhandlungen des 39. Kongresses der Deutschen Gesellschaft für Soziologie in Göttingen, 2019, http://publika tionen.soziologie.de/index.php/kongressband_2018/article/view/1169/1243 (Zugriff 13. Oktober 2020).

17 Wolfgang Ludwig-Mayerhofer, Geldverwaltung und -verteilung in Paarbeziehungen, in: Zeitschrift für Sozialreform 52 (2006), H. 4, S. 467–491.

18 Michael-Burkhard Piorkowsky, Präventive Einkommens- und Budgetberatung. Das Bundesund Landesmodellprojekt in Rostock – Evaluationsbericht. Herausgegeben von der Deutschen Gesellschaft für Hauswirtschaft e.V. (dgh), Materialien Bd. 1, Aachen/Bonn 2002.

Die soziale Praxis des gesellschaftlichen Zusammenhalts wird deshalb im Rahmen des FGZ gemeinsam von den Standorten Göttingen und Bremen mittels eines qualitativen Haushaltspanels untersucht, wobei gleichermaßen die Arbeits- und Lebenswelt von Haushalten wie auch sozioökonomische Faktoren und die Infrastrukturen bzw. öffentlichen Güter, die gesellschaftlichen Zusammenhalt ermöglichen oder gefährden, ins Zentrum der Aufmerksamkeit gerückt werden. Durch die Etablierung eines qualitativen Haushaltspanels in ausgewählten Regionen Deutschlands, das verschiedene berufliche Statusgruppen und soziale Milieus (lokale Oberschichten, Mittelschichtsangehörige, prekär Beschäftigte, Erwerbslose) einbezieht, wird die Analyse von sozialen Praktiken in ihren Wechselwirkungen zwischen verschiedenen Lebensbereichen (Arbeit, Familie, Nachbarschaft etc.) und in ihren Veränderungen über die Zeit (als Erwartungen und Planungen in die Zukunft, als Reaktionen auf und Anpassungen an Veränderungen) ermöglicht. Auf dieser Basis kann gezielt untersucht werden, welche intendierten wie auch nicht-intendierten Effekte soziale Praktiken in verschiedenen Statusgruppen und Milieus auf die Stärkung wie auch Gefährdung gesellschaftlichen Zusammenhalts haben.

Am FGZ Göttingen stehen dabei das praktizierte Zusammenwirken von Arbeits- und Lebenswelten sowie die teils konflikthafte sozialstrukturelle Positionierung verschiedener beruflich-sozialer Statusgruppen und damit möglicherweise einhergehende Entsolidarisierungsprozesse im Fokus der qualitativen Panelerhebung. Aufschlussreich werden hierbei die Auswirkungen von Statusturbulenzen und einer daraus möglicherweise resultierenden Praxis der »Statusakrobatik«[19] auf das sozialstrukturelle Gefüge und den sozialen Zusammenhalt der Gesellschaft sein. Denn vor dem Hintergrund der Veränderungen in der Arbeitswelt und der wohlfahrtstaatlichen Absicherung erleben wir derzeit eine Renaissance von Statusfragen.[20] Sozialstrukturelle Verhältnisse gewinnen an Komplexität und Erwerbsarbeit büßt für immer mehr Erwerbspersonen ihre gesellschaftliche Integrationskraft und ihre Funktion der eindeutigen sozialen Positionierung ein, was den gesellschaftlichen Zusammenhalt auf eine neue Art herausfordert. Anhand eines aktuell laufenden DFG-Projekts am SOFI Göttingen zur Bewältigung prekärer Arbeitsbedingungen im Haushaltskontext wird deutlich, dass sich nicht nur Beschäftigungsverhältnisse und Statusformen der Arbeit verändern, sondern auch soziale Beziehungen und normative Überzeugungen neu justiert werden. Wir stellen keine Verflüssigung sozialstruktureller Positionsgrenzen fest, sondern vermehrt Statuskämpfe um Anrechte und vor allem um Anerkennung der eigenen Lebensführung, die den gesellschaftlichen Zusammenhalt schwächen. Diese Statuskämpfe

---

19 Natalie Grimm, Statusakrobatik. Biografische Verarbeitungsmuster von Statusinkonsistenzen im Erwerbsverlauf, Konstanz/München 2016.
20 Siehe ebd.

werden insbesondere in einem starken Abgrenzungsbedürfnis und Konkurrenzdenken gegenüber gesellschaftlichen Gruppen sichtbar, die vermeintlich nicht so viel leisten wie man selbst und deshalb weniger Unterstützung, Lohn oder staatliche Hilfeleistungen »verdient« haben. In diesem Zusammenhang lassen sich häufig auch rassistische Äußerungen und Haltungen gegenüber Migrant:innen und Geflüchteten beobachten. Die sozialstrukturelle Heterogenität und Vereinzelung in der prekären Zwischenzone der Arbeitswelt[21] erschweren Solidarisierungsprozesse oder Vergemeinschaftungen unter Personen in prekären Erwerbs- und Lebenslagen. Die Energie der einzelnen Haushalte scheint sich zunehmend auf die Kontrolle und Gestaltung des jeweils eigenen (Erwerbs-)Lebens zu richten. Diese Veränderungen erinnern an den Begriff der »negativen Individualisierung« bei Robert Castel.[22] Die Konzentration auf sich selbst und bestenfalls noch das eigene, engere soziale Umfeld überwiegt. Sie überlagert deutlich den Blick für die anderen. Diese »Desozialisierung« scheint auch eine wesentliche Folge des starken Bezugs auf die gesellschaftlich und politisch geforderte Leistungsideologie (z. B. in der Arbeitsmarktpolitik) zu sein. Sie mag die Wettbewerbsfähigkeit einzelner Personen stärken, die Qualität des gesellschaftlichen Zusammenlebens und Zusammenarbeitens bekräftigt sie nicht. Dies spielt der heutigen »Hyperarbeitsgesellschaft«[23] sicherlich in die Hände, stellt aber für ein solidarisches Miteinander mit hoher Wahrscheinlichkeit eher eine Gefährdung dar.

Auch Sennett und Castel[24] schreiben der Erwerbsarbeit eine starke zusammenhaltsstiftende Funktion zu, die sie insbesondere an der Ausbildung informeller sozialer Bindungen und der auf Arbeitsleistung gründenden Wertschätzung festmachten. Beides wird durch örtliche Mobilität und inhaltliche Flexibilität in kurzfristig wechselnden Arbeitszusammenhängen beschleunigt. Andere Autor:innen sehen in entgrenzten Arbeitszusammenhängen eher Entwicklungen, die angesichts widersprüchlicher Anforderungen und Interessenlagen neue Bindungen hervorbringen.[25] Ebenfalls offen ist, inwieweit fragmentierte Arbeit mit neuen Spaltungslinien und Formen »exkludierender Solidarität« zwischen Stamm- und Randbelegschaften einhergeht.[26] Kratzer et al. finden in ihren Untersuchungen zu Ge-

---

21 Grimm/Hirseland/Vogel, Die Ausweitung der Zwischenzone (Anm. 12), S. 249–268.

22 Robert Castel, Die Metamorphosen der sozialen Frage: Eine Chronik der Lohnarbeit, Konstanz 2000.

23 Berthold Vogel, Die Dynamik der Unverbindlichkeit. Diskussionspapier aus der Kommission Arbeit der Zukunft, Hans-Böckler-Stiftung Düsseldorf, Mai 2016, S. 16.

24 Richard Sennett, Zusammenarbeit: Was unsere Gesellschaft zusammenhält, Berlin 2012; Robert Castel, Die Krise der Arbeit. Neue Unsicherheiten und die Zukunft des Individuums, Hamburg 2011.

25 Siehe Nicole Mayer-Ahuja/Harald Wolf (Hrsg.), Entfesselte Arbeit – neue Bindungen. Grenzen der Entgrenzung der Medienindustrie, Berlin 2005.

26 Klaus Dörre et al., Guter Betrieb, schlechte Gesellschaft? Arbeits- und Gesellschaftsbewusstsein im Prozess kapitalistischer Landnahme, in: Cornelia Koppetsch (Hrsg.), Nachrichten aus

rechtigkeitsansprüchen und Handlungsorientierungen von Arbeitnehmer:innen hierfür keine Anzeichen.[27] Kock und Kutzner kommen zu dem Befund, dass Kollegialität und Solidarität in der Arbeit weder aus einer gegebenen Gemeinschaft noch aus funktionalen Erfordernissen des Arbeitsprozesses entstehen, sondern in Interaktionen gegen konkurrierendes Handeln erzeugt und aufrechterhalten werden müssen.[28]

Neben den unmittelbaren Kooperations- und Konkurrenzbeziehungen in der Arbeit wird dem Betrieb als Sozialraum und sozialem Ordnungsgefüge[29] ein besonderer Stellenwert für den sozialen Zusammenhalt zugeschrieben. Sozialbeziehungen im Betrieb können auf Vertrauen und Loyalität, aber auch auf Misstrauen, Herrschaft und Kontrolle beruhen. Betriebliche Sozialverfassungen sind ausgehandelte Ordnungen, bei der informelle und beiläufige Aushandlungsprozesse zwischen Beschäftigten und mit ihren Vorgesetzten ebenso eine Rolle spielen wie formale Verhandlungen von Kollektivvereinbarungen mit Betriebs-/Personalräten und Gewerkschaften.[30] Der gegenwärtige Wandel von Arbeit und Beschäftigungsbedingungen wird am SOFI in unterschiedlichen Bereichen des Industrie- (von Metall-/Elektro-, Chemie-/Pharma- bis hin zur fleischverarbeitenden Industrie) und Dienstleistungssektors (Versicherungen, Handel, Logistik, Entwicklungsdienstleistung, öffentlicher Dienst), in unterschiedlichen Tätigkeitsfeldern (Produktionsarbeit, Sachbearbeitung, Forschung & Entwicklung) und unter unterschiedlichen Perspektiven (unter anderem Digitalisierung, Transnationalisierung, Fragmentierung, Prekarisierung, Entgrenzung, Diversität) untersucht. Dabei richtet sich der arbeitssoziologische Blick auf veränderte Arbeitsbedingun-

den Innenwelten des Kapitalismus, Wiesbaden 2011, S. 21–49; Stefanie Hürtgen, Stammbeschäftigte und Prekäre: Die Konstruktion von Nichtzugehörigkeit als Verteidigung arbeitsbezogener Normalitätsvorstellungen und Legitimationsressourcen, in: Stephan Lessenich (Hrsg.), Geschlossene Gesellschaften. Verhandlungen des 38. Kongresses der Deutschen Gesellschaft für Soziologie in Bamberg 2016, http://publikationen.soziologie.de/index.php/kongressband_2016/article/view/571 (Zugriff 13. Oktober 2020).

27 Nick Kratzer et al., Legitimationsprobleme in der Erwerbsarbeit. Gerechtigkeitsansprüche und Handlungsorientierungen in Arbeit und Betrieb, Berlin 2015.

28 Klaus Kock/Edelgard Kutzner, Arbeit als kollegiales Handeln – Praktiken von Solidarität und Konkurrenz am Arbeitsplatz, in: Industrielle Beziehungen – Zeitschrift für Arbeit, Organisation und Management 4 (2018), S. 446–468.

29 Hermann Kotthoff/Josef Reindl, Die soziale Welt kleiner Betriebe. Wirtschaften, Arbeiten und Leben im mittelständischen Industriebetrieb, 2. Aufl., Wiesbaden 2019; Eckardt Hildebrandt/Rüdiger Seltz, Wandel betrieblicher Sozialverfassung durch systemische Kontrolle? Die Einführung computergestützter Produktionsplanungs- und Steuerungssysteme im bundesdeutschen Maschinenbau, Berlin 1989.

30 Stefan Rüb/Hans-Wolfgang Platzer/Torsten Müller, Transnationale Unternehmensvereinbarungen. Zur Neuordnung der Arbeitsbeziehungen in Europa, Berlin 2011.

gen und (Interessen-)Konflikte, auf Gestaltungs- und Beteiligungsmöglichkeiten sowie auf subjektive Wahrnehmungsweisen und Aneignungsformen.[31]

Um zu einem besseren Verständnis der Implikationen des gegenwärtigen Wandels der Arbeit für den gesellschaftlichen Zusammenhalt beizutragen, wird das FGZ Göttingen – in Auseinandersetzung mit klassischen arbeitssoziologischen Begriffen wie Solidarität und Konkurrenz, Kooperation und Konflikt, Bindung und Entgrenzung – ein analytisches Konzept zur Untersuchung des gesellschaftlichen Zusammenhalts in der Arbeitswelt entwickeln und die reichhaltigen Ergebnisse von SOFI-Forschungen zum gegenwärtigen Wandel der Arbeit, des Arbeitsbewusstseins und der Arbeitsbeziehungen unter dem analytischen Fokus des gesellschaftlichen Zusammenhalts re-interpretieren und zusammenführen.

3. Öffentliche Güter und Zusammenhalt

Es ist die Aufgabe demokratischer und gesellschaftsgestaltender Politik, den sozialen Zusammenhalt in einer offenen und pluralen Gesellschaft zu fördern. Bund, Länder und Kommunen, aber auch europäische Institutionen und Förderpro-

---

31 Volker Baethge-Kinsky/Kai Marquardsen/Knut Tullius, Technik und Arbeit in der Arbeitssoziologie – Konzepte für die Analyse des Zusammenhangs von Digitalisierung und Arbeit, in: Arbeits- und Industriesoziologische Studien 11 (2018), H. 2, S. 91–106; Michael Faust/Jürgen Kädtler/Harald Wolf (Hrsg.), Finanzmarktkapitalismus? Der Einfluss der Finanzialisierung auf Arbeit, Wachstum und Innovation, Frankfurt am Main/New York 2017; Jörg Flecker/Franz Schultheis/Berthold Vogel, Im Dienste öffentlicher Güter. Metamorphosen der Arbeit aus Sicht der Beschäftigten, Berlin 2014; Peter Kalkowski/Otfried Mickler, Kooperative Produktentwicklung – Fallstudien aus der Automobilindustrie, dem Maschinenbau und der IT-Industrie, Baden Baden 2015; Martin Kuhlmann/Michael Schumann, Digitalisierung fordert Demokratisierung der Arbeitswelt heraus, in: Reiner Hoffmann/Claudia Bogedan (Hrsg.), Arbeit der Zukunft. Möglichkeiten nutzen – Grenzen setzen, Frankfurt am Main 2015, S. 122–140; Nicole Mayer-Ahuja, »Everywhere is becoming the same?« Regulating IT-Work between India and Germany, New Delhi 2014; Nicole Mayer-Ahuja/Harald Wolf (Hrsg.), Entfesselte Arbeit – neue Bindungen. Grenzen der Entgrenzung der Medienindustrie, Berlin 2005; Stefan Rüb/Hans-Wolfgang Platzer, Das Management als Akteur Transnationaler Arbeitsbeziehungen. Eine empirische Untersuchung in deutschen Konzernzentralen, Baden-Baden 2018; Franz Schultheis/Berthold Vogel/Michael Gemperle (Hrsg.), Ein halbes Leben. Biographische Zeugnisse aus einer Arbeitswelt im Umbruch, Konstanz 2010; Knut Tullius, Digitalisierung und Systemische Rationalisierung im Finanzdienstleistungssektor – Folgen für Angestelltenarbeit an der „Front-Line, SOFI Arbeitspapier/SOFI Working Paper 18, Göttingen 2020; Berthold Vogel, Die Dynamik der Unverbindlichkeit. Was wir von der Erwerbsarbeit erwarten können, in: WestEnd. Neue Zeitschrift für Sozialforschung 1 (2015), S. 121–132; Harald Wolf, Leistungsgerechtigkeit im Vergleich. Formen und Folgen sozialkomparativer Leistungsorientierungen, in: Harald Wolf et al. (Hrsg.): Leistung und Gerechtigkeit. Das umstrittene Versprechen des Kapitalismus, Weinheim/Basel 2017, S. 228–245.

gramme, ermöglichen Leistungen der Daseinsvorsorge, den Zugang zu sozialen Infrastrukturen und die Sicherung öffentlicher Güter.[32] Hinzu treten als wesentliches Kapital unserer Gesellschaft das Engagement der Verbände, eine vielerorts aktive Zivilgesellschaft und insbesondere im lokalen Raum Unternehmen, die sich in Gemeinwohlverantwortung sehen. Wir können daran erkennen, dass Zusammenhalt Praxis ist, aktives Handeln sehr unterschiedlicher Akteure. Zusammenhalt ist eine gesellschaftliche Arbeitsleistung, die an unterschiedlichen Orten erbracht wird und die viele Akteure braucht, die ein Interesse an der Verbindung von kollektivem Gemeinwohl und individueller Entfaltung haben.

In normativer wie struktureller Hinsicht sind öffentliche Güter als Dienste und Institutionen definiert, auf die die Bürger:innen für ihre freie und gleiche Entfaltung in einer demokratischen Gesellschaft existenziell angewiesen sind. Sie umfassen die Wasser- und Energieversorgung, Verkehrsinfrastrukturen, digitale Netze, medizinische und pflegerische Dienste, die Schul- und Weiterbildung, aber auch die Verwaltung und Rechtsprechung. Öffentliche Güter begründen sozialen Zusammenhalt, sie ermöglichen Institutionenvertrauen, sie eröffnen individuelle und kollektive Freiheitsräume und sie schaffen gesellschaftlichen Wohlstand. Der Staat garantiert die Teilhabe aller Bürger:innen an öffentlichen Gütern. Er sichert deren Finanzierung durch Steuern, Gebühren und Beiträge und gewährleistet deren Qualität. Dies gilt unabhängig davon, ob er sie selbst erbringt oder ob Private sie produzieren. Die Herstellung öffentlicher Güter und Dienstleistungen steht allerdings immer auch in einem Spannungsfeld finanzpolitischer Restriktionen, wachsender bürgerschaftlicher Ansprüche und normativer Anforderungen an die demokratische Gestaltung der Gesellschaft.[33] Sie sind Gegenstand von Teilhabeforderungen und Verteilungskonflikten, bei denen Individual- und Gruppeninteressen in Widerstreit zum Allgemeinwohl geraten. Die Diskussion um öffentliche Güter wird darüber hinaus immer stärker mit Fragen sozialer, regionaler und materieller Ungleichheit in Verbindung gebracht. Die Verfügbarkeit oder der Mangel bzw. die Unzugänglichkeit der öffentlichen Güter bringen wachsende gesellschaftliche Disparitäten zum Ausdruck. Dabei erhalten sie unter pandemischen Vorzeichen und mit Blick auf die mit der epidemiologischen Krise verknüpfte Staatsschuldenkrise eine neue Aufmerksamkeit. Es geht zum einen um die Inanspruchnahme öffentlicher Güter als Handlungsressourcen; zum anderen verlieren sie den Charakter staatlich gewährleisteter Selbstverständlichkeiten. In immer

---

32 Jens Kersten/Claudia Neu/Berthold Vogel, Politik des Zusammenhalts: Über Demokratie und Bürokratie, Hamburg 2019.

33 Berthold Vogel, Klamme Kommunen und der Wert öffentlicher Güter, in: Bernhard Emunds/ Claudia Czingon/Michael Wolff (Hrsg.): Stadtluft macht reich/arm. Stadtentwicklung, soziale Ungleichheit und Raumgerechtigkeit, in: Die Wirtschaft der Gesellschaft, Jahrbuch 4, Marburg 2018, S. 277–296.

mehr Bereichen sind öffentliche Güter das Ergebnis der Koproduktion von Mitarbeitenden des öffentlichen Dienstes, der ehrenamtlich Engagierten, aber auch von Konsument:innen und Wirtschaftsunternehmen. In diesem Zusammenhang wird deutlich, dass die Zukunft öffentlicher Güter auch in Verbindung zu Fragen der Gestaltung der Digitalisierung steht. Folgen der Digitalisierung der öffentlichen Güter und Dienstleistungen können die Rationalisierung und Ausdünnung ihres Angebots sein, aber auch ihre Effektivität sowie ihre zeitlich und räumlich weiterreichende Verfügbarkeit. Gerade am Zusammenspiel von Digitalisierung und öffentlichen Gütern zeigt sich die Mischung und Verbindung von Produzenten- und Konsumenteninteressen.

Öffentliche Güter sind nicht alleine Ausdruck gesellschaftspolitischer Ausgleichsbereitschaft, sie sind heute in Zeiten digitalen und demografischen Wandels auch Konfliktgegenstand. Als dieser können sie freilich auch zur normativen Integration unserer Gesellschaft beitragen. Mit den Verteilungskonflikten um öffentliche Güter kommen Fragen sozialer Gerechtigkeit und Demokratieentwicklung in den Blick.[34] Bezugspunkt ist das im Grundgesetz verankerte Gebot der Gleichwertigkeit der Lebensverhältnisse[35]: Dieses Gebot ist angesichts sozialräumlicher Spaltungen zunehmend gefährdet. Dabei geht es um die Frage »Wem wird genommen und wem wird gegeben?« Diese Frage berührt die innere Mechanik moderner Gesellschaften. Probleme der Legitimation und Gerechtigkeit, der sozialen Balance und der Akzeptanz von Ungleichgewichten kommen ins Spiel.

Das Spannungsfeld, in dem die Gewährleistung öffentlicher Güter und auch die Verantwortungsübernahme für öffentliche Güter steht, spannt sich als Viereck unterschiedlicher Akteure und Interessen auf: Staat, Zivilgesellschaft, Unternehmen und Familien. Dieses Viereck hat gesellschaftstheoretische und -diagnostische Aussagekraft, aber es strukturiert auch ein empirisches Programm einer Sozioanalyse, die die gesellschaftlichen Verhältnisse vom Gemeinwohl und den öffentlichen Angelegenheiten her denkt. Das gilt im Hinblick auf das Zusammenwirken der Akteure, bezüglich präsenter und kommender Konfliktpotenziale sowie der damit verknüpften Macht- und Herrschaftsbeziehungen sowie hinsichtlich der Normativitätsressourcen, die öffentliche Güter tragen.

In aktuellen Forschungen setzen sich SOFI-Projekte zum einen mit der Frage auseinander, wie gesellschaftlich notwendige Dienstleistungen als Berufe so attraktiv gestaltet werden können, dass sie auch künftig aktiv getragen werden – mit dem notwendigen Arbeitsethos für eine offene, sozial gerechte Gesellschaft. Zum

---

34 Berthold Vogel, Gemeinwohl und öffentliche Güter. Eine Skizze in soziologischer Hinsicht, in: Walter Lesch et al. (Hrsg.): Globales Gemeinwohl. Sozialwissenschaftliche und sozialethische Analysen, Paderborn 2020, S. 177–183.

35 Jens Kersten/Claudia Neu/Berthold Vogel, Gleichwertige Lebensverhältnisse – für eine Politik des Zusammenhalts, in: Aus Politik und Zeitgeschichte 46 (2019), S. 4–11.

anderen fragt ein weiteres Projekt in Kooperation mit lokalen Verbänden, Gebietskörperschaften und Unternehmen, was die Menschen im ländlichen Raum – dort, wo sich öffentliche Einrichtungen immer mehr zurückziehen – unter dem Thema Gleichwertigkeit verstehen. Was erwarten sie von einer Politik der Gleichwertigkeit? Was bedeutet Gleichwertigkeit in ihrem Lebens- und Arbeitsalltag? Wie wichtig ist Gleichwertigkeit für die Entwicklung lokaler Demokratie? Schließlich wurde im Rahmen von SOFI-Forschung ein die Engagementbereitschaft der Menschen stärkendes Konzept der »Sozialen Orte« als Forschungsgegenstand entwickelt, der einen neuen Blick auf Ressourcen und Potenziale von engagierten Bürger:-innen wirft.[36] Soziale Orte schaffen Öffentlichkeit. Sie sind dabei keine »Staatsveranstaltung«, sondern hybride Institutionen, in denen sich die lokale Zivilgesellschaft, die vor Ort befindliche Verwaltung und die regionale Wirtschaft der Handwerksbetriebe und Einzelhändler zusammenfinden. Auf diese Weise wird im SOFI seit einigen Jahren eine Reihe von Projekten durchgeführt, die nach neuen Infrastrukturen sozialen Zusammenhalts fragt und damit die Gewährleistung und Neuformierung öffentlicher Güter explizit zum Forschungsgegenstand macht.

4. Die Praxis des Zusammenhalts – (digitale) Arbeitswelten gestalten und öffentliche Güter gewährleisten!

Will man tragfähige Aussagen über die Dynamik und gesellschaftsverändernde Kraft der Digitalisierung treffen, dann sind die Wechselwirkungen von Digitalisierung mit Prozessen der Entgrenzung, Verdichtung, Flexibilisierung und Prekarisierung von Erwerbsarbeit im Blick zu behalten. Wie gelingt es, technischen Wandel in gesellschaftlichen Fortschritt zu transformieren? Nur wenig Beachtung findet in der Digitalisierungsforschung bisher der Aspekt der Gemeinwohlwirkung digitaler Technologien in Arbeits- und Lebenswelt. Begründet oder zerstört digitale Technik soziale Kohäsion? Wo, an welchen Orten und mit welchen Anwender:innen? Hier setzt ein Forschungsprojekt des FGZ Göttingen an, das in den kommenden Jahren auf Basis betrieblicher Fallstudien Fragen des Zusammenhalts in digitalen Arbeitswelten untersuchen wird. Ein weiteres Projekt wird, wie oben skizziert, den gegenwärtigen Wandel der Arbeitswelt unter dem analytischen Fokus des gesellschaftlichen Zusammenhalts beforschen.

---

36 Berthold Vogel, Das Soziale-Orte-Konzept. Neue Infrastrukturen für den gesellschaftlichen Zusammenhalt. in: Impu!se Nr. 103 (2019), Gesundheit goes local. Gesundheit vor Ort neu denken, S. 6–7.

Eine wichtige Achse des sozialen Zusammenhalts ist die verbindende und gemeinwohlstiftende Kraft öffentlicher Güter: Wie können neue gesellschaftliche Institutionen und demokratische Strukturen des Zusammenhalts entwickelt werden? Diese Frage ist von hoher Relevanz, denn demokratisch begründeter sozialer Zusammenhalt hat eine feste Basis – die Infrastrukturen und öffentlichen Güter des sozialen Rechtsstaats. Diese Infrastrukturen sind nicht gegeben, sondern werden unter bestimmten Bedingungen hergestellt und sind selbst Arbeitsorte. Doch diese Seite öffentlicher Arbeit und öffentlicher Güterproduktion spielt in der soziologischen Debattenlandschaft bislang nur eine nachgeordnete Rolle. Das FGZ Göttingen kann hier wichtige Forschungsbeiträge liefern: Wie erfahren öffentlich Beschäftigte ihre Arbeit und wer trägt schließlich Verantwortung für öffentliche Güter?

Eine dritte Forschungslinie konzentriert sich mit neuen Akzenten in der qualitativen Forschung auf die subjektiven Potentiale der Arbeitsgesellschaft. Die Kernfrage lautet: Welche Erfahrungen und Bewusstseinsformen in der Arbeitswelt stärken oder schwächen demokratische Gesellschaften? Hier kommen die Akteure ins Spiel, ihre Orientierungen, Erfahrungen, Mentalitäten und Praxisformen. Auf diese Weise können tiefere und längerfristige Einblicke in die gesellschaftliche Wirklichkeit und deren Veränderung gelingen. Zur methodischen Innovation zählen der systematische Einbezug von haushaltsbezogenen Kontexten, von öffentlichen Räumen und Infrastrukturen sowie von Sozial- und Familienbiografien, da der Mensch nicht alleine durch betriebliche oder arbeitsplatzbezogene Erfahrungen geprägt wird, sondern ebenso durch sein soziales Umfeld, seine Nachbarschaft, seine Vereinsaktivitäten und schließlich durch seine Familie. Es geht in verschiedenen Projekten um die Bewältigung prekärer Arbeitsbedingungen im Haushaltskontext oder um die intergenerationale Stabilisierung in Berufsfeldern der Mittelschicht – wie gelingt Statusstabilität in der Mitte der Gesellschaft? Daran knüpft im Rahmen des FGZ Göttingen ein qualitatives Panel an, das milieuspezifische Praktiken der Gefährdung und Wahrung gesellschaftlichen Zusammenhalts in den Fokus rückt.[37]

---

37 Siehe hierzu die Projekte des FGZ-Göttingen: »Milieuspezifische Praktiken der Gefährdung und Wahrung gesellschaftlichen Zusammenhalts« unter der Leitung von Natalie Grimm und Berthold Vogel in Kooperation mit dem FGZ-Bremen; »Wer trägt die Verantwortung für öffentliche Güter? Zu Theorie und Praxis gesellschaftlichen Zusammenhalts« als Nachwuchsgruppe unter der Leitung von Berthold Vogel; »Wandel der Erwerbsarbeit und gesellschaftlicher Zusammenhalt. Befunde der Arbeitsforschung im Lichte einer Grundkategorie des Sozialen« unter der Leitung von Harald Wolf und Berthold Vogel und »Zusammenhalt in digitalen Arbeitswelten« unter der Leitung von Stefan Rüb und Berthold Vogel. Nähere Informationen unter: https://www.fgz-risc.de/forschung/alle-forschungsprojekte.

Medien und gesellschaftlicher Zusammenhalt

Uwe Hasebrink, Jan-Hinrik Schmidt, Wiebke Loosen,
Wolfgang Schulz

1.   Einführung

Die Phänomene und gesellschaftlichen Debatten, die Anlass für die Einrichtung des Forschungsinstituts Gesellschaftlicher Zusammenhalt (FGZ) gegeben haben, sind in vielfacher Weise mit kommunikativen Prozessen und medialen Strukturen verbunden. Diese werden einerseits als bedingender Faktor betrachtet, der zur Stärkung oder Schwächung gesellschaftlichen Zusammenhalts beiträgt. Beispiele für Medien und Kommunikation als Voraussetzung, Quelle oder Bedrohung von Zusammenhalt sind die im Programmauftrag öffentlich-rechtlicher Medienanbieter festgelegte Integrationsfunktion im stärkenden Sinne oder die der Nutzung Sozialer Medien zugeschriebene Herausbildung so genannter Filterblasen und Echokammern im schwächenden Sinne. Andererseits werden bestimmte Entwicklungen im Bereich von Medien und Kommunikation aber auch als Indiz, Folge oder Wirkung eines mehr oder weniger starken Zusammenhalts angesehen. So werden etwa Befunde über ein rückläufiges Vertrauen in die Medienberichterstattung als Anzeichen für einen sinkenden Zusammenhalt angesehen, neue Formen der Online-Partizipation in bestimmten Politikfeldern hingegen als Zeichen für verstärkte bürgerschaftliche Teilhabe, die als zusammenhaltsfördernd angesehen wird.

Angesichts der Bedeutung von Medien und Kommunikation für den gesellschaftlichen Zusammenhalt enthält das Forschungsprogramm des FGZ auch Projekte, die sich gezielt mit der Frage auseinandersetzen, inwieweit bestimmte Formen der mediengestützten Kommunikation zur Herstellung gesellschaftlichen Zusammenhalts beitragen. Im folgenden Abschnitt skizzieren wir zunächst einen konzeptionellen Rahmen für die Analyse der kommunikativen Konstruktion gesellschaftlichen Zusammenhalts, erläutern die Bedeutung der öffentlichen Kommunikation für die Demokratie und diskutieren die Charakteristika der vernetzten digitalen Kommunikation. Darauf stellen wir vier einschlägige Forschungsschwerpunkte vor, mit denen sich das FGZ befassen wird: die Rolle der Mediennutzung für den gesellschaftlichen Zusammenhalt; der Wandel des Journalismus und seiner Beziehung zum Publikum; der besondere Beitrag öffentlich-

rechtlicher Medien zum Zusammenhalt; die Folgen der zunehmenden Bedeutung der sogenannten sozialen Medien.

2. Zur kommunikativen Konstruktion gesellschaftlichen Zusammenhalts

Aus Sicht der Kommunikationswissenschaft ist soziale Wirklichkeit – mithin
auch gesellschaftlicher Zusammenhalt sowie die ihn konstituierenden Prozesse
und Praktiken – *kommunikativ konstruiert.* Gesellschaftlicher Wandel muss daher immer auch über den Wandel der kommunikativen Grundlagen einer Gesellschaft erschlossen und verstanden werden.[1]

Für die Analyse dieser ineinander verschränkten Entwicklungen bietet sich
das Konzept der »kommunikativen Figuration«[2] an, das beansprucht, zwischen
Debatten und Diagnosen sowohl innerhalb der Kommunikationswissenschaft als
auch aus anders akzentuierten sozialwissenschaftlichen Ansätzen vermitteln zu
können. Unter Rückgriff auf Überlegungen des Soziologen Norbert Elias[3] verweist es auf wechselseitige »Verflechtungen« von Akteuren, die durch bestimmte
»Machtbalance[n]« gekennzeichnet sind,[4] die an typische Rollen gebunden sind,
zum Beispiel »Eltern« und »Kinder« in der Figuration der Familie oder, auf einem
ganz anderen Skalierungsniveau, »Journalismus« und »Publikum« in der Figuration öffentlicher Kommunikation.[5]

Aus der fachspezifischen Perspektive der Kommunikationswissenschaft interessieren Figurationen insbesondere als kommunikative Figurationen, also als
wechselseitige Verflechtungen von Akteuren durch Praktiken der Kommunikation. Strukturelle Basis jeder kommunikativen Figuration ist eine Akteurskon-
stellation, ein Netzwerk von Akteuren, die in einer bestimmten Machtbalance

---

1 Niklas Luhmann, Die Realität der Massenmedien, 2. Aufl., Wiesbaden 1996; Dirk Baecker,
Studien zur nächsten Gesellschaft, Frankfurt am Main 2007; Nick Couldry/Andreas Hepp,
The Mediated Construction of Reality, Cambridge 2017.

2 Andreas Hepp/Uwe Hasebrink, Kommunikative Figurationen: Ein konzeptioneller Rahmen
zur Erforschung kommunikativer Konstruktionsprozesse in Zeiten tiefgreifender Mediatisierung, in: Medien & Kommunikationswissenschaft 65 (2017), S. 330–347.

3 Norbert Elias, Über den Prozeß der Zivilisation: Soziogenetische und psychogenetische Untersuchungen, Frankfurt am Main 1978.

4 Ebd., S. 131.

5 Leif Kramp/Wiebke Loosen, The Transformation of Journalism: From Changing Newsroom
Cultures to a New Communicative Orientation?, in: Andreas Hepp/Andreas Breiter/Uwe
Hasebrink (Hrsg.), Communicative Figurations: Transforming Communications in Times of
Deep Mediatization, Basingstoke 2018, S. 205–239.

und durch aufeinander bezogene kommunikative Praktiken wechselseitig miteinander verbunden sind. Jede kommunikative Figuration ist außerdem gekennzeichnet durch einen Relevanzrahmen, der handlungsleitend für die Praktiken ihrer Akteure und deren wechselseitige Ausrichtung aneinander ist. Dieser Relevanzrahmen definiert das »Thema« und entsprechend die Sinnorientierung der kommunikativen Figuration. Kommunikative Figurationen werden im Handlungsvollzug konstituiert durch kommunikative Praktiken, die mit weiteren sozialen Praktiken verwoben sind und sich auf ein Ensemble verschiedener Medien stützen.

Gesellschaftlicher Zusammenhalt ist diesem Verständnis nach weniger ein Zustand als ein Prozess, in dem die Mitglieder der Gesellschaft durch Kommunikation aufeinander Bezug nehmen und so verschiedenartige kommunikative Figurationen beständig reproduzieren, verändern oder neu herausbilden. Dieser Prozess lässt sich auf unterschiedlichen Ebenen untersuchen, etwa auf der Mikro-Ebene alltäglicher Episoden der ko-präsenten Interaktion, auf der Meso-Ebene von sozialen Gruppen oder Organisationen, oder auf der Makro-Ebene gesellschaftlicher Funktionssysteme oder Milieus.

Aus Perspektive der Kommunikationswissenschaft ist vorrangig – aber nicht ausschließlich – die *öffentliche Kommunikation* maßgeblich, das heißt der in der Regel medienvermittelte Austausch über Angelegenheiten von öffentlichem Belang, der allen Mitgliedern der Gesellschaft zugänglich ist beziehungsweise sein sollte.[6] Öffentlichkeit ist aus kommunikationswissenschaftlicher Sicht diejenige gesellschaftliche Sphäre, in der Themen mit kollektiver Relevanz vermittelt werden (»Agenda Setting«); in der gesellschaftliche Selbstverständigung und Diskurse zwischen unterschiedlichen gesellschaftlichen Gruppen sichtbar werden; in der damit einhergehend diese gesellschaftlichen Debatten synchronisiert werden. Dies ist wiederum Voraussetzung dafür, dass Bürger:innen Wissen über kollektiv geteilte Themen erlangen, einen Einblick in das gesellschaftliche Meinungsklima erhalten und sich so eine Meinung zu kollektiv relevanten Fragen oder Entscheidungen bilden können. In diesem Sinne ermöglicht erst öffentliche Kommunikation die Teilhabe der Bürger:innen an einer Gesellschaft, die über den alltäglich erfahrbaren Nahraum hinausgeht. Im Hinblick auf gesellschaftlichen Zusammenhalt kommt öffentlicher Kommunikation damit eine Integrationsfunktion zu, die mit einer doppelten Herausforderung verbunden ist. Einerseits geht es um die Gewährleistung geteilter Themeninteressen, Wissensbestände und wertbezo-

---

6 Siehe zum Folgenden etwa Otfried Jarren, Gesellschaftliche Integration durch Medien? Zur Begründung normativer Anforderungen an Medien, in: Medien & Kommunikationswissenschaft 48 (2000), S. 22–41; Ralph Weiß/Olaf Jandura, Medien und gesellschaftlicher Zusammenhalt, in: Olaf Jandura et al. (Hrsg.), Zwischen Integration und Diversifikation: Medien und gesellschaftlicher Zusammenhalt im digitalen Zeitalter, Wiesbaden 2017, S. 11–31.

gener Orientierungen, andererseits um die Widerspiegelung der Vielfalt der sozialen und kulturellen Lebensumstände und -entwürfe.

Die Bedeutung öffentlicher Kommunikation wird auch vom Bundesverfassungsgericht betont, welches das Funktionieren des Staates in Abhängigkeit von kulturell vermittelten und historisch verwurzelten Wertüberzeugungen und Einstellungen sieht, auf denen der »gesellschaftliche Zusammenhalt« beruht.[7] Diese Voraussetzungen schützt das Grundgesetz jedenfalls mittelbar, etwa wenn Funktionen der Kommunikationsverfassung konstruiert werden.[8] Eine freie individuelle und öffentliche Meinungsbildung, die das Ziel von Art. 5 Abs. 1 GG darstellt, erfordert Bedingungen, die die Kommunikationsverfassung kontrafaktisch absichert. Darauf basiert etwa die Pflicht der Legislative, eine positive Rundfunkordnung zu schaffen und die Entwicklung in diesem Bereich nicht allein dem Markt anzuvertrauen. Dabei wird auch explizit die Notwendigkeit angesprochen, eine geteilte Wissensbasis zu haben.[9] Mit dieser funktionalen Orientierung koppelt sich das Verfassungsrecht an die empirisch beobachtbaren Strukturen öffentlicher Kommunikation.[10]

Wesentlicher Treiber des aktuell beobachtbaren Wandels öffentlicher Kommunikation – und damit auch des Wandels gesellschaftlichen Zusammenhalt(en)s – sind die Entwicklungen im Bereich der digitalen, vernetzten Kommunikation. Sie bringen im Vergleich zur »alten« massenmedial geprägten Öffentlichkeit drei wesentliche Veränderungen im Hinblick auf die kommunikative Konstruktion gesellschaftlichen Zusammenhalts mit sich:

*1) Die Hürden sind gesunken, Informationen aller Art (öffentlich)
    zugänglich zu machen.*

Das Internet erleichtert es Menschen, ohne große technische Kenntnisse und Ressourcen Inhalte aller Art zugänglich zu machen, zu filtern, zu bearbeiten und weiterzuverbreiten. So hat sich der kommunikative Zugang zur Öffentlichkeit enorm vereinfacht und die Asymmetrie zwischen Kommunikator:in und Rezipient:in, die charakteristisch ist für die traditionelle Massenkommunikation, einem deutlich dynamischeren Verhältnis Platz gemacht, zu dem flexible Rollenwechsel gehören (können). Dies geht einher mit einem Bedeutungsverlust von journalistischem Gatekeeping, dem ein Bedeutungsgewinn von partizipativen sowie

---

7 BVerfGE 93, 1, 22 unter expliziter Verwendung des Begriffs.
8 Wolfgang Hoffmann-Riem, Regulierung der dualen Rundfunkordnung: Grundfragen, Baden-Baden 2000.
9 Jarren, Gesellschaftliche Integration (Anm. 6), S. 31.
10 Wolfgang Schulz, Soziale Ordnung und Kommunikationsstrukturen: Die normative Perspektive, in: Klaus-Dieter Altmeppen et al. (Hrsg.), Soziale Ordnung durch Kommunikation?, Baden-Baden 2015, S. 89–103, hier S. 89.

algorithmischen Selektions-, Aggregations- und Distributionsleistungen gegenübersteht.[11] Eine mittlerweile breit untersuchte Frage in diesem Zusammenhang
ist, ob diese Entwicklung auch zu einer Fragmentierung und Polarisierung von
Bevölkerungsgruppen führt, wie es etwa die populäre These der »Filterblase«[12] nahelegt. Bisherige Befunde deuten darauf hin, dass dies etwa für Anhänger:innen
politisch extremer Positionen oder Verschwörungsvorstellungen zutreffen kann,
allerdings nicht für die Mehrheit der Bevölkerung.[13] Erkennbar ist zudem, dass
Teile der Bevölkerung den etablierten publizistischen Medien äußerst zweifelnd
gegenüberstehen und davon ausgehen, dass diese vom Staat gelenkt seien, unerwünschte Sachverhalte ausblenden und ihre eigene Lebenswelt vernachlässigen.[14]
Dennoch ist im internationalen Vergleich in Deutschland das Vertrauen in die
Leistungen der Medien, insbesondere in die Schaffung einer gemeinsamen The-
menagenda für die Gesellschaft und die Vermittlung von Orientierung, aber weiterhin stark ausgeprägt.[15]

2) Es haben sich machtvolle Intermediäre bei der Herstellung
von Öffentlichkeit etabliert.

Suchmaschinen, Netzwerk- oder Videoplattformen sind mittlerweile unverzicht-
bare Werkzeuge, um sich in der prinzipiell verfügbaren Vielfalt des Internets zu
orientieren. Ihre Medienlogik – die Strukturierung von Kommunikation ebenso wie die zugrundeliegenden Geschäftsmodelle – beruht auf der umfassenden
Datafizierung und Algorithmisierung von Kommunikation und kulminiert im

---

11 Wiebke Loosen/Armin Scholl, Journalismus und (algorithmische) Wirklichkeitskonstruktion.
   Epistemologische Beobachtungen, in: Medien & Kommunikationswissenschaft 65 (2017),
   S. 348–366; Axel Bruns, Gatewatching and News Curation: Journalism, Social Media, and
   the Public Sphere, New York 2018; Christian Nuernbergk/Christoph Neuberger (Hrsg.), Jour-
   nalismus im Internet: Profession – Partizipation – Technisierung, 2. Aufl., Wiesbaden 2018.
12 Eli Pariser, The Filter Bubble: What the Internet is Hiding from You, New York 2011.
13 Elizabeth Dubois/Grant Blank, The Echo Chamber is Overstated: The Moderating Effect of
   Political Interest and Diverse Media, in: Information, Communication & Society 21 (2018),
   S. 729–745; Nicole Ernst et al., Extreme Parties and Populism: An Analysis of Facebook and
   Twitter Across Six Countries, in: Information, Communication & Society 20 (2017), S. 1347–
   1364; Delia Mocanu et al., Collective attention in the age of (mis)information, in: Computers
   in Human Behavior 51 (2015), S. 1198–1204.
14 Tanjev Schultz et al., Erosion des Vertrauens zwischen Medien und Publikum? Ergebnisse einer repräsentativen Bevölkerungsumfrage, in: Media Perspektiven (2017), H. 5, S. 246–
   259; Birgit van Eimeren/Erk Simon/Andreas Riedl, Medienvertrauen und Informationsverhalten von politischen Zweiflern und Entfremdeten, in: Media Perspektiven (2017), H. 11,
   S. 538–554.
15 Sascha Hölig/Uwe Hasebrink, Reuters Institute Digital News Report 2019: Ergebnisse für
   Deutschland, Arbeitspapiere des Hans-Bredow-Instituts Nr. 47 (2019), https://www.hans-bre
   dow-institut.de/uploads/media/default/cms/media/os943xm_AP47_RDNR19_Deutschland.pdf.

Leitprinzip der Personalisierung.[16] Als Intermediäre vermitteln diese Angebote für viele Menschen den Zugang zu öffentlicher Kommunikation, agieren also als machtvolle »custodians« für Meinungsäußerung und Informationssuche.[17] Zugleich unterwerfen sie ihre Nutzer:innen aber auch der ökonomisch motivierten Kontrolle und Überwachung, sind also zentraler Bestandteil des gegenwärtigen »surveillance capitalism«.[18]

3) Die Grenzen zwischen Publikation und Konversation verlieren an Trennschärfe.

Die massenmedial geprägte Öffentlichkeit war durch eine vergleichsweise klare Trennung der Kommunikationsmodi des »Publizierens« (die Domäne der journalistisch-publizistischen Medien, die »einseitig« im Sinne der Massenkommunikation Informationen verbreiten) und der »Konversation« (die Domäne der interpersonalen, dialogischen Kommunikation) gekennzeichnet. In den digitalen Medien verschwimmen diese Grenzen. Insbesondere die sozialen Medien mit ihren vielfältigen Kommentar- und Empfehlungsfunktionen machen die dialogisch orientierte Anschlusskommunikation für große Kreise sichtbar; im gleichen Zuge (re)produzieren sie Formen des »networked indvidualism«.[19] Was in vielen Situationen dabei helfen kann, einen Einblick in das Meinungsklima des sozialen Umfelds und die Vielfalt denkbarer Haltungen zu gewinnen, kann im Extremfall in populistischen »Echokammern« münden, in denen sich Menschen nur noch in ihrer vorgefassten Meinung bestätigen oder gar radikalisieren, was sich etwa in der Zunahme von »hate speech« ausdrückt.[20]

Abstrakter lassen sich die beschriebenen Entwicklungen auch als Ambivalenzen in sachlicher, sozialer sowie zeitlicher Hinsicht beschreiben:

---

16 José van Dijck/Thomas Poell, Understanding Social Media Logic, in: Media and Communication 1 (2013), H. 1, S. 2–14; Jan-Hinrik Schmidt et al., How Do Intermediaries Shape News-Related Media Repertoires and Practices? Findings from a Qualitative Study, in: International Journal of Communication 13 (2019), S. 853–873, https://ijoc.org/index.php/ijoc/ar ticle/view/9080/2572 (Zugriff 13. Oktober 2020).

17 Tarleton Gillespie, Custodians of the Internet: Platforms, Content Moderation, and the Hidden Decisions that Shape Social Media, New Haven 2018; Frank Lobigs/Christoph Neuberger, Meinungsmacht im Internet und die Digitalstrategien von Medienunternehmen: Neue Machtverhältnisse trotz expandierender Internet-Geschäfte der traditionellen Massenmedien-Konzerne, Leipzig 2018.

18 Shoshana Zuboff, The Age of Surveillance Capitalism: The Fight for a Human Future at the New Frontier of Power, New York 2019; Christian Fuchs, Social Media: A Critical Introduction, 2. Aufl., Los Angeles u. a. 2017.

19 Harrison Rainie/Barry Wellman, Networked: The New Social Operating System, Cambridge 2012; Jan-Hinrik Schmidt, Social Media, 2. Aufl., Wiesbaden 2018.

20 Cass R. Sunstein, #Republic: Divided Democracy in the Age of Social Media, Princeton 2017; Helen Margetts et al., Political Turbulence: How Social Media Shape Collective Action, Princeton 2016.

1. In *sachlicher Hinsicht* kommt es auf der einen Seite zu einer Vervielfältigung von und erleichterten Zugänglichkeit zu Angeboten und Themen, auf der anderen Seite kann dies zu Fragmentierungen (des Angebots und der Nutzung) und Einschränkungen gesellschaftlich geteilter Themen kommen.

2. In *sozialer Hinsicht* kommt es einerseits zu einer Erweiterung der Möglichkeiten zur gesellschaftlichen Selbstverständigung, an der sich mehr und vielfältige Akteure beteiligen können, andererseits aber auch zu einer gestiegenen Unübersichtlichkeit, wer (inkl. nicht-menschlicher Akteure) wie mit welchen Mitteln und Zielen an öffentlicher Kommunikation teilnimmt.

3. In *zeitlicher Hinsicht* stehen sich nahezu unerschöpfliche Möglichkeiten der Speicherung, Archivierung und Bereitstellung von Informationen und Wissen einerseits sowie Flüchtigkeit, Beschleunigung und Instantaneität von kommunikativen Prozessen andererseits gegenüber.

3. Medien- und kommunikationswissenschaftliche Schwerpunkte der Erforschung gesellschaftlichen Zusammenhalts

Vor dem Hintergrund der skizzierten medien- und kommunikationsbezogenen Perspektive auf gesellschaftlichen Zusammenhalt sind es vor allem vier Schwerpunktthemen, die in das Forschungsprogramm des FGZ einfließen werden: Die Zusammenhänge zwischen Mediennutzung und gesellschaftlichem Zusammenhalt (3.1); die Rolle des Journalismus (3.2); der besondere Beitrag öffentlich-rechtlicher Medien (3.3); die neuen Formen vernetzter digitaler Kommunikation (3.4).

3.1. Wie stellen Menschen durch ihre Mediennutzung gesellschaftlichen Zusammenhalt her?

Die Art und Weise, wie Menschen die verschiedenen Kommunikationsmedien nutzen und sich dadurch mit verschiedenen Öffentlichkeiten, Gruppen und Individuen in Beziehung setzen, stellt einen maßgeblichen Faktor für die Konstruktion gesellschaftlichen Zusammenhalts dar. Angesichts der durchlässig gewordenen Grenzen zwischen öffentlicher und privater Kommunikation ist die Vorstellung überholt, die soziale Integration einer Person lasse sich einerseits an ihren persönlichen Netzwerken und andererseits an ihrer Teilhabe an der öffentlichen Kommunikation durch die Rezeption von Massenmedien ablesen. Um in der heutigen Medienumgebung den Beitrag individueller Mediennutzer:innen zur Konstruktion gesellschaftlichen Zusammenhalts zu verstehen, bedarf es einer differenzierten

Analyse der Praktiken, mit denen sich Individuen mit verschiedenen Öffentlichkeiten in Beziehung setzen. Über die Analyse individueller »Repertoires öffentlicher Anbindung«[21] kann dann auch der konzeptionelle Brückenschlag zur Beschreibung von Öffentlichkeiten und zur Analyse ihres Zusammenhalts erfolgen. Es geht also darum, insbesondere die (medienbezogenen) *Praktiken* sowie die mit ihnen verwobenen *Beziehungsgeflechte* von Individuen als maßgebliche Faktoren zu untersuchen, die gesellschaftlichen Zusammenhalt hervorbringen.

Praktiken und Folgen der Mediennutzung sind eine wesentliche Säule der Kommunikationswissenschaft als akademische Disziplin, sodass es ein breites und vielfältiges Spektrum der Forschung zu Medienrezeption und -wirkungen gibt.[22] Mit Blick auf die Verbindung von Mediennutzung, Öffentlichkeit und gesellschaftlichem Zusammenhalt sind neben generellen empirischen Bestandsaufnahmen (etwa in der »Langzeitstudie Massenkommunikation«)[23] aktuell insbesondere Analysen hervorzuheben, die sich mit der Fragmentierung von Medienpublika,[24] dem Wandel von Vertrauen in die Medien[25] oder dem erweiterten Rollenspektrum von Nutzer:innen befassen, die dank der digitalen Medien über die vergleichsweise passive Rezeptionsrolle hinaus auch selbst aktiv an Medienöffentlichkeit teilhaben können.[26]

Vielen dieser Analysen ist explizit oder implizit die Schlussfolgerung gemeinsam, dass eine auf Einzelmedien sowie auf individuelle Nutzer:innen fokussierte Perspektive zu kurz greift. Entscheidend sind vielmehr die spezifischen »Repertoires öffentlicher Anbindung«[27] und die sich daraus ergebenden »kommunikativen Figurationen« von Öffentlichkeiten. Die Leitfrage unserer Forschung lautet daher: *Wie nutzen Menschen in verschiedenen sozialen Lagen die verschiedenen Medien, und wie tragen sie damit zur Herstellung von Öffentlichkeiten und gesellschaftlichem Zusammenhalt bei?* Auf Grundlage verschiedener empirischer Datensätze

21 Uwe Hasebrink, Strukturwandel von Öffentlichkeit: Wie tragen Individuen durch ihre Mediennutzung zum Strukturwandel von Öffentlichkeit bei?, in: Mark Eisenegger/Linards Udris/Patrik Ettinger (Hrsg.), Wandel der Öffentlichkeit und der Gesellschaft: Gedenkschrift für Kurt Imhof, Wiesbaden 2019, S. 407–417.
22 Siehe etwa den Überblick bei Helena Bilandzic u. a., Rezipientenforschung, Konstanz 2016.
23 Christian Breunig/Bernhard Engel, Massenkommunikation 2015. Funktionen und Images der Medien im Vergleich: Ergebnisse der ARD/ZDF-Langzeitstudie, in: Media Perspektiven (2015), H. 7–8, S. 323–341.
24 Richard Fletcher/Rasmus K. Nielsen, Are News Audiences Increasingly Fragmented? A Cross-National Comparative Analysis of Cross-Platform News Audience Fragmentation and Duplication, in: Journal of Communication, 67 (2017), S. 476–498.
25 Fabian Prochazka/Wolfgang Schweiger, Medienkritik online: Was kommentierende Nutzer am Journalismus kritisieren, in: Studies in Communication|Media 5 (2016), S. 454–469.
26 Bruns, Gatewatching and News Curation (Anm. 11).
27 Hasebrink, Strukturwandel von Öffentlichkeit (Anm. 21).

wird ermittelt, wie sich Teilgruppen der Gesellschaft (in Deutschland, aber auch im internationalen Vergleich) kommunikativ aufeinander beziehen:

1. Anhand der 2018 im Rahmen des Projekts »The Peoples' Internet (PIN)« erhobenen Daten zur Mediennutzung unter anderem in Deutschland, den USA und China lässt sich untersuchen, wie sich verschiedene Bevölkerungsgruppen in ihrem Kommunikationsverhalten, ihrem Zugehörigkeitsgefühl, ihrer sozialen Beteiligung und ihrer Lebenszufriedenheit unterscheiden.

2. Beim »Reuters Institute Digital News Survey« handelt es sich um eine seit 2012 jährlich durchgeführte ländervergleichende Studie zur Nachrichtennutzung in inzwischen 38 Ländern. Die Re-Analyse der Datenbestände wird Aufschluss über Muster der Nachrichtennutzung, Vertrauen in die Berichterstattung, die Rolle sozialer Medien sowie das allgemeine Partizipationsverhalten geben und diese sowohl im Ländervergleich als auch in der Längsschnittperspektive einordnen.

3. Auf der Basis eigens erhobener digitaler Spuren auf Social-Media-Plattformen werden individuelle Praktiken der Social-Media-Nutzung und deren Implikationen für gesellschaftlichen Zusammenhalt untersucht, unter anderem mit Hilfe von Netzwerkanalysen zur Erfassung von Publikumsüberschneidungen sowie mit automatisierten Inhaltsanalysen von nutzerseitigen Reaktionen und Kommentaren.

4. Die Daten der zentral durchgeführten quantitativen und qualitativen Paneluntersuchungen des FGZ werden im Hinblick auf die Rolle von Medien und Kommunikation ausgewertet: In welchen sozialen Milieus sind welche Muster der Mediennutzung zu beobachten? Und wie hängen diese mit verschiedenen Indikatoren gesellschaftlichen Zusammenhalts zusammen?

Die Befunde dieser empirischen Forschungsschritte werden anschließend aus rechtlicher Perspektive reflektiert und eingeordnet. Insbesondere wird dabei erörtert, inwiefern empirisch beobachtbare Veränderungen gesellschaftlichen Zusammenhalts vom medienregulierenden Gesetzgeber zu berücksichtigen und mit den vom Bundesverfassungsgericht zugrunde gelegten Konzepten – etwa dem einer deliberativen Mediendemokratie – noch in Einklang zu bringen sind.

3.2. Welche Rolle spielt Journalismus für gesellschaftlichen Zusammenhalt?

Die zuvor angesprochenen Phänomene auf der Ebene der Mediennutzung führen auch für die Beziehung zwischen Journalismus und Publikum zu nachhaltigen Veränderungen: Das Mediennutzungsverhalten verändert sich ebenso wie die Leistungsansprüche des Publikums an den Journalismus, von dem etwa mehr

Transparenz und eine stärkere Partizipations- und Dialogorientierung erwartet werden. Markanten Ausdruck finden diese Umwälzungen in der allgegenwärtigen und unmittelbaren Medienkritik in Kommentaren der Nutzer:innen, dem bei Teilen der Bevölkerung augenscheinlich fragilen Vertrauen in Medien sowie im Extremfall in »Lügenpresse«-Vorwürfen. Aber auch die rückläufigen Abonnementzahlen von Tageszeitungen und die gering ausgeprägte Zahlungsbereitschaft für Online-Journalismus sind Indikatoren dafür, dass der Journalismus oft nicht den Erwartungen seiner Nutzer:innen entspricht.

Mediennutzer:innen haben heute individuell wie auch in Gestalt von neuartigen sozialen Formationen (etwa als »Schwarm« oder »Crowd«) deutlich mehr Handlungsoptionen, aktiv an der Gestaltung von Öffentlichkeit zu partizipieren.[28] Entsprechende kommunikative Praktiken gehen mit korrespondierenden Erwartungen und Erwartungserwartungen einher, die etwa im Bereich des journalistischen Rollenselbstverständnisses[29] oder in den Ansprüchen und Vertrauenszuschreibungen, die das Publikum an den Journalismus richtet,[30] gut erforscht sind. Bislang liegen allerdings nur vereinzelt Analysen vor, die die Erwartungen von Journalist:innen einerseits und Mitgliedern des Publikums andererseits systematisch aufeinander beziehen.[31] Und neuere Entwicklungen und Herausforderungen im Journalismus, etwa im Zusammenhang mit »zusammenhaltssensibler Berichterstattung«, sind noch gar nicht systematisch mit dem Wandel der Journalismus-Publikum-Beziehung verknüpft worden.

Der gesellschaftlichen Funktion des Journalismus ist (in Deutschland) die demokratietheoretische Vorstellung inhärent, dass Medien und Journalismus zum gesellschaftlichen Zusammenhalt beitragen (sollen). Hierfür ist es unerlässlich, dass Journalismus (s)ein Publikum erreicht. Die Qualität der Beziehung zwischen Journalismus und seinem Publikum stellt daher auch den Kern der meisten öffentlichen Debatten dar, die heute rund um den Journalismus geführt werden: sei es in Bezug auf Vertrauen in Journalismus, den »Aufstand des Publikums« in den Kommentarbereichen und sozialen Medien sowie ganz grundlegend im Hinblick auf die Bedeutung des Journalismus für Demokratie und Meinungsbildung. Sowohl die öffentliche Debatte als auch die Forschung vernachlässigte bisher aller-

---

28 Wiebke Loosen/Jan-Hinrik Schmidt, (Re-)Discovering the Audience: The Relationship Between Journalism and Audience in Networked Digital Media, in: Information, Communication & Society 15 (2012), S. 867–887.

29 Armin Scholl/Siegfried Weischenberg, Journalismus in der Gesellschaft: Theorie, Methodologie und Empirie, Wiesbaden 1998; Thomas Hanitzsch/Folker Hanusch/Jyotika Ramaprasad (Hrsg.), Worlds of Journalism: Journalistic Cultures Around the Globe, New York 2019.

30 van Eimeren et al., Medienvertrauen und Informationsverhalten (Anm. 14); Schultz et al., Erosion des Vertrauens (Anm. 14).

31 Konzeptionell: Jan-Hinrik Schmidt/Wiebke Loosen, Both Sides of the Story, in: Digital Journalism 3 (2015), S. 259–278.

dings weitgehend, die Erwartungen von Bürger:innen an den Journalismus sowie ihre »Passgenauigkeit« mit dem journalistischen Rollenselbstverständnis näher zu beleuchten. Ein genaues Bild hierüber ist für die Erfüllung der gesellschaftlichen Funktion des Journalismus aber unerlässlich. Denn nur, wenn Erwartungen an Journalismus nicht dauerhaft und nachhaltig enttäuscht werden, kann er (s)ein Publikum erreichen.

Auch aus rechtlicher beziehungsweise medienregulatorischer Perspektive sind solche Befunde relevant. So unterstellen das Kommunikationsverfassungsrecht, das einfache Medienrecht und die pressebezogene Selbstregulierung dem Journalismus die Übernahme spezifischer Funktionen in einer deliberativen Mediendemokratie. Die empirischen Erkenntnisse können Hinweise auf mögliche Fehlwahrnehmungen dieser Funktionen durch Journalist:innen, aber auch inkongruente Zuschreibungen und Erwartungen von Bürger:innen an Journalismus erbringen.

Es geht in unserer Forschung somit insbesondere um die Untersuchung der Einstellungen und wechselseitigen Erwartungen von zwei Akteursgruppen, die gemeinsam an der Herstellung von Öffentlichkeit und durch sie vermitteltem gesellschaftlichem Zusammenhalt beteiligt sind. Darauf aufbauend lassen sich zum einen Erkenntnisse über das Beziehungsgeflecht der Journalismus-Publikum-Konstellation ableiten, zum anderen aber auch überindividuelle Aspekte der Neuausrichtung einer gesellschaftlichen Institution – des Journalismus – analysieren. Unser Anspruch besteht somit darin, vor allem in empirisch-analytischer Hinsicht zum besseren Verständnis von *affektiven Einstellungen* beizutragen, die Grundlage für die Produktion und Wahrnehmung der (Medien-)Realität sind. Zugleich sollen aber auch begrifflich-theoretische Grundlagen erarbeitet werden, die die Bedeutung der Journalismus-Publikum-Beziehung für die Realisierung gesellschaftlichen Zusammenhalts erschließen helfen.

Vor diesem Hintergrund interessieren im Rahmen des FGZ zwei Leitfragen: *Welche Vorstellungen und Erwartungen haben Journalist:innen in Deutschland bezüglich der Bedeutung ihrer Tätigkeit für gesellschaftlichen Zusammenhalt? Inwiefern sind diese Erwartungen und Selbstbilder (in-)kongruent mit Erwartungen und Ansprüchen, die Bürger:innen an sie richten?* Um diese Leitfragen zu beantworten, werden zunächst Workshops mit Journalist:innen veranstaltet, bei denen Grundzüge einer für Fragen des gesellschaftlichen Zusammenhalts sensibilisierten Berichterstattung ermittelt und in Form einer Handreichung zusammengefasst werden. Darauf aufbauend werden mit Hilfe einer Befragung von Journalistinnen und Journalisten sowie einer Bevölkerungsbefragung das journalistische Selbstbild und das korrespondierende Fremdbild auf Bevölkerungsseite erhoben und miteinander abgeglichen. Dabei liegt ein besonderer Schwerpunkt auf der journalistischen Thematisierung von »Zusammenhalt« beziehungsweise gesellschaftlichen Konflikten sowie der damit verbundenen Repräsentation von Interessen und Zielen. Diese empirischen Befunde dienen abschließend als Ausgangspunkt einer rechtlichen Analyse, die Funktionszuschreibungen an den Journalismus aus Medien- und Verfassungsrecht mit den Selbstbildern der Journalist:innen sowie den Erwartungen in der Bevölkerung vergleicht. Darauf aufbauend wird die Analyse Schlussfolgerungen für die Medienpolitik und das Medien(verfassungs)recht entwickeln.

3.3. Welchen Beitrag zum gesellschaftlichen Zusammenhalt sollen und können Public-Service-Medien leisten?

Öffentlich-rechtlichen Medienangeboten beziehungsweise *Public-Service*-Medien kommt in der deutschen Medienordnung wie auch in den Medienrepertoires der Bevölkerung eine wesentliche Stellung zu. Die Debatte um die Bedeutung öffentlich-rechtlicher Medienangebote für die Gesellschaft wird seit Jahrzehnten in Wissenschaft und (Medien-)Politik geführt.[32] In den vergangenen Jahren fokussierte diese Debatte insbesondere auf das Konzept des »public value«, also den »gesellschaftlichen Mehrwert«, den öffentlich-rechtliche Angebote leisten und der ihre Finanzierung durch die Gesellschaft legitimiert. Neben prozeduralen Fragen – wie lässt sich der »public value« von neu einzuführenden Angeboten ex ante begründen und ex post überprüfen[33] – stellen sich in diesem Zusammenhang auch grundlegende substantielle Fragen nach den Zielwerten, denen die Public-Service-Medien verpflichtet sein sollen. Hierzu liegen verschiedene Vorschläge und Systematisierungen vor, darunter etwa die aus kommunikationswissenschaftlichen Überlegungen abgeleiteten Kriterien der »Relevanz«, der »Pluralität« und der »Deliberation«[34] oder aber Wertekataloge, die öffentlich-rechtliche Anbieter im Zuge von Selbstverständnis- und Selbstverpflichtungs-Debatten formulieren (etwa die »core values« der European Broadcasting Union[35]). Auch der »Integrationsauftrag« kommt in diesem Zuge immer wieder zur Sprache, wird aber wissen-

---

32 Knut Hickethier, Geschichte des deutschen Fernsehens, Stuttgart 1998; Christoph Neuberger, Öffentlich-rechtlicher Rundfunk und Qualitätsdiskurs: Substanzielle und prozedurale Bestimmung des gesellschaftlichen Mehrwerts, in: Media Perspektiven (2019), S. 434–443.

33 Wolfgang Schulz, Der Programmauftrag als Prozess seiner Begründung. Zum Vorschlag eines dreistufigen Public-Value-Tests für neue öffentlich-rechtliche Angebote, in: Media Perspektiven (2008), S. 158–165; Gerlinde Frey-Vor, Erfolg, Qualität und Public Value: Schlüsselkonzepte für den öffentlich-rechtlichen Rundfunk in Messung und Management, in: Media Perspektiven (2019), S. 463–478.

34 Weiß/Jandura, Medien und gesellschaftlicher Zusammenhalt (Anm. 6).

35 Birgit van Eimeren, EBU Core Values und ARD-Wertesystem: Überprüfbarkeit und Einsatz im Dialog mit dem Publikum, in: Media Perspektiven (2019), S. 452–462.

schaftlich bislang zumeist mit Blick auf Zuwanderung in eine bereits bestehende (implizit homogene) Bevölkerung analysiert.[36] Bislang steht allerdings eine systematische begrifflich-theoretische Verknüpfung dieser Debatte mit einem (interdisziplinären) Konzept von »gesellschaftlichem Zusammenhalt« in einer heterogenen Gesellschaft noch aus.

Vor diesem Hintergrund gehen wir in Kombination einer rechts- beziehungsweise regulierungswissenschaftlichen mit einer kommunikationswissenschaftlichen Perspektive folgenden Leitfragen nach: *Wie kann ein für Public-Service-Medien aus (Verfassungs-)Recht ableitbarer Auftrag zur Herstellung gesellschaftlichen Zusammenhalts aussehen? Und wie nehmen gesellschaftliche Teilgruppen die Leistungen öffentlich-rechtlicher Medien in dieser Hinsicht wahr?*

Angesichts ihrer staatsfernen Organisation und ihrer Beitragsfinanzierung sind öffentlich-rechtliche Medienanbieter weniger von negativen Marktexternalitäten betroffen. Dieser Umstand führt theoretisch zu Vorteilen bei der Selektion von Themen und der Produktion von Medieninhalten. Eine Ausrichtung an öffentlichen Berichterstattungsinteressen bietet – wiederum theoretisch – die Chance einer besonderen Stellung dieser Medien bei der Herstellung von Öffentlichkeit, der Integration divergierender Bevölkerungsgruppen, der Ermöglichung politischer Teilhabe sowie der Akzeptanz der öffentlich-rechtlichen Medienangebote in der Gesellschaft. Näher auszuarbeiten ist, wie ein aus dem Grundgesetz sowie dem einfachgesetzlichen Rundfunk- und Medienrecht abgeleiteter Integrationsauftrag öffentlich-rechtlicher Anbieter ausgestaltet werden kann und inwieweit die derzeitigen Rundfunkanstalten diesem Auftrag aus Sicht der Bevölkerung nachkommen.

Dazu ist begrifflich-theoretische Grundlagenarbeit zu institutionellen Grundlagen der Gesellschaft – ihrer Medienordnung – mit empirischen Analysen zur Konzeption, Umsetzung und Akzeptanz von »gesellschaftlichem Zusammenhalt« als Zielwert öffentlich-rechtlicher Angebote zu verbinden. Herausgearbeitet wird, auch unter Rückgriff auf internationale Vergleiche, welche integrationsbezogenen Erwartungen an Public-Service-Medien sich aus dem bestehenden verfassungsrechtlichen und einfachgesetzlichen Rechtsrahmen ergeben. Darauf aufbauend wird ermittelt, wie sich angesichts des medialen und gesellschaftlichen Wandels die zusammenhaltsbezogenen Leistungen der Public-Service-Medien sowie die damit korrespondierenden Erwartungen in der Bevölkerung definieren und messen lassen. Dazu dienen interdisziplinäre Multi-Stakeholder-Workshops; Sekundärauswertungen von Daten des »Reuters Institute Digital News Survey«, um den Stellenwert und die Akzeptanz öffentlich-rechtlicher Angebote in Deutschland sowohl im Längsschnitt seit 2013 als auch im internationalen Vergleich zu

---

36 Rainer Geißler/Horst Pöttker, Integration durch Massenmedien: Medien und Migration im internationalen Vergleich, Bielefeld 2006; Frederike Wolf, Interkulturelle Integration als Aufgabe des öffentlich-rechtlichen Fernsehens, Wiesbaden 2011.

ermitteln; eine Analyse der Präsenz von öffentlich-rechtlichen Angeboten in sozialen Medien, um den Stellenwert öffentlich-rechtlicher Inhalte in zusammenhaltsbezogenen Diskursen sowie in Informationsrepertoires von Nutzer:innen von Social-Media-Angeboten zu ermitteln; eine quantitative repräsentative Bevölkerungsumfrage, um Erwartungen an Public-Service-Medien, insbesondere in Bezug auf gesellschaftlichen Zusammenhalt zu ermitteln.

3.4. Welche Rolle spielen soziale Medien für den gesellschaftlichen Zusammenhalt?

An der Schnittstelle von Informatik und Sozialwissenschaften hat sich in den vergangenen zehn Jahren das Feld der »Computational Social Science«[37] bzw. der »Computational Communication Science«[38] etabliert. Es verbindet Methoden der Datenerhebung, -verarbeitung und -auswertung, die für den weitgehend automatisierten Umgang mit großen Datenmengen entwickelt wurden, mit Fragestellungen aus dem Bereich der Sozial- bzw. Kommunikationswissenschaften. Dabei ist die Annahme leitend, dass Praktiken, Diskurse und Konflikte, die für gesellschaftlichen Zusammenhalt relevant sind, sich (auch) in medienvermittelter Kommunikation artikulieren, und zwar sowohl in publizistisch-journalistischen Angeboten als auch in den neuen Öffentlichkeiten der sozialen Medien, also etwa auf Plattformen wie Facebook, YouTube oder Twitter genauso wie in Blogs oder der Wikipedia.

Die Analyse entsprechender Texte, Debatten und Aktivitäten von gesellschaftlichen Gruppen in und mit (sozialen) Medien verspricht daher – gerade im Zusammenspiel mit anderen quantitativen und qualitativen Erhebungsmethoden (Survey, Interview, Experiment) – wertvolle Befunde. So lassen sich etwa in den sozialen Medien spezifische Formen des Zusammenhalts, der Beteiligung, des konstruktiven Dialogs und der Zusammenarbeit über gesellschaftliche Grenzen hinweg beobachten, die in der Politikwissenschaft als »konnektives Handeln« *(connective action*[39]) bezeichnet werden. Aber auch breit diskutierte Annahmen, die sozialen Medien würden stärker als publizistische Medien Phänome-

---

37 Cathleen Stützer/Martin Welker/Marc Egger (Hrsg.), Computational Social Science in the Age of Big Data: Concepts, Methodologies, Tools, and Applications (= Neue Schriften zur Online-Forschung, Bd. 15), Köln 2018.

38 Martin Hilbert et al., Computational Communication Science: A Methodological Catalyzer for a Maturing Discipline, in: International Journal of Communication 13 (2019), S. 3912–3934.

39 Lance W. Bennett/Alexandra Segerberg, The Logic of Connective Action: Digital Media and the Personalization of Contentious Politics, in: Information, Communication & Society 15 (2012), S. 739–768; Ulrich Dolata, Technisch erweiterte Sozialität. Soziale Bewegungen und das Internet, in: Zeitschrift für Soziologie 46 (2017), S. 266–282.

ne wie Fragmentierung, Polarisierung und die Entwicklung von Echokammern begünstigen, lassen sich durch »computational methods« angemessen empirisch untersuchen.

Vor diesem Hintergrund wird das Hamburger Teilinstitut ein »(Social) Media Observatory« aufbauen, um die Arbeit des FGZ an solchen medienbezogenen Fragestellungen zu unterstützen. In diesem Zuge wird eine technische Infrastruktur konzipiert und umgesetzt, die die a) kontinuierliche und akteursbezogene sowie b) anlass- und einzelfallbezogene systematische Beobachtung medienbasierter Öffentlichkeit unterstützen kann. Sie wird technisch vorrangig auf *Open-Source*-Paketen für Python und R beruhen, welche die Nutzung der plattformeigenen Datenschnittstellen (APIs) ermöglichen oder via *Web Scraping* Inhalte erfassen. Darüber hinaus werden zum anderen auch journalistische Medienangebote einbezogen, die sich zum Beispiel über Pressedatenbanken wie News API, mediacloud.org, LexisNexis, Factiva oder COSMAS erschließen lassen. Die kontinuierliche Beobachtung wird im Sinne eines regelmäßigen Trackens der Kommunikationsaktivitäten von »öffentlichen Sprechern« (das heißt etablierten und neuen publizistischen Medien, Parteien und individuellen Politiker:innen, Unternehmen, Verbänden und zivilgesellschaftlichen Organisationen etc.) sowie zu kontroversen Themen (wie Migration, Klimawandel oder Energiewende) in den sozialen Medien gewährleistet. Die anlass- und einzelfallbezogene Beobachtung soll insoweit möglich sein, als über die genannte Beobachtung hinaus auch spezifische Themen oder Gruppen »auf Zuruf« und für einen begrenzten Zeitraum beobachtet werden.

Flankiert wird dies von Elementen der Kompetenz- und Wissensvermittlung, die sich an die Mitglieder des FGZ, aber auch an andere interessierte gesellschaftliche Gruppen richten. Dazu zählt beispielsweise das »Wissensportal« unter https://github.com/leibniz-hbi/Social-Media-Observatory/wiki, das in Form eines Wikis organisiert ist und die technischen, methodischen und forschungsethischen Facetten des Social Media Observatory erschließt. Selbstentwickelte Skripte und weitere Tools werden zudem über die Plattform Github zur Verfügung gestellt, um anderen Interessierten aus Wissenschaft und Praxis die Nachnutzung zu ermöglichen. Gerade für Personen aus dem zivilgesellschaftlichen Bereich und dem Journalismus kann der freie Zugang zu Werkzeugen für die Analyse von Social-Media-Inhalten einen signifikanten Mehrwert bieten, sodass hier auch Transfer vom FGZ in die Gesellschaft erfolgen wird. Eine datenjournalistische Aufbereitung zentraler Befunde des grundlegenden Reportings ist ebenfalls vorgesehen.

4. Fazit und Ausblick auf die interdisziplinäre Kooperation

Die vier skizzierten Forschungsschwerpunkte beleuchten die Rolle von Medien und Kommunikation bei der Herstellung gesellschaftlichen Zusammenhalts vornehmlich aus einer kommunikations- und rechtswissenschaftlichen Perspektive. Theoretisch und empirisch wird untersucht, welchen Beitrag Individuen durch ihre alltägliche Mediennutzung, Journalismus durch seine publizistischen und ökonomischen Strategien, Public-Service-Medien mit ihrem spezifischen Auftrag und soziale Medien als neue, algorithmisch strukturierte Kommunikationsräume zur Herstellung gesellschaftlichen Zusammenhalts leisten und wie sich umgekehrt Veränderungen dieses Zusammenhalts auf diesen Ebenen niederschlagen. Die dabei eingenommene fachliche Perspektive ist von der Ausgangsannahme geprägt, dass gesellschaftlicher Zusammenhalt kommunikativ konstruiert wird. Das bedeutet nicht, dass er »nur« auf Kommunikation beruht. Die besondere Chance eines interdisziplinären Verbunds, wie ihn das FGZ darstellt, besteht darin, in enger Kooperation mit den anderen Disziplinen die jeweiligen blinden Flecken beleuchten zu können und damit einen umfassenden Blick auf den interessierenden Gegenstand gewinnen zu können und zugleich auch die jeweils eigene Disziplin bereichern zu können.

Sozialer Zusammenhalt bei Pandemien

Eine vergleichende Topic-Modell-Analyse zu SARS und Covid-19

Reinhold Sackmann[1]

Zeiten extremer gesellschaftlicher Anspannung wie Kriege oder Katastrophen setzen Individuen und Gesellschaften unter einen enormen Stress. In diesen Krisen zeigt sich, ob es sich bei sozialem Zusammenhalt nur um eine rhetorische Floskel handelt oder ob Mitglieder einer Gesellschaft auch unter diesen Extrembedingungen kooperieren können. Im Folgenden soll deshalb die Frage verfolgt werden, *welche Rolle sozialer Zusammenhalt bei der Bewältigung der Pandemie Covid-19 im Jahr 2020 in Deutschland gespielt hat.* Da es sich dabei um einen komplexen Gegenstand hoher emotionaler Aufgeladenheit handelt, wird komparativ gearbeitet mit einem Vergleich der Wahrnehmung der SARS-Krise 2002–2004 und den Darstellungen der Corona-Krise in den Monaten Januar bis April 2020, deren zeitliche Dynamik von besonderem Interesse ist. Hierzu wurden Topic-Modelle zu 4.856 SARS oder Corona erwähnenden Zeitungsartikeln der Frankfurter Allgemeinen Zeitung gerechnet, interpretiert und validiert.

1.   Sozialer Zusammenhalt und Resilienz bei Katastrophen

Moderne Gesellschaften benötigen aufgrund ihrer hohen Komplexität eine spezifische Form sozialen Zusammenhalts, »gesellschaftliche Gemeinschaft«,[2] der eine charakteristische Ausprägung des Individualismus, »kooperativen Individualismus«,[3] voraussetzt und deshalb krisenanfällig ist. Kritisiert wird insbesondere am Neoliberalismus eine Entbettung der Gesellschaft[4] und eine Schwächung des Staates.[5]

---

1 Ich danke Fabian Schmid, Antonia Hock, Christian Papilloud, Bertram Barth, Walter Bartl, Sten Becker, Jakob Hartl, Katja Klebig, Oliver Winkler und Matthias Middell für wertvolle Hinweise.
2 Talcott Parsons, Das System moderner Gesellschaften, München 1972, S. 21.
3 Helmut Thome, Zur Normalität von Anomie in funktional differenzierten Gesellschaften, in: Zeitschrift für Soziologie 45 (2016), S. 262.
4 Chris Hann, Repatriating Polanyi. Market Society in Visegrad States, Budapest 2019.
5 Desmond King/Patrick Le Galès, The Three Constituencies of the State: Why the State has Lost Unifying Energy, in: The British Journal of Sociology 68 (2017), S. 512–533.

Seit dem Erodieren der diskursiven Hegemonie des Neoliberalismus in den 1990er und 2000er Jahren gab es deshalb international sowohl von verschiedenen nationalen Regierungen als auch von internationalen Organisationen eine erhöhte Aufmerksamkeit für Formen des sozialen Zusammenhalts.[6] Ein Teil dieser Gegenbewegung zu exzessivem Individualismus mündet in einem problematischen regressiven Kollektivismus[7] oder Neonationalismus,[8] der häufig nur Gemeinschaftsillusionen vortäuscht.

Sozialer Zusammenhalt in modernen Gesellschaften benötigt nicht nur funktionierende Teilsysteme etwa der Politik, der Wirtschaft oder der Wissenschaft, er erfordert auch eine charakteristische Form der Zivilgesellschaft mit einem Bürgerschafts-Muster und freiwilligen Vereinigungen.[9] Krisen können dabei zur Erosion von Zivilgesellschaften führen.[10] Insbesondere Clubgüter, die nur den an der Gruppe oder der Institution beteiligten Personen zur Verfügung stehen,[11] können eine »dunkle Seite« des auch ausgrenzenden Zusammenhalts offenbaren.[12] Auch der Wohlfahrtsstaat kann durch legitimatorische Abstufungen von Berechtigungen eine zivilgesellschaftliche Schichtung produzieren, die Spannungen erhöht.[13] Der internationale Vergleich zeigt Typen der Kohäsion, wonach Zusammenhalt in Nord- und Westeuropa stärker auf substantieller zivilgesellschaftlicher Partizipation und Vertrauen aufbaut im Unterschied zu Süd- und Osteuropa, wo Zusammenhalt stärker auf Familien und Nachbarschaften fokussiert bleibt.[14] Es ist eine offene Frage, welche Zusammenhaltsform sich besser in Krisenzeiten bewährt, da z. B. Hann berichtet, dass in Ungarn bei schnellen Veränderungen nur primordiale Formen Rückhalt gaben.[15] Demgegenüber belegt Chiesi, dass die personalistischen Kooperationsformen Süditaliens stärker exkludierend wirken als die verbandlich-gesellschaftlichen Kooperationsformen Mittel- und Norditaliens.[16]

---

6 Jane Jenson, Defining and Measuring Social Cohesion, London 2010.

7 Thome, Normalität (Anm. 3), S. 264.

8 Klaus Kraemer, Sehnsucht nach dem nationalen Container, in: Leviathan 46 (2018), S. 280–302.

9 Parsons, System (Anm. 2), S. 33 u. 38.

10 Peter Imbusch/Wilhelm Heitmeyer, Krisenzeiten – Desintegrationsdynamiken und soziale Konflikte, in: Wilhelm Heitmeyer/Peter Imbusch (Hrsg.), Desintegrationsdynamiken, Wiesbaden 2012, S. 319–338.

11 Antonio M. Chiesi, Social Cohesion and Related Concepts, in: Nikolai Genov (Hrsg.), Advances in Sociological Knowledge, Wiesbaden 2004, S. 205–219.

12 Heinz Bude, Solidarität. Die Zukunft einer großen Idee, München 2019, S. 103–114.

13 David Lockwood, Civic Integration and Class Formation, in: The British Journal of Sociology 47 (1996), S. 531–550.

14 Paul Dickes/Marie Valentova/Monique Borsenberger, Construct Validation and Application of a Common Measure of Social Cohesion in 33 European Countries, in: Social Indicators Research 98 (2010), S. 451–473.

15 Hann, Repatriating (Anm. 4), S. 175–182.

16 Antonio M. Chiesi, Measuring Social Capital and its Effectiveness. The Case of Small Entrepreneurs in Italy, in: European Sociological Review 23 (2007), S. 437–453.

Das vermehrte öffentliche und sozialwissenschaftliche Interesse an Fragen des sozialen Zusammenhalts hat auch seinen Niederschlag in Bemühungen der messtechnischen Operationalisierung des Konzepts geführt. Aufmerksamkeit haben dabei die Überblicksartikel von Chan/To/Chan[17] und Schiefer/van der Noll[18] gefunden, da sie mit den drei Kerndimensionen Vertrauen, Identifikationen und Teilnahmebereitschaft bzw. Orientierung am Gemeinsamen eine Abgrenzung des Konzepts Zusammenhalt ermöglichen. Da für zivilgesellschaftliches Handeln nicht nur Reden, sondern Handlungsbereitschaft wichtig ist,[19] haben sich Vorstellungen kollektiver Wirksamkeit[20] als ergänzendes wichtiges Messkonzept für die Handlungsdimension von Zusammenhalt erwiesen.[21] Nicht alle vier Dimensionen von Zusammenhalt müssen dabei korrelieren.

Auch bei der empirischen Messung ist eine offene Forschungsfrage, wie genau das Zusammenspiel z. B. von Zusammenhalt, Institutionenvertrauen und zivilgesellschaftlicher Handlungsbereitschaft aussieht. Untersuchungen zur früheren Kronkolonie Hongkong, das Teil der Volksrepublik China wurde, haben beispielsweise gezeigt, dass hier das Vertrauen in Institutionen relativ niedrig, ebenso wie das verallgemeinerte Vertrauen zu anderen relativ gering ist, aber die Erfahrungen mit zivilgesellschaftlichen Organisationen dazu geführt haben, dass die kollektive Wirksamkeit dieser Mobilisierungen als hoch eingeschätzt wird.[22]

Sozialer Zusammenhalt wird in Zeiten einer Katastrophe extrem herausgefordert. Katastrophen sind äußerst unvorhersehbare Ereignisse, die extrem schwerwiegende negative Folgen haben. Seit dem Terror-Anschlag auf das World Trade Center 2001 und der Finanzmarktkrise 2008 ist weltweit das Bewusstsein der Verwundbarkeit durch »systemische Risiken« gestiegen,[23] da in zunehmendem Maße erkannt wird, dass die Megatrends Globalisierung, Digitalisierung, Komplexitätssteigerung und Technisierung auch die Kehrseite einer stärkeren Vulnerabilität durch Katastrophen aufweisen. Moderne Gesellschaften, die aus ultra-interdependenten Geflechten von Menschen, Organisationen, Techniken und Bewegun-

---

17 Joseph Chan/Ho-Pong To/Elaine Chan, Reconsidering Social Cohesion, in: Social Indicators Research 75 (2006), S. 273–302.

18 David Schiefer/Jolanda van der Noll, The Essentials of Social Cohesion: A Literature Review, in: Social Indicators Research 132 (2017), S. 579–603.

19 Paul Lichterman/Nina Eliasoph, Civic Action, in: American Journal of Sociology 120 (2014), S. 798–863.

20 Robert J. Sampson/Stephen W. Raudenbush/Felton Earls, Neighborhoods and Violent Crime: A Multilevel Study of Collective Efficacy, in: Science 277 (1997), S. 918–924.

21 Francis L. Lee, Collective Efficacy, Support for Democratization, and Political Participation in Hong Kong, in: International Journal of Public Opinion research 18 (2005), S. 297–317.

22 Joseph Chan/Elaine Chan, Charting the State of Social Cohesion in Hong Kong, in: The China Quarterly 187 (2006), S. 635–658. Lee, Collective (Anm. 20).

23 Miguel A. Centeno et al., The Emergence of Global Systemic Risk, in: Annual Review of Sociology 41 (2015), S. 65–85.

gen bestehen, sind z. B. auch anfälliger für pandemische Katastrophen, weil sie sich schneller verbreiten.[24]

In Katastrophen kann der Zusammenhalt in einer Gesellschaft extrem erschüttert werden, wie es Clausen in der K-Phase seines Analysemodells beschreibt: Regierungsversagen wird verschleiert, die Fachelite versagt, alle beschuldigen sich. In diesem Misstrauensklima entwickeln sich bei den Laien starke Katastrophenängste, die koordinierte Anstrengungen verunmöglichen, und Rettung wird dann von einem »Katastrophensheriff« erhofft.[25] Häufig werden laut Clausen diese charismatischen Erwartungen enttäuscht und die Katastrophe führt dann zu einer noch stärkeren Desintegration der Gesellschaft.

Demgegenüber setzt das Sicherheitsdispositiv der Resilienz, das sich in den letzten zwei Jahrzehnten zur dominanten Herangehensweise im Umgehen mit Katastrophen entwickelt hat,[26] auf ein positives Zusammenspiel von Zivilgesellschaft und Institutionen. Mit Resilienz wird sozialwissenschaftlich eine Form der gesellschaftlichen Stressbewältigung bezeichnet, die noch nicht bekannte Risiken einbezieht (All-Gefahren-Ansatz) und deshalb einen adaptiven Lernprozess der Bewältigungsfähigkeit anstrebt. Dabei sei Institutionenvertrauen ebenso wie Zusammenhalt und Selbst-Organisation wichtig für eine erfolgreiche Bewältigung von Katastrophen.[27] Resilienz kann dabei auch als aus drei Techniken bestehende Strategie gesehen werden, die in der Vorbereitung Vorräte in Form von Redundanzen bereit hält; während der Katastrophe alternative Routen kennt, um Unterbrechungen von Ketten umschiffen zu können; und die als evolutionäre Strategie nach und während der Katastrophe zu lernen erlaubt, um für künftige Katastrophen besser gerüstet zu sein.[28]

Bisherige empirische Ergebnisse zur gesellschaftlichen Reaktion bei Katastrophen zeigen, dass Katastrophenbewältigungen, die nur zentralistisch organisiert sind, krisenanfällig sind, weil sie, wie im Fall des Anschlags auf das World Trade Center, selbst zum schnellen Opfer der Katastrophe werden können.[29] Demgegenüber seien, wie im Fall des Wirbelsturms Katrina, dezentrale auch improvisationsfähige Einheiten wichtig gewesen.[30] Ähnliche Erfahrungen machte man

24 Andreas Folkers, Das Sicherheitsdispositiv der Resilienz, Frankfurt am Main 2018, S. 218.

25 Lars Clausen, Krasser sozialer Wandel, Opladen 1994, S. 37–40.

26 Folkers, Sicherheitsdispositiv (Anm. 24).

27 Daniel F. Lorenz, The diversity of resilience: contributions from a social science perspective, in: Natural Hazards 67 (2013), S. 7–24.

28 Folkers, Sicherheitsdispositiv (Anm. 24), S. 186–208.

29 Margarita Poteyeva et al., Search and Rescue Activities in Disasters, in: Havidán Rodríguez/ Enrico L. Quarantelli/Russell R. Dynes (Hrsg.), Handbook of Disaster Research, New York 2006, S. 200–216.

30 Gary S. Kreps/Susan Lovegreen Bosworth, Organizational Adaptation to Disaster, in: Havidán Rodríguez/Enrico L. Quarantelli/Russell R. Dynes (Hrsg.), Handbook of Disaster Research, New York 2006, S. 297–315.

ebenfalls bei den Elbehochwässern der letzten Jahre.[31] Während der Pandemie
SARS 2003 gab es in den v. a. betroffenen ostasiatischen Ländern ein sehr unterschiedliches Zusammenspiel zwischen Zivilgesellschaft und staatlichen Institutionen: Während in Singapur beide Seiten kooperierten und durch strikte umfangreiche Quarantäne zu einem schnellen Erlöschen der Epidemie beitrugen,[32] kam
es in Taiwan und Hongkong zu Konflikten, die eine Bekämpfung der Epidemie
gefährdeten. In Hongkong gingen engagierte Ärzte des staatlichen Gesundheits-
systems gegen die vertuschende politische Führung vor, ebenso wie Eltern und
Schulen autonom Schulschließungen durchsetzten, bevor die Regierung handelte. Hier glich also der Zusammenhalt einer engagierten Zivilgesellschaft die
Schwächen der politischen Führung aus. In Taiwan dagegen wurde die aufmerk-
same Haltung der Regierung durch sensationslüsterne Medien, Eigeninteressen
privatisierter Krankenhäuser und durch Oppositionspolitiker mobilisierte Ver-
hinderungsdemonstranten konterkariert, sodass Anomie, Misstrauen und Panik-
reaktionen vorherrschend waren.[33] Zivilgesellschaften können also, wie der Fall
Taiwans in der SARS-Krise zeigt, eine resiliente Katastrophenbewältigung auch
massiv stören.

Katastrophen in Form von Pandemien folgen den Austauschpfaden einer sich
globalisierenden Welt, in der vorgestellte kulturelle »Andersheiten« Lernen behindern können. Das von Said analysierte »Othering« insbesondere von (früher)
Kolonisierten, das abwertend distanzierende Betonen der Andersartigkeit fremder
Kulturen,[34] findet sich auch heute noch in Nachrichtenmedien. In der Berichterstattung zur SARS-Epidemie, die vorwiegend in Ostasien auftrat, konnten Joye
für die belgische Presse[35] und Washer für die britische Presse[36] Othering feststellen, in der Form, dass insbesondere bezogen auf China eine passive leidende Bevölkerung dargestellt wurde, der eine korrupte Politikerschicht entgegengestellt
wurde. Ähnlich konnte auch bei Medienberichten zur Bewältigung der Ebola-
Epidemie in Westafrika festgestellt werden, dass die häufig abwertend berich-
tende westliche Presse erfolgreiche Resilienzbemühungen kaum registrierte, weil
sie nur auf das Leid der Bevölkerung und das Unvermögen der Eliten fokussiert

---

31 Christian Kuhlicke/Sylvia Kruse, Nichtwissen und Resilienz in der lokalen Klimaanpassung,
   in: GAIA 18 (2009), S. 247–254.
32 Chorh-Chuan Tan, SARS in Singapore – Key Lessons from an Epidemic, in: Annals Academy
   of Medicine 35 (2006), S. 345–349.
33 Agnes S. Ku/Horng-luen Wang, The Making and Unmaking of Civic Solidarity: Comparing
   the Coping Responses of Civil Societies in Hong Kong and Taiwan During the SARS Crisis,
   in: Asian Perspective 28 (2004), S. 121–147.
34 Edward W. Said, Orientalism, New York 1979.
35 Stijn Joye, News Discourses on Distant Suffering: A Critical Discourse Analysis of the 2003
   SARS outbreak, in: Discourse & Society 21 (2010), 586–601.
36 Peter Washer, Representations of SARS in the British newspapers, in: Social Science & Medicine 59 (2004), 2561–2571.

war.[37] Othering spielt dabei nicht nur in den Elitediskursen von Nachrichtenme-dien eine Rolle, sondern ist auch im zivilgesellschaftlichen Austausch in sozialen Medien bedeutsam. Analysen zu den amerikanischen Plattformen Reddit und 4Chan durch Shahsavari et al. belegen z. b., dass unter den vier beliebtesten Ver-schwörungstheorien zu Covid-19 zwei antichinesische Narrative (»5G Netze sind schuld«; »ein Labor in China verseuchte die Welt«) vertreten waren (neben dem »Nachweis«, dass »das Virus nicht existiert«; und der Annahme einer »Impf-Kon-troll-Verschwörung durch Bill Gates«).[38] Die Verbreitung von Verschwörungsthe-orien nahm mit dem verstärkten Eintreffen des Virus in den USA im April 2020 stark zu, wobei auch ein zunehmender Austausch zwischen sozialen Medien und »normalen« Nachrichtenmedien festgestellt wurde.

2.   Inhaltsanalyse mit Topic-Modelling

Zur Beantwortung der Frage nach der Bedeutung der Zivilgesellschaft für die Be-wältigung der Corona-Pandemie wurde eine Inhaltsanalyse einer Zeitung vorge-nommen. Warum Zeitungen? Freiwilliger sozialer Zusammenhalt benötigt eine subjektive Erfahrungsweise der Gesamtgesellschaft und ihrer Teilgruppen. Diese Erfahrung wird in komplexen Gesellschaften stark durch Medien vermittelt, de-ren Eindrucksbild im Fall von Zeitungen weniger fragmentiert ist als in sozialen Medien.[39] Zeitungen vermitteln – so die Annahme – darüber hinaus, insbeson-dere bei konservativ-liberalen Qualitätszeitungen, wie z. B. der Frankfurter Allge-meinen Zeitung (FAZ), was gesellschaftliche Funktionseliten denken, die einen wichtigen Einfluss auf die Ansichten der lesenden Öffentlichkeit ausüben.[40]
    Inhaltsanalysen benötigen Vergleiche, um die Spezifik des Seuchen-Diskur-ses zu Covid-19 rekonstruieren zu können. Ein Vergleich mit der Pest oder der Spanischen Grippe erscheint uns zu unspezifisch, da diese Seuchen-Diskurse zu

---

37 Manning Ryann, Organizing for Resilience: Mobilization by Sierra Leonean Diaspora Com-munities in Response to the 2014–2015 Ebola Crisis. Dissertation Harvard 2017, http://nrs. harvard.edu/urn-3:HUL.InstRepos:42061468 (Zugriff 17. Juli 2020); Paul Richards, Ebola: How a People's Science Helped End an Epidemic, London 2016.

38 Shadi Shahsavari et al., Conspiracy in the Time of Corona: Automatic Detection of Co-vid-19 Conspiracy Theories in Social Media and the News Preprint 2020, in: http://arxiv.org/ pdf/2004.13783.pdf (Zugriff 17. Juli 2020).

39 Jesper Strömbäck, Future Media Environments, Democracy and Social Cohesion, in: Digita-liseringskommissionen (Hrsg.), Digital Opportunities, Stockholm 2015, S. 97–122.

40 Paul DiMaggio/Manish Nag/David Blei, Exploiting Affinities between Topic Modelling and the Sociological Perspective on Culture: Application to Newspaper Coverage of U.S. Govern-ment Arts Funding, in: Poetics 41 (2013), S. 570–606.

Zeiten stattfanden als wissenschaftlich noch wenig über Krankheitswege bekannt war und im Fall der Spanischen Grippe Pressezensur vorherrschte. Die Epidemie SARS in den Jahren 2002–2004 weist dagegen viele Parallelen zu Covid-19 auf: Die Viren waren fast identisch, der ostasiatische Ursprung war ähnlich, und der Ausbruch von SARS fiel in eine Zeit, in der sich das neue Sicherheitsdispositiv der Resilienz etablierte. Um die Spezifik des Diskurses zu Corona zu rekonstruieren, wurden deshalb in den zu analysierenden Textkorpus a) 739 Zeitungsartikel der FAZ aufgenommen, in denen zwischen 2002 und 2004 das Wort »SARS« auftauchte; b) weiterhin enthielt der Korpus 230 Zeitungsartikel, die zwischen 2019 und dem 15. Februar 2020 in der FAZ erschienen, und die Worte »Corona« oder »Covid« enthielten. Bei diesem Vergleich interessierte vor allem, inwiefern die ersten Deutungsmuster der Infektionskrankheiten »SARS« und »Covid-19« Gemeinsamkeiten aufwiesen, da in beiden Zeiträumen das Infektionsgeschehen fast ausschließlich in Ostasien stattfand. Ein dritter zu analysierender Korpus bestand aus den 3.887 Artikeln der FAZ, die zwischen dem 16. Februar 2020 und dem 15. April 2020 veröffentlicht wurden und die Worte »Corona« oder »Covid« beinhalteten. In diesem Zeitraum erfasste eine massive Infektionswelle Europa und auch Deutschland in einem pandemischen Umfang, sodass weitreichende Gegenmaßnahmen ergriffen wurden. Da Mitte April diese Welle schon so weit abgeschwollen war, dass erste Lockerungen der Maßnahmen vorgenommen wurden, kann man diese Phase als Höhepunkt der Covid-19-Pandemiewelle in Deutschland bezeichnen.

Wie erfasst man methodisch Seuchen-Diskurse adäquat? Schillmeier zeigte in seinen Analysen zu SARS, dass Aktanten, wie ein Virus, in globalisierten Netzen eine wichtige Rolle als neuen Knoten zukommt.[41] Folkers spricht sogar von postsozialen Gebilden, bei denen neben Menschen, auch Organisationen, Techniken und nicht-soziale Gebilde (wie Viren als Aktanten) ein hoch-interdependentes gesellschaftliches Netz beeinflussen.[42] Topic-Modelle stellen neue, im letzten Jahrzehnt entwickelte Verfahren der algorithmenbasierten Inhaltsanalyse dar, die besonders geeignet sind, um die Struktur von Diskursen in derartigen Netzen zu untersuchen.[43] Unter einem Topic wird ein Ensemble diskursiver Elemente verstanden, die eine spezifische Interpretation einer Person, eines Ereignisses, einer Praktik oder einer Situation vornehmen.[44] Sozialwissenschaftliche Weiterentwicklungen dieser Methode haben gezeigt, dass man auch den diskursiven Stil eines

41 Michael Schillmeier, Globalizing Risks – The Cosmo-Politics of SARS and its Impact on Globalizing Sociology, in: Mobilities 3 (2008), S. 179–199.

42 Folkers, Sicherheitsdispositiv (Anm. 24), S. 218.

43 Christian Papilloud/Alexander Hinneburg, Qualitative Textanalyse mit Topic-Modellen, Wiesbaden 2018.

44 Jean-Philippe Cointet/Sylvain Parasie, Ce que le big data fait à l'analyse sociologique des textes. Un panorama critique des recherches contemporaines [Was Big Data bei der soziolo-

Topics entschlüsseln kann, wenn man die durch Sprache angezeigten Elemente der Szene (wo und wann), des Handelnden (wer), der Handlung (wie) und des Handlungsobjekts (was) analysiert.[45] Ergänzend war für unsere Analysen auch bedeutsam, welche Rolle dabei Aktanten zugeschrieben wird. Während in frühen Topic-Modellen nur Wortlisten als Ergebnis von Topic-Analysen präsentiert wurden, zeigen neuere netzwerkbasierte Darstellungen auch die feinkörnigeren Zusammenhänge zwischen diesen gewichteten Worten in ihrer Bedeutung für zum Teil mehrere Topics.[46]

Die Stärken von Topic-Modellen im Vergleich zu anderen Verfahren der Inhaltsanalyse werden darin gesehen, dass dabei transparent, ohne subjektive Verzerrung, induktiv vorgegangen werden kann, die Relationalität von Sinngehalten berücksichtigt wird,[47] und reliabel interpretierbare Ergebnisse erzielt werden.[48] Topic Modelle haben sich deshalb auch in der Soziologie verbreitet. Mit Python ist eine effiziente Software vorhanden, die eine Grundlage der in unserer Analyse verwendeten Anwendung MTA ist. Obwohl es sich um ein algorithmenbasiertes maschinenlernendes System handelt, ist bei diesem qualitativen Verfahren neben der Berücksichtigung von statistischen Kennwerten der Güte einer Approximationslösung eine manuelle Inspektion von Clusterlösungen erforderlich, da insbesondere beim LDA-Algorithmus experimentell nachgewiesen wurde, dass auch Lösungen hohe Kennwerte erhalten, die nicht gut den Sinngehalt von Topics erfassen.[49]

Bei den folgenden Analysen wurden vier Validierungsmethoden eingesetzt, um sicherzustellen, dass die algorithmisch gefundenen Topic-Modelle präzise den Sinngehalt des Diskurses wiedergeben:[50] a) statistisch wurde mit Cophenet-

gischen Analyse von Texten macht. Ein kritischer Überblick gegenwärtiger Forschungen], in: Revue française de sociologie 59 (2018), S. 533–557.

45 John Mohr et al., Graphing the Grammar of Motives in National Security Strategies: Cultural Interpretation, Automated Text Analysis and the Drama of Global Politics, in: Poetics 41 (2013), S. 670–700.

46 James A. Evans/Pedro Aveces, Machine Translation: Mining Text for Social Theory, in: Annual Review of Sociology 42 (2016), S. 31

47 DiMaggio/Nag/Blei, Exploiting Affinities (Anm. 40).

48 Laura K. Nelson, Computational Grounded Theory: A Methodological Framework, in: Sociological Methods & Research 49 (2020), S. 3–42.

49 Carina Jacobi/Wouter van Atteveld/Kasper Welbers, Quantitative Analysis of Large Amounts of Journalistic Texts Using Topic Modelling, in: Digital Journalis 4 (2016) 1, S. 89–106; Jason Chuang/Sonal Gupta/Christopher D. Manning/Jeffrey Heer, Topic Model Diagnostics: Assessing Domain Relevance via Topical Alignment, in: Proceedings of the 30th International Conference on Machine Learning, in: ICML 28 (2013) 3, S. 612–620; Andrea Lancichinetti et al., High-Reproducibility and High-Accuracy Method for Automated Topic Classification, in: Physical Review X 5, 011007 (2015).

50 Vgl. Papilloud/Hinneburg, Qualitative (Anm. 43); Nelson, Computational (Anm. 48); Cointet/Parasie, Ce que le big data (Anm. 44).

Korrelationskoeffizienten die Zahl der erforderlichen Cluster geprüft; b) die interne Validität der Clusterlösung wurde mit Word2vec-Analysen insbesondere zur Bedeutung des Wortes »Zusammenhalt« vertieft; c) die externe Validität wurde durch einen Vergleich zwischen Topic-Modellen ähnlicher Gegenstände und unterschiedlicher Zeiten kontrolliert; d) eine vertiefende Analyse topic-bestimmender Zeitungsartikel prüfte die Sinnadäquanz der Interpretationen der Topic-Modelle.

Eine Ausgangsannahme bestand darin, dass sich der SARS-Diskurs und der frühe Corona-Diskurs strukturell ähnlen, weil sie hauptsächlich eine Pandemie in der Ferne behandeln. Demgegenüber wurde angenommen, dass mit dem massenhaften Auftreten von Corona-Ansteckungen in Europa starke Verschiebungen im Diskurs erfolgen würden. Um dies zu prüfen, wurden bezüglich des Corona-Diskurses zwei getrennte Analysen zum frühen und späten Corona-Diskurs gerechnet.

Die Analysen zeigen, dass für die Darstellung des SARS-Diskurses eine LDA-Lösung mit acht Clustern gute Ergebnisse erzielt, ebenso wie der frühe Corona-Diskurs (bis 15. Februar 2020) mit einer NMF-Lösung mit acht Clustern gut repräsentiert wird. Für die Auswahl dieser Cluster-Zahllösungen war das Knie-Kriterium bei der Prüfung der Clusterlösungen mit dem LDA-Algorithmus und dem NMF-Algorithmus mit dem Cophenet-Korrelationskoeffizienten ein Kriterium (Tab. 1), die visuelle Prüfung der Plausibilität der 20 besten Wörter der Topics ein zweites. Der Corona-Diskurs der Hochphase der Infektionswelle (16. Februar bis 15. April 2020) ist weitaus komplexer, deshalb repräsentiert hier eine NMF-Lösung mit zwanzig Clustern das Material am besten.

Tabelle 1: Kennwerte des Cophenet-Korrelationswertes mit Clusterlösungen der Textkorpora SARS, Corona-früh und Corona-hoch, bei Anwendung der Algorithmen NMF und LDA

SARS	Clusterzahl											
NMF	4	5	6	7	**8**	9	10	12				
Korrelation	0,6864	0,6420	0,5576	0,5421	**0,531**	0,504	0,465	0,541				
Corona-früh	Clusterzahl											
LDA		4	5	6	7	**8**	9	10	11	12		
Korrelation		0,9863	0,9879	0,777	0,7733	**0,832**	0,874	0,878	0,695	0,935		
Corona-Hochphase	Clusterzahl											
NMF	8	9	10	12	15	16	17	18	19	**20**	21	28
Korrelation	0,492	0,421	0,518	0,412	0,476	0,417	0,412	0,477	0,487	**0,526**	0,445	0,418

3.   Die zeitliche Dynamik der SARS-Epidemie und der Covid-19-Pandemie

Um die folgenden Datenanalysen besser einordnen zu können, erscheint es nützlich, einen kleinen Überblick über den zeitlichen Verlauf der beiden untersuchten Epidemien zu geben. SARS ist eine schwerwiegende Atemwegskrankheit, die 2002, als sie zum ersten Mal auftrat, unbekannt war, und bis zum Ende ihres Auftretens am 5. Juli 2003 nach Angaben der WHO 8.100 Personen in 29 Ländern angesteckt hat, von denen 774 gestorben sind.[51] Da anfangs weder der Erreger bekannt war, noch Tests vorhanden waren und auch bis heute kein Impfstoff dagegen entwickelt werden konnte, griffen die Behörden überwiegend auf die Prüfung erhöhter Körpertemperatur zur Erkennung, sowie Isolation und Quarantäne als Behinderung der Ausbreitung zurück. Die meisten Krankheits- und Todesfälle gab es in dieser Reihenfolge in China, Hongkong, Taiwan, Kanada und Singapur. In Deutschland gab es nur neun Infizierte, die alle genesen sind. Eine der Folgen von SARS war die Einrichtung eines neuen EU-Zentrums, des European Centre for Disease Control (ECDC).

Tabelle 2: Zeitleiste der SARS-Epidemie

Datum	Ereignis
16.11.2002	Erster unidentifizierter Ansteckungsfall in der Guandong Provinz Chinas
11.2.2003	Guandong Behörden melden 305 Infektionsfälle und fünf Todesfälle
21.2.2003	Infektionsfälle in Honkong, Vietnam, Singapur und Toronto (Kanada)
12.3.2003	WHO warnt global vor einer atypischen Lungenkrankheit
24.3.2003	WHO bestätigt den Nachweis von drei Laboren, dass der SARS-Erreger ein Coronavirus sei
30.3.2003	Masseninfektion in Hongkong
18.4.2003	WHO Team in China kritisiert die Volksrepublik China für ihre unzureichende Informationspolitik
23.4.2003	Entlassung des chinesischen Gesundheitsministers
25.4.2003	Höhepunkt der Infektionswelle
31.5.2003	Singapur erklärt, wieder SARS frei zu sein
23.6.2003	Hongkong erklärt, wieder SARS frei zu sein
5.7.2003	Taiwan erklärt, wieder SARS frei zu sein
5.7.2003	WHO verkündet das Ende der SARS-Epidemie

Bei der Covid-19-Pandemie handelte es sich ebenfalls um eine anfangs unbekannte Virusinfektion, die ihren Ausgangspunkt in der chinesischen Stadt Wuhan nahm.[52]

---

51 Martin Enserick, SARS: Chronology of the Epidemic, in: Science 339 (2013), S. 1266–1271.
52 Vgl. Carsten Schröder et al., Erwerbstätige sind vor dem Covid-19-Virus nicht alle gleich, Berlin 2020.

Bereits im ersten Monat der Pandemie entdeckten chinesische Labors, dass eine neue Variante des Corona-Virus vorliegt. Trotz vereinzelter Fälle unter anderem in Japan, Frankreich, den USA und Deutschland breitete sich das Virus im Januar 2020 primär in China aus, wo Ende Januar drastische Quarantäne-Maßnahmen eingeführt wurden. Ein zweiter ostasiatischer Infektionsherd entwickelte sich im Februar in Südkorea. Ab Ende Februar 2020 verschob sich der Schwerpunkt der Pandemie nach Europa, wo Italien sowohl bezüglich der Infektionen, der Todeszahlen und der Schutzmaßnahmen eine Vorreiterfunktion übernahm. Im März 2020 erreichte die Welle Deutschland, es wurden zunehmend härtere Beschränkungen in Reaktion darauf beschlossen. Ab Mitte April 2020 war ein Rückgang des Infektionsgeschehens in Deutschland zu registrieren, erste Lockerungen wurden vorgenommen.

Tabelle 3: Zeitleiste der Covid-19-Pandemie (bis 15. April 2020)

Datum	Ereignis
1.12.2019	Erster Patient einer »mysteriösen« Lungenkrankheit in Wuhan
31.12.2019	Die chinesischen Behörden teilen der WHO mit, dass es 27 Fälle einer mysteriösen Lungenkrankheit gibt
7.1.2020	Die WHO bestätigt, dass es sich um ein neues Coronavirus handle
23.1.2020	Die Stadt Wuhan wird abgeriegelt
28.1.2020	Erster Corona-Fall in Deutschland, Starnberg
8.2.2020	Schnelle Ausbreitung von Covid-19-Fällen in Südkorea nach einer Massenhochzeit der Sekte Vereinigungskirche
15.2.2020	In China sind nach einem rasanten Wachstum 66.000 Menschen infiziert, 1.500 sind gestorben.
22.2.2020	Erster Europäer stirbt in Italien an Covid-19
24.2.2020	Italien riegelt elf Städte ab
27.2.2020	Sprunghafter Anstieg von Fällen in Deutschland, ein Paar in Heinsberg hat viele Menschen angesteckt
4.3.2020	Italien schließt Schulen
10.3.2020	Mehrere Bundesländer verbieten Veranstaltungen mit mehr als 1.000 Personen
15.3.2020	Deutschland schließt fast alle Grenzen
20.3.2020	Ausgangsbeschränkungen in Bayern und Saarland
22.3.2020	18.000 Infizierte in Deutschland. Die Bundesregierung beschließt Ansammlungen mit mehr als zwei Personen zu verbieten. In Öffentlichkeit ist ein Abstand von 1,5 Meter einzuhalten
8.4.2020	Mehr als 100.000 Infektionsfälle in Deutschland
12.4.2020	Mehr als 20.000 Todesfälle nach Covid-19 in den USA, das nun Spitzenreiter ist
15.4.2020	Bund und Länder einigen sich auf erste Lockerungen, z. B. Wiedereröffnung von kleinen Geschäften ab dem 20. April

4. Der SARS-Diskurs im Vergleich zum frühen Corona-Diskurs

Aufgrund von vorhandenen Analysen zum SARS-Diskurs in Belgien und Großbritannien[53] wurde vermutet, dass auch in der deutschen Berichterstattung Muster des Othering ostasiatischer Gesellschaften auftraten. Da im Anfangsstadium
der Corona-Pandemie 2020 eine ähnliche Konstellation gegeben war wie bei
der SARS-Epidemie wurde darüber hinaus vermutet, dass diese beiden Diskurse
strukturell viele Gemeinsamkeiten aufweisen würden.

Abb. 1 (Topic-Modell des SARS-Diskurses) und Abb. 2 (Topic-Modell des
frühen Corona-Diskurses) zeigen in der Tat viele Ähnlichkeiten. Mit interpretie-
renden Labels versehen, behandeln in den beiden Modellen jeweils zwei Topics
im SARS-Diskurs (Topic 2 »Krankheit« und Topic 5 »Erkrankung«) ebenso wie
beim frühen Corona-Diskurs (Topic 4 »gestorben« und Topic 7 »Angst«) asiatisches Leid, jeweils ein Topic (SARS Topic 3, Corona früh Topic 2) Reaktionen
des »Aktienmarktes« und je zwei Topics unmittelbar betroffene Wirtschaftsbran-
chen (SARS Topic 7 und Corona früh Topic 3 »Fluggesellschaften«, SARS Topic 4 »Reiseveranstalter« und Corona früh Topic 5 »Messegesellschaft«).

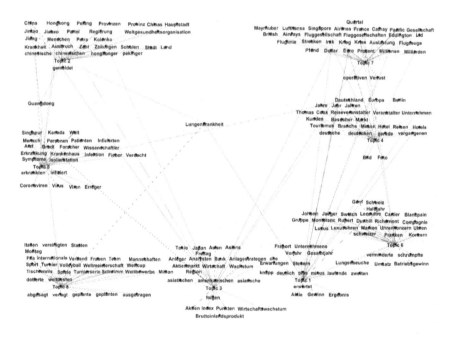

Abbildung 1: Topic-Modell acht Cluster zu SARS-Diskurs 2002–2004

---

53 Joye, News (Anm. 35); Washer, Representations (Anm. 36).

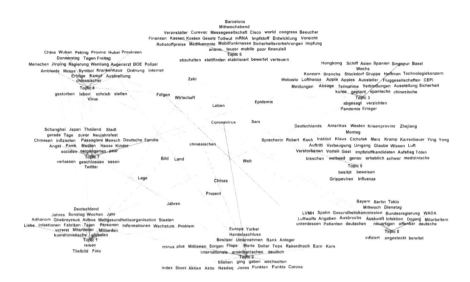

Abbildung 2: Topic Modell acht Cluster zu Corona früh (bis 15. Februar 2020)

Betrachtet man die beiden Topics asiatisches Leiden zu SARS (Topic 2 »Krankheit« und Topic 5 »Erkrankung«) und zum frühen Covid-19-Diskurs (Topic 4 »gestorben« und Topic 7 »Angst«) etwas genauer, so sieht man, dass hier selbst auf der Ebene der Schlüsselwörter Parallelen der Berichterstattung zu finden sind: Namenlosen »Mensch(en)« (SARS, Corona früh) und »Personen« (SARS) stehen die jeweiligen chinesischen Staatschefs »Jintao« (SARS) und »Jinping« (Corona-früh) gegenüber, die von den Regimekritikern »Jiang« (SARS) und »Wenliang« (Corona-früh) für ihre Verschleierungsmanöver kritisiert werden. Bei aller berechtigter Kritik an den gesellschaftlichen Verhältnissen der Volksrepublik China ergibt sich allerdings die Schattenseite dieser Othering betreibenden Berichterstattung, dass die Resilienzbemühungen der ostasiatischen Regierungen nur unzureichend thematisiert werden und ebenfalls Teil des Othering sind. So werden die Quarantäne-Politiken, die sowohl 2003 als auch 2020 dominant waren, als fremd wahrgenommen (»Isolierstation« [SARS], »geschlossen« [Corona früh]). Mögliches Lernen wurde dadurch verzögert. Die in den Topic-Modellen gefundenen Phänomene des Othering sollen in einem späteren Analyseschritt noch geprüft werden in Bezug auf die Triftigkeit dieser Interpretationen.

Neben den Gemeinsamkeiten der beiden Diskurse zu SARS und zum frühen Corona-Geschehen gibt es allerdings einen nicht unwichtigen Unterschied der Modelle, der ein evolutionäres Lernen der deutschen Gesellschaft im Nachgang der SARS-Epidemie anzeigt. Im Unterschied zu dem in den Topics dokumentierten SARS-Diskurs gibt es im frühen Corona-Diskurs bereits mit Topic 6 (Abb. 3) ein Topic, in dem eine in Deutschland koordinierte wissenschaftlich-politische Reaktion auf die Pandemie erfolgt.

Abbildung 3: Topic Modell acht Cluster zu Corona früh (bis 15. Februar 2020), Ausschnitt Topic 6

Mit dem »Robert« »Koch« »Institut« treten hier zusammen mit dem Bundesinstitut für Impfstoffe (Leiter »Klaus« »Cichutek«) wissenschaftliche Institutionen auf, die im Nachgang der SARS-Epidemie mit der deutschen Resilienzstrategie zu zentralen Koordinationsinstanzen für Umgangswissen mit Pandemien ernannt wurden.[54] Der Stil, in dem Handlungen in diesem Topic beschrieben werden (»genau«, »erheblich«, »bisschen«, »beweisen«), zeigt ebenso wie die Vernetzung mit deutschen Politikern (»Kramp« »Karrenbauer«, »Merz«) und chinesischen Krisenmanagern (»Ying« »Yong«), dass hier ein wissensprüfender und systemvernetzender institutioneller Akteur geschaffen wurde, den es mit dieser legitimen Zuständigkeit zur Zeit von SARS noch nicht im öffentlich wahrgenommen Diskurs gab. Dadurch wurde der Diskurs rationalisiert.

Im Vergleich der Pandemie-Diskurse zu SARS und dem frühen Stadium des Covid-19-Diskurses vor Eintreffen der Infektionswelle in Deutschland fällt der hohe Grad an struktureller Ähnlichkeit auf, bei dem Lernen von den Krisenbewältigungsstrategien anderer Länder durch Othering selbstschädigend behindert wird. Im Nachhinein kann man die These aufstellen, dass diese Lernbehinderung zu einer verspäteten Lockdown-Politik in Deutschland beigetragen hat. Gegenüber der SARS-Epidemie zeigt sich zugleich, dass die neue resiliente Pandemiestrategie nach SARS insofern erste Früchte zeitigte, indem Zuständigkeiten für medizinisches Expertenwissen klarer geregelt wurden und dadurch eine schlagkräftigere wissenschaftliche Kommunikationsstrategie möglich war.

---

54 Folkers, Sicherheitsdispositiv (Anm. 24).

5. Zusammenhalt und der Diskurs des Höhepunkts der Covid-19-Pandemie in Deutschland

Ende Februar 2020, mit dem Auftreten einer Pandemiewelle im europäischen Italien und ersten größeren Infektionsherden in Deutschland, änderte sich der deutsche Diskurs zu Covid-19 grundlegend, weil jetzt nicht mehr nur aus der Ferne ein Geschehen möglicher Relevanz beobachtet wurde, sondern sehr schnell erkannt wurde, dass Handlungsbedarf bestand, weil man sich inmitten einer Katastrophe befand. Methodisch entschieden wir uns deshalb für eine getrennte Analyse der beiden Zeiträume des Corona-Diskurses, die den frühen Corona-Diskurs bis zum 15. Februar 2020 getrennt von dem späteren Diskurs betrachtet. Ein Materialindiz für diese Teilung stellte hierbei auch der Umfang dar: Mit 3.887 Artikeln in zwei Monaten (16. Februar bis 15. April) und einem Tages-Spitzenwert von 142 Artikeln am 11. April 2020 zu einem einzigen Thema wurde in der Hochzeit der Pandemie-Welle eine selten im gesellschaftlichen Leben zu findende Monopolisierung des öffentlichen Diskurses durch ein einziges Thema sichtbar. Eine zu prüfende Annahme ist deshalb, dass sich die Topic-Struktur dieser Corona-Hochzeit von derjenigen zu SARS (oder Corona früh) grundlegend unterscheidet. Von besonderem Interesse ist dabei auch, ob in dieser Phase sozialem Zusammenhalt eine besondere Rolle zukam.

Abbildung 4 zeigt das aus zwanzig Clustern bestehende Topic-Modell zur Hochphase der Covid-19-Pandemie. Man sieht vergleichend, dass sich die Gemeinsamkeiten mit den bisherigen Modellen zu SARS und dem frühen Corona-Diskurs deutlich reduzieren: Nur mehr in vier von zwanzig Topics klingen frühere Topics an, wie in Topic 1, das vergleichbar zu den Clustern »asiatisches Leiden« ist, oder in Topic 7, das Aktienmarktreaktionen erfasst, und in Topic 20, das wirtschaftliche Folgen für Fluggesellschaften thematisiert. Auch das im Corona-früh Diskurs neu aufgetauchte Topic zum Robert-Koch-Institut findet sich in Topic 10 (allerdings in bedeutungsreduzierter Form) wieder.

Im Topic-Modell zur Hochphase der Corona-Pandemie kommt demgegenüber der zivilgesellschaftlichen Reaktion, die in den Topics 3, 16 und 19 thematisiert wird, eine feldbestimmende Bedeutung zu. Diese Topics sind auch deshalb zentral, weil sie enge Bezüge aufweisen zu den in Topic 2 thematisierten wirtschaftlichen Folgen und zu den in Topic 9 zu findenden politisch-rechtlichen Veranlassungen dieser Reaktionen. Weil es sich hier um ein neues Muster handelt, werden im Folgenden die Topics 3, 16 und 19 etwas genauer betrachtet.

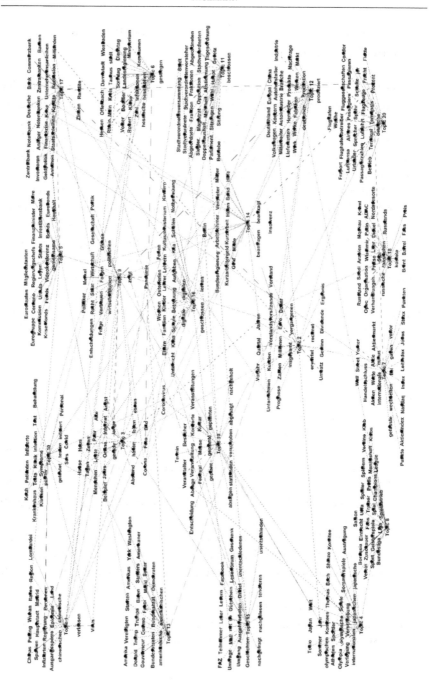

Abb. 4: Topic Modell zwanzig Cluster zum Höhepunkt der Corona Welle in Deutschland (16. Februar bis 15. April 2020)

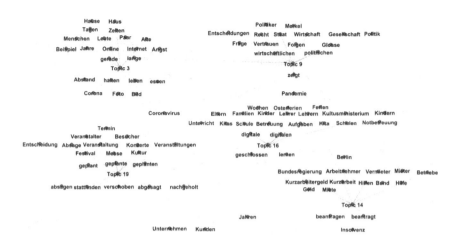

Abbildung 5: Topic Modell zwanzig Cluster zum Höhepunkt der Corona Welle in Deutschland (16. Februar bis 15. April 2020), Ausschnitt »zivilgesellschaftliche« Topics 3, 16, 19

Ein genaueres Studium dieser drei »zivilgesellschaftlichen« Cluster zeigt, dass sie mit den drei wichtigsten Maßnahmen der deutschen Bundes- und Landesregierungen zur Bekämpfung der Corona-Pandemie korrespondieren:[55] Um den 7. März herum wurden Großveranstaltungen mit mehr als 1.000 Teilnehmern untersagt (siehe Topic 19), um den 16. März wurden Kitas und Schulen geschlossen (siehe Topic 16) und um den 23. März herum wurden weitreichende Kontaktsperren verhängt (siehe Topic 3). Auffällig ist, dass sich alle diese Maßnahmen an die Zivilgesellschaft richten, die verpflichtet wird, bestimmte Dinge zu unterlassen. Die Topic-Analyse zeigt dabei durch eine ungewöhnlich hohe Zahl an Handlungen anzeigenden Verben in den Topics, dass es sich dabei um soziale Prozesse handelt, die zwar von der Regierung angeordnet werden, aber von der Zivilgesellschaft aktiv umgesetzt werden müssen, um wirklich wirksam zu sein. Das Verbot von Großveranstaltungen führt z. B., wie im »Absage«-Topic 19 dokumentiert, zu einer hohen Anzahl von Entscheidungen, geplante Veranstaltungen abzusagen oder zu verschieben. Im »lernen«-Topic 16 sieht man, dass hier die Anzahl der zu Aktivitäten aufgeforderten Personenkreise mit »Eltern«, »Kinder« und »Familien« vergrößert wird, die beim Homeschooling »lernen« organisieren müssen. Im »Abstand«-Topic 3 wird der Kreis derjenigen, denen Handlungen abverlangt werden, noch mehr vergrößert und abstrahiert (»Menschen«, »Leute«, »Alte«, »Paar«). Auch ihr Handlungsprogramm wird

---

55 Jonas Dehning et al., Inferring Change Points in the Spread of COVID-19 Reveals the Effectiveness of Interventions, in: Science 369 (2020) 6500.

komplexer: Sie sollen »Abstand« »halten«, zu »Hause« bleiben, mit »Angst« umgehen, »essen« organisieren.

Spätere Modellrechnungen zu den Verbreitungskurven von Covid-19 in Deutschland zeigen,[56] dass die in Topic 19 und Topic 16 dokumentierten Maßnahmen des Landes die Ausbreitung des Virus verlangsamt haben, dass aber erst die in Topic 3 dargestellten Veränderungen des Alltagslebens fast der gesamten Zivilgesellschaft dazu geführt haben, dass es zu einem Rückgang der Erkrankungsfälle kam. Die Zentralität des Topic 3 für das gesamte Topic-Modell zur Hochphase der Pandemie wird also nicht nur durch die Ergebnisse der Netzwerkanalyse der Begriffe gezeigt (Abb. 4), sondern sie wird auch extern validiert, indem diesen Aktivitäten eine zentrale Rolle bei der resilienten deutschen Katastrophenbewältigung der Pandemie 2020 zukam. Es wird im Folgenden noch genauer zu prüfen sein, ob nicht nur der Inhalt, sondern auch die Akteursstruktur dieses Topics Besonderheiten aufweist.

Welche Rolle kommt dabei sozialem Zusammenhalt zu? Wir überprüften den Zusammenhang zwischen den Topic-Modellen und ihren einzelnen Topics mittels Korrelationen mit dem Wort »Zusammenhalt« in den Modellen und Topics, wobei mit Word2vec in MTA ein zweischichtiges neuronales Netz gespannt wurde, um das Gewicht und Zusammenhänge zwischen Wörtern und Wortgruppen zu rekonstruieren. Es zeigte sich, dass das Wort »Zusammenhalt« in den Topic-Modellen zu SARS und zu Corona früh keine Rolle gespielt hat. Wichtig für die Einschätzung dieses Befundes ist die Bedeutung von Wörtern bei Topic-Modellen. Da es um Rekonstruktionen des relationalen Sinngehalts einer Gruppe von Dokumenten geht, werden üblicherweise sehr häufig auftretende Wörter (wie z. B. »ein«, »der«) aus der Analyse ausgeschlossen (Stoppwörter), da sie keine spezifische Bedeutung haben, ebenso wie sehr selten in Dokumenten auftauchende Wörter (z. B. nur in einem Dokument erscheinende Wörter) automatisiert ausgeschlossen werden, da sie nicht charakteristisch sind. Alle anderen Wörter gehen in die Matrizen mit ihrem TF-IDF-Score ein, der die Häufigkeit der Wörter und ihre spezifische Trennschärfe in bestimmten Dokumenten miteinander multipliziert.[57] Die in den Topic-Modellen verwendeten Wörter weisen also entweder Häufigkeit oder Differenzierungsqualitäten auf, ohne ubiquitär oder solitär zu sein. Es ist also zu vermuten, dass das Wort »Zusammenhalt« in den Topic-Modellen zu SARS und zum frühen Corona-Diskurs zu selten auftritt und deshalb nicht in die Modelle aufgenommen wurde.

In den Topic-Modellen zur Hochphase der Corona-Pandemie taucht dagegen das Wort »Zusammenhalt« häufig und spezifisch auf in wenigen, aber wichtigen Topics (Tab. 2): Am zweithöchsten ist es korreliert mit dem »Abstand«-Topic 3. Es ist ebenfalls mit den Topics 1, 2 und 8 verbunden, nicht aber mit allen anderen Topics des Modells.

---

56 Ibid.
57 Papilloud/Hinneburg, Qualitative (Anm. 43).

Tab. 2: Korrelation des Wortes »Zusammenhalt« mit den 20 Clustern des Topic-Modells zum Höhepunkt der Corona Welle in Deutschland

Topic	Interpretierendes Label	Korrelationskoeffizient
1	Asien-Italien-Spanien Leid	0,0115
2	Kundenausfall	0,0004
3	Abstand	0,0029
4	Olympia	0,0000
5	Eurostaaten	0,0000
6	Hessen	0,0000
7	Aktien	0,0000
8	Geisterspiel-Sport	0,0026
9	Politik-Vertrauen	0,0000
10	Klinik-Tests	0,0000
11	Stadtverordnete	0,0000
12	Industrie	0,0000
13	USA	0,0000
14	Kurzarbeit	0,0000
15	Leser	0,0000
16	Home-schooling	0,0000
17	Zentralbank	0,0000
18	Öl-Preis	0,0000
19	Veranstaltungsabsagen	0,0000
20	Flugzeuge	0,0000

Um die Funktion von Zusammenhalt (und den Appell daran) genauer zu verstehen, wurde auch geprüft, welche Wörter eng damit korrelieren. Es wurden drei Analysereihen geprüft: Enge Synonyme von Zusammenhalt (Solidarität, Zusammenstehen), damit verbundene Handlungen (Vertrauen, Hilfe, Engagement, Rücksicht) und in der Literatur umstrittene Komponenten des Begriffs (Werte, Konflikt, Gemeinschaft). Aus Platzgründen werden im Folgenden nur die Analysen zu den begrifflichen Synonymen diskutiert.

Bei den drei Begriffen Zusammenhalt, Solidarität und Zusammenstehen zeigt sich, dass »Solidarität« etwas enger mit »Zusammenhalt« korreliert als »Zusammenstehen«. Wenn man nur den Bereich der Verteilung von Wörtern fokussiert, in dem alle drei Worte eng miteinander verbunden sind, dann stellt man fest, dass es sich um einen Zusammenhalt in einer Notsituation handelt. Hier wird, so die hier auftauchenden Wörter, im »Lockdown«, in dem »Verunsicherung«, »Sorge« und »Angst« vorhanden sind, die »gefährliche«, »gravierende«, »schwere« »Herausforderung« betont, wenn die »Regierung« als »Rechtsstaat« mit Legitimation der »Wissenschaft« an die »Verantwortung« der »Gesellschaft« appelliert. Die Institutionen sind also in diesen Situationen auf die Kooperation mit der Zivilgesellschaft angewiesen.

Fasst man die verschiedenen Analysen zur Hochphase der Corona-Pandemie in Deutschland bezüglich der Bedeutung von sozialem Zusammenhalt für den Katastrophendiskurs zusammen, und damit indirekt zur Bewältigungsstrategie, so kann man vier Befunde festhalten.

Bei der Krisenbewältigung spielte insbesondere bei der Begründung und Durchführung der weitreichenden Kontaktbeschränkungen nach dem 23. März 2020 Zusammenhalt eine wichtige Rolle. Dieses »Abstand«-Topic 3 nimmt im gesamten Katastrophendiskurs eine zentrale Rolle ein, weil es sowohl mit anderen zivilgesellschaftlichen Maßnahmen wie den Schulschließungen als auch mit den Funktionssystemen der Politik und Wirtschaft eng verflochten war. Epidemiologisch kann man im Nachhinein sagen, dass es sich dabei um die effektivste Katastrophenbewältigung handelte, da sie zu einem Rückgang der Krankheitsfälle führte.

Die beiden wichtigsten zivilgesellschaftlichen Krisenreaktionen, Kontaktbeschränkungen und Schulschließungen, bauen primär auf dem Zusammenhalt primordialer Gruppen, insbesondere der in einem Haushalt zusammenlebenden Kernfamilie auf, wie eine Analyse der Akteursstruktur der Topics 3 und 16 belegt. Vorübergehend bekommen in der Krisenzeit also gemeinschaftliche Elemente ein Übergewicht in der Organisation der Gesellschaft. Dabei handelt es sich um einen Appell an eine verlässliche Notgemeinschaft.

Dieser Rückfall in kleine Gemeinschaften ist allerdings, wie die Topic-Modelle zeigen, gesellschaftlich organisiert: Die Regierungen des Bundes und der Bundesländer verordneten unter Berücksichtigung des Rechtsstaates und wissenschaftlicher Kenntnisse diese weitreichenden Maßnahmen, um ihrer Verantwortung für das Gemeinwesen gerecht zu werden.

Der bei der Corona-Katastrophenbewältigung erforderliche soziale Zusammenhalt für eine resiliente Bewältigung bestand aus einer »gesellschaftlichen Gemeinschaft«,[58] bei der ausdifferenzierte Subsysteme wie die Politik, Wissenschaft und Recht auf die gemeinschaftliche Kooperation der Zivilgesellschaft angewiesen sind, die in dieser Situation stärker als in anderen Konstellationen auf primordiale Vergemeinschaftungen zurückgreift. Netzwerkanalytische Simulationen plausibilisieren, dass die Unterbindung bzw. Reduktion von gruppenübergreifenden Netzwerkbindungen (bridging) die Ausbreitungsgeschwindigkeit von Infektionen entscheidend verlangsamt.[59] Der Preis dieser Bonding-Strategie ist allerdings eine Erhöhung sozialer Ungleichheit insbesondere von einsamkeitsgefährdeten Personengruppen.[60]

---

58 Parsons, System (Anm. 2).
59 Per Block et al., Social Network-based Distancing Strategies to Flatten the COVID-19 Curve in a Post-lockdown World, in: Nature Human Behaviour 4 (2020), S. 588–596.
60 Jenny de Jong Gierveld/Theo van Tilburg/Pearl A. Dykstra, New Ways of Theorizing and Conducting Research in the Field of Loneliness and Social Isolation, in: Anita Vangelisti/Daniel Perlman (Hrsg.), The Cambridge Handbook of Personal Relationships, 2. Aufl., Cambridge 2018, S. 391–404.

6. Eine vertiefende Einzeltextanalyse von Othering und Zusammenhalt im SARS- und Corona-Diskurs

Zur internen Validierung der Interpretationen der Topic-Modelle ist es hilfreich, die zu Grunde liegenden Einzeltexte einem »guided deep reading«[61] zu unterziehen. Um die These zu prüfen, dass Othering eine Rolle spielte bei der Berichterstattung zu SARS und im frühen Corona-Diskurs wurden Texte intensiv studiert, die hoch auf den entsprechenden Topic 2 »Krankheit« des SARS-Diskurses, bzw. auf den relevanten Topics des frühen Corona-Diskurses laden.

Es zeigt sich, dass in einer Qualitätszeitung wie der FAZ vielfältige Meinungen gegeneinander abgewogen werden. So konstatiert die damalige China-Korrespondentin Kolonko in einem Leitartikel zum Ende der SARS-Epidemie,[62] dass Chinas Bevölkerung und Parteiführung zwar den Sieg über SARS loben würden, aber, dass die »Ausbreitung der Viruskrankheit die Schwächen des chinesischen sozialen und politischen Systems offenbart«,[63] da ein marodes Gesundheitssystem und Vertuschung die dominanten Eigenschaften des chinesischen Systems seien. Hat dieses Othering, die Betonung der diktatorischen Qualität des chinesischen Regimes gegenüber einer neutralen Beschreibung von konkreten Maßnahmen Einfluss auf die Wahrnehmung von Pandemie-Bewältigungen? Bereits 2003 wird in einem anderen Artikel ein deutscher Arzt zitiert,[64] der das Tragen von Schutzmasken als ein in China besonders effizientes Mittel würdigt. In der gleichen Ausgabe der FAZ werden aber unter der Überschrift »Nur mit ›Mundschutz‹« die Zensurpraktiken der chinesischen Regierung angeprangert.[65] Das Foto eines Gesichtsmaske tragenden Mannes wird entsprechend im Untertitel kommentiert: »Die Gesichtsmasken tragen diese Zeitungsleser wegen der Lungenkrankheit SARS. Aber die chinesische Regierung hat auch den Zeitungen des Landes so etwas wie einen Mundschutz verpaßt. Sie dürfen über SARS und andere unangenehme Dinge nur das schreiben, was die Führung vorgibt«.[66] Chinesische Praktiken des Umgangs mit SARS, wie das Tragen von Mundschutz, werden durch diese Einfügung in das dominante Deutungsmuster chinesische Diktatur also Teil des Othering, das einen Mundschutz mit einer Maulkorb-Metapher verfremdet. Kulturalistische Aufladungen von Differenzen dieser Art tragen dazu bei,

---

61 Nelson, Computational (Anm. 48), S. 26.

62 Petra Kolonko, Geschwächt, nicht gestärkt, in: Frankfurter Allgemeine Zeitung vom 5. Juli 2003.

63 Ebd.

64 P.K./che./jom. [Petra Kolonko/Christoph Hein/Joachim Müller-Jung], In China Tausende unter Quarantäne, in: Frankfurter Allgemeine Zeitung vom 29. April 2003.

65 Petra Kolonko, Nur mit »Mundschutz«, in: Frankfurter Allgemeine Zeitung vom 29. April 2003.

66 Ebd.

dass das Tragen von Mundschutz zu den am spätesten übernommenen Techniken des Pandemie-Schutzes im Westen wurde und zum Teil hoch politisiert wurde.

Bei der frühen Berichterstattung zu Corona vor dem massenhaften Eintreffen der Pandemie in Europa spielte ebenfalls Othering in den Topics eine Rolle. Ein genauerer Blick in die Originalzeitungsartikel zeigt wieder eine durchaus differenzierte journalistische Wirklichkeitskonstruktion, die typisch für Qualitätszeitungen ist, die aber dennoch wesentliche Komponenten eines leicht abgeschwächten Othering mitführt. So wird von der Chinakorrespondentin Böge erläutert, dass die chinesische Staatsführung mit einem Aufruf bemüht sei, bei der Corona-Ausbreitung im Unterschied zu SARS höchstmögliche Transparenz herzustellen.[67] Im Artikel erfährt aber die Löschung und damit Zensur dieses Aufrufs eine noch höhere Aufmerksamkeit. Wenn also Böge am nächsten Tag kolportiert, dass im chinesischen Staatsfernsehen die Bundeskanzlerin Merkel mit einem Lob der chinesischen Staatsführung für deren »Transparenz« zitiert worden sei, dann bleibt der dominante Deutungsrahmen chinesische Diktatur als Teil des Othering, da der deutsche Leser dieses Zitat für unglaubwürdig hält.[68] Auch hier färbt diese Tönung auf die Berichterstattung zu konkreten Maßnahmen der Pandemiebekämpfung ab. Im Stil von ausführlichen Tagebuchaufzeichnungen gibt Niendorf einer in Wuhan unter Quarantäne stehenden Deutschen eine stark emotionalisierte Stimme:[69]

Wir können nicht raus. Jeder Tag gleicht dem anderen, die Frustration steigt täglich. [...] In den Nachrichten heißt es eindeutig: »Bleibt zu Hause!« Masken tragen ist jetzt Pflicht. Jeden Tag kommen Nachrichten über neue Infizierte und Tote. [...] Unsere größte Sorge ist, dass die Maßnahmen weiter verschärft werden und es noch schwieriger wird, uns herauszuholen.[70]

Obwohl in diesem Artikel chinesische Kontaktbeschränkungsmaßnahmen aus einer Innenperspektive beschrieben werden, die bereits sechs Wochen später in vielen europäischen Ländern Normalität wurden, ist die Perspektive dieses Artikels diejenige einer gestrandeten Person, die in einem höllenähnlichen fremden Setting gelandet ist und nur mehr den sehnlichen Wunsch nach einer Rettung aus dieser Welt kennt. Othering, also die Konstruktion, dass man nicht zu dieser Gesellschaft gehört, die hier Schutzmaßnahmen ergreift, ist ein implizites Element dieses Artikels. Das diesem Artikel beigefügte Bild (Untertitel »Zur Geisterstadt

---

67 Friederike Böge, Vertuschung führt in die Katastrophe, in: Frankfurter Allgemeine Zeitung vom 22. Januar 2020.

68 Friederike Böge, Keine Züge und Flüge mehr nach Wuhan, in: Frankfurter Allgemeine Zeitung vom 23. Januar 2020.

69 Tim Niendorf, Ich traue mich nicht mehr raus!, in: Frankfurter Allgemeine Zeitung vom 29. Januar 2020.

70 Ebd.

geworden: Blick auf Wuhan aus dem 42. Stock«) verstärkt diese düstere Situationsdeutung. Ende Januar 2020 erscheinen die chinesischen Pandemiebekämpfungsmaßnahmen wenig attraktiv, da sie im Deutungsmuster des Othering vom Berichterstatter mit (diktatorischen) Freiheitsbeschränkungen verknüpft werden.

Es war in den Topic-Analysen zum späteren Höhepunkt der Corona-Krise die These aufgestellt worden, dass sich diese Berichterstattung deutlich von den Othering-Motiven der Pandemieberichte der frühen Corona-Phase unterschiede und das zentrale Topic 3 »Abstand« des Corona-Höhepunkt-Diskurses eine zivilgesellschaftliche Reaktion fokussiere. Auch hier soll ein Blick in hoch mit diesem Topic korrelierenden Artikel helfen, die Spezifik dieser veröffentlichten Meinung zu verstehen und zugleich die Deutungshypothesen zu prüfen.

Bereits am 14. März 2020 veranstaltet die FAZ-Redaktion eine kleine Umfrage unter ihren Mitarbeitern zum Thema »Was tun? Was lesen, schauen, hören, da das Coronavirus uns in die Isolation zwingt«.[71] Bereits in der Überschrift wird der Frame der Quarantänesituation, der für Wuhan im Januar in düstersten Farben geschildert wurde, verschoben, weil nun nicht mehr Behörden, sondern das Virus »uns in die Isolation zwingt«, es sich also um einsichtige Betroffene handelt.[72] Entsprechend gibt es von Videospielen, Serienschauen bis Vogelstimmen auf Youtube lauschen viele Vorschläge für das Verhalten in Quarantäne, die deutlich mehr nach Freizeit klingen als die düstere Schilderung von chinesischen Quarantänemaßnahmen.

Viele Artikel des Topic 3 »Abstand« berichten über zivilgesellschaftliche Initiativen: So wird mit Bild über die Einrichtung eines »Gabenzauns« berichtet.[73] Die Initiatoren Romina Weber und David Gonter werden zitiert mit den Worten »In Krisenzeiten wird gelebte Stadtgesellschaft wichtiger denn je«.[74] Oder mit Bild wird der Musiker Robert Hößbacher vorgestellt, der auf Anregung eines Nachbarschaftsvereins musizierend durch Wohnsiedlungen zieht.[75] Auch der Bericht von Weiß folgt diesem Muster der Würdigung zivilgesellschaftlichen Engagements, hier der Einzelperson Sabine Beck, die in ihrem Hausflur per »Zettel und Klarsichtfolie«[76] Nachbarschaftshilfe angeboten hatte, was in sozialen Netzwerken aufgegriffen wurde.[77] Charakteristisch für diese Meldungen in diesem Topic

---

71 Eer./dda/oju/egla./akur./span/wie./bähr/math./jbm/spre/miha, In Quarantäne, in: Frankfurter Allgemeine Zeitung vom 14. März 2020.

72 Ebd.

73 Jor [Jochen Remmert], Helfen über den Zaun, in: Frankfurter Allgemeine Zeitung vom 7. April 2020.

74 Ebd.

75 Sonja Jordans, Schlager vorm Balkon, in: Frankfurter Allgemeine Zeitung vom 7. April 2020.

76 Annkathrin Weiß, Hilfe statt Hass und Hetze, in: Frankfurter Allgemeine Zeitung vom 16. März 2020.

77 ebd.

ist, dass Personen, die selten in einer überregionalen Tageszeitung namentlich genannt werden, weil sie kein Amt oder keine Eliteposition einnehmen, im Kontext der zivilgesellschaftlichen Selbsthilfe in Pandemiezeiten zu namentlich genannten Helden stilisiert werden. Konflikte werden, wie in einer Glosse dieses Topics, eher humoristisch zwischen »Dörflern« und »Städtern« aufgemacht, wobei letztere dafür kritisiert werden, dass sie Zugangsbeschränkungen des landwirtschaftlichen Verkehrs missachten.[78] Einer der wenigen Artikel dieses Topics, der Probleme des Lockdowns fokussiert, behandelt ebenfalls im Genre eines Ich-Erzählers die Gesundheitsfolgen des Lockdowns für einen Pudel, der dann heimlich und befreit von der Gefangenschaft von seinem Herrchen zum Jogging ausgeführt wird, der Polizei ausweichend.[79] Dieser vom Muster positiver Tönung der gemeinsamen Bewältigung des Lockdowns abweichende düstere Artikel handelt mit Bild charakteristischerweise in Italien.

Die Detailanalyse einzelner Artikel von zentralen Topics des SARS und frühen Corona-Diskurses bestätigt, dass hier Othering bei der Beschreibung der chinesischen Pandemie-Bewältigung eine Rolle spielt. Dies gilt insbesondere für die in ostasiatischen Gesellschaften normale Strategie des Tragens von Gesichtsmasken zur Reduktion von Infektionsausbreitungen, die in europäischen und nordamerikanischen Gesellschaften als fremd erlebt wird. Letzteres führte dazu, dass während des Höhepunkts der Pandemiewelle, wie Internetbefragungen zeigen, gerade diese Praxis der Pandemiebekämpfung die höchste zwischengesellschaftliche Varianz der Akzeptanz aufwies.[80] Auch die Deutungshypothese von Topic 3 »Abstand« (während des Höhepunkts der Pandemiewelle in Deutschland) als eines Topics, das zivilgesellschaftliche Umsetzung würdigt, bestätigt sich, insbesondere auch bei seiner Hervorhebung von Alltagsbürgern, die zu Alltagshelden stilisiert werden.

---

78 Thorsten Winter, Ausgeprägte Leseschwäche, in: Frankfurter Allgemeine Zeitung vom 23. März 2020.

79 Damiano Femfert, Ausgepackt. Nachtaktion ohne Nebel, in: Frankfurter Allgemeine Zeitung vom 2. April 2020.

80 Daniela Perrotta et al., Behaviors and Attitudes in Response to the COVID-19 Pandemic: Insights From a Cross-national Facebook Survey, in: medRvix, https://www.medrxiv.org/content/10.1101/2020.05.09.20096388v2 (Zugriff 13. Oktober 2020).

7. Resümee: Sozialer Zusammenhalt bei den Pandemien SARS und Covid-19 im Vergleich

Die durchgeführten Inhaltsanalysen zu Seuchendiskursen zeigen, dass sozialer Zusammenhalt eine deutlich unterschiedliche Rolle bei der Bewältigung von katastrophischen Risiken spielt in Abhängigkeit vom Ort und der zeitlichen Positionierung der Katastrophe.

Sozialer Zusammenhalt spielt, wie die Analysen zu SARS und zum frühen Covid-19-Diskurs nachgewiesen haben, keine Rolle bei der Außensicht auf ein Seuchengeschehen, insbesondere wenn es sich bei den betroffenen Gebieten um Gesellschaften handelt, die im Gefolge früherer Kolonialisierung als fremd typisiert werden. Hier herrschen Deutungsmuster des Othering vor, also der Betonung der Andersartigkeit dieser Gesellschaften. Wie die beiden Fälle zeigen, kann diese »dunkle Seite« des Zusammenhalts, die im überzogenen Selbstbewusstsein der eigenen Gesellschaft andere Gesellschaften exotisiert verzerrt wahrnimmt, selbstschädigend wirken, weil wie im Falle der beiden untersuchten Fälle in diesen Gebieten entwickelte Handlungsstrategien verspätet als relevant für die Lösung eigener Handlungsprobleme wahrgenommen wurden.

In allen drei Topic-Modellen erwiesen sich Aktanten, also nicht-menschliche Handlungsträger, als ein wichtiges Element des Diskurses. Da die untersuchten Zeitungsartikel mit Suchwörtern ausgewählt wurden, die Bezug auf Aktanten nehmen, scheint diese Aussage ein Methodenartefakt zu sein. Allerdings zeigt der Vergleich der Modelle, dass die Bedeutung von Krankheits-Aktanten insbesondere im frühen Corona-Diskurs wichtig war, da hier in sechs von acht errechneten Topics diese zu den bestimmenden Wörtern zählen (Topic 2, 3, 4, 5, 6, 7), während dies beim SARS-Diskurs nur in vier von acht, bzw. in der Hochphase der Corona-Pandemie nur in sieben von zwanzig Topics der Fall war. Festzuhalten bleibt auch, dass ebenfalls andere Aktanten wirtschaftlicher Natur, wie Aktienindizes, Umsatzzahlen oder Gewinnerwartungen, in allen drei Modellen von Belang sind, weil sie Teil der Abschätzung von Krisenfolgen sind.

Sozialer Zusammenhalt erhält innerhalb des Sicherheitsdispositivs der Resilienz eine zentrale Rolle bei der Bewältigung einer Katastrophe, wenn sie die Gesellschaft erreicht, also nicht mehr nur von außen betrachtet wird. Anspruchsvolle Krisenbewältigungen, wie die nach dem 23. März 2020 in Deutschland erlassenen Kontaktbeschränkungen, setzen eine intensive Kooperation mit der Zivilgesellschaft voraus. Hierzu wurde von den Bundes- und Landesregierungen beim Zusammenhalt an eine Notgemeinschaft appelliert. Beim Zusammenhalt von primordialen Kleinverbänden lag eine gemeinschaftliche Ressource vor, die bei den Bewältigungsformen Verwendung fand. Dabei handelte es sich um ein Zusammenspiel von verantwortlichen gesellschaftlichen Teilsystemen von Politik,

Recht und Wissenschaft (letztere auf zentrale Wissens-Clearing-Stellen fokussiert)
und gemeinschaftlichen Strukturen der Zivilgesellschaft. Durch die erfolgreiche
Mobilisierung des Zusammenhalts einer gesellschaftlichen Gemeinschaft gelang
es die exponentielle Steigerung der hochansteckenden Infektionskrankheit Co-
vid-19 zu stoppen.

Die vorliegende Untersuchung hat wie jede wissenschaftliche Studie Beschränkungen. Obwohl und gerade weil sich die eingesetzte Methode der Topic-
Modelle weitgehend bewährt hat zur Untersuchung von komplexen diskursiven
Gebilden, ist es erforderlich den Vergleichshorizont der Untersuchungen zu erweitern: Ein Vergleich mit der Berichterstattung anderer Medien, wie z. B. Lokal-
zeitungen oder soziale Medien, könnte stärker den Elite-Bias reduzieren, den die
vorliegende Untersuchung zur FAZ aufgrund des ausgewählten Mediums enthält.
Die im Design implizite Annahme einer Ausstrahlung des Elitediskurses auf andere Medien könnte dadurch geprüft und spezifiziert werden.

Eine weitere wichtige Vergleichsebene besteht in der Einbeziehung weiterer
Länder. Ein Vergleich mit ähnlich strukturierten Ländern, wie z. B. Frankreich,
Österreich oder der Schweiz, könnte deutlicher herausarbeiten, ob es sich bei den
gefundenen Mustern der Ignorierung sozialen Zusammenhalts in der Außensicht
der Katastrophen von Ländern, die Othering ausgesetzt sind, und dem erfolgreichen Appell an sozialem Zusammenhalt zur Erzeugung einer Kooperation zwischen Zivilgesellschaft und Regierung bei einer gesellschaftlichen Betroffenheit
von Katastrophen, um ein typisches Muster demokratischer europäischer Länder
handelt, oder ob darin ein spezifisch deutsches Muster zu erkennen ist. Aufgrund
der jüngsten Welle sich charismatisch gebärdender, neo-nationalistischer Regie-
rungschefs wäre ebenfalls von hohem Interesse zu prüfen, ob der Katastrophendiskurs dieser Länder, zu denen z. B. die USA, Großbritannien oder Brasilien
zählen, charakteristisch abweicht in den Thematisierungen von sozialem Zusammenhalt in Krisenzeiten. Größere Vergleichsuntersuchungen dieser Art können
davon profitieren, dass bei der Corona-Pandemie eine Form eines natürlichen
Experiments vorlag, bei dem viele Gesellschaften ungefähr im selben Zeitraum
der gleichen katastrophalen Herausforderung ausgesetzt waren, der gegenüber sie
Bewältigungsstrategien entwickeln mussten.

Eine weitere wünschenswerte Erweiterung der vorliegenden Studie ergibt sich
aus den Limitierungen des gewählten Zeitausschnitts. Während es sich bei der
SARS-Epidemie 2002–2004 um eine abgeschlossene Katastrophe handelte, befinden wir uns zum Ende des betrachteten Untersuchungszeitraums Mitte April
2020 noch mitten in der ablaufenden Katastrophe Covid-19. Einige Entwicklungen des Zusammenspiels von Zusammenhalt, Regierung und Zivilgesellschaft,
wie z. B. Demonstrationen gegen die erfolgten Maßnahmen, fanden erst im Mai
2020 statt. Andere Verlaufsaspekte wie eine zweite Welle oder eine vollständige

Rückkehr zur Normalität sind zur Zeit der Verfassung des Artikels noch nicht absehbar. Insbesondere die Betrachtung der nicht-intendierten Folgen z. B. des Lockdowns können deshalb noch nicht seriös in die Analyse einbezogen werden. Es wäre bei einer Erweiterung des Untersuchungszeitraums zu prüfen, ob die in diesem Artikel gezogene Bilanz eines hilfreichen Funktionierens von sozialem Zusammenhalt bei der Bewältigung der Covid-19-Krise um wesentliche Elemente zu erweitern wäre.

Trotz dieser Beschränkungen der vorgelegten Analyse besteht meines Erachtens kein Zweifel, dass die Untersuchung des Zusammenhangs zwischen sozialem Zusammenhalt und resilienter Krisenbewältigung in Katastrophensituationen wertvolle Beiträge sowohl zur Bedeutung von Zusammenhalt in modernen Gesellschaften als auch für die praktische Konzeption von Resilienzkonzepten in Katastrophenfällen leisten kann.

Autorinnen und Autoren

Felix Axster, Dr., ist wissenschaftlicher Mitarbeiter am Zentrum für Antisemitismusforschung. Veröffentlichungen u.a. zur Geschichte von Kolonialismus, Rassismus und Antisemitismus, zum Verhältnis von Rassismus und Antisemitismus sowie zur Geschichte der Arbeit, zur Mediengeschichte und zur Erinnerungspolitik.

Mathias Berek, Dr., habilitiert in Kulturwissenschaften, ist Projektleiter am Zentrum für Antisemitismusforschung. Er lehrte und forschte an den Universitäten Leipzig, Tel Aviv, und der TU und FU Berlin, u.a. zur Theorie kollektiven Gedächtnisses, zur deutsch-jüdischen Geschichte und zu Antisemitismus.

Oliver Decker, Prof. Dr. phil., geb. 1968, ist seit Oktober 2020 Professor für Sozialpsychologie und interkulturelle Praxis an der Sigmund-Freud-Universität Berlin und Gründungsdirektor des Else Frenkel-Brunswik Instituts für Demokratieforschung an der Universität Leipzig. Er ist dort ebenfalls Direktor des Kompetenzzentrums für Rechtsextremismus- und Demokratieforschung.

Nicole Deitelhoff, Prof. Dr. phil., geb. 1974 in Eutin, ist Professorin für Internationale Beziehungen an der Goethe-Universität Frankfurt und Direktorin des Leibniz-Instituts Hessische Stiftung Friedens- und Konfliktforschung (HSFK).

Janine Dieckmann, Dr. phil., ist Sozialpsychologin und wissenschaftliche Referentin am Institut für Demokratie und Zivilgesellschaft (IDZ). Ihre Forschungsschwerpunkte sind Diskriminierung sowie Auswirkungen von Vielfalt und Engagement.

Peter Dirksmeier, Prof. Dr. rer. pol., lehrt Kultur- und Sozialgeographie an der Leibniz Universitat Hannover. Er forscht zu Sozialgeographien urbanen Zusammenlebens, räumlichen Einflüssen auf Einstellungen und Haltungen sowie dem gesellschaftlichen Zusammenhalt.

Ulf Engel, Prof. Dr., geb. 1962 in Hamburg, lehrt am Institut für Afrikastudien sowie am Global and European Studies Institute der Universität Leipzig. Er ist Gastprofessor am Institute for Peace and Security Studies an der Addis Ababa University in Äthiopien und Professor extraordinary am Institute for Politcal Science der Stellenbosch University, Südafrika.

Rainer Forst, Prof. Dr., ist seit 2004 Professor für Politische Theorie und Philosophie an der Goethe-Universität in Frankfurt am Main und seit 2007 Co-Sprecher des dortigen Forschungsverbunds »Normative Ordnungen«. 2012 erhielt er den Leibniz-Preis der Deutschen Forschungsgemeinschaft. Er forscht u. a. zu Fragen der Gerechtigkeit, Demokratie und Toleranz sowie der Kritischen Theorie und der praktischen Vernunft in der Tradition Kants.

Immo Fritsche, Prof. Dr., ist seit 2011 Professor für Sozialpsychologie am Institut für Psychologie der Universität Leipzig. Er forscht zur Psychologie von Gruppenprozessen und sozialer Identität, motivierter sozialer Kognition sowie Anwendungen in den Bereichen kollektives Handeln, Intergruppenkonflikte und Umweltkrise.

Daniel Geschke, Dr. phil., ist wissenschaftlicher Referent am Institut für Demokratie und Zivilgesellschaft (IDZ) in Jena. Seine aktuellen Forschungsschwerpunkte sind Hasskriminalität und Hasssprache.

Angelina Göb, Dipl.-Geogr., ist seit 2019 wissenschaftliche Mitarbeiterin im Forschungsinstitut Gesellschaftlicher Zusammenhalt an der Leibniz Universität Hannover. Ihre aktuellen Forschungsschwerpunkte liegen in den Bereichen suburbane Räume, Alltags- und Lebenswelten sowie Arts-Based Research.

Natalie Grimm, Dr. rer. pol., geb. 1978 in Esslingen, seit 2016 wissenschaftliche Mitarbeiterin am Soziologischen Forschungsinstitut Göttingen (SOFI). Arbeitsschwerpunkte und Veröffentlichungen u. a. zum Wandel der Arbeitswelt und prekarisierten Erwerbsbiografien, sozialer Ungleichheit und Statusinkonsistenz, Erwerbslosigkeit und innovativen qualitativen Methoden empirischer Sozialforschung.

Olaf Groh-Samberg, Prof. Dr. phil., geb. 1971 in Frankfurt am Main, ist Professor für Soziologie am Forschungszentrum Ungleichheit und Sozialpolitik (Socium) der Universität Bremen. Seine Forschung beschäftigt sich mit den Strukturen, Bedingungen und Folgen sozialer Ungleichheiten in Wohlfahrtsgesellschaften. Groh-Samberg promovierte 2006 an der Universität Münster, arbeitete dann am Deutschen Institut für Wirtschaftsforschung (DIW) und ist seit 2009 an der Universität Bremen.

Uwe Hasebrink, Prof. Dr. phil., Direktor des Leibniz-Instituts für Medienforschung | Hans-Bredow-Institut und zugleich Professor für Empirische Kommunikationsforschung an der Universität Hamburg. Veröffentlichungen u. a. zur Mediennutzung in digitalen Medienumgebungen.

Sylvia Herrmann, PD Dr., geb. 1958 in Neustadt, studierte Agrarwissenschaften und Agrarökologie, promovierte in 1995 und ließ sich 2000 an der Universität

Stuttgart, sowie 2005 an der Leibniz Universität Hannover habilitieren. Sie ist seit 2007 Privatdozentin am Institut für Umweltplanung der Leibniz Universität Hannover. Veröffentlichungen u. a. zu sozialen Aspekten räumlicher Transformation.

Mario Hesse, Dr., Dipl.-Vw./Dipl.-Kfm., geb. 1982 in Zwickau, ist wissenschaftlicher Mitarbeiter und Postdoc am Lehrstuhl für Finanzwissenschaft der Universität Leipzig. Er ist stellvertretender Geschäftsführer des Kompetenzzentrums für kommunale Infrastruktur Sachsen (KOMKIS) und Mitglied im Kompetenzzentrum Öffentliche Wirtschaft, Infrastruktur und Daseinsvorsorge e. V. (KOWID). Seine Forschungsschwerpunkte sind Kommunalfinanzen, Kommunaler Finanzausgleich, öffentliche Infrastruktur und Regionalentwicklung.

Stefan Holubek-Schaum, M. A., geb. 1989 in Görlitz, ist wissenschaftlicher Mitarbeiter am SOCIUM Forschungszentrum Ungleichheit und Sozialpolitik. Seine Schwerpunkte sind interpretative Sozialforschung, Lebenslauf- und Biographieforschung und soziale Ungleichheit.

Annedore Hoppe, Dr., ist wissenschaftliche Mitarbeiterin am FGZ an der Universität Leipzig. Sie promovierte an der Universität Leipzig zur motivierten sozialen Kognition. In ihrer Forschung konzentriert sie sich auf zugrundeliegende sozialpsychologische Prozesse bei der Entstehung von Populismus und das Thema soziale Identität im Umweltkontext.

Jens Ibendorf, Dipl. Geoökologe, studierte Geoökologie an der Universität Potsdam und University of Guelph (Kanada) und ist seit 2017 Geschäftsführer des Leibniz Forschungszentrum TRUST – Zukunft für Stadt und Land an der Leibniz Universität Hannover.

Elisabeth Kaske, Prof. Dr., promovierte 2006 in Heidelberg und lehrte in Frankfurt, Wien und Pittsburgh, bevor sie 2017 als Professorin für Gesellschaft und Kultur des modernen China an die Universität Leipzig kam.

Ina Kaufhold, M. A., geb. 1991 in Heilbad Heiligenstadt, seit 2018 wissenschaftliche Mitarbeiterin am Soziologischen Forschungsinstitut Göttingen (SOFI). Forschungsschwerpunkte sind u. a. der Wandel der Arbeitswelt und prekäre Haushalte, soziale Ungleichheit, Familiensoziologie, qualitative Sozialforschung.

Falco Knaps, M. Sc., geb. 1987 in Bielefeld, ist wissenschaftlicher Mitarbeiter am Institut für Umweltplanung der Leibniz Universität Hannover. Veröffentlicht hat er u. a. zu raumbezogener Identität und nachhaltiger Raumentwicklung.

Katharina Kolb, B. A., geb. 1995 in Aschaffenburg, ist seit Jahresbeginn 2020 wissenschaftliche Mitarbeiterin am Institut für Öffentliche Finanzen und Public Management der Universität Leipzig. Sie forscht überwiegend zu räumlichen Ungleichheiten, öffentlichen Leistungen und regionalwirtschaftlichen Effekten.

Albrecht Koschorke, Prof. Dr., geb. 1958 in Kastellaun, ist seit 2001 Professor für Neuere deutsche Literatur und Allgemeine Literaturwissenschaft an der Universität Konstanz und Extraordinary Professor in the Department of Modern European Languages, Faculty of Humanities, University of Pretoria, Südafrika. Seine Arbeitsschwerpunkte liegen im Bereich der Allgemeinen Erzähltheorie und der Kulturtheorie, mit einem starken Akzent auf der Geschichte des politischen Imaginären.

Dirk van Laak, Prof. Dr. phil., geb. 1961 in Dinslaken/Rhld., studierte von 1982 bis 1989 Germanistik und Geschichte in Essen, promovierte 1993 an der Fernuniversität Hagen und habilitierte sich 2002 an der Friedrich-Schiller-Universität in Jena. Gast- und Vertretungsprofessuren in Chicago, Tübingen und Freiburg. Seit 2016 Professor für die Geschichte des 19. bis 21. Jahrhunderts an der Universität Leipzig.

Holger Lengfeld, Prof. Dr. phil., geb. 1970 in Berlin, promovierte 2003 an der Humboldt-Universität zu Berlin und habilitierte sich 2008 an der Freien Universität Berlin. Von 2006 bis 2010 hatte er die Professur für Soziologische Gegenwartsdiagnosen an der FernUniversität in Hagen inne, von 2010 bis 2014 war er Professor für Makrosoziologie und Politische Soziologie an der Universität Hamburg und seit 2014 ist er Professor für Soziologie, insbes. Institutionen und sozialer Wandel, an der Universität Leipzig.

Thomas Lenk, Prof. Dr., geb. 1958 in Mannheim, promovierte 1988 und habilitierte sich 1993 an der Technischen Universität Darmstadt. Seit 1993 ist er Lehrstuhlinhaber für Finanzwissenschaft sowie Institutsdirektor des Instituts für Öffentliche Finanzen und Public Management an der Universität Leipzig. Er ist seit 2011 Prorektor für Entwicklung und Transfer an der Universität Leipzig und seit 2017 Mitglied des Unabhängigen Beirats des Stabilitätsrats.

Wiebke Loosen, Prof. Dr. phil., Senior Researcher für Journalismusforschung am Leibniz-Institut für Medienforschung | Hans-Bredow-Institut in Hamburg. Veröffentlichungen u.a. zur Journalismusforschung, zur Online-Kommunikation und zu Methoden der empirischen Kommunikationsforschung.

Astrid Lorenz, Prof. Dr., geb. 1975 in Rostock, ist Professorin für das Politische System der Bundesrepublik Deutschland und Politik in Europa sowie Dekanin der Fakultät für Sozialwissenschaften und Philosophie an der Universität Leipzig. Ihre Arbeitsschwerpunkte sind Demokratieentwicklung, Beteiligung, Verfassungspolitik, Politik in Mehrebenensystemen (Föderalismus, Europäische Union) und Transformationsprozesse.

Matthias Middell, Prof. Dr. phil., geb. 1961 in Leipzig, ist Professor für Kulturgeschichte an der Universität Leipzig sowie Direktor des Global and European Studies Institute, Sprecher der Graduate School Global and Area Studies und Direktor des Research Centre Global Dynamics der Universität Leipzig.

Frank Othengrafen, Prof. Dr.-Ing., ist Professor für Stadt- und Regionalplanung an der Fakultät Raumplanung der TU Dortmund. Veröffentlichungen u. a. zu Planungskulturen, urbanen Protesten und Konflikten sowie sozialem Zusammenhalt im ländlichen Raum.

Gert Pickel, Prof. Dr. phil., geb. 1963 in Kronach, ist Professor für Religions- und Kirchensoziologie an der Universität Leipzig und veröffentlicht u. a. zu Themen der Religionssoziologie, Demokratieforschung, der politischen Kulturforschung und Rechtsextremismusforschung. Er ist Mitherausgeber der Zeitschrift für Vergleichende Politikwissenschaft (ZfVP) und Zeitschrift für Religion, Gesellschaft und Politik (ZRGP).

Matthias Quent, Dr. phil., ist Soziologe und Gründungsdirektor des Instituts für Demokratie und Zivilgesellschaft in Jena. Seine Arbeitsschwerpunkte sind Rechtsradikalismus, Radikalisierung und Hasskriminalität.

Jonas Rees, Dr. rer. nat., lehrt und forscht an der Universität Bielefeld zu mit Emotionen und Konflikt assoziierten Gruppenprozessen, sowie den sozialpsychologischen Aspekten von Erinnerungskultur und gesellschaftlichem Wandel.

Stefan Rüb, Dr. rer. pol., geb. 1965 in Lohr am Main, seit 2015 wissenschaftlicher Mitarbeiter am Soziologischen Forschungsinstitut Göttingen (SOFI). Veröffentlichungen u. a. zu (transnationalen) Arbeitsbeziehungen und zum (digitalen) Wandel der Arbeitswelt.

Eva Ruffing, Prof. Dr. rer. pol., ist Professorin für das Politische System der BRD im Kontext europäischer Mehrebenenpolitik an der Universität Osnabrück. Veröffentlichungen u. a. zu Infrastrukturplanungsverfahren, Regulierungsbehörden, sowie den Effekten von Öffentlichkeitsbeteiligung.

Patrick Sachweh, Prof. Dr., geb. 1979 in Ludwigshafen am Rhein, Professor für Soziologie an der Universität Bremen. Promotion 2009 an der Bremen International Graduate School of Social Sciences (BIGSSS). Forschungsinteressen Soziale Ungleichheit, Sozialpolitik, Mittelschichten.

Reinhold Sackmann, Prof. Dr. rer. pol., geb. 1959 in Passau, ist Professor für Soziologie mit dem Schwerpunkt Sozialstrukturanalyse an der Martin-Luther-Universität Halle-Wittenberg, sowie Sprecher des Forschungsinstituts Gesellschaftlicher Zusammenhalt, Standort Halle. Veröffentlichungen u. a. zu Lebenslaufsoziologie, Bewältigung demografischen Wandels und Elitebildung im Bildungssystem.

Axel Salheiser, Dr. phil., ist Soziologie und wissenschaftlicher Referent am Institut für Demokratie und Zivilgesellschaft (IDZ) in Jena. Seine Arbeitsschwerpunkte umfassen Rechtsextremismus, Demokratie- und Sozialraumforschung.

Uwe Schimank, Prof. Dr., geb. 1955 in Bielefeld, ist Professor für Soziologie an der Universität Bremen. Seine derzeitigen Forschungsinteressen sind die Soziologische Theorie, insbesondere die Theorie moderner Gesellschaften, sowie die Soziologie des Entscheidens, die Wissenschafts- und Hochschulforschung und die Soziologie der Lebensführung.

Cord Schmelzle, Dr. phil., ist Politikwissenschaftler mit dem Arbeitsschwerpunkt Politische Theorie und Philosophie an der Goethe-Universität Frankfurt und Principal Investigator und wissenschaftlicher Koordinator am Frankfurter Teilinstitut des Forschungsinstituts Gesellschaftlicher Zusammenhalt.

Jan-Hinrik Schmidt, Dr. habil., Senior Researcher für digitale interaktive Medien und politische Kommunikation am Leibniz-Institut für Medienforschung | Hans-Bredow-Institut in Hamburg. Veröffentlichungen u.a. zu sozialen Medien und dem Wandel von Öffentlichkeit.

Stefanie Schüler-Springorum, Prof. Dr. phil., ist seit 2011 Leiterin des Zentrums für Antisemitismusforschung und seit 2012 Co-Direktorin des Selma Stern Zentrums für Jüdische Studien. Veröffentlichungen u.a. zur deutsch-jüdischen und spanischen Geschichte sowie zur Geschichte von Ausgrenzung, Gewalt, Krieg und Widerstand.

Wolfgang Schulz, Prof. Dr. jur., Direktor des Leibniz-Instituts für Medienforschung | Hans-Bredow-Institut und zugleich Professor für Medienrecht und Öffentliches Recht einschließlich ihrer theoretischen Grundlagen an der Universität Hamburg. Veröffentlichungen u.a. zu Kommunikationsfreiheiten und Media Governance.

Anja Thiele, Dr. phil., ist Literaturwissenschaftlerin und wissenschaftliche Referentin am Institut für Demokratie und Zivilgesellschaft (IDZ) in Jena. Sie forscht schwerpunktmäßig zu den Themen Antisemitismus, Erinnerungspolitik und -kultur sowie zur deutschsprachigen Literatur seit 1945.

Daniel Thym, Prof. Dr., LL.M., geb. 1973 in Tübingen, war Mitarbeiter des Walter-Hallstein-Instituts für Europäisches Verfassungsrecht an der Humboldt-Universität. Seit 2010 ist er Inhaber der Professur für Öffentliches Recht, Europa- und

Völkerrecht an der Universität Konstanz und Direktor des dortigen Forschungszentrums Ausländer- und Asylrecht (FZAA). Als Stellvertretender Vorsitzender des Sachverständigenrats deutscher Stiftungen für Integration und Migration (SVR) und Mitglied des paneuropäischen Odysseus-Netzwerks wirkt er an der Politikberatung mit.

Berthold Vogel, Prof. Dr., geb. 1963 in Würzburg, seit 2015 Geschäftsführender Direktor des Soziologischen Forschungsinstituts Göttingen (SOFI). Forschungs-und Publikationsschwerpunkte zur Soziologie der Arbeitswelt, zu Rechts- und Wohlfahrtsstaat sowie zu öffentlichen Gütern und gleichwertigen Lebensverhältnissen.

Dagmar Weber, M.A., studierte Afrikastudien, Politikwissenschaft und Friedens- und Konfliktforschung. Sie ist zertifizierte Betzavta-Trainerin und war im Frühjahr 2020 als Praktikantin am Institut für Demokratie und Zivilgesellschaft (IDZ) in Jena tätig.

Alexander Yendell, Dr. phil., ist Soziologe und forscht zu den Themen religiöse Pluralität, Islamfeindlichkeit, Antisemitismus, Rechtsextremismus, politischer Protest, Gewalt und soziale Ungleichheit.

Andreas Zick, Prof. Dr. rer. nat. phil. habil., geb. 1962, promovierte 1996 in Marburg und habilitierte sich 2009 an der Martin-Luther-Universität Halle-Wittenberg. Er ist seit 2008 Professor für Sozialisation und Konfliktforschung und seit 2013 Direktor des Instituts für Interdisziplinäre Konflikt- und Gewaltforschung an der Universität Bielefeld.